武隆

年鉴 2021

WULONG NIANJIAN

重庆市武隆区人民政府　主办

《武隆年鉴》编纂委员会　编

方志出版社
Publishing House of Local Records

图书在版编目（CIP）数据

武隆年鉴．2021 /《武隆年鉴》编纂委员会编．—北京：方志出版社，2021.12
ISBN 978-7-5144-5105-4

Ⅰ．①武…　Ⅱ．①武…　Ⅲ．①区（城市）–重庆–2021–年鉴　Ⅳ．①Z527.193

中国版本图书馆 CIP 数据核字（2021）第 275617 号

责任编辑：李志瑜
责任校对：刘玉霞
责任印制：梅中英
出 版 者：方志出版社
地　　址：北京市朝阳区潘家园东里 9 号（国家方志馆 4 层）
邮　　编：100021
网　　址：http://www.zgfzcb.cn
发　　行：方志出版社图书营销中心（010–67110500）
印　　刷：北京中科印刷有限公司
开　　本：889 毫米 ×1194 毫米　1/16
印　　张：28.25
字　　数：1122 千字
版　　次：2021 年 12 月第 1 版
印　　次：2021 年 12 月第 1 次印刷
定　　价：268.00 元

《武隆年鉴》编纂委员会

《武隆年鉴》编辑部

《武隆年鉴（2021）》撰稿人名单

（以姓氏拼音为序）

安芙蓉	陈家林	陈　建	陈　娟	陈　力	陈巧妮
陈庆发	陈胜谷	陈　伟	陈　文	陈文颖	陈　珣
陈　镇	程光琼	代春秋	代贵军	但唐卫	邓　娇
邓　娟	董存良	董存友	段俊峰	高　梅	何金剑
何晓莉	侯旭恒	胡国民	黄　梅	黄秋淇	黄雅林
简　立	姜小燕	蒋春秀	雷　雪	李保颖	李成杰
李佳轩	李　洁	李　涛	李　婷	李小娟	李　艳
李　玉	李垣一	梁舒媛	刘　畅	刘　翠	刘　行
刘万胜	刘小刚	刘小河	刘应成	龙小飞	陆　勇
罗　黎	罗明兰	罗棋尹	罗玉函	马林杰	莫　璐
潘吕侠	彭俊夫	彭　勇	蒲　彪	秦海燕	冉　涵
冉亚梅	任　静	任在斌	任泽刚	舒　伟	孙林玉
谭　勐	谭映霞	汤岚兰	汤琳钰	王川东	王　芳
王　飞	王　绫	王　帅	王文爽	吴安康	吴富兵
吴　熙	吴乡穑	伍　娟	夏开华	夏诗奇	夏小东
向博雅	肖中宏	谢　磊	熊妮妮	胥崇兵	徐　波
杨丁宁	杨洪琼	杨莉弘	杨永芬	姚秋晴	叶青清
余心妍	余　星	袁晓丰	张　波	张竟泽	张　茜
张　强	张巧丽	张青青	张森林	张小英	张　雪
张　娅	张　杨	张钰琳	赵青松	郑　婕	郑庆华
郑　雪	钟　莉	周　慧	周　权	周　瑶	宗福全
邹　祥	邹雪怡				

《武隆年鉴（2021）》审稿人名单

（以姓氏拼音为序）

安朝树	曹德会	曾　诚	曾　伟	陈　灿	陈朝均
陈大业	陈　芳	陈鸿玲	陈　华	陈　建	陈建林
陈　念	陈晓梅	陈永强	陈云嘉	代　波	代亨龙
邓维敏	丁晓兵	董　东	董泽慧	段理华	甘元胜
龚　文	苟　力	古德金	韩俊焜	何小洪	贺　俊
贺玲娜	胡　永	黄　斌	黄朝钺	黄　锋	黄　锋
黄　海	黄　平	江国华	姜　陵	姜　霞	蒋　斌
蒋洪阳	李春雪	李发扬	李　杰	李　军	李顺华
李　涛	李小军	李晓丰	李　勇	李中明	梁天福
刘　川	刘加海	刘明江	刘万西	刘维华	刘遵彬
栾丹丹	罗发建	罗　刚	罗　玲	罗　敏	罗　维
罗小波	吕建明	毛光佑	莫昌润	潘　华	潘　攀
彭　霞	齐永生	秦　馨	秦志华	邱小丘	冉东国
冉　洪	冉晓梅	冉义斌	任家旺	任丽华	邵秋林
沈华平	孙晋东	谈志强	谭　凰	谭　军	谭文洪
汤　勇	万成豪	汪培根	王德强	王世寿	王小军
王晓林	王学文	王亚勤	王友乾	魏小强	文　静
巫　岚	吴国富	向　容	肖怀吉	谢怀斌	徐　勇
杨国兴	杨　佳	杨建国	杨万良	杨　勇	杨兆旭
杨　婴	易建涛	游年昕	余　华	余将军	袁春姣
袁　江	袁　杰	袁中均	张　敏	张　平	张树伦
赵小刚	郑　立	周　华	周云龙		

编辑说明

一、《武隆年鉴（2021）》以马克思列宁主义、毛泽东思想、邓小平理论、“三个代表”重要思想、科学发展观、习近平新时代中国特色社会主义思想为指导，坚持辩证唯物主义和历史唯物主义的立场、观点和方法，实事求是反映2020年重庆市武隆区政治、经济、文化、社会和生态文明建设的发展变化，体现时代特征、地方特色、年度特点。

二、《武隆年鉴》于2017年公开出版第1卷，为《武隆年鉴》编纂委员会编纂的地方综合年鉴，每年出版一卷，是逐年记述本行政区域内经济社会发展的年度资料性文献。本卷为第5卷，记述时限为2020年1月1日至12月31日。

三、本年鉴采用分类编辑法，设类目、分目、条目3个层次，条目为记述单元，标题统一用【 】表示。用规范的语体文、记述体，直陈其事，采用文章体和条目体，以条目体为主。

四、本年鉴设武隆概览、脱贫攻坚、中国共产党武隆区委员会、武隆区人民代表大会、武隆区人民政府、中国人民政治协商会议武隆区委员会、中国共产党武隆区纪律检查委员会武隆区监察委员会、民主党派·工商联、群众团体、法治、军事、生态文明建设示范区、生态旅游、经济管理、应急管理、农业农村、工业、商贸服务业、城乡规划与建设、交通·邮电、金融、文化·体育、科技、教育、卫生健康、社会生活、乡镇（街道）、人物·荣誉等28个类目；卷首有彩页、地图、目录、特载、专记、大事记，卷末有文献、统计资料、附录、索引等。

五、本年鉴对框架结构进行适当调整：因2020年为脱贫攻坚收官之年，增设“脱贫攻坚”类目位于政治部类之前；因获评“国家生态文明建设示范区”，将“生态环境保护”类目名更名为“生态文明建设示范区”；为体现武隆以生态旅游发展的地方特色，将“生态旅游”升格为类目，置于“生态文明建设示范区”类目之后。将“退役军人事务”内容纳入“武隆区人民政府”类目中；将“应急管理”升格为类目。为体现年度特点，在“卫生健康”类目增设“新冠肺炎疫情防控”分目；“专记”记述“武隆区抗击新冠肺炎疫情纪实”“中国·重庆（武隆）绿色发展实践国际论坛”“武隆区创建‘国家生态文明建设示范区’历程”“重庆仙女山机场建设历程”内容，卷首彩页设“武隆‘十三五’成就专题”图集，收录“山水新城”“脱贫攻坚”“新冠肺炎疫情防控”“荣誉武隆”等图片。

六、入鉴资料均由区级各部门、街道办事处、乡镇人民政府及相关单位提供，并经供稿单位审核。主要数据和统计资料由武隆区统计局提供，部分数据由各相关部门提供。由于统计口径等原因，个别数据与统计资料不一致的，以统计数据为准。

武隆 WULONG

"十三五"成就专题

◇ 2016年，武隆城区全景

山水新城

区委宣传部　供图

◇ 2017 年 3 月，雨后初晴后的武隆城区

武隆『十三五』成就专题

王俊杰　摄

◇ 2020 年 12 月，武隆城区全景

钱钱 摄

◇ 2017 年 9 月，武隆城标区　　区城管局　供图

◇ 2016 年 10 月，武隆城区江北一段

◇ 2018 年 8 月，武隆城区一段　　钱钱　摄

区城管局　供图

◇ 2017 年 9 月，武隆城区“马踏飞燕”标志转盘　　区城管局　供图

◇ 2017 年 2 月，武隆城区夜景　　区融媒体中心　供图

◇ 2017 年 1 月，武隆城区夜景 代君君 摄

◇ 2019 年 1 月，武隆城区一段

◇ 2017 年 3 月，仙女山国家旅游度假区 王俊杰 摄

代娟　摄

◇ 2020 年 5 月，武隆区中堆坝场景

代君君　摄

◇ 2017 年 5 月，白马山望仙崖日出

区白管委　供图

◇ 2019 年 8 月，仙女山景区湿地　　王俊杰　摄

◇ 2019 年 10 月，乌江画廊武隆段　　王俊杰　摄

◇ 2017 年 1 月，仙女山景区小火车　　王俊杰　摄

◇ 2017 年 2 月，芙蓉江景区　　王俊杰　摄

撤县设区

◇ 2017 年 1 月 13 日，中共重庆市武隆区委、区纪委揭牌仪式现场　　区融媒体中心　供图

◇ 2017 年 1 月 13 日，重庆市武隆区人大、政府、政协挂牌现场　　区融媒体中心　供图

交通建设

◇ 2016 年 6 月，武隆白马山环线公路　　区交通局　供图

◇ 2016 年 6 月，武隆乌江三桥一段　　代君君　摄

◇ 2017 年 5 月，乌江肖家湾客货码头　　区交通局　供图

◇ 2016 年 7 月，武隆和顺镇海螺村边摊公路　　和顺镇人民政府　供图

◇ 2020 年 8 月，龙溪乌江大桥　　区融媒体中心　供图

◇ 2018 年 4 月，仙女山机场施工现场　　　　代君君　摄

◇ 2020 年 11 月，竣工后的仙女山机场　　　　区融媒体中心　供图

◇ 2020 年 2 月 27 日，仙女山机场建设现场　　　　代君君　摄

◇ 2020 年 12 月 18 日，投入使用的仙女山机场大楼　　　　周令高　摄

◇ 2016 年 12 月，渝湘高速公路、渝怀铁路、乌江武隆农场段　　区委宣传部　供图

◇ 2019 年 12 月，G65 包茂高速渝湘段武隆西互通立交工程竣工投入使用　　代君君　摄

生态农业

◇ 2016 年 3 月，武隆县乡村风貌　　区农业农村委　供图

◇ 2016 年 4 月，武隆乡镇无人机作业现场　　区农业农村委　供图

◇ 2016 年 7 月，文复乡马厂坝田园　　区委宣传部　供图

◇ 2018 年 2 月，长坝镇大园村村民使用微耕机犁土　　蒋颖　摄

◇ 2016 年 7 月，和顺镇烤烟种植　　和顺镇人民政府　供图

◇ 2019 年 3 月，庙娅乡油菜花产业

◇ 2017 年 9 月，凤来镇标准化鳅田稻种植基地　　区农业农村委　供图

区融媒体中心　供图

◇ 2020 年 8 月，沧沟乡大田古村落

王俊杰　摄

◇ 2020 年 9 月，羊角街道永隆村梯田　　代君君　摄

生态工业

◇ 2016 年 4 月，建设中的武隆浩口水电站区　　区融媒体中心　供图

◇ 2016 年 5 月，武隆白马工业园区　　区融媒体中心　供图

◇ 2016 年 7 月，武隆白马页岩气 106 平台压裂全景　　区经济信息委　供图

◇ 2019 年 9 月 27 日，白马航电枢纽项目开工仪式　　代君君　摄

◇ 2016 年 7 月，和顺镇寺院坪风电场

◇ 2020 年 4 月 22 日，大洞河乡大梁子风电厂竣工投产　　区融媒体中心　供图

区融媒体中心　供图

文旅融合

◇ 2016 年 3 月，《印象·武隆》演出场景　　王俊杰　摄

◇ 2018 年 7 月，白马山天尺情缘景区接待中心　　区白马山管委会　供图

◇ 2018 年 7 月 21 日，2018 仙女山草原露营国际音乐季演出现场　　王俊杰　摄

◇ 2018 年 8 月 17 日，首届中国农民丰收节活动武隆会场　　徐强　摄

◇ 2019 年 4 月 30 日，羊角古镇开街仪式举行　　　　区融媒体中心　供图

◇ 2019 年 8 月 8 日，白马山天尺情缘景区开园仪式　　　　区融媒体中心　供图

◇ 2020 年 8 月 27 日，2020 中国 · 重庆（武隆）绿色发展论坛开幕式 代君君　摄

◇ 2020 年 7 月 29 日，芙蓉江游船开游活动　　王俊杰　摄

◇ 2016 年 9 月，中国武隆国际山地户外运动公开赛比赛场景　　王俊杰　摄

◇ 2019 年 8 月 25 日，第十六届中国武隆国际户外运动公开赛比赛场景　　王俊杰　摄

◇ 2018 年 4 月 21 日，2018 中国武隆国际百公里山地越野赛在仙女山广场举行　　刘毅　摄

◇ 2019 年 4 月 20 日，2019 中国武隆国际百公里山地越野赛开幕　　区文化旅游委　供图

◇ 2019 年 8 月 25 日，2019 徒步中国·全国徒步大会重庆武隆站　　区文化旅游委　供图

◇ 2020 年 10 月 18 日，仙女山国际马拉松比赛现场　　徐爱荣　摄

脱贫攻坚

◇ 2016 年 6 月，武隆区下派接龙乡第一书记马国华（中）调研产业发展　　区市场监管局　供图

◇ 2017 年 4 月，武隆电商扶贫直播现场　　区融媒体中心　供图

◇ 2017 年，羊角镇建设猪腰枣等特色林果示范基地 333.33 公顷。图为 8 月猪腰枣丰收场景

区融媒体中心　供图

◇ 2017 年，火炉镇“火炉脆桃”获绿色产品认证。图为 8 月火炉脆桃丰收上市　　区融媒体中心　供图

◇ 2017 年 12 月 26 日，羊角城镇避险搬迁安置抽签选房现场　　陈然　摄

◇ 2018 年 1 月 5—7 日，2017 重庆电商扶贫爱心购活动举行。图为武隆区展区　　代娟　摄

◇ 2018 年 5 月，武隆区乡镇家庭医生签约现场　　区融媒体中心　供图

◇ 2018 年，文复苗族土家族乡建成莲藕产业观光园，种植莲藕 33.33 公顷。图为 6 月观光场景

湛伟　摄

◇ 2018 年 6 月 13 日，武隆区“劳动美·仙女红”双学双比技能竞赛选手　　区融媒体中心　供图

◇ 2019 年 5 月，武隆区沧沟乡村民在喂养板角山羊　　代君君　摄

◇ 2019 年 11 月，后坪苗族土家族乡扶贫中华蜂“托管分红”现场　　后坪苗族土家族乡　供图

◇ 2019 年 12 月 2 日，后坪苗族土家族乡村民入股分红现场　　区融媒体中心　供图

◇ 2019 年 12 月 4 日，武隆区“法治扶贫”进乡镇活动现场　　区融媒体中心　供图

◇ 2020 年 3 月 5 日，武隆区 47 名贫困劳动力免费乘坐专机到山东省济南市就业　　区融媒体中心　供图

◇ 2018 年 7 月 11 日，和顺镇首届风车科普艺术节活动现场　　代君君　摄

◇ 2018 年 8 月 4 日，赵家乡第六届乡村旅游季才艺比赛　　代君君　摄

◇ 2019 年 9 月 17 日，后坪苗族土家族乡天池苗寨正式开寨　　代君君　摄

◇ 2020 年 6 月 18 日，浩口苗族仡佬族乡田家寨开寨　　陈娜霖　摄

◇ 2020 年 8 月 13 日，沧沟乡大田湿地开园　　王俊杰　摄

◇ 2020 年 11 月，后坪苗族土家族乡政府驻地全景　　代君君　摄

新冠肺炎疫情防控

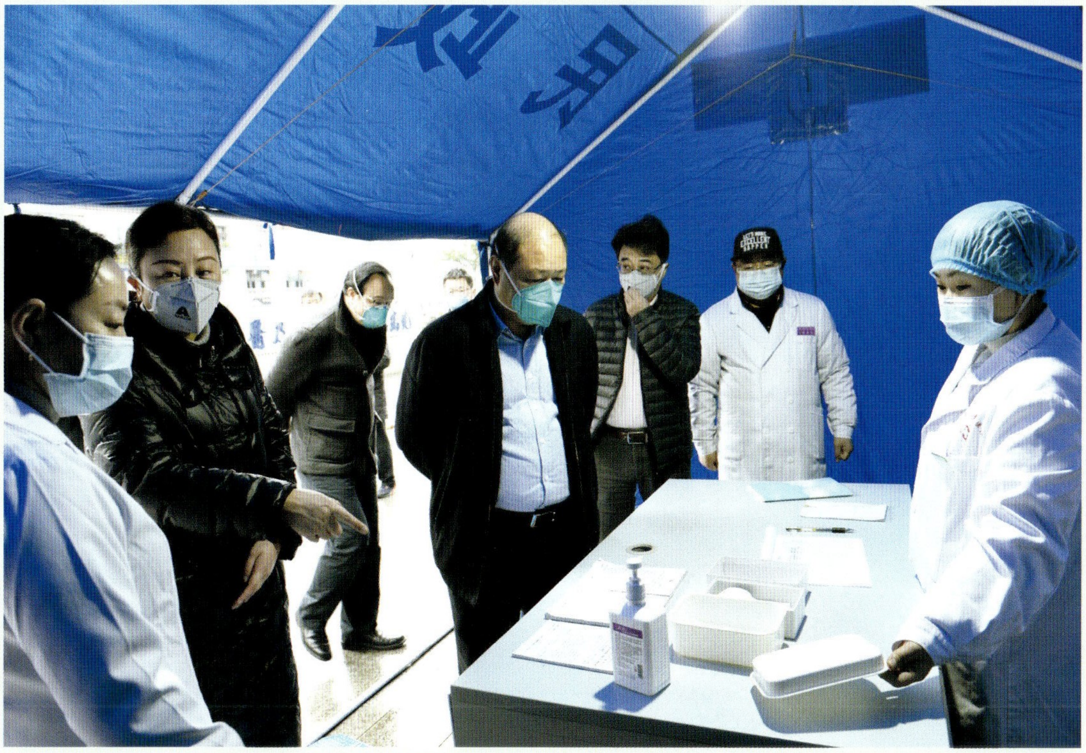

◇ 2020 年 1 月 26 日，中共武隆区委书记黄宗华（中）、区人民政府区长卢红（左二）督导区人民医院预检分诊工作　　区融媒体中心　供图

◇ 2020 年 1 月 29 日，武隆区人民医院举行医务人员集体宣誓仪式　　区卫生健康委　供图

◇ 2020 年 1 月 22 日，武隆区疾控中心微生物检验主管技师陈旼媚开展核酸检测　　区疾控中心　供图

◇ 2020 年 1 月 25 日，武隆区疾控中心检测人员进实验室之前合影　　区疾控中心　供图

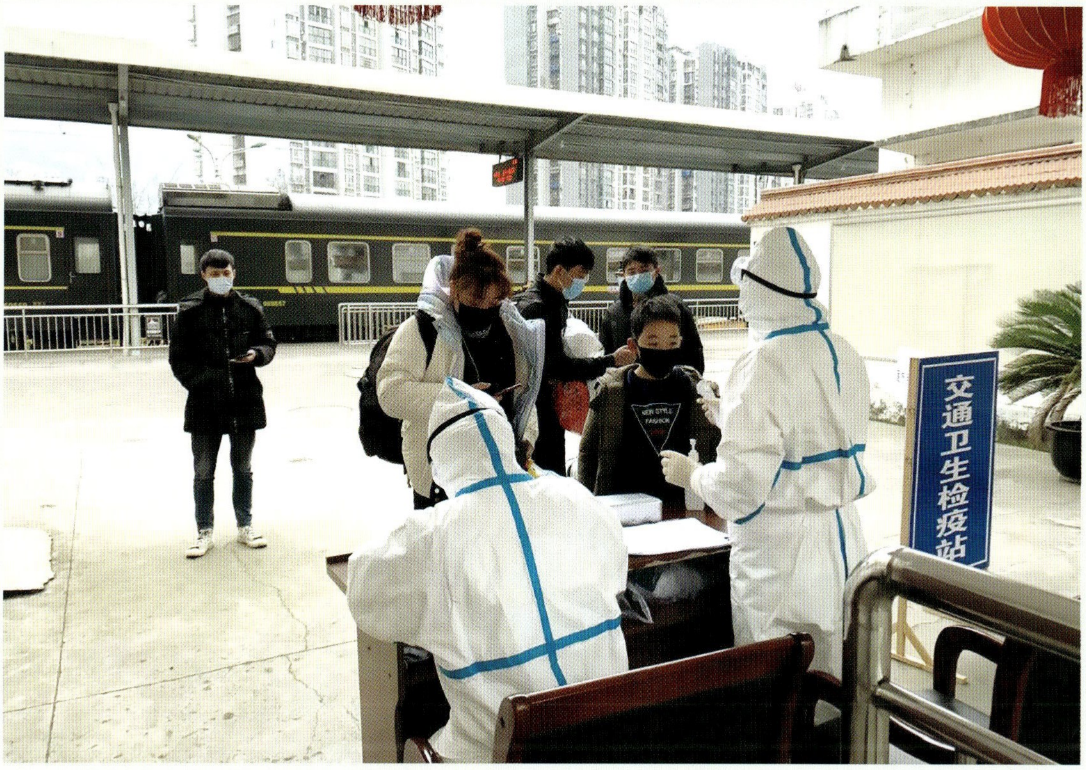

◇ 2020 年 1 月 28 日，武隆区火车站出站口临时检疫点检疫工作　　区卫生健康委　供图

◇ 2020 年 1 月 29 日，武隆区黄草高速公路出口交通卫生检疫站　　区融媒体中心　供图

◇ 2020 年 2 月 4 日，武隆火车站疫情防控联合党支部成立　　区融媒体中心　供图

◇ 2020 年 2 月 16 日，武隆区白马高速公路出入口卫生检疫工作人员　　区卫生健康委　供图

◇ 2020 年 2 月 1 日，武隆区白马中心卫生院医生刘菊为外出务工返乡人员测量体温　区卫生健康委　供图

◇ 2020 年 3 月 10 日，武隆区城管局喷雾消毒专用车在柏杨路消毒　李才东　摄

◇ 2020 年 1 月，武隆区芙蓉街道驻村干部刘兴应背音响宣传疫情防控　　区委宣传部　供图

◇ 2020 年 2 月 14 日，武隆区卫生健康综合行政执法支队到超市督导疫情防控工作

区卫生健康委　供图

◇2020 年 2 月 12 日，武隆区档案馆设立党员志愿防控点　　李莉　摄

◇2020 年 2 月 19 日，武隆区纪委监委机关党员志愿者在龙景天都小区为进出群众登记、测体温

区融媒体中心　供图

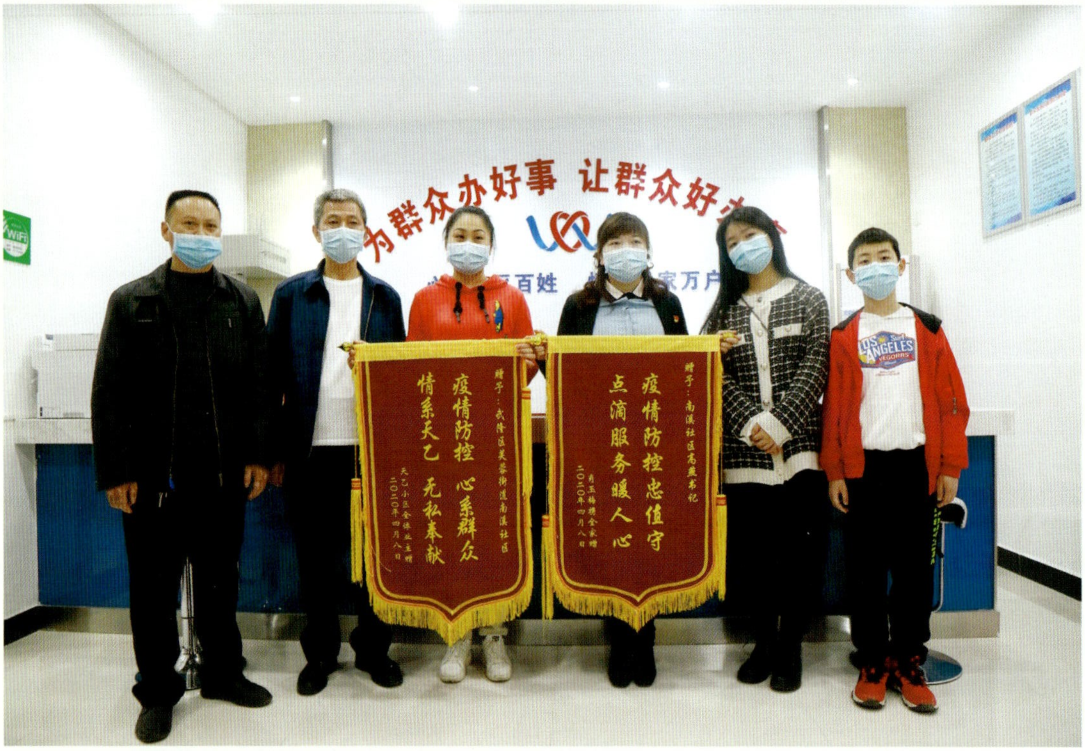

◇ 2020 年 4 月 8 日，市民向芙蓉街道南溪社区赠送锦旗　　芙蓉街道南溪社区　供图

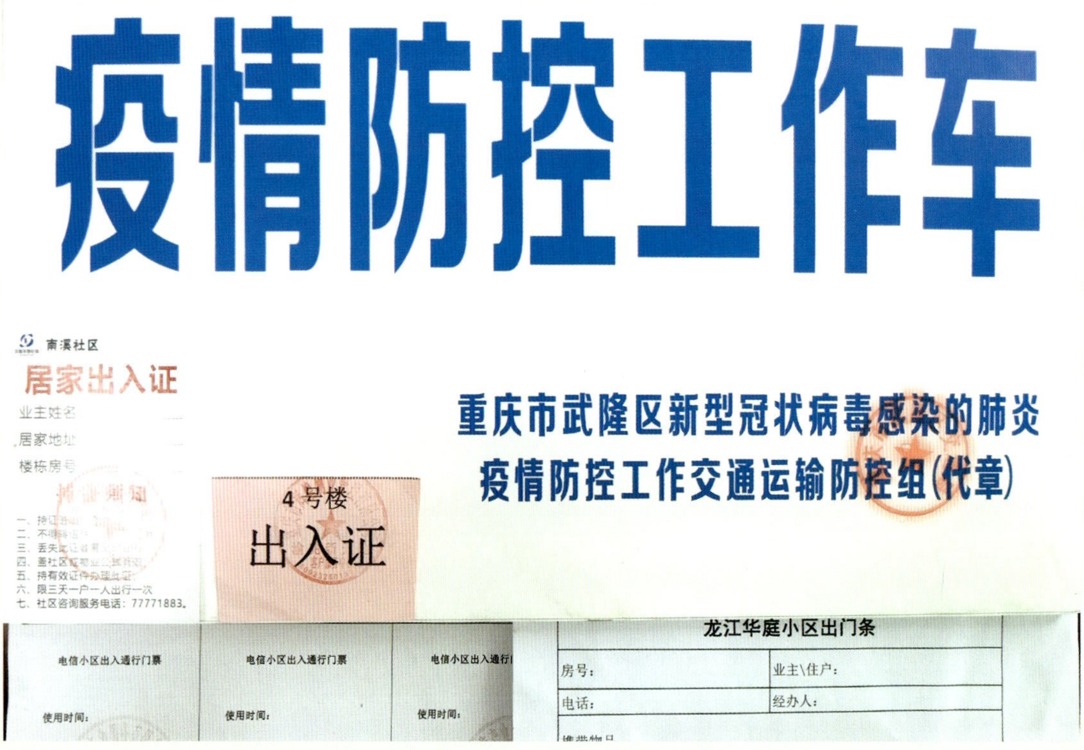

◇ 2020 年 12 月，武隆区疫情防控工作车牌、出入证、出门条等实物　　区档案馆　收藏

◇ 2020 年 2 月 13 日，武隆援助湖北 50 吨高山蔬菜起运　　代君君　摄

◇ 2020 年 2 月 24 日，武隆援助湖北孝感物资装车现场　　区融媒体中心　供图

◇ 2020 年 2 月 22 日，武隆区首批支援湖北孝感疾控队出征仪式　　区融媒体中心　供图

◇ 2020 年 4 月 11 日，武隆区欢迎援鄂医疗队员彭顺刚回家　　代君君　摄

荣誉武隆

◇ 2015 年 12 月，武隆荣获“2015 中国可持续发展城市范例奖”

区档案馆　供图

◇ 2019 年 12 月，重庆市武隆区获“2019 社会治理创新典范区”称号

区委政法委　供图

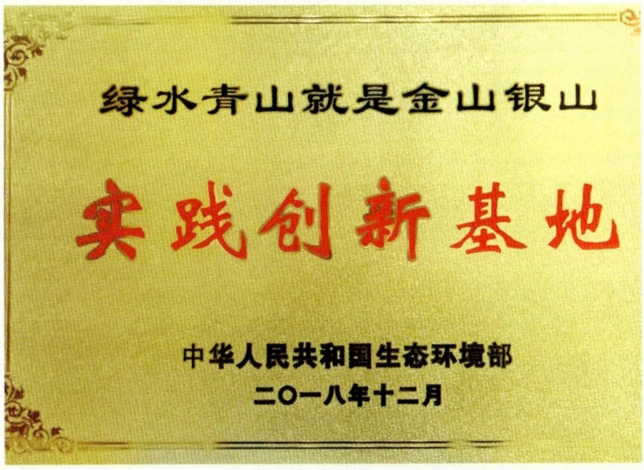

◇ 2018 年 12 月 12 日，武隆区被生态环境部命名为“绿水青山就是金山银山”实践创新基地

区生态环境局　供图

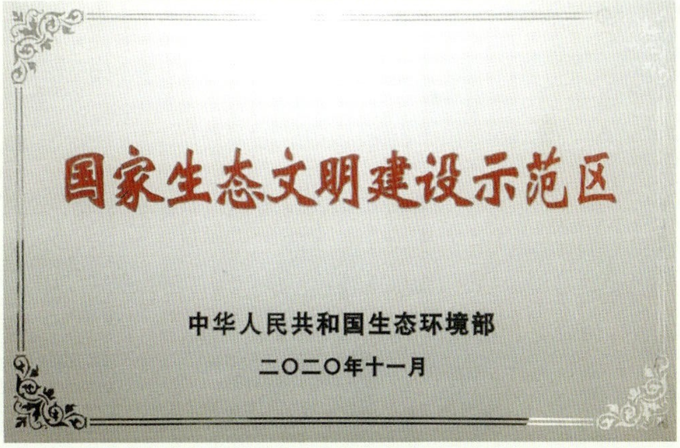

◇ 2020 年 11 月，武隆区获“国家生态文明建设示范区”称号

区生态环境局　供图

数字武隆

武隆区“十三五”经济社会发展情况

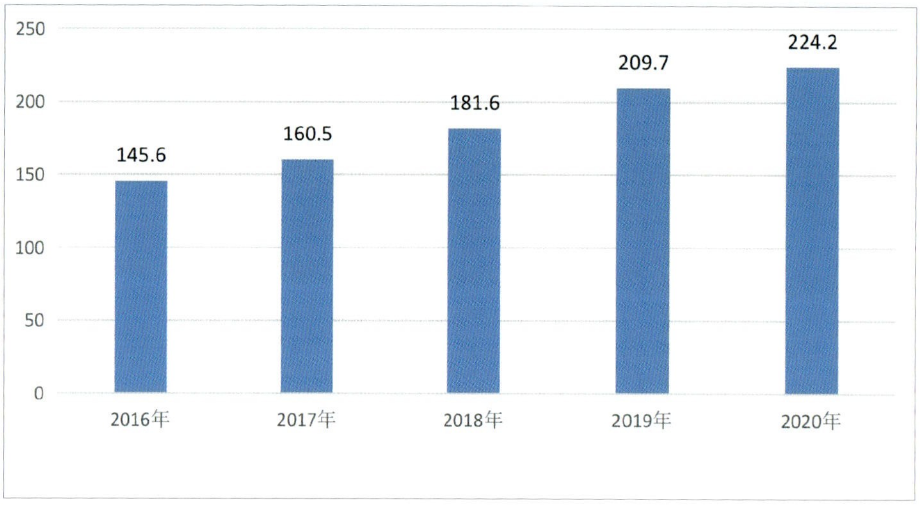

地区生产总值（亿元）

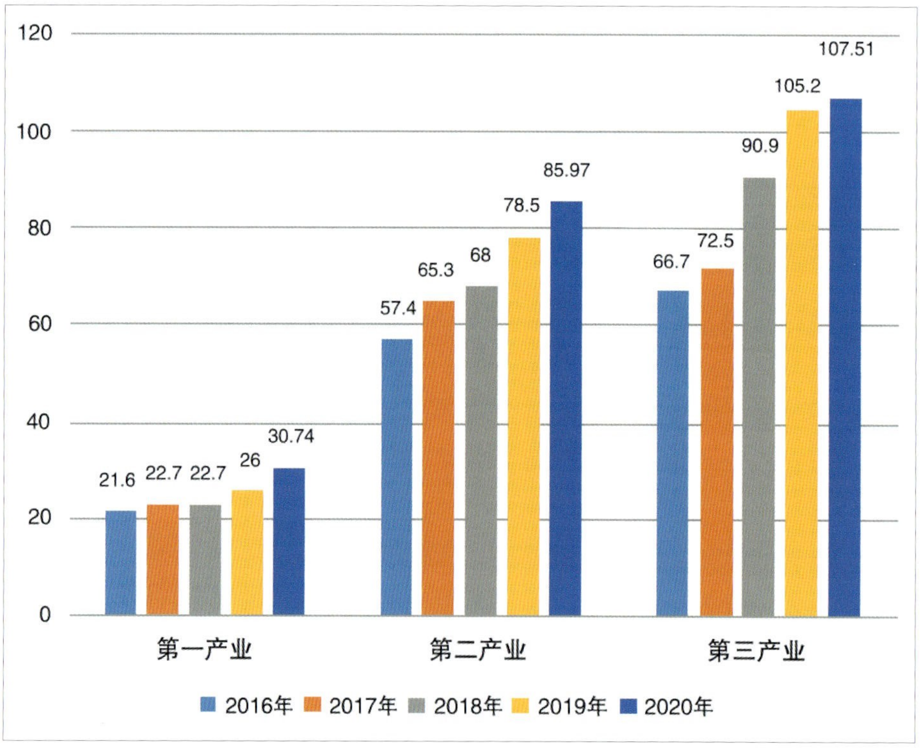

第一、第二、第三产业增加值（亿元）

户籍人口（万人）

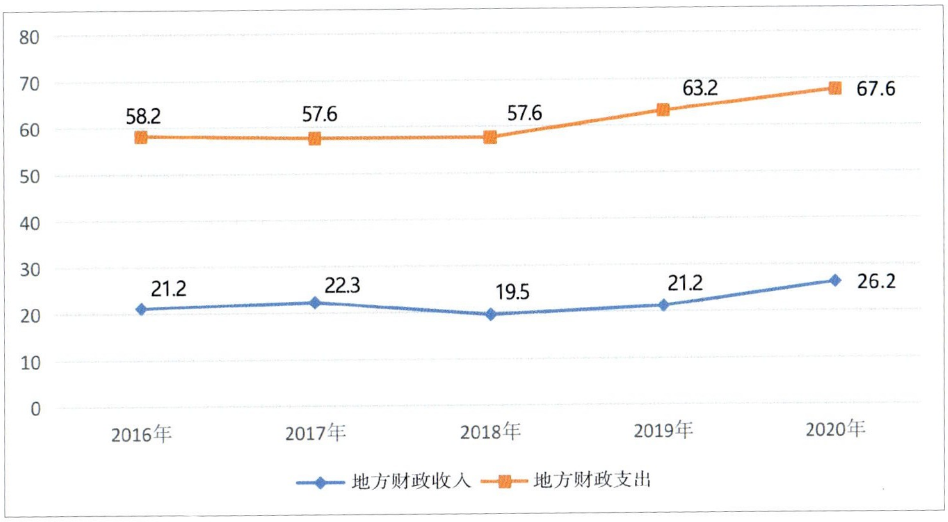

地方财政收入、支出（亿元）

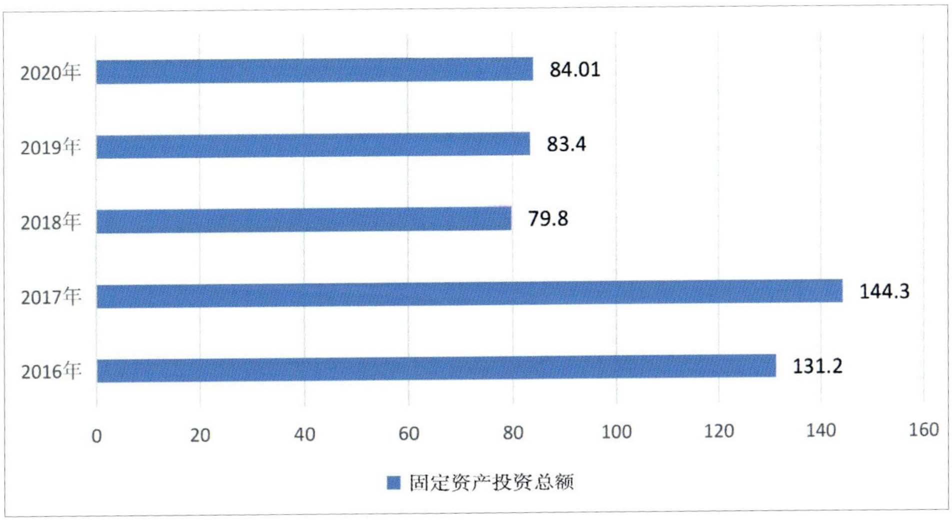

固定资产投资总额（亿元）

金融机构存、贷款余额（亿元）

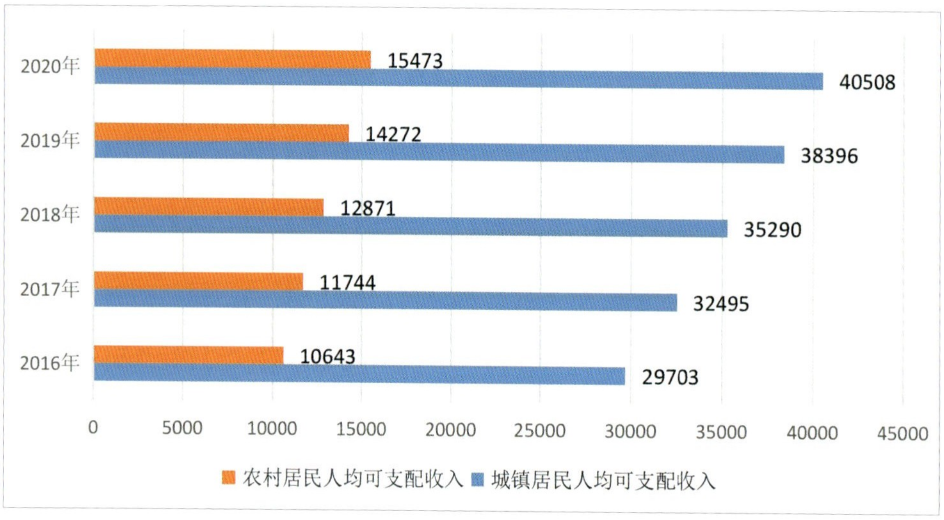

城镇、农村常住居民人均可支配收入（元）

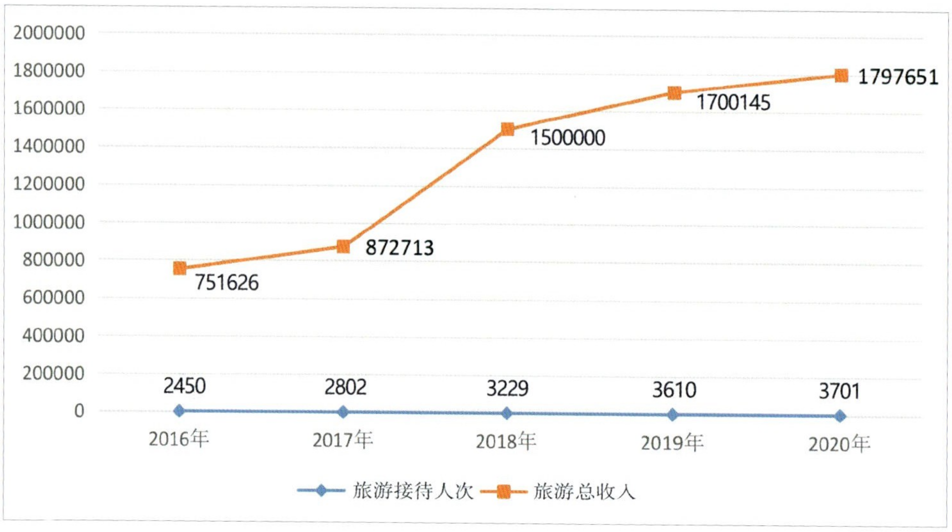

旅游接待人次（万人次）、旅游总收入（万元）

2020·数字武隆

辖区面积：2889.38 平方千米
建成区面积：17.90 平方千米
自然保护区面积：15419 公顷
绿地面积：677.35 公顷
年末户籍总人口：40.918 万人
年末城镇新增就业：4902 人

地区生产总值：224.21 亿元
地区生产总值同比增长：4%
第一产业实现增加值：30.737 亿元
第二产业实现增加值：85.967 亿元
第三产业实现增加值：107.506 亿元

农林牧渔业总产值：516429 万元
  农业总产值：306315 万元
  林业产值：22429 万元
  牧业产值：162669 万元
  渔业产值：10265 万元
  农林牧渔服务业产值：14753 万元
农林牧渔业增加值：317692 万元
粮食播种面积：48378 公顷
粮食作物产量：189057 吨
蔬菜播种面积：26754 公顷
蔬菜产量：652701 吨

旅游总收入：17.9765 亿元
接待国内外游客：3701.03 万人次
接待国内游客：3697.82 万人次
乡村旅游景点：20 个

社会消费品零售总额：112.44 亿元
外贸进出口总额：13586 万元
实际利用外资金额：744 万美元
规模以上服务业营业收入：18.06 亿元

地方财政收入：26.245 亿元
一般公共财政预算收入：13.361 亿元
地方财政支出：67.632 亿元
一般公共预算支出：52.832 亿元

房屋施工面积：138.72 万平方米
房屋竣工面积：4.95 万平方米
房屋销售面积：29.57 万平方米
旅客周转量：23209.34 万人千米
货运总周转量：50626.26 万吨千米
辖区公路里程：5412.02 千米
移动电话用户：39.94 万户

幼儿园数：79 所
小学学校数：56 所
初中学校数：6 所（含九年一贯制学校）
高中学校数：4 所
高考录取率：92.7%

专利申请受理数：169 件
授权专利数：91 件
注册商标数：3869 件
地理标志证明商标数：7 件

公共图书馆：5 个
图书馆总藏量：180383 册（件）
非物质文化遗产数：187 个
体育场：1606 个
卫生机构：332 个
医疗卫生技术人员：2354 人

全年用电总量：64095 万千瓦时
全年天然气用气：2990.09 万立方米
城市停车位总数：12958 个
人均公园绿地面积：10.30 公顷

城镇常住居民人均可支配收入：40508 元
城镇常住居民人均生活消费支出：26271 元
农村常住居民人均可支配收入：15473 元
农村常住居民人均生活消费支出：13014 元

城镇常住居民均现住房面积：43.95 平方米
农村常住居民人均现住房面积：63.53 平方米

源自《武隆统计年鉴》

目录

特　载

专　记

大事记

武隆概览

武隆区人民代表大会

武隆区人民政府

中国人民政治协商会议武隆区委员

中国共产党武隆区纪律检查委员会
武隆区监察委员会

民主党派·工商联

群众团体

法　治

军　事

生态文明建设示范区

生态旅游

经济管理

应急管理

农业农村

工　业

商贸服务业

城乡规划与建设

交通·邮电

金　融

文化·体育

科 技

教 育

卫生健康

社会生活

乡镇（街道）

人物·荣誉

文　献

统计资料

附 录

索 引

特　载

政府工作报告

——2021 年 1 月 13 日在重庆市武隆区第十八届人民代表大会第五次会议上

重庆市武隆区人民政府区长　卢红

一、“十三五”时期及 2020 年工作回顾

“十三五”时期是全面建成小康社会决胜阶段，这段极不平凡的历程，是武隆发展步履实、城乡变化大、人民实惠多，知名度、美誉度、影响力快速提升的五年。五年来，最具战略指引意义的是，习近平总书记两次亲临重庆视察并对重庆提出系列重要指示要求，为我们指明了前进方向、注入了强大动力；最具标志性意义的是，习近平总书记参加全国政协十三届三次会议经济界联组会时，对武隆将特色生态资源转化为脱贫攻坚发展优势的做法成效给予充分肯定，称赞过去的“穷乡僻壤”现在成了“人间仙境”；最具里程碑意义的是，我们用习近平新时代中国特色社会主义思想武装头脑、凝聚力量，在全国首批摘掉了国家级贫困县的“帽子”，翻开了撤县设区的崭新一页。

五年来特别是党的十九大以来，面对复杂多变的外部环境和艰巨繁重的改革发展稳定任务，全区上下更加紧密地团结在以习近平同志为核心的党中央周围，全面贯彻党中央、国务院决策部署，认真落实市委、市政府工作部署，在区委的坚强领导下，在区人大、区政协的监督支持下，持续打好“三大攻坚战”，深入实施“八项行动计划”，统筹推进稳增长、促改革、调结构、惠民生、防风险、保稳定等各项工作，坚决肃清孙政才恶劣影响和薄熙来、王立军流毒，推动武隆各项事业迈上新台阶。当前，全区政治生态持续向好，干部群众精神面貌持续向上，高质量发展动能持续增强，社会和谐稳定局面持续巩固。“十三五”规划目标任务总体完成，全面建成小康社会胜利在望。

——综合实力迈上新台阶。GDP 达到 224.2 亿元、五年年均增长 7%，人均 GDP 接近 1 万美元、居渝东南首位；固定资产投资累计近 600 亿元。全域旅游示范发展，旅游固定资产投入 200 亿元；建成天尺情缘、懒坝、归原等一批重点项目，新增芙蓉江景区等 3 个 AAAA 级旅游景区；综合收入是“十二五”期末的 2.77 倍；成功创建国家全域旅游示范区、首批国家级旅游业改革创新先行区。服务业升级发展，占 GDP 比重 50% 左右，现代金融、现代物流、电子商务、大健康等现代服务体系加速呈现。生态工业转型发展，园区建成面积 4 平方千米，清洁能源装机突破 150 万千瓦，页岩气日产能突破 70 万立方米，新升规工业企业 27 户。特色农业提质发展，“2+6+N”山地特色高效农业带动性增强，粮食、蔬菜、肉蛋等自给率提高，“三品一标”农产品认证总量超 22 万吨，获批国家鳅田稻标准化示范区、国家农业绿色发展先行区。

——三大攻坚战夺取新胜利。脱贫攻坚决战全胜，整体退出国家级贫困县序列，5.5 万余名建卡贫困人口全部摆脱贫困、人均可支配收入突破万元大关，武隆人民告别了延续千年的绝对贫困。旅游扶贫经验模式两次入选世界旅游联盟减贫案例。污染防治持续加力，乌江、芙蓉江水质优良，大溪河水质稳定在Ⅲ类以上；城区空气质量优良天数 350 天以上；土壤环境质量保持稳定。重大风险有效防范，严控新增政府隐性债务，债务风险序时化解；银行业不良贷款率低于全国平均水平；重点领域风险得到有效控制。

——八项行动计划谱写新篇章。以大数据智能化为引领的创新驱动发展战略行动计划取得积极进展，融入“智慧名城”“智造重镇”建设，“八个优先工程”加快推进，智慧旅游等智慧城市建设成果显现；智能产业、智能制造、智能化应用协同推进，建成智能化产业项目 2 个。乡村振兴战略行动计划加力实施，推进“4+23”乡村振兴试验示范，71 个重点项目实现预期目标，加快打造农村人居环境整治示范区。城市提升行动计划持续推进，启动实施 61 项任务、完工 11 项，新型城镇化质量稳步提升，常住人口城镇化率比“十二五”期末提升 6.85 个百分点。军地设施共建共用、人才培育等收到实效，成功创建全国双拥模范城。科教兴区和人才强区行动计划落地见效，营造“近悦远来”生态，人才总量超 7.1 万人；成功创建国家义务教育均衡区；区域创新能力持续提升。内陆开放高地建设行动计划取得突破，开放通道、开放平台加快构建，对外开放广度和深度进一步拓展。保障和改善民生行动计划增进民生福祉，民生支出占一般公共预算支出超过 70%，保障民生九大专项 69 个项目基本完成。生态优先绿色发展行动计划促进环境改善，63 项生态建设任务全面完成，武隆山更绿、水更清、天更蓝、空气更清新，“山水之城美丽之地”魅力彰显。

——改革创新激发新动力。重点改革持续深化，供给侧结构性改革纵深推进，在全市率先退出煤矿产能，清退“僵尸企业”200余家，为企业减税降费14亿元；19户区属国有企业改革组建为“3+1”集团公司；顺利完成新一轮机构改革，巷口、仙女山、羊角、土坎撤镇设街道，凤来撤乡设镇；农村承包经营权、集体产权制度、“三变”改革试点稳步推进。创新发展持续加强，建成专家大院（工作站）13个、创新示范基地11个；培育科技型企业116家、高新技术企业5家，获专利授权270件，R&D投入年均增长37.7%。营商环境持续优化，加快推进三级政务服务体系标准化建设；879项依申请类服务事项纳入政务服务中心；全程网办率达73%，平均承诺时限压缩75%，政务服务满意率达99.8%。五年净增市场主体10299户。

——城乡协调构建新格局。“特色山水·滨江休闲”城市建设渐显成效，建成龙山和凤山公园、南北滨广场、16座公厕、100余处微绿地微游园，完成污水处理厂搬迁扩能，城区旅游集散中心主体建成，改造棚户区26.6万平方米，南北滨江路逐渐成形，城市颜值不断提升。美丽乡村建设渐变渐新，完成农村公路建设2595千米，农网升级改造率超过70%，改造农村危旧房7881户；行政村通客率、4G网络覆盖率100%。水利建设创历史新纪录，建成水库7座、在建2座、完成前期工作5座，建设水厂15座，实施三峡后续项目48个，农村供水入户率100%。

——绿色发展开创新局面。生态保护全面加强，严守环境底线、生态红线，加强“两江四山”保护，开展“无废城市”试点，全面落实河长制、林长制，守护好世界自然遗产地等自然保护地，森林覆盖率达65%，成为首批38个中国森林氧吧之一。“两山”实践创成品牌，构建起生态旅游、生态工业、特色农业为主的生态产业体系，成功举办两届绿色发展实践国际论坛，成为全国少有、重庆唯一同时获得国家绿水青山就是金山银山实践创新基地、国家生态文明建设示范区命名的区县。

——内陆开放迈出新步伐。通道体系不断完善，仙女山机场、渝怀二线铁路、G65武隆西互通建成投用，开工建设白马航电枢纽、渝湘高铁、渝湘高速复线、武道高速，建成江后路、土坎乌江大桥、龙溪乌江大桥等重点交通项目17个，内畅外联格局基本形成。开放水平不断提升，城区、园区、度假区、景区等平台开放功能增强，成为全市重要外事接待和入境游目的地，与新加坡等22个国家进行了友好合作交流，与瑞士格林瓦德等6个城市达成“国际友城”意向协议，境外游客接待量创历史新高。招商引资为历史最好水平，累计到位投资313亿元；外贸总额增长2.5倍。

——共享发展取得新成效。常住居民人均可支配收入26877元、排渝东南第一。改扩建武隆中学、实验小学等学校38所，“大班额”现象基本消除，学前教育、特色教育建设全市领先，人均受教育年限达11年。成功创建国家卫生区，区中医院新院建成投用，乡镇卫生院、村卫生室标准化建设全覆盖，人均预期寿命77.2岁。城镇新增就业2.94万人，城乡居民养老保险、医疗保险参保率保持95%以上。新殡仪馆、社会养老服务中心建成投用；建成保障性住房22.5万平方米；142件民生实事让群众可观可感。社会大局平安稳定，命案侦破连续16年保持100%，获评社会治理创新典范区，羊角场镇危岩避险搬迁成为社会治理创新的重庆样板。全区人民获得感、幸福感、安全感持续提升。

2020年，是“十三五”收官之年。这一年，疫情突如其来，灾情百年罕见，世情错综复杂。是中华人民共和国历史上、中华民族历史上、也是人类历史上极不寻常的一年，风险挑战前所未有。在以习近平同志为核心的党中央坚强领导下，我们坚决贯彻落实党中央、国务院决策部署，抓实抓细市委、市政府和区委工作部署，统筹推进疫情防控和经济社会发展，在大战大考中践行初心使命，在攻坚克难中展现担当作为，在年初经济运行按下“暂停键”、一季度GDP下降4.8%的严峻形势下，保持定力、化危为机，推动经济发展逐季恢复、稳定向好，全年增长4%，交出了一份有质感、群众满意的答卷！重点体现在六个方面：

一是大战大考成绩显著。战疫情，听从党中央指挥，按照党中央部署，坚持人民至上、生命至上，和全市同步启动一级响应，落实“四早”“四集中”要求，抓好“四个工作面”和“两大保障”，成为全市首批低风险区县，做好“外防输入、内防反弹”常态化防控，除1例外出务工返乡输入性确诊病例外，未出现其他病例。战复工，在确保防疫安全前提下，在全市最早启动复工复产、复市复消。组建工作专班帮扶重点行业企业，开展“十个一”主题促销系列活动提振消费。固定资产投资、规模以上工业增加值分别增长0.8%、7.5%，社会消费品零售总额下降2.9%。战脱贫，“战疫情送春风”“百日大会战”“收官大决战”等活动有声有色，扎实推进脱贫攻坚十大专项行动，就业扶贫、消费扶贫等重点工作成效显著，东西部扶贫协作、水利部定点扶贫和市内结对帮扶协同发力，“两不愁三保障”问题动态清零，后坪乡深度脱贫攻坚任务全面完成，现行标准下贫困人口全部脱贫；易地扶贫搬迁事迹入选全国“十三五”易地扶贫搬迁典型案例。战灾害，成功应对14次极端天气和152起地灾险情，及时有效处置大溪河超保证水位、白马牛儿湾和土地中堡滑坡等重大险情，紧急避险撤离群众1219人，实现了因灾死亡零发生。

二是“六稳”“六保”防线坚固。“六稳”政策措施落地落实，稳住了经济社会发展基本盘。保居民就业，发放创业担保贷款3.1亿元、就业补贴3000万元；应届高校毕业生就业率达93%；城镇新增就业4822人，农村劳动力转移就业4055人。保基本民生，社会救助和保障标准与物价上涨挂钩联动，发放救助金1.42亿元，惠及困难群众2万余人。保市场主体，实施停产半停产企业复产止滑行动，落实阶段性纾困惠企政策资金超1亿元，助民企清收账款3381万元，新增市场主体4959户、增长14.9%。保粮食能源安全，“米袋子”“菜篮子”“肉盘子”保得放心，水电、页岩气放量增产。保产业链供应链稳定，加大供应链保障调度、产业链招商力度，重点产业需求基本保障。保基层运转，坚持“政府过紧日子”，压缩三公经费10%以上，兜牢“三保”底线；争取抗疫特别国债2.7亿元；一般公共预算增长12.5%，财政运行平稳。

三是产业发展转型升级。文旅产业逆势上扬，建成飞天之吻、博象美术馆、懒坝大地艺术公园、树顶漫步、归原小镇等一批重点文旅项目；阳光童年、半山太阳谷、白马山高端文旅特色小镇、天生三桥电梯新建等项目有序推进；乌江博物馆、非遗中心、美术馆等项目加快推进。优化5条精品乡村旅游线路，芙蓉湖游船、大田湿地人家、万峰呐溪原乡、田家寨等景区景点相继开放，文凤村、堰塘村成为国家级乡村旅游重点村。仙女山草原露营音乐节等热度不减，“双晒”获最佳传播奖；新培育规上文化服务企业8家，接待游客、综合收入分别增长5%和5.88%。生态工业提质增效，白马货运码头等项目加快建设。迪纳新能源等5个项目建成投产；四眼坪风电等项目推进建设，新开发页岩气20口井。清理处置11户违约企业，盘活闲置厂房3.5万平方米。7户企业升规，工业投资增长24.4%，规模以上工业增加值增长7.5%。特色农业稳步发展，农业增加值增长4.8%。“一环两园”为重点的现代农业产业园加快建设。整治高标准农田3万亩。主要农产品产量稳中有增，高山蔬菜产量65万吨，生猪出栏50万头，烤烟产量305万公斤。新认证绿色食品40个，脆桃、猪腰枣入选全国名特优新农产品名录。农产品加工业产值实现20亿元。新培育市级龙头企业3家、家庭农场25家、农民专业合作社40个。商贸消费日趋繁荣，中堆坝智慧商圈、奥世·万汇广场商业综合体加快建设；商业步行街火热开街；五洲国际商贸物流园业态初显，城区“加盟店”“特色店”“夜经济”快速增长；新增限上企业15家，实现社会消费品零售总额114.4亿元。智能经济逐渐活跃，奥讯机器人项目投产并升规；实施智慧农业项目3个、企业智能化改造12家；一批电商平台开放，实现消费扶贫1.6亿元、网售总额46亿元。

四是改革开放创新有为。重点改革蹄疾步稳，深化供给侧结构性改革，为企业减税降费5亿元；向上争资43.19亿元；引入“金融活水”，存贷款余额首破500亿元大关，帮助企业贷款267.87亿元，惠及4987户（次）。深化国资国企改革，隆畅公司上市稳步推进。稳妥推进农业农村、投融资、市场信用体系等关键领域改革。持续优化营商环境，深化“多证合一”等改革，大力推行“一窗办”“网上办”。民营经济增加值占GDP比重达62.9%。开放合作积极有为，扩大“双城经济圈”合作，缔结“巴蜀遗产地联盟”，与乐山市缔结友好城市；仙女山和西岭雪山缔结姊妹景区，与170余家“巴蜀文化旅游走廊”景区资源共享互推。强化区域合作，“武隆南川”一体化发展上升为市级战略，与黔北区域市区县签订系列合作协议。积极对外交流，成功举办第二届绿色发展实践国际论坛。优化完善“1+11+N”招商模式，签约项目57个、签约额307.5亿元；新增外贸企业8家，到位外商投资项目2个。创新引领成效明显，引进高层次人才45名，带动引才294名。签约国电投投资10亿元建绿色智慧能源示范区，与重大“校地合作”建设“微波输能与空天太阳能电站实验基地”；与中科院老专家技术中心组建武隆工作站。新培育创新平台5个、高新技术企业1家、科技企业24家。R&D经费支出增长约20%。启动知识价值信用贷款改革试点。成功申报国家农业科技园区。

五是美丽城乡魅力初显。完成城乡建设投资55亿元，建筑业总产值增长19%。山水城市加快打造，《国土空间总体规划（2020—2035）》有望近期获批，启动凤来新城建设规划。油坊沟农贸市场开市，乌江一桥完成加固，建成乌江左岸堤防、中堆坝次干道、3座人行天桥，芙蓉西路立体停车楼主体完工；棚户区改造254户，南滨路、冯家坡老旧小区启动改造；利丰·锦绣阁、碧桂园·江山赋等房地产项目加快开发。仙女山度假区碧云路改造等6个基础设施项目推进建设，青少年科学示范营地等8个文体旅项目加快打造；11个休闲度假项目完成投资6.19亿元。羊角古镇功能配套及景观文化持续完善。常态化开展“马路办公”，整治棉花坝至乌江三桥、G65武隆西互通周边环境，新建城区及景区公厕13所、小游园及微绿化44处。美丽乡村加快建设，以全市首批脱贫攻坚与乡村振兴有效衔接试点为契机，全区农村环境持续改善，建成农村公厕20座，改造农村危房371户，旧房整治提升2000户，创建美丽庭院500户、绿色示范村13个；农网改造投资1.01亿元；完成“四好农村路”210千米。基础设施建设成效显著，完成交通建设投资14.2亿元，仙女山机场实现首航，落实航线4条；渝怀二线铁路投运；白马航电枢纽、渝湘高铁、渝湘高速复线、武道高速推进建设，武两高速完成投资人招标，14个交通干线项目加快实施。完成水利投资4.52亿元，8个在建重点水利项目顺利推进，江口供水工程完工，龙宝塘、西山、沙坝3座水库主体工程完工。建成加油站2座、5G基站469座、室外无线AP200个。生态环境更加优良，落实“五大环保”行动，空气优良天数达355天，集中式饮用水水源地水质达标率100%，农药化肥施用量减少0.5%，畜禽粪污综合利用率93.75%，回收废弃农膜463吨；新完成国土绿化17.8万亩；清理整改小水电138座，治理水土流失100平方千米。环保督察反馈问题切实整改，环保业务用房加快建设，芙蓉湖国家湿地公园建设通过验收。天然林全面禁伐、全域禁猎，全面落实长江流域重点水域“十年禁渔”。

六是民生福祉持续改善。社会保障不断加强，企业和机关事业单位退休人员养老金实现同步上调；加快黄荆坝麻纺厂还建房建设；建成养老服务中心1个、社区养老服务站6个，改造乡镇敬老院4个。教育水平大幅提升，白马小学综合楼，长坝、土地2所幼儿园投用；成为全市学前教育示范区（县）之一；建特色学校、特色项目学校49所。健康中国积极推进，博爱医院迁建、疾控中心业务综合楼、妇幼保健院儿科大楼等加快建设，区中医院成功创建二甲医院，人民医院、妇幼保健院启动等级创建，居民健康素养显著提高。文化体育蓬勃发展，融媒体中心一期建设通过验收，新建文体设施17处；送文化下乡1000余场，成功举办仙女山马拉松等赛会，《武隆年鉴（2019）》入选全国地方志一等年鉴。社会环境安定和谐，全力抓好扫黑除恶、禁毒、信访等重点工作，较大以上安全事故、进京非访“零”发生，群众满意度持续提升。

过去这五年，我们努力建设高效服务政府，扎实转变干部作风。我们严格依法行政，主动向区委请示报告，自觉接受人大、政协和社会监督，办理人大建议633件、政协提案679件；政务信息应公开尽公开，审查规范性文件、办理行政复议案件各200余件。“四经普”“七人普”圆满完成。国防动员和后备力量建设取得积极进展，民宗、外侨、港澳台、统计调查、档案、保密、机关事务、人防、气象等工作得到加强，工会、妇幼、青年、老龄、红十字会、社科联等事业不断进步。收获市级以上表彰奖励和创建成果300余项，成绩来之不易！五年来，人民群众更加衷心地拥护中国共产党领导，更加深切地感受到社会主义制度优越性，更加由衷地为伟大祖国感到自豪！

回首过去五年，奋斗的历程充满艰辛，取得的成就令人欣喜，积累的经验值得铭记：不管面临什么挑战，有习近平总书记作为党中央的核心、全党的核心，有党中央的集中统一领导，我们战胜困难就有定海神针，事业发展就有根本保证。不管抓什么工作，都必须紧紧围绕把总书记殷殷嘱托全面落实在重庆大地上这条主线，在战略部署上“扣扣子”，在责任履行上“担担子”，在工作落实上“钉钉子”，确保武隆各项事业沿着总书记指引的正确方向前进。不管处理什么问题，都必须时刻和人民群众想在一起、干在一起，激发武隆人民的真抓实劲、敢抓狠劲、善抓巧劲、常抓韧劲，汇聚攻坚克难的正能量，奏响干事创业的最强音。不管面对什么局面，都必须一切行动听党指挥、向总书记看齐，巩固和保持风清气正的良好政治生态，干在实处、走在前列！

我们也清醒认识到，武隆经济总量偏小，地方财力较弱，属于欠发达地区；产业体系不健全、科技创新水平低，新兴现代产业发展缓慢，经济抗压能力弱；资源环境约束趋紧，重点项目建设困难不少；居民就业质量不高，增收后劲不足，上学、看病问题还不小；少数部门和干部担当意识、服务意识、廉洁意识不强，能力水平不足，营商环境仍需优化。这些问题我们要高度重视，认真研究，切实加以解决。

二、“十四五”规划的总体要求和重点工作

“十四五”时期是我国开启社会主义现代化建设新征程的第一个五年，也是新时代重庆推动高质量发展的关键五年，武隆迈入“航空高铁时代”，我们要抢抓战略性历史性新机遇，以新理念引领新未来，以新格局赋能新发展，以最好的状态创造新一个“黄金五年”。

总体要求：高举中国特色社会主义伟大旗帜，深入贯彻党的十九大和十九届二中、三中、四中、五中全会精神，坚持以马克思列宁主义、毛泽东思想、邓小平理论、“三个代表”重要思想、科学发展观、习近平新时代中国特色社会主义思想为指导，全面贯彻党的基本理论、基本路线、基本方略，统筹推进“五位一体”总体布局，协调推进“四个全面”战略布局，深入贯彻习近平总书记对重庆提出的营造良好政治生态，坚持“两点”定位、“两地”“两高”目标，发挥“三个作用”和推动成渝地区双城经济圈建设等重要指示要求，准确把握新发展阶段，深入践行新发展理念，积极融入新发展格局，切实担当新发展使命，坚持稳中求进工作总基调，以推动高质量发展为主题，以深化供给侧结构性改革为主线，以改革创新为根本动力，以满足人民群众日益增长的美好生活需要为根本目的，统筹发展和安全，加快建设现代化经济体系，推进治理体系和治理能力现代化，实现经济行稳致远、社会安定和谐，确保社会主义现代化建设新征程开好局、起好步。

发展定位：充分发挥承接重庆主城都市区、联通黔北的重要联结点功能，加快打造渝东南旅游集散中心、主城都市区后花园，建设成为世界知名旅游目的地、“两山”实践创新示范区、产城景融合发展先行区，携手南川合作发展，联动道真协同发展。

主要目标：到2025年，GDP突破300亿元，人均GDP力争达到全市平均水平。基本建成世界知名旅游目的地。旅游人均消费收入和境外游客、过夜游客占比大幅提升，初步构建世界知名旅游目的地，成功创建“国家文化产业和旅游产业融合发展示范区”，成为全市国际知名文化旅游目的地建设的重要支撑和展示平台。基本建成“两山”实践创新示范区。“两山”理念更加深入人心，生态文明制度体系、绿色生产生活方式、生态环境展现山清水秀美丽之地特点。高质量发展动能、绿色科技含量显著增强，构建特色现代化产业体系，探索出一批可借鉴推广的“两化”路径。基本建成产城景融合发展先行区。全力打造全国高品质生活承接示范地。以人为核心的新型城镇化建设加快推进，城乡区域发展协调性显著增强，东部“产城景融合发展示范区”、西部“凤来新城产城景融合发展拓展区”协同发展格局全面形成。创造高品质生活实现长足进步。实现更加充分就业，公共服务供给水平显著提升，社会保障体系更加健全，城乡基础设施建设更加完善，脱贫攻坚成果全面巩固，推进全面乡村振兴取得明显成效。常住居民人均可支配收入力争全市中等水平。深化改革开放取得重大进展。高标准市场体系基本建成，市场主体更有活力，营商环境持续改善，开放水平显著提升。区域合作和协同发展深入推进，承接重庆主城都市区、联通黔北的重要联结点功能明显增强。社会文明程度得到明显提高。社会主义核心价值观深入人心，文化强区建设迈出新步伐。治理效能取得显著提升。发展安全保障更加有力，平安建设迈出重大步伐。

展望二〇三五年，我区将与全国一道基本实现社会主义现代化。到那时，全区人均地区生产总值将超过2万美元，常住居民人均可支配收入超过全市平均水平，一个经济强、百姓富、生态美、文化兴的现代化武隆必将精彩呈现！

“十四五”期间，我们要重点抓好五个方面工作：

（一）绘就世界知名旅游目的地新蓝图。创建文旅融合发展示范区。以仙女、纤夫、红色、非遗、民俗、爱情等文化为旅游赋“魂”，以康旅、文旅、体旅、科旅、夜游产品和业态为产业聚“气”，不断推进文旅融合。提档升级全域旅游示范区，突出“人间仙境、度假胜地”主题，优化全域旅游空间布局、精品线路和活动，推动全域旅游全季化、全龄化发展。打造渝东南旅游集散中心，畅通对外开放通道，构建四级旅游集散服务体系，打造渝东南旅游综合服务平台，引领乌江画廊旅游示范带、武陵山区民俗风情生态旅游示范区建设。推动旅游国际化取得实效，国际化产品、国际化服务、国际化营销、国际化合作四路并进，提升国际化水平。到2025年，国家AAAA级以上景区7个（其中AAAAA级2个），基本建成户外运动和避暑休闲康养基地、世界知名旅游目的地。

（二）打造“两山”实践创新示范区新典范。探索创新“两山”转化机制，从创新政策保障、扩大生态产品供给、推动绿色金融发展方面着手，打造生态文明示范样板。夯实绿色发展生态本底，坚持“共抓大保护、不搞大开发”，加强生态保护与修复，持续改善生态环境质量，加快推动绿色低碳发展，全面提高资源利用效率，保护好绿水青山。构建现代生态产业体系，提质发展生态工业、加快发展现代服务业、推动数字经济与实体经济深度融合，推进“产业生态化、生态产业化”，转化好金山银山。到2025年，“两山”实践创新成果全面提升，空气质量优良天数保持350天以上，森林覆盖率68%，规模以上工业增加值年均增速6.5%，服务业增加值占比55%。

（三）彰显产城景融合发展先行区新颜值。高标准规划建设凤来新城。按照5平方千米启动区、30平方千米拓展区、100平方千米管控区规划，高标准建设一座交通便捷、产业繁荣、人口聚集、宜居宜游的现代新城，打造区域高水平协同联动桥头堡、全国近郊型公园城市新典范、现代高品质生活宜居样板地，力争“三年出形象、五年显成效、十年铸新城”。建设主城都市区后花园，着力构建东西部协调互补的“两心”“两轴”“两片”产城景融合发展空间格局；加快建设“特色山水·滨江休闲”城市，依托一江两山，加快中心城区更新，提升城市管理水平；推动仙女山国家级旅游度假区建设国际知名旅游度假区、白马山旅游度假区建设国家级旅游度假区；推动以人为核心的新型城镇化建设。全面实施乡村振兴战略，做大做强山地特色高效农业，实施乡村建设行动，全面深化农村改革，加快建设全市乡村振兴示范区、全国农村人居环境整治示范区。统筹推进城乡基础设施发展，加速畅通对内通道大循环，提升水利、现代能源、新基建保障建设水平。到2025年，城镇建设用地28.5平方千米，常住人口城镇化率52%。

（四）激发高质量发展新动能。全面融入新发展格局，利用国内国际两个市场两种资源，全面促进消费、持续拓展投资空间、深化对外开放，推进构建航空网、铁路网、高速网、水运网等开放大通道，推进开放平台建设，发展开放型经济，深度融入国内国际双循环新发展格局。到2025年，社会消费品零售总额达180亿元左右，年外贸总额3亿元左右，累计招商引资1500亿元以上。强化联动协同发展，主动融入“双城经济圈”建设，大力推进“一区两群”协调发展，携手主城都市区打造“东三环”产业带，推动“武隆—南川”一体化发展，联动黔北地区协同发展，在基础设施、产业协作、协同创新、生态环保、公共服务等重点领域强化合作。持续推进全面深化改革，深化重点领域改革，激发各类市场主体活力；建立完善高质量发展政策体系、高标准市场体系，持续优化政务服务，创造一流的营商环境。到2025年，民营经济增加值占比65%。切实增强科技创新能力，加快科技平台建设，激发人才创新活力，推进科技成果转化，促进产业链创新链协同。到2025年，人才总量达7.5万人以上，新增科技型企业50家以上，R&D经费占比超过1%。

（五）拓展社会发展新局面。加强社会主义文化建设，努力提高社会文明程度，打造高水平公共文化服务体系示范区，以大数据智能化为引领健全现代文化产业体系，文化产业增加值占比6%左右。全面增进民生福祉，建设高质量教育体系，人均受教育年限12年。深入实施健康中国武隆行动，平均预期寿命79.4岁。促进更加充分更高质量就业，城镇新增就业2万人以上，常住居民人均可支配收入年均增速7%以上。健全多层次社会保障体系，落实基本养老、医疗保险政策，关心重点群体发展。促进人口长期均衡发展，鼓励按政策生育，积极应对人口老龄化，不断优化人口结构，提升人口素质。构建基层社会治理新格局，加强智慧治理基础建设，不断提高市域社会治理现代化水平。筑牢安全发展底线，全力维护国家安全，坚决维护政治安全，增强国防动员能力。突出抓好经济安全，确保重要产业、基础设施、战略资源、重大科技等关键领域安全可控。切实保障公共安全，全面提升安全监管和防灾减灾救灾能力，维护社会稳定和安全，确保人民安居乐业、社会安定有序。

三、2021年工作部署

2021年是中国共产党建党100周年，是我国现代化建设进程中具有特殊重要性的一年。全区经济社会发展主要预期目标是：GDP增长6.5%以上，固定资产投资、社会消费品零售总额增长7%左右，规模以上工业增加值增长10%以上；一般公共预算增长10%左右；常住居民人均可支配收入增长8%左右；居民消费价格指数103.2%以内；节能减排优于市级下达任务。重点抓好九个方面工作，努力夺取“十四五”开门红：

（一）大力推进旅游国际化发展。旅游人次、综合收入均增长10%以上，境外游客大幅增长，过夜游客占比达到15%。

——以国际领先水准推进全域景区化。争取市级层面出台《加快武隆旅游国际化发展实施意见》。持续“深耕仙女山、错位拓展白马山、以点带面发展乡村旅游”，重点推动乌江画廊旅游示范带、武陵山区民俗风情生态旅游示范区建设，提升芙蓉江片区亲水休闲旅游功能，力争再创2个AAAA级旅游景区、2个AAA级旅游景区。武隆城区，加快旅游集散中心、九街、乌江博物馆等项目建设；持续推进羊角古镇旅游开发。仙女山片区，提档升级老牌景区，完善配套设施及管理服务水平；加快建设懒坝LAB、阳光童年、标准化智慧康养社区、博象·咏山水、星际未来城、仙女山科学营、游客接待中心改扩建、教育实践基地及配套基础设施建设等项目。白马山片区，完善天尺情缘景区爱情文化体验项目，加快高端文旅特色小镇、天尺坪西坡康养小镇、天下鹊桥景区等建设；完成G353改造，力争开工改造G65武隆西至天尺情缘景区道路；招商签约项目2个以上、签约金额50亿元以上。乡村旅游，深入推进5条乡村旅游精品线路建设，持续建设大田湿地人家、凤舞黄渡2个区级示范点，推进荆竹村乡村旅游重点村基础设施、关桥村乡村生活综合体等项目建设，巩固提升天池苗寨、呐溪原乡等示范点，建设一批网红乡村酒店、民宿客栈。

——以国际化标准提升管理服务。完善国际化设施，持续加力引进国际品牌酒店、品牌餐饮。壮大国际化消费，持续提升商圈、购物街消费品质，提升“武小仙”“隆小马”系列、七彩陶、蜡染等旅游商品品质，丰富自驾、研学、康养等产品供给，吸引更多游客趣玩乐购。提供国际化体验，依托仙女山机场，串联国际旅游航线；构建无感购票、自动指引、安全防范、智慧餐厅等智慧旅游应用体系；利用动漫、VR、AR等技术提供全息影像欣赏等沉浸式旅游体验。以国际标准完善旅游引导系统、设置公共场所外语标识、提升景区管理服务水平。

——以国际化视野推进品牌营销。扩大国际影响，加强与国际顶级社交平台合作，与专业推广商线上、线下合作，与境外旅行商和国内重要入境组客旅行商紧密合作，在重点入境游客源地积极开展推介活动，打开国际市场。在央视、全国大中型旅游城市投放形象广告，保持“两微一抖”等传播热度，提升公开赛、马拉松、音乐节、冰雪季等活动的国际影响力。开展合作营销，稳定西南、两湖、浙沪等现有市场，与“双城经济圈”、湘鄂黔等知名景区打造跨区域线路。提高武隆旅游的知名度、美誉度。

（二）加力推进生态工业壮大发展。做大做强“4+1”重点产业，推进生态工业高质量发展，规模以上工业增加值增长10%以上。

——以大数据智能化赋能工业提质。围绕“五个一”重点，推进产业数字化、数字产业化。积极谋划无人驾驶、人工智能、区块链、物联网、云计算、边缘计算等技术应用及转化项目，引进智能化产业项目2个以上、实施4个智能化改造项目。推进“八个优先工程”建设，整合建设“武隆云”，加快智慧园区建设，新建5G基站150个，布局3～5个智能体验场景，让智能化为生活增色添彩。

——加快项目投资升级园区发展。加强市级特色工业园区建设，建成白马货运码头、黄荆坝麻纺厂还建房、园区页岩气管道，搬迁建成民爆临时仓库；综合整治园区环境，盘活闲置厂房2万平方米以上。建成投产年产3万吨混凝土外加剂、麟子源EYM生物菌肥、年产8000吨钢结构加工、安道盈钢结构加工、恒泰建筑石材一期、罡阳二期等项目；启动武隆苕粉生产基地、年产200万平方米新型树脂瓦、页岩气开发废弃资源利用等项目建设。园区实现固定资产投资4亿元。

——强化延链成群做强重点产业。继续实行“五位一体”帮扶制度，强化企业通勤交通、物流、资金、用工等要素保障，对企业升规、上市提供扶持，净增规模以上工业企业7户以上。围绕重点产业，大力引进“高新尖”企业，占据研发、检测等上游环节。打造页岩气勘探开发骨干产业，配套引进生产、传输、深加工等企业，形成十亿级产业链。加强绿色矿山开发利用。持续推进羊角豆干、武隆苕粉、碗碗羊肉、仙女红茶等产业整合做强，努力培育五亿级企业。鼓励支持装备制造、新型材料、新能源汽车、电子装配等行业企业扩大生产规模、获取核心技术、配套上下游企业，形成产业集聚发展的良好态势。

（三）更大力度推进产城景融合发展。完成城乡建设投资55亿元，持续提升城市品质，城镇化率48%左右，着力打造主城都市区后花园，着力建设高品质生活承接示范地。

——持续提升城市品质。优化1000平方千米产城景融合发展核心区建设，持续打造“特色山水·滨江休闲”城市。芙蓉、凤山片区，建成25个项目，加快93个项目建设，新开工33个项目。围绕“一江两岸”，提升打造南滨路，力争北滨路全线连通，打造一批亲水平台、临江廊道，在两岸坡坎崖和边角地建设一批微公园、绿地、文化园，实施文化植入工程，提升城市亲水休闲功能和人文品质。推进7个房地产项目开发，建成江南水厂等项目，改造柏杨路等3个老旧小区，推进海绵城市建设，提升城市公共服务功能。仙女山片区，基本建成污水管网、集中供暖（一期）等项目；启动农业生产服务中心（二期）建设；加快清泽·栖林溪谷等10个休闲度假项目建设；开展机场路沿线人居环境综合整治。羊角片区，完成文体中心等项目建设，推进打造旅游商贸小镇。

——开工建设凤来新城。开展好“凤来新城起步年”各项工作，新城指挥部统筹调度和运行管理机制进一步优化，新城公司市场化、实体化、专业化、多元化经营实质性起步。完成“1+4+N”规划体系编制；启动征地拆迁工作，落实用地保障。推进启动新城城市框架搭建和功能设施布局，开工凤来大道等5个项目建设，加快启动安置小区（一期）等7个项目，推进新城至武隆中心城区快速通道等项目前期工作。储备重点项目50个，招商签约金额突破50亿元。

——掀起新一轮基建热潮。交通大提速，加快白马航电枢纽、渝湘高铁、渝湘高速复线、武道高速建设，开工武两高速，力争开工武丰高速，改造6条干线公路，建设农村公路200千米，推进7个重点前期项目。水利大建设，开工建设车盘、姜家溪水库，完成4座水库下闸蓄水，续建沙河水库，开工仙女山度假区、木根、文复水厂，续建江南水厂，完成7个水厂提质改造。配套大完善，建设好新开发区域路、水、电、气、讯等设施，推进5G、充电桩向中心镇延伸覆盖，天然气供应向乡镇延伸覆盖。

——打造精管城市典范。编制完成《武隆国土空间总体规划》，适时启动中心城区控制性规划和建设规划、重点区域规划编制，加强立体空间、平面布局、整体风貌、文化文脉等管控，营造显山露水、错落有致的城市风貌。推进城市“三管”，“马路办公”“视频曝光”常态化，并向街镇延伸；持续实施城管“七大工程”，建成垃圾焚烧发电厂、2处立体停车库，改造4条背街小巷，新建3座公厕；大力整治乱停车等城市“十乱”，确保违建“零新增”，打造精致整洁的城市形象，推进国家文明城区创建。

（四）持续增强改革创新活力。用创新的思维、改革的手段，充分激发市场主体活力，努力为发展集聚强大动力。

——紧盯重点领域改革这个关键。巩固去产能成果，不断推进“僵尸企业”处置。严格落实“过紧日子”要求，推进财政预算管理改革，从严管控政府债务。全面启动绿色金融改革创新试验区建设，助推绿色产业发展。持续推动企业降本减负，进一步降低用工、用能、物流等成本，在涉企服务减时间、减环节上取得新突破。推进国企改革三年行动，全面推行经理层成员任期制和契约管理，分层分类推进混合所有制改革，推进隆畅公司上市；推进培育具有核心竞争力企业专项行动，通过市场配置资源要素和特许经营权授权许可，支持国企市场化实体化经营发展，提升经营绩效；强化国企负债约束，深化党政机关和事业单位经营性资产集中统一监管。深化生态文明体制改革，推进森林认证和碳汇交易试点、完善生态考核。持续推进有条件的乡镇撤乡设镇、撤镇设街道。

——紧盯创新驱动发展这个核心。加大科技招商引资引智，加快推进中国科学院大科学装置项目协议签订。深化科技协同创新，深入推进“双城经济圈”地区科技合作，加强与国内著名高校、重点科研院所合作，积极开展科技成果引进、转化。加大创新主体培育和研发投入，强化财政引导、激励企业创新创业，新引进和培育科技型企业10家以上，R&D经费增长20%以上。积极搭建平台，推进“蔬妆仙女山星创天地”建设，启动国家农业科技园区建设，鼓励支持企业建研发中心；新培育专家大院、工作站、示范基地等创新主体4个以上。引进更多高层次人才来武创新创业。

——紧盯繁荣实体经济这个目标。持续巩固壮大实体经济根基，持续深化“降本增效”“人才保障”“走访服务民企”等活动，加快民营经济高质量发展。严格落实惠企政策，确保实体经济获得感显著增强。创新金融服务模式，创新营运民营小微企业首贷续贷中心，加大普惠型小微企业、制造业中长期贷款等信贷投放。建立规范化常态化政企沟通渠道，构建亲清政商关系。支持企业“个转企”“微升小”“小升规”“规改股”“股上市”，“四上企业”净增30户以上；新增市场主体12%以上，民营经济增加值占GDP比重63%。

——紧盯优化营商环境这个重点。以“营商环境深化年”为抓手，加快打造市场化法治化国际化营商环境。着力固根基、补短板，持续优环节、减材料、压时限、降成本。承接落实市级决定取消、下放和改变管理方式的行政事项，立足企业视角，加快推进“一窗办”“一次办”“跨区县通办”“跨省通办”，优化行政审批效率。推进三级政务服务体系标准化建设，加快启动区政务服务中心建设。坚持传统服务方式与智能化服务创新并行，切实解决老年人等特殊群体在公共服务运用智能技术方面遇到的困难；利用“渝快办”，推进水、电、气、讯报装、查询、缴费等业务“掌上办”。切实提升窗口服务质量，进一步提升群众满意度。

（五）加快推动内陆开放发展。积极融入国内国际双循环，以旅游开放为引领，在更大范围、更宽领域、更深层次深化对外开放，不断提高开放型经济发展水平。

——融入开放发展新格局。全面融入“一带一路”和全市内陆开放高地建设，推进参与中新（重庆）战略性互联互通项目。对接西部陆海新通道，加快打造航线、“三铁”、多向高速、乌江航道等多维度多向开放通道。加强与“双城经济圈”、市外友好地区、“一区两群”等区域协作发展，全面加强武隆南川一体化发展、与主城东三环、黔北区县合作，在产业发展、科技创新、对外开放等领域取得实质性进展，实施跨区域合作项目10个以上。持续办好国际自驾游交易博览会等会展活动，推进建设全市重要国际会展交往中心，融入建设全市中西部国际交往中心支撑点，渝东南开放发展先行区、示范区；深化与“国际友城”“共建景区”密切合作，继续缔结更多友好城市，扩大对外开放“朋友圈”。

——激发消费市场活力。积极融入国际消费中心城市建设，顺应消费品质化、多元化升级趋势，加快现代服务业发展。推进商圈、商业街、商业体建设，升级“夜经济”“定制消费”“智慧零售”等消费服务，吸引外来消费；持续提升城区、度假区、园区、景区等开放平台功能，加快构建“金融楼”“商务服务楼”“总部经济楼”等，引进培育知名金融机构、连锁星级酒店、总部经济等高端业态；吸纳社会资本建设高铁商务区、临空经济区、临港加工区，加快南溪沟片区（老车站）商贸综合体等10个现代商贸重点项目建设；大力实施电商直播带货“13551”工程等，鼓励发展在线教育、在线医疗等新业态新场景，刺激新型消费。实现社零总额127亿元左右，进出口总额2亿元以上。

——持续扩大有效投资。加快基础设施、新兴产业等领域补短板，向上争资35亿元以上，强化重点项目用地、审批、资金等要素保障，营造良好施工环境，实现固定资产投资90亿元左右。全力引进外来投资，重点引进文创康养、智能制造、现代物流、山地特色效益农业等开放型产业；立足已有产业延伸链条，加快引进上下游产业；积极引进新兴科技型、高成长型企业。坚持“绿色招商”，加强招商企业实力研判评估，决不能“捡到篮子里都是菜”。强化重点项目储备及跟踪服务，提升签约率、开工率。招商签约总额300亿元、投资到位60亿元以上，引进外资企业3个以上。

（六）全面推进乡村振兴。精准落实“五个振兴”要求，全面推进农业、农村、农民的现代化，实现农业增加值增长4.5%、农村居民人均可支配收入增长9%左右。

——做好巩固拓展脱贫攻坚成果同乡村振兴有效衔接。把巩固脱贫成果放在头等重要的位置，保持主要帮扶政策总体稳定，确保不出现规模性返贫。持续强化防止返贫和帮扶机制，动态清零“两不愁三保障”问题。持续发展壮大扶贫产业，力争贫困户产业覆盖面95%以上；深化巩固金融扶贫、就业扶贫、消费扶贫、易地搬迁后续扶持等成果；建立健全扶贫项目资产管理制度，探索推进资产收益扶贫工程。强化技能培训，规范管理公益岗位，促进弱劳力、半劳力等家庭就近就地就业；依托现有社会保障体系，保障特殊困难群众的基本生活。延续东西部扶贫协作、水利部定点和市内结对帮扶。逐步实现由集中资源支持脱贫攻坚向全面推进乡村振兴平稳过渡。

——提高农业质量效益和竞争力。全面压实粮食安全责任制，完成宜机化改造和高标准农田建设3.5万亩，稳定粮食种植面积和产量，持续稳定生猪生产。持续提升“2+6+N”山地特色高效农业规模化、标准化、品牌化水平，加快形成高山蔬菜、高山茶叶、生态畜牧、生态果业、生态渔业等亿级，乃至十亿级产业链，推动烤烟、蚕桑提质增长。巩固国家农业绿色发展先行区成果，加快“一环两园”现代农业产业园建设，规划建设凤来新城现代农业产业园；大力发展茶叶、苕粉、豆干、水果、畜禽等深加工业；推进智慧农业建设，加快农产品冷链建设，持续建设农旅融合发展示范区，促进农业“接二连三”。

——推进美丽乡村建设。坚持规划引领，统筹镇、乡、村规划编制，围绕“小组团、微田园、生态化、有特色”目标，实施“五清理一活动”专项行动，在实施“精品”“示范”建设基础上，集中连片推进农村人居环境整治，保护传统村落和田园风光。持续提升农村基础设施保障水平，农网改造12个村，推进“四好农村路”高质量发展，实施一批农村送水保障工程。推进农村空心房整治、生活垃圾处理和农业面源污染治理，加快推进农村卫生厕所全覆盖。实施农民素质提升工程，壮大“三乡”人才队伍。

——深化农业农村改革。推进土地制度改革，丰富完善承包地“三权分置”实现形式，积极稳妥推进集体经营性建设用地入市。深化产权制度改革，农村“三变”改革覆盖率超过20%，加快发展新型集体经济。推进农业经营体制机制改革，探索金融支持乡村振兴新模式，加快培育龙头企业、农民专业合作社、社会化服务组织、农村集体经济组织、家庭农场等经营主体，推进“三社”融合发展、基层供销社有效运营，发展多形式适度规模经营，提升小农户发展现代农业能力。

（七）持续深化“两山”实践创新。学好用好“两山论”，走深走实“两化路”，强化绿色发展新优势。

——坚决防治生态环境污染。突出精准治污、科学治污、依法治污，全力推动环保督察反馈问题整改，守护好生态这个最大的资源。突出抓好交通、扬尘、生活等污染源防治，空气质量优良天数稳定在350天以上，PM2.5平均浓度不超过26微克/立方米。深化污染源头防控，强化垃圾分类处置，开展废弃农膜回收利用，加快补齐污水管网缺项和短板，确保地表水考核断面水质达标率100%。健全完善生态环境损害赔偿制度，常态化开展检查督查。让武隆天更蓝、地更绿、水更清、空气更清新。

——深入探索“两山”转化路径。坚持“共抓大保护、不搞大开发”，严格落实“三线一单”制度，严格保护耕地，建设绿色矿山。全面贯彻《中华人民共和国长江保护法》，深入实施《重庆市河长制条例》，落实好河长制、林长制，启动乌江“两岸青山·千里林带”建设，治理水土流失50平方千米，营造林10万亩；守护好世界自然遗产地等自然保护地，保护好“两江四山”，筑牢长江上游重要生态屏障，构筑乌江画廊风景眼。持续办好绿色发展实践国际论坛。倡导绿色生产生活方式，有序发展风电、水电、生物质等可再生能源；大力发展气候、山上、水中、林下经济，探索发展林禽、林药、林菜、林菌等模式，把更多空气变财气、青山变金山、绿水变富水、林地变宝地。

（八）努力创造高品质生活。夯实民生这个为政之基，尽力而为、量力而行保障和改善民生，再增百姓幸福新指数。

——持续加强就业和社会保障。完善重点群体就业支持体系，城镇新增就业3800人以上，零就业家庭动态清零。深入推动全民参保，城乡居民养老、医疗保险参保率稳定在95%以上。探索“智慧医保”建设，引入“互联网+视频监管”。做好关键时点、困难人群的基本生活保障，强化留守儿童和困境儿童关爱服务，提升残疾人福利水平。推进《中华人民共和国退役军人保障法》实施，健全退役军人服务保障体系，强化“兵支书”队伍建设，巩固提升“全国双拥模范城”创建成果。

——全力以赴提高教育质量。积极推进党组织领导下的中小学校长负责制试点工作。落实立德树人根本任务，将抓教育教学质量放在首位，全面推进新时代教育评价改革。做好新高考政策宣传及组考。着力创建国家学前教育普及普惠区，启动创建国家义务教育优质均衡区。启动实验中学迁建，完成职教中心改扩建、浩口乡中心幼儿园等项目。推进智慧校园建设，加强教师队伍人才引进与培训。完成高水平职业学校建设，力争引进旅游职业学院落户武隆。全力维护校园安全，为孩子们快乐成长营造良好环境。

——努力提升文化文明水平。践行社会主义核心价值观，传承保护好历史文化、红色文化。新建非遗中心、美术馆、24小时自助图书馆等文化设施；开展融媒体中心二期配套建设；建成武陵山（渝东南）土家族苗族文化生态保护试验区。实施好文化下乡和公共文化设施免费开放，鼓励文艺精品创作。启动新公共图书馆规划选址和城区体育公园建设；建成全市亚高原训练基地，建设龙山公园足球场等一批体育设施，积极倡导全民健身。

——集中精力发展卫健事业。全面推进健康中国建设，加快“智慧医疗”、医共体“三通”建设，完成博爱精神病医院、疾控中心业务综合楼建设，抓好妇幼保健院儿科大楼建设，开工建设福康医院、疾控中心检验检测中心；启动区人民医院内科综合大楼建设，加力创建三甲医院，深入开展爱国卫生运动，巩固国家卫生区创建成果。加快公共卫生应急体系建设，提升传染病救治能力。力争启动全国健康旅游示范基地建设。

——坚决确保社会安定和谐。加强国防动员和后备力量建设，推进征兵体检站综合楼建设。持续推进市域治理现代化建设，深化拓展“枫桥经验”重庆实践十项行动，及时有效化解信访问题和矛盾纠纷。健全社会心理服务体系和危机干预机制。做好民族宗教工作。健全完善社会治理体系，推进扫黑除恶常态常治，加快建成“雪亮工程”；着力抓好食品药品安全、防汛抗旱、消防安全、森林防火、地灾防治等工作，扎实开展安全生产三年专项整治行动，排查整治各类隐患，坚决防范较大以上事故发生。抓好“八五”普法，推进法治社会建设。办好20件民生实事，让人民群众感受更多幸福安宁！

（九）毫不松懈抓好常态化疫情防控。把人民安全健康放在首位，慎终如始、再接再厉，巩固拓展疫情防控向好态势。

——持续抓好“外防输入”。坚持“人物同防”，严把输入关口。落实境外、国内中高风险地区来武返武人员健康管理防控。做好冷链食品生产经营全过程闭环管理。对重点场所采取严格的环境监测和卫生措施，坚决阻断疫情输入扩散渠道。

——持续抓好“内防反弹”。完善多点触发实时监控机制，加大重点人群健康筛查和核酸检测频次，发挥发热门诊“哨点”作用，落实医院、学校、景区、商圈等重点场所防控措施，坚决防止集聚交叉感染。引导群众做好个人防护，筑牢常态化疫情防控的社会防线。

——持续提升应急保障能力。完善区、乡镇疾控体系，实现二级医院规范化发热门诊全覆盖。有序推进疫苗接种。壮大疾病检测、医疗救治、社区防控队伍，加强应急物资储备，完善应急预案，确保一旦发生疫情精准快速处置。

四、加强政府自身建设

实现“十四五”奋斗目标，书写高质量发展答卷，必须持续强化党对政府工作的领导，加强政府自身建设，不断提高贯彻新发展理念、构建新发展格局的能力，以新担当、新作为取信于民。

——强化忠诚底色。深学笃用习近平新时代中国特色社会主义思想，树牢“四个意识”、坚定“四个自信”、做到“两个维护”。推动理想信念教育常态化制度化，开展“四史”教育，砥砺政治品格，厚植人民情怀。全面彻底干净肃清孙政才恶劣影响和薄熙来、王立军流毒，持续巩固全区良好政治生态，践行“三个确保”的政治承诺。

——强化法治建设。深入推进法治政府建设示范创建。全面实行政府权责清单制度，健全重大政策事前评估和事后评价制度，强化规范性文件审查，严格规范公正文明执法。自觉接受人大监督、政协监督、监察监督、司法监督，认真听取各民主党派、工商联、无党派民主人士的意见建议，主动接受社会和舆论监督。健全政府守信践诺机制，全面推进政务公开，强化行政监督和问责，政府承诺企业和群众的事项，必须说到做到、坚决兑现。

——强化清廉从政。把严的主基调长期坚持下去，聚焦工程建设、资源开发等重点领域，紧盯财政支出、项目审批、招投标等关键环节，严厉查处国家工作人员插手工程建设行为，保持惩治腐败高压态势。坚决惩治群众身边腐败和侵害群众利益问题，确保民生资金精准兑现到老百姓手上。深化拓展“以案四说”，全面推进“以案四改”，筑牢拒腐防变的防线。

——强化高效落实。坚持把抓落实作为政府工作生命线。强化抓落实的使命担当，持续整治“四风”特别是形式主义、官僚主义，加强对敢担当、善作为干部的激励保护，让想干事、肯干事、能干成事的干部有用武之地。以“干部能力提升年”为抓手，强化思想淬炼、政治历练、实践锻炼、专业训练，提高干部解决实际问题能力。盯紧抓落实的具体环节，完善全程可量化的目标、督查和考核体系，形成完整责任闭环。政府抓落实是本职，不抓落实是失职，抓不好落实是不称职。全区政府系统干部都要扑下身子抓落实，抓出气势、抓出激情，抓出水平、抓出成效。

站在新的历史起点，蓝图已经绘就，号角已经吹响！让我们更加紧密地团结在以习近平同志为核心的党中央周围，在市委、市政府和区委的坚强领导下，立足新时代、践行新思想、构建新格局、实现新跨越，苦干实干干出成效，创业创新创出辉煌，以优异成绩迎接建党100周年，为实现“十四五”宏伟目标而努力奋斗！

武隆区国民经济和社会发展“十三五”规划完成情况

综合实力迈上新台阶。地区生产总值年均增长7%、224亿元；人均地区生产总值接近1万美元，提前两年实现比2010年翻一番目标。产业结构进一步优化，服务业占比接近50%。市场活力不断增强，五年净增市场主体10299户，民营经济增加值占GDP比重超过60%。

增长动力持续增强。创新活力充分释放。科技投入力度持续加大，R&D投入年均增长37.7%，增幅居渝东南首位；创新平台不断增加，成功入选国家农业科技园区，武隆蔬妆仙女山星创天地获国家备案，挂牌中国科学院老专家技术中心武隆工作站，建成武隆绿色智库研究院和科技专家大院（工作站）13个、科技创新示范基地11个；企业创新活力增强，培育国家高新技术企业5家，科技型企业达到116家；人才不断积聚，人才总量7.1万人，选派国家“三区”科技人才和市区级科技特派员651名。改革成效全面提升。深入推进供给侧结构性改革，清退“僵尸企业”200余户，在全市率先退出煤矿产能，顺利完成新一轮机构改革，巷口、仙女山、羊角、土坎撤镇设街道，双河、凤来撤乡设镇；要素市场化改革、“放管服”改革、农村承包经营权、集体产权制度、“三变”改革试点稳步推进；持续深化行政审批改革，建设运行“武隆区网上审批平台”，创新开展招商项目“四段式”并联审批，积极推进“就近办”“网上办”“马上办”“一次办”，全区审批效率提高68.3%；积极稳妥推进国资国企改革，19户区属国有企业一级企业合并组建“3+1”企业（集团）公司；荣获国家旅游业改革创新先行区，“柔性人才助推乡村振兴”获评第四届全国人才工作创新案例；营商环境持续优化，入选“重庆优化营商环境十佳创新案例”。开放层级进一步拓展。仙女山机场建成通航，渝怀二线铁路建成通车，G65武隆西互通建成投用，白马货运码头即将建成，渝湘高铁武隆段、渝湘高速复线、武道高速等开工建设，武两高速、垫丰武高速加快推进，加快推动武隆融入成渝地区双城经济圈、全市“一区两群”，联通“一带一路”、长江经济带和西部陆海新通道；加强对外经贸合作，进出口总额突破2000万美元，是2015年的2.6倍；对外交流合作迈上新台阶，成为全市重要外事接待和入境游目的地，与瑞士、匈牙利、新加坡等22个国家进行了友好合作交流，与格林瓦德等6个国外城市达成“国际友城”意向协议，仙女山与瑞士少女峰结成“共建景区”。

产业体系更加完善。旅游“量”“质”齐升。游客接待量超过3700万人次，旅游综合收入突破180亿元；仙女山国家级度假区成功通过复核验收，白马山旅游度假区基础设施和配套服务不断完善，武隆喀斯特旅游区通过5A级景区复核验收，成功创建3个AAAA级旅游景区，芙蓉江景区完成升级改造，建成一批乡村旅游景点，荆竹村入选首批全国乡村旅游重点村，5条乡村旅游精品线路初具形象，成功创建首批全国全域旅游示范区；持续开展冰雪童话季、露营音乐节、国际山地户外运动公开赛、仙女山马拉松等节庆赛事，成为《爸爸去哪儿2》《疯狂大冒险》《极限挑战》等热门影视节目外景拍摄地，武隆喀斯特成功纳入《成渝地区双城经济圈规划纲要》，旅游知名度、美誉度不断提升。生态工业提质增效。清理处置一批违约企业，盘活闲置用地和厂房，2个智能产业项目建成投产，新培育规模以上工业企业27户，规模以上工业总产值接近50亿元；罗洲坝电站、浩口电站、大梁子风电等投产发电，乌江白马航电枢纽项目开工建设，电力装机容量突破150万千瓦，成为全市名副其实的清洁能源基地；大力推动页岩气勘探开发并实现量产，单日产能突破70万立方米。山地特色效益农业品质提升。耕地保有量稳定在87万亩以上，粮食产量接近20万吨；大力培育农业经营主体，市级龙头企业达46家；大力推动“一环两园”现代农业产业园建设，获批国家农业绿色发展先行区、国家级出口食品农产品质量安全示范区、电子商务进农村全国示范县；“2+6+N”现代山地特色高效农业体系基本成型，高山蔬菜结构调整全市领先，高山生态茶园建设标准化，鳅田稻水稻种植成为国家标准化示范区；强化品牌建设，成功注册“寻味武隆”农产品区域公用品牌，建成一批全国“一村一品”示范村镇，“三品一标”农产品认证总量超过22万吨。

城乡融合更加协调。统筹城市提升和乡村振兴，推动城区、度假区、园区、景区融合发展，形成产城景融合发展新格局。城区品质不断提升。“凤来新城”建设上升为市级战略，“特色山水·滨江休闲”城市初具形象，常住人口城镇化率达到46.75%；完成棚户区改造26.6万平方米，推进一批背街小巷综合整治，完善市政公共设施和城区服务配套设施，城市品质不断提升。美丽乡村建设稳步推进。扎实推进“4+23”乡村振兴试验示范，实施农村人居环境整治，开展“厕所革命”，实施“孝贤洁序”公序良俗工程，创建一批重庆十大最美乡村和十大特色乡村。基础设施不断完善。土坎大桥、龙溪大桥、江后公路、桐后公路竣工通车，区内“五纵四横”干线公路骨架网络基本形成；建成农村公路2595千米，行政村通畅率达100%，成功创建“四好农村路”全国示范县；推进农村饮水安全工程建设，农村地区供水入户率达100%；推进天然气镇镇通工程，80%以上的场镇居民用上天然气；所有行政村实现4G网络覆盖和光纤通达。

绿色发展基础更加夯实。绿色屏障全面筑牢。严守环境底线、生态红线，加强“两江四山”等重点生态功能区域保护，构建起完整的自然保护地体系；大力推动生态修复，全面落实河长制、林长制，环境质量显著提升，森林覆盖率达64.6%，成为首批38个“中国森林氧吧”之一；单位地区生产总值能耗持续下降，主要污染物总量持续减少，境内主要河流水质达到或优于Ⅲ类，空气质量优良天数350天以上。绿色发展成效得到认可。成功举办2届中国·重庆（武隆）绿色发展实践国际论坛，成为全国少有、全市唯一同时获评“绿水青山就是金山银山”实践创新基地和国家生态文明示范市（县）的区县，荣膺联合国“可持续发展城市范例奖”。

三大攻坚战成效显著。打好防范化解重大风险攻坚战。银行业不良率、小贷不良率、融资担保代偿率均低于全市平均水平；坚持底线思维，不断完善政府债务风险防范制度机制，政府债务一直保持在限额以内；稳步推进融资平台公司市场化转型，地灾隐患点销号56处，实现生产安全事故“双下降”。决战脱贫攻坚取得决定性胜利。2017年在全国首批脱贫摘帽，全区75个市级贫困村整村脱贫，累计5.5万名建卡贫困人口全部脱贫，全面消除绝对贫困现象；易地扶贫搬迁成功纳入全国“十三五”易地扶贫搬迁典型案例，“旅游+N”多产业融合发展模式助推脱贫攻坚入选世界旅游联盟旅游减贫案例。坚决打好污染防治攻坚战。深入实施环保五大行动，强化源头防治、多污染物协同控制和区域联动机制，饮用水水源水质达标率100%，区域环境噪声平均值小于55分贝，土壤环境风险得到有效管控。

人民生活更加美好。坚持把财政支出的70%以上投入社会民生事业，强化惠民生办实事兜底线。强化社会主义精神文明建设，弘扬社会主义核心价值观，成功获得全国文明城市提名。累计新增就业近3万人，常住居民人均可支配收入接近2.7万元。改扩建学校38所，武隆中学棉花坝校区、实验小学凤溪校区及凤溪幼儿园等建成投用，中小学标准化建设有序推进，学前教育更加普惠，特色教育更具特色，人均受教育年限达到11年，成功创建国家义务教育发展基本均衡区。区中医院新院、区人民医院综合楼、区妇幼保健院综合楼建成投用，乡镇卫生院和村卫生室实现标准化建设全覆盖，每千人口医疗卫生机构床位数7张，医疗保险参保率稳定在95%以上，人均预期寿命77.22岁，成功创建国家卫生区。新殡仪馆、社会养老服务中心建成投用，建成保障性住房22.5万平方米，城乡居民养老保险参保率稳定在95%以上。深入推进全面依法治区，顺利实施羊角场镇危岩滑坡应急避险搬迁，平安建设成效显著，社会治理体系更加完善，社区网格化管理全面覆盖，获评“2019社会治理创新典范区”，艳山红村入选全国乡村治理示范村。

（区政府办公室）

武隆区“十三五”规划主要指标完成情况表

表1

类别	序号	指标名称	单位	2015年	规划目标	完成情况	指标属性
经济增长	1	地区生产总值（GDP）	亿元	131.4	205	224.2	预期性
		其中：第一产业	亿元	18.66	27	30.7	
		第二产业	亿元	52.68	78	86	
		第三产业	亿元	60.06	100	107.5	
	2	人均地区生产总值	元	37786	59200	64500	预期性
	3	全社会固定资产投资	亿元	150.9	【600】	【564.1】	预期性
	4	社会消费品零售总额	亿元	46.3	75	112.4	预期性
	5	一般公共预算收入	亿元	13.6	13.2	13.4	预期性
	6	规模以上工业总产值	亿元	37.5	55	48.6	预期性
	7	接待游客	万人次	2160	4000	3701	预期性
	8	城镇化率	%	39.9	48	46.75	预期性
动力转换	9	进出口总值	万美元	745	1800	2097.6	预期性
	10	旅游业增加值占GDP比重	%	20.7	25	8.1	预期性
	11	文化产业增加值	亿元	2.01	6.75	3.5	预期性
	12	电子商务交易额	亿元	3.2	30	47	预期性
	13	战略性新兴产业占工业增加值比重	%	6	18	5.8	预期性
	14	R&D经费支出占GDP比重	%	0.55	1.2	0.5	预期性
生态文明	15	耕地保有量	万亩	103	≥87.72	87.72	约束性
	16	新增建设用地总量	公顷	—	<【667】	【664.5】	约束性

续表 1

类别	序号	指标名称	单位	2015 年	规划目标	完成情况	指标属性
生态文明	17	森林覆盖率	%	61	65	64.6	约束性
	18	森林蓄积量	万立方米	1075	1260	1320	约束性
	19	城区空气环境质量满足Ⅱ类天数	天	343	>330	355	约束性
	20	乌江干流水质	类	Ⅲ	Ⅱ～Ⅲ	Ⅲ	约束性
	21	单位 GDP 综合能耗降低率	%	【15】	【15】	【15】	约束性
	22	单位 GDP 用水量降低率	%	【20】	【29】	【29】	约束性
	23	主要污染物削减达标率	%	—	—	—	约束性
		化学需氧量	%	【10.1】	【5.1】	【10.85】	
		二氧化硫	%	【11.5】	【2.3】	【13.2】	
		氨氮	%	【8.2】	【6.1】	【8.77】	
		氮氧化物	%	【7.5】	【2.1】	【40.6】	
	24	乡镇和农村聚居点垃圾污水处理率	%	30	90	污水处理率 85%	预期性
	25	工业固体废弃物综合利用率	%	85	100	100	约束性
社会民生	26	居民人均可支配收入	元	16311	26500	26877	预期性
		其中城镇常住居民人均可支配收入	元	27003	41100	40508	
		农村常住居民人均可支配收入	元	9562	14865	15473	
	27	贫困发生率	%	16.8	3	0	约束性
	28	城镇新增就业人数	人	13641	【10000】	【29400】	预期性
	29	人口平均预期寿命	岁	77	77.2	77.22	预期性
	30	主要劳动年龄人口平均受教育年限	年	10.3	11	11	约束性
	31	城镇常住人口住房保障覆盖率	%	20	25	25	约束性
	32	城乡居民养老、医疗保险参保率	%	95/95	95/96	95/95	预期性
	33	单位 GDP 生产安全事故死亡率	—	0.12	≤ 0.1	0.049	约束性
基础设施	34	等级公路通车里程	千米	3835.3	4500	4804	预期性
	35	城区路网密度	千米 / 平方千米	1.75	2	4.9	预期性
	36	城区人均公共停车场面积	平方米	1.32	1.85	1.86	预期性
	37	行政村通客率	%	75.8	100	100	预期性
	38	电力装机容量	万千瓦	115	148	153.7	预期性
	39	互联网普及率	%	50	80	91	预期性
	40	安全卫生饮水普及率	%	90	100	100	预期性

说明：带【 】为五年累计数

在全区2020年脱贫攻坚工作表彰大会上的讲话

中共重庆市武隆区委书记　黄宗华

2020年10月29日

在党的十九届五中全会胜利召开、即将开启全面建设社会主义现代化国家新征程的关键时刻，在如期打赢脱贫攻坚战胜利在望、全面小康社会和第一个百年奋斗目标即将成为现实的历史节点，我们隆重召开脱贫攻坚表彰大会，激励动员全区各级党组织和广大党员干部坚持战斗状态、保持决战姿态，奋力夺取脱贫攻坚战全面胜利，为“十四五”时期武隆各项事业高质量发展奠定坚实基础！首先，我代表中共重庆市武隆区委、区人大常委会、区政府、区政协，向刚才受到表彰的先进集体和个人表示热烈祝贺！向水利部、山东省济南市、市委政法委扶贫集团、涪陵区、市级各民主党派、市工商联等帮扶单位长期以来给予武隆的关心支持表示衷心感谢！向奋战在全区脱贫攻坚一线的同志们致以崇高的敬意！

在全区脱贫攻坚的火热实践中，涌现出了一大批可歌可泣、可亲可敬、可感可学的先进集体、先进个人、先进事迹。今天受到表彰的先进集体和个人，就是先进中的先进、典型中的典型。这其中有强化政治担当、落实精准方略，成为脱贫攻坚战中突击队、尖兵班的先进集体，有履职尽责、呕心沥血的各级党政机关干部，有恪尽职守、吃苦耐劳的村支两委班子成员，有倾心用力真扶贫、扶真贫的挂职扶贫干部，有以村为家、视群众为家人的第一书记和驻村工作队员，有敢打硬战、富有特色的“兵支书”，有自立自强、勤劳致富的脱贫示范户，有吃水不忘挖井人、先富带后富的致富带头人，有乐善好施、扶危济困的爱心人士等等。在大家身上，体现着忠诚、执着、朴实的鲜明品格，大家在平凡的岗位上创造了不平凡的业绩，为全区脱贫攻坚工作作出了突出贡献，感人至深，催人奋进。希望受到表彰的先进集体和先进个人珍惜荣誉、再接再厉、勇创佳绩。全区上下要学习先进典型始终如一、对党忠诚的政治品格，顾全大局、勇挑重担的责任担当，心系百姓、无私奉献的为民情怀，迎难而上、一往无前的拼搏精神，脚踏实地、苦干实干的过硬作风，以先进为榜样，以模范为标杆，汇聚起决战脱贫攻坚、决胜全面小康的信心力量。

如期夺取脱贫攻坚战全面胜利，历史性地解决困扰中华民族几千年的绝对贫困问题，这是人类发展史上的伟大壮举，是我们党执政为民的生动写照。特别是党的十八大以来，以习近平同志为核心的党中央把脱贫攻坚摆在治国理政突出位置，总书记亲自部署、亲自挂帅、亲自出征、亲自督战，以“不获全胜决不收兵”的坚定决心，以“决不让一个少数民族、一个地区掉队”的责任担当，带领全党全国各族人民发起总攻，脱贫攻坚力度之大、规模之广、影响之深前所未有，显著改善了贫困地区和贫困群众生产生活条件，谱写了人类反贫困历史新篇章。在这场新时代没有硝烟的伟大战役中，我们紧密团结以习近平同志为核心的党中央周围，在市委、市政府坚强领导下，以脱贫攻坚统揽经济社会发展全局，坚定信心、不懈拼搏，一以贯之、一抓到底，经受了砥砺初心、勇担使命的历史大考，书写了消除贫困、改善民生的武隆篇章！

——在这场伟大战役中，我们坚持把高位谋划贯穿始终。全区上下深学笃用习近平总书记扶贫重要论述，深入学习贯彻党中央脱贫攻坚方针政策，自觉把打赢打好脱贫攻坚战作为对党绝对忠诚、始终听党指挥的实际检验，作为增强“四个意识”、做到“两个维护”的具体行动，作为重大政治任务、首要民生工程和头等大事，构建了以区委、区政府主要领导为双组长、区领导领衔出战的脱贫攻坚组织领导指挥体系，全面落实“五级书记抓扶贫”“区县抓落实”和“四个不摘”工作机制，脱贫攻坚连战连捷、再战再捷。经过不懈努力，全区乡村基础设施、产业发展、社会事业等日新月异，贫困面貌发生了翻天覆地的变化；在全国全市首批“摘帽”退出，“两不愁三保障”问题全部动态清零，群众生产生活条件显著改善；深度脱贫攻坚任务全面完成，全面建成小康社会各项指标基本完成。在2019年度全市脱贫攻坚综合目标考核、东西扶贫协作考核、财政专项扶贫资金绩效考核获得“两好一优”的佳绩。

——在这场伟大战役中，我们坚持把精准方略贯穿始终。完善“1+12”精准脱贫攻坚、“1+3+N”深化脱贫攻坚、脱贫攻坚三年行动等工作方案，全力补齐“两不愁三保障”短板，做到了义务教育保障“一个不少”、基本医疗保障“一个不漏”、住房安全保障“一户不掉”、所有贫困人口家家喝上放心水。深入实施脱贫攻坚总攻“十大”专项行动，先后累计投入扶贫项目资金76.12亿元，实施扶贫项目5673个，实现行政村“通畅率、通客率、供水入户率、用电保障率、光纤网络覆盖率、4G网络覆盖率、危房改造率”七个100%。大力发展以高山蔬菜、精品水果、有机茶叶、高山药材为主导的山地特色高效农业，实现每个村有2～3个骨干产业、每户有1～2个增收产业，获评“国家农业绿色发展先行区”。扎实开展“脱贫攻坚大排查”“定点攻坚行动”“百日大会战”“决胜收官攻坚月”“收官大决战”等系列活动，推动脱贫攻坚不停顿、不大意、不放松。

——在这场伟大战役中，我们坚持把生态旅游扶贫贯穿始终。深入践行“两山论”“两化路”，充分发挥生态环境优良、旅游资源丰富的比较优势，大力发展“旅游+文化”“旅游+康养”“旅游+工业”“旅游+农业”等融合产业，让群众的腰包鼓起来，笑脸多起来。设计推出的5条乡村旅游精品线串联所有街镇乡，带动全区乡村旅游业持续火热。细化利益联结机制，探索出“廊道带动”“集镇带动”“专业合作社带动”“景区带动”“云经济带动”等生态旅游扶贫增收带动模式，全区10万名农民吃上“旅游饭”，其中3万名贫困人口靠旅游带动摆脱贫困，1万名涉旅贫困人口人均年收入2万元以上，实现“旅游做到哪里，那里的老百姓就脱贫致富”。旅游扶贫经验模式两次入选《世界旅游联盟旅游减贫案例》，全市东西部扶贫协作暨乡村旅游扶贫现场会在武隆召开。令我们尤为振奋的是，习近平总书记在参加全国政协十三届三次会议经济界联组会时，对武隆生态旅游扶贫的做法成效给予充分肯定，称赞过去的“穷乡僻壤”现在都成了“人间仙境”。

——在这场伟大战役中，我们坚持把定点攻坚贯穿始终。紧盯市级深度贫困乡后坪乡和“3+16”区级重点贫困乡村，由区级领导定点包干，深度改善生产生活生态条件、深度调整产业结构、深度推进农村集体产权制度改革、深度落实各项扶贫惠民政策，集中力量攻克难中之难、坚中之坚，坚决啃下最硬的骨头。后坪乡81个深度脱贫攻坚项目全面完工并投入使用，完成投资5.61亿元，占计划102.1%，江后、桐后公路全线通车，法治扶贫、乡村旅游扶贫、“三变”改革等成为全市典型，推动攻克最后堡垒取得决定性胜利。

——在这场伟大战役中，我们坚持把统筹兼顾贯穿始终。面对突如其来的新冠肺炎疫情，既战“疫”又战“贫”，认真落实疫情防控期间贫困人口精准帮扶、就业扶贫、项目建设、基本生活保障等60余条政策措施，积极开展脱贫攻坚“战疫情·送春风”活动，全力推动疫情防控、复工复产和春耕生产，努力把疫情对脱贫攻坚的影响降到最低。多措并举抓好就业，通过专机、包车等方式，累计输送贫困劳动力转移就业16110人；开发公益性岗位3261个，实现贫困户“零就业”家庭动态清零。创新发展直播带货、短视频等农村电商，拓展线上业态、线上模式，努力把耽误的时间抢回来、把遭受的损失补回来。

——在这场伟大战役中，我们坚持把凝聚合力贯穿始终。长期以来，水利部、山东省济南市、历下区和市委政法委扶贫集团、涪陵区等帮扶单位，市级各民主党派、市工商联、无党派人士以及新的社会阶层人士积极投身武隆脱贫攻坚，在基础设施建设、产业发展、城市建设、旅游国际化、大数据智能化、生态保护、民生事业、干部培养等方面，用真情实意、真金白银给予我们大力帮助支持，凝聚形成了各界倾力支援、干群携手攻坚的生动局面，充分彰显了中国特色社会主义制度集中力量办大事的政治优势。

——在这场伟大战役中，我们坚持把问题导向贯穿始终。聚焦中央脱贫攻坚专项巡视及“回头看”、国家脱贫攻坚成效考核、全市决战决胜专项督查、市级脱贫攻坚普查反馈等系列督促检查和审计监督指出的问题，建立“领导小组+专项小组+定点包干”整改工作责任制，制定问题、任务、责任“三个清单”，强化区、乡镇（街道）、村“三级联动”，确保责任层层压实、任务件件落实，做到真改实改、全面整改。坚持举一反三，建立健全整改常态化、长效化机制，标本兼治、巩固成果，防止问题反弹回潮，确保脱贫成效经得起实践和历史检验。

——在这场伟大战役中，我们坚持把党建引领贯穿始终。将脱贫攻坚作为“不忘初心、牢记使命”主题教育的重要载体，全面坚决肃清孙政才恶劣影响和薄熙来、王立军流毒在扶贫领域的恶劣影响。不断强化基层党组织的领导核心作用、战斗堡垒作用，着力抓好阵地建设、后进整顿、示范创建等工作，提升基层党组织凝聚力战斗力。精准选派贫困村第一书记，实行定期述职、分级考核、召回调整等管理机制，把最能打硬仗的精锐力量派到一线，8912名干部全覆盖结对帮扶所有建档立卡贫困户，用力用心用情帮扶贫困群众。群众内生动力不断增强，“既然党的政策好，就要努力向前跑”在广大贫困群众中口口相传，大家无不发自内心感谢共产党、感恩总书记。全区在抓党建促脱贫中形成了一批可操作、可复制、可推广的经验做法，我区生态旅游扶贫的做法和成效受到总书记的肯定，火炉镇保峰村脱贫奔小康成效获全国政协主席汪洋批示肯定，长坝镇大元村党支部“抓党建促脱贫”案例被收录为全国典型，羊角街道艳山红村“党建引领激发群众参与脱贫攻坚内生动力”经验做法受到中央脱贫攻坚巡视组高度肯定，“兵支书”群体被中央军委国防动员部确定为国动系统脱贫攻坚先进典型。

经过艰苦卓绝的持续奋斗，我区脱贫攻坚越战越勇、越打越好，贫困人口由2014年15909户55449人，减少到2019年年底的39户102人，贫困发生率由14.8%下降至0.03%，贫困人口人均可支配收入由2215元增长至10027元，剩余贫困人口已全部达到脱贫标准正按程序全面退出。经济社会高质量发展迈出坚实步伐，地区生产总值突破200亿元大关，社会事业加快发展，民生福祉全面增进，群众获得感、幸福感、安全感明显增强。这些成绩都是干出来的！大家用苦干实干创造了新时代美好生活！这份“武隆答卷”是全区41万名干部群众共同创造的精神财富！

在第七个国家扶贫日到来之际，习近平总书记对脱贫攻坚工作作出重要指示，强调现在脱贫攻坚到了最后阶段，各级党委和政府务必保持攻坚态势，善始善终，善作善成，不获全胜决不收兵。在夺取脱贫攻坚全面胜利的最后冲刺阶段，我们要拿出“大事难事看担当”的境界攻碉堡，鼓起“不破楼兰终不还”的劲头打冲锋，高质量打赢打好收官攻坚战，统筹推进脱贫攻坚与乡村振兴有机衔接，全力确保与全国、全市同步全面建成小康社会！

——要高质量打赢打好收官战，我们必须把牢前进方向。“十四五”时期是我国开启全面建设社会主义现代化国家新征程的开局起步期，是重庆推进成渝地区双城经济圈建设的关键发力期，是武隆借势借力加快高质量发展的重大机遇期。我们要以高质量打赢脱贫攻坚战、全面建成小康社会为新起点，继续高举习近平新时代中国特色社会主义思想伟大旗帜，紧扣习近平总书记对重庆提出的营造良好政治生态，坚持“两点”定位、“两地”“两高”目标、发挥“三个作用”和推动成渝地区双城经济圈建设等重要指示要求，围绕全市“一区两群”协调发展决策部署，充分发挥承接重庆主城都市区、联通黔北的重要联结点功能，加快打造渝东南旅游集散中心、主城都市区后花园，建设成为世界知名旅游目的地、“两山”实践创新示范区、产城景融合发展先行区，携手南川合作发展，联动道真协同发展，切实在“十四五”发展新征程中找准方位定位、细化路径载体，为加快建成社会主义现代化国家开好局、起好步作出积极贡献。

——要高质量打赢打好收官战，我们必须坚定必胜信心。到2020年现行标准下的农村贫困人口全部脱贫，是党中央向全国人民作出的郑重承诺，必须如期实现，没有任何退路和弹性。这是我们党立下的军令状，军令如山，说到就要做到，也一定能够做到！我们要从实现“两个一百年”奋斗目标、实现中华民族伟大复兴中国梦的高度，排除万难、不负重托、不辱使命，以决战决胜的状态彰显责任担当，以善作善成的实效确保小康成色，在大战大考中践行初心使命、交出满意答卷，坚决兑现我们党作出的庄严承诺！

——要高质量打赢打好收官战，我们必须抓好成果巩固。坚持目标不变、靶心不散、频道不换，深入实施产业、就业、生态、教育、健康、社会保障等扶贫举措，强化易地扶贫搬迁后续措施，增强贫困地区、贫困群众内生动力和自我发展能力。要把防止返贫摆在更加重要的位置，加强过渡期和接续减贫政策研究，探索建立解决相对贫困长效机制。要持续用好各类帮扶力量，更广泛、更有效动员和凝聚外部力量。要统筹推进国家脱贫攻坚成效考核、国家督查、脱贫攻坚普查、审计各类问题整改落实，做到条条改到位、件件有着落、事事有回音。要在党建、产业、人居环境、文化等方面创建一批脱贫攻坚示范品牌，力争形成一批在全国全市可复制、可推广的先进做法和成功经验。要积极探索脱贫攻坚与乡村振兴规划衔接、政策衔接、工作衔接、保障衔接的有效措施，扎实做好全市脱贫攻坚与乡村振兴有机衔接试点工作，加快把江后脱贫示范带打造成向世界展示中国脱贫成效的窗口。后坪乡要做好全市深度脱贫攻坚验收工作，在全市18个深度脱贫乡镇中走在前列。

——要高质量打赢打好收官战，我们必须强化底线思维。脱贫攻坚收官之年，又遭遇新冠肺炎疫情和汛期灾情影响，国际不稳定不确定因素显著增多，给当前脱贫攻坚工作增加了新的难度，让本就艰苦卓绝的脱贫攻坚任务更重、要求更高。尤其要始终坚持问题导向、强化底线思维，紧盯“一个超过、两个不低于”目标，精准落实就业帮扶措施，确保贫困劳动力稳岗就业。要深化消费扶贫行动，大力开展农产品消费扶贫展销活动。要加快灾后生产重建、强化住房、饮水安全和基本生活保障，防止因疫因灾降低脱贫成色和质量。

——要高质量打好收官考核战，我们必须发扬过硬作风。脱贫攻坚任务能否高质量完成，关键在人，关键在干部队伍作风。全区党员干部要自觉在脱贫攻坚中奋发有为、主动作为，在大战大考中全面提高政治能力、调查研究能力、科学决策能力、改革攻坚能力、应急处突能力、群众工作能力、抓落实能力，切实靠作风吃饭、拿实绩说话，更好肩负起新时代的职责和使命。要精心做好脱贫攻坚成果评估，做好扶贫基础资料和档案管理工作，全面总结脱贫攻坚战以来的工作成效、创新做法、经验亮点、典型案例，讲好武隆脱贫故事。要集中奋战、细之又细做好将于12月中旬开展的国家脱贫攻坚成效考核和11月20日前到来的市级成效考核迎检工作，各位区领导近期要深入所联系的乡镇街和村社指导督促整改完善工作，同时区里成立若干督导组沉下去督导检查整改情况，重点围绕考核指标、“收官大决战”任务分解和“两不愁三保障”动态清零及若干细节不到位问题，对标对表“六个聚焦”逐一督导验收、逐项查漏补缺，力求做到万无一失，确保我区继续保持在“优秀”行列。成效考核迎检中，要加快拆除农房建新后未拆除的旧房工作。要加强扶贫领域作风建设，坚决克服形式主义、官僚主义，杜绝数字脱贫、虚假脱贫。中央第十二巡视组正在重庆开展常规巡视，脱贫攻坚是巡视重要内容，要做好中央巡视组下沉区县调研督导和延伸巡视有关准备工作，还要做好中央脱贫审计和市经责审计整改落实工作。特别强调，对由于不认真履责、敷衍应付、失职渎职等，给全区脱贫攻坚成效考核、脱贫审计整改等带来负面影响的单位和个人，区委绝不姑息迁就，将坚决一查到底并按程序严肃追责问责！

脱贫攻坚胜利在望，全面小康圆梦今朝。我们要更加紧密地团结在以习近平同志为核心的党中央周围，以坚如磐石的信心、只争朝夕的劲头、扎实务实的工作，冲锋陷阵、攻城拔寨，在建设社会主义现代化国家、实现中华民族伟大复兴的历史洪流中彰显新担当、实现新作为！

（区委办公室）

专 记

武隆区抗击新冠肺炎疫情纪实

自新冠肺炎疫情发生以来，中共武隆区委、区政府高度重视，按照“四早”“四集中”要求，精心组织、迅速应战，构建织密“党委领导、政府负责、行业牵头、部门联动、群众参与”联防联控、群防群治防控工作体系，在更严更实更细更快上持续发力，有力有序有效打好这场疫情防控人民战争、总体战、阻击战。

一、加强组织领导

1月24日，重庆启动“重大突发公共卫生事件一级响应”。1月25日，全区成立区委区政府主要领导任“双组长”的防控工作领导小组，下设涵盖协调调度、督查督办等5个组的综合办公室和医疗救治组、疫情防控组、医疗物资保障组、社区排查组等10个专项小组。从1月25日起，全体市管领导，所有乡镇（街道）、区级部门党政主要负责人和分管负责人，区级有关职能部门干部职工取消休假，其余人员随时待命，轮换上岗。同时，区卫生健康委成立疫情防控工作领导小组，下设6个工作组，开通疫情防控热线电话，落实24小时委领导带班、专门工作人员值班值守。1月30日，全区首例新冠肺炎病例确诊。2月15日，全区确诊新冠肺炎患者1例治愈出院。至12月31日，全区累计确诊新冠肺炎1例、治愈新冠肺炎患者1例。

二、落实防控措施

全区坚持外防输入与内防扩散并举，落实落细各项防控措施，最大限度地阻断传播途径，坚决防止疫情蔓延。外防输入方面，1月25日起，关闭全区所有景区，阻断外地游客涌入武隆。1月27日起，陆续暂停公共交通运营，最大限度地避免因人员流动引发交叉感染。1月28日起，在全区所有高速公路下道口、重要国省干线、车站以及毗邻区县的农村道路接口设置检疫站点60个，全面掌握流入人员健康状况，最大限度地减少病例输入和传播风险，防止疫情扩散蔓延，1—3月累计排查车辆3.9万余车次、驾乘人员11万余人次。内防扩散方面，充分运用“大数据+网格化”和通信管理手段，以村（社区）为单位，广泛组织动员乡镇（街道）工作人员、村社干部、网格员、社区民警等力量共同参与，全域开展湖北（武汉）返回武隆人员的排查工作，1—3月累计排查湖北省返武隆到武隆人员1436人，湖北省以外地区返武隆到武隆人员36568人。1月30日起，每天对机关企事业单位，超市、农贸市场、加油站、批发市场等场所，各区级医院、乡镇卫生院（街道社区卫生服务中心）、村卫生室、诊所和药店发热、咳嗽病人购买相关药品人员进行排查。对长坝镇全区首个确诊病例疫情点，持续开展拉网式排查，落实交通管制、强制隔离等措施，防止疫情向其他区域蔓延。开展爱国卫生运动，抓好城乡卫生整治和环卫保洁，对公共场所和重点部位、重点人群开展监测管理，对农贸市场、超市、城区广场、交通运输站、加油站等公共场所进行消毒预防。强化公共场所管理，暂停关闭辖区内所有文化娱乐场所，取消各类聚会及宴席等，积极引导群众多在家、少串门、不聚会。

三、加强防控保障

全区按照“集中患者、集中专家、集中资源、集中救治”的原则，在区人民医院、区中医院、区妇幼保健院、福康医院4个医院分别设置发热门诊，将区人民医院作为定点救治医院，落实隔离病房27个；区中医院作为备用救治医院，落实隔离病房52个；仙女山镇中医馆作为集中隔离点。组建由20名医疗专家组成的援助集中救治医疗队、27个基层医疗机构医疗小分队，及时收治所有确诊病人、疑似病人，隔离可疑暴露者，1—3月累计接诊发热患者1971例，其中累计收治隔离治疗137人。抽调乡镇卫生院、街道社区卫生服务中心、村卫生室、个体诊所等医务人员，与辖区乡镇政府（街道）工作人员、公安民警、村居干部等一道，合力做好返乡人员排查登记、体温检测、健康宣传等工作，实行24小时不间断查控，筑牢输入性疫情第一道防线。同时，武隆区各级医疗机构协同各乡镇（街道）、村居委在人群集中场所发放、张贴疫情防控宣传手册和宣传画。

资金物资保障。全区安排落实财政资金1619万元用于疫情防控，区红十字会募集资金241.56万元。同时通过市级调拨、采购、捐赠等多渠道争取医用口罩62.86万只、防护服4180套、红外线温度计362个、消毒液2311瓶等医用物资，主要用于疫情一线，做到防控急需物资调配、使用优先保障集中收治医疗机构、定点医疗机构、发热门诊和一线医务人员及防疫人员。

宣传引导。依托区“报网台微”线上平台和全区宣传展板、橱窗、电子显示屏等线下载体，通过图文、视频等形式，加强疫情防控宣传引导。围绕武隆区疫情防控工作进展，在重庆日报、上游新闻、新华网等媒体平台展示全区疫情防控工作动态。利用武隆电视台、武隆网、武隆印象客户端等区属媒体，采写播发稿件3500余篇条；开设防疫栏目2档，播出《“疫”口童声》6期、防疫加油站3期，编发抖音45条；推出《重庆武隆：50吨优质高山蔬菜驰援湖北宜昌》等一批报道，阅读量最高100万+人次。利用宣传单发放、横幅标语悬挂、广播喇叭、流动宣传车、网评转发、舆情应对等形式，唱响抗疫主旋律、传播正能量。同时组织驻村干部、村居干部、医务人员等力量，不间断地走村入户，以主动上门、电话回访、微信群回复等多种方式，详细掌握重点人群的动态，提醒疫情防范注意事项，全力排除疫情防控各种隐患。

四、统筹经济社会发展

复工复产。同年，区委、区政府召开10余次领导小组会议专题研究复工复产问题。先后制定复工复产总体预案和重大基础设施项目、工业企业、建筑项目、商贸流通等企业复工复产专项工作预案，根据疫情防控要求和经济社会发展的轻重缓急逐步有序复工复产。成立全区企业复工复产指导服务组，分行业、分片督导联系企业开展全面排查和复工复产，并“一对一”帮助解决材料、用工、资金等具体问题；下设分行业、分片区的9个专项指导组以及由行业主管部门工作人员和医疗部门防控工作人员联合组成的驻厂工作组，实地长期进驻厂区指导企业做好复产准备、复工申请、疫情防控等工作；成立区委督察组实地对在产或复工复产企业防控措施落实情况和复工复产情况进行督查暗访。联合企业建立“一人一档”定向跟踪及信息共享制度，全面掌握职工是否离武、返武时间、返武交通工具、身体状况、是否来自或去过疫区等情况，优先安排本地员工复岗，做到日查日清。对返岗职工健康状况进行每日监测和登记，发现发烧、咳嗽等异常情况立即报告并采取检测、隔离、治疗措施。在园区设立1个集中医学观察隔离点，对复产复工企业市外来（返）武的职工需居家隔离观察、但又不具备条件的进行“定点集中、单间隔离”，防止疫情蔓延。截至4月，累计复工复产企业1991家，开工重大项目9个，到岗员工19040人。

复学复课。核酸检测。由区卫生健康委联合区教委对湖北省及境外返武师生全面核查，对80余名返武师生实施隔离管控，督促做好个人防护，同时抽调区疾控中心5名实验室人员全天候实施免费核酸检测全覆盖。派驻指挥。对全区105所各级各类中小学校及幼儿园全部配备兼职副校长及兼职校医150余人，通过协助学校制定卫生工作规划及建立健全传染病防控工作机制，科学指导学校规范做好新冠肺炎疫情防控工作，协助开展首批学校复学复课师生体温检测7000余人。巡回指导。区卫生健康委成立5个学校新冠肺炎疫情防控卫生巡回指导组20余人，分片区对各学校疫情防控“两案九制”制定、师生健康档案、学校“三室”设置、学校环境卫生等方面进行了全面的巡回指导，针对存在的问题及时提出整改建议。

健康促进与培训。区卫生健康委组织区健康教育所，对全区各类学校教职员工在开学前的准备、返校途中注意事项、返校后的日常监测、发生疫情时的应急处置开展培训，同时组织学校开展新学期“新冠疫情防控知识”培训健康教育课。

五、常态化防控

组织领导。拟定重点人群、重点环境和场所的核酸检测工作方案1个，组织召开疫情防控领导小组会议24次，全区卫生健康系统疫情防控工作视频会10次。

疫情常态化监测。发挥医疗机构哨点作用，严格发热门诊、预检分诊管理规定，落实“应检尽检”人员的监测工作，对国内外重点区域来武返武人群实施动态监测管理。累计确诊病例1例（已治愈）、筛查疑似病例3人（已排除）、管理密切接触者186人（已解除）、重点人群排查22764人核酸检测25312份（均为阴性）。

医务人员能力提升。夯实常态化疫情防控基层基础，采取分层、分片培训等方式培训基层采样人员、流调人员、核酸检测人员、心理干预人员、消杀人员等400余人，线上培训志愿者、网格化管理员、社区民警等800余人。

重大疾病防控及救治能力提升。完成区人民医院感染科、负压病房、负压手术室改造工程建设，3家规范化发热门诊、27家医疗机构规范化发热诊断室，核酸实验室5个，新增PCR核酸扩增仪5台，每日可承担检测近3万份。强化应急物资保障体系，建立30个医疗卫生机构单位级物资储备库，按照每个单位满负荷运转1个月量贮备口罩、手套、防护服、隔离服、靴子、护目镜及消杀药品、临床用药等，规划临时采样点5个，设置集中隔离场所4个。

新冠病毒疫苗接种。12月24日，全区卫生健康系统新冠疫情防控调度会暨重点人群新冠疫苗接种视频培训会召开，启动重点人员新冠病毒疫苗接种准备工作。

六、评选表彰

9月8日10时，全国抗击新冠肺炎疫情表彰大会举行。武隆区1人获全国抗击新冠肺炎疫情先进表彰。10月19日，重庆市抗击新冠肺炎疫情表彰大会举行。武隆区15人、6个集体获全市抗击新冠肺炎疫情先进表彰；2个党组织、3人分别获重庆市先进基层党组织、优秀共产党员称号。

（区卫生健康委）

延伸阅读

抗疫日记

日期：2020 年 3 月 21 日（星期六） 时间：6:57 天气：晴

这是我来到孝感支援的第 23 天，我在抢救任务最紧迫的危重症病房参加新冠肺炎病人的救治工作。在那里，重症肺炎救治的难度不仅仅是重症肺炎，同时面临着重症缺氧和炎症风暴带来的全身性损伤。在孝感，我们每天都在面临着专业和非专业的严峻考验。

81 岁的胡大爷不幸感染新型冠状病毒，吸氧难以维持，住进了危重症监护病房，由我接管。我和团队及时地进行了紧急插管、呼吸机支持，病人的氧气能够保证了，但是紧接着问题又来了，为了保证病人能够与呼吸机配合，需要使用镇静药物并且要建立导尿管以防止尿失禁和尿潴留。这时我们发现，患者患有前列腺疾病，曾经做过手术，存在严重的尿道狭窄，随即请来了经验丰富的泌尿专业医生采外科手段也未能将尿管插入膀胱。这时病人已经出现了尿潴留表现，再继续下去可能要出现肾积水甚至膀胱破裂。短时间的研讨后，决定从专业的角度考虑进行膀胱造瘘手术。但我一直顾虑胡大爷年事已高，经不起手术的折腾，为了最大限度减轻胡大爷的痛苦，窝反复了解胡大爷的既往病史，并细致进行了查体。根据多年的重症工作经验，我提出了尝试深度镇静镇痛置入小儿尿管，并且亲自操作，经过努力，最终成功建立了导尿管。这一打破常规却十分有效的治疗，源于多年临床工作中救治疑难危重病例的积累，此处尝试不但避免了患者手术痛苦和并发症风险，也为后续的医疗和护理减少了负担，从而更好地保证医护团队将精力都投入到新冠肺炎的救治中，促使患者更好地接受治疗，以更积极的心态与病魔作斗争。

隔开的是病毒，拉近的却是心和心之间的距离，病区里蒸腾着的是感动和信任，是坚守与执着，眼神的交流带着温度传递到心尖。防护面罩下，没有多余的表达，一往无前地披荆斩棘是回音。

（作者：彭顺刚，单位：重庆市武隆区人民医院）

日期：3 月 23 日（星期一） 时间：22：30 天气：晴

3 月 22 日 17 时 30 分，接大悟县卫生健康局领导指令要求对大悟县卫生系统进行全县疾控工作专项培训。随后与疾控中心人员进行沟通，商定培训内容。当陈波主任提出想要培训新冠防控方案（第六版）、流行病学调查要领及案例分析、疫情网络直报的要求、基层医疗机构防护规范院感控制、消毒技术要点……。培训对象为大悟各医疗机构公卫科主任、院感、消毒工作人员、疾控中心全体成员、卫监班子成员 / 科室主任。时间 23 日下午，培训时间 3 小时，要求讲得细致、透彻，行吗？望着他们希翼的目光，我坚定的说：“行”。这是一场定制的培训，我负责新冠肺炎调查相关的培训，两个队友分别负责院感、消毒的讲解。

20 时接指挥部通知明日所有队员必须归队，接到通知后我与大悟相关人员联系工作交接，酒店物资归还、车辆安排、清理要捐赠的防护物资、整理行李等等，一系列的忙碌下来，夜深了。时间紧，任务重，我冥想着如何让基层工作人员快速掌握流行病学调查要领，规范开展疫情处置并正确分析书写调查报告。凌晨 1 点做好了流行病学调查课件。因 23 日上午要参加援悟医疗队的送行仪式，必须在 8 点前完成聚集性疫情处置课件。长时间的集中精力，倦了，强制休息。闹钟凌晨 5 点起床，窗外一片暗黑。整理思路，想着规范处置的流程，利用前期开展的一起真实案例讲述着如何查找传染源、确定传播链、划出代际图……。终于在署光中按计划完成。上午在送别的欢愉时光中渡过，完成仪式后立即到支援单位进行了工作交接、与相识的人告别。

14 时 30 分，我用不标准的普通话，通过通俗易懂的语言，流程式的讲解从个案报告到应急队伍出动；到达目的地后如何与人沟通，询问技巧；怎样快速的完成资料收集，如何判定密切接触者，划定疫点疫区；如何书写个案流行病学调查报告；当遇到当日报告发病人数多，流调人员不够的情况下，优先选择调查哪些人；如何处置聚集性疫情，开展风险评估等等。讲解完成后，听着会场经久不息的掌声，我在心底默默的告诉自己，一切的付出都是值的。

（作者：孙毅，单位：重庆市武隆区疾病预防控制中心）

中国·重庆（武隆）绿色发展实践国际论坛

8 月 27 日，2020 中国·重庆（武隆）绿色发展实践国际论坛在仙女山开幕　　代君君　摄

8 月 27—28 日，“2020 中国·重庆（武隆）绿色发展实践国际论坛”在武隆仙女山举行。50 余名中外专家教授献计献策，为推进绿色发展提供实践创新方案。论坛以“建设‘山清水秀美丽之地’，探索‘生态文明’建设实践创新路径”为主题。举办“中国·重庆（武隆）绿色发展实践国际论坛”主论坛和“文旅融合与国家级旅游度假区高质量发展”“绿色扶贫与乡村振兴”“生态文明助力共建绿色丝绸之路”“绿色动力助推经济高质量发展”4 个分论坛。武隆区人民政府与 10 家企业主投资的 8 个项目进行签约，总投资额 286.8 亿元。论坛发布《绿色武隆倡议 2020》。

一、基本情况

开幕式。8 月 27 日 8 时 30 分，“2020 中国·重庆（武隆）绿色发展实践国际论坛”在仙女山开幕。本次论坛以“建设‘山清水秀美丽之地’，探索‘生态文明’建设实践创新路径”为主题，由中国生态文明研究与促进会、中国辩证唯物主义研究会、中国自然辩证法研究会、重庆市生态环境局指导，重庆市武隆区人民政府主办。论坛探讨“两山论”“两化路”实践路径，讲好重庆建设山清水秀美丽之地的实践故事。中共重庆市委常委、政法委书记刘强；中国企业联合会副会长，安徽省原副省长黄海嵩；市人大常委会副主任杜黎明；市政协副主席谭家玲；中国电力建设集团有限公司党委副书记、董事、总经理丁焰章；中国生态文明研究与促进会执行副会长李庆瑞；中国辩证唯物主义研究会常务副会长庞元正；中国自然辩证法研究会副理事长兼秘书长尚智丛；市生态环境局党组书记、局长辛世杰；发展中国家科学院院士、特聘教授刘彦随；中国工程院院士，国际著名蚕学家，西南大学蚕学与系统生物学研究所所长向仲怀；中国工程院院士，同济大学教授卢耀如；中国工程院院士，重庆大学教授，重庆大学通信与测控研究所所长杨士中；中国工程院院士，中国农业科学院茶叶研究所研究员、中国茶叶学会名誉理事长，国际茶叶协会副主席陈宗懋；加拿大驻重庆总领事馆总领事戴杰豪；自然资源部中国地质调查局水环中心党委书记、副主任，俄罗斯自然科学院院士张发旺；中央党校哲学部教授、博士生导师，中国社科院大学新时代生态文明研究中心主任，重庆市武隆绿色智库研究院院长赵建军；腾讯集团副总裁潘华；中国三峡画院原院长，中国三峡出版社原社长刘文敏；中国生态文明研究与促进会副会长王春益；重庆工商大学原校长王崇举出席开幕式。区委书记黄宗华出席开幕式并致辞；区委副书记、区长卢红主持开幕式。黄海嵩宣布“2020 中国·重庆（武隆）绿色发展实践国际论坛”正式开幕。开幕式上，李庆瑞宣读十一届全国政协副主席、中国生态文明研究与促进会会长陈宗兴的致辞。致辞中说，近年来，在习近平生态文明思想的指导下，武隆牢固树立和践行“两山论”，深入推进绿色发展，充分挖掘自然资源资产价值，探索优化把生态优势转化为发展优势的思路和路径，不断扩大生态红利，增强发展的硬实力。武隆连续举办绿色发展实践国际论坛，聚众智，汇众力，放眼全球，搭建起交流对话、资源对接、发展对标的重要平台，也分享和展示积极探索生态文明建设实践创新路径的经验和成果，为推动武隆绿色发展发挥积极的作用。黄宗华在致辞中代表区委、区政府和全区人民向各位嘉宾的到来表示热烈欢迎。他说，绿色是武隆发展的永恒主旋律，武隆人民越来越懂得“绿”，爱护“绿”，用好“绿”。我们深入贯彻习近平生态文明思想，积极探索生态产品价值实现新途径新机制，努力实现生态美、产业兴、百姓富有机统一。我们坚决筑牢绿色屏障，严守环境底线、生态红线，加强“两江四山”等重点生态功能区域保护，保留好山脊线、水岸线，切实把绿水青山建得更美。我们积极培育绿色经济，接力壮大生态旅游，全力发展“4+1”生态工业集群，持续做优以高山蔬菜、精品水果、有机茶叶为龙头的山地特色高效农业，切实把金山银山做得更大。我们大力建设绿色家园，统筹推进东部“产城景融合发展核心区”和“凤来新城产城景融合发展拓展区”协同发展，提质打造生态宜居、生产高效、生活美好、人文和谐的美丽乡村。诚挚期待各位嘉宾围绕“绿色、生态、健康”等话题积极发表真知灼见，为助推绿色发展提供更多有针对性的理论和实践建议，为推进全球生态文明建设作出更大贡献。

主论坛。8月27日9时30分，“2020中国・重庆（武隆）绿色发展实践国际论坛”主论坛举行。卢红、卢耀如、杨士中、陈宗懋、赵建军、刘彦随以现场演讲的形式分别以《建设“山清水秀美丽之地”，探索“生态文明”建设实践创新路径》《为绿色发展与绿色世界而奋斗》《空天信息功率网》《茶叶质量安全和绿色防控》《武隆绿色发展实践对“两山”理念提出的积极贡献》《脱贫攻坚与乡村振兴有机衔接路径》为题作主旨报告。中国工程院院士、第十三届全国人大教科文卫委员会委员、中国抗癌协会理事长、亚太消化学会主席、空军军医大学西京消化病医院院长、中国工程院原副院长樊代明，匈牙利科学院高级研究员、生态文明研究专家阿提拉・格兰德皮埃尔，以视频演讲的形式分别以《疫后医学发展思考》《匈牙利古代生态文明的印迹和当前匈牙利绿色发展的趋势》为题作主旨报告。

分论坛。8月27日下午，“2020中国・重庆（武隆）绿色发展实践国际论坛”分论坛在仙女山举行，来自国内外的业内专家学者及特邀嘉宾代表分别围绕文旅融合与国家级旅游度假区高质量发展、绿色扶贫与乡村振兴、生态文明助力共建绿色丝绸之路、绿色动力助推经济高质量发展四大主题，探讨如何学好用好“两山论”，走深走实“两化路”实践路径，分享武隆绿色发展实践经验，为建设美丽中国出谋划策。在文旅融合与国家级旅游度假区高质量发展分论坛上，中国自然辩证法研究会副理事长兼秘书长尚智丛介绍生态文明及其实质含义。他认为，生态文明是人类遵循人、自然、社会和谐发展这一规律而取得的物质与精神成果的总和；生态文明以人与自然、人与人、人与社会的和谐共生、良性循环、全面发展、持续繁荣为基本宗旨。人类的社会实践是遵循自然规律、充分发挥人的主观能动性的物质性活动，是理论指导下的有目的、有计划的实践活动。在生态文明建设中，要保护文化多样性，发掘多样文化，因地制宜、因民制宜，发展各具特色的小区域的、自然与文化协调的文明形态。在绿色扶贫与乡村振兴分论坛上，清华大学公共管理学院教授、博士生导师，清华大学公共管理学院副院长、公共管理学院社会创新与乡村振兴研究中心主任邓国胜认为，生态保护和扶贫开发是世界各国普遍面临的难题。研究表明，在对公共事务缺乏参与意识和责任意识的状态下，地方政府通过引入专业性公益组织，协助乡村社区解决公共资源治理困境，实现生态保护和扶贫开发的共赢是一种有益的创新探索。外部专业性公益组织的介入与催化是这类乡村社区自主治理制度得以内生的关键。因此，本着乡村振兴的目标，地方政府要善于整合资源，积极引导有公共价值、有资源和能力的社会力量参与乡村振兴。在生态文明助力共建绿色丝绸之路分论坛上，中国生态文明研究与促进会副会长王春益表示，当今世界存在着不同的民族、国家、利益群体、宗教信仰和社会制度，用什么共同的理念和共同的利益来维系、来对话，以形成共识呢？唯有生态文明与可持续发展会让地球上的人类（国家）有共同的追求、共同的价值观，最终达到和谐共处，理性选择人类共同的未来。人类与地球是一个生命共同体。在绿色动力助推经济高质量发展分论坛上，自然资源部中国地质调查局水环中心党委书记、俄罗斯自然科学院院士张发旺指出，生态文明建设是关系中华民族永续发展的根本大计。如何建立统一的空间规划体系和协调有序的国土开发保护格局，实现资源环境承载能力和国土空间开发相适宜，要从统筹考虑国土空间开发的系统性、整体性，加快规划体制改革，推进多规合一与规划监督，开展国土空间规划“双评价”。专家学者还以沙龙形式进行深入交流。

闭幕式。8月28日上午在仙女山闭幕。闭幕式上，武隆区围绕工业、文旅和文旅融合等方面进行招商引资签约，签约项目总投资额达286.8亿元。重庆市武隆区委书记黄宗华在闭幕致辞中表示，在为期三天的论坛活动中，300余名嘉宾汇聚武隆，围绕“建设山清水秀美丽之地，探索生态文明建设实践创新路径”主题，碰撞思想火花、分享经验智慧，提出一批前瞻性、创新性的新理念、新观点，形成一批可借鉴、可推广的创新成果，达成一批战略性、建设性的合作意愿、合作项目。闭幕式上，重庆市武隆区委副书记王频重点介绍中国地质科学院岩溶地质研究所武隆岩溶研究基地、重庆市农业科学院武隆高山蔬菜研究所、重庆市畜牧科学院武隆分院、武隆高山茶叶研究所、武隆高山水果种植科研基地等5个科研平台的绿色发展实践成果。中央党校哲学部教授、博士生导师，中国社科院大学新时代生态文明研究中心主任，重庆市武隆绿色智库研究院院长赵建军发布以“两山论”为指导进行理论与实践探索研究成果。中国自然辩证法研究会副理事长兼秘书长尚智丛宣读《绿色武隆倡议2020》。

二、论坛特色

（一）本届论坛精细筹备，精心组织。本届论坛得到各级领导的大力支持。市委书记陈敏尔、市政府市长唐良智对论坛的举办给予支持。市委常委、政法委书记刘强与中国电力建设集团有限公司党委副书记、董事、总经理丁焰章出席开幕式。中国生态文明研究与促进会执行副会长李庆瑞宣读十一届全国政协副主席、中国生态文明研究与促进会会长陈宗兴的致辞。中国辩证唯物主义研究会副会长庞元正，中国自然辩证法研究会副理事长兼秘书长尚智丛，加拿大驻重庆总领事馆总领事戴杰豪，市生态环境局党组书记、局长辛世杰等嘉宾分别致辞。中国企业联合会副会长黄海嵩宣布论坛开幕。全区成立区委书记担任指挥长、相关区领导各负其责的论坛指挥部，下设12个工作组，按照论坛所确定的工作目标、时间节点、职能职责有序推进选题调研、专家聘请，主旨演讲、主题报告的审核直至各项会务的准备和保障等。按照疫情防控要求，制定专门防控方案，此次论坛开幕式共设3个会场，其中2个为同步直播，中国工程院院士樊代明和匈牙利专家阿提拉·格兰德皮埃尔通过视频，以“云论坛”的形式参与交流。

（二）本届论坛嘉宾参与层次高、范围广。本届论坛共有4位副部级领导，5位中国工程院、中国科学院院士，2位外籍院士，指导单位嘉宾6人，14国驻重庆、成都领事馆成员及商会代表52人，6位国外专家，45位国内从事或研究绿色发展领域顶尖专家，山东省济南市、四川省乐山市、贵州省遵义市等多个市外党政代表19人，44名市级部门代表，41名区县代表，56个央企、大型市属国企、知名民企等企业代表等共270余名来自国内外政、产、学、研等重量级嘉宾参与，展示吸引力和影响力。

（三）本届论坛主题突出、内容丰富。本届论坛设“建设山清水秀美丽之地，探索生态文明建设实践创新路径”主论坛和“文旅融合与国家级旅游度假区高质量发展”“绿色扶贫与乡村振兴”“生态文明助力共建绿色丝绸之路”“绿色动力助推经济高质量发展”4个分论坛。有院士、专家和企业代表100多名从不同的工作领域、不同的角度在论坛上发表主旨演讲、主题报告或交流发言，论坛发布的成果和内容坚持理论与实践紧密结合，形成一系列新理念新共识。同时，论坛还穿插绿色发展成果展会、绿色实践基地调研、文化交流展示、招商推介及签约等丰富活动。

三、论坛成果

（一）本届论坛壮大绿色发展专家智库，收获绿色发展支撑。一年来，专家智库成员逐渐丰富到各领域、各行业，同时在武隆和北京组织多次绿色发展创新模式研讨会，形成《绿水青山就是金山银山》专题报告，各专家先后在《中国环境报》等权威期刊上发表文章20余篇。其次完成“两山论”理念的实践转化为绿色供应链，成为其他地区绿色发展理论转化为实践的示范，绿色供应链为武隆发展特色，将供应端、物流端、消费端、数据端、回收端有机连接，“五端闭环”形成后，将加快解决农产品供销不平衡、生产和流通中的食品安全难保障、绿色产品标准不统一等多个产业难题。

（二）本届论坛形成一批前沿研究成果，收获绿色发展方向。论坛共展示《脱贫攻坚与乡村振兴有机衔接路径》等8篇主题报告，《新冠疫情与旅游变化》等36篇前沿最新研究成果。中国工程院院士、著名地质学家、国际喀斯特权威专家卢耀如在开幕式上作题为《为绿色发展与绿色世界而奋斗》的主题报告，他指出武隆的绿色发展，应在大数据、大信息的基础上，建设以武隆城镇为核心的生态智慧城镇群，与重庆整体的生态智慧城镇群相连接。中国工程院院士杨士中围绕“空天信息功率网”，中国工程院院士陈宗懋围绕“茶叶质量安全与绿色防控”，中国工程院院士樊代明围绕“疫后医学发展思考”，发展中国家科学院院士、中国科学院精准扶贫评估研究中心主任刘彦随围绕“脱贫攻坚与乡村振兴有机衔接路径”，匈牙利专家阿提拉·格兰德皮埃尔围绕“绿色动力助推经济高质量发展”分别作主旨演讲。

（三）本届论坛吸引一批绿色发展合作项目落地，收获绿色发展动能。依托《人民日报》、新华社、中央电视台、《重庆日报》、重庆电视台等20余家主流媒体和《香港商报》、香港卫视等驻渝媒体对论坛及武隆绿色发展成效进行宣传和报道，百度关键词搜索结果达到13万条，吸引国内外专家学者、企业等各领域高层次人才关注武隆、走进武隆、投资武隆，达成绿色新型建材、装配式建筑产业和土地综合利用项目等8个绿色发展合作项目，总签约额286.8亿元。

（四）本届论坛提出6项绿色发展倡议，收获绿色发展样本。本届论坛提出《绿色武隆倡议2020》，约定达成“坚持绿色发展理念，探寻绿色发展新实践模式；打造‘山清水秀美丽之地’交流平台，为一带一路倡议推进绿色发展提供实践创新方案；探讨‘两山论’转化与实践路径，分享绿色发展经验；聚焦高质量绿色发展探索与实践；提高公众绿色发展意识，倡导简约低碳绿色生活方式；携手共谋绿色生活，共建美丽家园”等6项内容，对武隆及全市各区县推动绿色发展具有借鉴和参考价值。

（区委办公室）

延伸阅读

绿色发展武隆倡议 2020

党的十八大将生态文明建设纳入五位一体总体布局，并提出建设美丽中国，中国特色社会主义进入新时代，这是我国发展新的历史方位。在新时代全面布局生态文明建设，展现美丽中国、美丽现代化强国的美好前景。我们党坚持“人与自然和谐共生”的基本方略，全面部署和实施生态文明建设国家战略并将其上升到“中华民族永续发展的根本大计”。中国大力推进和加强生态文明建设，在世界范围内践行绿色发展道路、分享绿色发展智慧，充分彰显中国将继续在全球生态文明建设中发挥重要参与者、贡献者、引领者的决心。在全球生态环境日益恶化的今天，国际社会共同应对生态环境问题的决心更加坚定，绿色发展已成为世界各国发展的共识，我们将继续为开创全球绿色发展新格局提供持续动力，这是中国作为大国义不容辞的使命。

2020年8月26—28日，中国·重庆（武隆）绿色发展实践国际论坛在重庆市武隆区举行。本次论坛以建设“山清水秀美丽之地”，探索生态文明建设实践创新路径为主题，国内外相关领域专家学者、地方代表、绿色企业代表等齐聚重庆市武隆区，共同探讨绿色发展的理论与实践路径，分享绿色发展的实践经验，讲好重庆建设“山清水秀美丽之地”的实践故事。经与会嘉宾共同商议，倡议如下：

一、坚持绿色发展理念，探寻绿色发展新实践模式。习近平总书记明确指出重庆要建设“山清水秀美丽之地”，要在推进长江经济带绿色发展中发挥示范作用，生态优先绿色发展成为重庆大地主旋律。可以说，绿色不仅是重庆发展的底色，更是人民美好生活的底色，绿色发展道路的实践模式已融入城市建设的方方面面，绿色发展理念的价值取向也深入群众的内心。只有以绿色发展的成就实现人民对美好生活的向往，才能使人民群众在享受绿色福利和生态福祉中促进经济社会持续健康发展和人的自由而全面发展，从而最大限度地体现出发展应有的经济价值与社会价值、自然价值与人文价值。

二、打造“山清水秀美丽之地”交流平台，为“一带一路”倡议推进绿色发展提供实践创新方案。本次“2020中国·重庆（武隆）绿色发展实践国际论坛”，将尽力打造成为绿色生态领域极具影响力和吸引力的品牌活动。邀请各界权威高端资源助阵，配套“中央媒体行”走进重庆武隆活动，借助中央主流媒体的公信力、传播力、引导力、影响力，让重庆建设“山清水秀美丽之地”的成果享誉全国，分享给世界。

三、探讨“两山论”转化与实践路径，分享绿色发展经验。“两山论”的转化与实践探索，就是要通过正确处理环境保护与经济发展的关系，形成绿色的生产方式和生活方式，最终实现人与自然和谐共生。习近平总书记强调，绿水青山和金山银山绝不是对立的，关键在人，关键在思路。绿水青山既是自然财富，又是社会财富、经济财富，探寻合理的转化路径与实践方式，充分发挥绿水青山的经济社会效益，使绿水青山成为社会财富不断涌流的源泉。应积极探索实现发展方式绿色化转型的条件，例如大力推行生态旅游扶贫，兼顾生态环境和解决社会物质需求的先决与必要条件。

四、聚焦高质量绿色发展探索与实践。习近平总书记视察调研重庆期间发表的重要讲话和作出的重要指示，为更好推进高质量绿色发展、如期打赢脱贫攻坚战提供科学指引和根本遵循。高质量的绿色循环低碳发展，是当今时代科技革命和产业革命的方向，是最有前景的发展领域。绿色发展需要广泛的科技支撑，社会各界需要在创新研究方法、创新科技与产业融合的组织形态、创新社会治理方式、创新科学普及理念与方法等方面积极探索实践。积极推动以新能源、绿色装备制造、节能环保、现代生态农业等为代表的新技术、新业态和新产业发展，以科技创新引领高质量发展。生态产业的发展与生态环境的改善具有紧密关系。应因地制宜推动地方旅游与休闲产业在绿色发展中的引领作用。贫困地区应大力加强生态旅游扶贫的实践探索，加强生态产业、康养产业等融合，切实让美丽生态“风景”变成脱贫致富美好“钱景”。

五、提高公众绿色发展意识，倡导简约低碳绿色生活方式。生态环境保护是全人类共同的责任和义务。要通过宣传教育，增强生态保护的紧迫感和责任感，引导群众要像保护眼睛一样保护生态环境，像对待生命一样对待生态环境，人人都要行动起来，身体力行，热爱自然、保护生态。领导干部树立正确的发展观、政绩观，做到依法保护环境、严守生态底线。

六、携手共谋绿色生活，共建美丽家园。中国特色社会主义进入新时代，我国社会主要矛盾已经转化为人民日益增长的美好生活需要和不平衡、不充分的发展之间的矛盾。可以说，满足人民群众对美好生活的向往已经成为新时期我国经济社会发展的主要目标，而人民群众对美好生态环境的需求、对建设美丽家园的需要是对美好生活向往最为直接而现实的体现。我们要发出践行绿色发展的时代最强音，持之以恒的研究绿色发展的实现路径，让人民群众在共谋绿色生活、共建美丽家园中有更多的获得感、幸福感、满足感。

武隆区创建“国家生态文明建设示范区”历程

2020年4月，武隆区开始申报国家级生态文明建设示范区；6月，通过技术评估及现场核查；10月，被命名为“重庆市生态文明建设示范区”“第四批国家生态文明示范区”。

武隆区创建“国家生态文明建设示范区”于2017年启动，至2020年10月创建成功。整个创建过程分为2个阶段完成，2017年编制完成《重庆市武隆区国家生态文明建设示范区创建规划》启动生态区建设，2018—2019年为规划实施阶段。全区共完成完善生态制度、保护生态环境、优化生态空间、发展生态经济、践行生态生活、弘扬生态文化等6项建设任务，分步实施生态经济工程、生态环境质量改善工程、生态生活工程、生态文化建设工程共4大类，涉及重点工程47项，总投资20.9亿元。

全区建立以区委、区政府主要领导为核心的生态文明创建领导小组，全面负责生态文明建设工作的领导和规划的组织实施。建立和完善分工负责和统一监管的工作机制，形成区、乡镇分级管理，部门相互配合，上下联动，良性互动的推进机制，狠抓工作落实。制定《武隆创建国家生态文明建设示范区实施方案》。加大区政府对生态文明建设重大工程项目的投入，创新政府资金投入方式，采取以奖代补、贷款贴息等多种形式用于支持生态文明标志性工程的建设。建立“政府引导、市场推进、社会参与”创建国家生态文明建设的多元化投融资体系。根据规划制定任务，制定分年度的《考核办法》，逐一分解落实到各部门、各乡镇（街道）；建立区、乡镇两级督查、巡查机制，区委督查室牵头，每月对部门、乡镇（街道）生态文明任务情况的例行督查或专项督查。各乡镇（街道）每季度自行开展对所属科（办）站（所）、村（社）的定期或不定期督查。

根据《国家生态文明建设示范市县建设指标》《国家生态文明建设示范市县管理规程》《“绿水青山就是金山银山”实践创新基地建设管理规程（试行）》，主要考核指标包括生态制度、生态安全、生态空间、生态经济、生态生活、生态文化等6大类40项（其中3项仅考核沿海地区，3项考核县级行政区）。截至2019年12月，各项考核指标基本达到国家生态文明建设示范区考核要求。

生态制度。2017年开展《武隆区国家生态文明建设示范区创建规划》编制工作；2018年通过区人大审议并颁布实施，并报送重庆市生态环境局备案，2019年1月印发《武隆区国家生态文明建设示范区创建工作实施方案（2018—2020）》。2017—2019年，印发《武隆区实施生态优先绿色发展行动计划（2018—2020年）》《武隆区污染防治攻坚战实施方案（2018—2020年）》《武隆区污染防治攻坚战重点工程补充清单》等文件，每年对生态环境工作目标任务进行分解，并多次召开常委会、常务会及专题会，研究部署生态环境保护工作。2017—2019年，武隆区经济社会发展实绩考核涉及生态文明建设工作考核定量指标权重分别为22分、25分、25分，占经济社会发展实绩总分的22%、25%、25%，均大于20%。2017年以来，武隆区不断完善河长组织体系，由区委书记担任“总河长”充实为书记、区长“双总河长”“总警长”体系，至2019年12月，全区共有区级河长11人、副河长7人、总警长1人，乡镇（街道）级河长138人，村级河长184人，河库警长43人。全区召开7次总河长会、51次区级河长会议，专题听取汇报和研究解决重难点；全区各级河长有效巡河巡岸22789次，发放河长制交办单118份，整改率100%；出台“9+1+1”河长制工作制度和运行管理办法。2017—2019年，全区生态环境信息公开率100%；依法开展规划环境影响评价，开展率100%。

生态安全。2017—2019年武隆区环境空气质量优良天数分别为331天、343天、352天，占全年有效监测天数的90.68%、93.97%、96.43%，均完成每年重庆市对武隆区优良天数目标任务（300天）要求；3年武隆区PM2.5年均浓度分别为35微克/每立方米、30微克/立方米、26微克/立方米，上级下达的目标任务分别为42微克/立方米、35微克/立方米、35微克/立方米；纳入考核的3条次级河流［乌江、木棕河、大溪河（武隆段）］4个断面均达到或优于Ⅲ类，连续3年完成市级考核目标任务，地表水环境质量保持稳定；区域内无劣Ⅴ类水体、黑臭水体。2017—2018年武隆区生态环境状况指数分别为71.66、74.29，均大于60；森林覆盖率分别为63.12%、63.84%，均大于60%。2017—2019年，武隆区受保护的国家一、二级野生动物物种数37种，国家一、二级野生植物物种数35种，均纳入保护，保护率100%；全区外来物种入侵不明显，对生态系统的结构完整与功能发挥没有造成实质性影响，未导致农作物大量减产和生态系统严重破坏；区内濒危物种有国家一级保护动物中华鲟，国家二级保护动物胭脂鱼、大鲵、水獭等，种类和数量未呈现下降趋势；3年全区危险废物利用处置率均达100%。2017—2019年，武隆区开展污染地块调查评估，建立污染地块名录，编制完成《武隆区土壤污染治理与修复规划》；建立建设用地土壤污染风险管控和修复名录，并按要求建立污染场地环境监管体系。完成捷利化工原场地和长欣水泥原场地场地评估，将捷利化工原场地和长欣水泥原场地2块污染地块编制入武隆区污染地块负面清单，在区政府网站进行公示，并出台《武隆区捷利化工和长欣水泥污染场地风险管控方案》《工业企业原址再开发利用联合监管机制》，落实风险管控措施；区生态环境局开展环境应急管理和风险防范工作，每年印发环境应急管理工作要点，及时督促辖区企事业单位开展突发环境事件风险评估和应急预案编修工作；建立健全全区突发环境事件应急管理机制。

生态空间。2016年下半年武隆区按照有关要求委托第三方机构启动生态保护红线划定工作。2017年完成武隆区生态保护红线划定并上报送审。2018年重庆市人民政府以《关于发布重庆市生态保护红线的通知》（渝府发〔2018〕25号）正式发布，武隆区生态保护红线面积834.63平方千米，占辖区员面积28.89%。严格按照《关于划定并严守生态保护红线的若干意见》进行管控。2019年按照自然资源部和生态环境部《关于开展生态保护红线评估工作的函》完成生态保护红线评估优化调整，上报生态保护红线面积834.652平方千米。武隆区共有自然保护地6类10个，即自然保护区3个、森林公园1个、风景名胜区3个、岩溶地质公园1个、湿地公园1个、世界自然遗产地1个，通过编制规划、确界立碑等措施，确保辖区内自然保护地面积不减少，性质不改变，生态功能不降低。依据武隆区乌江、大溪河、芙蓉江等河流岸线保护和利用规划，计算得到2017—2019年武隆区河道自然岸线保有率分别为93.44%、92.92%、92.28%，完成上级管控目标。

生态经济。根据武隆区统计局数据统计，武隆区2017年单位地区生产总值能耗为0.357吨标准煤/万元，同比下降3.32%；2018年单位地区生产总值能耗为0.323吨标准煤/万元，同比下降2.58%；2019年单位地区生产总值能耗为0.264吨标准煤/万元，同比下降3.88%，完成上级下达的目标任务。2017—2019年，武隆区单位地区生产总值用水量分别为65立方米/万元、56立方米/万元、49立方米/万元；单位国内生产总值建设用地使用面积下降率分别为5.8%、11.3%、25.6%；碳排放强度分别为0.964吨二氧化碳/万元、0.872吨二氧化碳/万元、0.66吨二氧化碳/万元；一般工业固废综合利用率分别为96.5%、98.3%、97.6%；集中式饮用水源地水质优良比例分别为100%、85.7%、100%；区城镇生活污水率分别为92.44%、94.28%、97.55%，区城镇生活垃圾无害化处理率均达100%；城镇人均公园绿地面积分别为13.67平方米/人、14.06平方米/人、15.86平方米/人，区城镇新建绿色建筑比例为68.48%、37.34%、63.44%；区公共交通出行分担率为51%、55.7%、68.6%；行政村生活垃圾有效治理比例达89.8%、99.4%、100%；商贸领域节能家电销售占比分别为53.9%、56.1%、59.0%，在售节水器具中节水型器具占比均为100%；一次性消费品人次使用量分别为0.0057千克、0.0051千克、0.0047千克，呈现逐年下降趋势；政府绿色采购比例分别为86.97%、86.75%、86.7%，均达考核要求；3年全区无强制性清洁生产审核企业。

生态文化。2017—2019年全区党政领导干部参训生态文明培训人数比例均达到100%，公众对生态文明建设的满意度分别为82.69%、85.31%、87.27%；2019年11月、2020年4月，对全区公众对生态文明建设的参与度进行现场调查，统计结果分别为81.66%、85.61%，满足国家生态文明建设示范区考核要求。

（区生态环境局）

6月4日，武隆城区彩虹　　王俊杰　摄

重庆仙女山机场建设历程

重庆仙女山机场，位于重庆市武隆区仙女山街道仙女山国家森林公园（仙女山村）内，为4C级国内旅游支线机场、中国第一家建设在国家AAAAA级旅游景区内的民航机场，属高原机场（1745.04米）。2016年9月，开工建设；2020年12月18日，仙女山机场首次通航。截至2020年12月，重庆仙女山机场航站楼面积6000平方米，民航站坪设6个机位；跑道长2800米、宽45米；可满足年旅客吞吐量60万人次、货邮量1500吨、飞机起降6360架次的使用需求。同年，共完成旅客吞吐量200人次，排名全国第240位；飞机起降2架次，排名全国第240位。

2007年，中共武隆县委、县政府提出新建武隆民用机场项目。

2008年，武隆民用机场启动筹备工作。

2010年1月，武隆民用机场场址获中国民用航空局的选址批复。

2015年5月，武隆民用机场取得国务院和中央军委的立项批复。

2016年9月，武隆民用机场可研报告获国家发展和改革委员会批复；9月23日，机场开工建设。2018年4月机场全面施工；累计总投资16.79亿元，用地154.87公顷。

2019年10月，武隆民用机场被命名为“重庆仙女山机场”。

2020年7月，重庆仙女山机场主体工程完工；8月，重庆仙女山机场航站楼进入装修及设备安装调试阶段。8月13日，重庆仙女山机场开始校飞；10月23日，重庆仙女山机场试飞成功，由重庆航空使用空客A320型客机执行任务。

2020年10月28日，仙女山机场工程及跑道特性材料拦阻系统工程竣工验收总结会议在仙女山新华会议中心召开。武隆机场建设指挥部组织各参建单位在7月28日第一批次竣工验收基础上，对重庆武隆民用机场项目进行竣工验收。验收范围内各工程按设计文件完成，各项内容满足设计及规范要求，工程档案资料基本齐全。经验收组评定，验收范围内工程总体质量合格，同意通过工程竣工验收。12月9日，重庆仙女山机场通过行业验收。

2020年11月20日，武隆区与丰都县、涪陵区联合发布《关于重庆仙女山机场净空及电磁环境保护有关事项的通告》，划定仙女山机场净空及电磁环境保护区域；仙女山机场净空保护区域包括距跑道中心线两侧各10千米、跑道端外20千米以内的区域，具体包含行政区域有：武隆区凤山街道、芙蓉街道、仙女山街道、羊角街道、白马镇、双河镇、石桥乡、黄莺乡、赵家乡，涪陵区焦石镇、武陵山乡、大木乡和丰都县仙女湖镇、南天湖镇、包鸾镇。而仙女山机场飞行区电磁环境保护区则包括以跑道两端入口为圆心10千米为半径的弧和与两条弧相切的跑道的平行线围成的区域，具体包含行政区域有：凤山街道、芙蓉街道、仙女山街道、羊角街道、双河镇。

2020年12月18日，重庆航空1架空客320客机降落仙女山机场，标志着重庆仙女山机场正式通航。首飞航班，由重庆航空公司空客320飞机执飞，航班号为OQ2097/8，全程飞行时间27分钟；9时21分从重庆江北机场起飞，9时48分降落仙女山机场；11时20分从仙女山机场起飞，12时降落在重庆江北国际机场。航班抵达后，举行首航仪式。民航西南地区管理局副局长徐东毅向仙女山机场颁发机场使用许可证书并宣布仙女山机场通航启动。

（区交通局）

10月22日，重庆仙女山机场　　邓文光　摄

大事记

1月

5日　全区人民政协成立70周年书画摄影展在区人民广场举行。

5—7日　中国人民政治协商会议重庆市武隆区第九届委员会第五次会议在区人民大礼堂举行，应出席委员196人，实到委员186人。会议增选陈鹏为政协重庆市武隆区第九届委员会副主席，马宏伟为政协重庆市武隆区第九届委员会常务委员。

6—8日　重庆市武隆区第十八届人民代表大会第四次会议在区人民大礼堂举行；应到代表206人，实到代表194人。会议选举谢逵、刘伟清为重庆市武隆区第十八届人大常委会委员，并举行宪法宣誓仪式。

7日　《印象·武隆》团队再次受邀参加《经典咏流传》节目录制，并与谭维维合作，演唱川江号子；6月25日20时，节目在中央电视台《经典咏流传》栏目播出。

8日　重庆市健康教育所确认重庆市武隆区2019年居民健康素养监测结果，全区2019年居民健康素养水平18.09%。

10日　即日起，机动车驾驶证、行驶证证件电子化新举措推行。

12日　央视中文国际频道《国家记忆》栏目播出《解放之战·重庆雾开》，其中讲述武隆白马山战斗。

16日　全区表彰冉显文、田校荣、何军、何晓群、张寿斌、周中胜、宗云、高长春、窦远水、行走中国俱乐部（团体）等为第三届“感动武隆”十大人物。

同日　位于城区南滨路商业步行街的24小时自助图书馆投用。

18日　武隆横店电影城开业，设6个3D影厅745个座位。

20日　2020年春风行动城乡就业招聘会暨社会保障政策宣传活动在城区人民广场举行。100余家用人单位和企业提供各类就业招聘岗位7000余个。

同日　《欣赏——重庆武隆》特别节目在中央广播电视总台科教频道（CCTV-10）播出。

同日　城区至后坪苗族土家族乡客运班车开通。

同日　全区区级学术技术带头人增至67人。

22日　2020年重庆卫视春节联欢晚会播出，羊角古镇、白马山天尺情缘景区作为分会场亮相。

23日　全区召开新冠肺炎疫情防控工作安排部署会；发布《关于做好新冠肺炎防控的温馨提示》《关于在全区范围内暂停活禽交易和宰杀的通告》，区卫健委和区疾控中心联合发布《健康知识五提醒》。1月24日，重庆市启动重大突发公共卫生事件一级响应；武隆区成立新冠肺炎疫情防控工作领导小组，由区委书记黄宗华，区委副书记、区长卢红任组长；建立综合办公室和医疗救治组、疫情防控组、医疗物资保障组、社区排查组等10个专项小组。1月29日，全区成立新冠肺炎疫情防控工作指挥部，由区委书记黄宗华任指挥长，区委副书记、区人民政府区长卢红任执行指挥长。1月30日，全区首例新冠肺炎病例确诊。2月15日，确诊患者1例治愈出院。至12月31日，全区累计确诊1例、治愈1例。

29日　全区在区人民医院、区中医院设置定点发热门诊，将区人民医院作为定点救治医院、仙女山镇中医馆作为可疑暴露者集中隔离场所。

30日　区政府新闻办公室召开新冠肺炎疫情防控工作新闻发布会。

同日　全区设置卫生检疫点16个，实行24小时不间断查控。全区累计消毒公交车与客运车辆208辆、公共场所消毒面积17.75万平方米。零时起，全区所有农村班线客运、包车（旅游）客运、城市公交车、渡口码头暂停营运。

31日　区红十字会发布《关于打赢新冠肺炎疫情防控阻击战募捐倡议书》；截至12月9日，累计接受社会捐款558.08万元，接收捐赠物资价值折合人民币137.71万元（其中包括一次性口罩6.1万只、一次性医用口罩3.72万只、萝卜27吨、菜头20吨、84消毒液46桶等）。

1月　区残联为区特殊教育学校参加第十届残疾人运动会暨第七届特殊奥林匹克运动会迷你滑雪比赛获奖学生颁发奖牌；陈海燕获女子智力残疾组50米、100米2项金牌，获比赛项目奖10万元、体育道德风尚奖1000元；李政億获女子听力残疾组500米金牌和100米银牌，获比赛项目奖7万元；雷贵园获女子智力残疾组50米、100米银牌，获比赛项目奖4万元；窦雪峰获男子肢体残疾组50米站式、100米站式第八名，获比赛项目奖1.3万元。

2月

1日　零时起，全区对部分高速公路收费站和部分省道实施临时交通管制；临时双向关闭武隆西、黄草、鸭江高速公路收费站，对S206公路在与南川区及涪陵区接壤地界、S529公路与涪陵区接壤地界采取断道阻隔措施。11日17时，全区高速公路、国省干道恢复畅通；交通卫生防疫检查站增至20个。22日17时，全区保留火车站、汽车站2处交通卫生检疫站，其余交通卫生检疫站全部撤除完毕，停止检查检疫工作。

同日　区城管部门在城区设置废弃口罩收集点162个，配备专用废弃口罩收集车1辆、收运人员2名。

同日　《武隆区各民主党派联合倡议书》发布。截至2月7日，全区统一战线协调捐款捐物38.5万元，捐赠物资价值12.68万元。

2日　区融媒体中心播放《武隆区首例确诊患者现在怎么样？这段视频告诉你》新闻，截至3日18时，累计浏览量6万+人次；市民自发录制视频为患者加油。

3—13日　全区调整城区公共区域集中消毒作业时间，新增城区主次干道喷洒消毒作业；每日21—24时，利用洒水车进行集中喷洒消毒作业。截至2月22日，全区累计消毒消杀城区公共区域面积1223万平方米，收运城区废弃口罩95.2千克。

4日　全区新冠肺炎疫情防控应急演练在区世纪广场举行。

5—10日　区融媒体中心制作推出少儿防疫公益栏目《“疫”口童声》，连续播出6期。

5—28日　区教委、团区委、区青少年活动中心组织开展“无惧困难·共同战疫”主题书法、绘画、征文大赛。

9日　全区发布《关于武隆区社区、住宅小区（含办公场所）实行封闭式管理的通告》。

13日　15时28分，武隆援助湖北50余吨生活物资装车起运，包括青菜头15吨、土豆5吨、南瓜10吨、甘蓝10吨、萝卜10吨，及猪肉1.2吨，于14日1时43分运抵湖北省宜昌市夷陵区，与当地红十字会进行交接。14日8时28分，中央电视台《财经频道》以《重庆武隆：蔬菜猪肉定点援助湖北宜昌》为题进行报道。25日10时35分，武隆区第二批援助湖北省孝感市60吨生活物资起运，于26日运抵孝感市，与当地商务局进行交接。

2月13日，武隆援助湖北物资正在装车　　代君君　摄

同日　《疫情下的武隆》公益纪录片发布，致敬为疫情做出贡献的市民，至2月17日，网络点击量5.42万人次。

17日　全区机关企事业单位（除学校）恢复正常上班秩序。

19日　根据重庆市新冠肺炎疫情分区分级分类标准，全区被确定为疫情低风险区域，实施“外防输入”防控策略、全面恢复正常生产生活秩序。

22日　全区首批支援湖北孝感疾控队在区疾控中心集结。23日，武隆区抽调的区疾控中心疾病管理科科长孙毅、区疾控中心检验科微生物检验主管技师陈旼媚随重庆市第15批支援湖北医疗队奔赴湖北孝感，分别开展实验室核酸检测、流行病学调查工作。2月28日，区人民医院重症医学科主任、副主任医师彭顺刚作为重庆市第18批援鄂医疗队成员赴湖北省孝感市。3月28日13时41分，重庆市赴孝感市新冠肺炎防治工作对口支援队第二批143名队员平安回家，武隆区3名队员一并返回；4月11日，3名医疗队员结束隔离返回，全区举行欢迎仪式。

25日　全区首批130名外出务工人员乘坐专车赴浙江义乌返岗复工。2月27日，区人力社保局组织第二批120名农民工包车启程赴义乌返岗复工。

26日　区新冠肺炎疫情防控工作指挥部印发《关于进一步统筹推进疫情防控和经济社会发展工作的通知》，要求推进全区新冠肺炎疫情分区分级分类防控，统筹推进疫情防控和经济社会发展工作。

同日　经报请市人民政府批准同意，全区取消白水洞地下水等5个集中式饮用水水源地保护区。

3月

2日　19时29分，中央电视台《新闻联播》关注武隆仙女山机场建设项目情况。

同日　区委宣传部、区文明办、区妇联通报表扬黄峥等84个家庭为2019年度武隆区“最美家庭”。

5日　全区推出支持中小企业应对新冠肺炎疫情实施援企稳岗返还政策。即日起至6月30日，受疫情影响严重、面临暂时性生产经营困难且恢复有望的中小企业，可以申请援企稳岗返还政策，返还标准为3个月的企业及其职工应缴纳社会保险费50%；有17家企业完成线上申报工作，涉及资金194万元，促进840余名城乡劳动者实现稳定就业。

5日　13时5分，武隆区47名贫困劳动力免费乘坐专机到山东省济南市就业，拉开2020年鲁渝东西部劳务扶贫协作的序幕。截至16日，累计为657名赴浙江义乌、广东等地返岗务工人员提供统一包车、组织拼车等“点对点”接送服务，向市重点电子企业送工1226人。3月12日，全区组织35名贫困劳动力乘飞机到山东济南就业。

9日　渝湘高铁重庆至黔江段（武隆）境内建设工作动员会召开。3月30日，站前工程开工仪式在棉花坝举行，标志渝湘高铁重庆至黔江（武隆段）正式开工建设。

截至9日，全区16451名党员为疫情防控捐款328.86万元。

10日　自24时起，重庆市突发公共卫生事件一级响应调整为二级响应。

11日　华夏航空股份有限公司与武隆区人民政府就仙女山机场航线开发正式达成战略合作协议。

12日　市委常委、宣传部部长张鸣一行到武隆，就渝东南武陵山区城镇群建设开展调研，并召开座谈会。

同日　市政府副市长李明清一行到武隆调研全区脱贫攻坚、乡村振兴等工作。

同日　全区2019年科技创新教育成果评选活动结束，评选教师科技创新教育成果99项、学生科技创新教育成果300项。

13日　全区恢复武隆至重庆江北机场、武隆至永川、鸭江至南川客运班线，区内客运全部恢复。

14日　中央电视台CCTV-1频道晚间新闻栏目播出《山东武隆联动就业帮扶情况》。

16日　重庆市规划和自然资源局公布第一批市级绿色矿山名单。武隆区重庆东楚翔建材有限公司、重庆市武隆区骏达石材有限责任公司云飞采石场、重庆市武隆区玉达建材有限公司黄家湾石场3家矿山企业入选。

同日　武隆区授予山东省支医人员耿兴义、孙启彬、王勤周、谭镇岳、马建华5人“重庆市武隆区医学终身名誉专家”称号。

17日　全区档案工作服务农村基层社会治理试点工作部署会召开。

同日　第三届重庆农产品加工业百强示范企业和百强示范户“双百”企业名单公布。重庆市武隆县羊角豆制品有限公司、重庆玉堂号豆制品有限公司、武隆区石磨苕粉厂、重庆市高屋农业发展有限公司、重庆沐树农业开发有限公司5家企业入选百强示范户名单。

18日　区政府区长、区疫情防控工作领导小组组长、执行指挥长卢红带头到城区面馆就餐消费。

同日　重庆武隆龙水峡地缝被批准为国家AAAA级旅游景区。

19日　中国农业银行重庆市分行“同心抗疫助力深贫”抗疫情·支春耕物资捐赠仪式在后坪苗族土家族乡人民政府举行；共向378户贫困户捐赠总价值13万余元的防疫、春耕物资。

20日　中共孝感市委、孝感市人民政府表彰“孝感市新冠肺炎疫情防控工作先进工作者”，武隆区援鄂医疗队员孙毅、陈旼媚、彭顺刚入选。

23日　全区积极融入成渝地区双城经济圈建设动员大会召开。

同日　区生态环境局发布《重庆市武隆区集中式生活饮用水水源水质状况报告》，2020年第一季度中心庙水库水源水质达标率100%。

同日　《武隆区城市生活垃圾处置费收费标准》发布，从即日起执行；城市居民（城区、仙女山镇）按7元/户·月缴纳。

24日　24时起，重庆突发公共卫生事件应急响应级别从二级调整为三级，调整后保持疫情防控指挥体系不变，继续强化“外防输入、内防反弹”防控策略。

同日　全区2020年第一季度招商项目集中签约仪式在区委会议中心一会议室举行，集中签约项目9个，协议引资12.03亿元。

25日　区农业农村委认定全区2019年新型职业农民等级431人，其中高级4人、中级81人、初级346人。

26日　市委常委、政法委书记刘强到武隆区西山水库、天池苗寨、茶旅融合观光园等地，实地了解深度贫困乡后坪乡脱贫攻坚工作推进情况，并主持召开武隆区督战脱贫攻坚座谈会。

同日　重庆警备区决战决胜脱贫攻坚推进会在武隆区召开。

截至26日，全区累计对各类企业和个体工商户新增授信397家（笔），新增授信总额3.6亿元。

28日　武隆区向日本大阪府泉佐野市赠送医用口罩2.6万只装车起运，同时发出慰问信。

30日　受连续降雨影响，13时许，国道319武隆江口至黄草段（2288千米+800米处）发生岩石垮塌，方量近100立方米，造成道路全部中断，无人员伤亡。

31日　位于城区干道两侧的21处公交站亭增设的41个便民座椅全部安装完毕并投入使用。

4月

1日　陆军勤务学院政委周建新到后坪苗族土家族乡调研脱贫攻坚工作。

同日　市教委公布重庆市第十批中小学骨干教师及第四批中小学学科名师名单。武隆区白马中学校肖冬梅等22名教师被评为重庆市第十批中小学骨干教师，教师进修校蒋邦勇等6名教师被评为重庆市第四批中小学学科名师。

同日　全区2020物业管理工作会在区住房城乡建委8楼会议室召开。成立物业管理协会，选举产生物业管理协会理事、监事、常务理事和协会负责人，通过《物业管理协会章程》《物业管理协会会费管理制度》等。

2日　共青团重庆市委公布2019年度“重庆市向上向善好青年”评选结果，后坪乡中岭村第一书记胡庶红获“扶贫助困好青年”称号。

同日　市住房城乡建委调研组到武隆区专项调研海绵城市建设。随后，武隆区、黔江区、酉阳县、彭水县住房城乡建委相关负责人参加调研座谈会。全区实施中堆坝乌江岸线、龙湖路海绵城市建设，建成面积0.03平方千米，其主要建设内容为生物滞留带、彩色沥青混泥土铺装及透水砖铺设，建成投入使用。

3日　全区通过市级调拨、采购、捐赠等多渠道争取口罩共计94.49万只，累计发放口罩87.13万只。

同日　重庆武隆至贵州道真高速公路（重庆段）开工建设，全长约35千米，总投资78亿元；全线设置桥梁29座、隧道14座、互通式立交5座、服务区1座，采用双向四车道高速公路标准建设。

7日　重庆市卫生健康委员会办公室公布“重庆好医生、重庆好护士”2020年第一季度特别人物“战疫英雄”名单，区疾控中心医务人员陈旼媚、芙蓉街道社区卫生服务中心护士谢琼入选。

8日　全面复工后全区第一宗土地交易成功。地块位于火炉镇向前村砖房组，出让面积为2789平方米，挂牌起始价为226.51万元，最终由中国石油天然气股份有限公司重庆涪陵销售分公司竞得。

同日　作为渝怀铁路涪秀二线武隆段重点控制性工程之一的板桃隧道在跨越182米溶洞群后实现贯通，全长8719米，标志着涪秀二线武隆段全线贯通。

9日　仙女山机场建设工程攻坚动员大会召开。

9—10日　武隆区党政代表团赴四川省乐山市考察学习，并召开四川省乐山市—重庆市武隆区文旅合作座谈会，武隆区人民政府与乐山市人民政府正式签订“武隆区和乐山市文化旅游合作协议”。

12日　区中医院油房沟老院区及武仙路分院区搬迁至新院区凤山街道城东村14社（石蛇坝），正式投入使用，新院区业务用房面积3.12万平方米，编制床位299张，设临床科室18个、医技科室3个、职能科室11个。

截至12日，全区完成各类营造林2000公顷。

13日　市农业农村委对2020年第一批绿色食品有机食品认证及农产品地理标志登记奖励情况进行公布；重庆市武隆区博垅农业发展有限公司的尚春堂黄氏脆红李、尚春堂黄氏香脆桃，重庆市武隆区枣典水果种植股份合作社的武隆猪腰枣，以及重庆市武隆区名耀农业发展有限公司的甘蓝、大白菜、油麦菜、萝卜7个新获得绿色食品认定的产品，每个均获得1万元奖励。

同日　全区欢迎援鄂医疗队员凯旋座谈会召开，欢迎援鄂医疗队员彭顺刚、孙毅、陈旼娟3人凯旋。

同日　全区启动开展“武隆好医生、武隆好护士、武隆好村医”推荐宣传活动。

14日　市教委公示重庆市中小学幼儿园教师教育实践基地名单，武隆区示范幼儿园、实验小学、武隆中学入选。

15日　重庆市第十二届中等职业学校职业技能大赛获奖名单公布，区职业教育中心共获奖项23项，其中获二等奖3项，三等奖20项。

同日　区教委联合区卫生健康委从全区各级医疗卫生机构抽调29名人员，为全区105所中小学、幼儿园全覆盖配备兼职卫生副校（园）长。

20日　全区11所学校的7400余名初三、高三及中职学校毕业年级学生统一开学复课。

同日　大梁子风力发电场建成投用，进入风机240小时试运行阶段。截至20日，累计发电量超过3000万千瓦时，项目位于大洞河乡，是全区第二个集中式风电项目，总装机容量为44兆瓦。

同日　区卫生健康委、团区委、区融媒体中心在区人民广场共同开展“志愿献血共抗疫，武隆青年在行动”志愿献血活动；共有83人参与，献血量27600毫升。

同日　全区为外出务工人员投保意外伤害险，3077人投保，财政补贴5.9万元。

21日　区档案馆举行抗疫英雄实物捐赠接收仪式，接收全区援鄂医疗队队员彭顺刚、孙毅、陈旼娟在援鄂一线期间工作证、绶带、机票等实物。

同日　重庆儿童救助基金会携手蜜儿乐儿乳业（上海）有限公司，为全区奋战在抗击疫情一线的工作人员发放爱心奶粉300件（麦蔻乐享奶粉2段360桶、3段1440桶），总价值66万元。

22日　区委十四届九次全体会议召开，审议通过《中共重庆市武隆区委关于深入推进成渝地区双城经济圈建设的决定》和全会决议。

22日　重庆市人民政府批复武隆区部分乡镇行政区划调整；同意撤销羊角镇、土坎镇，设立羊角街道，同意撤销仙女山镇，设立仙女山街道；同意撤销凤来乡，设立凤来镇。调整后，武隆区辖4个街道、10个镇、12个乡。5月20日，经区十八届人大常委会第三十次会议决定：设立重庆市武隆区人大常委会羊角街道工作委员会、重庆市武隆区人大常委会仙女山街道工作委员会、重庆市武隆区凤来镇人民代表大会。5月21日，仙女山街道、羊角街道、凤来镇成立大会在区委会议中心一会议室召开，正式授牌。

5月21日，仙女山街道、羊角街道、凤来镇成立大会现场

22日　区实验小学被命名为重庆市“绿色学校”，区实验小学老师雷利被授予重庆市“绿色园丁”称号，区实验小学殷梓月被授予重庆市“绿色使者”称号。截至22日，全区创建市级绿色学校9所、绿色园丁5人、绿色使者6人。

23日　农业农村部督导组一行到武隆，就全区非洲猪瘟防控及生猪生产恢复工作进行实地调研并召开座谈会。

24日　2020年重庆五一劳动奖状、奖章和重庆市工人先锋号评选结果公布，重庆武隆区旅游支线机场建设服务中心获“重庆五一劳动奖状”，国家税务局重庆市武隆区税务局白马税务所，重庆市武隆区职业教育中心旅游教研组获“重庆市工人先锋号”，重庆市武隆区疾病预防控制中心检验科科员陈旼娟、武隆区政协办公室社情民意信息中心副主任何军获“重庆五一劳动奖章”。

26日　第二届寻味武隆“4·26”电商节暨消费扶贫网上行活动启动。

同日　区市场监管局集中销毁侵权假冒商品48种，价值20万余元。

27日　重庆市委、市政府表彰2019年重庆市乡村振兴贡献奖先进集体和先进个人；芙蓉街道办事处获“重庆市乡村振兴贡献奖先进集体”称号，芙蓉街道农业服务中心主任崔德和羊角镇永隆村党总支书记李成兴获“重庆市乡村振兴贡献奖先进个人”称号。

28日　全区干部大会在区人民大礼堂召开，开展2019年度区党政领导班子、市管领导干部综合考核工作和干部选拔任用工作“一报告两评议”。

同日　全区脱贫攻坚“百日大会战”动员部署暨乡村振兴和农村人居环境整治现场推进会召开。

29日　白马山入选《重庆高山杜鹃地图》。

同日　南滨广场完工向市民开放；总占地面积3.2万平方米。

30日　禁渔期间（2月1日至4月30日），区农业农村委出动执法人员317人次，没收渔网60余张，虾网40余个，钓具60余套，劝退垂钓者300余人，共查处非法捕捞案件37件。

4月　全区累计注册商标3332件，申报专利362件；先后培育“火炉脆桃”“武隆高山萝卜”“武隆高山白菜”“武隆猪腰枣”“沧沟西瓜”“武隆板角山羊”“白马蜂蜜”的7个地理标志证明商标。

从4月开始，开展为期3个月的“春暖花开实惠武隆”2020重庆武隆春夏消费促进季活动，截至5月4日，产生交易4513笔，累计交易金额152.16万元。

5月10日，武隆区政府区长卢红直播“带货”武隆特色农产品　曹建　摄

5月

1日　晚，中央电视台《新闻联播》栏目以“假期第一天各大景区客流平稳有序”为题，报道武隆区各景点多项举措确保游客放心游玩。

同日　15时左右，武隆区羊角镇村民彭仕全（46岁）于浙江温州务工期间因意外在温州医科大学附属第一医院去世，其家人决定无偿捐献器官（双肝、双肾及双眼视网膜），帮助8名患者器官移植手术成功。

2日　中央电视台《新闻直播间》栏目以“全天候动态监测　景区平稳有序开放”为题报道武隆区各景点防控有序开放，时长1分13秒。

1—5日　全区累计接待游客110.85万人次，实现旅游收入4.97亿元;《印象·武隆》共演出9场，接待观演游客超7200余人；全区商品和餐饮销售额1.26亿元，上年同期1.48亿元，同比下降15个百分点。

4日　下午，全区出现短时强降雨天气，部分乡镇遭受大风、冰雹袭击。区委副书记、区长卢红到受灾严重的鸭江镇、庙垭乡、和顺镇等地，实地查看灾情，指挥现场抢险救灾工作。

6日　武隆后坪天坑群、武隆天生三桥、武隆汽坑洞、武隆芙蓉洞入选《重庆喀斯特科普地图》。

7日　全国所有县域均调整为低风险，继续做好患者救治和康复管理，落实常态化防控举措，严防疫情反弹。

同日　市政协副主席周克勤到武隆调研武陵山区文旅融合发展示范区建设工作。

同日　全区1～3年级1万余名学生重返校园上课。

8日　全区13家党政机关创建为重庆市节水型单位，成为首批市级节水型单位。

同日　区疾控中心收到国家卫生健康委疾控局感谢信，分别表扬区疾控中心、援鄂医疗队员孙毅、陈旼媚。

10日　区委副书记、区长卢红在天生三桥景区悬空玻璃眺台上直播推介武隆特色农副产品、景区景点和文创产品。截至12时，直播浏览量73万多人次，累计销售农特产品订单2.96万单，销售额411万元。

11日　区人民政府发布野生动物禁猎区和禁猎期的通告；全区行政区域全域为禁猎区；全年为禁猎期；禁猎对象为国家和重庆市重点保护的野生动物，国家保护的有重要生态、科学、社会价值的陆生野生动物以及其他陆生野生动物。

12日　市文明委通报重庆市文明城区（县城）、文明村镇、文明单位复查结果，武隆区继续保持重庆市文明城区称号，仙女山街道、江口镇等10个乡镇（街道）以及凤山街道城东村、黄柏渡村等7个村继续保持重庆市文明村镇称号，中国电信股份有限公司武隆分公司、区财政局等49个单位以及芙蓉街道中路社区、白马镇铁佛社区等5个社区继续保持重庆市文明单位荣誉称号，区实验小学、武隆中学由重庆市文明单位转为重庆市文明校园；沧沟乡关庙村由重庆市文明村镇晋级为第五届全国文明村镇，区人民检察院由重庆市文明单位晋级为第五届全国文明单位。

同日　区减灾办在南城中央广场组织开展“5·12”防灾减灾日集中宣传活动，共有13个部门、街道参加，设置展板20余张，发放宣传资料2万余份，接受200余名群众现场咨询。

14日　民进重庆市武隆区总支部委员会成立大会在区政府二楼一会议室召开，辛莉当选民进武隆区总支部第一届委员会主委。

15日　济南市—武隆区东西部扶贫协作联席会议召开。

同日　全国妇联举办“最美我的家　抗疫‘家’力量”全国抗疫最美家庭云发布活动，揭晓660户全国抗疫最美家庭；武隆区文复苗族土家族乡西山村的肖代花家庭上榜。

同日　区实验小学五年级九班袁梓焓被授予2020年“新时代重庆好少年”荣誉称号。

同日　区人力社保局与武隆在线App网络平台合作开展“春风行动网络招聘会”，在线提供100余家区内外企业的5000余个岗位。至4月，累计参加在线网络招聘者12.88万余人。

18日　全区在大溪河建设“智慧河流”系统，进入摄像头安装实施阶段，共33个监控点位91个高清摄像头，实现流域适时视频监控。

同日　由区残疾人联合会主办，芙蓉街道办事处承办的第三十次全国助残日捐赠活动在芙蓉街道办事处举行，为70名残疾人捐赠9辆轮椅、17副腋杖、29根单拐、6副助听器、7个助视器。

同日　武隆博物馆在区人民广场开展“不忘来时路——武隆文博事业30年成就展”；共制作展板74块，展示文物保护成果、普查成果等相关照片200余张，发放宣传资料350余份，悬挂宣传横幅2幅，接待参观600余人次，博物馆LED屏滚动播放宣传标语3000余次。

20日　全区校园内师生，规模不超过50人的会议等可不佩戴口罩。

同日　渝东南片区民主党派工作和党外代表人士队伍建设调研座谈会在武隆召开。

同日　农业农村部农产品质量安全中心发布公告，武隆猪腰枣和武隆脆桃入选2020年第一批全国名特优新农产品名录，并核发证书。

21日　中央电视台《晚间新闻》栏目中间时段播出武隆10秒宣传短视频；在全国“两会”期间每日22:15播出，之后间天同时段播出至6月下旬。本次播出是继1月20日在CCTV-10播出30秒版《欣赏——重庆武隆》特别节目之后，武隆大美风光在央视的再次亮相。

21—24日　《中国符号》系列微纪录片在武隆完成拍摄。

22日　武隆科技馆开工仪式在仙女山举行；项目占地25335平方米，总建筑面积7000多平方米，总投资3000万元；主体工程由1栋两层16米高的科技馆和1栋一层的科学营组成，其中科技馆的造型为鹰型。

同日　区妇幼保健院儿科大楼项目开建；项目概算总投资1.50亿元，总建筑面积18683.24平方米，共计13层楼，位于凤山街道建设东路（移动公司东侧）。

同日　区建设投资（集团）公司第一次妇女代表大会召开，标志全区首个国有企业妇女联合会成立；选举产生第一届执行委员会委员共7人，其中主席、副主席各1人。

同日　区润龙公司到芙蓉湖流域开展增殖放流活动，投放各类鱼苗共计174.1万尾；放流时间将持续4个月。

23日　全国政协委员、重庆市文化和旅游委员会主任刘旗（武隆县委原书记）在全国政协十三届三次会议经济界委员联组会上，以重庆市武隆区为例，作“绿色生态资源转化为脱贫攻坚发展优势”的发言。

同日　济南市—武隆区东西部协作党政联席会议在山东省济南市召开，双方进一步深化交流，推动东西部协作工作。

同日　区新冠肺炎疫情防控工作领导小组发布《关于进一步做好新冠肺炎疫情常态化防控工作的若干意见》，要求落实“外防输入、内防反弹”的总体防控策略，推动经济社会秩序全面恢复。

25日　市政府副市长李波到武隆区调研一河一策、落实河长制责任、污水“三排”整治、联防联控等工作情况并巡查芙蓉江。

同日　2020年武隆区百名干部直播带货助力线上消费公益活动在白马山天尺情缘景区启动。区委常委、常务副区长胡珍强在直播间直播“带货”，向大家推荐武隆美景、特色产品及旅游文创产品等，助力脱贫攻坚。截至19时，线上浏览量92.02万人次，订单22821单，销售额273.44万元。

同日　市文旅委公布第一批市级非物质文化遗产传习所名单，武隆区文化馆（仙女山耍锣鼓）、浩口苗族土家族中心小学校（后坪木器制作工艺）、后坪苗族土家族乡文旅中心（浩口仡佬族蜡染传统制作技艺）3个单位入选。全区共有市级非遗代表性项目26项、区级非遗代表性项目161项；建成非遗传习所10个，市级非遗传承教育基地（学校）5个，市级生产性保护示范基地3个。

同日　中国地质科学院岩溶地质研究所与区世遗中心达成科研项目合作，计划合作出版《世界遗产在武隆》和《芙蓉洞科普画册》科普书籍。

同日　至9月30日（法定节假日除外），武隆面向四川游客提供3万张免费门票，免门票景区包括仙女山、天生三桥、芙蓉洞、龙水峡地缝景区。

26日　重庆市人大常委会执法检查组到武隆，实地检查《中华人民共和国农民专业合作社法》在全区实施情况。

同日　平桥镇入选2020年国家级农业产业强镇建设单位名单。

27日　济南市—武隆区远程培训平台上线暨2020年度济南市商务局首期致富带头人培训开班仪式在区实验小学多功能厅举行，60余人参训。

29日　全区召开迎接国家生态文明示范区创建验收工作部署会，安排部署验收迎检相关工作。

同日　区人民政府发布改建铁路重庆至怀化线涪陵至梅江段增建第二线工程（武隆范围）铁路安全保护区公告，从铁路线路路堤坡脚、路堑坡顶或者铁路桥梁（含铁路、道路两用桥）外侧起向外的距离分别为：城市市区为8米，城市郊区居民居住区为10米，村镇居民居住区为12米，其他地区为15米。

同日　区科学技术协会公布《全区优秀科技工作者名单》，区蔬菜产业发展服务中心杨忠武、区农业技术推广中心朱昌锋、区生态环境监测站张凤、区科技服务中心安丽桦、区扶贫信息中心邓达平、区畜牧技术推广站龙小飞、区动物疫病预防控制中心冯刚、区疾病预防控制中心万泉、冯静，区人民医院李黎黎、刘晓春、夏红，区妇幼保健院刘双林、姚惠，区中医院陈继容、区交通局谢锋、土坎镇农业服务中心洪忠明、石桥乡农业服务中张麟中、白马镇农业服务中心曾明江、李小琼，浩口乡农业服务中心杨华、沧沟乡农业服务中心叶仲宇、火炉镇农业服务中心代祖荣、双河镇农业服务中心秦康碧、黄莺乡农业服务中心王小宏、接龙乡农业服务中心雷林峰、区实验中学项光胜、平桥中学校周键、区实验小学彭权、仙女山镇白果小学陈德禄、白马镇中心小学校郭朝强、重庆远瞻建筑规划设计有限公司吕东、区岚源农业综合开发有限公司陈建芬、厚德畜禽养殖专业合作社王建华、洞香村生态农业发展有限公司陈骞入选。

30日　区实验二小人行天桥项目整体竣工投用；上部结构为预应力钢筋混凝土空心板，下部为机械成孔灌注桩，桥长24米，桥面宽度4.5米，梯道宽度2.7米，共设有4个梯道口，总投资240万元。

6月

1日　涪陵区人民医院、忠县人民医院、忠县中医院分别组建医疗队对凤来镇卫生院、桐梓中心卫生院进行对口支援。

同日　重庆市脱贫攻坚纪录片《梦圆千年脱贫路》摄制组到沧沟乡青杠村、石桥乡大坪村等地调研拍摄。

同日　截至1日，全区社保降费减负共计减免10287万元。其中，为小微企业、困难行业企业减免706万元，为760户参保单位减免养老、失业、工伤三项社保费3898万元，为1816户参保单位（含机关事业单位）减免社保费5683万元。

2—3日　国家生态文明建设示范区现场核查组实地核查全区国家生态文明建设示范区创建工作。

2日　区政府命名凤山街道巷口社区部分城镇区域道路2条。

3日　区林业局工作人员在芙蓉江黑叶猴县级自然保护区，根据黑叶猴的活动范围安装3台红外线感应相机，并在安装过程中拍下10余只黑叶猴活动照片。

6月3日，区林业局工作人员拍摄的黑叶猴活动照片
区林业局　供图

同日　《武隆日报》报道，农行武隆支行为乡村振兴带头人投放贷款87笔，累计金额2035万元。

4日　四川省乐山市人力社保局、武隆区人力社保局共同推进成渝地区双城经济圈建设座谈会举行，签署两地共同推进成渝地区双城经济圈建设人力资源和社会保障合作协议。

5日　国家林业和草原局、民政部、国家卫生健康委员会、国家中医药管理局联合公布国家森林康养基地（第一批）名单，武隆仙女山入选以经营主体为单位的国家森林康养基地。

同日　10时30分至10时42分，全区在城区、仙女山街道和江口镇进行防空警报试鸣放。

同日　全区电子招投标系统启用。

8日　市委常委、市纪委书记、市监委主任、大溪河市级河长穆红玉到武隆区鸭江镇、平桥镇巡河巡岸大溪河流域。

同日　双河镇发生1起农民自建房高处坠落事故，造成1人死亡。

同日　至26日，位于仙女山街道的廉租房项目房源接收市民申请；项目位于仙女山街道翠云路192号，2016年3月25日开工，2019年11月29日通过竣工验收，2020年1月21日取得竣工验收备案登记证；建筑面积15226平方米，总保障住房382套；实行廉租房和公租房同时申请、审核、摇号配租入住。8月18日，仙女山公租房摇号配租，现场摇号配租保障性住房331套。

10日　10时25分，随着重庆北至秀山方向5609次列车驶入武隆火车站新站台，标志着武隆火车站新站台正式投入使用。新站台采用高站台设计，总长550米，宽9米，站台面高1.25米。

11日　渝东南武陵山区城镇群文旅融合发展调研座谈会在武隆区召开。会议围绕加快推动“一区两群”协调发展，专题听取渝东南各区县推动文旅融合发展的基本思路、重点项目、重点措施情况汇报，研究制定渝东南武陵山区城镇群文旅融合发展先行先试行动方案。

同日　武隆区民营小微企业首贷续贷中心（全市首家）入驻区政务服务中心，采取“线下线上”结合方式，依托入驻政务服务中心的市场监管、财政、税务等部门，为全区民营小微企业和个体工商户提供首贷、续贷服务。

同日　区交通局组织召开城区公交车站点优化调整方案评审联席会。城区现有101路、102路、103路、105路、201路（武隆至江口）、202路（武隆至白马、羊角）公交线路6条，有公交车辆66辆。

12日　全区脱贫攻坚“决战收官攻坚月”动员部署大会召开。

同日　区卫生健康委、区总工会、团区委、区妇联、区红十字会在人民广场联合举办以“无偿献血，奉献爱

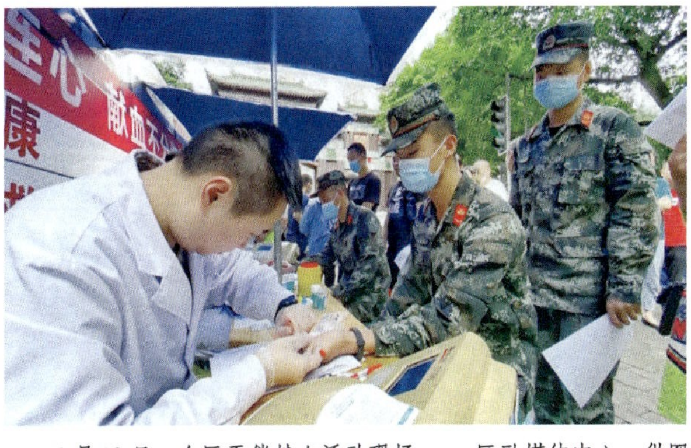

6月12日，全区无偿献血活动现场　　区融媒体中心　供图

心”为主题的献血活动，共有120余名爱心志愿者参与献血3.8万毫升。

15日　重庆警备区副司令员南小冈到武隆区，调研指导民兵队伍建设和基层武装部规范化建设，并召开基层武装部规范化建设推进会。

同日　区教委发布《关于2020年秋期城区小学一年级招生登记的公告》；2020年秋期城区小学一年级计划招生共计1500人，其中实验小学本部12个班600人、实验小学凤溪校区10个班500人、实验二小8个班400人；实验小学本部划片范围为芙蓉中路、芙蓉东路、芙蓉西路、建设中路门牌单号1～75号和双号2～100号，白杨路、白杨村、黄金村、中鱼村、桂圆街、三坪村（桐梓园、油房、方家坪、沙田堡村民小组）、白笋溪、芋荷村（城墙边、芋荷湾村民小组）；实验小学凤溪校区范围为建设中路门牌单号77号起和双号102号起、建设西路、长峡路、上油坊沟、下油坊沟、正街、后街、冯家坡、桐梓园、凤山村、芋荷村（寨子垭、砖房村民小组）、万银村、中堆坝村和长滨路；实验二小范围为龙湖路、城东村（梁子脚、坡上、麦地坡、瓦厂坝、烂泥坨、院子、大土、青㭎堡、吴家坪、张家碛村民小组）、建设东路、芋荷村（水竹林、白笋溪、青杠林、高桥村民小组）。

17日　凤山街道、仙女山街道、羊角街道、黄莺乡与济南市历下区泉城路街道办事处与东西部扶贫协作联席会在中山社区会议室举行。瑾呈集团有限公司、山东锐力体育用品有限公司分别与凤山街道和出水村签订战略合作协议和东西部扶贫协作村企合作协议，现场捐赠价值37万元的款物。

18日　全区计划生育协会第一次会员代表大会召开，安排部署今后5年全区计生协会工作；选举产生第一届理事会、常务理事会、会长。

同日　全市唯一仡佬族村寨——浩口田家寨开寨迎客。

同日　11时，由区商务委主办，区融媒体中心、浩口乡人民政府、赵家乡人民政府等单位协办的“6·18电商日”消费直播活动在浩口乡田家寨、赵家乡、和顺镇三地联动举办，泽晋传媒直播间、硕睿直播间、淘宝及抖音直播间以及赵家乡自有平台通道等多个平台进行同步直播。截至17时，浏览人次31.63万人次，直播期间同时在线观看人次最高峰达16.5万人，线上成交量11109单。据第三方大数据平台监测，2020年“6·18”期间，武隆区实现网络零售额20822万元，农产品网络零售额611万元。其中，实物型网络零售额实现5270万元，服务型网络零售额实现15552万元。分行业看，食品保健，实现网络零售额3875万元，占比73.53%。农特产品销售中蔬菜实现收入156万元，在农产品网络零售额中占比25.47%。

6月18日，浩口田家寨开寨仪式现场　区融媒体中心　供图

同日　中国工程院院士、国家蚕桑产业技术体系首席科学家向仲怀，中国工程院院士、茶学专家陈宗懋到武隆，考察白马山茶旅融合示范点、茶山小镇以及蚕桑产业；并分别为仙女红茶题词：“白马松林云雾起，高山最美仙女红”“云雾缭绕深山中，巴蜀最美仙女红”。武隆区与中国农业科学茶叶研究所签订武隆区高山红茶加工技术标准制定委托协议；与陈宗懋院士签订《武隆高山茶叶院士工作基地合作框架协议》；还与向院士仲怀、院士陈宗懋签订《武隆茶桑科技创新示范基地合作框架协议》，并为院士专家颁发武隆区人民政府顾问聘书。

6月18日，中国工程院院士陈宗懋、向仲怀为仙女红题词
区白管委　供图

20日　由区文旅委主办的“爱的魔力转圈圈”——白马山“飞天之吻”体验票首发预售助旅带货直播在白马山天尺情缘景区举行。截至17时，该次直播活动在线浏览人次共计35.43万人次，直播期间同时在线观看人次最高15.2万人，线上订单成交量共计9000余单。

同日　全区普降大雨到暴雨，导致全区14个街道、乡镇均不同程度受灾，其中长坝镇、白马镇、白云乡、沧沟乡受灾较为严重。据统计，截至22日12时30分，全区受灾人口10271人，紧急转移安置309人，需紧急生活救助600人；房屋倒塌3户10间，严重损坏房屋5户21间，一般损坏房屋73户201间；农作物受灾248.60公顷，其中农作物成灾面积214.18公顷，农作物绝收79.95公顷，受灾农作物主要为水稻、玉米、红薯和中药材；直接经济损失约1263.11万元，其中农业损失约258.64万元，工矿企业损失约180万元，基础设施损失约703.37万元，公益设施损失约25万元，家庭财产损失约96.1万元。灾情发生后，区委、区政府高度重视，区应急管理局开展灾后救助工作，启动4级响应，由相关负责人带队，到受灾严重的乡镇进行灾情核查，指导相关乡镇开展救灾工作，通过投亲靠友等措施安置受灾群众 309 人；共发放帐篷 20 顶、折叠床 200 架、棉被 200 床到相关乡镇。

同日 11 时，乌江武隆段水位由汛前的水位 175 米上涨至 190.05 米，流量每秒 1.07 万立方米；17 时，水位 194.5 米，超警戒水位 1.5 米。20 时 31 分，乌江水文监测武隆站出现洪峰水位 196.27 米，相应流量每秒 1.54 万立方米，超警戒水位（193.00 米）3.27 米，低于保证水位（199.50 米）3.23 米，涨幅 8.52 米。21 时 30 分，受洪水影响的凤山街道中山社区 56 户 190 余名群众全部安全转移。央视新闻客户端以《重庆乌江武隆城区出现江水倒灌紧急撤离群众 56 户 190 余人》为题，对全区紧急组织群众撤离情况进行报道。

23 日 山东省委常委、济南市委书记孙立成率济南市党政代表团到武隆区对接扶贫协作工作，实地调研鲁渝扶贫协作项目（堰塘“美丽乡村”）建设情况，并召开两地扶贫协作联席会。

同日 区人民政府授予陈永灿“见义勇为先进分子”称号，奖励人民币 1 万元；2 月 7 日，土地乡犀牛寨村民吴某某等 3 户的木质结构院落发生火灾，土地乡天生村冉家沟组村民陈永灿不顾个人安危，挺身而出，投身到抗火战斗中。

26—28 日 全区第四届汽车（新能源）消费节在城区中堆坝南滨路步行街举行。

26 日 全区遭遇强降雨天气过程，普降大雨到暴雨，局地大暴雨，部分乡镇最大降雨量 240.2 毫米，全区受灾人口 3.72 万人，房屋倒塌 22 户 38 间，农作物受灾 460.73 公顷，绝收 192.78 公顷，造成直接经济损失约 4505.17 万元。28 日上午，国道 319 武隆段发生 100 多处泥石流和塌方，导致交通中断。险情发生后，全区启动应急预案，组织 100 多名抢险人员和 10 多台大型抢险工具进行紧急抢险，28 日晚实现半幅通行，29 日全面恢复交通通行。中央电视台《新闻直播间》栏目以《国道 319 重庆段发生 100 多处泥石流和塌方 交通中断正在紧急抢险》为题，对全区开展道路抢修情况进行报道。29 日，中央电视台《新闻直播间》栏目以《强降雨致南方多地险情频发 · 重庆武隆强降雨致城区积水 部分商铺受损严重》栏目为题，再次对全区党员干部群众开展灾后自救情况进行单条播报。

25—27 日 端午假期全区接待游客 48 万余人次，旅游总消费达 2.47 亿元。仙女山、天生三桥等景区接待游客 2.65 万人；白马山天尺情缘景区接待游客 4000 余人，“飞天之吻”景点首次对外开放。

28 日 市人大常委会副主任、党组副书记刘学普率市人大常委会评议工作调研组第一组到武隆区，调研全区水污染防治工作。

同日 区总河长黄宗华、卢红发布第四号总河长令，决定在全区开展污水乱排、岸线乱占、河道乱建“三乱”整治专项行动。

同日 全区批准杨友仁等 75 人为武隆区第四批区级非物质文化遗产项目代表性传承人。

同日 区卫生健康委将 8 辆“全顺”牌救护车移交白马、江口、长坝、鸭江、平桥、火炉、桐梓 7 家中心卫生院和羊角街道社区使用。

6 月 28 日，武隆区基层医疗机构院前急救能力建设项目救护车交车仪式现场 区卫健委 供图

6 月 22 日，乌江水位上涨后的武隆城区 区融媒体中心 供图

同日　武隆至白马山旅游度假区客运班车正式开行。

29日　区人民政府决定对在2019年全区脱贫攻坚工作中作出显著成绩的芙蓉街道办事处扶贫专干王兰，武隆中学党委书记、校长李来敏，区扶贫办党组书记、主任沈江涛，后坪乡党委书记宗小华，火炉镇筏子村第一书记（区委组织部选派）郭守顺，浩口乡浩口村第一书记（市公安局选派）黄宇峰，浩口乡扶贫办负责人盛银予以“嘉奖”奖励。

30日　十四届区委第十一轮巡察工作动员部署会在区会议中心一会议室召开。

同日　全市脱贫攻坚专项督查武隆区工作汇报会在区委会议中心一会议室召开。

同日　重庆市人力社保局、重庆市妇联对2019年度重庆市三八红旗手标兵、三八红旗手（集体）予以表彰，武隆区统计局党组书记、局长徐梅，区公安局出入境管理支队分别获“重庆市三八红旗手”“重庆市三八红旗集体”称号。

同日　全区免费对外开放机关事业单位及社会厕所（第一批）19座。

7月

1日　仙女山街道、双河镇、赵家乡入选《重庆休闲农业与乡村旅游示范乡镇地图》。

同日　市人力社保局公布2019年度重庆市企业劳动保障守法诚信等级评价结果，武隆区17家企业获评A级。

同日　白马山天尺情缘景区实行入园收费制；景区门票旺季（4—9月）60元/人·次，淡季（10月—次年3月）50元/人·次。“飞天之吻”体验票：90元/人·次。“8D影院”体验票：50元/人·次。“飞天之吻”+“8D影院”套票：130元/人·次。12月31日前，全国医护人员持相关证件原件可免费入园。

同日　渝运集团武隆公交公司开通205路公交，全程途径27个站点。

2日　全区2020年招商项目集中签约仪式在区会议中心一会议室举行。全区举行重点项目集中开工仪式，集中开工的9个项目总投资12.26亿元。

同日　乌江武隆段水位再次上涨。截至9时，乌江武隆段水位192米，逼近警戒水位。11时，乌江武隆段水位回落到191米，流量达每秒1.14万立方米。7月6日4时，芙蓉江流域入汛以来第三次洪峰通过武隆江口电站，入库最大流量每秒5000立方米。

3日　重庆大学、武隆区在重庆大学举行“微波输能与空天太阳能实验基地项目”签约仪式，双方就深化校地、校企合作等内容进行交流座谈。

同日　全区首宗预公告地块通过现场拍卖，最终以1395万元成交，溢价909.462万元，溢价率199.65%。该地块位于白马镇豹岩村红岩组，土地用途为加油站用地，此次出让价格包含国有建设用地使用权出让价和加油站经营权价格。

8日　区特殊教育学校学生陈海燕获“2020年重庆市十佳少先队员”称号，江口镇中心小学学生陈麒、武隆中学学生廖晨荀获“2020年重庆市优秀少先队员”称号，区第二实验小学教师陈静、长坝镇中心小学教师李莉以及桐梓中学教师陈俊宇获“2020年重庆市优秀少先队辅导员”称号；区实验小学少先大队和浩口苗族仡佬族乡中心小学六（1）中队获“2020年重庆市优秀少先队集体”称号。

同日　乌江一桥的加固维修项目开始施工。8月14日，乌江一桥加固维修工程完工，并于12时正式通车。工程建设投资515.99万元。

12日　央视新闻客户端7月12日16:07报道，12时15分左右，国道319重庆武隆白马镇万卷书隧道附近发生山体滑坡，滑坡方量在1万立方米以上，导致交通中断，所幸无人员伤亡。经抢险于15日下午恢复通车。

同日　重庆书画家协会30余名书画家走进凤来，开展送文化下乡活动。其间，“有凤来仪”“龙飞凤舞”等100余件以凤文化为主题的书画作品在该镇人文艺术馆展示。

13—14日　四川省乐山市—重庆市武隆区缔结友城座谈会举行，双方签署《乐山市人民政府武隆区人民政府缔结友城的协议》。

13日　全区“中国人民志愿军抗美援朝出国作战七十周年”纪念章颁发人员统计工作启动。

同日　2020第四届ELA国际景观大奖结果公布，武隆懒坝项目获“ELA年度最具社会影响力佳作奖”；武隆懒坝苔藓馆内作品《大地从天而降》的灯光设计入围英国Lighting Design Awards / LDA照明设计大奖，以及懒坝美术馆被提名2020年度最佳文化建筑、懒坝美术馆被谷德设计网评为2019全球20佳文化建筑。

同日　7时左右，白马镇鱼光村枣子组牛儿湾出现地质滑坡灾情，变形体长约200米，宽约100米，厚约7米，体积约14万立方米。全区迅速启动应急响应，成功预警和处置该处灾情，提前撤离避让23户85人，未造成人员伤亡。

同日　截至10时，大溪河武隆段水位达193.7米，超警戒水位0.2米。14时，大溪河武隆段水位仍维持在193.7米，流量每秒643立方米。

14日　文化和旅游部办公厅正式宣布跨省团队游开放，旅游苏醒跨省第一站带你游重庆·武隆。7月18日15时“武隆·自然有声”腾讯专场直播带你游。

15日　区人民医院医共体正式成立，举行签约及授牌仪式，选举区人民医院医共体第一届管理委员会和监督委员会成员，并召开第一次例会。区人民医院与13个乡镇及2个街道社区卫生服务中心签订医共体协议书。

同日　“武隆好医生、武隆好护士、武隆好村医”2020年第二季度人物名单揭晓；区人民医院彭顺刚，区疾控中心陈旼媚、孙毅入选“武隆好医生”；桐梓中心卫生院余海燕、区中医院史莎莎、芙蓉街道社区卫生服务中心谢琼、凤山街道社区卫生服务中心王正兰入选“武隆好护

7月8日，乌江一桥加固维修现场　　李才东　摄

8月14日，乌江一桥加固维修工程完工通车　　徐爱荣　摄

士”；凤山街道城东村卫生室陈廷素入选“武隆好村医”。

同日　区教委授予武隆中学罗艳、实验中学李华钰等40名教师“优秀班主任”称号；授予长坝小学李长东、武隆中学陈扬军等10名教师“先进德育工作者”称号。

同日　全区公车改革正式进入封存程序，取消车辆封存工作全面完成，涉改车辆306辆，封存取消车辆40辆。

16日　渝湘高铁重庆至黔江铁路白笋溪大桥桥墩桩基首桩正式开钻，标志着渝湘高铁武隆段进入全面施工建设阶段。

同日　龙水峡地缝景区封闭改造后正式对外开放。

17日　武隆颐高美丽乡村运营基地启动仪式在锦江竹苑4号楼二楼举行，标志着武隆颐高美丽乡村运营基地正式开业。中共中央组织部一带一路专家咨询团成员，中国云计算应用联盟主席团主席汤兵勇，中国电子商务公共服务联盟副主席、安全产业协会副秘书长卢建新等人，就《青山绿水与电商之光》《颐居美丽乡村》为主题展开电商创新创业发展论坛主题演讲。

同日　全区2020年企事业单位“绿色通道”专场招聘会在区实验二校举行，34个岗位58个指标共吸引110名求职者报名应聘。

20日　壹基金公益组织携手志愿者，为后坪苗族土家族乡、桐梓镇和平桥镇的暴雨受灾家庭发放壹基金救灾物资；共发放200个生活包，40张折叠床，40个睡袋，总价值9万多元。

21日　武隆区育才中学揭牌仪式在原土坎中学举行。

同日　全区对47家农业龙头企业首次开展扶贫龙头企业认定工作，共有重庆市凯如畜禽养殖有限公司、重庆市武隆县羊角豆制品有限公司、重庆市武隆区大巷口农产品专业合作社等11个企业通过认定并被授予“武隆区扶贫龙头企业”称号。

同日　中华联合财产保险股份有限公司重庆分公司武隆支公司（简称中华财险武隆支公司）获中国银行保险监督管理委员会涪陵监管分局批复《经营保险业务许可证》。8月10日在区市场监督管理局进行注册登记，重点销售车险、财产险、意外和健康险、农险、信用保险等多险种保险产品。9月8日上午，中华财险武隆支公司开业。

22日　武隆区土地乡六井村中台组中堡滑坡后缘土体开裂出现大面积滑移变形情况，造成直接经济损失约195.19万元。据现场勘查监测数据，滑坡为纵长约600米、横宽约200米、厚约10米、体积约130万立方米，滑坡体属岩土质混合滑坡，基岩为志留系页岩。26日凌晨，市政府副市长郑向东，市政府副秘书长周青，区委书记黄宗华、区委副书记、区长卢红等奔赴受灾现场查看险情，随后召开武隆区土地乡中堡滑坡灾情应急处置专题会议。全区安全转移162户520人，无人员伤亡。

同日　重庆民盟首届“群言堂”论坛在仙女山街道博象·咏山水文化小镇博象美术馆会议中心开幕。

同日　全区在懒坝、天坑寨子、呐溪沟等地新建10座旅游厕所全部建成完工。全区修建旅游厕所84座，主要分布在国家A级旅游景区、旅游线路沿线以及乡村旅游点等地。

23日　中共重庆市委书记陈敏尔到武隆区调研防汛救灾及渝东南武陵山区城镇群规划建设工作，看望受灾群众；并强调，要深入学习贯彻习近平总书记关于防汛救灾工作的重要指示要求，始终保持临战状态，扎实有效做好防汛救灾工作，加快推进灾后恢复重建，全力保障人民生命财产安全。

24日　《仙女山志》专家评审会召开，是全区首部山志。

同日　全区发布《关于规范活禽交易和宰杀行为的通告》，凤山街道、芙蓉街道全域范围为禁止活禽交易和宰杀区域。

同日　全区新建乡镇生活污水管网13千米，完成全年任务的95%。

同日　全区83名廉洁征兵特聘监督员上岗。

27日　全区在第二实验小学学术报告厅举行“青春导航　助力成长”流动课堂公益活动启动仪式。

同日　首批重庆市美丽宜居乡村名单公示，武隆区桐梓镇桐梓村、土地乡天生村、文复苗族土家族乡西山村入选。

同日　英雄传说重庆赛区第六届少年英雄格斗大赛结束，武隆区选手张丰宸、柳汶辰、冯钰淞、郑中原、冯彦熙分别荣获32公斤级冠军、20公斤级冠军、26公斤级亚军、30公斤级季军、32公斤级季军。

同日 19时45分，城区南滨路二桥南桥头路段道路人行道边坡发生垮塌，2名路过的市民跌落轻伤，垮塌原因为强降雨导致下方路基松散所致。

7月27日至9月1日 全区累计发放大学生生源地助学贷款1714万余元。

29日 芙蓉江景区重新对外开放，中国“花样游泳队”8名专业运动员带来国内首次江上芭蕾表演。区委书记黄宗华出席启航仪式并宣布游船启航。

芙蓉江景区位于江口镇，主流河段长35千米，面积152.8平方千米，以典型的规模宏大的“U”形峡谷为主，是一个江峡型小尺度大容量喀斯特地貌和原始水上森林型风景区。2002年5月17日，被国务院批准为第四批国家重点风景名胜区；2020年12月30日，被批准为国家AAAA级旅游景区。景区新增9艘鱼龙造型全新游船，根据承载量不同，分为30座、60座、90座、120座四大类。

同日 全国爱卫会命名2017—2019年周期国家卫生乡镇（县城），武隆区仙女山街道入选。

7月 渝怀线上方几百米高的山体被脚手架包围，施工人员悬挂在峭壁上作业的视频上传网络，网友将其称为悬崖上的“超级工程”。该工程位于重庆武隆乌江边白马1号隧道进口处，是渝怀铁路的危岩体增设防护设施工程；2018年12月开工建设。

7月29日，芙蓉江开放暨游船启航仪式现场 王俊杰 摄

7月，渝怀铁路白马段危岩整治施工场景 徐兴国 摄

8月

1日 博象美术馆开馆仪式暨“博观万象·传承文脉”重庆市首届青少年书画大赛作品展开展仪式在仙女山街道博象美术馆举行。

同日 2020仙女山草原露营音乐季在仙女山露营区开幕。

4日 仙女山街道、双河镇、白马镇、接龙乡、后坪苗族土家族乡、和顺镇、赵家乡、桐梓镇、火炉镇入选市气象局公布的100个清凉乡镇（街道）名单。

同日 重庆市工商联民营企业家座谈会在武隆区仙女山街道天怡芳草地酒店召开。

同日 6时左右，国道319线K2281+160米处发生外挡土墙垮塌，9时30分左右发生半幅路肩垮塌，道路交通中断，无人员伤亡；原因初步估计为因近期连续强降雨及近日连续高温天气，造成路基填方沉降，发生外侧挡土墙及路基填方垮塌。8月5日18时前恢复所有车辆单向通行。

5日 “你笑起来真好看——决战脱贫攻坚看西部”网络主题云采访活动在武隆区开展，展示后坪苗族土家族乡决战脱贫攻坚的典型事例。

6日 区融媒体中心LOGO（标识）、品牌宣传语征集活动拟采用作品结果。区融媒体中心LOGO（标识）、宣传语征集活动于2月24至3月31日面向社会公开征集，共征集标识作品91件，宣传语340条。经评委会初评、复评、终评，来自甘肃兰州城关区雁儿湾245号二勘院的商哲峰投稿作品拟入选为武隆区融媒体中心宣传语：融武隆，连天下；来自重庆市九龙坡区谢家湾艾佳沁园的秦继业投稿作品拟入选为武隆区融媒体中心LOGO（标识）。

7日 全区召开促进大健康产业和推动服务业高质量发展专题会，审议《武隆区促进大健康产业高质量发展行动计划（送审稿）》《关于新形势下推动服务业高质量发展的实施意见（送审稿）》等议题。

同日 重庆市第五届“万步有约”职业人群健走激励大赛启动仪式在南滨路举行。

同日 博象美术馆·市级示范儿童之家开园仪式在仙女山街道博象·咏山水文化小镇举行。

同日 全区砂砖房清理调查工作完成；城区砂砖建筑有790余户，建筑面积约100万平方米。

8日 2020中国城乡融合与文旅振兴发展论坛在湖南长沙举行，武隆区获“中国最佳国际休闲旅游目的地”“中国最佳国际康养旅游目的地”称号。

10日 “扶贫印记”2020重庆视觉扶贫行动到后坪苗族土家族乡拍摄。

同日 23时33分，首趟途径新建渝怀铁路二线涪陵至中嘴段的K585次列车从涪陵站驶出，标志着新建渝怀铁路二线涪陵至中嘴段开通运营。渝怀铁路二线涪陵至中嘴段全长约74千米，为国家I级铁路，设计速度120千米/小时，本段线路设涪陵、白涛、新白马、白马、土坎、

8月13日，大田湿地人家乡村旅游示范点开园

武隆、中嘴7个车站。

12日 重庆市规划和自然资源局公布首批实用性村规划示范村名单，武隆区羊角街道艳山红村入选。

13日 大田湿地人家、呐溪原乡乡村旅游示范点开园启动仪式在沧沟乡大田村举行。上午9时，武隆融媒直播平台全程直播开园仪式。

同日 13时31分，一架银白色的专用校验飞机从重庆江北国际机场起飞飞往重庆仙女山机场，开始进行飞行校验工作，并于14日上午完成校飞。

同日 “庆丰收 迎小康”2020中国农民丰收节仙女山街道分会场暨“渝见仙果”展览展销会在仙女山街道仙女广场开幕。

同日 油坊沟农贸市场投入使用；位于渝兆新天地负一层，建筑面积8000平方米，规划设置经营类别13个；设置门面68间，冻库8间，仓库9间，农产品新零售中心1间，专业合作社展区3间；设置摊位257个，其中固定摊位153个，农民自产自销摊位104个；计划安置经营户295户。

13—14日 市人大常委会主任张轩到武隆区，就人大代表之家建设、文旅产业发展和区人大评议区政府水污染防治工作等情况开展综合调研。

18日 重庆卫视播出2020年重庆市“最美医生”发布仪式，武隆区疾控中心微生物检验科科长、重庆市第十五批援鄂医疗队队员陈旼媚入选。

同日 区机关事务管理中心发布“坚决制止餐饮浪费、培养文明用餐习惯”倡议。

19日 城区新投运12辆新能源公交车。公交车长8.5米，宽2.5米，核定载客60人，总价值870多万元，均由穗通车业生产制造。截至19日，全区共有78辆新能源公交车，其中城区101路、102路、103路、105路、205路5条营运线路共有40辆。

20日 济南市历下区姚家街道办事处——羊角街道、白马镇、双河镇、赵家乡东西部扶贫协作联席会召开。历

8月24日，脱贫攻坚全国第三方评估组总组长刘彦随（右一）一行到火炉镇保峰村调研

下区姚家街道与武隆区签订助推“消费扶贫”无偿提供房屋协议，相关企业与武隆区签订40余万元的消费扶贫产品认购、订购协议，并现场捐赠物资近100万元。

同日 武隆区应急救护培训科普基地入选2019年度重庆市科普基地名单。

24日 脱贫攻坚全国第三方评估组总组长刘彦随一行到火炉镇保峰村，就脱贫攻坚、乡村振兴等工作情况进行实地考察调研。

25日 武隆区与中国中铁股份有限公司战略合作框架协议签约仪式在重庆举行。

同日 松果出行首批120辆共享电单车在全区投放，设置定点停车区和服务区，服务区范围为东至武隆三桥桥头、南至江南片区、西至武隆二桥桥头、北至武隆高速进出口转盘。

26日 文化和旅游部、国家发展改革委发布第二批全

国乡村旅游重点村名单，后坪苗族土家族乡文凤村、芙蓉街道堰塘村入选。

26—27日　市政协副主席谭家玲一行到武隆，实地调研全区乡村旅游建设及文旅融合发展情况等。

26—28日　中国·重庆（武隆）绿色产品博览会暨消费扶贫产品展销会在仙女山街道仙女广场举行。在消费扶贫产品展销区，现场搭建有56个标准展区，主要设置“绿色水果荟萃”“武隆特色味道”2个展区。其中，“绿色水果荟萃”展区主要展销火炉脆桃、仙女山葡萄等特色水果。“武隆特色味道”展区主要展销全区26个乡镇（街道）的农特产品、扶贫产品、贫困户的农产品。

27日　市委常委、政法委书记刘强一行到武隆，就脱贫攻坚工作开展调研，并看望慰问市委政法委扶贫集团下派一线扶贫干部。

同日　区客运站直达重庆大学城的客运专车开通。

28日　2020年全区首届“重庆农商行杯”羽毛球邀请赛在凤山文体馆举行，12支代表队参赛。农商行武隆支行代表队、区政府办代表队、仙女山街道代表队分获前三名。

8月28日—9月1日　2020年全市高级专家休假、疗养和学术交流“三位一体”活动在武隆区组织开展。

9月

1日　重庆市脱贫攻坚系列主题新闻发布会武隆专场在市新闻发布中心举行。区委书记黄宗华作主题发布，区委副书记、区长卢红就武隆近年是怎么巩固脱贫成果、如何利用旅游资源，带动百姓增收致富回答提问。

同日　东西扶贫协作项目——重庆·武隆特产体验店在山东省济南市历下区正式开业投入运营。该体验店位于历下区解放东路62号，面积约80平方米，店内设置工作展示区、消费扶贫产品体验区、爱心企业展示区、简易仓储区、简易办公区等6大功能区域，主要展示推广武隆特色农产品及东西协作消费扶贫成果。

同日　全区工程建设领域实施全流程电子招标。

同日　全区首个电子商务农产品集配中心正式建成并投入使用，总面积1200平方米，集冷链配送、分拣包装、仓储物流和销售配送于一体。

2日　退役军人事务部公布第三批185名著名抗日英烈、英雄群体名录。其中，在第三次长沙会战中牺牲的武隆籍原国民革命军陆军第20军第133师第398团2营营长王超奎入选英烈名单。

同日　全区新增30家医保定点医药机构，总数达499家。新增的30家医保定点医药机构主要包括诊所12家、零售药店7家、村卫生室11家。

3日　市政府副市长李明清到武隆巡河，并召开2020年乌江河长制工作座谈会。

同日　“消费扶贫　‘渝’你同行”2020重庆消费扶贫月活动启动仪式在武隆区中堆坝南滨音乐喷泉广场举行。市政府副市长李明清出席仪式并宣布2020重庆市消费扶贫月活动正式启动。

同日　全市乡村旅游扶贫暨东西部扶贫协作现场推进会在武隆区召开。

同日　武隆区政协书画院成立，并举办首届书画展。区政协书画院位于仙女山旅游度假区咏山水文化小镇博象美术馆内，博象美术馆总建筑面积约5000平方米。

同日　全区启用预售商品房新网签系统，并完成首个预售许可证办理。

4日　重庆市第四批历史建筑保护名录公布，武隆区鸭江镇颜家大院、王氏大院、红岩子大院共3处建筑入选。

同日　重庆东楚翔建材有限公司、重庆市武隆区玉达建材有限公司黄家湾石场入选重庆市绿色矿山典范企业名单。

8日　全国抗击新冠肺炎疫情表彰大会举行；武隆区疾病预防控制中心微生物检验科科长陈旼媚获“全国抗击新冠肺炎疫情先进个人”称号。

同日　全区“兵支书”脱贫攻坚事迹报告会在区人民大礼堂举行。

10日　水利部副部长叶建春一行到武隆，先后至双河镇和羊角街道，实地调研龙宝塘水库在建工程以及羊角新址农村饮水工程，并主持召开水利脱贫攻坚工作座谈会，安排部署水利部定点扶贫相关工作。

同日　全区举行抗战老兵事迹报告会暨2020年新兵入伍欢送仪式。全区完成大学生新兵征集目标任务。

同日　全区第36个教师节表彰大会召开，表彰“优秀教师”40人、“优秀教育工作者”10人。

11日　重庆大学附属肿瘤医院肿瘤规范化诊疗基地签约授牌仪式在区人民医院行政楼七楼学术报告厅举行。

16日　重庆市地理信息应急保障演练在武隆区白马镇牛儿湾举办。

18日　全区举行重庆市“武隆金盾—2020”人民防空综合演练。

同日　仙女山自然教育中心举行开馆仪式；总建筑面积892平方米，总投资1300万余元。

19日　市政府副市长陆克华到武隆调研国土空间规划和城市建设等工作。

9月22日，重庆市2020年中国农民丰收节武隆会场

付琳眉　摄

22 日　重庆市 2020 年中国农民丰收节武隆会场活动在芙蓉街道堰塘村开幕。

23 日　“人间仙境·度假圣地——2020 年武隆区全域旅游走进成都推广活动”在成都宽窄巷子东广场举行。仙女山景区与西岭雪山景区，武隆区喀斯特（集团）公司与成都武隆商会还分别在活动现场签订文旅品牌营销合作协议和旅游营销合作协议。

9 月 23 日至 10 月 23 日，“山水之城·美丽之地”——中国著名画家画重庆作品展在武隆仙女山博象美术馆展出，167 位画家的 241 幅作品（书法作品 8 幅，国画作品 233 幅）参展，具有代表性的作品有马新林的《夔门关胜景》、张复兴的《巴渝听瀑》、施江城的《瞿塘朝晖图》等。

24 日　2020 年武隆区民族团结进步宣传周活动在后坪苗族土家族乡天池苗寨启动。

同日　长江流域武隆段 171 艘渔船退捕上岸，涉及渔民 310 人。

26 日　区事业单位公务用车取消车辆拍卖会在区凤溪小学学术报告厅举行。整体起拍价 60.9 万元，总成交价为 163.2 万元，总溢价率 167.98%，委托车辆 44 辆，成交率 100%，单车最高成交价 13.6 万元。

28 日　武隆区“川渝企业武隆行”活动座谈会在仙女山国家级旅游度假区召开。成都市文化旅游产业商会、重庆百事达渝东南汽车销售服务有限公司、重庆音传教育管理有限公司分别与武隆区签订投资框架协议，总投资额 25.5 亿元。

同日　“传承红色基因　争做时代新人——红岩革命故事展演”活动首演在武隆中学举行。重庆红岩联线文化发展管理中心、区人民武装部签署军民共建合作协议，并为红岩精神教育基地、红岩班、恩来班授牌。同时通过新媒体进行同步直播，浏览量超 30 万人次。

同日　区委、区人民政府表彰中共重庆市武隆区凤山街道工作委员会、重庆市武隆区人民政府凤山街道办事处等 50 个单位为脱贫攻坚工作先进集体表彰；表彰朱晓琴等 100 人为脱贫攻坚工作先进个人。区人力社保局、区扶贫开发办给予重庆市武隆区融媒体中心等 5 个集体、汪艳等 10 名个人记功奖励；给予重庆市武隆区凤山街道劳动就业和社会保障服务所等 25 个集体、王兰等 50 名个人嘉奖奖励。

29 日　全区 2020 年 9 月重点项目集中开工仪式在南滨路片区老旧小区改造项目现场举行，集中开工 13 个涉及交通、工业、城建、生态环保、社会事业、房地产等多个领域的全区重点建设项目，总投资额达 8.06 亿元。

同日　涪陵页岩气田白马区块评价井组石油工程总承包项目在长坝镇大元村焦页 107 页岩气平台正式启动开工。涪陵页岩气田白马区块面积 422.6 平方千米，主要位于白马镇、长坝镇、和顺镇、白云乡、大洞河乡境内，地面海拔 300 米至 1000 米，区块地质评价有利区域面积 187 平方千米，资源量 1550 亿立方米。

同日　交通运输部、财政部联合印发《关于组织开展深化农村公路管理养护体制改革试点工作的通知》，重庆市武隆区入选“深化农村公路管理养护体制改革试点地区”名单，周期为 3 年（2021—2023 年）。

同日　2020 年重庆市武隆区第九届广场舞大赛在区体育馆举行，13 支队伍参赛，南城曳步舞团和长坝石梁河健身队分别获得街道组与乡镇组的第一名。

30 日　2020 年武隆大闸蟹开湖节暨呐溪原乡促销季活动在火炉镇举行。

9 月　区城管局在区体育馆和凤溪小学周边建造的水立方外形公厕和地球仪外形的公厕投入使用。

10 月

1 日　芙蓉中路和乌江大桥北桥头人行天桥完工投用。该项目总投资共计 1531.31 万元，于 2 月正式开工建设，其中，芙蓉中路人行天桥桥面总长度 97 米，桥面宽度 3.5 米，桥下净空 5 米，共设 6 个人行梯道；乌江大桥北桥头人行天桥总体呈“7”字形，桥面总长度 66 米，桥面宽度 3.5 米，桥下净空 5 米，共设 5 个人行梯道。

3 日　第四届环重庆城市马拉松公益接力赛到达武隆，70 余名武隆跑团成员参与接力任务。

10 月 3 日，第四届环重庆城市马拉松公益接力赛武隆站交接仪式　周令高　摄

7—8 日　川渝街舞邀请赛在白马山天尺情缘景区进行。

9 日　区委书记黄宗华到区档案馆等单位，就全区档案等工作开展调研，并召开座谈会，安排部署相关工作。

同日　生态环境部公布第四批国家生态文明建设示范市县名单，重庆市武隆区入选。

9—11 日　2020 重庆武隆仙女山首届机车音乐文化节在仙女山开幕，300 多辆哈雷摩托车参加，骑行线路覆盖仙女山景区最美公路、天生三桥景区、归原小镇和印象武隆剧场。10 日上午，重庆武隆仙女山“哈雷世界骑行基地”在仙女山冰雪城授牌。

10 日《重庆武隆区：“旅游 +N”多产业融合发展》入选“世界旅游联盟旅游减贫案例 100”。

同日　重庆市妇联、重庆市卫生健康委发布新冠肺炎疫情防控“重庆市巾帼建功标兵”、重庆“最美家庭”名单，区发展改革委主任、党组书记谢俐俐获新冠肺炎疫情防控“重庆市巾帼建功标兵”称号；谭长华家庭、陈旼媚家庭、李长宏家庭、肖代花家庭获新冠肺炎疫情防控重庆“最美家庭”称号。

12日　渝怀铁路二线黄草隧道贯通；位于武隆黄草和彭水高谷境内，全长7131米，隧道最大埋深约为736米，设计速度120千米/小时，为客货共线单线铁路隧道。

14日　武隆区与遵义市工作座谈会在遵义举行，并签订文旅合作协议。

同日　最高人民检察院授予武隆区人民检察院第七届“全国先进基层检察院”称号。

同日　2020“中国菜”艺术节暨第四届中国（垫江）石磨豆花美食文化旅游节开幕式暨“中国菜”——渝菜代表菜肴、宴席名录发布会举行。武隆碗碗羊肉入选渝菜代表菜肴、宴席目录。

16日　东西部扶贫协作2020年水利扶贫座谈会举行；济南市城乡水务局为武隆区学校水质提升捐赠100万元。

同日　区人民政府通报表扬罗晓林等5名优秀地质灾害驻守地质队员。

同日　仙女山国家级旅游度假区24小时自助图书馆建设完成。

18日　8时30分2020重庆·武隆仙女山马拉松在重庆武隆仙女山国家级旅游度假区鸣枪开跑；设置男、女半程马拉松（21.1千米），迷你马拉松（约5.8千米）2个竞赛项目；参赛规模2000人，年龄最大71岁，最小3岁。成都的沙正友和冯青分别以1小时9分42秒和1小时23分18秒的成绩获男、女半程马拉松冠军。

19日　重庆市抗击新冠肺炎疫情表彰大会举行。武隆区人民医院党委副书记、院长，主任医师曹元秀（女），武隆区仙女山街道社区卫生服务中心主任、主治医师刘洪，武隆区人民医院重症医学科主任，副主任医师彭顺刚，武隆区长坝中心卫生院院长、副主任医师樊福胜，武隆区中医院副院长、副主任护师江华容（女），武隆区芙蓉社区卫生服务中心主任、执业医师杨德久，武隆区疾病预防控制中心党支部书记、主任、主任医师万泉（女），武隆区疾病预防控制中心疾病管理科科长、主治医师孙毅（女），武隆区公安局长坝派出所所长窦光军，武隆区凤山街道红豆社区党总支书记彭小兵，重庆罡阳机械制造有限公司副总经理翟卫宏，武隆区融媒体中心编辑记者王津川，武隆区大洞河乡党委委员、人大主席徐光文，武隆区人民武装部副部长夏晓松，武隆区经济发展研究中心社会科科长黄琴（女）获“重庆市抗击新冠肺炎疫情先进个人”称号；曹元秀、彭小兵、窦光军获“重庆市优秀共产党员”称号；武隆区卫生健康委、武隆区疾病预防控制中心疾病管理科、武隆区人民医院感染科、武隆区交通执法支队党支部、武隆区芙蓉街道党工委、武隆区新型冠状病毒肺炎疫情防控工作领导小组综合办公室获“重庆市抗击新冠肺炎疫情先进集体”称号；武隆区芙蓉街道党工委、武隆区交通执法支队党支部获“重庆市先进基层党组织”称号。

20日　全国双拥模范城（县）命名暨双拥模范单位和个人表彰大会举行。重庆市武隆区被命名为全国“双拥模范城（县）”，凤山街道红豆社区党总支书记彭小兵获全国“爱国拥军模范”表彰。

21日　国家民航局副局长吕尔学一行到仙女山机场调研，召开座谈会。

同日　全区民兵应急连集中轮训备勤暨军地联考联评集训动员誓师大会在白马镇民兵野外训练基地举行。

同日　“渝货进山东”消费扶贫活动在羊角街道举行。山东鲁渝之音乡村振兴产业发展有限公司与武隆区栾氏食品有限公司签订200.8万元苕粉订单。

22日　十四届区委第十二轮巡察动员部署会在区会议中心一会议室召开，安排部署本轮巡察工作。

同日　市城管局渝东南片区市容环境卫生工作现场会在武隆区召开。

同日　区农业农村委联合区公安局、区市场监管局、区交通局等有关部门开展非法捕捞禁用渔具集中销毁行动，共拆解销毁打击非法捕捞收缴的渔网30余张、电鱼机6套、垂钓工具30余套、地笼30余个，发放“十年禁捕”宣传单100余份。

23日　民盟重庆市武隆区总支部委员会第一次盟员大会、第一届委员会一次会议召开，选举产生新一届民盟武隆区总支部委员会委员、副主任委员、主任委员。

同日　区人民政府命名长坝镇部分道路；永顺路，始于长茶路路口，经长坝镇中心幼儿园，止于杨家大院，全长800米，宽13米，位于长坝镇中心幼儿园与石梁河之间。

同日　“中国好医生、中国好护士”抗疫特别人物发布活动举行；武隆区疾病预防控制中心微生物检验科科长陈旼媚入选。

同日　6时许，一架空客A320机型从重庆江北机场起飞；经过36分钟飞行，7时飞机安全降落到仙女山机场。重庆仙女山机场正式迎来真机实地验证试飞。

10月23日，空乘站在有“重庆仙女山机场”的舷梯上合影留念

23—27日，浩口蜡染在第六届中国非遗博览会展示，展会期间营业额1.2万元，接受预定订单围巾120条，蜡染帽子200顶，签约金额7万元。

26日　水利部定点扶贫工作督查组一行到庙垭乡双桥村调研扶贫工作开展情况，实地走访调研由水利部定点扶贫资金援建的高效蚕桑产业园。

28日　九三学社重庆市武隆区基层委员会成立，九三学社重庆市委员会专职副主委黄华授牌。

同日　重庆脱贫攻坚“金点子”获奖作品揭晓，武隆区作品《以总书记重要论述为指引　探索建立解决相对贫困长效机制》获得团体组第一名。文章基于全区乡镇（街道）和贫困村开展调查研究，通过分析总结脱贫攻坚以来取得的成就，承前启后，提前探索、谋划2020年后如何实现减贫战略和工作体系平稳转型，如何建立解决相对贫困的长效机制，以期能将总书记重要论述转化到减贫扶贫实践中。

29日　全区2020年脱贫攻坚工作表彰大会在区人民大礼堂举行，全区160名先进个人、80个先进集体受到表彰。

同日　重庆市“晒旅游精品　晒文创产品”大型文旅推介活动迎来最后一场直播推介，武隆区收官登场。20时，武隆区政府区长卢红走进位于懒坝美术馆的直播间，以“看世界　到武隆”为主题进行介绍；并以中、英、日三种语言面向海外直播。截至22时，14个直播平台累计观看总量约4200余万次，点赞数超2200万次，抖音点赞成为全市唯一破千万的区县，淘宝“重庆文化旅游精品馆”带货直播销售总金额达9万元。11月24日，市委宣传部、市委网信办、市文化旅游委公布“双晒”第二季区县名单，武隆区获“最佳传播奖”。

同日　全区脱贫攻坚成果展在区人民广场展出。

同日　九届重庆市乡村文艺会演决赛结束，武隆区选送音乐作品《怕你人乖心不乖》获音乐类一等奖，7件舞蹈作品荣获舞蹈类一等奖。

10月29日至11月6日　全区向社会公开征集2021年重点民生实事建议。

30日　2020年度重庆市最美退役军人评选活动结束，重庆市武隆区黄莺乡黄莺村党总支书记刘其发入选。

11月

3日　国家发改委办公厅发布《关于全国“十三五”时期易地扶贫搬迁典型案例的通报》，武隆区发展改革委入选“十三五”搬迁工作担当有为集体，火炉镇向前村南泥坎集中安置区村民余川江入选“十三五”励志易地扶贫搬迁群众。

同日　武隆大剧院改造开幕，大型交响诗舞音画《斑斓武隆——山经水章》首演。当晚演出由中国优秀青年指挥家欧阳汪剑执棒，东方交响乐团承演，还特邀著名女高音歌唱家王静、男高音歌唱家李智渝登台助阵。整场演出分为《山川焕绮之壮美武隆》《水泽激韵之秀美武隆》《天垂丽象之奇美武隆》《日新月异之华美武隆》4个篇章。

5日　市农业农村委公示2020年农民合作社市级示范社评定名单，重庆市武隆区琼科水果种植专业合作社、重庆市武隆区赋归种植股份合作社、重庆市武隆区汇群养殖专业合作社联合社、重庆市武隆区聚精农业专业合作社4家单位入选；同时公示重庆市2020年国家农民合作社示范社推荐名单，重庆市武隆区枣典水果种植股份合作社、重庆市武隆区琪林畜禽养殖专业合作社入选。

6日　重庆市第七届双拥模范城（县）、模范单位和模范个人公布。武隆区被命名为重庆市第七届双拥模范城（县），区芙蓉街道办事处、区公安局被表彰为重庆市拥军优属模范单位，凤山街道红豆社区党总支书记彭小兵、重庆剑直律师事务所专职律师彭澜被表彰为重庆市拥军优属模范个人。

7日　以“舌尖上的乡愁·仙女山年味季”为主题的2020年仙女山首届高山生态年猪节系列活动开幕。

10日　第八届大中小城市联合招聘武隆区高校毕业生专场招聘会在区人民广场举行。50余家用人单位、企业提供各类就业招聘岗位2000余个，吸引数千名就业创业者咨询洽谈。

11日　重庆市2020年脱贫攻坚先进事迹巡回报告会在武隆区会议中心一会议室举行。

同日　重庆罡阳机械制造有限公司的曲轴总成（CG150）入选2019年度重庆市重大新产品名单。

同日　全区非公有制经济组织和社会组织微党课大赛决赛在区实验二小举行。

12日　2020—2021学年重庆籍建卡市外大学生学费资助银行卡集中发放仪式在区教委举行，为全区63名市外大学就读生发放学费资助卡；全年有1367名大学生收到共计894万余元的学费资助。截至12日，全区共资助学前、义教、普高、高等教育等各学段学生41694人次、资助金3905.76万元，发放贫困大学生助学贷款2886人次、2226.09万元。

同日　全区2020年党务工作者基层党建业务“学练比”决赛在区人民大礼堂举行。

13—15日　2020武隆“双十一”美食产业博览会暨家政服务技能大赛系列活动在南滨路商业街举行。

15日　武隆中学联合区益老益小爱心理事会为患白血病学生覃某某捐款11.55万元。

16日　区农业农村委在芙蓉江库区与乌江水域开展鱼类增殖人工放流活动，在芙蓉江库区累计放流103.2万尾，乌江水域累计放流123.2万尾，投放的鱼苗有鲢鱼、鳙鱼、草鱼、岩原鲤4个种类。

18日　重庆武隆景区获“巴蜀文化旅游走廊新地标”称号。

同日　《武隆年鉴（2020）》（总第4卷）由四川民族出版社正式出版发行。

20日　中央文明委表彰第六届全国文明城市、文明村镇、文明单位和第二届全国文明家庭、文明校园及新一届全国未成年人思想道德建设工作先进；武隆区火炉镇向前村入选“第六届全国文明村镇”，重庆市武隆区人民法院入选“第六届全国文明单位”，武隆区仙女山街道石梁子社区冉显文家庭入选“第二届全国文明家庭”，武隆区实验小学入选“第二届全国文明校园”。

同日　农业农村部公布第十批全国“一村一品”示范村镇名单，武隆区平桥镇（苕粉）入选；至此，武隆区全国“一村一品”示范村镇4个。

同日　武隆区人民政府、涪陵区人民政府、丰都县人民政府联合发布《关于重庆仙女山机场净空及电磁环境保护有关事项的通告》。

23日　市妇联、市生态环境局、市城管局通报2020年重庆“绿色家庭”“最美阳台”“最美庭院”创评活动结果；武隆区张燕、田应洪家庭被评为2020年重庆“绿色家庭”，代德祥、任中成家庭阳台被评为2020年重庆“最美阳台”，冉义淑、张明斌家庭庭院被评为2020年重庆“最美庭院”。

24日　国新办举行消费扶贫助力打赢脱贫攻坚战新闻发布会。区委副书记、区长卢红受邀参加发布会并回答记者提问。

同日　2020年全国劳动模范和先进工作者表彰大会召开，武隆区公安局交巡警支队秩序大队大队长罗旦华获“全国先进工作者”称号。

同日　《武隆日报》讯，“十三五”规划实施以来，全区新增耕地879.73公顷。

同日　全区完成易地扶贫搬迁阶段性目标，涉及资金835.2万元，共1044人。

25日　市农业农村委对拟认定的2020年农业产业化市级龙头企业名单进行公示，其中重庆市武隆区芙蓉江食品有限公司、重庆市武隆区华禹生猪养殖专业合作社、重庆市武隆苕粉集团有限公司等16家企业入选。

11月25日至12月1日　武隆区第二届运动会在区体育馆举行，共设有篮球、足球、网球、乒乓球、田径等8个竞赛项目，共有78支参赛队4000余名运动员参赛。区教委、芙蓉街道分别获区级组、乡镇组团体总分第一名，区财政局、区农委、区融媒体中心、后坪乡、桐梓镇等17个代表队获体育道德风尚奖。

12月1日，武隆区第二届运动会篮球项目比赛现场

代君君　摄

26日　在原第二炮兵副政治委员、中将贾文先带领下，北京于若木基金会一行到武隆，就白马山战役遗址实地考察，并洽谈白马山战役纪念馆捐建相关事宜。

26—27日　17:27，中央电视台《地理中国》栏目先后播出特别节目《洞天漩凼》（上、下集），介绍武隆喀斯特地貌。

27日　重庆市表彰第三届自强模范暨残疾人工作先进集体和先进个人，武隆区张永红、陈德伦、区残联综合服务中心分别获重庆市第三届自强模范、残疾人工作先进个人、残疾人工作先进集体称号。

同日　全区关于制定国民经济和社会发展第十四个五年规划和二〇三五年远景目标的建议党外人士征求意见座谈会召开。

同日　重庆市武隆区人民代表大会常务委员会发布公告，重庆市武隆区第十八届人民代表大会实有代表202人。12月29日，重庆市武隆区人民代表大会常务委员会发布公告，实有代表201人。

同日　全区知识产权工作专题会议在区政府三楼会议室召开。截至27日，2020年新发展注册商标431件，全区注册商标达3828件，有权有效发明专利23件，同比增长9.22%；每万户市场主题商标拥有量1135件，同比增长10.84%。

同日　区垃圾焚烧发电厂项目累计完成固定资产投资约1.85亿元，位于火炉镇车坝村连二塘组，总投资3.83亿元，占地约5.4公顷。

同日　《武隆日报》讯，区公安局破获非法移栽、毁坏国家重点保护植物案6件，涉案国家一级保护植物南方红豆杉61株。

30日　仙女山机场连接路竣工通车。

12月

3日　中共重庆市武隆区委十四届十次全会召开；听取和讨论黄宗华受区委常委会委托作的工作报告；审议通过《中共重庆市武隆区委关于制定重庆市武隆区国民经济和社会发展第十四个五年规划和二〇三五年远景目标的建议》和《中国共产党重庆市武隆区第十四届委员会第十次全体会议决议》；讨论《中共重庆市武隆区委　重庆市武隆区人民政府关于贯彻落实〈成渝地区双城经济圈建设规划纲要〉的实施意见》。

同日　第五届全国学生“学宪法　讲宪法”活动全国总决赛落下帷幕，武隆区实验小学六年级16班学生陈彦琳代表重庆参加团队知识竞赛项目，并获得全国总冠军。

同日　重庆市人力资源和社会保障局、重庆市人民政府第四次全国经济普查领导小组办公室、重庆市统计局表彰重庆市第四次全国经济普查先进集体和先进个人，武隆区统计局、武隆区平桥镇政府经发办副主任邓月春（女）、武隆区普查中心副主任王磊分别被评为“先进集体”“先进个人”。

4日　共青团重庆市委、重庆市青年志愿者协会通报第八届重庆青年志愿者优秀集体和优秀个人名单；武隆区凤山街道走马村驻村扶贫第一书记周雷（重庆市公安局交巡警总队办公室一级警长）获第八届重庆青年志愿者优秀个人称号。

6日　重庆市武隆喀斯特旅游产业（集团）有限公司被重庆市人力资源和社会保障局、重庆市总工会、重庆市企业联合会（企业家协会）、重庆市工商业联合会评为“重庆市和谐劳动关系优秀示范单位”。

7日　仙女山室外滑雪场正式对外开放，总面积5万平方米，设置滑雪道4条，可同时容纳3000人滑雪。

8日　市委常委、政法委书记刘强到武隆区调研指导脱贫攻坚工作。

同日　新建重庆武隆民用机场项目和武隆机场特性材料拦阻系统项目接受验收，并召开新建重庆武隆民用机场项目行业验收总结会，宣布同意通过行业验收。

同日　全区“中华魂”主题教育读书活动演讲比赛决赛暨2020年“新时代好少年”颁奖典礼在区实验小学学术报告厅举行。实验小学凤溪校区金柯竹、武隆中学吴诗颖分别获得小学组、中学组一等奖。

同日　市妇联命名2020年度“重庆市巾帼脱贫示范基地”，武隆区后坪苗族土家族乡白石村山嫂子巾帼扶贫工坊和君景中蜂养殖场中岭村扶贫工坊入选。

9日　学习贯彻党的十九届五中全会市委宣讲团报告会在武隆区举行。市委宣讲团成员、市委党校（行政学院）公共管理学教研部主任、教授谢来位作宣讲报告。

同日　象征着全国著名翻译家杨武能早期留学欧洲经历的故事雕塑屏墙“巴蜀译翁西游记”在仙女山旅游度假区天衢公园巴蜀译翁亭举行。

同日　“武隆好医生、武隆好护士、武隆好村医”2020年第四季度及年度人物名单揭晓；区中医院田永红、区疾控中心傅袁平、鸭江中心卫生院唐小波、平桥中心卫生院张伟、桐梓中心卫生院王珊珊被评为2020年第4季度“武隆好医生”，区妇幼保健院张容被评为“武隆好护士”，平桥镇乌杨村卫生室陈驰被评为“武隆好村医”；区人民医院彭顺刚、区妇幼保健院冉琴、区中医院田永红被评为2020年度“武隆好医生”，桐梓中心卫生院余海燕被评为“武隆好护士”，鸭江镇青峰村卫生室张海金被评为“武隆好村医”。

同日　区民政局共计下达补助资金67万元对全区6家民办养老机构进行消防改造建设专项支持；分别为重庆市武隆区芙蓉之家养老服务中心、重庆市鸿堰物业管理有限公司（鸿堰怡康院）、重庆市武隆区伶辰养老服务中心（芙蓉街道养老服务中心）、重庆市武隆区三坪春晖养老院、重庆市武隆区时间银行互助养老服务中心、重庆市武隆区长坝社区休闲养老康复中心，其中重庆市武隆区芙蓉之家养老服务中心获得补助27万元，其他5家机构各获得补助8万元。

同日　截至9日，全区共111家医药机构开通医保电子凭证扫码功能。

10日　武隆区人力社保局被评为重庆市第四届“渝创渝新”创业创新大赛优秀组织奖。

11日　区作家协会2020年工作总结会召开，并举行李永忠诗集《云水削月》首发式。

13日　截至13日，全区累计检测标本4.2万余人次；全区具有核酸检测能力的有区人民医院、区中医院、区疾控中心、区妇幼保健院、区福康医院5家医疗机构，最大日检测量3万人次。

14日　武隆区交通局被交通运输部命名为2018—2019年度“全国交通运输行业文明单位”。

15日　市政府副市长李波到武隆区，赴芙蓉江开展巡河巡岸工作。

同日　区人民法院召开新闻发布会，发布推进以审判为中心的刑事诉讼制度改革。2017—2020年11月底，区法院累计审结刑事案件784件，惩处犯罪分子1384人，无一冤假错案，无一案件被发回重审或改判，并在2019年法院刑事审判条线评估位居全市基层法院第十位。

16日　区政府第120次常务会召开，审议《关于推进新时代地方志事业发展的通知（送审稿）》等议题。

同日　即日起，区客运中心新增武隆到江北机场客运班次2个，实现每天定时往返。

17日　市委宣传部、市文明办、市妇联联合开展的2020年重庆第二批“最美家庭”推荐活动结束，武隆区曾学分家庭、徐晓兰家庭获“最美家庭”称号。

18日　渝东南片区新冠肺炎等防控专业知识培训班在武隆区开班。

18日　重庆仙女山机场正式通航；首飞航班由重庆航空公司空客320飞机执飞，航班号为OQ2097/8，全程飞行27分钟。该航班于早上9时21分从重庆江北机场起飞，9时48分降落仙女山机场，11时20分从仙女山机场起飞，12时降落在重庆江北国际机场。航班抵达后，举行仙女山机场首航仪式。民航西南地区管理局副局长徐东毅向仙女山机场颁发机场使用许可证书并宣布仙女山机场通航启动。

12月18日，重庆航空执飞仙女山机场首航成功

周令高　摄

同日　武隆区委老干部局被中共重庆市委组织部、中共重庆市委老干部局、重庆市人力资源和社会保障局表

彰为“重庆市老干部工作先进集体”，区委老干部局生活待遇科科长田莉（女）被表彰为“重庆市老干部工作先进个人”。

19日　武隆区乡村旅游走进重庆主城集中宣传推广暨第十一届仙女山冰雪季启动仪式在渝中区解放碑中心广场举行。区委副书记、区长卢红出席启动仪式并宣布“第十一届仙女山冰雪季启动仪式”正式启动。

同日　2020武隆仙女山国际冰雪季在仙女山景区开幕，30对新人举行汉式雪地集体婚礼；同时举办低空飞行项目、雪地篝火电竞节、萌宠冰雪嘉年华、雪地马拉松等活动。

20日　全区有89家医疗机构、药房开通成渝两地异地就医门诊结算，其中医院36家、药房53家。

21日　中国博物馆协会官方公众号公布第四批全国博物馆定级名单。重庆市武隆博物馆被核定为国家三级博物馆。

同日　区棉花坝保障性住房摇号配租活动在区住房和城乡建委8楼会议室举行，303套保障性住房全部配租成功。

同日　后坪苗族土家族乡413户贫困户全面实现脱贫，贫困村贫困发生率从2014年的21.9%降为0。

23日　全区召开宣布中央军委国防动员部命令大会。重庆警备区政委宣读中央军委国防动员部命令和党内任职通知，任命武隆区人民武装部部长，区人武部党委委员、副书记。

同日　重庆武隆国家农业科技园区入选第九批国家农业科技园区。

24日　白马山高端文化休闲度假小镇山茵片区建设项目（一期）举行开工仪式；计划总投资50亿元。

同日　区人民政府表彰第四届武隆区青少年科技创新区长奖，授予冯子芸、应双阳、彭小钰、郭博宏、雷坤哲等5人“第四届武隆区青少年科技创新区长奖”，方盈盈、项诗砚、廖晨荀、黄子鸳等4人“第四届武隆区青少年科技创新区长奖提名奖”。

同日　市卫健委公布评审结果通知，区中医院获评“国家二级甲等中医医院”，有效期4年。

25日　国家林业和草原局公布2020年国家湿地公园试点验收结果，重庆武隆芙蓉湖国家湿地公园入选2020年通过验收的国家湿地公园名单。

同日　武隆区疾病预防控制中心检验科、矫正帮教管理服务中心被命名为“2020年重庆市巾帼文明岗”；孙毅被授予“2020年重庆市巾帼建功标兵”称号。

同日　区档案馆举行全国优秀工作者罗旦华个人实物捐赠仪式。

同日　22时40分，随着首趟列车51401次列车从武隆站发车，标志着历时四年新建渝怀铁路二线全线开通运营。

28日　区文化馆美术专干张琰的版画《暖秋》和黄芸椿的木刻版画《丰收年》作品入选“奋进新时代·共圆小康梦”2020重庆市农民画作品展。

同日　全区第二届“新时代乡贤”评选表彰候选人公示，王天胜、王战瑜、刘胜福、朱应碧、罗光碧、郑志勇、洪中福、夏明辉、黄守余、路延新等入选。

29日　区特殊教育学校学生陈海燕被共青团中央、教育部、全国少工委评为“全国优秀少先队员”。

30日　《武隆年鉴（2019）》获评第七届全国地方志优秀成果（年鉴类）一等年鉴。

同日　重庆市风来农民工返乡创业园入选2020年重庆市农民工返乡创业园，获补助60万元。

同日　全区2020年生态环境质量情况新闻发布会召

芙蓉湖国家湿地公园　　王俊杰　摄

开。截至30日，全区完成城区污水处理厂扩建及提标改造、20余个乡镇污水处理厂改造、29个集中式饮用水水源地规范化等水污染防治基础设施建设；建成投用4个国考断面水质自动监测站和1个市考断面水质自动站；完成5.3万头存栏生猪当量畜禽养殖污染治理；城区空气质量优良天数350天，优良率96.4%，较上年同期增加2天；城区和乡镇集中式饮用水水源地水质达标率100%；万人千吨饮用水水源地水质监测达标率100%；大中型水库水质达标率100%。全区声环境、辐射环境和土壤环境总体保持稳定；连续多年保持较大以上环境安全事件“零”发生。

同日　城区芙蓉西路停车楼完成基础及钢结构工程主体建设；项目总投资600万元，总建筑面积2160平方米，共计6层，高度17.3米，停车位80个。

31日　区委书记黄宗华做客《华龙会客厅》2020年重庆市脱贫攻坚区县委书记访谈栏目，就全区脱贫攻坚的进展情况、亮点举措和如何巩固脱贫成果等方面，接受华龙网记者专访。

同日　武隆区黄铮家庭获2020年全国最美家庭。

同日　全区长江流域重点水域“十年禁渔”启动仪式在石桥苗族土家族乡举行。

延伸阅读

抗疫日记

日期：3月11日（周三）　时间：23：00　天气：晴

今天是我到孝感的第18天。早上进实验室处理样品，下午上机扩增，晚上读取结果，回酒店，整理笔记，睡觉，每天固定的作息让我觉得时间过得真快。最初来到孝感市疾控中心的实验室，面对新的环境、新的仪器、新的操作流程，还有风险极高的样品，心里还有些忐忑。我唯有将仪器的操作步骤和性能特点记在本子上，将试剂的说明书仔细研读，反复练习操作中的关键步骤。还好，都挺过来了，技术越来越娴熟，与队友们的配合越来越默契，我们相互协作，相互支持，相互打气，每天的检测效率越来越高。

我想我是收获了，收获的仅是技术吗？远不止。前几天在下班的路上，有位大姐冲出来拉住我们，满心感谢地说：“我知道你们是来支援孝感的！我已经观察几天了，你们每天都是这个时候从疾控中心下班，我作为孝感人，是真心地感谢你们。”还有一次，我们去药店买指甲刀，店员看到我们的应急队队服，一个劲地说不收钱，表示感谢我们的支援。淳朴可爱的孝感人啊，你们满满的善意让我更加觉得不枉此行。

小时候有篇课文《幸福是什么》，现在我觉得被人需要就是种幸福，被祖国和人民需要更是一种最大的幸福。世人在你眼中是什么样子，你在世人眼中就是什么样子。当我觉得孝感人民是我们友好的邻居、真诚的兄弟、亲切的亲人时，他回应我们的是满满的善意和真切的关怀。希望待疫情退散之时我们都能取下口罩，让我看看你们比樱花还美的脸。

（作者：陈旼媚，单位：重庆市武隆区疾病预防控制中心）

武隆概览

基本地情

【地理位置】 重庆市武隆区位于长江上游地区、重庆东南部，在武陵山与大娄山接合部，属于中国南方喀斯特高原丘陵地区。地处北纬29°02′~29°40′、东经107°13′~108°05′。东邻彭水，南接贵州省道真县，西靠南川、涪陵，北与丰都相连。东西长82.7千米，南北宽75千米，辖区面积2889.38平方千米。距重庆市区128千米，自古有“渝黔门屏”之称。

【地质地貌】 全区地质构造雏形由燕山期第二幕形成，属新华夏构造体系和南北径向构造体系，川黔南北构造带。江口等地区属川鄂湘黔隆起褶皱带，褶皱构造形成一系列背斜和向斜。构造成南北向的主要有接龙场背斜、甘田湾向斜、大耳山背斜、羊角背斜、三汇背斜、车盘向斜等。背斜核部出露地层多为二叠系、三叠系，其中接龙场背斜多为寒武系。向斜轴部为三叠系中上统地层。构造形态多为短轴构造，两翼岩层倾角差异较大。断裂构造发育，多与背斜伴生。其性质为冲断层、正断层、逆断层。主要断层有芙蓉江冲断层、土坎正断层、三汇冲断层、煤炭厂逆断层、寺院坪逆断层。

武隆区属渝东南边缘大娄山脉褶皱带，多深丘、河谷，以山地为主。地势东北高，西南低。境内东山菁、白马山、弹子山由北向南近似平行排列，分割组成桐梓、木根、双河、铁矿、白云高地。因娄山褶皱背斜宽广而开阔，为寒武系石灰岩构成，在地质作用过程中，背斜被深刻溶蚀。乌江由东向西从中部横断全境。乌江北面的桐梓山、仙女山属武陵山系，乌江南面的白马山、弹子山属大娄山系。木棕河、芙蓉江、长头河、清水溪、石梁河、大溪河等大小支流由南北两翼汇入乌江。由于深度溶蚀形成的深切槽谷交错出现，构成武隆区崇山峻岭，岗峦陡险，沟谷纵横。仙女山主峰磨槽湾海拔最高，达2033米；大溪河口海拔最低，为160米。除高山和河谷有少而小的平坝外，绝大多数为坡地梯土。土壤多属黄壤、黄棕壤，其次紫色土。

（区规划自然资源局）

【土地资源】 根据最新的第三次国土调查成果（过程数据，2019年12月）显示，全区土地调查总面积288938.98公顷，其中湿地417.06公顷、耕地49471.21公顷、种植园地2080.23公顷、林地212207.37公顷、草地1029.63公顷、水域4217.99公顷，有商业服务用地225.36公顷、工矿用地800.11公顷、住宅用地5262.14公顷、公共管理与公共服务用地375.08公顷、特殊用地132.93公顷、交通运输用地4815.05公顷、水工建筑用地331.87公顷，有其他土地7572.95公顷。

【矿产资源】 辖区探明的矿产有铝土矿、大理石、煤、铁等22种，其中铝土矿探明储量1.6亿吨、大理石出露地面约43平方千米、煤矿储量4000万吨、重晶石储量300万吨。全区为常压页岩气潜力区块，页岩气地质资源潜力1.05万亿立方米，勘探开发页岩气有利区面积1187平方千米，主要分布包括武隆、凤来、白马、平桥和双河等区块。

（区规划自然资源局）

【动植物资源】 辖区属亚热带常绿阔叶林区，现存的主要植被以人工林和天然次生林为主，其中主要乔灌木木本植物有147种左右，包括杉木、柳杉、油松、华山松、漆树、楠木、水青冈、红椿、核桃、板栗、枫香、桦木、栎类、柏木、邛竹、水竹、平竹、紫竹、楠竹、慈竹等。Ⅰ级国家重点保护野生树种有红豆杉、银杉、水杉、珙桐等。全区共有经济林木36780800株，其中经济林株数36310110株，散生经济树14750株，四旁经济树455940株；共有竹子215779040株，其中片竹211595410株，散生竹1204570株，四旁竹2979060株；共有古树名木552余株，分属36科，57属，64种，其中散生古树528株，古树群3片计24株，主要树种有黄葛树、银杏、桂花、枫香、曲叶榕等。按保护级别分，一级保护古树20株，二级保护古树87株，三级保护古树426株，名木19株。2020年年末，全区森林覆盖率64.5%。

【水资源】 辖区地表水资源丰富，但径流汇流时间短，利用程度不高，全区多年平均地表水资源总量22.84亿立方米，全区地下水资源储量为4.67亿立方米，出露量为2.79亿立方米，有乌江、芙蓉江、大溪河3条外源河流，2020年平均过境水量457.47亿立方米。

全区蓄水工程9314座，其中水库36座；塘坝、窖池9278座（处），全区水库总库容96256万立方米，其中大型水库库容90600万立方米，中型水库3436万立方米。

（区林业局）

【河流】 辖区共有河流192条、长1231.6千米，河流流域面积2840平方千米（重庆市水利局公布数据），其中区级河流乌江（武隆段）、芙蓉江（武隆段）、木棕河、石梁河、延沧河、郭溪沟、猫儿沟、清水溪、大溪河（武隆段）、老盘河、长头河11条长363.4千米，乡镇级河流181条长868.2千米。全区流经辖区流域面积50平方千米以上河流共22条，长486.3千米。

6月20日，乌江涨水后的武隆城区　　钱钱　摄

2018—2020 年乌江武隆段洪水最高水位情况表

表 2

时间	最高水位（米）	流量（万立方米 / 秒）	警戒水位（米）
2018 年 5 月 23 日 10 时	184.48	0.71	193.00
2019 年 6 月 22 日 20 时 20 分	192.83	1.24	193.00
2020 年 6 月 22 日 20 时 31 分	196.27	1.54	193.00

【水文】 洪水 6 月 22 日 11 时，乌江武隆段水位由汛前的水位 175 米（黄海高程，下同）上涨至 190.05 米，流量 1.07 万立方米 / 秒；17 时，水位 194.5 米，超警戒水位 1.5 米。20 时 31 分，乌江水文监测武隆站出现洪峰水位 196.27 米，相应流量 1.54 万立方米 / 秒，超警戒水位（193.00 米）3.27 米，低于保证水位（199.50 米）3.23 米，涨幅 8.52 米。7 月 13 日 10 时，大溪河武隆段水位达 193.7 米，超警戒水位 0.2 米；14 时，水位维持在 193.7 米，流量 643 立方米 / 秒。（区水利局）

【气候】 2020 年，全年气温正常，降水偏多，日照偏少。全区年平均气温 17.2℃，比历年平均气温 17.4℃低 0.2℃，年极端最高气温 38.1℃，比历年最高 42.7℃低 4.6℃；年极端最低气温为 1.4℃，比历年最低 -2.1℃高 3.5℃；年总降水量 1447.3 毫米，比历年平均 1024.9 毫米偏多 422.4 毫米；年总日照数 757.2 小时，比历年平均 1115.7 小时偏少 358.5 小时；年平均相对湿度 82%；年平均风速 1.3 米 / 秒；无霜期 366 天。

汛期气候特征　本年汛期平均气温略偏低，降水总量显著偏多，气象灾害偏重。汛期暴雨较常年显著偏多，盛夏气象干旱略偏重、高温日数偏少。全区大部地区出现轻旱、中旱，局地重旱、特重旱，其中沿江河谷地区伏旱较重，芙蓉、凤山街道出现 37 天中度气象干旱，白马镇出现 52 天的特重度气象干旱。全区平均 35℃以上高温天数 17 天，较常年同期（22 天）偏少 5 天，较上年同期（28 天）偏少 11 天。其间，城区极端最高气温 38.1℃（武隆，8 月 28 日），乡镇极端最高气温 42.4℃(白马，8 月 28 日)。

气象灾害　全年出现强降雨、暴雨、强对流等灾害性、关键性天气；先后出现“3·27”“5·4”“5·14”“6·14”“6·20”“6·22”“6·27”“6·30”“7·2”“7·4”“7·6”“7·12”“7·16”“7·17”“7·26”“8·9”“9·2”共 17 次暴雨天气过程；其中“7 · 12” 过程达特大暴雨，为全年以来最强暴雨过程（赵家站累计雨量达 280.3 毫米）。

（区气象局）

2020 年武隆区较大灾害天气情况表

表 3

时间	灾害	受灾区域	受灾情况	直接经济损失（万元）
5 月 4 日	强对流天气	白马镇、仙女山镇等 16 个乡镇	受灾人口 2.21 万人，死亡 1 人，因灾伤病 5 人，紧急转移安置 55 人，倒塌房屋 8 户 14 件，农作物受灾 2429.29 公顷	6298.2
6 月 22 日	洪涝	长坝镇等乡镇	受灾人口 12256 人，倒塌房屋 5 户 14 间，农作物受灾 441.07 公顷	1587.7
6 月 27 日	暴雨	全区	受灾人口 37424 人，紧急转移安置 826 人，倒塌房屋 2 户 21 间，严重损坏房屋 32 户 60 间，农作物受灾 459.19 公顷	3238.11

2020 年武隆区气温情况表

表 4

月份	气温（℃）			极端温度			
	平均气温	平均最高	平均最低	最高温度（℃）	日期	最低温度(℃)	日期
1 月	8.1	10.5	6.7	16.3	7	3	30
2 月	9.6	12.6	7.8	18.2	29	2.7	17
3 月	14.1	18.5	11.2	29.6	21	7.4	2 日
4 月	15.9	21.4	12.2	31.3	28	9.6	25
5 月	22.1	27.9	18.6	35.4	3	16	12
6 月	24.4	29.1	21.7	34.2	26	17.7	4

续表 4

月份	气温(℃)			极端温度			
	平均气温	平均最高	平均最低	最高温度(℃)	日期	最低温度(℃)	日期
7 月	26.1	30.6	23.6	36.6	28	22	3
8 月	28.3	34.1	24.2	38.1	28	20	26
9 月	20.9	23.8	19.1	32.7	7	16.5	2 日
10 月	16.3	18.9	14.7	23.2	2 日	9.4	23
11 月	13.4	17.9	10.6	27.3	17	6.8	28
12 月	6.8	8.8	5.4	12.9	21	1.4	2 日
年平均	17.2	21.2	14.7	—	—	—	—
年极值	—	—	—	38.1	28/8	1.4	2 日 /12

2020 年武隆区降水量情况表

表 5

月份	降水量(毫米)		最长连续降水日数			最长连续无降水日数	
	总量	一日最大(日期)	日数	降水量(毫米)	起止日期	日数	起止日期
1 月	39.9	25.2(6)	5	25.8	2—6	13	9—21
2 月	39.5	19.6(15)	4	15.5	31/1—3	4	11—14
3 月	92.3	53.8(27)	4	68.6	27—30	13	12—24
4 月	53.3	17.5(11)	5	8.9	20—24	5	25—29
5 月	147.2	39.4(6)	5	49	10—14	3	3 次
6 月	312.1	100.5(27)	8	31.8	11—18	4	3—6
7 月	400.2	116.2(17)	8	109.9	30/6—7	4	2 次
8 月	30.7	16.9(9)	2	12.7	17—18	10	22—31
9 月	185.3	220.3(2)	8	63	10—17	11	22/8—1
10 月	105.9	28.3(4)	13	111.9	25/9—7	4	22—25
11 月	28.4	11.2(1)	3	16.8	1—3	12	7—18
12 月	12.5	5.2(30)	3	4	6—8	15	14—28
年合计	1447.3	—	—	—		—	—
年极值	—	116.2(17/7)	13	111.9	25/9-7/10	15	14-28/12

说明:“一日最大”是指某月中降水量最大 1 日数值

2020 年武隆区湿度、极大风速及日照情况表

表 6

月份	相对湿度(%)			极大风速(米/秒)		日照时数	
	平均	最小	日期	风速	日期	合计(小时)	百分率(%)
1 月	84	40	12	14.8	7	15.5	5
2 月	88	30	16	16	15	17.1	5
3 月	78	17	19	13.4	21	53.3	14
4 月	78	17	27	11.2	27	97.7	25

续表6

月份	相对湿度（%）			极大风速（米/秒）		日照时数	
	平均	最小	日期	风速	日期	合计（小时）	百分率（%）
5月	80	23	2日	28.7	4	116.4	28
6月	85	42	25	17.4	2	83.5	20
7月	86	36	28	16.4	26	64.1	15
8月	70	23	28	19.4	18	181	44
9月	89	39	7	10.1	1	26.6	7
10月	90	40	22	11.8	22	15.7	4
11月	81	31	9	16.4	18	75.3	24
12月	80	36	17	13	29	11	3
年合计	—	—	—	—	—	757.2	—
年平均	82	—	—	—	—	—	17
年极值	—	17	2日/2个月	28.7	4/5	—	—

【建置沿革】 武隆始建于唐武德二年（619），始名武龙，因山而得名。明洪武十三年（1380）改“龙”为“隆”。1949年12月5日，武隆县人民政府正式成立，隶属四川省涪陵地区行政专员公署。1997年3月改隶属重庆市辖县。1998年12月，由重庆市直管。2002年6月，撤销白果乡，设立仙女山镇，驻地石梁子。2003年12月，撤区并乡建镇，将原有的11个镇、35个乡调整为11个镇、15个乡。2004年5月，县人民政府对乡镇、村（居）民委员会、村（居）小组进行调整撤并，并对乡镇进行排序。2009年1月21日，重庆市人民政府同意撤销文复乡、石桥乡、浩口乡、后坪乡，设立文复苗族土家族乡、石桥苗族土家族乡、浩口苗族仡佬族乡、后坪苗族土家族乡；撤销和顺乡，设立和顺镇。2016年6月7日，重庆市人民政府同意撤销双河乡，设立双河镇；同意铁矿乡更名为大洞河乡。调整后，全县辖13个镇、13个乡。2016年11月24日，国务院批复同意武隆撤县设区。2017年1月13日，重庆市武隆区正式挂牌。2017年12月1日，重庆市人民政府批准武隆区撤销巷口镇，设立凤山街道和芙蓉街道。2018年2月9日，凤山街道、芙蓉街道正式挂牌成立。2020年4月22日，重庆市人民政府设立羊角街道；设立仙女山街道；设立凤来镇。至2020年年末，全区辖4个街道、10个镇、12个乡。区人民政府驻地芙蓉街道。

【区划调整】 4月22日，重庆市人民政府同意撤销羊角镇、土坎镇，设立羊角街道，管辖原羊角镇、土坎镇行政区域，街道办事处驻万家宝社区烈女西路6号（原羊角镇政府驻地）；同意撤销仙女山镇，设立仙女山街道，管辖原仙女山镇行政区域，街道办事处驻石梁子社区香叶路2号（原仙女山镇政府驻地）；同意撤销凤来乡，设立凤来镇，管辖原凤来乡行政区域，镇政府驻临江村黄家湾组39号（原凤来乡政府驻地）。5月21日，仙女山街道、羊角街道、凤来镇成立大会在区委会议中心一会议室召开，标志着仙女山街道、羊角街道、凤来镇成立。

2020年武隆区行政区划情况表

表7

乡镇（街道）	行政村（社区居委会）
凤山街道	7个社区：油坊社区、复兴社区、中山社区、红豆社区、梓潼社区、巷口社区、龙湖社区居委 11个村：凤山村、芋荷村、黄渡村、城东村、走马村、蒲板村、万银村、杨家村、广坪村、芦红村、出水村
芙蓉街道	5个社区：芙蓉西路社区、芙蓉中路社区、中嘴社区、南溪社区、芙蓉东路社区居委 9个村：柏杨村、三坪村、中鱼村、黄金村、东山村、中兴村、青吉村、堰塘村、石龙村
仙女山街道	1个社区：石梁子社区居委 7个村：白果村、明星村、荆竹村、桃园村、龙宝塘村、仙女村、庙树村

续表 7

乡镇（街道）	行政村（社区居委会）
羊角街道	4个社区：羊角碛社区、万家宝社区、朝阳社区、土坎社区居委会 14个村：青春村、田穹村、庙岭村、艳山红村、茶岭村、鹅岭村、碑垭村、永隆村、石床村、关滩村、新坪村、五龙村、松树村、清水村
桐梓镇	1个社区：同心社区居委会 6个村：香树村、官田村、繁荣村、长征村、双凤村、桐梓村
火炉镇	1个社区：火炉社区居委会 14个村：向前村、筏子村、后槽村、车坝村、梦冲塘村、新田村、鲁家岩村、徐家村、关桥村、万峰村、岩峰村、保峰村、木水村、云峰村
江口镇	2个社区：上街社区、下街社区居委会 8个村：花园村、蔡家村、黄柄村、三河村、黄草村、银厂村、荆竹坝村、谭家村
长坝镇	1个社区：长坝社区居委会 9个村：红光村、鹅冠村、大元村、何家堡村、简村村、胜利村、茶园村、前进村、民主村
白马镇	2个社区：铁佛社区、六方坪社区居委会 10个村：铁佛村、板桥村、东升村、灵山村、三溪村、沙台村、鱼光村、杨柳村、豹岩村、车盘村
鸭江镇	1个社区：鸭江社区居委会 9个村：保禾村、高兴村、羊岩村、双河园村、三元村、青峰村、显灵村、送月村、谭坪村
平桥镇	1个社区：平桥社区居委会 8个村：乌杨村、平胜村、茅坪村、高屋村、红隆村、中村村、南坪村、龙园村
和顺镇	1个社区：和顺社区居委会 9个村：弹子村、清水塘村、沙子坨村、青木池村、金坪村、打蕨村、周家山村、核桃坪村、海螺村
双河镇	1个社区：双河社区居委会 8个村：新春村、坨田村、团兴村、木根村、石坝村、荞子村、梅子村、铁炉村
凤来镇	6个村：临江村、青龙村、狮子村、高楼村、送坪村、高寿村
黄莺乡	1个社区：黄莺社区居委会 6个村：双河村、黄莺村、新树村、隆兴村、群力村、复兴村
后坪苗族土家族乡	6个村：高坪村、文凤村、中岭村、白石村、双联村、白鹤村
接龙乡	3个村：小坪村、接龙村、两河村
土地乡	4个村：沿河村、小岩村、天生村、六井村
沧沟乡	5个村：关庙村、青杠村、大田村、沧沟村、大水村
石桥苗族仡佬族乡	1个社区：石桥社区 6个村：八角村、贾角村、六棱村、香龙村、天池村、大坪村
浩口苗族仡佬族乡	6个村：浩口村、何家村、三汇村、接官村、邹家村、落心村
文复苗族仡佬族乡	6个村：兴隆村、楠木村、西山村、高隆村、铜锣村、漆树村
赵家乡	2个村：新华村、香房村
白云乡	4个村：红色村、莲池村、红云村、红星村
大洞河乡	3个村：红宝村、幸福村、百胜村
庙垭乡	5个村：蒲坪村、和平村、双桥村、凤游村、云丛村
合计	4个街道、22个乡镇（184个村、30个社区）

说明：2020年8月撤销朝阳村并入青春村

【地名命名】 2020年，全区命名街道（乡镇）道路6条。

2020年武隆区道路命名情况表

表8

时间	道路名称	概况	备注
1月12日	宏能路	该路段始于道班转盘，至和顺中心校，全长611米，位于镇政府驻地，由原宏能公司厂区发展为场镇	和顺镇
	和美西路	始于道班转盘，至原和兴水泥厂门口，全长395米，位于镇政府驻地	
	和美东路	始于和顺场镇兴马路口，至道班转盘，全长2008米，位于镇政府驻地	
6月2日	锦玉路	始于建设西路，经锦江竹苑西侧穿过长滨路，止于南滨路，全长537米，宽8米，位于利丰·锦玉华庭与锦江竹苑之间	凤山街道巷口社区
	锦秀路	始于建设西路，至长滨路，道路全长124米，宽8米，位于利丰·锦绣阁与何家湾安置房之间	
10月23日	永顺路	始于长茶路路口，经长坝镇中心幼儿园，止于杨家大院，全长800米，宽13米，位于长坝镇中心幼儿园与石梁河之间	长坝镇

【历史地名保护】 12月24日，重庆市公布第一批115个历史地名保护名录，武隆区羊角、四川二路红军司令部旧址、白马山、红军渡4个地名入选。

【人口】 2020年年末，全区户籍总户数139763户，较上年末减少561户；户籍总人口409184人，较上年末减少1336人。男性213329人，女性195855人，男女性别比为108.9∶100；按城乡属性分：城镇人口121219人，乡村人口287965人，户籍城镇化率29.6%。全年户籍出生人口3223人，死亡人口3510人，人口自然增长率–0.7‰，出生男女性别比104.6∶100。全区迁入人口1729人，迁出人口2755人，净迁出人口1026人。（区公安局）

【民族宗教】 全区主要有汉族、苗族、土家族、仡佬族等13个民族，有少数民族人口17818人，主要聚居在石桥苗族土家族乡、文复苗族土家族乡、后坪苗族土家族乡、浩口苗族仡佬族乡等4个少数民族乡。4个民族乡土地面积共384.4平方千米，辖24个行政村。

全区现有佛教、天主教、基督教3大宗教，有佛教信徒68人，天主教信众89人，基督教信众61人。依法设置宗教场所3处，教职人员3人，宗教团体3个，已备案的民间信仰活动场所4个。（区委统战部）

【城市荣誉】 8月8日，武隆区获评“中国最佳国际休闲旅游目的地”“中国最佳国际康养旅游目的地”称号；10月9日，入选“第四批国家生态文明建设示范区”；10月20日，获“全国双拥模范城”称号；11月6日，获“重庆市第七届双拥模范城（县）”称号。

【特色产品】 5月20日，武隆脆桃、武隆猪腰枣入选2020年第一批全国名特优新农产品名录。全年新认证绿色食品46个，有机农产品5个。

2020年年末，全区建成国家水稻种植标准化示范区1个，建成全国有机农产品（茶叶）基地1个。全区有效期内“三品一标”农产品213个，总产量22.25万吨。其中，无公害农产品98个，产量0.82万吨；绿色食品103个，产量2.98万吨；有机农产品5个，产量720吨；农产品地理标志7个，产量18.38万吨。32个农产品获“巴味渝珍”重庆市农产品区域公用品牌授权使用。

（区农业农村委）

2020年武隆区无公害农产品情况表

表9

序号	产品名称	生产商	生产规模	核准产量（吨）
1	山羊	武隆县乐丰畜禽养殖专业合作社	1800只	72
2	山羊	重庆市泰丰畜禽养殖有限公司	1000只	40
3	普通白菜	武隆县富业蔬菜种植专业合作社	37.33公顷	90
4	茄子	武隆县富业蔬菜种植专业合作社	37.33公顷	135
5	豇豆	武隆县富业蔬菜种植专业合作社	37.33公顷	23
6	甜椒	武隆县富业蔬菜种植专业合作社	37.33公顷	105

续表 9

序号	产品名称	生产商	生产规模	核准产量（吨）
7	萝卜	武隆县富业蔬菜种植专业合作社	37.33 公顷	550
8	黄瓜	武隆县富业蔬菜种植专业合作社	37.33 公顷	75
9	结球甘蓝	武隆县富业蔬菜种植专业合作社	37.33 公顷	600
10	刀豆	武隆县富业蔬菜种植专业合作社	37.33 公顷	53
11	菜豆	武隆县富业蔬菜种植专业合作社	37.33 公顷	120
12	辣椒	武隆县富业蔬菜种植专业合作社	37.33 公顷	135
13	南瓜	武隆县富业蔬菜种植专业合作社	37.33 公顷	60
14	扁豆	武隆县富业蔬菜种植专业合作社	37.33 公顷	150
15	银鱼	重庆市武隆区弘达农业有限公司	9.6 万立方米水体	7
16	细鳞鱼	重庆市武隆区弘达农业有限公司	9.6 万立方米水体	7
17	黄颡鱼	重庆市武隆区弘达农业有限公司	9.6 万立方米水体	10
18	草鱼	重庆市武隆区弘达农业有限公司	9.6 万立方米水体	17
19	鮰	重庆市武隆区弘达农业有限公司	9.6 万立方米水体	10
20	鲢	重庆市武隆区弘达农业有限公司	9.6 万立方米水体	24
21	鲤	重庆市武隆区弘达农业有限公司	9.6 万立方米水体	12
22	鲟（淡水养殖）	重庆市武隆区弘达农业有限公司	9.6 万立方米水体	24
23	鳙	重庆市武隆区弘达农业有限公司	9.6 万立方米水体	15
24	鲫	重庆市武隆区弘达农业有限公司	9.6 万立方米水体	12
25	鲃	重庆市武隆区弘达农业有限公司	9.6 万立方米水体	12
26	甜椒	重庆市武隆区华琴种植专业合作社	13.33 公顷	42
27	结球甘蓝	重庆市武隆区华琴种植专业合作社	13.33 公顷	350
28	南瓜	重庆市武隆区华琴种植专业合作社	13.33 公顷	60
29	大白菜	重庆市武隆区华琴种植专业合作社	13.33 公顷	210
30	萝卜	重庆市武隆区华琴种植专业合作社	13.33 公顷	75
31	黄瓜	重庆市武隆区华琴种植专业合作社	13.33 公顷	75
32	茄子	重庆市武隆区科园蔬菜专业合作社	10 公顷	60
33	冬瓜	重庆市武隆区科园蔬菜专业合作社	10 公顷	450
34	辣椒	重庆市武隆区科园蔬菜专业合作社	10 公顷	90
35	食用甘薯叶	重庆市武隆区科园蔬菜专业合作社	10 公顷	90
36	南瓜	重庆市武隆区科园蔬菜专业合作社	10 公顷	150
37	黄颡鱼	重庆市武隆区曼泰农业股份合作社	20.25 万立方米水体	30
38	鲟（淡水养殖）	重庆市武隆区曼泰农业股份合作社	20.25 万立方米水体	5
39	细鳞鱼	重庆市武隆区曼泰农业股份合作社	20.25 万立方米水体	20
40	鲢	重庆市武隆区曼泰农业股份合作社	20.25 万立方米水体	20
41	鲫	重庆市武隆区曼泰农业股份合作社	20.25 万立方米水体	100

续表 9

序号	产品名称	生产商	生产规模	核准产量（吨）
42	鲤	重庆市武隆区曼泰农业股份合作社	20.25 万立方米水体	100
43	银鱼	重庆市武隆区曼泰农业股份合作社	20.25 万立方米水体	10
44	鲃	重庆市武隆区曼泰农业股份合作社	20.25 万立方米水体	10
45	蛙	重庆市武隆区曼泰农业股份合作社	20.25 万立方米水体	75
46	鳙	重庆市武隆区曼泰农业股份合作社	20.25 万立方米水体	10
47	草鱼	重庆市武隆区曼泰农业股份合作社	20.25 万立方米水体	100
48	萝卜	重庆市武隆区钱氏蔬菜种植专业合作社	10 公顷	75
49	大白菜	重庆市武隆区钱氏蔬菜种植专业合作社	10 公顷	45
50	甜椒	重庆市武隆区钱氏蔬菜种植专业合作社	10 公顷	60
51	辣椒	重庆市武隆区钱氏蔬菜种植专业合作社	10 公顷	45
52	茄子	重庆市武隆区钱氏蔬菜种植专业合作社	10 公顷	45
53	黄瓜	重庆市武隆区钱氏蔬菜种植专业合作社	10 公顷	75
54	结球甘蓝	重庆市武隆区钱氏蔬菜种植专业合作社	10 公顷	75
55	糯玉米	重庆市武隆区钱氏蔬菜种植专业合作社	10 公顷	90
56	菜豆	重庆市武隆区钱氏蔬菜种植专业合作社	10 公顷	30
57	南瓜	重庆市武隆区鳅田稻水稻种植农民专业合作社	11.67 公顷	30
58	食用甘薯叶	重庆市武隆区鳅田稻水稻种植农民专业合作社	11.67 公顷	45
59	大米	重庆市武隆区鳅田稻水稻种植农民专业合作社	11.67 公顷	40
60	玉米	重庆市武隆区鳅田稻水稻种植农民专业合作社	11.67 公顷	45
61	稻谷	重庆市武隆区鳅田稻水稻种植农民专业合作社	11.67 公顷	65
62	鮰	重庆市武隆区圣大水产养殖家庭农场	7.8 万立方米水体	6
63	鲤	重庆市武隆区圣大水产养殖家庭农场	7.8 万立方米水体	8
64	鲢	重庆市武隆区圣大水产养殖家庭农场	7.8 万立方米水体	15
65	鲃	重庆市武隆区圣大水产养殖家庭农场	7.8 万立方米水体	4.5
66	草鱼	重庆市武隆区圣大水产养殖家庭农场	7.8 万立方米水体	36
67	鲫	重庆市武隆区圣大水产养殖家庭农场	7.8 万立方米水体	10.5
68	鳙	重庆市武隆区圣大水产养殖家庭农场	7.8 万立方米水体	20
69	大米	重庆市武隆区泰芯农业发展有限责任公司	36.67 公顷	75
70	玉米	重庆市武隆区泰芯农业发展有限责任公司	36.67 公顷	390
71	茄子	重庆市武隆区泰芯农业发展有限责任公司	36.67 公顷	45
72	甘薯	重庆市武隆区泰芯农业发展有限责任公司	36.67 公顷	30
73	扁豆	重庆市武隆区泰芯农业发展有限责任公司	36.67 公顷	30
74	南瓜	重庆市武隆区泰芯农业发展有限责任公司	36.67 公顷	30
75	食用甘薯叶	重庆市武隆区泰芯农业发展有限责任公司	36.67 公顷	45
76	丝瓜	重庆市武隆区泰芯农业发展有限责任公司	36.67 公顷	60

续表 9

序号	产品名称	生产商	生产规模	核准产量（吨）
77	番茄	重庆市武隆区泰芯农业发展有限责任公司	36.67 公顷	75
78	稻谷	重庆市武隆区泰芯农业发展有限责任公司	36.67 公顷	125
79	鲫	重庆市武隆区坨湾淡水鱼养殖专业合作社	6 万立方米水体	50
80	草鱼	重庆市武隆区坨湾淡水鱼养殖专业合作社	6 万立方米水体	145
81	鲤	重庆市武隆区坨湾淡水鱼养殖专业合作社	6 万立方米水体	50
82	南瓜	重庆市武隆区洋蓟蔬菜专业合作社	20 公顷	45
83	冬瓜	重庆市武隆区洋蓟蔬菜专业合作社	20 公顷	75
84	黄瓜	重庆市武隆区洋蓟蔬菜专业合作社	20 公顷	90
85	大白菜	重庆市武隆区洋蓟蔬菜专业合作社	20 公顷	60
86	辣椒	重庆市武隆区洋蓟蔬菜专业合作社	20 公顷	45
87	结球甘蓝	重庆市武隆区洋蓟蔬菜专业合作社	20 公顷	1000
88	番茄	重庆市武隆区洋蓟蔬菜专业合作社	20 公顷	75
89	鲜食玉米	重庆濛泓润沣农业科技发展有限公司	10 公顷	45
90	南瓜	重庆濛泓润沣农业科技发展有限公司	10 公顷	30
91	食用甘薯叶	重庆濛泓润沣农业科技发展有限公司	10 公顷	20
92	辣椒	重庆濛泓润沣农业科技发展有限公司	10 公顷	20
93	甘薯	重庆濛泓润沣农业科技发展有限公司	10 公顷	30
94	结球甘蓝	重庆濛泓润沣农业科技发展有限公司	10 公顷	60
95	菜豆	重庆濛泓润沣农业科技发展有限公司	10 公顷	15
96	茄子	重庆濛泓润沣农业科技发展有限公司	10 公顷	20
97	大白菜	重庆濛泓润沣农业科技发展有限公司	10 公顷	60
98	羊肚菌	重庆濛泓润沣农业科技发展有限公司	10 公顷	15
合计				8210

2020 年武隆区绿色食品情况表

表 10

序号	产品名称	商标名称	生产商	核准产量（吨）
1	萝卜	半边粮	重庆市渝蔬农业发展有限公司	2000
2	大白菜	半边粮	重庆市渝蔬农业发展有限公司	2000
3	茄子	半边粮	重庆市渝蔬农业发展有限公司	400
4	甘蓝	半边粮	重庆市渝蔬农业发展有限公司	2000
5	西红柿	半边粮	重庆市渝蔬农业发展有限公司	2500
6	辣椒	半边粮	重庆市渝蔬农业发展有限公司	1000
7	仙女脆桃	申建仙女	武隆县忠容水果种植股份合作社	1000
8	杨梅	无	武隆县芙缘股份专业合作社	1000
9	马铃薯	无	武隆县芙缘股份专业合作社	800

续表 10

序号	产品名称	商标名称	生产商	核准产量（吨）
10	高山李	蕾蕾寻梦园	重庆寻梦园花果种植专业合作社	20
11	仙女蓝莓	蕾蕾寻梦园	重庆寻梦园花果种植专业合作社	10
12	翠冠梨	无	重庆市飞博农业开发有限公司	70
13	皮球桃	无	重庆市飞博农业开发有限公司	74
14	猪腰枣	无	重庆市飞博农业开发有限公司	286
15	天生脆桃	无	重庆市武隆区兰民农业发展有限责任公司	30
16	番茄	渝禾康	重庆市吉园农业有限公司	350
17	甘蓝	渝禾康	重庆市吉园农业有限公司	400
18	黄瓜	渝禾康	重庆市吉园农业有限公司	350
19	豇豆	渝禾康	重庆市吉园农业有限公司	250
20	辣椒	渝禾康	重庆市吉园农业有限公司	250
21	萝卜苗	渝禾康	重庆市吉园农业有限公司	50
22	南瓜	渝禾康	重庆市吉园农业有限公司	300
23	茄子	渝禾康	重庆市吉园农业有限公司	200
24	四季豆	渝禾康	重庆市吉园农业有限公司	200
25	小白菜	渝禾康	重庆市吉园农业有限公司	20
26	川猕猕猴桃	钲捷	重庆市钲捷农业发展有限公司	80
27	东红猕猴桃	钲捷	重庆市钲捷农业发展有限公司	110
28	红阳猕猴桃	钲捷	重庆市钲捷农业发展有限公司	210
29	杨叉苓草莓	无	重庆市武隆区杨叉苓草莓种植家庭农场	20
30	研冠雨水红葡萄	无	重庆市研冠农业发展有限公司	40
31	研冠寒香蜜葡萄	无	重庆市研冠农业发展有限公司	40
32	研冠巨玫瑰葡萄	无	重庆市研冠农业发展有限公司	40
33	研冠红富士葡萄	无	重庆市研冠农业发展有限公司	75
34	研冠夏黑葡萄	无	重庆市研冠农业发展有限公司	40
35	研冠巨王李	无	重庆市研冠农业发展有限公司	40
36	山东白（大白菜）	无	重庆卿扬农业发展有限公司	345
37	莲花白	无	重庆卿扬农业发展有限公司	84
38	竹筒白	无	重庆卿扬农业发展有限公司	140
39	大果虎皮椒	无	重庆卿扬农业发展有限公司	220
40	尖椒	无	重庆卿扬农业发展有限公司	250
41	泰国架豆（四季豆）	无	重庆卿扬农业发展有限公司	125
42	紫架豆（四季豆）	无	重庆卿扬农业发展有限公司	240
43	茄子	无	重庆卿扬农业发展有限公司	100
44	黄瓜	无	重庆卿扬农业发展有限公司	180
45	芹菜	无	重庆卿扬农业发展有限公司	400
46	红萝卜	无	重庆卿扬农业发展有限公司	160
47	圆萝卜	无	重庆卿扬农业发展有限公司	525

续表 10

序号	产品名称	商标名称	生产商	核准产量（吨）
48	长萝卜	无	重庆卿扬农业发展有限公司	550
49	高山刺葡萄	梓归＋字母＋图形	重庆市武隆区梓归农业开发有限公司	200
50	缤荷蜂糖李	无	重庆市武隆区森合农业开发有限公司	500
51	武隆猪腰枣	静臻＋图形	重庆市武隆区枣典水果种植股份合作社	100
52	甘蓝	无	重庆市武隆区名耀农业发展有限公司	800
53	大白菜	无	重庆市武隆区名耀农业发展有限公司	600
54	萝卜	无	重庆市武隆区名耀农业发展有限公司	2000
55	油麦菜	无	重庆市武隆区名耀农业发展有限公司	200
56	尚春堂黄氏香脆桃	无	重庆市武隆区博垅农业发展有限公司	45
57	尚春堂黄氏脆红李	无	重庆市武隆区博垅农业发展有限公司	24
58	甘蓝	无	重庆武隆兴坤农业发展有限公司	500
59	豇豆	无	重庆武隆兴坤农业发展有限公司	600
60	辣椒	无	重庆武隆兴坤农业发展有限公司	400
61	兰花香（红茶）	地缝玉露＋图形	武隆县洪山茶叶专业合作社	0.75
62	毛峰（绿茶）	地缝玉露＋图形	武隆县洪山茶叶专业合作社	2.4
63	乌琀翠	地缝玉露＋图形	武隆县洪山茶叶专业合作社	2.5
64	碧潭飘雪（绿茶）	地缝玉露＋图形	武隆县洪山茶叶专业合作社	2.4
65	工夫茶（红茶）	地缝玉露＋图形	武隆县洪山茶叶专业合作社	0.8
66	龙延香（绿茶）	地缝玉露＋图形	武隆县洪山茶叶专业合作社	3
67	黄芽（红茶）	地缝玉露＋图形	武隆县洪山茶叶专业合作社	0.85
68	清茶（绿茶）	地缝玉露＋图形	武隆县洪山茶叶专业合作社	3
69	庙垭脆李		重庆市金誉生态农业发展有限公司	270
70	鳅田稻（米）	凤来谷	重庆亿拓生态农业发展有限公司	600
71	汉平金冠梨	森铠＋拼音＋图形	重庆市森铠农业发展有限公司	400
72	布兰瑞克无花果	朱晓萍	重庆豪曼农业发展有限公司	52.5
73	美国桂丝红无花果	朱晓萍	重庆豪曼农业发展有限公司	60
74	中兴蜜心无花果	朱晓萍	重庆豪曼农业发展有限公司	67.5
75	中兴沃柑	朱晓萍	重庆豪曼农业发展有限公司	90
76	庙垭花椒	无	重庆市明锦花椒种植专业合作社	40
77	脆红李	无	重庆市武隆区庆玥农业发展有限公司	180
78	翠冠梨	无	重庆市武隆区庆玥农业发展有限公司	120
79	翡翠梨	无	重庆市武隆区大巷口农产品专业合作社	354
80	盖坪山苏翠梨	无	重庆市武隆区成懿水果专业合作社	37.5
81	盖坪山超早王梨	无	重庆市武隆区成懿水果专业合作社	30
82	盖坪山圆黄梨	无	重庆市武隆区成懿水果专业合作社	36
83	盖坪山五星枇杷	无	重庆市武隆区成懿水果专业合作社	15
84	盖坪山初夏绿梨	无	重庆市武隆区成懿水果专业合作社	37.5

续表 10

序号	产品名称	商标名称	生产商	核准产量（吨）
85	盖坪山巨王李	无	重庆市武隆区成懿水果专业合作社	37.5
86	雷竹笋	无	重庆市武隆区北桥农业开发有限公司	500
87	凤凰脆桃	琼瑾（文字）	重庆市武隆区琼科水果种植专业合作社	80
88	凤凰小红桃	琼瑾（文字）	重庆市武隆区琼科水果种植专业合作社	45
89	凤凰水蜜桃	琼瑾（文字）	重庆市武隆区琼科水果种植专业合作社	53
90	大五星枇杷	无	重庆雅馨现代农业开发有限公司	40
91	加州早甜桃	无	重庆雅馨现代农业开发有限公司	40
92	红妃樱桃	无	重庆雅馨现代农业开发有限公司	10
93	青脆李	无	重庆雅馨现代农业开发有限公司	30
94	白肉枇杷	无	重庆雅馨现代农业开发有限公司	30
95	黄富梨	桃钰莹	重庆市武隆区翠華水果种植场	80
96	异花脆桃	桃钰莹	重庆市武隆区翠華水果种植场	90
97	翠冠梨	桃钰莹	重庆市武隆区翠華水果种植场	96
98	钰莹甜蜜桃	桃钰莹	重庆市武隆区翠華水果种植场	135
99	翠绿李	桃钰莹	重庆市武隆区翠華水果种植场	104
100	武涪辣椒	无	武隆区兵俊家庭农场	250
101	老鹰茶	鹏芝琳＋拼音＋图形	重庆鹏芝琳茶叶有限公司	2.85
102	庙垭脆桃 1 号	无	重庆市武隆县凤凰寨生态农业开发有限公司	60
103	庙垭脆桃 2 号	无	重庆市武隆县凤凰寨生态农业开发有限公司	200

2020 年武隆区有机农产品情况表

表 11

序号	生产企业名称	产品名称	有机产品认证类别	产量（吨）	认证机构
1	重庆市茗臻农业有限公司	绿茶	加工	12	北京中绿华夏有机食品认证中心
2	重庆市茗臻农业有限公司	红茶	加工	5	北京中绿华夏有机食品认证中心
3	重庆市茗臻农业有限公司	茶	生产（植物生产）	102	北京中绿华夏有机食品认证中心
4	重庆茶游农业开有限公司	茶	生产（植物生产）	600	北京中绿华夏有机食品认证中心
5	重庆茶游农业开有限公司	绿茶	加工	120	北京中绿华夏有机食品认证中心
合计				839	

2020 年武隆区农产品地理标志情况表

表 12

序号	产品名称	申请人	生产规模	发证机关
1	白马蜂蜜	武隆县蜜园蜂蜜专业合作社	60 吨 / 年	农业部
2	武隆高山甘蓝	重庆市武隆县蔬菜产业发展办公室	700 公顷，40000 吨 / 年	农业部
3	武隆高山辣椒	重庆市武隆县蔬菜产业发展办公室	800 公顷，25000 吨 / 年	农业部

续表 12

序号	产品名称	申请人	生产规模	发证机关
4	武隆高山白菜	重庆市武隆县蔬菜产业发展办公室	700 公顷，40000 吨 / 年	农业部
5	武隆高山萝卜	重庆市武隆县蔬菜产业发展办公室	800 公顷，60000 吨 / 年	农业部
6	武隆猪腰枣	武隆县林木种苗管理站	1100 公顷，700 吨 / 年	农业部
7	武隆高山马铃薯	重庆市武隆县蔬菜产业发展办公室	800 公顷，18000 吨 / 年	农业部
合计			183760 吨	

2020 年武隆区“巴味渝珍”授权使用情况表

表 13

序号	公司名称	商品名称
1	重庆寻梦园花果种植专业合作社	仙女蓝莓
2	重庆市武隆区梓归农业开发有限公司	高山刺葡萄
3	重庆市吉园农业有限公司	番茄
4	重庆市吉园农业有限公司	茄子
5	重庆市吉园农业有限公司	辣椒
6	重庆卿扬农业发展有限公司	圆萝卜
7	重庆卿扬农业发展有限公司	大果虎皮椒
8	重庆卿扬农业发展有限公司	大白菜
9	重庆卿扬农业发展有限公司	尖椒
10	重庆卿扬农业发展有限公司	泰国架豆
11	重庆卿扬农业发展有限公司	竹筒白
12	重庆卿扬农业发展有限公司	紫架豆
13	重庆卿扬农业发展有限公司	红萝卜
14	重庆卿扬农业发展有限公司	芹菜
15	重庆卿扬农业发展有限公司	茄子
16	重庆卿扬农业发展有限公司	莲花白
17	重庆卿扬农业发展有限公司	长萝卜
18	重庆卿扬农业发展有限公司	黄瓜
19	重庆市武隆县羊角豆制品有限公司	柴叶香干
20	重庆市武隆县羊角豆制品有限公司	精装老豆干
21	重庆市武隆县羊角豆制品有限公司	香菇豆干
22	重庆市武隆区忠容水果种植股份合作社	仙女脆桃
23	武隆区石磨苕粉厂	正宗武隆薯粉
24	重庆鹏芝琳茶业有限公司	老鹰茶
25	重庆市金誉生态农业发展有限公司	庙垭脆李
26	重庆市武隆区琼科水果种植专业合作社	凤凰脆桃
27	重庆市研冠农业发展有限公司	研冠雨水红葡萄
28	重庆市研冠农业发展有限公司	研冠寒香蜜葡萄
29	重庆市研冠农业发展有限公司	研冠巨玫瑰葡萄

续表 13

序号	公司名称	商品名称
30	重庆市研冠农业发展有限公司	研冠红富士葡萄
31	重庆市研冠农业发展有限公司	研冠夏黑葡萄
32	重庆市研冠农业发展有限公司	研冠巨王李

【全国名特优新农产品名录入选 2 个】 5 月 20 日，农业农村部农产品质量安全中心公布 2020 年第一批全国名特优新农产品名录，武隆猪腰枣、武隆脆桃入选，并核发全国名特优新农产品证书。

武隆猪腰枣 全国名特优新农产品（证书编号 CAQS-MTYX-20200122，有效期至 2021 年 5 月 19 日）。品种为猪腰枣；果实圆柱形，果肩稍宽，果实中部微凹陷；色泽黄绿色，红色；果实完整端正，皮薄肉厚，可滴定酸含量低，可溶性固形物和可溶性糖含量均高于同类产品，果香味浓郁，果肉脆甜；蛋白质含量高；8 月至 9 月收获，主要产于羊角街道庙岭村、永隆村等地；主要生产经营单位为重庆市武隆区枣典水果种植股份合作社、重庆武隆区尚枣家庭农场、重庆市飞博农业开发有限公司；生产规模 1333.33 公顷，年产量 0.5 万吨。

8 月 29 日，武隆猪腰枣　　代君君 摄

武隆脆桃 全国名特优新农产品（证书编号 CAQS-MTYX-20200123，有效期至 2021 年 5 月 19 日）。品种为仙女脆桃 1 号，平均单果重 300 ~ 400 克，最大 750 克；果形近球形，果顶稍平，果面密布绒毛；果皮红色，色泽艳丽，着色面积 70% 以上，较均匀；果肉风味十足，脆甜无酸，果汁丰富，果香味浓郁，口感极佳；可溶性糖和可溶性固形物含量高，可滴定酸含量却极低；微量元素钙和铁含量均高，其中钙含量高于同类产品；具有一大、二红、三脆、四甜、五离核、六丰产、挂树期长 30 日和采后 10 日不软等八大特点。7 月至 9 月收获，主要产于火炉镇筏子村、万峰村、云峰村等地；主要生产经营单位为重庆市武隆区忠容水果种植股份合作社、重庆市武隆区兰民农业发展有限责任公司；生产规模 1200 公顷，年产量 1.5 万吨。

6 月 3 日，武隆脆桃　　蒋颖 摄

【武隆高山番茄】 武隆高山番茄主要产于双河镇，其外形圆滑、美观，呈红色球形，扁球形，有蒂，蒂周围有绿色，捏软，色泽鲜艳，籽粒土黄色，肉质红色、沙瓤、肉厚汁多，甜酸可口；含有维生素 C、番茄素，可当水果生食，生津止渴，也可当蔬菜炒煮、烧汤佐餐，还可制成西红柿酱，甜酸可口，作为菜肴的调料。2018 年，武隆高山番茄获重庆市名牌农产品称号。2020 年，种植面积 233.33 公顷，累计种植面积 483.33 公顷，年产量 7950 吨。

【武隆苕粉】 武隆苕粉用当地核心产区的仙女红武隆红宝石红薯，经过 3 沉 3 淀，16 道工艺手工制作而成。始创于 1593 年；1992 年，整合羊角及土坎各大作坊加工厂，成立武隆羊角晶丝苕粉厂，被命名为“县苕粉厂”；整合武隆苕粉品牌，统一命名为“石磨”武隆苕粉，在全国范围内推广。2018 年，“县苕粉厂”恢复“武隆区石磨苕粉厂”字号；2019 年，“重庆市武隆苕粉（集团）股份有限公司”成立；先后获“中国名菜”“中国名小吃”“中国农洽会金质产品奖”“重庆十大年货”“重庆市非物质文化遗产代表性项目”等称号。2020 年 1 月，武隆区石磨苕粉厂入选第三届重庆农产品加工业百强示范户，“石磨武隆苕粉”获第十九届中国西部（重庆）国际农产品交易会“最受市场欢迎农产品”“渝东南十大网红美食”称号；8 月，获第四届全国优质农产品博览会优质奖。

【武隆土酒】 武隆土酒采用古法酿制工艺，以本地产高粱为主要原材料，经山泉水浸泡清洗后经初蒸、摊晾、和曲、糖化发酵 12 个小时后入窖池，在窖池内经过 7 天发酵，加配糟复蒸出酒，经过掐头去尾，留下中段酒体置陶缸中保存于本地的喀斯特地貌溶洞中，酒体自然老熟。土酒清香纯正、无色透明，带有糟香和原料香气、口味醇和回甜；洞藏年份在 6 年以上者陈香味突出。2020 年，全区土酒生产约 1 万吨，产值约 3.5 亿元。

【武隆青茶】　武隆青茶产自后坪苗族土家族乡，其生长环境常年雨量充沛、云雾多，从而使得茶叶产品形成“三青”特点：其型，青绿饱满、条索紧曲；其汤，冷茶清香、热茶馥郁；其底，青绿柔软明亮；现有武隆青茶种植基地 666.67 公顷，平均海拔在 1000 米以上，所产茶叶通过国家 SC 认证，是中国农业科学院茶叶研究所高山有机茶的重要技术示范基地之一。9 月 27 日，武隆青茶获重庆市第十三届“三峡杯”名优茶评比绿茶金奖。

【武隆老鹰茶】　又称老荫茶，乔木，树干直立，木质细密，叶片肥厚，鲜嫩叶呈红色或粉红色，9 月开花，11 月结果，主要生长在辖区海拔 500 米以上区域，保护面积 800 公顷，年产量 1600 吨。据统计，全县有树高 10 米、树径大于 75 厘米的老鹰茶树（树龄 100 年以上）近 1000 棵，主要分布在巷口镇、白马镇、火炉镇、长坝镇、桐梓镇、和顺镇、双河镇、黄莺乡、沧沟乡、文复苗族土家族乡、土地乡、白云乡、后坪苗族土家族乡、浩口苗族仡佬族乡、接龙乡、赵家乡等 16 个乡镇 48 个行政村。该茶在每年清明节前后采摘其鲜嫩叶和茎，采用传统工艺制作，茶叶呈条索状、芳香，熬煮后其汤褐红、滋味醇厚、隔夜不坏。本地人常以熬煮的老鹰茶汤泡饭、吃火锅降油解辣、夏天清热解暑。

【仙女红茶】　仙女红茶生长在白马山天尺情缘景区“T”字形小气候区域中，该区域海拔 1300 米，云雾缭绕，空气清新，土地肥沃，昼夜温差较大，地势高峻，高岗锁雾，呈现雨天满山云、晴天遍地雾的特殊小气候。山势陡立于乌江边之上，近乎垂直，乌江温暖水汽直冲崖顶，热度不减，与崖顶的冷流交替拍打叶片，频繁骤变的温差使得茶叶内质物更为丰富，呈现出独特的香气。茶园面积 333.33 公顷。产出茶叶鲜嫩甜香、醇厚干爽，汤色红艳、回味绵长。4 月 30 日，重庆市赤茗农业有限公司在“巴味渝珍”杯重庆市第三届斗茶大赛（决赛）中，获“重庆市优秀融合发展茶叶企业”。9 月 8 日，仙女红茶获 2020“重庆好礼”旅游商品（文创产品）大赛铜奖。9 月 17 日，仙女红茶入选“2020 重庆外事礼品”名单。9 月 27 日，仙女红茶在重庆市第十三届“三峡杯”名优茶评比活动中获金奖。

【“渝相思”红茶】　产于后坪苗族土家族乡的高山有机茶园，其生长环境常年雨量充沛、春冬季节云雾多，夏秋季节光照充足，昼夜温差大，从而使茶叶形成独特品质：其味，前调果香、中调花香、尾调甜香；其汤，红润明亮。生产企业为重庆市茗臻农业有限公司，所产“渝相思”红茶通过国家 SC 认证，是中国农业科学院茶叶研究所高山有机茶的重要技术示范基地之一。9 月 27 日，“渝相思”获重庆市第十三届“三峡杯”名优茶评比红茶金奖。

【蜀桐·武隆高山茶获重庆市第五届“十大名茶”称号】　9 月 27 日，重庆市第十三届“三峡杯”名优茶评比暨重庆市第五届“十大名茶”评选结果公布；蜀桐·武隆高山茶获名优绿茶金奖、重庆市第五届“十大名茶”称号。

历史与文化

【历史建筑 15 处】　2020 年年末，全区共有重庆市历史建筑 15 处，分别是居住建筑 8 处（桐梓镇解放街吴家大院、浩口乡黄家坪古村落、土地乡天生四合院、沙子沱煤矿宿舍楼、浩口苗族仡佬族乡邹家村出水塘屋基、鸭江镇颜家大院、王氏大院、红岩子大院），军事防御设施 1 处（平桥镇土碉楼），公共服务建筑 2 处（沙子沱煤矿办公楼、沙子沱煤矿大礼堂），工业仓储建筑 1 处（沙子沱煤矿仓库），市政水利设施 2 处（长坝镇长千子渡槽、原巷口镇黄泥凼渡槽），其他建筑 1 处（接龙乡唐八王旧址朝门）。

延伸阅读

重庆历史建筑　优秀历史建筑是文化遗产的重要组成部分，是城乡历史文化传承的重要物质见证。重庆市“历史文化街区划定和历史建筑确定”工作自 2016 年年初启动，在全市范围内开展重庆市历史建筑的普查、评定工作，先后形成重庆市第一批历史建筑名录 176 处（武隆区 2 处）、重庆市第二批历史建筑名录 81 处（武隆区 9 处）、第三批历史建筑名录 130 处（武隆区 1 处）、第四批历史建筑名录 132 处（武隆区 3 处），并分别于 2016 年 11 月、2018 年 12 月、2019 年 9 月、2020 年 9 月获市政府批准公布。

【重庆市第四批历史建筑入选 3 处】　9 月 4 日，重庆市第四批历史文化建筑经市人民政府同意公布，武隆区鸭江镇颜家大院、王氏大院、红岩子大院入选，按照《重庆市历史文化名城名镇名村保护条例》予以保护。

鸭江镇颜家大院，位于鸭江镇羊岩村丁家湾组，为居住建筑类型。王氏大院，位于仙女街道庙树村庙树坝组，为居住建筑类型。红岩子大院，位于黄莺乡群力村红岩组，为居住建筑类型。

【传统村落 5 个】　2020 年年末，全区入选中国传统村落 5 个，分别为后坪苗族土家族乡文凤村天池坝组、沧沟乡大田村大田组、浩口苗族仡佬族乡浩口村田家寨、平桥镇红隆村、文复苗族土家族乡铜锣村冉家湾。

后坪苗族土家族乡文凤村天池坝组　天池坝苗寨为民

俗文化村寨，建造于清代晚期，现状民俗建筑古色古香，建筑形式为井干式吊脚楼为主，建筑结构为两三层穿斗式木质结构、斜面小青瓦飞檐屋面，工艺精细，建筑质量较好，建筑色彩以橙黄色为主，整体风格较为统一，具有浓厚的少数民族民俗文化特色，具有重要的保护价值和意义；村寨建筑群共12000平方米，保存完好。2014年11月入选第三批中国传统村落名录，被评为市级景观名村，按AAAA级旅游景区规划打造；2019年7月入选“2019年重庆十大最美乡村”；9月17日，正式开寨。

沧沟乡大田村大田组　2014年11月入选第三批中国传统村落名录；始建于清朝，位于沧沟乡辖区大田村，与彭水苗族土家族自治县隔河相望，古村落区域内现有农户10余户。村落以组团形式布局，分东西两组团和一个中心，木构建筑和农田构成。建筑风貌以木结构建筑为主，有黄又陶举人四合院、精明牌匾等；建筑保存相对完整。

浩口苗族仡佬族乡浩口村田家寨　2014年11月入选第三批中国传统村落名录；位于浩口村浩口村民小组，武务路从山寨旁经过，距离乡政府所在地3千米；该寨地势平坦，四面环山，森林茂密，并有竹林点缀其间，形成独具仡佬民族特色的吊脚楼。2017年被国家民委命名为“第二批中国少数民族特色村寨”。2020年开寨。

平桥镇红隆村　2016年入选第四批中国传统村落名录。紧邻平桥场镇，村落靠山面水，建筑由于血缘关系以及防御等原因形成以合院、小聚落组合为主散点分布；由“三坪，三寨，五庙，十八门”组成，其村落整体传统民居以土、木、石结构为主，现留存下来的古寨门18处：陡梁子寨门、五马石寨门、老鹰岩寨门、田坝寨门等。古遗址6处：袁家老院、节孝牌坊等。碉楼遗址2处：下大屋基碉楼、田湾碉楼。碉楼有四层，高12米，占地100多平方米。寨门建筑以石材为骨架，单个寨门宽约5米，高约20米。传统建筑多呈合院式分布，院落依地势成台分布，以方石台阶相连，主楼坐南朝北，厢房东西分布，东、西、北三面均设出口，形成围而不闭的院落空间，是有别于北方四合院落以及西部以血缘关系组合的院落。传统乡土合院建筑多为2层，建筑高约8米，进深7米，院落长宽约30～40米，院落中心点仰视视角约25度，其外形规整，暗合风水；空间别致，尺度宜人。红隆村传统建筑墙面多为石砌、夯土，院坝则以方石铺砌，屋顶为青瓦，部分小院有沟水缓缓而过，形成以石墙、青瓦、院落、流水、碉楼为特点的红隆村地方建筑文化。

文复苗族土家族乡铜锣村冉家湾　2019年6月6日，入选第五批中国传统村落名录；村庄内的江畔九院田临崖古苗寨极具特色，含有多处清代古宅，以及苗族山歌、薅秧山歌、传统草编工艺等多个县级非遗代表性项目。

延伸阅读

中国传统村落　传统村落是指拥有物质形态和非物质形态文化遗产，具有较高的历史、文化、科学、艺术、社会、经济价值的村落，是农耕文明不可再生的文化遗产。2012年12月、2013年8月、2014年11月、2016年12月、2019年6月，住房城乡建设部、文化部、财政部先后公布中国第一批传统村落名录646个、第二批列入中国传统村落名录915个、第三批列入中国传统村落名录994个（武隆区3个）、第四批中国传统村落名录1598个（武隆区1个）、第五批中国传统村落名录2666个（武隆区1个）。

（区住房城乡建委）

【非物质文化遗产】　截至2020年，全区市级非遗项目26项，市级非遗传承人17人，区级非遗项目161项，区级非遗传承人280人。建成市级非遗传承教育基地5个（印象武隆公司、浩口中心校、后坪中心校、石桥中心校、巷口镇青吉小学）、市级非遗生产性保护示范基地3个（武隆县蜜园蜂蜜专业合作社、重庆市蓝群食品有限公司、羊角豆制品有限公司）、市级非遗扶贫就业工坊2个（武隆区后坪乡天池苗寨谢氏烧烤非遗扶贫工坊、武隆区浩口乡仡佬族蜡染非遗扶贫就业工坊）、市级非遗传习所3个（重庆市武隆区文化馆、重庆市武隆区浩口苗族土家族中心小学校、重庆市武隆区后坪苗族土家族乡文旅中心）。完成浩口仡佬族蜡染非遗传习所、后坪木器非遗传习所、谢氏烧烤非遗扶贫工坊建设，申报重庆市非物质文化遗产传习所3个，平桥薅秧号子列入重庆市第五批国家级非遗代表性项目申报名单，公布第四批区级非遗代表性传承人名录，武隆区非物质文化遗产展厅实行对外免费开放。

全年完成第六批市级非物质文化遗产代表性项目传承人24人的申报工作；非遗数据库实现75%系统录入；非遗干部张国理论文章《珍视非遗的“小美”》发表在《中国文化报》1月9日第八版“文化遗产”专栏。

【非物质文化遗产宣传展示】　2020年，组织武隆区川江号子非遗项目再次赴京参加《经典咏流传》节目；选送节目《木叶声声》参加重庆卫视《我爱上春晚》节目录制；完成“《中国符号》系列微纪录片摄制组走进武隆”非遗项目专题拍摄。组织武隆老鹰茶、武隆洞藏酒、羊角豆干和武隆糖画等非遗项目参加第三届重庆非物质文化遗产“嘉年华”暨鲁渝非遗扶贫成果展；举办2020武隆区文化和自然遗产日暨非遗宣传展示活动；武隆非遗文创产品在“2020中国·重庆（武隆）绿色发展实践国际论坛”文旅融合展位进行展示；参加在济南国际时尚创意中心举行的“第六届中国非物质文化遗产博览会”，其中浩口仡佬族蜡染非遗扶贫工坊的蜡染作品在鲁渝扶贫展示专区展示。非遗传承人为抗击疫情工作创作3个作品，为武汉捐赠6吨苕粉、捐款2300余元。

【非物质文化遗产培训】 2020年，对建档立卡贫困户进行非遗扶贫培训。10月30日—11月8日完成鲁渝共建2020年重庆市武隆区非遗扶贫“谢氏烧烤”培训班，培训建档立卡贫困户10人，培训结业后，其中5名学员签订就业合同，在“谢氏烧烤”总店和分店就业；鲁渝共建武隆仡佬族蜡染非遗扶贫工坊及蜡染技能培训，第一期于7月13日在浩口中心小学开班，第二期于7月20日开班，第一期结业时间7月27日，第二期结业时间8月4日，第一期培训学员28人，其中贫困人口21人，享受低保留守妇女7人，第二期培训学员30人，其中贫困人口23人，享受低保留守妇女7人，学员来自22个乡镇街道，以建卡立档贫困户职教中心贫困家庭毕业生为主，该次培训的学员完成蜡染作品8个种类，123件，长期固定在工坊就业学员5人，居家计件回收就业学员6人，其中7人为贫困户，4人为当地留守妇女。加强非遗保护中心工作人员的培训和学习。文化馆干部参加中国文物报社、国家文物局文博人才培训基地主办的“博物馆陈列设计与展览项目高级研修班”（网络培训）、2020年重庆市基层文化专干（渝鲁扶贫）培训班和非遗助推扶贫攻坚人才智库建设高级研修班等，通过线上和线下的培训学习增强业务能力。引导非遗代表性传承人参加文化云非遗工作培训。10月至12月开展线编、棕编、篆刻、成人书法等非遗项目培训班，共培训50余人次。

【《中国符号》纪录片拍摄非遗】 5月21—24日，由中共武隆区委宣传部牵头，区文化馆、区非遗保护中心具体组织、实施、执行的《中国符号》系列微纪录片完成拍摄。5月22日，摄制组首先到浩口乡邹家村拍摄仡佬族祭树习俗；23日又分别在浩口乡中心小学，浩口田家寨民俗文化村落，以市级非遗项目仡佬族蜡染、仡佬族篾鸡蛋为主线，对其进行现场制作过程拍摄和打篾鸡蛋过程航拍。此外，该次拍摄还选取木叶吹奏、乌江船工号子等非遗传统音乐，以及天生三桥、仙女山大草原、珠子溪、芙蓉江大桥等自然景观景点，对全区非物质文化遗产进行集中展示。

5月22日，《中国符号》摄制组在浩口乡邹家村拍摄祭树习俗
区文化馆　供图

延伸阅读

《中国符号》系列微纪录片是经中宣部（国务院新闻办）立项、五洲传播中心出品的国家级重点文化项目，通过制作符合新媒体传播特性、符合海内外受众观看习惯的中国题材视频短片，面向全球介绍中国文化和当代中国基本情况。截至年底，受众已覆盖223个国家和地区，成为全球观众解五千年中国文化的重要窗口。

【重庆市非遗传习所入选3个】 5月25日，区文化馆（仙女山耍锣鼓）、浩口苗族土家族中心小学校（浩口仡佬族蜡染传统制作技艺）、后坪苗族土家族乡文旅中心（后坪木器制作工艺）入选重庆市非物质文化遗产传习所名单（第一批）。

（区文化旅游委）

2020年武隆区市级非物质文化遗产代表性项目情况表

表14

批次	编号	项目	类别	备注
第一批	Ⅷ-15	纸竹工艺	传统手工技艺	武隆
第三批	Ⅱ-50	后坪山歌	传统音乐	后坪乡
	Ⅱ-51	鸭平吹打	传统音乐	鸭江镇
	Ⅱ-52	仙女山耍锣鼓	传统音乐	仙女山镇
	Ⅷ-76	羊角豆腐干传统制作技艺	传统技艺	羊角镇
第四批	Ⅲ-37	平桥耍龙	传统音乐	平桥镇
	Ⅷ-115	后坪木器制作工艺	传统技艺	后坪乡
	Ⅷ-116	羊角老醋传统制作技艺	传统技艺	羊角镇
第五批	Ⅱ-90	石桥木叶吹奏	传统音乐	石桥乡

续表 14

批次	编号	项目	类别	备注
第五批	Ⅱ -91	平桥薅秧号子	传统音乐	平桥镇
	Ⅷ -149	火炉药膳羊肉传统制作技艺	传统技艺	火炉镇
	Ⅷ -150	白马天然蜂蜜传统酿制技艺	传统技艺	白马镇
	Ⅷ -148	鸭江老咸菜制作工艺	传统技艺	鸭江镇
	Ⅹ -41	凤来大石箐香会	民俗	凤来乡
第六批	Ⅰ -27	武隆民间故事	民间文学	武隆区
	Ⅱ -98	乌江船工号子	传统音乐	羊角镇
	Ⅶ -47	青吉棕编	传统美术	巷口镇
	Ⅵ -33	浩口仡佬族篾鸡蛋传统体育竞技	传统体育	浩口乡
	Ⅷ -188	武隆碗碗羊肉	传统技艺	羊角镇
	Ⅷ -229	巷口藤编	传统技艺	巷口镇
	Ⅷ -260	浩口仡佬族蜡染传统制作技艺	传统技艺	浩口乡
	Ⅷ -267	武隆白酒传统酿造技艺（武隆洞藏酒＋赵家花酒）	传统技艺	武隆
	Ⅷ -268	武隆老鹰茶传统制作技艺	传统技艺	浩口乡
	Ⅷ -330	土坎苕粉传统制作工艺	传统技艺	土坎镇
	Ⅹ -48	寺院坪香会	民俗	和顺镇
	Ⅹ -49	羊角黄氏家训	民俗	羊角镇

2020 年武隆区第四批区级非物质文化遗产项目代表性传承人情况表

表 15

序号	项目名称	所在区域	代表性传承人			
			姓名	性别	民族	年龄（岁）
1	武隆民间传说		杨友仁	男	汉	77
2	石龙根雕		刘建忠	男	汉	52
3	青吉棕编		石少兰	女	汉	47
4			陈昌禄	男	汉	56
5	武隆碗碗羊肉传统制作技艺		黄永红	女	汉	53
6			周劲松	男	汉	51
7	武隆老鹰茶传统制作技艺		黄寿能	男	汉	52
8	武隆仙女村洞藏酒传统酿造技艺		黄清华	男	汉	52
9	武隆方言土语		黄恩进	男	汉	54
10	广阳青岗籽粉传统制作技艺		熊天芳	女	汉	63
11	土坎苕粉传统制作技艺		栾　波	男	汉	40
12			王晓路	男	汉	42
13			赵光权	男	汉	48
14	土坎苕粉传统制作技艺		黄　攀	男	汉	33
15			陈明亿	男	汉	33
16	土坎苕粉传统制作技艺		李子厚	男	汉	41
17			陈明菊	女	汉	40
18			高翻艳	女	汉	35

续表 15

序号	项目名称	所在区域	代表性传承人			
			姓名	性别	民族	年龄（岁）
19	土坎苕粉传统制作技艺		陈绪清	男	汉	32
20			杨东川	男	汉	27
21	土坎糍粑传统制作技艺		郑素英	女	汉	56
22	羊角藤编传统制作技艺		黄继昌	男	汉	71
23	羊角黄氏家训		黄春红	男	汉	34
24	羊角猪油醪糟传统制作技艺		冯井龙	男	汉	40
25	白马天尺手工茶传统制作技艺		程阳联	男	汉	54
26	江口猪血粑传统制作技艺		冉小容	女	汉	53
27			郭忠云	男	汉	45
28	江口唐枕传统制作技艺		夏淑昌	男	汉	62
29	乌江船工号子		郭祖荣	男	汉	87
30	平桥薅秧号子		王亚林	男	汉	52
31	武隆霉豆腐传统制作技艺		陈开容	女	汉	57
32	武隆魔芋传统制作技艺		李云芳	男	汉	80
33	火炉玩火龙传统习俗		杨建国	男	汉	53
34	鸭江蔡龙湾蜂蜜传统酿造技艺		邱国永	男	汉	61
35	鸭江冰粉传统制作技艺		颜昌素	女	汉	68
36	鸭江剪纸		邓兴强	男	汉	45
37	长坝酸鲊鱼传统制作技艺		高长宏	男	汉	47
38	长坝麦酱传统制作技艺		李清民	女	汉	82
39	茅草坪辣椒酱传统制作技艺		任忠林	男	汉	48
40	双河土漆传统制作技艺		杜天寿	男	汉	67
41	凤来手工苕粉传统制作技艺		彭顺奎	男	汉	44
42	凤来酱豆传统制作技艺		张玉芳	女	汉	58
43	凤来灰粑传统制作技艺		汪德友	男	汉	50
44	庙垭古法榨油技艺		刘信明	男	汉	78
45			廖正安	男	汉	76
46	石桥石工号子		张世成	男	汉	72
47	石桥贯角土酒传统酿制技艺		王长胜	男	汉	44
48	石桥石雕		雷　振	男	仡佬	56
49	黄莺灰豆腐传统制作技艺		卢忠琼	男	汉	50
50	黄莺棉絮传统制作技艺		杨忠友	男	汉	54
51	黄莺油醪糟传统制作技艺		万世兰	女	汉	52
52	黄莺根雕		秦　勇	男	汉	48
53	黄莺线编技艺		冉义芳	女	汉	53
54	沧沟土陶传统制作技艺		冉茂奎	男	汉	58
55	沧沟草纸传统制作技艺		李如明	男	汉	52
56	沧沟酥食麻饼传统制作技艺		代远碧	女	汉	66
57	文复苗族芦笙舞		张钰洁	女	土家	32
58	土地犀牛寨八大碗传统习俗		传小围	女	汉	38

续表 15

序号	项目名称	所在区域	代表性传承人			
			姓名	性别	民族	年龄（岁）
59	白云竹编画传统制作技艺		陈德会	男	汉	70
60	后坪木雕传统制作技艺		冉茂云	男	汉	64
61	后坪手工茶传统制作技艺		赵伟成	男	汉	51
62	武隆民间传说		余国清	男	汉	66
63	浩口仡佬族竹艺传统制作技艺		张尚潘	男	汉	57
64	浩口仡佬族传统民居建筑习俗		杨建忠	男	汉	49
65	浩口仡佬族蜡染传统制作技艺		张成素	女	苗	44
66			陈　红	女	仡佬	32
67			方先婵	女	汉	37
68			邓世容	女	汉	45
69	武隆老鹰茶传统制作技艺		张蜀康	男	汉	60
70	接龙手工佛香传统制作技艺		高明星	男	汉	78
71	武隆铁锅羊肉传统烹制技艺		王云丰	男	汉	41
72	大洞河药蜂蜜传统酿造技艺		张宇福	男	汉	43
73	大洞河黄莲传统炮制技艺		黎显源	男	汉	60
74	大洞河草鞋传统制作技艺		曾凡均	男	汉	74
75	大洞河天麻药膳鸡传统烹制技艺		顾昌志	男	汉	70

经济社会发展

【概况】 初步核算，2020 年，全区地区生产总值 224.21 亿元，比上年增长 4%。其中，第一产业增加值 30.737 亿元，增长 4.8%；第二产业增加值 85.967 亿元，增长 7.1%；第三产业增加值 107.506 亿元，增长 1.5%。三次产业结构比为 13.7：38.3：48.0，三次产业对经济增长贡献率分别为 13.7%、67.0%、19.3%，分别拉动 GDP 增长 0.5、2.7、0.8 个百分点。全年民营经济实现增加值 141.264 亿元，按可比价算，较上年增长 1.6%，占地区生产总值比重 63.0%。

【经济发展】 农业　全年农林牧渔业总产值 51.643 亿元，增长 5.1%。其中，农业总产值 30.632 亿元，增长 7.6%；林业产值 2.243 亿元，增长 8.0%；牧业产值 16.267 亿元，增长 0.1%；渔业产值 1.027 亿元，增长 3.7%。农林牧渔业增加值 31.769 亿元，增长 5%。粮食作物播种面积 48378 公顷，减少 0.1%；烤烟种植农户 1040 户，下降 15.4%，收购烟叶 3050 吨，下降 30.7%；蔬菜播种面积 2.675 万公顷，增长 1.3%。水产品生产面积 4787 公顷，下降 4.1%。粮食作物产量 18.91 万吨，增长 0.2%。蔬菜产量 65.27 万吨，增长 3%。肉类总产量（猪、牛、羊、禽）40911 吨，下降 1.5%；禽蛋产量 2973 吨，增长 5.6%；水产品产量 4683 吨，增长 3.8%。全年有机耕面积 71220 公顷，机播面积 3510 公顷，机播水平 3.9%。机械植保面积 1.33 万公顷，机收面积 5733 公顷，机收水平 7.6%。农业耕种收综合机械化水平 45.0%，提高 1.3 个百分点。农业机械总动力 35 万千瓦，增长 4.9%，其中汽油发动机动力 15.35 万千瓦，增长 5.5%。微耕机 2.63 万台（套）、总动力 19.93 万千瓦。全区承包地确权登记面积 6.69 万公顷，签订承包合同 92824 户，颁发承包经营权证书 89074 户，农业适度规模经营度 34.16%。至年末，新认证绿色食品 40 个，脆桃、猪腰枣入选全国名特优新农产品名录。新培育市级龙头企业 3 家、家庭农场 25 家、农民专业合作社 40 个。

工业　全年工业增加值 39.676 亿元，增长 6.3%，对经济增长贡献率 30.4%，拉动经济增长 1.2 个百分点。规模以上工业企业工业总产值 48.57 亿元，增长 5.6%。其中，国有控股企业产值 22.59 亿元，增长 15.7%；私营控股企业实现产值 25.986 亿元，下降 1.8%。规模以上工业企业利润 7.074 亿元，增长 19.7%。规模以上工业企业主要行业产值中，采矿业实现产值 3.887 亿元，增长 21.5%；制造业实现产值 24.11 亿元，下降 0.1%；电力、热力、燃气及水生产和供应业实现产值 20.58 亿元，增长 11.6%。同年，白马货运码头等项目加快建设。迪纳新能源等 5 个项目建成投产；寺院坪风电等项目推进建设，新开发页岩气 20 口井。清理处置 11 户违约企业，盘活闲置厂房 3.5 万平方米。7 户企业升规，工业投资增长 24.4%。

固定资产投资　全年完成固定资产投资 84.01 亿元，增长 0.8%。其中，500 万元及以上地方项目完成投资

61.16亿元，下降2.2%；房地产业完成投资22.85亿元，增长9.8%。从产业看：第一产业完成投资22800万元，下降6.6%；第二产业完成投资201949万元，增长24.4%；第三产业完成投资615368万元，下降4.9%。

房地产开发　全区资质内房地产开发企业施工面积138.72万平方米，新开工面积29.8万平方米，竣工面积4.95万平方米。实现销售面积59.57万平方米，销售额23.08万元。销售住宅2767套，实现销售额15.54亿元。

对外开放　全年外贸进出口总额13586万元，增长6.1%。其中，出口总额13553元，增长6.5%。全年有利用外资项目4个，合同外资金额129万美元，实际利用外资金额744万美元。

商贸　全年实现社会消费品零售总额112.436亿元，下降2.9%。按经营地统计，城镇实现社会消费品零售额98.944亿元，占比88%；乡村实现社会消费品零售总额13.492亿元，占比12%。按消费类型统计，商品零售额95.571亿元，占85%；餐饮收入16.865亿元，占15%。全年批发和零售业实现商品销售额130.664亿元，增长2.3%。其中，批发业实现商品销售额61.636亿元，增长20.6%；零售业实现销售额69.028亿元，下降9.9%。住宿和餐饮业实现营业额32.326亿元，下降22.4%。其中，住宿业实现营业额9.984亿元，下降32.4%；餐饮业实现营业额22.342亿元，下降16.9%。

财税金融　全年地方财政收入26.245亿元。其中，公共财政预算收入13.361亿元，增长12.5%；基金预算收入12.434亿元，增长42.5%；国有资本经营预算收入4500万元，下降25.1%。一般公共预算收入中：税收收入81505万元，增长9.1%；非税收入52105万元，增长18.3%。在主要税种中：增值税29337万元，增长5.4%；企业所得税13059万元，增长38.2%；契税10487万元，增长26.0%。地方财政支出67.63亿元，其中，一般公共预算支出52.83亿元，增长7.9%；政府性基金预算支出14.48亿元，增长4.6%。在一般公共预算支出中：一般公共服务支出42698万元，增长6.4%；公共安全支出18994万元，增长7.6%；教育支出85380万元，增长0.9%；文化旅游体育与传媒支出9195万元，增长53.2%；社会保障和就业支出51925万元，增长7.2%；卫生健康支出52056万元，增长17.2%；农林水支出107261万元，增长4.1%。至2020年年末，全区有金融机构27家，其中，银行9家，保险公司13家。全区货币金融机构实现本外币存贷款余额508.69亿元，增长8.4%。其中，存款余额240.82亿元，增长7.0%；贷款余额267.87亿元，增长9.8%。保费收入5.4亿元，增长7.2%。其中：产险收入2.06亿元，增长4.5%；人身险收入3.34亿元，增长8.9%。产险中：车险收入1.41亿元，增长2.3%；农业险收入2634万元，增长2.8%。人身险中：寿险收入24187万元，较上年下降4.3%；健康险收入8383万元，较上年增长86.5%。全年保险赔款和给付支出1.82亿元，增长36.0%。其中，产险赔款给付支出1.02亿元，增长19.9%；人身险赔款给付支出7998万元，增长64.2%。产险赔款支出中：车险赔款支出7212万元；意外险赔付支出513万元。保险业从业人员1855人，增长13.3%。

交通邮电　交通运输、仓储和邮政业实现增加值6.31亿元，增长2.3%，占地区生产总值的比重为2.8%。全年道路、水路客运量428.24万人，旅客周转量23209.34万吨千米；道路、水路货运量457.72万吨，货运总周转量50626.26万吨千米。内河港口完成货物吞吐量242.23万吨，下降35.8%，其中，出港240.52万吨，下降35.8%；进港1.71万吨，下降29.9%。至2020年年末，辖区公路里程5307.58千米。按行政等级分：乡道601.59千米；村社道路3917.41千米。按技术等级分：二级公路354.82千米；三级公路108.05千米；四级公路4504.56千米。按路面类型分（不含高速公路）：沥青路647.07千米，水泥路3777.95千米。内河航道里程119.20千米。营运机动车2762辆，其中货车2149辆8599.50吨位；客车389辆9848客位（不含公共汽车）。货车按类型分：大型货车542辆6440.20吨位，中型货车126辆361.70吨位，小型货车1481辆1797.60吨位。客车按类型分：大型客车144辆6091客位，中型客车80辆1718客位，小型客车165辆2039客位。有公共汽车78辆，出租车146辆。2020年年末实有船舶47艘，其中运输船舶31艘，非运输船舶16艘。运输船舶中有客船9艘，货船22艘。邮电业务总量2.91亿元，增长8.0%。其中，全年电信业实现业务总量2.51亿元，增长6.1%；邮政业实现业务总量4013万元，增长21.6%。2020年年末，全区有固定电话5.50万户，移动电话39.94万户。

旅游业　全年接待海内外游客3701.03万人次，增长5.0%，其中接待国内游客3697.82万人次，较上年增长4.7%。实现旅游总收入179.765亿元，增长5.8%。有乡村旅游景点20个，较上年增长33.3%。年末有旅行社3个，从业人员75人。仙女山游客接待中心入选文化和旅游部首批公共服务机构功能融合试点单位，龙水峡地缝、芙蓉江景区被批准为国家AAAA级旅游景区，后坪乡文凤村、芙蓉街道堰塘村创建第二批全国乡村旅游重点村。全年旅游及相关产业实现增加值14.34亿元，下降3.8%，占GDP比重为7.3%。全区建成飞天之吻、博象美术馆、懒坝大地艺术公园、树顶漫步、归原小镇等一批重点文旅项目；阳光童年、半山太阳谷、白马山高端文旅特色小镇、天生三桥电梯新建等项目有序推进；乌江博物馆、非遗中心、美术馆等项目加快推进。优化5条精品乡村旅游线路，芙蓉湖游船、大田湿地人家、万峰呐溪原乡、田家寨等景区景点相继开放。仙女山草原露营音乐节等热度不减，“双晒”获最佳传播奖；新培育规上文化服务企业8家，接待游客、综合收入分别增长5%和5.88%。

【社会发展】科技　全区有研究与实验发展（R&D）活动的单位21户，有高新技术企业5户。全年专利申请受理量169件，其中，发明申请受理12件，实用新型受理128件，外观设计受理29件。获得授权专利91件，其中，发明5件，实用新型69件，外观新型17件。有注册商标3869件。

教育　全区共有基础教育校（园）数148所，其中，幼儿园79所，小学56所，初中6所（含九年一贯制学校），高中4所。全区基础教育招生14477人，其中，高中2387人，初中（含九年一贯制学校）4459人，职业中学1448人，小学2939人。全区基础教育在校生55852人，其中，高中6764人，初中（含九年一贯制学校）13497人，职业中学3800人，小学21976人。基础教育毕业生15429人，其中：高中2008人，初中（含九年一贯制学校）4442人，职业中学1071人，小学4848人。全区基础教育教职工4664人，其中，高中499人，初中（含九年一贯制学校）1054人，职业中学287人，小学1985人。全区有专任教师4055人，其中，高中430人，初中（含九年一贯制学校）997人，职业中学268人，小学1919人。全区高考报名3000人，参考2980人，高考录取率92.7%，学前三年毛入园率93.12%，小学学龄儿童净入学率99.96%，初中入学率99.78%，九年义务教育巩固率96.39%，青壮年文盲率（15～50岁）0.44%，中小学生体育锻炼达标率98.52%。至2020年年末，白马小学综合楼，长坝、土地2所幼儿园投用；成为全市学前教育示范区（县）之一；建特色学校、特色项目学校49所。

文化体育　全年组织文艺活动20次，举办体育运动竞赛800场次，举办群众体育活动6次。博物馆（纪念馆）藏品3818件。有公共图书馆5个（含24小时自助图书馆），图书馆总藏量180383册/件。非物质文化遗产187个，其中市级目录26个，区级目录161个。有体育场1606个，有篮球场422块、羽毛球场179块、网球场23块。至2020年年末，有规模以上文化及相关产业企业20户，实现营业收入73037万元。全年文化及相关产业实现增加值45449万元，下降2.9%，占GDP比重为2.0%。融媒体中心一期建设通过验收，新建文体设施17处；送文化下乡1000余场，成功举办仙女山马拉松等赛会，《武隆年鉴（2019）》入选全国地方志优秀成果一等年鉴。

广播电视　全区有线广播电视传输干线网络总长度620千米，增长6.5%，微波传送线路总长度84.19千米。有线广播电视用户83967户，增长2.2%，其中农村有线广播电视用户10481户，增长5.4%。有线电视入户率70.2%，提高6.7个百分点，其中农村有线广播电视入户率61.5%，提高9.7个百分点。电视综合覆盖率98.7%，提高0.4个百分点，其中农村电视综合覆盖率98.3%。全年制作广播节目3648小时，播出公共广播节目6600小时。制作电视节目1499小时，播出电视节目6269小时。

卫生　卫生机构332个，床位2739张。卫生机构中，有医院11个、社区卫生服务中心4个、乡镇卫生院22个、村卫生室177个。年末医疗卫生机构有卫生技术人员2354人，其中，执业（助理）医师931人、注册护士1036人、技师（士）118人。医疗卫生机构床位2739张，其中医院2186张，乡镇卫生院346张，每千户籍人口实有床位7.71张。医疗卫生机构全年总诊疗人次201.03万人次，医疗卫生机构住院6.02万人，出院6.04万人，住院患者手术人次数1.27万人次，每百门急诊入院5.27人。住院死亡率0.36%，急诊死亡率0.01%，病床周转23.5次/年，病床使用率74.4%。至2020年年末，全区围产儿出生缺陷发生率6.67‰，低出生体重儿发生率1.59%。孕产妇产前检查率99.8%；孕产妇住院分娩2075人，住院分娩率100%。婴儿死亡率4.34‰，5岁以下儿童死亡率8.20‰，“八苗”接种率96.79%。全区累计确诊新冠肺炎病例1例（已治愈）、筛查疑似病例3人（已排除）、管理密切接触者186人（已解除）、重点人群排查22764人核酸检测25312份（均为阴性）。

【人民生活】 全年居民人均可支配收入26877元，增长7.8%。按常住地分：城镇常住居民人均可支配收入40508元，增长5.5%；农村常住居民人均可支配收入15473元，增长8.4%。全区居民人均生活消费支出19053元，增长5.2%。按常住地分：城镇常住居民人均生活消费支出26271元，增长3.4%；农村常住居民人均生活消费支出13014元，增长5.4%。城镇常住居民人均生活消费支出中：食品烟酒支出8990元，增长5.5%；衣着支出2228元，增长3.9%；医疗保健支出2026元，增长11.9%。农村常住居民人均生活消费支出中：食品烟酒支出5019元，增长11.4%；居住支出2599元，增长9.2%；医疗保健支出877元，增长9.5%。全体常住居民恩格尔系数为35.8%，人均现住房面积54.61平方米。其中，城镇常住居民恩格尔系数34.2%，人均现住房面积43.95平方米；农村常住居民恩格尔系数38.6%，人均现住房面积63.53平方米。

【社会保障】 城镇新增就业4902人，城镇登记失业率2.4%。登记失业人员本年就业3003人。失业保险参保人数2.61万人，失业保险保费收入727.84万元。年末失业保险支出570.50万元，领取失业保险金947人。城乡居民参加社会养老保险16.17万人，城镇职工基本养老保险基金收入3.59亿元，基金支出6.22亿元。参加工伤保险4.81万人，享受工伤保险待遇844人。全年城乡居民基本医疗保险参保32.72万人，其中，城镇参保4.23万人，农村参保28.49万人。全年城镇职工参加基本医疗保险4.23万人。全年参加生育保险3.33万人。城乡居民享受基本医疗保险107.42万人次。城乡居民基本医疗保险总支出1.78亿元，城镇职工基本医疗保险总支出1.34亿元。享受城市居民最低生活保障2083户3205人，享受农村居民最低生活保障6846户12258人。城市特困人员集中供养503人，分散供养704人，救助供养1207人。农村特困人员集中供养230人，分散供养1283人，救助供养1513人。抚恤、补助优抚对象2173人。全年办理结婚登记2311对，离婚登记1231对。登记结婚4622人，其中初婚3133人，再婚1489人。

（区统计局、调查队）

脱贫攻坚

综　述

【概况】2020年，全区开展“十大专项行动”“百日大会战”“收官大决战”等工作，贫困人口“两不愁三保障”问题全部动态清零，贫困群众生产生活条件得到改善；未脱贫人口全部实现脱贫，深度脱贫攻坚任务完成，全面建成小康社会各项指标基本完成；脱贫成果持续巩固。区委常委会、区政府常务会累计听取或研究脱贫攻坚工作60余次，召开区扶贫开发领导小组会议12次；推进街镇乡履行主体责任、主管部门履行监管责任、纪检监察履行监督责任、扶贫集团和帮扶干部履行帮扶责任，与街镇乡签订《脱贫成果巩固责任书》，将脱贫攻坚任务完成情况纳入年度综合目标考核。年末，全区实现39户100人的脱贫目标，死亡2人，无新生贫困与返贫户，全面消除绝对贫困现象；脱贫人口全年人均纯收入12668元，相比上年增长16.3%。

11月3日，武隆区入选全国“十三五”时期易地扶贫搬迁典型案例，区发展和改革委员会获评“十三五”搬迁工作担当有为集体，火炉镇向前村南泥坎集中安置区余川江获评“十三五”励志异地扶贫搬迁群众。是年，市级深度贫困乡后坪乡党建扶贫示范带被推荐到国务院扶贫办作为对外展示中国脱贫成效的窗口之一。武隆区被纳入全市脱贫攻坚经验交流示范基地、全市首批脱贫攻坚与乡村振兴战略有机衔接试点区县。新华社《国内动态清样》《新华每日电讯》《内部参考》先后对武隆区生态扶贫、乡村旅游扶贫、产业扶贫等脱贫攻坚与乡村振兴衔接的做法及成效进行宣传报道。“学习强国”平台刊发武隆区《从“穷乡僻壤”到“旅游之乡”》《“兵支书”成为脱贫致富“排头兵”》等脱贫攻坚典型经验做法。在《人民日报》、人民网、新华网、《重庆日报》等国家级和市级主流媒体宣传报道武隆区脱贫攻坚典型经验做法等100余篇。在市委办公厅、市政府办公厅采用扶贫专报信息5篇，在《重庆扶贫》《今日重庆》等杂志上发表武隆扶贫信息20余篇，创作《青春无悔》（扶贫主题）原创歌曲等文艺作品，举办脱贫攻坚系统主题新闻发布会2场。

【责任落实】2020年，全区落实“区县抓落实”“四个不摘”“五级书记抓扶贫”等工作机制，区委书记、区长严格落实脱贫攻坚“双组长制”，党政主要领导每个月不少于5个工作日用于扶贫工作，每2个月至少召开1次扶贫开发领导小组专题会，区委常委会、区政府常务会常态化的研究部署脱贫攻坚工作，全年累计听取或研究脱贫攻坚工作60余次，召开区扶贫开发领导小组会议12次。区委书记、区长带头遍访所有贫困乡村，乡镇（街道）党委（党工委）书记、村党组织书记遍访所有贫困户实现全覆盖。推进街镇乡履行主体责任、主管部门履行监管责任、纪检监察履行监督责任、扶贫集团和帮扶干部履行帮扶责任，与街镇乡签订《脱贫成果巩固责任书》，将脱贫攻坚任务完成情况纳入年度综合目标考核，占考核分值20分并实行述职评议制度。

【干部队伍建设】全区出台《村干部队伍建设十条措施》，建立村党组织书记后备库337名，持续回引本土人才到村挂职、保持每村1名，优化调整村党组织书记17名、“两委”干部98名，139个村提前实现书记、主任“一肩挑”，从脱贫攻坚一线提拔重用干部29人，举办脱贫攻坚专题培训班6期，培训各级扶贫干部2154人次。

【作风专项治理】全年武隆区开展专项督查，针对督查发现的问题“原汁原味”通报，对脱贫攻坚过程中作风不实、工作不实的119名帮扶干部进行集中约谈；开展扶贫领域“以案四说”警示教育200场次，1.5万人次接受警示教育；共收到扶贫领域腐败和作风问题线索38件，累计查处扶贫领域腐败和作风问题27起，查处76人，其中党纪政务处分5人，组织处理71人。

重要会议

【区扶贫开发领导小组会议】2020年，区委常委会、区政府常务会累计听取或研究脱贫攻坚工作60余次，召开区扶贫开发领导小组暨区委落实中央脱贫攻坚专项巡视“回头看”反馈意见整改工作领导小组会议12次。

【武隆区督战脱贫攻坚座谈会】3月26—27日，中共重庆市委常委、政法委书记刘强在武隆区督战脱贫攻坚工作，先后到西山水库、天池苗寨、茶旅融合观光园等地，实地了解深度贫困乡后坪乡脱贫攻坚工作推进情况，并主持召开武隆区督战脱贫攻坚座谈会。刘强指出，要深入学习贯彻习近平总书记在决战决胜脱贫攻坚座谈会上的重要讲话精神、市委关于中央脱贫攻坚专项巡视“回头看”反馈意见和国家反馈2019年重庆市脱贫攻坚成效考核问题整改落实工作动员部署会议精神，扛起脱贫攻坚政治责任，集中力量推进问题整改，全力降低疫情影响，确保如期高质量完成脱贫攻坚目标任务。

【重庆警备区决战决胜脱贫攻坚推进会】3月26日，重庆警备区决战决胜脱贫攻坚推进会在武隆区召开。市委常委、重庆警备区司令员，重庆警备区政委出席会议并讲话。会议强调，推进全面脱贫与乡村振兴有效衔接；坚守初心使命、践行根本宗旨，紧跟驻地发展要求，发挥好桥梁纽带作用；坚决攻坚克难、敢于担当作为，坚决打好全部脱贫出列、全面巩固成效的攻坚战役；坚持从严督导、全面压实责任，确保善始善终、善作善成，以优异成绩向党中央和习主席、向驻地人民群众交出合格答卷。

【全区脱贫攻坚“决战收官攻坚月”动员部署大会】6月12日，全区脱贫攻坚“决战收官攻坚月”动员部署大会在区人民大礼堂召开。区委书记黄宗华出席会议并强调，全区上下要切实提高政治站位，坚决贯彻落实习近平

9月3日，全市乡村旅游扶贫现场推进会议和全市东西部扶贫协作现场推进会改在武隆区召开　　周令高　摄

总书记重要讲话精神，把思想和行动统一到党中央、市委决策部署和区委工作部署上来，向最后的贫困堡垒发起总攻，坚决兑现脱贫攻坚军令状，全力答好全面建成小康社会的重量级答卷。区委副书记、区长卢红就全区脱贫攻坚"决战收官攻坚月"有关工作进行动员部署。

【全市乡村旅游扶贫暨东西部扶贫协作现场推进会】 9月3日，全市乡村旅游扶贫暨东西部扶贫协作现场推进会在武隆区召开，会议深入贯彻落实习近平总书记在决战决胜脱贫攻坚座谈会上的重要讲话及近期关于脱贫攻坚的重要指示精神，就产业扶贫、消费扶贫、乡村旅游发展以及东西部扶贫协作等重点工作进行安排部署，确保打好脱贫攻坚"收官大决战"。

市政府副市长、市扶贫开发领导小组副组长李明清出席会议并讲话。会上，武隆区、城口县、酉阳县、巫山县、秀山县围绕乡村旅游扶贫、东西部扶贫协作进行交流发言，市人力社保局、市商务委、市文化旅游委、市发展改革委、市扶贫办就相关工作作安排部署。会前，与会代表到后坪乡天池苗寨、沧沟乡大田湿地人家、沧沟乡青杠村古渡驿站乡村旅游扶贫示范点进行考察观摩，就乡村旅游扶贫发展经验进行共同交流探讨。

【全区2020年脱贫攻坚工作表彰大会】 10月29日上午，全区2020年脱贫攻坚工作表彰大会在区人民大礼堂举行，全区160名先进个人、80个先进集体受到表彰。会议宣读区委、区政府关于表彰全区脱贫攻坚先进集体和先进个人的决定，区交通局、芙蓉街道东山村第一书记杨霄等脱贫攻坚先进集体和先进个人代表作交流发言。

2020年武隆区扶贫开发领导小组会议情况表

表16

时间	次数	内容
2月19日	第1次	会议传达学习相关文件及全市做好疫情防控期间贫困户帮扶和脱贫攻坚工作视频会议精神；听取区扶贫办关于新冠肺炎疫情对全区脱贫攻坚影响相关情况汇报；审议《武隆区2020年脱贫攻坚工作要点（送审稿）》。会议强调，有效筑牢农村疫情防控防线，统筹推动脱贫攻坚工作，量化年度脱贫攻坚目标任务、把握重点要点、结合武隆实际创新思路，深化经验做法，紧盯脱贫攻坚薄弱环节，补短板、强弱项
3月10日	第2次	会议传达学习中央决战决胜脱贫攻坚座谈会电视电话会议精神及市委专题电视电话会议精神；听取区扶贫办关于全区"战疫情·送春风"活动开展情况、扶贫项目复工开工情况及下一步工作措施的汇报；区发展改革委关于东西部扶贫协作及涪陵对口帮扶工作开展情况的汇报；区水利局关于水利部定点扶贫工作开展情况的汇报；后坪乡关于市委政法委扶贫集团帮扶工作开展情况的汇报；区卫生健康委关于全区慢性病政策实施情况及实施效果的汇报；审议《关于抓好"三农"领域重点工作确保如期实现全面小康的实施意见（送审稿）》
3月31日	第3次	会议传达学习3月27日中央政治局会议精神；听取区扶贫办关于全区未脱贫户、边缘户与脱贫监测户三类对象帮扶工作和全区脱贫攻坚普查验收工作情况的汇报；审议《武隆区2019年脱贫攻坚考核实施方案（送审稿）》《武隆区脱贫攻坚挂牌督战实施方案（送审稿）》《武隆区开展习近平总书记视察重庆脱贫攻坚一周年活动方案（送审稿）》
4月20日	第4次	会议听取区扶贫办关于全区39户102人未脱贫户督查情况、3个市级挂牌督战村工作推进情况及下一步工作打算、中央脱贫攻坚专项巡视"回头看"、国家2019年脱贫攻坚成效考核反馈意见整改和统筹做好新冠肺炎疫情防控和脱贫攻坚工作专项小组工作情况的汇报；听取区委组织部、区财政局、区农业农村委、区纪委监委机关、区教委、区卫生健康委、区发展改革委、区住房城乡建委、区水利局等9个专项小组工作情况的汇报；听取区委宣传部关于脱贫攻坚纪录片工作推进情况及创作经费的汇报；听取区住房城乡建委关于统筹整合使用不安全住房方面涉农资金的汇报；研究脱贫攻坚总攻"十大"专项行动工作方案

续表16

时间	次数	内容
5月9日	第5次	会议听取区扶贫办关于中央脱贫攻坚专项巡视“回头看”和国家2019年脱贫攻坚成效考核反馈意见整改工作情况汇报，会议强调，要加快项目进度完成深度攻坚任务，推进定点攻坚补齐脱贫攻坚短板，集中力量实现剩余贫困人口达到脱贫标准、化解疫情对脱贫攻坚的影响、整改清零各类问题、巩固提升脱贫攻坚成果，补齐短板弱项，提升脱贫质量，确保脱贫攻坚圆满收官
6月9日	第6次	会议传达学习习近平总书记在宁夏考察调研时的重要指示精神和全市脱贫攻坚“百日大会战”调研指导情况通报；听取区扶贫办关于区扶贫开发领导小组第5次会议暨区委落实专项巡视“回头看”反馈意见整改工作领导小组第5次会议精神贯彻落实情况、全区脱贫攻坚“百日大会战”大排查成果分析报告、大排查存在的问题情况和扎实开展决战决胜脱贫攻坚“三排查三清零”攻坚月活动方案的汇报；听取区住房城乡建委关于开展建档立卡贫困户住房安全有保障核验工作有关情况的汇报；听取武隆调查队关于近期脱贫攻坚普查工作情况的汇报；审议并通过《武隆区2019年脱贫攻坚成效考核结果（送审稿）》《2020年武隆区决战决胜脱贫攻坚动员部署会议方案（送审稿）》《武隆区集团式结对帮扶工作调整方案（送审稿）》《2020年鲁•渝（济南•武隆）扶贫协作消费扶贫工作实施方案（送审稿）》《以扶贫统筹资金启动地面数字电视无线覆盖工程扩大武隆台覆盖》
7月15日	第7次	会议听取区扶贫办关于中央脱贫攻坚专项巡视“回头看”反馈意见和国家、市级脱贫攻坚成效考核反馈问题以及“百日大会战”大排查问题整改情况的汇报；听取区人力社保局、区住房城乡建委、区水利局、区卫生健康委关于脱贫攻坚“百日大会战”工作推进情况的汇报；听取凤山街道、石桥乡、浩口乡关于脱贫攻坚定点攻坚推进情况的汇报；听取武隆调查队关于全区脱贫攻坚普查工作准备情况的汇报；会议强调，要全力做好住房保障，全面补齐数据信息短板，加快项目建设步伐，持续巩固脱贫攻坚成果
8月17日	第8次	会议听取区扶贫办关于当前脱贫攻坚有关工作推进情况、普查和暗访督查反馈情况、全市乡村旅游暨东西部扶贫协作现场会准备情况的汇报；听取区住房城乡建委、区水利局、区农业农村委、平桥镇、赵家乡关于脱贫攻坚普查工作中发现问题后续整改工作情况的汇报；会议强调，要全力做好全市乡村旅游和东西部扶贫协作现场会等会议筹备工作，做好财政专项扶贫资金、财政涉农统筹整合资金、社会帮扶资金等扶贫资产清理工作，开展好脱贫攻坚成果宣传，讲好扶贫故事、选树脱贫典型、发出脱贫好声音，开展好全区总攻冲刺百日行动，完成全年脱贫攻坚任务
9月23日	第9次	会议传达学习全市扶贫办主任座谈会会议精神；听取区扶贫办关于普查发现问题整改情况、扶贫项目推进情况、开展走访慰问情况、“10•17”扶贫日活动准备情况和档案资料收集情况的汇报；听取区委宣传部、区发展改革委、区民政局、区人力社保局、区农业农村委、区商务委、区文化旅游委、区卫生健康委、区林业局、区金融服务中心等10个部门关于脱贫攻坚总攻“十大”专项行动工作情况的汇报；审议并通过《武隆区2020年评比达标表彰和全区事业单位脱贫攻坚专项奖励表彰工作实施方案（送审稿）》
10月21日	第10次	会议传达学习习近平在第七个国家扶贫日到来之际对脱贫攻坚工作作出的重要指示精神、全国脱贫攻坚考核评估工作会议精神；听取区扶贫办关于迎接年终脱贫攻坚成效考核有关工作的汇报；审议并通过《武隆区2020年评比达标表彰和事业单位脱贫攻坚专项奖励拟表彰名单（送审稿）》
11月4日	第11次	会议传达学习全市脱贫攻坚“收官大决战”和“十大专项行动”视频调度电视电话会议精神，10月31日武隆区赴市扶贫办对接工作时提出的工作要求；听取区扶贫办关于迎接国家、市级脱贫攻坚成效考核有关工作的汇报；听取区发展改革委、区教委、区民政局、区财政局、区人力社保局、区住房城乡建委、区水利局、区农业农村委、区商务委、区文化旅游委、区卫生健康委、区统计局、区金融服务中心、武隆调查队等关于脱贫攻坚考核任务完成情况、考核准备情况的汇报；听取后坪乡关于深度贫困乡镇脱贫攻坚工作评估情况的汇报；安排部署近期脱贫攻坚有关工作
12月15日	第12次	会议传达学习习近平总书记在中共中央政治局常务委员会上听取脱贫攻坚总结评估汇报后的重要讲话精神；听取区发展改革委关于东西部扶贫协作国考考核反馈问题整改情况和向检查组提供典型经验做法情况，区扶贫办关于市级脱贫攻坚成效考核、第三方评估及审计署重庆特派办对武隆区审计反馈问题整改情况，后坪乡关于深度贫困乡镇迎检准备情况的汇报；安排部署下阶段工作

精准施策

【概况】2020年，全区先后制定完善“1+12”精准脱贫攻坚、“1+3+N”深化脱贫攻坚、脱贫攻坚三年行动等系列配套方案，累计投入各类扶贫资金76.12亿元，实施各类扶贫项目5673个，实现行政村“通畅率、通客率、供水入户率、用电保障率、光纤网络覆盖率、4G网络覆盖率、危房改造率”七个100%，做到义务教育保障“一个不少”、基本医疗保障“一个不漏”、住房安全保障“一户不掉”、所有贫困人口家家喝上放心水。在全市率先制定《“边缘户”管理实施意见》及结对帮扶、医疗救助、医保参保、防贫保险、产业扶持、信贷贴息、教育资助等“1+7”防贫干预机制，全覆盖建立“1+12+171”动态监测点，近三年实现零返贫目标。紧盯市级深度贫困乡后坪乡和“3+16”区级重点贫困乡村，集中力量攻克难中之难、坚中之坚，后坪乡81个深度脱贫攻坚项目全面完工并投入使用，完成投资5.61亿元，占计划109.6%。发展以高山蔬菜、有机茶叶为主导的“2+6+N”山地特色高效农业，实现每个村有2～3个骨干产业、每户有1～2个增收产业。全域开展村庄清洁行动和农村人居环境整治，打造“精品类”“示范类”美丽宜居村庄50个。开展脱贫攻坚总攻“十大”专项行动、“脱贫攻坚大排查”“定点攻坚行动”“百日大会战”“决胜收官攻坚月”“收官大决战”等活动持续巩固脱贫成果，年底脱贫人口人均可支配收入12668元。

【脱贫攻坚普查】2020年，根据市脱贫攻坚普查办工作要求，荣昌区派驻普查工作组对武隆区12656户建档立卡贫困户，185个行政村和5个社区，区县基本情况进行普查、上报、复核和验收。

现场登记访问情况。现场入户登记12656户，其中自然减少20户，失联户7户，成功访问的建档立卡12629户。代答227户，代答率1.8%，电话访问886户，电访率7%。

贫困户主要指标情况。通过现场登记数据来看，“两不愁三保障”核心指标实现100%保障。建档立卡以来，总体生产生活状况。明显改善的12639户，占比100%。

贫困户尽收入情况。工资性收入69.56%；农业自营收入16.03%；非农自营收入0.78%；资产收益分红收入0.02%；土地流转等财政收入0.24%；政府补贴或救助收入11.81%；赡养收入1.55%；其他收入0.02%。

【贫困监测】2020年，全区对边缘户和脱贫不稳定户进行识别、监测、帮扶与退出工作。截至11月，有边缘户382户1272人（其中风险消除户382户1272人）；脱贫不稳定户315户926人（其中风险消除户307户910人）；“两类人群”共计697户2198人，占2014年建档立卡人口总数的4%。全区对315户脱贫不稳定户、382户边缘户落实帮扶干部。在全区186个行政村设置动态监测点，对边缘户与脱贫不稳定户实现实时动态监测，每个行政村成立1个监测组，指定1名村支部书记或村主任任组长，1名扶贫业务监测员任副组长，1名本土人才为组员开展监测工作。

【边缘户帮扶】全区对边缘户新出台7项帮扶政策：每年由去财政为边缘户1272人购买基本医疗保险给予70%的资助，并按照130元/人全额购买防贫保险；对17户边缘户开展医疗救助，救助总金额118万元；对24户边缘户实施小额信贷扶贫，发放贷款107.3万元；对132户边缘户实施发展产业扶贫，发放补助资金32.491万元；同时还对边缘户在教育、干部帮扶扶贫方面实施精准帮扶。

深度脱贫攻坚

【后坪乡深度攻坚】全年完成规划项目建设。根据《武隆区后坪乡深度脱

8月10日，后坪乡天池苗寨　　代君君　摄

贫攻坚规划（2017—2020年）》，制定后坪乡7大提升行动，共规划脱贫攻坚项目81个、规划资金5.12亿元。81个脱贫攻坚项目全部完工，完工率100%；共完成投资5.61亿元，占规划投资109.57%。

“两不愁四保障”目标达标。全乡所有贫困户全面实现脱贫；共完成C级和D级危房210户、整治旧房260户、改善人居环境1253户；对贫困户、低保户、农村分散供养特困人员和贫困残疾人等家庭住房鉴定，均为安全住房（A、B级）；常住人口住房全面保障。全乡义务教育阶段适龄儿童无失学辍学情况，建档立卡贫困学生各类教育资助政策100%落实。贫困人口100%参加城乡居民基本医疗保险并享受减免政策，均落实先诊疗后付费“一站式”结算，家庭医生签约对贫困户全覆盖。新建人饮水池30口，新修过滤池60口，定期开展水质检测，实现“家家自来水，户户安全水”的饮水安全目标，且集中供水率达100%。基础设施提升。建成江后路、桐后路两条对外连接大通道，新建“四好”农村公路117千米，实现行政村、社、居民集居点通畅率“3个100%”和户户通人行便道；常住人口住房保障率、集中供水率、动力电村组覆盖率、光纤到村覆盖率、集中居民点数字电视覆盖率、4G网络信号村覆盖率实现“6个100%”。特色产业成效初显。引进和培育农业企业13家，有机茶叶达546.67公顷，新增茶叶生产线2条；引进重庆五尚农业带动发展中华蜂8000余群；引进太极集团、重庆沁心源公司带动新增中药材200公顷，中药材在地面积666.67公顷；建成特色林果133.33公顷、高山蔬菜133.33公顷、生态渔业园2个，草食牲畜养殖大户5户；建成以天池苗寨为龙头的乡村旅游示范点4个，实现每村有2～3个骨干产业、每户1～2个增收产业目标。特色产业覆盖贫困户100%，特色产业户均投入2830元；通过发展电商、农产品促销和入股方式全面消除集体经济空壳村，2020年，村均集体经济收入达到17.18万元；建成扶贫车间1个，培育致富带头人30人、带动贫困户159户；发放小额信贷206户、贫困户获贷率达到56.3%；注册推广“后山里”电商品牌和“武隆青茶、仙山蜜语”等农业品牌，其中后坪绿茶获中国工程院院士陈仲懋好评。人居环境深度改善。完成易地扶贫搬迁110户464人，完成C级和D级危房改造210户752人、旧房提升126户，实施全域人居环境建设，改造农户人居环境1253户，建成精品村1个、示范村5个、示范点7个，2019年天池苗寨被评选为全市“最美乡村”。社会事业发展。完成乡卫生院标准化建设，6个村卫生室全面达标，服务水平显著增强。新建村级便民服务中心2个、改扩建4个；敬老院改扩建完成。建成综合文化站1个、5个村文化“七个一”工程，完成苏维埃政府展示馆。落实低保、五保政策，实现城乡困难群体应保尽保；对残疾人家庭进行人居环境改造，全面落实残疾人“两补政策”。创新脱贫攻坚思路。探索“一章一约三会”乡村自治新模式。因村制宜修订完善《村民自治章程》《村规民约》，建立红白理事会、群众和事会、环境治理会3个群众性自治组织，细化婚事“四倡导一禁止”、丧事“五倡导一禁止”等操办规程，实施环境治理“五干净一规范”评比标准、群众和事“五到位三不欠”化解要求，推行周督导、月考核、季表彰，乡财政每年自筹10万元“三会”人员工作补助，并坚持抓常抓长。如天池苗寨为发展乡村旅游，通过环境治理会自我号召，自我组织，自我执行，出台《天池苗寨公约十条》，入围第二届重庆文旅新地标。首创“法治扶贫”民主法治新方式。建立后坪乡法治扶贫工作室，出台法治扶贫《实施方案》，制定民主法治示范乡村创建标准，细化实化法治扶贫18条措施，推进民主法治示范乡村建设。创新设立“让一让”人民调解工作室，“易法院”扶贫工作室和“莎姐”维权工作室，恢复成立后坪派出所和“云上苗寨”、中岭村2个警务室，新建“法治大院”76个。白石村“让一让”人民调解室，被市司法局表彰为“全市先进基层调解组织”。2019年9月，新华社、《重庆日报》头版和《农民日报》刊登报道后坪乡“法治扶贫”典型做法；全市法治扶贫现场会在武隆后坪召开。推进“三变改革”。以“幸福后坪·云上苗寨”为主题，探索发展集体经济，主推天池苗寨“三变”改革。争取区喀斯特旅游集团公司以300万元现金入股苗情乡村旅游股份合作社，44户农户以寨田土林房10年经营权折资530万元合股联营，形成“公司+合作社+农户”的经营模式，采取“固定分红+收益分红”方式共同打造天池苗寨，并成立寨民理事会，制定《天池苗寨公约十条》，推行“党小组+合作社+农户”的三治共建共管模式，采取积分考核方法，推动天池苗寨自我管理，自我发展，于2019年9月17日开寨迎客并分红52万元。2020年全市乡村旅游扶贫现场会在武隆召开，后坪为现场会提供现场交流，天池苗寨乡村旅游示范点成为旅游网红。抓实“孝贤洁序”乡村德治新路径。突出德治引领，出台公序良俗10条举措，推进德治“五大主题年”（“孝老爱亲”主题、“敬贤思齐”主题、“洁美宜居”主题、“遵规守序”主题、“爱国敬党”主题）行动，表彰最美家庭、好婆婆、好媳妇、美德少年48人，评选乡贤26人，整合资金4000万余元，提升人居环境，投入30万元，实施遵规守序文化植入，开展以“感党恩、听党话、跟党走”为主题的感恩教育和政策宣讲。

【凤山街道出水村定点攻坚】 全年“两不愁三保障”实现6个100%。贫困户100%实现不愁吃穿；贫困户实现签约医生全覆盖，医疗保险全面参保，参保率100%；落实贫困家庭学生资助政策34人，实现适龄儿童入学率100%；完成易地扶贫搬迁17户61人、危房改造22户49人，安全住房入住率100%；完善贫困户人饮水池和入户管道建设，自来水入户率100%。脱贫产业。济南市历下区泉城路街道、鞭指巷社区及无线电十厂、谨呈公司支持发展沃柑基地1个，带动当地21户农户致富，其中贫困户8户；资助4万元建成“杨柳台开心农场”，实现集体经济收入5万元，同时带动40户农户致富；通过致富带头人带动，新栽植花椒等经济作物6.67公顷、新栽植林果20公顷、种植蔬菜66.67公顷。基础设施。贫困户7户19人实现搬迁入住；硬化公路2.88千米，村道、社道实现100%硬化；建成标准化村卫生室和村便民服务中心；完成3500立方米山坪塘水利建设项目。后续扶持跟进。落实就业扶贫政策，有序组织贫困家庭劳动力转移就业43人；开发公益性岗位解决贫困户就业22人；实施旧房复垦49户、收储3户，补助资金245万元。基层治理。深化以“公序良俗”为载体的基层乡村治理，建设新时代文明实践站，建立“说事室”“村民理事机构”等自治组织，推行积分管理。

【浩口乡落心村定点攻坚】 全年贫困户人均纯收入达1万元以上，贫困户吃、穿问题解决。发展杨梅53.33公顷，核桃140公顷，抚育野生杨梅林133余公顷；养殖生猪2000余头，发展规模肉牛养殖场2个，带动10余户贫困户养殖肉牛100余头。依托村集体经济榨油坊，鼓励村民种植油菜13.33公顷，村集体经济组织采取保底收购，村民经济收入达4.5万元。依托厚德畜禽养殖专业合作社，发展林下蛋鸡养殖，新增蛋鸡1万只，覆盖贫困户43户。依托拓隆公司，实行订单种植二荆条辣椒8公顷，覆盖贫困户20余户。贫困劳动外出务工105人，开发公益性岗位安置贫困人口18人。适龄儿童入学率达100%，贫困学生教育资助全覆盖；新建标准化村卫生室1个，配备村医1名，贫困户意外伤害保险和大病医疗救助实现全覆盖，贫困户合作医疗投保实现全覆盖；实施易地扶贫搬迁19户75人，C、D级危房改造35户110人；建设人饮水池24口1300余立方米，安装水管24.8千米，修建过滤池13个、维修水池4口，自来水入户率达100%。完成5个村民小组道路硬化，新开挖社道路两条10千米，新建村便民服务中心360平方米；新建白果树聚居点文化广场；打造王家嘴、中嘴沟、古家屋基等5个人居环境示范点；完成55户农户厕所无害化改造；齐鲁银行明湖支行捐赠3万元，安装路灯10盏和安球形灯260个，完成整个落心村257户的亮化工程。

【石桥乡天池村定点攻坚】 是年，采取“农户+集体经济+农业企业”“三变”股份产业发展模式，发展竹笋133余公顷、金银花46.67公顷、特色林果53.33公顷，引进培育农业企业4家，脱贫振兴“天池桃园”加快建设。完成村组通畅公路34千米，产业公路13千米，电力升级改造项目包装结束，通讯死角基本得到解决。推进人居环境整治。生活垃圾“户集村收乡运转”机制已建立，农户缴纳垃圾处置费列入村规民约并得到执行，旧房改造与环境花池绿化实施100余户，改厕75户。建立村民自治治理机制。完善村规民约，建立孝贤洁序“荣誉银行”评比制度，理清“四宁可”发展理念，创立党员“五事争先”模范作用发挥机制，创立“众人议事”民主议事制度，创立“巾帼护誉队”“荣誉银行”自治理事机制。

【剩余贫困户攻坚】 是年，对全区39户未脱贫户开展逐户核查，对脱贫难度较大的针对性落实帮扶措施，其中纳入医疗特殊救助25户、农村低保18户，培育种养殖产业12户，落实公益性岗位6户。截至2020年年底，全区实现39户100人的脱贫目标，死亡2人，无新生贫困与返贫户，全面消除绝对贫困现象。脱贫人口全年人均纯收入12668元，比上年增长16.3%。

社会扶贫

【东西部扶贫协作】 全年完成党政主要领导互访2次，山东省委书记刘家义率党政代表团到武隆区调研指导，济南市历下区与武隆区党政领导互访4次。召开扶贫协作联席会议2次，其中全市东西部扶贫协作现场会在武隆召开并获肯定。累计接收东西部扶贫协作山东省、济南市（历下区）三级财政援助资金4565万元，聚焦“两不愁三保障”、深度贫困地区、消费扶贫、贫困劳动力就业和培训等，分解下达援助项目31个，截至年底，31个援建项目全部开工，完工30个、完成年度建设任务1个；累计完成投资8552万元，拨付资金4491.25万元、资金拨付率98%。武隆区选派党政干部4人、村（社区）党组织书记10人在济南相关单位挂职学习；济南市选派3名干部到武隆区交流挂职；对接邀请山东省专家到武隆区授课，完成党政干部培训302人次；选派专业技术人才18人到济南市锻炼；济南市派遣“三支”人员123人到武隆区指导工作。通过包机、专车等方式“点对点从家门口到厂门口”输送贫困人口到山东省就业82人，引导贫困户赴济南务工203人次，稳定就业57人；历下区建筑新村街道、东关街道、姚家街道、智远街道、大明湖街道、泉城街道、龙洞街道等7个街道组织企业到武隆区26个乡镇（街道）分别开展扶贫协作对接考察，捐赠帮扶资金、实物量共计1238.17万元；采购或销售武隆区农副产品2252.28万元；疫情防控期间，济南市向武隆区捐赠价值12万余元的药品、1万个口罩、1500个护目镜等医疗物资。

【水利部定点帮扶】 是年，水利部部长鄂竟平到武隆区调研指导水利扶贫工作；区委、区政府党政主要负责人多次赴水利部深化对接定点扶贫工作，多次召开定点扶贫工作座谈会。全年水利部在武隆区实施大中型水利项目6个，完成投资1.9亿元；协调融资到位1.5亿元水利建设资金支持西山水库建设；投入定点帮扶资金135万元，完成庙垭乡双桥村蚕桑产业示范园项目建设，通过贴息贷款等方式帮扶317户贫困户发展种养殖业；选派1名优秀干部到武隆区挂职交流，帮助培训水利系统基层干部和技术人才147人；购买或销售武隆区农副产品124.83万元；疫情防控期间，水利部向武隆区捐赠11.11万元防疫物资，划拨10万元特殊党费，支持疫情防控工作。

“十三五”期间，水利部定点扶贫武隆区“八大工程”全部完成。水利行业倾斜支持工程。累计投入9.8亿元重点帮扶小型水库和饮水安全项目，建设7座小型水库，新建或改建场镇供水工程15处，建设小型集中及分散式蓄水池2751个，巩固提升30.19万人饮水安全。贫困户产业帮扶工程。水利部帮扶单位无偿捐赠和引进帮扶资金761万元，帮助1609户贫困户培训种养殖业等劳动技能，贴息产业发展贷款，集中打造庙垭乡双桥村蚕桑产业示范园。贫困户技能培训工程。水利部通过经费支持，帮助武隆开展家政、挖掘机操作与维修、特色高山蔬菜与林果种植等技能培训382人次。贫困学生勤工俭学帮扶工程。对口帮扶单位捐赠140余万元，帮助258名贫困学生暑期勤工俭学，同时启动水利助学·武隆星光项目，帮助20贫困学生完成大学学业。水利建设技术帮扶工程。水利部对口帮扶成员单位全力造血扶持，长江设计院、中水珠江公司、中水东北公司垫资帮助武隆完成3座小型水库前期设计，13个帮扶成员单位组织47批次、308名技术人员开展技术帮扶，水利部先后派驻5名干部到武隆挂职。专业技术人才培训工程。水利部通过集中直接办班、委托办班、分散安排学习培训，培训基层干部512人次。贫困村党建促脱贫帮扶工程。水利部支援机关党费40万元，支持完成6个贫困村活动场所修缮和党员教育设施更新，支援经费和师资助力开展187人次的党支部书记和85人次的创业致富带头人培训，先后与3个村开展党支部共建活动。内引外联帮扶工程。水利部对口帮扶单位协调国家开发、农业发展等银行，融资到位7.09亿元，支持武隆区小型水库以及饮水安全巩固提升工程建设；累计投入0.45亿元，整治完成390口山坪塘，支持发展特色产业533.33公顷；协调北京尤迈慈善基金会远程会诊病人118人次；对口帮扶单位购买和帮助销售农副产品223.36万元，牵线搭桥广东水联网农业科技有限公司出资与武隆区电商运营有限公司联合成立重庆水联网农业科技有限公司，签订农产品销售协议400多万元，直接销售农副产品100余万元。

【市委政法委扶贫集团及市内帮扶】是年，市委政法委扶贫集团累计投入帮扶资金930.05万元，协调到位资金3290万元，实施扶贫项目12个；疫情防控期间向武隆区捐赠物资56.74万元，开展消费扶贫购买武隆区农副产品1808.97万元。涪陵区对口帮扶。与涪陵区商定并印发年度工作计划；涪陵区、武隆区党政代表团互访2次；接收涪陵对口帮扶援助资金1172万元，协调太极集团援助价值近7万元的防疫物资；太极集团、涪陵卷烟厂、榨菜集团等5家重点企业与全区5个贫困村结对帮扶；实施项目11个，选派3名党政干部赴涪陵区挂职锻炼，组织128名新生代劳动力到涪陵区就业，完成消费扶贫2360.5万元；捐赠价值7万元的药品。市八大民主党派、市工商联与武隆区签订《合作备忘录》，民革市委会帮扶双河镇铁炉村，民盟市委会帮扶羊角街道清水村，民建市委会帮扶火炉镇岩峰村，民进市委会帮扶赵家乡，农工党市委会帮扶羊角街道永隆村，致公党市委会帮扶凤山街道万银村，九三学社市委会帮扶沧沟乡大水村，台盟市委会帮扶土地乡天生村。八大民主党派参与武隆区扶贫调研、帮扶慰问、劳动力素质提升、艺体教育质量提升等领域，先后打造“仙女山度假艺术课题”、“统战文化进乡村”、羊角猪腰枣产业基地、中科院白马山机器人科普基地等亮点。

督查整改

【第三轮中央脱贫攻坚专项巡视反馈意见整改督查】1月5—8日，区纪委监委抽调12名干部组成6个督查组，对全区27个乡镇（街道）的脱贫攻坚工作落实情况进行专项督查，督查组采取“四不两直”的方式，对每个乡镇（街道）随机选取1个至2个村，每个村再随机抽取10户左右农户进行检查，着重查看脱贫攻坚落实情况，以户看村、以村看乡镇（街道）。该次共督查27个乡镇（街道），抽取46个村（其中43个贫困村），调查走访农户270户（其中贫困户225户）。

【全区脱贫攻坚工作督导督查】3月17—27日，区纪委监委、区委办公室、区政府办公室、区扶贫办共同组建3个工作组，采取明察与暗访结合，随机检查村、户和项目工程点的方式，针对扶贫项目开工复工、易地扶贫搬迁示范点建设、“两不愁三保障”清零行动摸排、脱贫攻坚挂牌督战、驻村工作队到位履职、干部结对帮扶、贫困劳动力外出务工返岗、春耕生产推进等重点工作，对27个乡镇（街道）和9个区级部门开展实地督查督导。4月20—28日，区纪委监委、区委办公室、区政府办公室、区住房城乡建委、区卫生健康委、区扶贫办共同组建3个工作组，采取听情况、查资料、看现场等明察暗访方式，针对各乡镇（街道）学习贯彻习近平扶贫重要论述、在决战决胜脱贫攻坚座谈会上的重要讲话和视察重庆重要讲话精神，中央脱贫攻坚专项巡视“回头看”反馈问题整改，扶贫领域腐败和作风问题专项治理自查自纠，未达标村卫生室整改和CD级危房改造推进，乡镇（街道）纪委（纪工委）监督作用发挥，以及3月督导督查通报问题整改落实等方面，对27个乡镇（街道）开展实地督导督查。5月25日至6月10日，区纪委、区委组织部、区扶贫办组建4个督查组，对26个乡镇（街道）和19个区级部门，采取听取情况、查阅资料、实地查看等方式对中央脱贫攻坚专项巡视“回头看”反馈问题、脱贫攻坚成效考核反馈问题、“不忘初心、牢记使命”主题教育检视问题、新冠肺炎疫情中反映的问题整改工作推进情况，脱贫攻坚大排查，乡村书记遍访贫困户，驻村工作队履职，帮扶干部入户开展帮扶工作，乡镇（街道）纪委（纪工委）日常监督，以及上次督查督导发现问题的整改情况等脱贫攻坚重点工作开展督导督查。

【全区脱贫攻坚收官大决战集中督查】11月9—13日，区纪委监委、区扶贫办牵头组建6个工作组，对全区脱贫攻坚收官大决战和迎接上级考核评估工作情况开展集中督查督导。督查组通过听汇报、查资料、实地核查等方式集中监督检查脱贫攻坚工作落实情况。同时，采取明察与暗访相结合的办法，到26个乡镇（街道）、村社和农户开展实地督查检查，掌握和了解各乡镇（街道）、帮扶集团脱贫攻坚工作推进进展情况。

【全区39户未脱贫户督导督查】 4月10—15日，区扶贫办组建督查工作组6个，对27个乡镇（街道）的未脱贫户、边缘户、脱贫监测户以及2020年扶贫项目开工建设情况开展实地检查。全区39户102人未脱贫户，涉及15个乡镇：双河镇13户、凤来乡4户、土地乡4户、鸭江镇3户、火炉镇2户、平桥镇2户、羊角镇2户、浩口乡2户，凤山街道、白马镇、长坝镇、文复乡、后坪乡、白云乡、大洞河乡各1户。主要致贫原因：因病致贫25户64人，占比63%；因缺劳力6户16人，占比16%；因残致贫5户13人，占比13%；自身发展动力不足3户9人，占比9%。

【“三保障”和饮水安全问题整改】 义务教育。全年建立健全控辍保学机制，全面落实特送教政策，累计发放教育资助41694人2112.3万元，保障贫困家庭子女有学上、上得起学。

基本医疗。全面落实“先诊疗后付费”“一站式结算”等机制，家庭医生签约服务贫困户全覆盖，贫困患者健康医疗救助26787人次1001万元；贫困人口住院自付费用和门诊自付费用分别下降到9.56%、14.25%，贫困群众“看病难”问题全面解决。

安全住房。分别下达安全住房改造计划524户（含一般户），对因自然灾害出现安全隐患的73户已脱贫户房屋纳入计划及时整治，实现贫困户安全住房全覆盖。

安全饮水。重点排查可能存在季节性缺水的村组和贫困户，全年投资1500余万元，完成34处安全饮水项目建设；对乡镇（街道）全覆盖动态开展水质检测。

【中央脱贫攻坚专项巡视反馈问题整改】 是年，全区成立区委落实中央专项巡视“回头看”和国家脱贫攻坚成效考核问题整改领导小组，下设办公室和10个专项小组，制定总体整改方案和专项整改方案，召开整改领导小组专题会议12次。截至年底，中央脱贫攻坚专项巡视“回头看”60项整改任务、国家扶贫成效考核反馈63项整改任务、国务院扶贫办脱贫攻坚暗访调研反馈2项问题、市级脱贫攻坚成效考核38项反馈问题、“不忘初心、牢记使命”主题教育检视问题6个、全市决战决胜专项督查反馈14项整改任务、全市脱贫攻坚“百日大会战”反馈15项整改任务等全部完成整改。市级脱贫攻坚普查反馈武隆区4类疑似问题，其中村表83条、户表795条、自主申报8189条、数据审核2079条等完成整改。国务院扶贫开发领导小组2020年脱贫攻坚督查认领问题71个，贫困县退出国家抽查第三方评估认领问题22个全部完成整改。

脱贫成果巩固

【易地扶贫搬迁】 全年武隆区推进易地扶贫搬迁后续扶持，制定《易地扶贫搬迁后续扶持实施方案》《落实降低易地扶贫搬迁群众过渡期和巩固期生活成本政策措施》等文件；完成易地扶贫搬迁2717户10658人，5个集中安置点完成扫尾工程。开展易地扶贫搬迁融资资金清理和审计工作，做好“十三五”易地扶贫搬迁国家、市级评估核查工作。中央脱贫攻坚专项巡视“回头看”及2019年国家和市级脱贫攻坚成效考核反馈问题清单整改销号。

【健康扶贫】 全年落实“先诊疗后付费”“一站式”结算，完成区内外健康扶贫基金、兜底保障26787人次1001.57万元，大病救助22人次21.59万元，慢病居家康复救助1375人110余万元。坚持精准投入。投入570余万元完成66个村卫生室整改，争取鲁渝扶贫资金500余万元，髋关节置换资金50万元。

是年，全区168个行政村实现标准化村卫生室、合格村医全覆盖。所有定点医疗机构实行贫困人口住院“先诊疗后付费”，贫困人口就医报销救助“一站式”结算通道畅通，实现基本医保、大病保险、医疗救助、精准脱贫保、健康扶贫医疗基金、兜底保障救助等7条保障线及时结算，农村贫困人口住院个人自付比例控制在10%以内、慢病和重特大疾病等门诊自付比例控制在20%以内。贫困人口大病专项救治病种增加到33种，入院救治或签约管理1067例。按照区乡村“1+1+1”组成家庭医生签约服务团队120个，完成在家且有意愿的建卡贫困人口、计划生育特殊家庭应签尽签。区财政每年安排150万元专项经费实施乡村医生养老保险、意外伤害保险补贴，解决乡村医生养老、日常意外保险问题。（区卫生健康委）

【教育扶贫】 全区排查出的24名“疑似失学孩子”和脱贫攻坚普查出的29名“不在校少年儿童”全部清零，解决偏远山区入学难、上学难的问题，实现建卡贫困户子女、低保户子女、留守儿童、残障儿童等特殊群体接受义务教育全覆盖。全学年落实学生资助资金3944.8万元、开展各级各类资助4.2万余人次，实现应助尽助、应助快助。全学年共发放营养改善资金1612.04万元，惠及全区82所学校，2.67万名学生。实现义务教育营养改善计划和农村学前教育儿童营养改善计划全覆盖，做到“应享尽享”。巡视反馈问题整改落实。桐梓中学校学生宿舍项目，9月28日项目开工建设，2020年年底完成投资500万元，主体框架工程完工，装饰工程完成5%。黄莺乡中心小学校学生宿舍项目，7月6日项目开工建设，完成投资340万元，11月10日项目完工，12月2日投入使用。教委集团帮扶。由区教委、区卫建委、区政务办、区老干局、区妇联、区红十字会、人保财险公司等7个成员单位组成的区教委扶贫集团，投入帮扶资金70余万元，项目建设资金1000万余元。2020年，区教委、武隆中学、实验小学、教委扶贫集团帮扶的长坝镇及长坝镇大元村被区委、区政府表彰为“脱贫攻坚工作先进集体”。

（区教委）

【社会保障扶贫】 全区建立“分管领导划片包干、行政科室监督指导、经办机构政策引导、帮扶干部对接包户”工作机制，依托国扶系统摸清底数，落实代缴，确保扶贫政策落细落实。2020年，全区建档立卡贫困人员43772人中符合参保34280人，参保34280人，参保率100%；应缴费24837人全部缴费，缴费率100%；符合代缴条件的建档立卡贫困人员2674人全部享受代缴，符合享受养老保险待遇9464人全部享受领待，领待率达100%。做好全区易地扶贫搬迁人员养老保险关系转移接续工作。全区易地扶贫搬迁共计10658人，其中区县内搬迁10633人，1人已转移养老保险关系，其余人员无意愿转移；市内跨区县搬迁共25人，2人已迁户籍且在户籍地参保，其余人员未迁户籍且暂无意愿转移。（区人力社保局）

【医保扶贫】 全区围绕“贫困人口基本医疗有保障”的目标，落实医保扶贫三年实施方案，建立建档立卡贫困人口参保资助制度，将“边缘户”参保纳入资助范围；把建档立卡贫困人口参保资助工作纳入各乡镇（街道）政绩考核内容；开展未参保贫困人口按月“清零”行动；全面落实贫困人口待遇倾斜政策，实施基本医保、大病保险、医疗救助、扶贫济困、健康扶贫基金、精准脱贫保及全区兜底政策“一站式”结算。脱贫攻坚以来，累计资助16.15万人次，资助资金2326.4万元。基本医保报销9019万元，大病保险报销674万元；重特大疾病门诊就诊6.8万人次，基本医保报销1355万元，大病保险报销276万元；实施医疗救助10.1万人次，救助金额2527万元。（区医疗保障局）

【就业扶贫】 全区支持贫困劳动力返岗复工，通过扶贫车间吸纳、返乡创业带动、专机包车劳务输出、公益性岗位安置等方式，累计输送贫困劳动力转移就业18687人，兑现交通补贴10677人119.45万元，易地搬迁贫困人口稳岗就业3989人、边缘人口稳岗就业237人；开展母婴护理、养老护理、鲜面制作、中式烹饪、乡村旅游等专业技能培训共43期，培训建档立卡贫困人口3318人（其中送培贫困人口171人，边缘人口3人），转移就业1265人；开发公益性岗位3303个，其中安置贫困劳动力2879人；开展就业扶贫招聘会16场次，其中开展贫困劳动力专场招聘4次，解决贫困劳动力就业163人；12个扶贫车间（2020年新建8个）吸纳贫困劳动力就近就业103人；培育致富带头人382人，带贫农户1338户；实现贫困户“零就业”家庭动态清零。（区人力社保局）

6月18日，凤来镇高寿村满绣扶贫车间 徐爱荣 摄

【消费扶贫】 全年开展区乡村三级干部直播带货活动，推荐认定供应商89个、扶贫产品529个。截至年底，全区累计完成消费扶贫15972万元。济南东西部扶贫协作、水利部定点帮扶、市委政法委扶贫集团及涪陵区结对帮扶累计采购武隆区农副产品16139万元，超额完成年度目标任务。财政预留份额采购、扶贫“832平台”采购、社会扶贫网“重庆馆”采购和社会帮扶消费扶贫采购超额完成年度目标任务。（区商务委）

【金融扶贫】 扶贫小额信贷获贷率提升。截至年末，全区累计发放扶贫小额信贷3.21亿元，惠及建档立卡贫困户7340户，获贷率56.77%，财政累计全额贴息2564万元。用好用活央行货币政策工具。全年新增央行扶贫再贷款额度1.3亿元，累计发放央行扶贫再贷款3.26亿元，带动878户贫困户增收致富，惠及建档立卡贫困人口2000余人，扶贫再贷款余额6065万元。创新信用贷款支农模式，农行武隆支行推出“纯信用、免抵押、低利率”的“乡村振兴带头人贷款”，全年累计发放106笔，共计3203万元。

（区金融服务中心）

【防灾救灾】 全区完成因持续降雨导致道路、水利、农业生产等基础设施损毁的修复；全区纳入农村低保的贫困户2940户5415人，发放低保金2660.24万元；为建档立卡贫困户购买“精准脱贫保”4.39万人570.5万元，累计赔付8833人次595万元。

（区扶贫开发办）

【移民后期扶持】 全年完成三峡后续规划修编工作。围绕城镇移民安置区供水安全、农村饮水安全巩固提升、改善农村生产生活条件等方面，规划项目36个，总投资11.6亿元。全年发放农村移民直补资金、城镇困难补

助、特殊救济102万元，惠及近2000人。白马航电枢纽移民安置工作。按期完成枢纽工程右岸征地拆迁工作，共征用各类土地135.95公顷、搬迁移民80户327人、拆迁各类房屋19870平方米、搬迁坟墓197座、搬迁村副业1家、处理汽车便道机耕道5千米、码头停靠点1处，完成右岸卫生防疫消毒工作，完成各类专业设施线路迁复建约61千米，兑付各类移民补偿资金3525万元。启动白马集镇安置点建设工作，白马集镇移民安置点连接道路动工建设，累计完成投资750万元。

（区水利局）

扶贫亮点

【生态旅游扶贫模式】 全区发挥生态环境优良、旅游资源丰富优势，把全域作为1个“大景区”“大公园”进行打造，发展“旅游+文化”“旅游+康养”“旅游+工业”“旅游+农业”等融合产业，设计推出5条乡村旅游精品线串联26个街镇乡、50余个主要乡村旅游点，把山区变为景区、产品变为产业、风景变为“钱景”，直接带动全区10万名农民吃上“旅游饭”。细化利益联结机制，探索出“廊道带动”“集镇带动”“专业合作社带动”“景区带动”“云经济带动”等生态旅游扶贫增收带动模式，3万名贫困人口靠旅游摆脱贫困，1万名涉旅贫困人口人均年收入2万元以上，实现“旅游做到哪里，那里的老百姓就脱贫致富”。生态旅游扶贫经验模式获评全国典型、先后两次入选《世界旅游联盟旅游减贫案例》，做法成效得到中国科学院精准扶贫评估研究中心主任、脱贫攻坚全国第三方评估组总组长刘彦随院士的肯定。

【乡村旅游扶贫】 全区构建大旅游扶贫格局，每年设立3000万～5000万元旅游产业发展资金。2020年，打造沧沟乡大田湿地人家、火炉镇呐溪原乡、芙蓉街道七彩堰塘等乡村旅游（村）点，推出沧沟青杠—大田湿地人家—后坪天池苗寨乡村旅游扶贫精品线路。全年乡村旅游接待游客1200万人次，综合收入24亿元。仙女山街道荆竹村、后坪乡文凤村、芙蓉街道堰塘村创建全国乡村旅游重点村。

【专项扶贫行动】 *产业扶贫* 是年，全区建设产业扶贫基地3493个，实现184个行政村全覆盖；实行产业发展指导员制度和贫困户到户产业补助政策，确定产业发展指导员459名，下达补助资金707.58万元，覆盖贫困户7000余户；稳步推进6个“三变”改革试点村，成功创建3个全国“一村一品”示范村镇和12个全市“一村一品”示范村镇。平桥镇成功入选国家级农业产业强镇建设名单。

易地扶贫搬迁后续扶持 制定支持易地扶贫搬迁后续扶持发展24条措施，配套落实5个方面的政策支持，落实后续产业扶持资金901万元，培训易地扶贫搬迁贫困户350人，开发易地扶贫搬迁公益性岗位463人，实现易地扶贫搬迁贫困户零就业家庭动态清零。

生态扶贫 全区国土绿化提升行动提前实施面积9066.67公顷，重点扶持蚕桑、甜竹、银杏等产业；下达乡村绿化资金730万元，兑付生态效益补偿金2198万元，兑付村级集体经济和天然林停伐管护补助资金505万元；在贫困户中精准选聘生态护林员1083名。

社会救助兜底 推进农村最低生活保障与扶贫开发政策有效衔接，形成政策合力。全区纳入农村最低生活保障贫困对象占贫困人口总数的12%，实现符合低保兜底贫困人口“应保尽保”。

“志智双扶” 是年，武隆区水利局获先进集体，武隆区桐梓镇香树村脱贫户潘国丽（女）获先进个人奋进奖；武隆区委组织部政研室主任郭守顺获先进个人贡献奖；武隆区传宏土特产品有限公司董事长张永红获先进个人奉献奖。评选表彰区级脱贫攻坚“先进集体”80个、“先进个人”160名。评选表彰“最美扶贫人”10名。深入开展公序良俗教育，开展基层微宣讲活动2288场次，受众40余万人次；开展评选好婆媳、好儿女等先进典型120余场次，开展“家风润万家”活动32场次，评选“最美庭院”1382户；26个乡镇（街道）、“两不愁三保障”部门集中开展脱贫攻坚成果展。

（区扶贫开发办）

中国共产党武隆区委员会

综　述

【概况】 2020年，中共武隆区委坚决落实党中央重大战略部署和市委工作安排，全面打赢新冠肺炎疫情防控阻击战、决胜全面小康社会、决战脱贫攻坚、全面从严治党、经济社会高质量发展等各项事业展现新气象。召开全委会会议2次、常委会会议43次，审议通过《中共重庆市武隆区委关于深入推进成渝地区双城经济圈建设的决定》《中共重庆市武隆区委关于制定重庆市武隆区国民经济和社会发展第十四个五年规划和二〇三五年远景目标的建议》等。支持人大科学决策、民主决策、依法决策，任免国家机关工作人员42人次，办理代表建议315项。保障政协履行政治协商、民主监督、参政议政职能，征集建议意见9个方面35条，委员提案立案144件。推动法治政府建设，严格审核涉及公民、法人和其他组织权利义务的规范性文件118件，建成公共法律服务实体平台237个。组织政党协商8次，政府工作部门领导班子配备党外干部比例50%以上，民盟武隆区总支部被民盟中央评为思想政治建设和宣传工作先进集体。文复苗族土家族乡创建“全国民族团结进步示范区”“重庆市民族团结进步示范区”。发挥总工会、共青团、妇联、工商联、科协、残联、文联、红十字会、社科联等群团组织桥梁作用，党校、侨台、老干部、关心下一代等工作取得成绩。

【政治建设】 全年召开43次区委常委会会议、15次理论学习中心组学习会，示范带动各级理论学习中心组学习825次。完善“不忘初心、牢记使命”“1+10”制度机制，持续深化“两学一做”学习教育，带动全区1.9万余名党员学思践悟。区委常委带头，各级宣讲队伍开展全会精神集中宣讲180余场、“六进”宣讲1080场次、“十讲十让”基层微宣讲3531场，覆盖干部群众40余万人。完成中央脱贫攻坚专项巡视“回头看”、市级考核等反馈的15类79条问题整改，推进中央和市级环境保护督察、全国扫黑办2020年第一轮督导等反馈问题整改工作。配合中央第十二巡视组到武隆工作，抓好五届市委第二轮巡视整改工作调研督查通报反馈问题整改，制定35条整改措施。

【成渝地区双城经济圈建设】 2020年，全区制定出台《关于深入推进成渝地区双城经济圈建设的决定》《关于成立武隆区融入成渝地区双城经济圈建设领导小组的通知》等文件，成立以区委书记为组长、区政府区长为副组长的武隆区深入推进成渝地区双城经济圈建设领导小组，下设加强交通基础设施建设、加快现代产业体系建设、增强协同创新发展能力、优化国土空间布局、加强生态环境保护、强化公共服务共建共享等7个专项工作组，建立完善工作机制；明确7个方面、24项任务，与乐山市、九寨沟县签署文旅合作协议，仙女山与大邑县西岭雪山缔结姊妹景区，与170余家“巴蜀文化旅游走廊”旅游景区实现资源共享互推。与大足石刻、峨眉山等缔结“巴蜀遗产地联盟”；共同举办绿色产品博览会、“川渝企业武隆行”等活动，签订投资框架协议3个、金额25.5亿元；与黔北区域市区县签订系列合作协议。

【经济社会发展】 2020年，全区统筹推进疫情防控和经济社会发展，实现经济逐季恢复、稳定向好，全年地区生产总值增长4%左右、城乡居民人均可支配收入增长8%左右。

生态产业。启动编制《加快推进武隆旅游国际化示范区建设的实施意见》，仙女山森林康养基地入选国家第一批森林康养基地，新增国家AAAA级旅游景区2个，建成3个“全国乡村旅游重点村”、2个“中国美丽休闲乡村”，接待游客量、综合收入同比增长5%和5.88%。新开发页岩气20口井，改造“智能化”工业项目12个，建成投产项目5个、5G基站368个，工业投资同比增长10.9%，规模以上工业增加值增长7%。加快推进国家农业绿色发展先行区建设，整治高标准农田2000公顷，脆桃、猪腰枣入选全国名特优新农产品名录，新认证绿色食品40个，新培育市级龙头企业3家，农产品加工业实现产值20亿元，农业增加值增长4%，平桥镇获全国农业产业强镇。直播经济、夜间经济等新业态快速增长，新增限上企业15家，实现消费扶贫1.6亿元、网售总额46亿元、社会消费品零售总额119亿元。

改革开放。推进“世界知名旅游目的地”建设等10个方面体制机制改革。启动知识价值信用贷款改革试点，推进农业农村、投融资等关键领域改革。深化国资国企改革，隆畅公司上市稳步推进。仙女山机场成功首航，渝怀铁路二线全线开通。与3名中科院院士建立稳定合作关系，柔性引进各类人才70余名，新增24家科技型企业，申报国家农业科技园区。签约国电投投资10亿元建绿色智慧能源示范区，与重大“校地合作”建设“微波输能与空天太阳能电站实验基地”，与中科院老专家技术中心组建武隆工作站。R&D经费支出增长20%。

招商引资。优化完善“1+11+N”招商模式，推进“专业招商、平台招商”“全民招商”“云招商”等，签约项目57个、签约额307.5亿元，近三年累计签约项目125个、签约额1120.44亿元，储备重点在谈招商项目27个、投资总额约686亿元。新增外贸企业8家，到位外商投资项目2个，招商项目落地转化率达90%以上。深化“多证合一”等改革，大力推行“一窗办”“网上办”，行政审批承诺时限压缩75%，全程网办事项比例达73%，民营经济增加值占GDP比重达62.9%。招商“项目经理制”获全市优化营商环境十佳创新案例。

生态环境。落实“五大环保”行动，实施40项生态文明建设重点工程，森林覆盖率65%，空气优良天数355天，集中式饮用水水源地水质优良比例为100%，天然林全面禁伐、全域禁猎，全面落实长江流域重点水域“十年禁渔”。在全市首个同时获评“绿水青山就是金山银山实践创新基地”和“国家生态文明建设示范市县”，芙蓉湖国家湿地公园建设通过验收。举办“2020中国·重庆（武隆）绿色发展实践国际论坛”。

疫情防控。落实“四早”“四集中”要求，锁定“四个工作面”“两大保障”和“十类人员”，成为全市首批新冠肺炎疫情低风险地区，涌现出全国抗击新冠肺炎疫情先进个人陈旼媚等先进典型。落实“外防输入、内防反弹”常态化防控策略，实行“一企一策”等“五个一”制度，在全市率先开放景区景点、恢复区内公共交通、推动企业和重大项目复产复工，GDP增速在全市首批由负转正。

脱贫成果。开展定点攻坚战、百日大会战、收官大决战“三大战役”，市级深度贫困乡后坪乡攻坚任务全面完成，75个市级贫困村全面销号，贫困人口全部出列，全面完成普查任务，脱贫攻坚取得决定性胜利。后坪乡天池苗寨、芙蓉街道堰塘村被推荐为中国扶贫交流基地重点参观点，“旅游+N”多产业融合发展模式入选世界旅游联盟旅游减贫案例，易地扶贫搬迁事迹入选全国“十三五”易地扶贫搬迁典型案例，火炉镇保峰村党建引领脱贫攻坚成效得到全国政协主席汪洋批示肯定，东西部扶贫协作工作成效获得国家考核组好评。健全防止返贫监测和帮扶机制，成为全市脱贫攻坚与实施乡村振兴战略有机衔接试点区县。习近平总书记参加全国政协十三届三次会议经济界委员联组会时，对武隆生态旅游扶贫成效给予充分肯定。

民生福祉。发放救助金1.3亿元，惠及困难群众2万余人；精准帮扶劳动力转移就业1.6万余人，应届高校毕业生就业率达93%；实施32件市区级民生实事项目完成投资3.22亿元，完成农村人饮工程34处。中小学义务教育阶段师资建设、功能室建设、信息技术设备达标率均为100%，成为全市学前教育示范区（县）之一；城乡居民医疗保险、基本养老保险参保率稳定在95%以上；区中医院成功创建二甲医院；《武隆年鉴（2019）》入选全国地方志一等年鉴。

城乡建设。加快建设产城景融合发展先行区，构建1000平方千米“产城景融合发展经济圈”。打造“特色山水·滨江休闲”旅游城市，连续两年上榜“中国最美县域榜单”，“国家卫生区”创建通过国家技术评估。实施乡村振兴十大重点工程，优化调整提升5条休闲农业和乡村旅游精品线路，打造20个“精品类”、27个“示范类”美丽宜居村庄，羊角街道艳山红村获评全国乡村治理示范村、全市首批乡村振兴示范镇村。

社会平安。完善“16+N”平安稳定风险综合研判联动处置等工作机制，深入实施安全生产专项治理三年行动，持续开展高层建筑、老旧小区消防安全专项整治，扎实做好食品安全工作，全年较大以上安全事故、进京非访“零”发生，群众满意度持续提升。试点打造“三治融合·智惠后坪”——乡村社会治理系统工程，亮相2020线上智博会市域社会治理智能化应用场景展。统筹做好防汛救灾监测预警、转移避险、抢险救援、灾后重建等工作，成功应对14次极端天气和152起地灾险情，有效处置白马镇鱼光村牛儿湾大面积山体滑坡、土地乡六井村中台组中堡滑坡等险情，实现人员零伤亡。

【从严治党】 落实管党治党责任。全区落实《党委（党组）落实全面从严治党主体责任规定》，区委常委会坚持听取党委（党组）抓党建述职51次，研究党建议题138个，细化区委常委全面从严治党责任清单7项。持续开展“兴转促”活动，实行基层党组织“月述、季评、年考”机制，年底述职测评全覆盖。制定落实全面从严治党主体责任“三张清单”，严格执行《中国共产党问责条例》，开展党内问责15起，问责党员干部48人。宣传思想引领。印发《贯彻落实〈中国共产党宣传工作条例〉重点任务分工方案》，严格落实意识形态“1+10”工作责任制。出台《重大决策网络舆情风险评估审查办法（试行）》，网络舆情态势总体平稳。推出请战老党员等一批典型群体，在全市“双晒”中荣获最佳传播奖。《人民日报》、新华社等中央主流媒体报道武隆100余条。干部队伍建设。制定《加强全区党政领导班子建设具体措施》，精准调配干部7批次、178人次。坚持在急难险重任务一线精准培训干部，1万余名党员干部踊跃投入疫情防控，全面实行“点训”培训干部3300余人次，党员民警罗旦华获评2020年全国先进工作者。持续开展不担当不作为问题专项整治，谈心谈话621人次，提醒函询诫勉干部26人次。基层组织建设。出台《加强以村党组织书记为重点的村干部队伍建设十条措施》，调整优化党支部书记66名、“两委”干部164名，村（社区）“一肩挑”比例达100%。建立基层党支部工作联系点559个，启动实施76个村（社区）便民服务中心三年提档升级行动，配套安排1212万元专项资金发展壮大集体经济，“空壳村”全面消除。在全市率先启动党组织领导下的校长负责制试点工作。与清华大学联合举办脱贫攻坚与乡村振兴有机衔接培训班，全领域培训提升支部书记。国防动员建设。完成基干民兵编建任务，连续两年实现100%大学生入伍，大学毕业生占比49.03%，位居全市前列。获评全国双拥模范城，武装部被军委国防动员部评为“国防动员系统决战决胜脱贫攻坚先进单位”和“新闻宣传优胜单位”，被警备区评为“全面建设先进人武部”。获《人民日报》、中央电视台、《解放军报》等中央主流媒体报道56篇。培育“兵支书”品牌，红豆社区“兵支书”彭小兵获评全国爱国拥军模范，黄莺村“兵支书”刘其发获评全市最美退役军人。党风廉政建设。查处形式主义、官僚主义问题20起、处理32人，立案54件、党纪政务处分42人。常态化监督脱贫摘帽后“四个不摘”落实情况，查处扶贫领域腐败和作风问题27个76人，处分5人。深化运用监督执纪“四种形态”批评教育帮助和处理825人次。开展“以案四说”警示教育会489场次，受教育党员干部2.5万余人次。将上级巡视、督查等与区内政治巡察有机结合，完成四轮巡察，移交问题线索23件，立案处理4人，巡察党组织覆盖率88%。

【督查】 是年，全区定期开展贯彻落实习近平总书记对重庆所作重要讲话和系列重要指示批示精神“回头看”专项督查。开展形式主义官僚主义突出问题专项整治，区级层面制发文件、召开会议分别同比减少13.2%、3.8%。对区委常委会会议、区委专题会议议定事项进行台账化管理，建立交办、督办、催办、定期汇总报告机制，共督办各类议定事项137件，办结率100%。对区委主要领导批示、交办事项，建立工作台账，实行办结销号制度，共督查批示和交办事项227件。对区委主要领导批示、交办事项，建立工作台账，实行办结销号制度，共督查批示和交办事项227件。探索推广“互联网＋督查”，修订完善督查督办网络平台，实现督查事务的在线发布、办理和反馈。

重要会议

【区委全体会议】 区委十四届九次全体会议 4月22日，中共武隆区委十四届九次全体会议召开。全会听取黄宗华代表区委常委会所作的贯彻落实习近平总书记重要讲话精神工作情况报告，审议通过《中共重庆市武隆区委关于深入推进成渝地区双城经济圈建设的决定》和全会决议。

区委十四届十次全体会议 12月3日，中共武隆区委十四届十次全体会议召开。全会听取区委常委会工作报告，审议《中共重庆市武隆区委关于制定重庆市武隆区国民经济和社会发展第十四个五年规划和二〇三五年远景目标的建议》，讨论《关于贯彻落实〈成渝地区双城经济圈建设规划纲要〉的实施意见》。全会听取并审议黄宗华代表区委常委会所作的工作报告，审议通过《中共重庆市武隆区委关于制定重庆市武隆区国民经济和社会发展第十四个五年规划和二〇三五年远景目标的建议》。全会提出“十四五”时期全区经济社会发展的指导思想和必须遵循的原则，明确“十四五”发展主要目标和二〇三五年远景目标。

4月22日，中共武隆区十四届委员会第九次全体会议现场　付琳眉　摄

【区委全面深化改革委员会会议】 区委全面深化改革委员会第五次会议 3月5日上午，在区委会议中心二会议室召开。会议传达学习中央全面深化改革委员会第十二次会议精神和市委全面深化改革委员会第九次会议精神，听取市委全面深化改革委员会第九次会议审议事项涉及武隆区需贯彻落实事项准备情况和区委全面深化改革委员会第四次会议精神贯彻落实情况、全区殡葬改革工作、公共卫生应急管理体制机制建设、应急物资保障体制机制建设等情况汇报，研究审议《武隆区2020年度区级自主探索改革工作要点（送审稿）》《武隆区卫生应急体系建设实施意见（送审稿）》《武隆区安全生产与自然灾害应急储备物资管理办法（送审稿）》等改革文件。

区委全面深化改革委员会第六次会议 5月21日下午，在区委会议中心二会议室召开。会议传达学习中央全面深化改革委员会第十三次会议精神和市委全面深化改革委员会第十次会议精神，听取中央全面深化改革委员会第十三次会议、市委全面深化改革委员会第十次会议审议事项涉及全区需贯彻落实事项准备情况和区委全面深化改革委员会第五次会议精神贯彻落实情况、全区深化生态工业供给侧改革情况、创新信用贷款支农模式助力乡村振兴工作情况，听取区城管局、后坪乡主要负责人抓改革工作述职，审议《2020年武隆区教育改革工作要点（送审稿）》《武隆区重点项目专项督察组组建方案（送审稿）》《武隆区2020年国资国企改革工作要点（送审稿）》《关于进一步规范我区国有投资工程建设项目招标投标活动的通知（送审稿）》《重庆市武隆区促进工商联所属商会改革和发展的实施方案（送审稿）》等改革文件方案。

区委全面深化改革委员会第七次会议 7月29日下午，在区委会议中心二会议室召开。会议传达学习中央全面深化改革委员会第十四次会议精神和市委全面深化改革委员会第十一次会议精神，听取中央全面深化改革委员会第十四次会议、市委全面深化改革委员会第十一次会议审议事项涉及武隆区需贯彻落实事项准备情况和区委全面深化改革委员会第六次会议精神贯彻落实情况、全区深化文化旅游体制改革等有关工作情况汇报，审议《关于调整区委全面深化改革委员会办公室主任及专项小组有关成员的通知》《武隆区自然资源资产产权制度改革实施方案》《关于进一步加强和规范房地产开发建设管理的通知》《武隆区公立医院等级创建工作实施方案》等改革文件方案。

区委全面深化改革委员会第八次会议 9月29日下午，在区委会议中心二会议室召开。会议传达学习中央全面深化改革委员会第十五次会议精神和市委全面深化改革委员会第十二次会议精神，听取中央全面深化改革委员会第十五次会议、市委全面深化改革委员会第十二次会议审议事项涉及全区需贯彻落实事项准备情况和区委全面深化改革委员会第七次会议精神贯彻落实情况、党的十八届三中全会以来全区农业农村改革进展情况、健全完善脱贫攻坚与乡村振兴有机衔接体制机制情况、健全完善促进产城景融合发展体制机制情况，审议《武隆区贯彻落实〈关于加快建立网络综合治理体系的意见〉的工作方案（送审稿）》《武隆区天然林保护修复制度实施方案（送审稿）》《关于理顺关系推动和促进国有企业快速高效运转的意见（送审稿）》等改革方案。

区委全面深化改革委员会第九次会议　12月10日上午，在区委会议中心二会议室召开。会议传达学习中央全面深化改革委员会第十六次会议精神和市委全面深化改革委员会第十三次会议精神，听取建立体制机制推动“成渝地区双城经济圈”建设、深化殡葬改革、健全完善体制机制推进“城市品质提升”等工作情况，书面听取党的十八届三中全会以来武隆区教育领域综合改革进展情况和党的十八届三中全会以来武隆区重大改革事项落实情况总结评估报告；审议《关于深化武隆区媒体融合发展的改革方案（送审稿）》《武隆区建设绿色金融改革创新试验区实施方案（送审稿）》等改革方案。

【区委书记专题会】 全年召开区委书记专题会22次，主要研究“区四大家”领导每月工作安排、干部人事、巡察等工作。

【区委常委会会议】 是年，区委召开常委会会议43次。

2020年中共武隆区委第十四届委员会常委会会议情况表

表17

时间	会议次数	会议议题
1月2日	第110次	传达学习习近平总书记发表的二〇二〇年新年贺词和在全国政协新年茶话会上的重要讲话精神、中共中央政治局常委、全国政协主席汪洋对火炉镇保峰村全体村民寄信的批示精神，以及重庆市民族团结进步表彰大会精神、2019年度区县党委书记抓基层党建述职评议会精神，研究全区贯彻落实意见；审议《关于授予武隆区2018年度考核优秀公务员奖励（送审稿）》
1月16日	第111次	传达学习中央、市有关会议（文件）精神，研究全区贯彻落实工作：审议《区纪委十四届五次全会方案（送审稿）》《区委书记黄宗华在区纪委十四届五次全会上的讲话（送审稿）》《区纪委十四届五次全会报告（送审稿）》《武隆区脱贫攻坚先进集体及个人奖励名单（送审稿）》《第三届感动武隆人物表彰人选名单（送审稿）》《2018—2019年度全区表彰“公序良俗建设示范村”名单（送审稿）》；听取关于2020中国·重庆（武隆）绿色发展实践创新国际论坛前期筹备情况汇报；审议《武隆区城市社区工作者职业体系建设实施办法（送审稿）》《全区公务员晋升四级调研员以上职级人选方案（送审稿）》；书面汇报2019年度区委常委会会议议定事项办理情况
1月22日	第112次	传达学习习近平对新冠肺炎疫情作出的重要指示、1月21日市委常委会会议精神，听取全区预防新冠肺炎疫情工作情况汇报，研究全区贯彻落实工作
1月27日	第113次	传达学习2月3日中共中央政治局常务委员会会议精神和市委常委会会议精神；听取全区疫情防控工作情况汇报，研究市第九督导组反馈问题整改方案，安排部署下一步工作措施；听取2020年全区抓党建工作措施、抓经济工作措施汇报
2月5日	第114次	传达学习习近平在北京市调研指导新型冠状病毒肺炎疫情防控工作时发表的重要讲话精神、2月10日中央应对新冠肺炎疫情工作领导小组会议精神，2月11日市委常委会会议精神，汇报全区疫情防控工作情况、下一步防控措施及复工复产安排；研究下一步工作措施；听取何全区疫情防控工作中各级党组织和党员干部发挥作用情况、宣传和舆情管控工作情况汇报；听取区公安局、区交通局、区卫生健康委、凤山街道、芙蓉街道、长坝镇等党组织工作汇报（肺炎疫情防控）
2月12日	第115次	传达学习相关会议精神；听取新冠肺炎疫情防控工作情况汇报，研究下一步工作措施；审议《武隆区城市社区工作者职业体系建设实施办法（试行）（送审稿）》《区委常委会2019年度工作述职报告（送审稿）》；听取2019年度法治政府建设情况汇报
2月14日	第116次	传达学习相关会议精神，研究下一步工作措施；听取全区疫情风险分析评估情况和防控措施汇报，研究下一步工作措施；听取疫情对经济社会发展影响相关情况汇报，研究下一步工作打算；审议《2020年全国劳动模范和先进工作者候选人（送审稿）》《武隆区2020年干部教育培训班次计划（送审稿）》等议题
2月17日	第117次	传达学习相关会议精神；研究全区统筹做好疫情防控和经济社会发展工作的针对性举措；研究全区2020年招商引资工作；审议《全区2020年“大调研”行动方案（送审稿）》；研究全区2个民主党派支部（支社）升格为总支（基层委员会）相关事宜；审议《十四届区委第九轮巡察组组长授权及巡察任务分工的决定（送审稿）》，听取区委第四至七轮巡察整改监督检查情况汇报
2月24日	第118次	传达学习相关会议精神；听取全区统筹抓好疫情防控和经济社会发展近期工作情况汇报，研究下一步工作措施；审议《重庆市武隆区人民政府与重庆高速公路集团有限公司合作协议（送审稿）》；听取区司法局、平桥镇、区喀斯特（集团）公司等党组织汇报党建工作
3月2日	第119次	传达学习相关会议精神；听取全区当前新冠肺炎疫情防控和稳定经济社会运行重点工作情况汇报，研究下一步工作；审议《年产20万吨页岩气支撑剂项目投资协议（送审稿）》；听取2019年审计工作汇报，研究部署2020年工作

续表 17

时间	会议次数	会议议题
3月9日	第120次	传达学习3月10日习近平在湖北省考察新冠肺炎疫情防控工作时的重要讲话精神，研究全区贯彻落实工作
3月11日	第121次	传达学习中央、市有关会议（文件）精神，研究全区贯彻工作；听取全区近期疫情防控和经济发展重点工作汇报；审议《中共重庆市武隆区委常委会会议议题管理制度（试行）（送审稿）》《推荐参评2020年“重庆五一奖”候选名单（送审稿）》《重庆市武隆区平安建设暨社会治安综合治理先进集体和先进个人名单（送审稿）》；研究区建设投资（集团）公司与中石油天然气股份有限公司重庆销售分公司投资组建能源公司有关事宜；审议招商引资项目投资协议书；审议《武隆特色豆制品、苕粉产业振兴暨10万吨大豆深加工项目投资合作协议（送审稿）》《武隆国际服务贸易数字经济产业园项目协议（送审稿）》《食用笋种植加工项目投资协议（送审稿）》《建筑石材综合开发利用深加工项目及投资协议（送审稿）》；听取区发展改革委党组、白云乡党委党建工作汇报
3月20日	第122次	传达学习重庆市推动成渝地区双城经济圈建设动员大会、全市大健康产业高质量发展座谈会会议精神，研究全区贯彻工作；审议《重庆市武隆区党外干部培养选拔工作暂行办法（送审稿）》等议题
3月24日	第123次	传达学习相关会议精神，研究全区贯彻落实工作；听取第一季度部分重点工作情况汇报，研究下一步工作；听取区委常委会会议议定事项办理、脱贫攻坚工作、意识形态工作、第一季度经济工作、区属重点国有企业融资情况汇报；审议《2020年度区委理论学习中心组学习计划（送审稿）》；研究干部人事工作
4月1日	第124次	研究干部人事提名事宜
4月8日	第125次	传达学习中央、市有关会议（文件）精神，听取全区2020年春季开学准备情况汇报，审议《关于实施政府过紧日子十六条举措进一步深化财政管理改革的通知（送审稿）》《推荐参评武隆区新冠肺炎疫情防控“重庆市巾帼建功标兵”和重庆“最美家庭”候选名单（送审稿）》
4月17日	第126次	传达学习中央、市上有关会议（文件）精神，听取全区一季度经济形势情况汇报，研究审议相关工作议题，安排部署下阶段工作
4月24日	第127次	传达学习中央及市上有关会议（文件）精神，听取近期新冠肺炎疫情防控工作情况及“五一”小长假疫情防控工作汇报；听取关于夏宫高尔夫球场整改关闭工作情况汇报；审议《关于支持中堆坝片区D4-02/02地块用于民营医院建设项目建议方案（送审稿）》等议题
4月30日	第128次	传达学习有关会议精神，审议《武隆区进一步加强耕地保护和改进占补平衡实施方案（送审稿）》《九街菜市场项目投资协议（送审稿）》《2020年软弱涣散村、社区党组织整顿建议名单（送审稿）》等议题
5月19日	第129次	传达学习2020年全国两会会议精神和习近平总书记在两会期间发表的系列重要讲话精神；审议《关于兑现重庆武隆影视文化创意产业园区2019年地方经济贡献奖励扶持政策（送审稿）》等；听取区白管委、区人力社保局、火炉镇等党组织党建工作汇报
5月29日	第130次	传达学习中央、市有关会议（文件）精神，审议《武隆区2019年脱贫攻坚成效考核结果（送审稿）》《2020年决战决胜脱贫攻坚成效考核实施方案（送审稿）》《区计划生育协会第一次会员代表大会筹备工作方案（送审稿）》等议题。听取区生态环境局党组、区建设投资（集团）公司党委、白马镇党委党建工作汇报
6月10日	第131次	传达学习中央、市有关会议（文件）精神，听取全区常态化疫情防控工作情况、安全生产工作情况、防汛抗旱工作情况以及中央、市级生态环境保护督察反馈问题整改工作推进情况等汇报，审议《武隆区定期表彰“宣传思想工作先进集体”和“宣传思想先进个人”方案（送审稿）》《关于推荐2020年度市级脱贫攻坚先进集体和先进个人建议人选（送审稿）》等议题
6月18日	第132次	传达学习中央、市有关会议（文件）精神，审议《总部经济注册结算经济指导意见（送审稿）》《武隆区鼓励乡镇（街道）招商引资的指导意见（送审稿）》《共建微波输能与空天太阳能电站实验基地合作协议（送审稿）》《仙女山国际森林教育营地项目投资协议（送审稿）》等议题；听取上半年脱贫攻坚工作、意识形态工作、区属重点国有企业融资、平安稳定（扫黑除恶）工作的情况汇报
6月29日	第133次	传达学习中央、市有关会议（文件）精神，审议《武隆区贯彻落实重庆市中央生态环境保护督察报告整改方案（送审稿）》《武隆区2020年度政绩考核办法和政绩考核指标体系（送审稿）》等议题；听取2020年上半年区委常委会会议议定事项办理情况、招商引资工作情况汇报；听取区财政局党组、仙女山街道党工委、凤来镇党委党建工作汇报
7月10日	第134次	传达学习中央、市有关会议（文件）精神，研究全区当前常态化疫情防控工作，听取2020年上半年全区经济形势情况汇报等
7月20日	第135次	传达学习中央、市有关会议（文件）精神，听取关于土地乡六井村中台组中堡滑坡灾情及应急处置情况，研究下一步工作措施；研究关于民盟重庆市武隆区支部委员会升格为民盟重庆市武隆区总支部委员会事宜；听取关于武隆区市域社会治理现代化试点工作情况；审议《武隆区2019年财政决算（草案）的报告（送审稿）》《武隆区2020年区级预算调整方案（草案）》等议题；听取区规划自然资源局党组、区住房城乡建委党组、区统计局党组党建工作汇报

续表 17

时间	会议次数	会议议题
7月27日	第136次	传达学习中央、市有关会议（文件）精神，审议《关于2020中国·重庆（武隆）绿色发展实践国际论坛筹备相关情况》《关于长江流域重点水域禁捕退捕工作情况》等议题
8月17日	第137次	传达学习中央及市上有关会议精神，安排部署全区贯彻工作；审议《武隆区关桥村乡村生活综合体项目投资协议（送审稿）》《零工宝互联网人才共享平台项目投资协议（送审稿）》《页岩气钻探采出水及废物处理项目投资协议（送审稿）》《重庆市武隆区人民政府与中国电力建设集团有限公司战略合作框架协议（送审稿）》《重庆市武隆区人民政府与中国中铁股份有限公司战略合作框架协议（送审稿）》《重庆市武隆区人民政府与国家电投集团远达环保工程有限公司战略合作协议（送审稿）》等议题
8月24日	第138次	传达学习有关会议精神，安排部署全区贯彻工作；听取区扶贫办党组、石桥乡党委、黄莺乡党委党建工作汇报
8月31日	第139次	传达学习有关会议精神，审议《武隆区促进大健康产业高质量发展行动计划（2020—2025）（送审稿）》《关于推荐重庆市抗击新冠肺炎疫情先进集体和先进个人（送审稿）》；听取区供销合作社党组、浩口乡党委、接龙乡党委党建工作汇报
9月14日	第140次	传达学习有关会议精神，安排部署全区贯彻工作
9月21日	第141次	传达学习中央、市有关会议（文件）精神，研究全区贯彻落实工作，审议《关于统筹抓好党内法规执行的工作方案（送审稿）》《关于新形势下推动服务业高质量发展的实施意见（送审稿）》等议题；听取武隆调查队党组、区税务局党委、区气象局党组党建工作汇报
9月27日	第142次	传达学习中央、市有关会议（文件）精神，研究全区贯彻落实工作，听取2020年前三季度全区部分重点工作情况汇报，审议《区委党校迁建工程建设方案（送审稿）》等议题，听取区委办公室、区人大常委会机关党组、区政府办公室党组、区政协机关党组党建工作汇报
10月10日	第143次	传达学习中央、市有关会议（文件）精神，审议《武隆区农村基层党建“整乡推进、整区提升”示范创建行动实施方案（送审稿）》《武隆区种养生态循环农业项目投资协议（送审稿）》等议题；研究全区教师队伍建设改革和区委党史工作
10月19日	第144次	传达学习中央、市有关会议精神，听取全区农村乱占耕地建房专项整治行动工作开展情况及下一步工作计划汇报，审议《重庆市武隆区农村乱占耕地建房问题摸排工作实施方案（送审稿）》《武隆区2020年脱贫攻坚评比达标表彰对象名单和事业单位脱贫攻坚专项奖励对象名单（送审稿）》《武隆区推荐上报重庆市优秀民营企业家、优秀民营企业名单（送审稿）》等议题；分析研究2020年前三季度经济形势，安排部署第四季度经济工作等
10月27日	第145次	传达学习中央、市有关会议精神，研究全区贯彻落实工作，审议《贯彻落实〈关于巩固深化“不忘初心、牢记使命”主题教育成果的意见〉的实施方案（送审稿）》等；听取全区食品安全、社会组织工作汇报等
11月5日	第146次	传达学习中央、市有关会议精神，研究全区贯彻落实工作，审议《关于表彰武隆区旅游开发建设先进集体和先进个人工作实施方案（送审稿）》等议题
11月16日	第147次	传达学习中央、市有关会议精神，研究全区贯彻落实工作，审议《关于制定武隆区国民经济和社会发展第十四个五年规划和二〇三五年远景目标的建议（讨论稿）（送审稿）》《关于武隆区2020年区级预算调整方案（送审稿）》等议题，通报2020年市对区脱贫攻坚成效考核有关情况
11月24日	第148次	传达学习中央、市有关会议精神，研究全区贯彻落实工作，审议区委十四届十次全会方案及有关会议材料等；听取市委第一巡视组巡视武隆反馈问题和五届市委第二轮巡视整改工作调研情况通报问题整改情况汇报，区政府部分负责人2020年工作情况汇报；审议《武隆2019年度考核优秀公务员奖励人员名单（送审稿）》等议题
11月30日	第149次	传达学习中央、市有关会议精神，研究全区贯彻落实工作，听取迎接国家脱贫攻坚成效考核准备情况、推进国家水利部定点帮扶武隆区情况汇报；研究武隆至两江新区高速公路（平桥至大顺段）项目建设有关事宜；审议《关于2021年区委区政府申报表彰项目（送审稿）》《重庆市武隆区非煤矿山关闭整合实施方案（送审稿）》《年产500台智能生态厕所项目投资协议（送审稿）》等议题
12月7日	第150次	传达学习中央、市有关会议精神，研究全区贯彻落实工作，审议《武隆区第十八届人民代表大会第五次会议方案（送审稿）》《政协重庆市武隆区第九届委员会第六次会议方案（送审稿）》等议题；听取全区平安稳定（安全生产、扫黑除恶）工作情况，区工商联、区总工会、团区委、区妇联2020年工作情况汇报等
12月16日	第151次	传达学习中央、市有关会议精神，研究全区贯彻落实工作，审议《加快凤来新城开发建设的意见（送审稿）》《建立区级领导与选调生结对帮带机制（送审稿）》；听取关于2020年全面从严治党工作、执行中央八项规定精神情况汇报；通报武隆区全国脱贫攻坚总结表彰推荐评选集体和个人名单
12月30日	第152次	传达学习中央、市有关会议精神，研究全区贯彻落实工作，审议《加快凤来新城开发建设的意见（送审稿）》《建立区级领导与选调生结对帮带机制（送审稿）》；听取关于2020年全面从严治党工作、执行中央八项规定精神情况汇报；通报武隆区全国脱贫攻坚总结表彰推荐评选集体和个人名单

重要决策

【《关于深入推进成渝地区双城经济圈建设的决定》】 4月22日，区委第十四届九次全会审议通过《中共重庆市武隆区委关于深入推进成渝地区双城经济圈建设的决定》（以下简称《决定》）。《决定》由深刻认识战略机遇期、把握总体要求、加强交通基础设施建设、加快现代产业体系建设、增强协同创新发展能力、优化国土空间布局、加强生态环境保护、推进体制创新、强化公共服务共建共享以及加强组织领导等10个方面组成。《决定》提出建设世界知名旅游目的地、全国“两山”实践创新示范区、成渝地区产城景融合发展先行区、渝东南武隆山城镇群与主城都市区的重要连接点的目标定位，加快发展，在推进新时代西部大开发中发挥支撑作用、在推进共建“一带一路”中发挥带头作用、在推进长江经济带绿色发展中发挥示范作用。

【《关于制定重庆市武隆区国民经济和社会发展第十四个五年规划和二〇三五年远景目标的建议》】 12月3日，区十四届委员会十次全会审议通过《中共重庆市武隆区委关于制定重庆市武隆区国民经济和社会发展第十四个五年规划和二〇三五年远景目标的建议》（以下简称《建议》）。《建议》总结“十三五”时期取得成就、面临的挑战和机遇，提出“十四五”全区经济社会发展主要目标：打造渝东南旅游集散中心、主城都市区后花园，建设成为世界知名旅游目的地、“两山”实践创新示范区、成渝地区产城景融合发展先行区，携手南川合作发展，联动道真协同发展，力争到2025年，人均地区生产总值达到全市平均水平；到二〇三五年远景目标为基本实现社会主义现代化。

（区委办公室）

组织建设

【概况】 2020年年末，全区共有党组48个、党工委7个；有中共基层党组织963个，其中党委48个、党总支133个、党支部782个。全区有中共党员19438人，其中预备党员303人、女党员4423人、少数民族党员615人、在岗职工党员6245人、高中以上学历党员10911人（其中大专以上党员7335人）。

【政治建设】 2020年，全区开展学习贯彻党的十九届四中全会精神网络专题培训；安排部署党的十九届五中全会精神教育培训工作，分层级分领域、分期分批对全区党员干部进行系统培训。组织开展“党课开讲啦”活动，抓实党员学习教育。制定《贯彻落实习近平总书记在中央政治局第二十一次集体学习时重要讲话精神二十条措施》。推进10项制度落地，紧盯82个问题整改，定期组织开展“回头看”，制定出台《贯彻落实〈关于巩固深化“不忘初心、牢记使命”主题教育成果的意见〉的实施方案》，推进“不忘初心、牢记使命”常态长效、融入日常。

【干部选用】 2020年，区委组织部制定《加强全区党政领导班子建设具体措施》。建立“积星成像”干部日常研判制度，形成相关部门联系通报干部信息机制，设置日常研判指标体系。调配干部7批次、178人次，完成综合管理类公务员一级至四级调研员职级晋升3批次、153人次，从疫情防控、脱贫攻坚一线和急难险重岗位提拔使用干部58人，强化能上能下导向，调整因违纪违法、身体健康等原因不适宜担任现职干部8人次。

【干部培训】 年区委组织部举办本级培训班36期，“点训”干部3667人次，开放式推进干部教育培训被市委组织部宣传推广。选派16名党政干部、18名专技人员、10名村党组织书记到济南、涪陵、两江新区等地挂职交流，199名干部到脱贫攻坚、棚户改造、土地征收等岗位历练。

【干部培养】 2020年，区委组织部实施优秀年轻干部培养选拔计划，建立正处级、副处级、正科级、副科级和前学历研究生5个层次、565名优秀年轻干部台账，实行动态管理，强化后续培养，建立“成长档案”，提拔重用“80后”区管干部13人。开展年轻干部“学讲话、谈体会、话成长”座谈会6次。抽选107名优秀干部到凤来新城等岗位磨砺成长。制定《关于进一步做好选调生相关工作的通知》，建立区级领导联系选调生制度。

【干部监督】 2020年，区委组织部全区健全干部监督信息联系通报及干部日常研判机制，建立区管领导干部负面清单制度，持续开展不担当不作为问题专项整治，提醒函询诫勉干部50人次。严格执行干部个人报告事项“两项法规”，完成625名区管领导干部个人有关事项集中报告工作，推进专项整治，查核327人，解决突出问题3个，明确整改措施5条，重新认定1人。督促9名主要领导开展离任经济责任事项交接清理，会同有关单位对9个区级部门、乡镇党政主要领导进行经济责任和自然资源资产审计，并建立审计问题责任清单。建立区委组织部与区委巡察机构协作配合工作机制。常态规范领导干部在社会团体兼职和领导干部亲属经商办企业行为，规范权力运行。落实激励干部充分展现才干大力创新创业10条措施，健全正负面容错清单，完善担当作为的激励机制。修订完善区管领导干部考核办法，注重考核结果运用，激励干部担当作为。

【基层党组织】 2020年，区委组织部编印《基层党建工作指导手册》，组织1189名基层党务工作者开展“学基础知识、练业务技能、比业务水平”技能大比武。全覆盖建立党委（党组）书记和班子成员党支部联系点；以支部为单位组建党员先锋队，组织开展“党群同心、发展同行”志愿服务；引导机关党组织深入基层开展联建活动，助力脱贫攻坚、助推消费扶贫。启动实施76个村（社区）便民服务中心三年提档升级行动。推行党员设岗定责、积分制管理，总结推广“三亮三评”、流动党员“双联一汇报”等基层党建创新做法。实施农村基层党建“整乡推进、整区提升”行动；出台城市基层党建“五权”实施细则；“兵支书”脱贫攻坚先进事迹获《人民日报》报道。出台《村干部队伍建设十条措施》，建立“三岗八级”城市社区工作者职业体系，完成村（社区）书记主任“一肩挑”工作。新培育村（社区）党建示范点24个，艳山红村、石梁子社区等10个示范点成为“网红打卡地”；挂牌督改10个软弱涣散村；执行村（社区）干部联审制度，优化调整村（社区）党组织书记66名、“两委”干部160余名。非公领域以“两个覆盖”（组织覆盖和工作覆盖）为重点，探索实施“主题党日轮值制”，获《中国组织人事报》宣传推广。机关党建以“三基”建设达标提升行动为抓手，调整优化15个机关党组织设置，推进落实机关党支部书记由本单位党员主要负责人担任，开展模范机关创建专题调研。在全市率先启动党组织领导下的校长负责制试点工作，推动党建工作写入学校章程。国企党建规范执行“四步工作法”，制定完善党组织前置研究事项清单，推进落实把党支部书记岗位作为培养选拔企业领导人员的重要台阶等具体措施。医院党建落实将党支部设在科室，修订完善“一章程两规则”，指导制定卫生健康系统党建责任清单，推进“医德医风建设主题年”活动。筹备召开区委党的建设工作领导小组会议3次，研究审议有关议题16个。贯彻落实《党委（党组）落实全面从严治党主体责任规定》。抓好各级党组织书记抓基层党建工作述职评议考核工作，严格考核结果运用，对2019年度述职评议考核综合评价等次未达到“好”的9名党组织书记直接取消其个人年度考核评优资格。开展各领域基层党建工作调研督查2次，发现问题273条。

11月12日，武隆区2020年党务工作者基层党建“学练比”微党课比赛颁奖现场

代君君　摄

【非公经济和社会组织党建】2020年组建社会组织、物业行业2个综合党委。修订完善《区委非公有制经济组织和社会组织党建工作联席会制度》。至年末，全区共有非公经济和社会组织32882家，其中非公企业6825家，个体工商户25885家，社会组织172家；全年新建非公企业党组织1个、社会组织党组织3个，非公企业和社会组织组织覆盖率分别91.95%、91.14%。组建互联网行业党组织；制发民办学校党建工作任务清单；在全区范围内探索实施“主题党日轮值制”。作用发挥。全年推动非公经济组织和社会组织50余个、400余名党员参与疫情防控、抗洪救灾、脱贫攻坚等活动，累计投入资金、物资超过70万元。组织非公领域党员在职工维权、旅游志愿服务、失地农民就业创业培训等方面发挥作用，有效服务中心工作。在非公企业和社会组织组建群团组织；开展千名律师进企业等活动，为企业提供法律咨询服务480余次，调解纠纷175件。培训考核。全区非公党组织中出资人（负责人）、高层管理人员担任党组织书记60人，占总数的87%。对非公领域党组织书记、党务工作者进行全覆盖集中培训，各级培训党组织书记260余人次、党务工作者330余人次。在非公经济组织和社会组织全覆盖选派党建指导员，全年新选派党建指导员55名。落实非公党组织示范点动态管理制度，每年持续打造20余个非公党建示范点并按5000元/个的标准给予奖励。建立非公党组织党务工作者误工补贴制度，每人每月补助300元，每年考核合格后再按照3000元、4000元、5000元的标准进行绩效考核奖励。建立非公党建工作常态化督查考核评价机制，分类建立“督查清单”，开展定期督查、不定期抽查和定点督导，并将日常督查与年度考核、绩效奖励相结合。

【党员电教】2020年，全区制定武隆区“党课开讲啦”活动实施方案；588个基层党组织开展724场次上党课25872人次。先后举办农村（社区）、机关国企、教育系统、卫生系统、非公领域党组织书记集中培训班，组织实施2020年度农村党员冬训，将210个农村、社区党员全部纳入冬季培训范畴；选派基层支部书记参加市内及涪陵区举办的各类培训20人次，基层业务技能人员到成都进行培训3人次。与武隆区泽晋影视传媒公司策划并合作完成“诗和远方、点亮村庄”“改变一直在路上”2部视频的拍摄上报评选；按照“党课开讲啦”活动实施方案要求，上报“守初心、勇担使命，做新时代敢于担当的法院干部”“信党爱党、忠诚于党”2个优秀党课。区党员教育中心与重庆电视台《红岩本色》栏目组拍摄羊角街道艳山红村的党建栏目《艳山红的春天》，赵家乡香房村党建栏目《傻宝支书》，2期节目并在重庆卫视《红岩本色》栏目中播出。2019年《红岩本色》栏目拍摄的《父子村医》在中宣织部学习强国推出。发放“战疫一线党旗红”视频辅导学习资料200余份。全区234个农村（社区）远程教育终端站点全部实现宽带模式运行，更换远教U盘10个。

【公务员管理】 2020年，全区制定出台公务员职务与职级并行制度职级晋升工作方案，截至年末，全区共计771人次晋升职级（其中，全区一级至四级调研员职级晋升3批次153人次）。推进司法人员分类管理，按规定开展法官助理、检察官助理和书记员职级序列改革，司法警察参照公安机关试行执法勤务警员职务序列改革，调整建立公安机关执法勤务、警务技术职级序列，开展各类司法人员录用、登记、考核、转任、职务与职级晋升等日常工作。筹备推进行政执法类公务员分类改革，按照有关要求完成全区情况摸底，初步确定实施机关及机构范围。定期研判公务员队伍建设情况，科学规划考试录用、调任、遴选、选调的规模和比例。分级分类建立优秀年轻干部库，半年定期研评，每年动态调整。制订《2020年全区干部教育培训计划》，将公务员教育培训作为干部培训重要内容，开设成渝地区双城经济圈建设、大数据、新型基础设施建设、公共卫生安全、应急管理等专业科目培训。出台《在疫情防控一线考察识别干部工作方案》。开展参公单位重新认定。区委组织部牵头负责，区委编办、区人力社保局、区财政局等单位协同参与，开展全区参公单位重新认定工作，至9月，全区45家单位经市委组织部批准重新认定参公。

【人才管理】 2020年，武隆区引进硕士研究生以上学历急需人才45名。向仲怀、陈宗懋等2位院士到武隆指导蚕桑、茶叶产业发展，签订合作项目3个。抓住东西扶贫协作机遇，制定人才互派方案，引入医疗专家45人、骨干教师67人。推动山东省济南市与武隆区7所学校、6所医院“一对一”结对帮扶。制定《农村实用人才认定和管理办法》，探索人才评价“武隆标准”。选聘市、区级科技特派员142名，实现行政村科技帮扶全覆盖，完成高素质农民培训900人次，组建水果和苕粉2个专家工作大院，蛋鸡、山羊、中蜂3个科技创新示范基地，推动农技人才深耕基层。开展“村企联建”“企村联营”，推动企业人才反哺基层。建立“大旅游”带“小乡村”模式，打造“天池苗寨”“呐溪原乡”等村企联营项目。“全国农村青年致富带头人”陈明亿、“重庆乡村领军人才”樊霞创办生态种养企业。武隆区《聚焦决战决胜脱贫攻坚、推动急需人才向基层一线集结》在全市抓党建促决战决胜脱贫攻坚电视电话会上作经验介绍。全年提供人才公寓133套。上报人才项目（计划）12个，清理过期废弃人才计划3个，保留人才计划9个。组织高层次人才爱国主义教育和文旅融合培训班2期。落实党委联系服务专家制度，党员区级领导直接联系服务专家人才。推动实施专家人才休假疗养等服务事项，协调解决子女入学入托、配偶就业等难事，让专家人才全身心投入创新创业。实施激励专家人才在打赢疫情防控阻击战中担当奉献八项措施，做好参与疫情防控工作专家人才和医务人员的关心爱护工作。　（区委组织部）

区直机关党建

【概况】 2020年，区委组织部召开部务会39次，其中研究部署机关党建工作21次，审议有关议题34个。61个区级部门党组（党委）累计研究部署机关党建工作274次、听取有关汇报152次。将机关党建工作纳入基层党建工作调研督查范围，组织成立调研督察组，到79个区级部门、179个基层党组织，全覆盖开展调研督查2次。指导14个区直机关党组织建立完善党群活动阵地。

【理论学习教育】 2020年，区委组织部将习近平新时代中国特色社会主义思想、党的十九大以及十九届历次全会精神和习近平总书记视察重庆重要讲话和系列重要指示批示精神等纳入区级部门党委（党组）、区直机关党组织理论学习中心组学习、“三会一课”、“主题党日”等党内组织生活的重要学习内容，制订学习计划、列出学习专题，指导区直机关累计组织开展各种形式理论学习2400余次、参学党员干部达3.4万余人次，开展十九届五中全会精神“进机关”宣讲活动160余场次。建立青年理论学习小组266个。推动区委《贯彻落实〈关于巩固深化“不忘初心、牢记使命”主题教育成果的意见〉的实施方案》落地见效，健全完善学习教育、调查研究、检视问题、整改落实制度机制，推进有关问题整改，定期组织开展“回头看”，区直机关累计举办读书班87期，撰写调研报告162篇，并推动调研成果转化。区直机关各级党组织累计组织开展红色教育95次，1400余名党员深受教育。

【模范机关创建】 2020年，区委组织部推进区委关于《以党的政治建设为统领深入推进机关党建工作“三基”建设的实施意见》《关于以党的政治建设为统领加强和改进区直机关党的建设的具体措施》的贯彻落实，打造区交通局机关党委《着力打造“五型”团队　促进政治能力与业务水平双提升》、区政务办党支部《推进机关服务智能化　打造“互联网＋政务”环境》等一批典型案例。围绕“让党中央放心、让人民群众满意”模范机关创建工作，组建专题调研组，列出调研提纲，到79个区直机关开展实地走访调研，细化提出提升政治素养、深化理论武装、落实责任划分、加强组织保障、勇于担当作为、改革创新解难、深入服务群众等7个方面19条创建标准。武隆区《让党中央放心、让人民群众满意模范机关创建标准研究》，得到市直机关工委第一课题组各成员单位认可。

【组织体系建设】 2020年，区委组织部指导区委办公室、区财政局、区农业农村委、区规划自然资源局、区卫生健康委、区林业局、区交通局等7单位成立机关党委，推动区住房城乡建委、区商务委机关党组织升格为党总支，落实党支部建在科室，调整规范党支部设置16个，组建临时党支部22个。调整机关党组织书记25人次。排查软弱涣散基层党组织1个，指导完成整顿转化。督促严格落实“三会一课”“主题党日”等党内组织生活制度，区直机关各级党组织累计召开支委会2200余次、党员大会752次，开展“主题党日”活动2700余次，党员领导干部、党组织书记上党课867堂。走访慰问困难党员、老党员200余人，帮助解决生产生活困难76个。区级层面举办党务干部、党组织书记、发展对象、新党员等培训班3期，培训党员干部420余人次。全年发展预备党员39人，预备党员转正57人。推行机关党员积分制管理，开展“岗位先锋创建、党员先锋评比”活动，各级机关党组织累计评选党员先锋470余人次，设立党员示范岗134个。246名机关党员干部主动申请担任贫困村第一书记和驻村工作队员。在疫情防控、防汛救灾期间，区直机关建立党员责任区、党员示范岗、党员攻关小组、党员突击队181个，1400余名机关党员干部走进社区认领任务，党员自愿捐款59.47万元。完善党建带群建工作，印发《关于加强和改进武隆区直属机关共青团和青年工作的具体措施》。开展“党群同心、发展同行”志愿服务活动，实施机关党组织和党员进社区“双报到”，与扶贫帮扶村、联系村（社区）党组织开展结对联建活动126次。

【党风廉政建设】 是年，全区开展“灯下黑”问题专项整治，围绕基层党组织建设、党员基本能力和基础性工作，区直机关各级党组织自查有关问题213个，并完成整改。指导督促区级部门推进党组织书记述职评议考核查摆和巡视巡察、调研督查反馈机关党建方面问题的整改落实。会同区纪委监委机关，督促指导贯彻实施，推进“以案四说”警示教育活动。

（区委组织部）

宣传思想

【概况】 2020年，区理论学习中心组全年开展集中学习15次，示范带动各级理论学习中心组学习825次，主动邀请刘旗、孙鹏等市级领导和专家到武开展专题报告会44场；推动党的创新理论的大众普及，创新运用“十讲十让”基层宣讲形式；围绕决胜全面建成小康社会、决战脱贫攻坚主题，克服新冠肺炎疫情等不利因素，承担举旗帜、聚民心、育新人、兴文化、展形象的使命任务，全区宣传思想工作亮点频现、成果丰硕，为推动战疫战贫、做好“六保”“六稳”工作提供思想保证和精神动力。全年在市政府新闻办发布厅先后召开绿色发展论坛、脱贫攻坚新闻发布会，区委区政府主要领导参加发布会；自主召开新冠肺炎疫情防控、仙女山马拉松等新闻发布会。

【理论学习】 2020年，武隆区委理论学习中心组学习15次，示范带动各级理论学习中心组学习825次。邀请市级部门领导和专家到武隆开展专题报告会44场，推动区级领导干部带头上讲台制度实施，市管领导在区委党校及分管领域举办讲座33次。将习近平新时代中国特色社会主义思想纳入各级干部培训班，举办本级培训班34期，培训干部3300余人次。利用“学习强国”平台开展学习和宣传推介，拓展非党员覆盖范围，组建学习兴趣小组50余个。在“学习强国”全国学习平台推送《防疫增收两不误宅家绣娘工作忙》《防疫春耕两不误》《创新实践“五个+”精准扶贫模式》等稿件。

【理论宣讲】 2020年，武隆区依托新时代文明实践中心（站、所），开展“双战双推”“学习新思想　唱响能行好　夺取双胜利”等基层微宣讲3531场，覆盖40万余人。创新推动习近平新时代中国特色社会主义思想进景区。开展“共话全面小康　感恩伟大时代　迈上新的征程”习近平新时代中国特色社会主义思想微宣讲，举办“我身边的小康”和“全面小康　殷实家园”网络宣传和百姓访谈活动220余场。组建全会精神“六进”宣讲队，开展分众化、对象化、互动化宣讲1080场次。

【实践成果】 2020年，武隆区践行“两山论”推动生态旅游扶贫的做法成效得到习近平总书记充分肯定，称赞过去的“穷乡僻壤”现在成“人间仙境”。生态旅游扶贫经验模式获评全国典型、先后两次入选《世界旅游联盟旅游减贫案例》。挂牌成立“重庆市武隆绿色智库研究院”，举办第二届武隆绿色发展实践国际论坛，8名院士、40余名国内外专家教授出席论坛。理论研究和阐释出成果，市管领导撰写调研文章30篇近28万字，转化形成调研成果30个。各级党委（党组、党工委）中心组成员撰写调研报告及心得体会455篇，出版《武隆时政》12期。《要在深入践行“两山”理念中勇于担当作为》《深入践行“两山”理念　扎实推动总书记殷殷嘱托在武隆落地落实》等在《瞭望》《重庆日报》《今日重庆》等媒体公开发表。《主动融入成渝双城经济圈　加快建设渝东南武陵山区全国文旅融合示范区》《武隆区康养产业发展研究》等研究项目纳入市级社科重点项目。

【宣传教育】 2020年，武隆区培育和践行社会主义核心价值观。开展以“讲人生理想、讲做事道理、讲科学真理、讲社会心理”为主要内容的中国特色社会主义和中国梦宣传教育活动750余场次，评选出王天胜等十名武隆区第二届新时代乡贤，1人荣登“重庆好人”榜，市级以上“最美人物”5人，在全区举办了道德模范与身边好人等先进典型现场交流活动50余场次。建立业主微信群宣传机制，在全区建立1603个微信群。疫情防控期间依托各类媒体，共发布户外广告牌60块，各类电子显示屏265块，标语横幅3084条，印发新冠宣传海报26580张、印发宣传单60.1万余张，入户宣传走访298.7万余次，以微信群、QQ群发信息56.6万余条，出动宣传车8029台次；统筹利用小喇叭、流动音响3315个，利用村村通广播宣传累计66137小时，印发《新型冠状病毒社区（村）防控行动指南》10万份。开展户外公益广告宣传，围绕各类重大主题，发布字牌231块，画面8000余平方米。

【主题宣传】2020年，区属媒体精心推出“不忘初心　牢记使命　推动重庆各项事业沿着习近平总书记指引的方向奋力前行”“在行动”“看效果”“脱贫攻坚进行时”等专题专栏。根据习近平总书记在全国政协十三届三次会议经济界联组会上的重要讲话精神，围绕“人间仙境、度假胜地”主题，策划系列宣传报道。新华社推出《从穷乡僻壤到旅游之乡——重庆武隆旅游扶贫观察》、重庆日报推出《武隆 冲破落后循环怪圈　走出绿色发展崛起之路——探寻绿水青山就是金山银山创新实践基地的武隆样本》，华龙网推出《总书记去过的武隆现在咋样》3篇深度报道，区融媒体中心推出“习声回响”系列报道5篇。统筹做好新冠肺炎疫情防控宣传，持续发布权威信息，及时回应社会关切，转发中央市级主流媒体相关报道1300余条，自主采写刊发武隆区相关报道3200余条。中央、市级媒体报道全区战疫情信息210余条，中央电视台《新闻联播》栏目先后刊播武隆区仙女山机场复工、五一节旅游有序恢复报道，新华社报道武隆区重大项目复工复产。组织“中央媒体武隆行”、乡村旅游成果、绿色发展实践国际论坛等主题采访活动10余次。

文旅资源宣介　依托国际在线外宣平台，使用中、英、日三种语言进行全球同步直播，与中新社合作，武隆大美风光、人文风情的图文信息在法国、德国、俄罗斯、日本等地华文媒体落地宣传。在绿色发展实践国际论坛期间，邀请加拿大、德国、日本、新加坡等10余国共52名驻渝蓉总领事、领事及相关人员出席论坛。组织开展仙女山首届哈雷机车音乐文化节、第十一届仙女山冰雪季系列主题活动，与西岭雪山联合打造“雪山飞武”品牌、“印象武隆”川江号子演出团队代表重庆市参加四川省旅发大会演出。参加上海国际旅游交易会、贵州省旅发大会、上海进博会、澳门旅游宣传等重大活动宣介。

国际传播　高标准建设国际化传播平台，与港渝传媒合作，完善提升武隆国际网站和海外五大社交平台建设。自主建设“海外数字化营销传播平台”，形成“1（iwulong海外独立网站）+N（N个国际社交平台）+X（X个其他非主流社交平台）”的传播体系，点击阅读量超3000万人次。新华社海外平台以英语、日语等刊发武隆区旅游、机场等多条信息，《中国日报》、《香港商报》、香港卫视、《大公报》等就武隆区绿色发展、脱贫攻坚、双城经济圈、旅游活动等刊发10余条报道。市级深度贫困乡后坪乡党建扶贫示范带被推荐到国务院扶贫办作为对外展示中国脱贫成效的窗口之一。

【融合创新】2020年，武隆区推进区融媒体中心建设，加强资金保障，实现挂牌运行，通过市委宣传部验收。推进新媒体平台整合提质，搭建起“2+2+5+N”的全媒体矩阵，初步建成集报台网微端为一体的全媒体矩阵，媒体融合的优势不断凸显。即“两报”：武隆日报和手机报；“两台”：武隆电视台和FM103.1广播电台；“五端”：手机客户端（App）、微信端（微信公众号）、微博端、短视频端（抖音）、PC端（网站）；N：未来拓展的其他平台。新媒体产品制作。《@孝感，您有一笔偏远山区的爱心到账》《武隆区向湖北夷陵捐赠蔬菜》《武隆，凭啥获得总书记的点赞？》《报告总书记：您关注的仙女山，16年后“脱单”了》等作品获得100多万次阅读量，《仙女山机场首航》单条视频阅读量876万次，点赞6.5万次。武隆融媒直播间开展直播活动17场，单场直播最高观看人次超40万人次，总观看人次超过近400万人次，配合新华网、人民网、华龙网对绿色发展实践国际论坛、田家寨开寨、农民丰收节等直播，观看超过500万人次。“武隆融媒”抖音宣传。渝湘高铁武隆段开工、武隆仙女山机场校飞等抖音作品浏览量超100万次，粉丝数由200多人增至2.6万人，总点击量1500万人次。

【网络宣传】是年，围绕“疫情防控”“脱贫攻坚”等中心工作，开设“全民防控 众志成城”“疫情一线党旗红”等网络专题。武隆“双晒第二季”区长直播抖音点赞量1000多万次，排全市第一。讲好脱贫攻坚故事，组织“你笑起来真好看”网络主题宣传活动，全网阅读量超1000多万次，《纯真童年》短视频播放量800多万次，“外来媳妇实现脱贫梦”登今日头条重庆热榜之首。建立完善四级微信群组体系，利用1603个微信群组覆盖全区9.6万个家庭，形成“宣传能下去、民意能上来”的宣传网络体系和民意收集渠道。建立健全重点领域网络舆情风险研判机制。

【文化活动】2020年，武隆区举办2020年全区春节联欢晚会、武隆区第二届运动会、重庆广场舞大赛武隆区分赛、“川渝街舞”大赛等群众文化体育活动。大力推进全民阅读，入围2020年重庆市“阅读马拉松”线上大赛半决赛，举办世界读书日“4·23”全民阅读活动，广泛发动全民参与“百本好书送你读”读书活动、“阳光麦粒”亲子阅读分享会和“新时代乡村阅读季”系列活动，组织全民阅读推广活动36场次，参与人数3万余人。开展送文化下乡活动，送文艺演出156场，送培训、图书、政策法规宣传等100余场，开展春联下乡20余场，书写对联1万余副。建成后坪乡室内电影固定放影厅1个，完成全区惠民电影放映任务2562场。

【文艺创作】2020年，武隆区开展3次全国著名画家武隆采风活动及“山水之城　美丽之地”全国知名画家画重庆大型展览，200余名画家走进武隆采风创作。结合抗击疫情、脱贫攻坚等中心工作，抓好“共克时艰，共战疫情”文艺创作活动，开展“扎根基层，服务人民”活动，组织区内书画家、作家多次进村入寨，为村民书写楹联、创作乡土文学作品，共创作抗疫、脱贫等相关文艺作品2000余件，在市级以上刊物发表近100件。编辑出版山水画册《画说武隆》、乡村文集《云朵飘过谭家村》、诗集《云水削月》。编排的音乐节目《怕你人乖心不乖》荣获2020年重庆市第九届乡村文艺会演一等奖，谢怀寿书法入选全市十大青年书法家展。组织拍摄脱贫纪录片《我们村的“三变”》。新加入中国作协、中国书协会员各1人。贯彻落实《重庆市电影扶持计划管理办法》，开展以武隆为元素的电影创作，红色题材电影《陷阵》、脱贫攻坚题材电影《爱在娇阿依》等电影组织申报重庆市2020电影重点题材项目，其中《陷阵》入围重点培育类项目。

【文旅融合】2020年，武隆区《武隆区“十四五”文旅融合专项规划》编制完成，与有关高校合作，组建文旅整合专家智库，探索推动文化和旅游的深度融合机制。发展“旅游＋文化”“旅游＋康养”“旅游＋工业”“旅游＋农业”等融合产业，设计推出5条乡村旅游精品线串联26个街镇乡、50余个主要乡村旅游点，创建龙水峡地缝为国家AAAA级旅游景区，打造堰塘“美丽乡村”、后坪“天池苗寨”、黄莺“复兴田园”、沧沟“古渡驿站”等16个乡村旅游样板，成为全国、全市乡村旅游重点村。新签约和洽谈白马山片区康体融合项目、乌江大峡谷等一批文旅项目，投资额约275亿元。推进乡村文化振兴工作，与重庆邮电大学“校地共建”羊角街道艳山红村市级示范点，完成艳山红村墙体彩绘等项目。完成4个乡情陈列馆精深打造。挖掘红色文化资源，建成后坪苏维埃纪念馆1个，启动白马山战役纪念馆建设前期准备工作。

【新闻出版】2020年，全区推动网审平台等在线政务平台建设，对辖区内5家印刷企业、48家出版物零售企业开展年度核验工作。推进“扫黄打非”，全区248个“扫黄打非”基层工作站点实现标准化建设。开展“2020年版权宣传周”系列活动，推荐区喀斯特印象文化发展有限公司参评2020年重庆市“十佳版权创新企业”并申报2020年重庆市版权示范单位。开展全区软件正版化督查、指导工作。宣传“重庆农家书屋”强国号，推广使用“学习强国”数字农家书屋，发动农村中小学教师志愿者参与农家书屋“四点半课堂”活动。

【文化体制改革】2020年，全区推进公共文化服务体制改革，乡镇（街道）综合文化服务中心，村级综合文化服务中心覆盖率100%。拓展延伸区县文化馆图书馆总分馆制，新建仙女山街道金马广场24小时自助图书馆，“两馆一站”和体育馆免费开放。完成政府向社会力量购买公共文化演出服务，开展送文化下乡活动906场次。落实文化市场综合执法责任制，成立文化旅游综合执法支队，推进“1+3+N”旅游综合执法体制改革。推动“学习强国”数字农家书屋建设。建立文化旅游消费促进新机制，与贵州省遵义市、四川省乐山市和九寨沟县签订“文化旅游合作协议”。实施非物质文化遗产传承发展工程，成功申报重庆市非物质文化遗产传习所3个，非物质文化遗产展厅对外免费开放。

（区委宣传部）

统一战线

【概况】截至2020年12月底，全区有民盟武隆区总支部、民进重庆市委会直属武隆区支部、农工党武隆区支部、九三学社武隆区基层委员会4个民主党派基层组织。共有民主党派成员147人。

【思想引领】全区通过召开座谈会、专题学习会、暑期谈心会、党外人士培训班、主题教育等形式加强学习，共开展13场次300余人次。印发领导小组工作要点，筹备、召开区委统一战线工作领导小组全体会议1次和专题会议4次。制定《武隆区统一战线工作“争创一流、走在前列”工作贯彻落实方案》，聚焦政治建设、巩固和发展统一战线基础等细化23项任务。引导全区统一战线同心“战疫”，捐款捐物计200.4万元。全区成立武隆区统一战线讲师团（共16位成员，以区委统战部、区内民主党派组织、区社会主义学院的负责人为主，并邀请重庆社会科学院、重庆工商大学等科研院校专家学者），设置课题主题9类。

【多党合作】协助全市暑期谈心会。8月3—7日，各民主党派市委会、市工商联负责人和无党派人士暑期谈心活动在武隆开展。其间，召开深化“助推民生·爱心帮扶”活动座谈会，总结前10年帮扶工作，启动新一轮的帮扶工作；各民主党派市委会、市工商联与对口帮扶镇村达成多个引资引智帮扶意向。开展党派对接交流。6月16日，农工党市委会专职副主委姚树率队到武隆就基层组织建设等工作开展专题调研。7月22日，由民盟重庆市委员会、武隆区人民政府、政协重庆市武隆区委员会主办，以“助推成渝地区双城经济圈建设”为主题的首届“群言堂”在武隆区举行。8月4日，市政协副主席、民进市委主委陈贵云，赴武隆区仙女山街道博象美术馆参观考察了党外人士活动基地；台盟市委主委王昱与土地乡有关负责人一同赴武隆区党外人士活动基地考察调研。9月11日，区委书记黄宗华带队赴中国农工民主党中央委员会拜访并汇报工作，受到全国人大常委会委员、农工党中央专职副主席杨震以及参政部副部长卢婧等领导接见。11月11—12日，民建四川省委会、民建乐山市委会一行到武隆就山地旅游发展情况进行调研并召开座谈会。巩固和拓展党派帮扶。5月26日，民进沙坪坝区委会到仙女山街道中心小学校，开展“艺术教育希望行”帮扶活动。7月8日，致公党市委会专职副主委潘为民一行到羊角街道懒坝考察调研。7月21日，民盟市委会协调推动土坎中学更名为武隆育才中学。7月23—24日，台盟市委主委王昱到土地乡开展脱贫攻坚民主监督工作调研。9月18日，民进重庆市委会组织“同心逐梦——艺术教育进乡村”活动，到赵家乡中心小学校召开研讨课和专题讲座。11月20—21日，农工党市委会专职副主委姚树率医疗专家组到后坪苗族土家族乡开展医卫帮扶活动。打造“武隆区党外人士活动基地”、九三学社陈列室、台盟陈列室等统战文化宣传载体，推动统战文化宣传与乡村旅游融合发展。全年对接各民主党派市委会到武隆开展帮扶活动15次。发挥区内民主党派组织作用。8月初，农工党武隆支部与中华少年儿童慈善救助基金会开展“与爱同行助成长·普洒阳光育未来”活动，为乡镇中心小学校送去物资9万余元。8月17日，民进武隆区总支2020年暑期培训班在白马山老茶厂举行。9月18日，民进武隆总支部、民进巴南区委会联合开展“同心逐梦——关爱女孩”活动。农工党武隆区支部携手农工党重庆市九龙坡区委会赴后坪乡开展“同心助医”活动，为20余名患者提供医疗康复和咨询服务，向后坪苗族土家族乡政府和乡卫生院捐赠价值3万余元的电脑和常用药品，并以党员个人名义开展消费扶贫近5000元；携手壹基金公益组织为汛期受灾群众送去5万余元物资，帮助受灾群众100余户。民主党派组织建设。4月21日，全区各民主党派支部（支社）负责人座谈会召开，帮助落实区内4个民主党派支部（支社）活动场所。10月23日，民盟重庆市武隆区总支部委员会成立大会在武隆召开。10月28日，九三学社重庆市武隆区基层委员会成立大会召开。区财政为每个民主党派组织预算工作经费10万元。政党协商。印发《中共重庆市武隆区委2020年政党协商计划》，重点围绕区委全委会出台意见、部分乡镇街道建制调整、重点项目建设、全区经济发展形势等开展政党协商9次。

【党外知识分子工作】 9月7日，组织党外知识分子到中国民主党派历史陈列馆参观“汇聚各方力量　挽救民族危亡——纪念中国人民抗日战争胜利75周年主题展览”。11月9日，全区统一战线学习贯彻中共十九届五中全会精神座谈会召开。印制《关于完善党员区领导与党外代表人士联谊交友制度的通知》，明确9名党员区领导共联系11名党外知识分子。全年组织参加培训4次11人次，开展现场教学3次31人次，开展各类活动5次。

全年新发展知联会成员51人，其中34名会员发展为民主党派成员。截至2020年年底共有会员92人。全年组织无党派人士参加政党协商4次16人次。全年区政府常务会邀请知联会会员列席35次。引导知联会会员围绕全区中心工作开展调查研究，支持党外人士开展14项统战系统理论课题建诤言、献良策。知联会会员中的区政协委员共提提案和参与提案21人次25件，知联会中的区人大代表共提建议4条。知联会会员刘洋明被评为优秀政协委员。知联会会员孙毅参与援鄂抗疫35天，获“重庆市抗击新冠肺炎疫情先进个人”、湖北省“最美逆行者”、孝感市“孝感市新冠肺炎疫情防控工作先进工作者”、“孝感市三八红旗手荣誉称号”、武隆区“武隆好医生”称号。

【党外代表人士队伍建设】 2020年，全区建立动态管理储备机制。建立完善41名党外优秀年轻干部名单（其中正处级5名、副处级15名），逐步形成结构合理和年龄梯次良性的趋势。向市委统战部推荐4名“三大班子”培养对象和10名优秀年轻党外人选名单。建立《武隆区委统战部联系党外干部工作制度》，与组织部门建立联席会议制度，制定出台《区委组织部区委统战部党外干部工作联席会议制度》，召开联席会议1次；修订《重庆市武隆区党外干部培养选拔工作暂行办法》，将党外干部队伍建设纳入全区干部队伍建设总体规划。举办党外干部培训班1期。全年区党外干部提拔正处级干部1名，提拔副处级干部2名，交流使用3名。区政府32个工作部门中有16个领导班子中配备党外干部，配备比例50%，其中班子副职15名、正职1名。

【服务非公有制经济】 全年建立完善民营经济代表人士数据库，代表人士共66名。通过专题讲座、考察学习、沙龙活动等，组织民营经济人士培训120余人次。邀请区外企业家到武隆考察200余人次。7月21—22日，市委统战部常务副部长王庆、市工商联党组副书记、副主席张莉一行到武隆开展抓“六稳”促“六保”民营企业“百日大走访”活动，并召开座谈会。9月27—29日，举办“川渝企业武隆行”活动，邀请60余名川渝两地民营企业家、商协会负责人到武隆考察投资，签订投资框架协议3个、协议金额25.5亿元。全年召开全区在外创业人士座谈会、民营企业家座谈会、民营企业问题协调专题会12次。建立区部分党政领导干部联系重点商会制度，坚持区四大班子领导带头持续走访联系民营企业、商会，开展全区统战系统“抓‘六稳’促‘六保’民营企业百日大走访”活动，帮助民营企业解决困难和问题788件。引导全区民营经济领域决战脱贫攻坚、奋力抗击疫情，获评重庆市抗击疫情先进民营企业1家、先进商会2个，区总商会被市工商联表彰为“‘万企帮万村’精准扶贫行动组织工作先进集体”。

【新的社会阶层人士工作】 全年开展“凝聚新力量、筑梦新时代”主题教育活动。在新专联创新基地示范点以及4个创新创业实践基地。推动成立中共武隆区新专联党支部，设支部书记1名。支持区新专联10万元经费保障。制定并出台《武隆区新的社会阶层人士创新创业实践基地管理意见（试行）》，形成“1+4+N”新的社会阶层人士统战工作实践创新基地布局，共建成1个示范基地5个创新实践基地。协调银行贷款100万元，解决“哇哦艺培”实践创新基地疫情防控期间资金短缺问题；帮助新专联会员单位“真善美公益协会”协调团区委解决办公用房问题；争取到区电子商务工作领导小组办公室和区供销社对“寻味·武隆O2O体验街”实践创新基地的电商平台建设的支持项目资金130万元。建立部分区领导和有关部门负责人与新的社会阶层代表人士列名联系制度，明确7名区党政领导干部、有关部门负责人共列名联系新的社会阶层代表人士28人。全年支持区新专联围绕脱贫攻坚、乡村振兴开展消费扶贫、爱心捐赠等社会服务活动6次。9月27日，四川省乐山市、重庆市武隆区、南川区、大足区四地新专联（新联会）共同签订《新的社会阶层人士助力成渝地区双城经济圈建设战略合作协议书》。10月7—8日，"哇哦艺培"实践创新基地作为承办方，在白马山景区举办"川渝街舞邀请赛"。羊角"寻味武隆O2O体验街"和仙女山"寻味武隆O2O体验馆"创新实践基地利用线上线下结合，打造"电商"品牌。"爱武隆"利用网络平台，打造"网络服务"品牌。"重庆星空律师事务所"实践创新基地发挥律师优势，打造"社会公平正义"品牌，开展国家宪法日暨千名律师服务基层品牌活动，并举办"第十期星空讲堂"。

【港澳台统战工作】 3月，全区对港澳台乡亲及大学生进行摸底，并建立台账。区港澳台乡亲43人，大学生3人。联谊交友。全年开展线上联谊活动2次；为台资企业送去慰问金2万元，帮助解决疫情复工复产物资问题。2月11日，港澳同胞王友琼向土地乡捐款5000元人民币，用于疫情防控工作。

【民族宗教工作】 民族工作 2月13日，文复苗族土家族乡、浩口苗族仡佬族乡、石桥苗族土家族乡组织群众采集优质新鲜高山蔬菜50余吨，支援湖北宜昌市夷陵区抗疫。6月18日，浩口苗族仡佬族乡田家寨开寨迎客，1000余人参加。9月24—30日，开展第十个民族团结进步宣传周活动，并在后坪苗族土家族乡天池苗寨举行启动仪式。文复苗族土家族乡创建为重庆市民族团结进步示范区、全国民族团结进步示范区。服务管理。全区共有处级及以上少数民族干部30人（其中副厅级3人、正处级8人、副处级19人）。选派1名少数民族干部参加2020年市委统战部举办的少数民族代表人士培训班；选派少数民族代表人士参加全区主体班培训。协调区广电网络公司在各民族乡、仙女山度假区有线电视开设《民族乡镇》智慧栏目。以"中华民族一家亲，同心共筑中国梦"为主题，在羊角街道租用广告牌进行宣传。全年争取少数民族发展资金481万元，区民宗委安排下达实施项目6个共计200万元（其余281万元由统筹整合办统筹安排），实施特色村寨建设、民族乡基础设施和产业发展项目6个；争取民族教育资金40万元，实施白马镇中心校、白云乡中心校、沧沟乡大水小学校、江口镇中心小学校艺术教育项目4个。争取少数民族卫生补助资金10万元，实施黄莺乡新树村卫生室建设项目。

宗教工作 全区召开民族宗教工作联席会议5次；将新修订的《宗教事务条例》纳入普法教育内容。落实宗教工作责任制，建立评价考核体系，将"两乱一私设"纳入乡镇街年度工作目标考核内容。

【民营企业百日大走访】 6—9月，按照重庆市统战系统开展"抓'六稳'促'六保'民营企业百日大走访"活动安排，武隆区统战系统到27个乡镇街道，走访民营市场主体1186家，收集民营市场主体反映困难和问题855件，通过会议或现场办公解决286件、政策解释440件、转办研究129件。至10月底，全区金融机构向小微企业、个体工商户等提供信贷支持4.35亿元、发放普惠小微企业信用贷款1.32亿元。组建民营企业专业法律服务团队到企业开展法律体检，提供法律咨询服务356次，调解商事纠纷187件，妥善处置涉企矛盾纠纷60余起。落实税率下调、税费减免等政策、社会保险费缓缴政策等系列减税降费政策，经测算，该系列政策帮助全区民营企业降低成本约1.3亿元。

（区委统战部）

机构编制

【概况】 2020年年底，全区共设置党政机构72个。党委机构12个，其中纪检监察机关1个，工作机关11个；政府工作部门31个（不包含审计局）。区政府派出机构3个，街道4个；乡镇级（乡镇政府）22个。人大机关、政协机关各1个。群团机构组织机关10个，社科联1个。设置事业单位420个。

是年，全区增加事业单位6个，分别是区新时代文明实践指导中心、优化营商环境服务中心、湿地保护中心（挂重庆武隆芙蓉湖国家湿地公园管理处牌子）、征兵事务中心、武陵山生态文化旅游研究院、白马山旅游度假区生态保护中心；撤销事业单位1个（页岩气开发服务中心）。事业单位整合9个，将重庆市武隆区羊角中心卫生院、土坎卫生院进行整合，设立重庆市武隆区羊角街道社区卫生服务中心；将重庆市武隆区土坎镇中心小学校、羊角镇中心小学校进行整合，设立重庆市武隆区羊角街道中心小学校；整合羊角镇和土坎镇下属14个事业单位设置社区事务服务中心、文化旅游服务中心、劳动就业和社会保障服务所、退役军人服务站、综合行政执法大队、农业服务中心、招商服务中心。"重庆市武隆区地方海事处"更名为"重庆市武隆区港航海事事务中心"，"重庆市武隆区土坎中学校"更名为"重庆市武隆区育才中学校"，"重庆市武隆区羊角街道中心小学校"更名为"重庆市武隆区育才小学校"，"区文化旅游市场综合行政执法支队"更名为"区文化市场综合行政执法支队"，"重庆市武隆区行政服务中心"更名为"重庆市武隆区政务服务中心"，"重庆市武隆区仙女山镇卫生院"更名为"重庆市武隆区仙女山街道社区卫生服务中心"，"重庆市武隆区凤来乡卫生院"更名为"重庆市武隆区凤来镇卫生院"，"重庆市武隆区仙女山镇中心小学校"更名为"重庆市武隆区仙女山街道中心小学校"，"重庆市武隆区凤来乡中心小学校"更名为"重庆市武隆区凤来镇中心小学校"。

【编制管理】 年末，市级下达武隆区行政编制1934名，其中一般行政

1427名（区级党政群机关900名，乡镇级行政编制527名），政法专项编制507名（公安454名，司法53名）。事业单位编制控制数为7834名。

【事业单位登记】 是年，对全区400余个事业单位开展2019年年检，年检率100%；对110个事业单位法人开展“双随机、一公开”公示信息抽查，实地核查13个单位的“双随机、一公开”工作；完成撤镇设街道各单位赋码及变更29个，完成机关群团赋码单位共11个；事业单位法人变更82项。（区委编办）

老干部服务

【概况】 2020年，区委老干部局服务管理离退休干部395人，其中离休干部11人，退休干部384人；正厅级1人，副厅级14人，处级380人。

【教育培训】 全年区委老干部局组织老干部集中学习9次（参学近400人次），老干部小组分散学习活动30次（参学近4500人次）；10月，举办老干部党校培训班1期（第17期，4天时间，参训近200人），并适时为行动不便的离退休老同志开展送学上门活动、到市内区外老干部小组（重庆、涪陵、乡镇）开展学习辅导活动、到城区老干部小组指导学习活动等。并通过建立区委老干部工作公众号、微信群适时发布工作动态、推送学习资料等，在全区老干部队伍中推广“学习强国”“离退休干部工作”“红岩青松”等公众号。

【政治待遇落实】 2020年，区委在坚持落实好离退休干部政治学习、阅文阅报、参会议政等制度的基础上，突出落实老干部情况通报、建议意见办理、参观考察和走访慰问等制度。在1月和10月，区委、区政府领导向老同志通报全区经济社会发展情况各1次；区委集中收集老干部建议意见并落实办理和办理情况反馈1次；组织老干部参观区中医院新院区和仙女山机场等重点项目建设。全年集中开展常规节日走访慰问活动4次，组织开展市管退休干部暑期集中学习活动1次，并适时开展“冬送温暖”“夏送清凉”活动；走访慰问武隆区抗日战争时期和抗美援朝战争时期老战士。

【生活待遇落实】 全年区委老干部局帮扶特困老干部67人，发放帮扶金13.5万元。为3名破产改制企业市管退休干部落实健康体检费，协调解决部分老同志的个性化需求；坚持在离休和市管退休干部生病住院、去世和家庭出现重大变故时及时进行看望、吊唁和慰问，并帮助协调解决困难和问题；支持和配合社区做好老干部“四就近”服务保障工作，让老同志就近参加学习和活动，就近发挥作用，就近得到照顾服务。

【阵地建设】 2020年，区委创新学习方式，利用“钉钉”App连接市局开展线上直播授课、通过微信群分享学习课程二维码，组织全区离退休干部观看“汇贤学堂”直播课程、全国离退休干部网上专题报告会等学习方式，保证理论学习不断线。围绕重要时间点和重大事件开展文体活动，举办“翰墨丹青，共抗疫情”书法、绘画、摄影作品网上征集展示活动；举办“我看脱贫攻坚新成就”老干部征文、书法、摄影作品展示活动。

【关工委工作会】 6月18日，区关工委2020年度工作会在区委老干部局一楼多功能会议室召开。会议总结2019年关工委工作，安排布置2020年全区关心下一代工作。会上，国网重庆武隆供电公司、芙蓉街道、黄莺乡等企业、乡镇街道分别作交流发言，并对全区2019年关工委先进集体和个人颁发奖牌。

【老有所为】 2020年，区委组织市管退休干部围绕坚决打赢精准脱贫攻坚战，成立3个调研组，开展“我看脱贫攻坚新成就”专题调研活动，并写出调研报告。在新冠肺炎疫情暴发期间，200余名老干部共计捐款6万多元。组织部分市管老干部专题调研凤来新城前期规划、筹备工作和《武隆区国民经济和社会发展第十四个五年规划和二〇三五年远景目标的建议（征求意见稿）》专题讨论会。配合区关工委牵头组织青少年法治宣讲进校园10多场次、组织武隆区中小学开展“中华魂”读书征文演讲活动。部分老同志根据自身特长在城区五创、环保监督、政风行风监督和摄影书法文学等社团组织中发挥示范带动作用。是年，区委在离退休党组织规范化建设中引入“党支部+正能量”创建活动，评选区农业农村委退休支部等6个优秀支部，确认“科技助农咨询服务队”“退休法官调解工作室”“退休党员公益志愿服务队”“退休支部宣讲队”“退休党员矛盾纠纷调解室”“四点半课堂”等8个类型“党支部+正能量”创建载体平台。（区委老干部局）

保 密

【概况】 2020年，区委机要保密局指导完成各单位定密责任人核实更新；审核备案474名涉密人员，开展专题培训5次；对全区乡镇（街道）、区级部门共99个单位进行保密执法检查；开展保密宣传教育活动；销毁涉密载体400余千克。

【保密执法检查】 2020年，区委机要保密局对全区乡镇（街道）、区级部门共99个单位进行全覆盖检查，查阅保密工作档案资料975份，检查非涉密计算机198台，现场纠正问题80个，跟踪督促整改问题15个。组织对全区保密要害部门、部位开展确认申报工作，未发现保密安全隐患。建立健全重点领域保密工作指导机制，坚持节假日前的保密提醒和重点抽查，进一步加强对涉密计算机、非涉密网络、涉密文件、资料的管理；会同公安机关、教育部门做好2020年国家统一考试的试卷保密管理工作；安排专人赴市国家保密局销毁中心2次，销毁涉密载体400余千克。

【保密宣传教育】 2020年，区委机要保密局加强机关、单位保密宣传教育，发放《中华人民共和国保密法》《党政干部和涉密人员保密常识必知必读》《党员干部保密行为手册》《保密提醒100条》等学习资料800余本，开展各类保密业务知识培训5次；在《武隆日报》、电视台等媒体刊物登载《中华人民共和国密码法》《中华人民共和国保守国家秘密法》《这12种行为将触犯保密法、漫画告诉你》等宣传内容；开展“4·15国家安全日”“12·4宪法宣传日”等活动，发放保密手册、读本、挂图等。（区委机要保密局）

党校教育

【概况】 中共重庆市武隆区委党校、重庆市武隆区行政学校、重庆市武隆区社会主义学院分别建于1960年3月、1999年1月和2009年10月，现为“一套班子，三块牌子”格局；位于城东北角的武仙路，占地面积1.33公顷，建筑面积1.65万平方米，活动场地4000多平方米，绿化面积2000平方米。学校有教学室12间，其中视频会议室2间，容纳120人的中型报告厅和容纳440人的多功能学术报告厅各1间；有宾馆式学员公寓和学员餐厅，能同时容纳近300人就餐和130人住宿；有办公用房8间，服务用房13间；有塑胶篮球场1个、网球场1个、羽毛球场2个。学校有班子成员4名，其中常务副校长1名、副校长2名、校务委员1名。学校设5个科室，即办公室、教务科、科研信息科、教研室、后勤科；编制21人，在职职工17人；参公人员12人，事业专技人员5人；研究生学历8人，其中全日制7人；在职党员13人。

2020年，区委党校统筹疫情防控和干部教育培训，推进干部培训、思想引领、理论建设、科研资政各项工作；全年共举办各类培训班43期，培训学员4561人；全年结项课题15项，新申报课题7项；校刊《领导参考》出刊4期；全年在公开刊物发表理论文章26篇，23篇资政文章获市管领导肯定性签批。

【培训教育】 2020年，区委党校共举办计划内培训班32期，培训学员3402人，其中开展学制2月的常规班（中青班）2期，培训学员80人；开展学制1月的常规班（处干班和科级班）4期，培训学员160人；开展专题班18期，培训学员2140人；开展其他班8期，培训学员1022人。开展计划外办班11期，培训学员1159人。邀请区内市管领导干部到校讲课33堂，区县部门和街镇乡党政主要领导干部到校讲课73堂，领导干部讲课总课时达到主体班次总课时的21%。

【科研资政】 全年结项市委党校课题3项、市社院课题2项、区委统战部课题4项、校级课题6项；新申报立项市社科联“两基”专项课题1项、市委党校课题3项、市社院课题3项。参加区委大调研课题《武隆区乡村旅游文化建设路径》研究。发挥教师和学员的共同作用，以交办课题为主、自选课题为辅，党校课题组撰写的《党建助推乡村治理的问题与建议》《关于武隆区脱贫攻坚成果巩固的几点建议》等23篇资政文章获市管领导肯定性签批。组织开展以“课题申报”“课题调研”“资政撰写”为主题的科研活动4次。全年校刊《领导参考》出刊4期，刊发文章54篇，图片52张。组织教师撰文参加渝东南片区第十一届理论研讨会，1篇获一等奖；1篇获二等奖；4篇获三等奖。教师全年在公开刊物发表理论文章26篇。（区委党校）

党史研究

【概况】 2020年，全区推进党史课题任务，完成《口述武隆党史》《图说武隆党史》初稿文字24万字，收集图片500余张；审读党史题材展陈方案2个；完成《2003年武隆抗击“非典”防治、调整阶段措施及存在问题》党史专题1个；收集全区疫情防控资料300余件，编辑出版《重庆市武隆区战疫大事记》；协助区退役军人事务局完成抗日英烈王超奎申报；全年在《武隆日报》刊登《桐梓山农民游击队的建立与斗争》等10个红色故事。

【党史资料征编】 2020年，区委党史地方志研究室收集整理2020年1—11月武隆大事记文字及图片资料（文字55万字，38张）；补充、修改完成《重庆市武隆区大事记（2019）》初稿12万字。完成《2003年武隆抗击“非典”防治、调整阶段措施及存在问题》党史专题1个。

疫情防控资料收集编研 编写并内部印刷《重庆市武隆区战疫大事记（1月20日—5月23日）》500套；收集全区疫情防控相关文件360余件、图片300余张、宣传视频12个7.93分钟、市级以上媒体报道110篇、抗疫英雄日记3篇、先进人物事迹60余篇；联系收集武隆区援鄂医疗队员彭顺刚、孙毅、陈旼媚的工作证、登机牌、绶带及相关照片、视频资料（实物50件、照片80张、视频4个），国家卫健委疾控总局感谢信3件（复制件）、中共孝感市委、孝感市人民政府授予武隆区疾控中心“爱心团体”牌匾（照片）；收集喀斯特公司捐赠感谢信（中共宜昌市夷陵区委、区人民政府）、爱心物资接收回执（夷陵区红十字会）各1件；收集南溪社区疫情防控图片及群众感谢锦旗2面（原件）；收集全区青少年抗疫书画文学获奖作品172件（电子件）；收集部分社区出门条（证）、告知书、联系卡等实物12件；收集《武隆文旅（疫情防控专刊）》1册。

【党史审读与宣教】 2020年，区委地方志研究室审读后坪坝苏维埃政府历史陈列展方案、区人武部壁画展陈方案并回复审读意见。开展讲红色故事活动，全年在《武隆日报》刊登《桐梓山农民游击队的建立与斗争》《白马山战斗》《武隆和平中学创始人——王朴》《征粮牺牲的烈士——许智伟、郭一帆的故事》《坚定的共产主义信仰者——陈谷音》《新文化运动战斗者——刘砚僧》等红色故事10个。

【助力抗日英烈申报】 8月，区委党史地方志研究室协助区退役军人事务局完成抗日英烈王超奎申报，并提供王超奎遗书、革命烈士证明书、在淞沪抗战前线、遗照等照片、大公报报道《湘北三次大捷中，王营长壮烈殉职》、宋美龄撰写的《如是我观》、1942年1月王超奎所在398团团长徐昭鉴《放心》等相关档案史料；9月2日，王超奎入选全国第三批著名抗日英烈名录。

【《重庆市武隆区战疫大事记》】 9月，由重庆市武隆区档案馆（中共重庆市武隆区委党史地方志研究室）编辑的《重庆市武隆区战疫大事记（1月20日—5月23日）》（上、下册）内部出版，是全区首部战疫大事记。全书共99.5万字，图片200余幅；分为概述、战疫实录、共抗疫情、公告通知、抗疫作品及附录篇，附录收录相关媒体报道全区疫情防控情况、抗疫先进人物事迹、3名援鄂医疗队员抗疫日记、感谢信等，主要以全区疫情防控大事为“经”，各部门、街道（乡镇）疫情防控具体措施为“纬”；记述从1月20日至5月23日，中共重庆市武隆区委员会、重庆市武隆区人民政府带领全区人民积极参与、奋力坚守疫情防控“武隆阵地”的全过程，记录全区人民发挥“一方有难八方支援”精神、团结一心、共抗疫情的点点滴滴，记录疫情防控斗争一线各级党组织和各条战线党员干部冲锋在前、顽强拼搏的感人事迹，记录全区在应对疫情方面的经验总结。

（区委党史地方志研究室）

《重庆市武隆区战疫大事记》（上册）封面　　区委党史地方志研究室　供图

武隆区人民代表大会

综 述

【概况】 2020年，武隆区人大常委会坚持“依照法定职责、限于法定范围、遵守法定程序”开展监督工作，助力经济社会发展和改革攻坚任务。全区召开第十八届人民代表大会第四次会议，选举重庆市武隆区第十八届人大常委会委员2名，审议并通过《重庆市武隆区人民政府工作报告》等，并作出相应决议；全年依法召开常委会会议8次，主任会议20次；共听取审议法定报告13个、专项报告11个，开展工作评议和专题询问1次，检查4部法律法规实施情况，作出决议决定8项，任免国家机关工作人员42人次，形成调研报告34个。表彰先进代表小组8个、优秀代表20人、优秀代表建议60件。

【代表构成】 2016年12月，武隆区第十八届人民代表大会应选代表209人，实选代表209人。其中，公务员114人，占54.5%；企业单位负责人8人，占3.8%；事业单位负责人3人，占1.4%，农民63人，占30.1%（其中村委会、村党支部组成人员25人，占12%）；专业技术人员21人，占10%。妇女代表67人，占32.1%。非党代表69人，占33%。少数民族代表9人，占4.3%。35岁以下41人，占19.6%，36岁至55岁的中青年代表167人，占79.9%，56岁以上1人，占0.5%。研究生及以上学历30人，占14.4%，大学本科学历92人，占44%，大专及高职学历43人，占20.6%，中专、职高及高中学历33人，占15.8%，初中及以下学历11人，占5.3%。领导干部14人，占6.7%。连任代表82人，占39.2%。截至2020年3月，武隆区第十八届人民代表大会实有代表207人；5月20日，区人大代表2人退休、1人调离，武隆区第十八届人民代表大会实有代表204人；7月，武隆区第十八届人民代表大会实有代表203人；12月，武隆区第十八届人民代表大会实有代表201人。

1月6日，武隆区十八届人大四次会议在区人民大礼堂举行　　代君君　摄

【区人大常委会自身建设】 全年编制常委会《公报》5期，在人大网站全文发布。精简文件、精简会议，实行会议电子阅文，带头过紧日子，“三公”经费逐年降低，创建市级节能减排机关。规范机关运行，修订机关管理制度16项。常委会办公室和帮扶的文复乡获全区2020年脱贫攻坚先进集体。

【宣传信访】 全年在《公民报》用稿1篇；建好管好用好自办网站，发布信息270余篇；拍摄制作“代表风采”专题片8期；组织人大通讯员110余人次参加专题培训4期。加强人大信访工作，常委会领导公开接访40人次，机关受理群众来访84人次、来信99件次，按程序进行处理。

【基层人大联系指导】 全年出台《乡镇人大代表开展工作评议的指导意见》，白马、江口、白云等9个乡镇对辖区内建环办、林业站、畜牧服务中心等23个机构进行评议。指导乡镇推进年度民生实事项目人大代表票决工作，鸭江镇、文复乡完成试点，各自总结出台实施办法；后坪乡结合实际，开展深度贫困乡项目建设票决制工作。分片召开乡镇人大工作座谈会，邀请乡镇街道人大负责人固定列席常委会会议，听取人大凤山、芙蓉街道工委工作报告，完成县乡人大换届选举和街道人大工作调研。

重要会议

【区人民代表大会会议】 1月6—8日，区第十八届人民代表大会第四次会议在区人民大礼堂召开。大会应到代表206人，实到代表194人。会议审议通过《重庆市武隆区人民代表大会常务委员会工作报告》《重庆市武隆区人民政府工作报告》《重庆市武隆区人民法院工作报告》《重庆市武隆区人民检察院工作报告》；审查批准《重庆市武隆区2019年国民经济和社会发展计划执行情况与重庆市武隆区2020年国民经济和社会发展计划草案的报告》，批准《重庆市武隆区2020年国民经济和社会发展计划》；审查批准《重庆市武隆区2019年预算执行情况和2020年预算草案的报告》，批准《重庆市武隆区2020年预算》；审议通过《重庆市武隆区人民代表大会议事规则》；选举重庆市武隆第十八届人民代表大会常务委员会委员2名。会议期间，代表提出建议、批评和意见127件。

【区人大常委会会议】 2020年区人大常委会依法召开常委会会议8次。

【区人大常委会主任会议】 2020年依法召开常委会主任会议20次。

2020 年武隆区第十八届人大常委会会议情况表

表 18

时间	会议次数	会议议题
3 月 23—24 日	第 29 次	审议区人大常委会主任会议关于提请审议《重庆市武隆区人民代表大会代表建议批评和意见办理办法（修订草案）》的议案、区政府 2019 年度环境状况和环境保护目标完成情况的报告、区人大常委会执法检查组关于检查《中华人民共和国野生动物保护法》实施情况的报告、区政府关于研究处理《区人大常委会对乡镇卫生院和村卫生室作用发挥情况报告的审议意见》情况的报告、区政府关于研究处理《区人大常委会对区属国有企业改革方案落实情况报告的审议意见》情况的报告、区政府关于研究处理《区人大常委会执法检查组关于检查〈中华人民共和国中小企业促进法〉实施情况的报告及审议意见》情况的报告、区法院关于研究处理《区人大常委会对发挥审判职能作用为民营经济发展提供司法保障工作情况报告的审议意见》情况的报告；听取区人大常委会主任会议关于区人大常委会专项工作咨询专家人员名单的备案报告并颁发聘书
5 月 20 日	第 30 次	会议审议《区人大常委会关于全区部分乡镇行政区划调整有关事项的决定（草案）》的议案、区人大常委会代表资格审查委员会关于个别代表的代表资格的报告以及区人大常委会主任会议任免职、区政府任免职、区法院任免职议案；并举行宪法宣誓仪式
5 月 27—28 日	第 31 次	听取审议区政府关于教师队伍建设情况、区人大常委会执法检查组关于检查《中华人民共和国村民委员会组织法》实施情况等 6 个报告，并召开联组会议专题询问区政府水污染防治工作情况
7 月 28—29 日	第 32 次	会议听取区政府关于贯彻落实《优化营商环境条例》情况的报告、区政府关于农村饮水工程建设和管理情况的报告、区政府关于 2019 年区级预算执行和其他财政收支的审计工作报告、区政府关于 2019 年决算草案的报告等；表决通过 2 个审议意见的研究处理情况报告，听取审议区人大常委会任命的 5 名干部的履职情况报告，开展“满意度”测评；通过区政府、区监委的人事任命，并进行宪法宣誓
7 月 31 日	第 33 次	审议区人大常委会主任会议关于提请审议邓孝怀请求辞去区十八届人大代表职务的议案、区人大常委会代表资格审查委员会关于个别代表的代表资格的报告
9 月 28—29 日	第 34 次	会议听取并审议区政府关于城市管理工作、区政府关于“一环两园”现代农业产业园建设、区政府关于乡村旅游发展、区政府关于规范和保障律师执业、区检察院关于适用认罪认罚从宽制度工作以及区政府关于研究处理《区人大常委会对〈区政府关于教师队伍建设情况的报告〉的审议意见》等情况的报告
11 月 26—27 日	第 35 次	听取区政府关于“十四五”规划编制情况的报告、区政府关于企业国有资产管理情况的报告、区法院关于推进以审判为中心的刑事诉讼制度改革工作情况的报告、区政府关于 2019 年度审计查出问题整改情况的报告、区政府关于研究处理《区人大常委会对区政府水污染防治工作情况的评议意见》情况的报告等和区检察院任免职议案的说明；表决通过相关审议意见的研究处理情况报告，听取审议区人大常委会任命的 4 名干部的履职情况报告，开展“满意度”测评；通过区检察院人事任免案，进行宪法宣誓，并传达学习中共十九届五中全会精神
12 月 29 日	第 36 次	会议审议区人大常委会主任会议关于提请审议刘顺学请求辞去区十八届人大代表职务的议案；听取区人大常委会代表资格审查委员会关于个别代表资格审查的报告；审议区人大常委会主任会议关于提请审议召开区十八届人大第五次会议决定（草案）的议案；审议区人大常委会主任会议关于提请审议区十八届人大第五次会议日程等有关草案的议案；审议区人大常委会主任会议关于提请审议区人大常委会工作报告（草案）的议案；决定区十八届人大五次会议召开时间

依法履职

【监督工作】 是年，区人大常委会坚持“依照法定职责、限于法定范围、遵守法定程序”开展监督工作，助力经济社会发展和改革攻坚任务。

经济运行监督　听取审议区政府关于计划执行、预算执行、审计工作及其查出问题整改情况等报告，推动降低税费负担、加大纾困力度、政府性重大项目投资、兜牢民生保障底线等政策措施的落地落实。推动建立规范透明、标准科学、约束有力的预算制度，持续做好人代会前的预算审查监督，提前介入预算编制审查，全过程参与区级项目预算公开评审，打破长期形成的“基数＋增量”的预算管理模式，推进预算审查监督重点向支出预算和政策拓展。持续开展对财政资金绩效评价的监督，专题调研农民专业合作社使用财政资金绩效情况，主任会议听取区政府工作情况的报告，督促财政部门加快构建全方位、全过程、全覆盖的预算绩效管理体系，建立健全绩效评价结果与预算安排挂钩制度。加强对审计查出问题整改的跟踪监督，审计查出问题 310 个，整改率 90%。以信息化、智能化加强预算监督，人大预算联网监督正式发挥作用，通过采集数据分析，编制预算联网监督专报，实时、全面、准确地实现监督预警。开展规划编制工作情况的调研，听取区政府关于编制工作情况的报告，督促把党的十九届五中全会精神和市委、区委全会精神转化到规划编制中，注重从全局谋划一域、以一域服务全局高质量编制规划纲要和专项规划。推动全域旅游转型升级，听取审议区政府关于乡村旅游发展情况的报告，组织代表视察仙女山机场建设情况，专题调研民族乡民族文化保护与传承情况，督促区政府要切实把乡村旅游发展放在全域旅游的总盘子中一体谋划、一体推进，完善发展规划、改善基础设施、提升经营水平，实现农民增收、农业增效、农村增美。推动城市品质提升，听取审议区政府关于城市管理工作情况的报告，提出推进城镇老旧小区改造工作，补齐智慧城管建设短板，常态化治理“乱点”、解决“堵点”、清除“脏点”，构建起“大城管”格局，“国家卫生区”成功创建。

“三大攻坚战”跟踪督查　推动打好“精准脱贫攻坚战”，听取审议区政府关于“一环两园”现代农业产业园建设情况、农村饮水工程建设管理情况的报告。针对现代农业产业园规划范围不够明晰、重点产业不够突出、政策配套不够完善、市场主体实力不足、品牌影响力不强等问题，提出提高认识加强领导、明确定位完善规划、扶优育强推进发展、强化科技支撑打造优质品牌等审议意见。组织调研组赴11个乡镇开展农村饮水工程运行管理情况的调研，提出要解决好饮水保障不够充分、供水质量不够高、管护机制尚未完全落实、水资源浪费较为严重等问题。区政府在“十四五”农村供水保障规划中，计划投入资金3.82亿元，新建水厂6座、改扩建13座，新增受益人口22万人。针对乡镇供水工程“只建不管”“只用不管”问题，全年将完成乡镇运营的8座水厂改造，逐步实现乡镇水厂全部移交区水务（集团）公司运行管理。围绕做好巩固拓展脱贫攻坚成果同乡村振兴有效衔接，主任会议听取专项工作情况的报告，提出要从认识、政策、力量、产业、服务方面统筹衔接，向全面推进乡村振兴平稳过渡。推动打好“污染防治攻坚战”，对区政府水污染防治工作开展工作评议和专题询问。常委会历时10个月，综合运用听取报告、工作评议、专题询问、“满意度”测评等监督方式的“变”；5个评议调研组深入全区26个乡镇街道，实地对饮用水源地、污水处理设施、二三级管网铺设、企业排污治污、农业面源污染、生态修复等60余处点位调查的“细”；结合调研发现的48个问题，精选出必问题目11个、备选3个询问的“真”，对交区政府整改的6条评议意见24个具体问题清单，采取暗访督办、会议督办、现场督办、延期评议督促整改的“硬”，评议询问取得成效，工作做法在重庆电视台刊播。区政府主要领导作出批示3次，召开专题会议4次，在全市率先印发《关于进一步明确全区污水处理职能职责的通知》，解决长期存在的部门和乡镇污水处理职责划分难题，将建成的47个污水处理厂站移交区建设投资（集团）公司统一运维管理，全面启动农村污水处理设施及管网闲置的运维工作和11个集中式饮用水源地标准化建设，全区86座小水电完成生态基流泄放工程改造，10余个排污点长期存在的问题得到解决。推动年度环保目标完成情况与中央和市级环保督察反馈意见整改同部署、同落实，听取审议区政府关于2019年度环境状况和环境目标任务完成情况的报告。推动打好“防范化解重大风险攻坚战”，每半年对债务管控情况开展1次跟踪监督，对区公安局等资金安排相对集中的部门进行检查，调研全区近两年债券资金的安排、管理、使用情况，严格督促区政府将新增的债券资金落实到具体项目后纳入预算调整方案，及时报常委会审查批准，确保债券资金真正发挥效益，防范政府债务风险。

助力改革开放创新　推动民营经济发展和营商环境持续优化，听取审议区政府关于贯彻落实国务院《优化营商环境条例》情况的报告，针对贯彻落实条例站位不够高、学习宣传力度不够大、规定工作落实不够好等问题提出审议意见。区政府出台《全区优化营商环境考核细则》，在区委党校举办优化营商环境专题培训班，在工程项目行政审批制度改革领域建立联席会议制度，行政审批承诺时限压缩75%，即办件34%，全程网办73%。落实监督新职责和改革新任务，持续加强国有资产管理监督，听取审议区政府关于国有资产管理情况的综合报告和企业国有资产管理情况的专项报告，针对企业国有资产质量不优、“三重一大”执行不严格、运营管控薄弱等突出问题，督促区政府要加快构建全面科学有效的监管制度体系，确保制度执行到位，加大考核问责力度，确保国有资产安全、不流失和保值增值。推动司法体制综合配套改革，听取审议区政府关于规范和保障律师执业情况的报告，提出司法机关要不断优化律师执业环境、加强律师素质建设、强化律师监督管理；听取审议区法院关于推进以审判为中心的刑事诉讼制度改革工作情况的报告、区检察院关于适用认罪认罚从宽制度工作情况的报告，充分肯定区法院、区检察院改革试点取得的成效，提出要进一步发挥好预防打击犯罪、促进司法公正、节约司法资源、依法保障人权、防范冤假错案、维护社会稳定的积极作用。推动科技知识普及和技术进步创新，开展科学技术普及条例实施情况的执法检查，督促区政府提升科普服务和科技传播能力，全区图书馆、博物馆、青少年活动中心实现全年免费开放，加强科普人才储备，对200余个村居科普负责人落实工作补贴，组织142名科技特派员开展技术培训300期次，新培育科技型企业24家，新建院士工作基地、专家大院各2个，推动科普资源的开发建设和开放利用。听取审议区政府关于法治政府建设情况的报告，听取区人大监察法制委关于规范性文件备案审查工作情况的报告，并首次对备案审查报告进行审议。

助力民生保障和社会治理　2月启动《中华人民共和国野生动物保护法》和《全国人大常委会关于全面禁止非法野生动物交易、革除滥食野生动物陋习、切实保障人民群众生命健康安全的决定》执行情况的执法检查，5月对全区涉及野生动物保护方面的政府规章和规范性文件进行全面清理。区政府认真研究处理执法检查报告和审议意见，开展野生动物保护法规和决定的宣传；组织联合执法行动，查办违法占用林地案件243件、野生动物违法犯罪案件6件；完成养殖企业和农户人工饲养野生动物后续处置工作和乌江流域渔民退捕工作。回应群众对教育资源公平分配，教师、学生、家长减负，教师“立德树人”的关切，听取审议区政府关于教师队伍建设情况的报告，提出教育投入要进一步注重城乡均衡、提升教师队伍综合素养、改善教师队伍结构、改革教师评价机制等审议意见。区政府引入第三方机构开展师德量化评价，建立教职工编制动态管理、定期调整的“区管校聘”机制，全年新招聘全科、音体美、英语、计算机等教师169人，安排228名教师开展执教、走教。保障农村村民自治，发展农村基层民主，开展村民委员会组织法实施情况的执法检查，村委会成员综合素质、村委会自治基础、村民依法民主决策、村务监督委员会依法监督得到改进。保障残疾人平等充分参与社会生活，共享发展成果，对《重庆市残疾人保障条例》的实施情况开展执法检查。区政府加大对残疾人的保障和服务力度，实现贫困残疾人子女入学资助、精神病残疾人服药、0至6岁残疾儿童康复需求全覆盖，对低保残疾人和特困残疾人实行城乡医保全额补助，落实搭乘公共交通、生活用水用电用气、创业就业税收等优惠政策，建立残疾人法律援助工作站，完成城区盲道无障碍通行改造。推动养老事业发展，组织市区代表对全区养老服务产业发展情况开展集中视察，提出健全发展体系、加大政策扶持、规范行业标准、推进医养结合、加强服务人才培养等视察意见。开展民营医疗机构发展、企业消防安全工作、戒毒工作、国防教育法实施情况的专项调研，主任会议分别听取区政府相关工作情况报告，推动有关问题得到解决。

【重大事项决定】 全年对重大事项作出决议决定8项。选聘41名专业人员为常委会提供智力支撑，组建财经、法律、“三农”、城建环保、社会建设、教科文卫6个咨询专家组。按照“预算审查监督重点向支出预算和政策拓展”的改革要求，审查批准2019年区级决算。贯彻落实党中央关于“六稳”“六保”和统筹推进疫情防控与经济社会发展的决策部署和市委、区委

1月8日，区十八届人民代表大会第四次会议宪法宣誓仪式　　代君君　摄

工作要求，2次审查批准2020年区级预算调整方案，确保有限财力用在教育、扶贫、环保、防洪护岸综合治理等基本民生项目上。依法保障乡镇行政区划调整方案实施，对羊角、土坎、仙女山撤镇设街道和凤来撤乡设镇后有关事项作出决定。

【人事任免】 全年依法任免国家机关工作人员42人次，组织举行5场宪法宣誓仪式，26名被任命人员进行宣誓。接受3名常委会组成人员和6名区人大代表的辞职请求。做好代表资格审查工作，依法确认并公告代表资格变动4次。探索实践任免权与监督权有机结合的新方式，加强任后监督，开展履职评价，规范报告事项，首次组织区政府组成部门14名主要负责人、区法院1名副院长、区检察院1名副检察长在常委会会议上口头报告履行法定职责、办理代表建议、廉洁自律和存在问题等情况，并对其开展“满意度”测评。

【人大执法检查】 2020年，配合市人大常委会工作部署，开展《中华人民共和国劳动法》《中华人民共和国劳动合同法》《中华人民共和国农民专业合作社法》《中华人民共和国村民委员会组织法》等实施情况的执法检查，开展《重庆市文明行为促进条例》的立法调研和修改意见反馈。4月上旬至5月中旬，采取重点检查、实地调研、召开座谈会、查阅有关资料的集中检查方式和检查人员随机走访了解的分散检查方式配合进行，开展《中华人民共和国村民委员会组织法》执法检查。

专门委员会工作

【区人大监察法制委】 2020年，区人大监察法制委向市人大常委会报送备案审查规范性文件3件，未收到修改意见，予以备案。收到区政府及区政府办报送备案规范性文件15件，其中区政府规范性文件6件，区政府办规范性文件9件，内容涉及经济建设、农业产业、环境保护、职业教育、医疗卫生、资源保护等领域。协助常委会听取区政府2020年度法治政府建设情况的报告，听取和审议区法院关于推进以审判为中心的刑事诉讼制度改革工作情况的报告、区检察院适用认罪认罚从宽制度工作情况的报告、区政府关于规范和保障律师执业情况的报告、区政府关于戒毒工作情况的报告，开展规范性文件备案审查，督办审议意见办理落实。5月，区人大监察法制委对全区戒毒工作情况开展调研。6月，常委会听取和审议区政府工作报告后，区人大监察法制委根据常委会审议情况，结合调研报告，整理形成审议意见送相关部门办理。审议意见坚持问题导向，提出意见和建

议。8月，区人大监察法制委实地走访区检察院、区司法局、律师事务所，了解律师执业权利保障情况，听取工作汇报，召开律师工作座谈会，对全区规范和保障律师执业情况进行调研。调研结束后，区人大监察法制委针对调研中发现问题，提出要加大《中华人民共和国律师法》的宣传，提高思想认识；要加强协调沟通，切实保障律师执业权利；要不断加强对律师队伍的监督、管理和服务；要加强律师队伍建设，提高执业能力和水平等意见和建议。9月，区人大监察法制委对区检察院适用认罪认罚从宽制度开展调研，形成调研报告，指出在开展认罪认罚从宽制度工作中存在的公检法司沟通协调有待加强；保障被害人权益有待加强；值班律师相关工作制度有待完善等问题。结合实际提出加强政治站位，切实深化思想认识；要加强检察队伍建设，提高业务素能；要加强协调沟通，完善工作机制；要明确职能职责，充分发挥认罪认罚制度的权益保障等意见建议。10月，区人大监察法制委对区法院推进以审判为中心的刑事诉讼制度改革工作进行调研。调研组通过召开座谈会，听取区法院、区检察院、区公安局、区司法局等部门的工作汇报，听取3一线办案人员的情况介绍，听取3名专家，5名律师的意见建议。通过调研，掌握改革工作开展情况。11月下旬，向相关单位交办常委会审议意见。11月，区人大监察法制委协助常委会听取区政府2020年法治政府建设情况，对一年来全区法治政府建设工作情况进行“回头看”，总结成绩和经验，查找问题和不足，补齐短板和弱项，持续深入推进法治政府建设各项工作。11月，区人大常委会听取和审议区人大监察法治委关于2020年度规范性文件备案审查工作的报告。

【区人大财政委】 全年共协助区人大常委会开展工作评议和专题询问1项、审议政府专项报告1项、开展计划和预决算专项审查3项、专项调研1项、调整区本级预算2项、督办审议意见4项。协助区人代会审查2020年国民经济和社会发展计划报告，批准全区2020年计划；完成常委会对2020年上半年经济社会计划执行情况审查审议工作；协助听取和审议区政府贯彻实施《优化营商环境条例》情况报告的相关工作；对“十四五”规划编制情况开展调研；对区政府研究处理《检查〈中华人民共和国中小企业促进法〉实施情况的报告及审议意见》情况进行跟踪督办。完成区十八届人大四次会议及常委会对2020年上半年预算执行情况、两次预算调整和2019年度区级决算的审查审议等相关工作，完成2019年度预算及其他财政收支审计报告和审计查出问题整改报告审议监督，并就财政运行管理中的有关重大事项加大监督工作力度。协助区人大常委会听取和审议2019年度环境状况和环境目标任务完成情况报告，并督促审议意见的落实。根据市人大上下联动工作安排，对区政府水污染防治工作情况开展评议。协助区人大常委听取和审议城市管理工作情况的报告，重点围绕市容环境卫生和秩序进行。

【区人大农业农村委】 3月，区人大常委会执法检查组开展对区政府关于《中华人民共和国野生动物保护法》贯彻实施情况的执法检查，形成执法检查报告。区十八届人大常委会第二十九次会议听取审议区人大常委会执法检查组《关于检查〈中华人民共和国野生动物保护法〉实施情况的报告》。会议针对问题，提出“加大宣传力度，提高依法保护野生动物的自觉性；加大保护力度，提高野生动物保护工作质量；加大资金投入，促进保护工作顺利开展”等方面的审议意见函告区政府研究处理。区政府7月向区人大常委会书面报告审议意见办理情况。6—7月，区人大常委会副主任辛莉带领调研组，通过实地走访接龙乡、凤来乡、后坪乡等11个乡镇；召开东北片区乡镇座谈会；召集区水利局、区生态环境局、区卫健委等部门专题座谈；发放问卷调查表；查阅部门资料等方式，对全区农村饮水工程建设及管理情况开展调研，形成报告。区十八届人大常委会第三十二次会议分别听取和审议了区政府关于全区农村饮水工程建设及管理情况的报告和区人大常委会调研组关于全区农村饮水工程建设及管理情况的调研报告。会议针对问题提出“搞好规划建设，优化水利资源配置；加大资金投入，提升饮水保障能力；加大保护力度，确保人畜饮水安全；完善管护机制，确保工程永续利用”的审议意见函告区政府研究处理。区政府于12月向区人大常委会书面报告审议意见办理情况。

3月，区人大常委会主任杨国权带领调研组先后到仙女山、桐梓、双河等乡镇，就全区“一环两园”现代农业产业园规划建设情况进行实地调研，形成调研报告。9月，副主任辛莉再次带领调研组到仙女山、羊角、双河等乡镇（街道），就全区“一环两园”现代农业产业园建设推进情况进行专题调研，形成调研报告。区十八届人大常委会第三十四次会议听取和审议区政府《关于我区“一环两园”现代农业产业园建设推进情况的报告》。会议针对问题，提出“提高认识，加强园区建设领导；明确定位，不断完善园区规划；扶优育强，加快推进产业发展；强化科技支撑，着力打造优质品牌”的审议意见函告区政府研究处理。区政府针对审议意见制定办理工作分工方案，审议意见在办理落实之中。10月，副主任辛莉带领调研组先后到鸭江镇双河园村、白马镇板桥村、后坪乡等8个试点乡镇（街道）、村，就脱贫攻坚与乡村振兴有效衔接试点工作开展情况进行实地调研，形成调研报告。区人大常委会第八十一次主任会议听取并审议区政府关于脱贫攻坚与乡村振兴有效衔接的工作汇报及区人大农委所作的调研报告，提出“把握衔接内容，明确工作目标；科学制定方案、精心编制规划；出台有效政策，调动内生动力”等方面的工作建议。

10月，副主任辛莉带领调研组先后到鸭江镇、白马镇、沧沟乡等乡村，对全区10个“精品类”、15个“示范类”美丽宜居村庄农村人居环境整治工作推进情况开展调研。针对部分乡村还存在“群众认识有差距、项目推进不平衡、内生动力尚未激发”等问题，提出“加强工作领导，加快农村人居环境整治项目建设进度；围绕工作重点，如期完成三年行动目标任务；统筹加快建设，扩大美丽宜居村庄范围；建立长效机制，激发群众内生动力”等建议意见。

全年对区政府及有关部门研究处理区人大常委会对区政府关于《推进乡村振兴战略实施情况的报告》的审议意见、《区人大常委会执法检查组关于检查〈中华人民共和国野生动物保护法〉实施情况报告及审议意见》、《关于农村人畜饮水工程建设及管理情况的报告》的审议意见相关情况进行跟踪督办。区人大常委会分别于5月、7月、11月听取、审议并通过区政府各项审议意见研究办理情况的报告和区人大农委所作的跟踪督办报告。

【区人大社会建设委】 4—5月，委员会组织部分区人大常委会组成人员、区人大代表，严格对照《中华人民共和国村民委员会组织法》开展执法检查。6—7月，就《中华人民共和国残疾人保障法》贯彻实施的情况进行执法检查。区十八届人大常委会第三十二次会议进行审议，并形成审议意见提交区人民政府办理。8月上旬，区人大常委会副主任吴成武带领调研组到全区10多个乡镇（街道）、村（社区）和中小学，就国防教育工作开展情况进行专题调研，撰写《〈中华人民共和国国防教育法〉贯彻实施情况的调研报告》，并在区十八届人大常委会第七十五次主任会议上作汇报，会后形成《进一步贯彻实施中华人民共和国国防教育法情况的工作建议》函送区政府办供工作参考。10月上旬，区人大常委会副主任吴成武带领调研组到区消防救援支队、区应急局、区工业园区管委会、区教委、区城乡建委、芙蓉街道、白马镇、隆泰稀土新材料有限公司、钢奥机械制造有限公司、国道机械制造有限公司、世纪五龙城4组团和5组团、城区部分社会培训及社会福利机构就企业消防安全工作开展专题调研，撰写《关于企业消防安全工作情况的调研报告》，并在区十八届人大常委会第七十八次主任会议上作汇报，会后形成《关于加强企业消防安全工作的建议》函送区政府办供工作参考。配合市人大社会建设委制定《重庆市文明行为促进条例》，协助市人大开展贯彻实施《中华人民共和国劳动法》《中华人民共和国劳动合同法》情况的调研，撰写《关于我区贯彻实施〈中华人民共和国劳动法〉〈中华人民共和国劳动合同法〉情况的调研报告》并上报市人大社会建设委。

代表工作

【代表履职平台】 区人大常委会在全区96个市、区、乡镇“人大代表之家”和15个“市人大代表联络站”常态化开展联系走访群众1.39万余人次，收集意见建议625条，办好事实事1351件。开展“两联一述”活动，常委会组成人员联系区人大代表和区人大代表联系群众，70名区人大代表向选区选民述职，基本完成届内述职全覆盖。分片开展“主任接待日”活动4次，接待代表50人次，收集处理建议33件。

【代表建议办理】 全区修订《代表建议批评和意见办理办法》，全面实行代表对办理方案和办理结果的“两次评价”机制，得到市人大常委会的肯定。按照办法规定，听取审议区政府关于2020年代表建议办理情况的综合报告和区教委、区城市管理局、区农业农村委的承办工作报告，对3个部门的承办工作开展“满意度”测评，结果均为“满意”。有关承办单位坚持结果与过程并重，“点对点”联系，“面对面”沟通，及时回复办理方案和办理结果，推动解决实际问题。区十八届人大四次会议提出的124件建议，交由区政府24个承办部门和区级4家机关团体办理；区委、人大、政府20名领导和4个专门委员会牵头督办24件重点建议；当年能够解决的55件全部落实，代表满意率100%；当年难以解决纳入工作计划持续办理51件，代表均表示认可；对不符合法律法规政策规定的，或者受客观条件限制以及不属于本级国家机关权责范围的18件，经与代表沟通，均表示认同。首次开展办理工作“回头看”，对该届一次会议至三次会议列入计划逐步解决的代表建议进行梳理，组织30个承办部门召开工作会，191件全部办理落实，代表满意率100%。

【服务保障代表履职】 2020年，全区组织代表528人次参加全国人大常委会专题网络视频直播学习班、市人大代表专题培训班4期。遵从代表意愿，组织172名代表参加常委会执法检查、工作评议、视察调研等履职活动25次。发挥代表专业优势，拓展代表履职渠道，完成7个代表专业组的组建。邀请市区两级代表25人次列席常委会会议。向全体代表赠阅《中国人大》《公民报》等报纸杂志1500余份。在新冠肺炎疫情防控阻击战中，全区各级代表捐款捐物，1名区人大代表荣获市级抗击新冠肺炎疫情先进个人；在精准脱贫攻坚战中，23名区人大代表获全区2020年脱贫攻坚先进个人；表彰先进代表小组8个、优秀代表20人、优秀代表建议60件。

（区人大常委会办公室）

武隆区第十八届人民代表大会优秀代表建议情况表

表 19

序号	建议名称	建议代表
1	关于对巷口镇中鱼村青吉村到火炉镇岩峰村路段安全隐患及环境卫生进行整治的建议	冯亚琼
2	关于加快安装武务路猫子丫隧道路灯的建议	甘元周
3	关于提高农村公路建设标准的建议	徐光文
4	关于硬化撤并村原中堡村公路建设的建议	任忠林
5	关于加强农村客运车辆管理的建议	王　勇
6	关于进一步规范农村居民合作医疗保险管理，科学制定考核办法的建议	王　勇
7	关于将平桥场镇至南川区中桥乡乡道路升级改造为县道路的建议	梁　伟
8	关于尽快启动土地乡场镇至仙女湖公路加宽改造工程的建议	吕　胜
9	关于农村电商发展方面的建议	彭世菊
10	关于加快推进南北滨江路及广岭乌江大桥建设的建议	余长江
11	关于土坎乌江大桥南桥头旅游环境整治的建议	杨　涌
12	关于加强背街小巷管理的建议	代玲玲
13	关于加强城区物业管理的建议	代玲玲
14	关于加快南滨路加高工程项目建设进度的建议	张文峰
15	关于进一步提升服务民营经济的水平和质量的建议	张文峰
16	关于凤来乡“撤乡设镇”问题的建议	张泽恒
17	关于武隆一中尽快投入使用的建议	肖福秀
18	关于消除火车站路口交通安全隐患的建议	肖福秀
19	关于加速推进武隆区文化产业发展的建议	雷　振
20	关于规划实施农作物保种育种基地建设项目的建议	雷　振
21	关于加强实验二小周边环境建设清除安全隐患的建议	应　宏
22	关于全面完成乡镇污水处理设施二、三级管网建设的建议	代春雷
23	关于进一步加强农村环境卫生整治的建议	卢光会
24	关于加强城区扬尘污染整治问题的建议	卫中华
25	关于发展休闲养老产业的建议	朱晓琼
26	关于解决仙女山镇石门设卡拦截游客车辆问题的建议	侯小梅
27	关于加强中堆坝市政管理的建议	文　琼
28	关于持续加大农村人居环境整治资金保障力度的建议	文　静
29	关于尽快实施对江口镇下街林业站进行危岩整治的建议	赵国财
30	关于在和顺镇寺院坪新建基站的建议	王　刚
31	关于加强对非物质文化遗产的保护和传承的建议	何　引
32	关于将白马镇打造为首批产城景融合发展示范区的建议	刘华松
33	关于对重点工程建设拆迁居民新建房屋办理产权证的建议	罗应梅
34	关于加快老城区砂砖危旧房改造的建议	杨　忠
35	关于免费直供市政消防公益用水的建议	王永兵
36	关于加快推进“寻味武隆”区域公共品牌建设的建议	陈明亿
37	关于支持我区民营实体经济发展的建议	梁本基
38	关于开通浩口乡农村客运的建议	李代学
39	关于对羊角镇农村电网及设施设备进行升级改造的建议	史安伦
40	关于规范仙女山景区内经营户管理的建议	徐建容
41	关于出台生态保护与脱贫攻坚、乡村振兴协同发展具体措施的建议	郑太春
42	关于启动木棕河漂流项目的建议	黄　庆
43	关于整治世纪广场安全隐患的建议	冉武佺

续表 19

序号	建议名称	建议代表
44	关于将西南片区作为特色林果产业片集中打造的建议	黄元超
45	关于加快建设山虎关水库库周污水管网工程的建议	传文明
46	关于加强国有资产管理及使用的建议	王学文
47	关于国道 319 线武隆与涪陵交界处大溪河隧道安装照明灯的建议	杨　星
48	关于加大鸭江镇农村电网升级改造投入力度的建议	谭中华
49	关于继续加大城区新能源公交车投入使用的建议	蒋朝普
50	关于大力深化“放管服”，深入推进“最多跑一次”改革的建议	蔡　禹
51	关于对物流企业出台相关扶持政策的建议	何小洪
52	关于加强沧沟乡大田传统村落保护的建议	黄世军
53	关于建立农村优秀贫困生长期帮扶机制的建议	李　瑶
54	关于国道 319 线马溪河至砂岩段安全隐患整治的建议	李树兴
55	关于对公交车站台进行优化和规范的建议	窦兴果
56	关于解决农村居民建房用地难问题的建议	蔡江平
57	关于分片区建立健全厨余垃圾收运机制的建议	刘　源
58	关于工业园区安置房办理房产证的建议	但堂明
59	关于加强对世纪五龙城环境综合整治的建议	张永封
60	关于启动武仙路复线人居环境整治的建议	张书龙

武隆区人民政府

综　述

【概况】2020年，全区贯彻落实党中央、国务院决策部署，抓实抓细市委、市政府和区委工作部署，统筹推进疫情防控和经济社会发展，在一季度GDP下降4.8%的形势下，保持定力、化危为机，推动经济发展逐季恢复、稳定向好，全年增长4%。区人民政府全年召开区长办公会12次、常务会34次、全体会议2次。

【风险应对】2020年，战疫情，全区和全市同步启动一级响应，落实“四早”“四集中”要求，抓好“四个工作面”和“两大保障”，成为全市首批低风险区县，做好“外防输入、内防反弹”常态化防控，除1例外出务工返乡输入性确诊病例外，未出现其他病例。战复工，在确保防疫安全前提下，在全市最早启动复工复产、复市复消。组建工作专班帮扶重点行业企业，开展“十个一”主题促销系列活动提振消费。固定资产投资、规模以上工业增加值分别增长0.8%、7.5%，社会消费品零售总额下降2.9%。战脱贫，开展“战疫情送春风”“百日大会战”“收官大决战”等活动，推进脱贫攻坚十大专项行动，就业扶贫、消费扶贫等重点工作成效显著，东西部扶贫协作、水利部定点扶贫和市内结对帮扶协同发力，“两不愁三保障”问题动态清零，后坪乡深度脱贫攻坚任务全面完成，现行标准下贫困人口全部脱贫；易地扶贫搬迁事迹入选全国“十三五”易地扶贫搬迁典型案例。战灾害，成功应对14次极端天气和152起地灾险情，及时有效处置大溪河超保证水位、白马牛儿湾和土地中堡滑坡等重大险情，紧急避险撤离群众1219人，实现因灾死亡零发生。

【“六稳”“六保”政策落实】2020年，全区“六稳”（指稳就业、稳金融、稳外贸、稳外资、稳投资、稳预期工作）政策措施落地落实，稳住经济社会发展基本盘。保居民就业，发放创业担保贷款3.1亿元、就业补贴3000万元；应届高校毕业生就业率达93%；城镇新增就业4822人，农村劳动力转移就业4055人。保基本民生，社会救助和保障标准与物价上涨挂钩联动，发放救助金1.42亿元，惠及困难群众2万余人。保市场主体，实施停产半停产企业复产止滑行动，落实阶段性纾困惠企政策资金超1亿元，助民企清收账款3381万元，新增市场主体4959户、增长14.9%。保粮食能源安全，“米袋子”“菜篮子”“肉盘子”保得放心，水电、页岩气放量增产。保产业链供应链稳定，加大供应链保障调度、产业链招商力度，重点产业需求基本保障。保基层运转，坚持“政府过紧日子”，压缩三公经费10%以上，兜牢“三保”底线；争取抗疫特别国债2.7亿元；一般公共预算增长12.5%，财政运行平稳。

【产业发展升级】2020年，全区建成飞天之吻、博象美术馆、懒坝大地艺术公园、树顶漫步、归原小镇等一批重点文旅项目；阳光童年、半山太阳谷、白马山高端文旅特色小镇、天生三桥电梯新建等项目有序推进；乌江博物馆、非遗中心、美术馆等项目加快推进。优化5条精品乡村旅游线路，芙蓉湖游船、大田湿地人家、万峰呐溪原乡、田家寨等景区景点相继开放，文凤村、堰塘村成为国家级乡村旅游重点村。仙女山草原露营音乐节等热度不减，“双晒”获最佳传播奖；新培育规上文化服务企业8家，接待游客、综合收入分别增长5%和5.88%。生态工业提质增效，白马货运码头等项目加快建设。迪纳新能源等5个项目建成投产；四眼坪风电等项目推进建设，新开发页岩气20口井。清理处置11户违约企业，盘活闲置厂房3.5万平方米。7户企业升规，工业投资增长24.4%，规模以上工业增加值增长7.5%。特色农业稳步发展，农业增加值增长4.8%。“一环两园”为重点的现代农业产业园加快建设。整治高标准农田2000公顷。主要农产品产量稳中有增，高山蔬菜产量65.27万吨，生猪出栏42.94万头，烤烟产量3050吨。新认证绿色食品40个，脆桃、猪腰枣入选全国名特优新农产品名录。农产品加工业产值实现20亿元。新培育市级龙头企业3家、家庭农场25家、农民专业合作社40个。商贸消费日趋繁荣，中堆坝智慧商圈、奥世·万汇广场商业综合体加快建设；商业步行街火热开街；五洲国际商贸物流园业态初显，城区“加盟店”“特色店”“夜经济”快速增长；新增限上企业15家，实现社会消费品零售总额114.4亿元。智能经济逐渐活跃，奥讯机器人项目投产并升规；实施智慧农业项目3个、企业智能化改造12家；一批电商平台开放，实现消费扶贫1.6亿元、网售总额46亿元。

【改革开放创新】2020年，全区深化供给侧结构性改革，为企业减税降费5亿元；向上争资43.19亿元；引入“金融活水”，存贷款余额首破500亿元大关，帮助企业贷款267.87亿元，惠及4987户（次）。深化国资国企改革，隆畅公司上市稳步推进。稳妥推进农业农村、投融资、市场信用体系等关键领域改革。持续优化营商环境，深化“多证合一”等改革，大力推行“一窗办”“网上办”。民营经济增加值占GDP比重达62.9%。开放合作积极有为，扩大“双城经济圈”合作，缔结“巴蜀遗产地联盟”，与乐山市缔结友好城市；仙女山和西岭雪山缔结姊妹景区，与170余家“巴蜀文化旅游走廊”景区资源共享互推。强化区域合作，“武隆南川”一体化发展上升为市级战略，与黔北区域市区县签订系列合作协议。对外交流，举办第二届绿色发展实践国际论坛。优化完善“1+11+N”招商模式，签约项目57个、签约额307.5亿元；新增外贸企业8家，到位外商投资项目2个。创新引领成效明显，引进高层次人才45名，带动引才294名。签约国电投投资10亿元建绿色智慧能源示范区，与重大“校地合作”建设“微波输能与空天太阳能电站实验基地”；与中科院老专家技术中心组建武隆工作站。新培育创新平台5个、高新技术企业1家、科技企业24家。R&D经费支出

武隆区地图

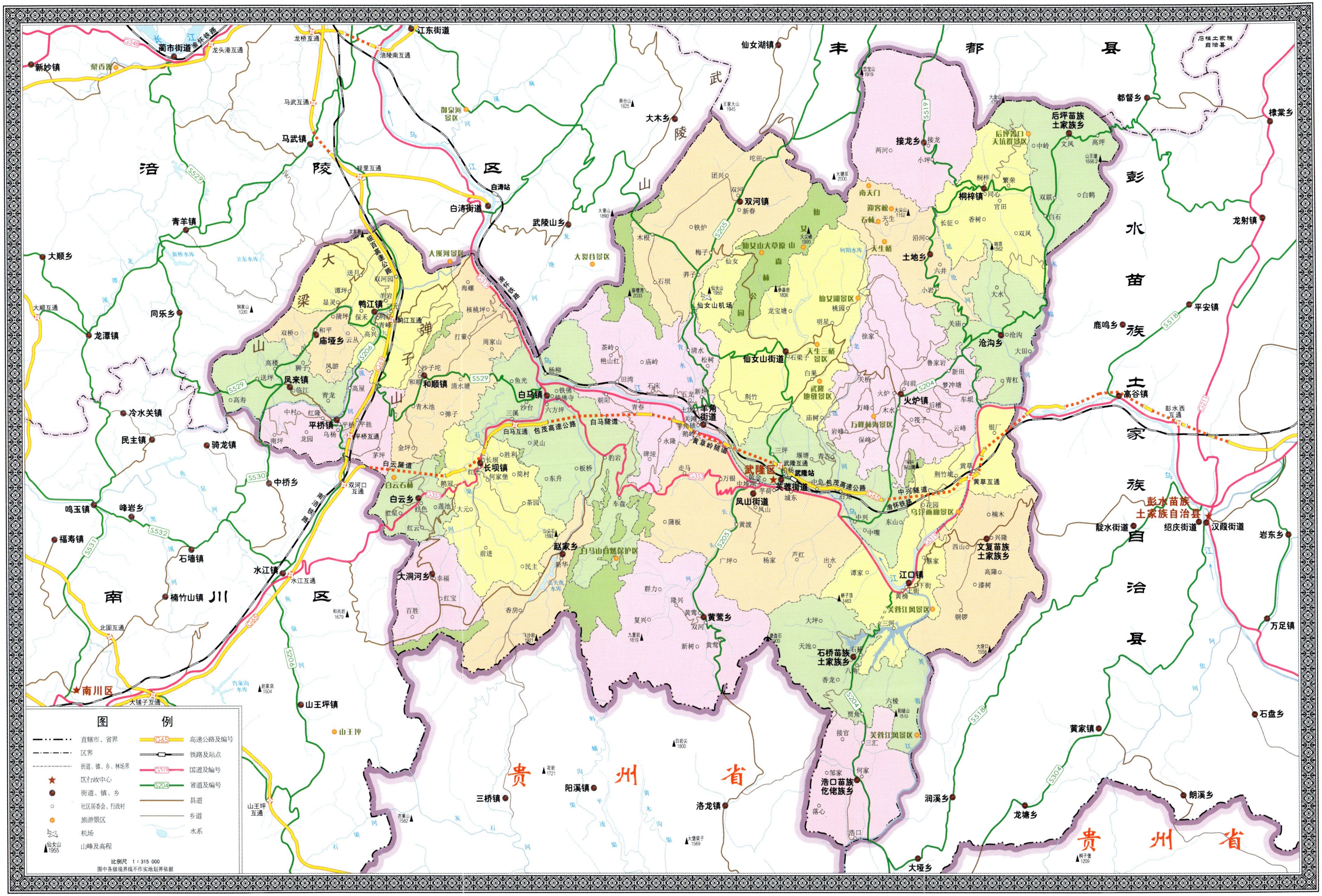

审图号：渝S(2021)034号

武隆区档案馆 监制 重庆市勘测院 编制 二〇二一年九月

审图号：渝 S(2020)065 号

重庆市规划和自然资源局 监制 二〇二〇年十一月

审图号：渝 S(2020)065 号

重庆市规划和自然资源局 重庆市民政局 监制 二〇二〇年十一月

增长20%左右。启动知识价值信用贷款改革试点。成功申报国家农业科技园区。

【城乡建设】 2020年，全区完成城乡建设投资55亿元，建筑业总产值增长19%。山水城市加快打造，《国土空间总体规划（2020—2035）》有望近期获批，启动凤来新城建设规划。油坊沟农贸市场开市，乌江一桥完成加固，建成乌江左岸堤防、中堆坝次干道、3座人行天桥，芙蓉西路立体停车楼主体完工；棚户区改造254户，南滨路、冯家坡老旧小区启动改造；利丰·锦绣阁、碧桂园·江山赋等房地产项目加快开发。仙女山度假区碧云路改造等6个基础设施项目推进建设，青少年科学示范营地等8个文体旅项目加快打造；11个休闲度假项目完成投资6.19亿元。羊角古镇功能配套及景观文化持续完善。常态化开展"马路办公"，整治棉花坝至乌江三桥、G65武隆西互通周边环境，新建城区及景区公厕13所、小游园及微绿化44处。美丽乡村加快建设，以全市首批脱贫攻坚与乡村振兴有效衔接试点为契机，全区农村环境持续改善，建成农村公厕20座，改造农村危房371户，旧房整治提升2000户，创建美丽庭院500户、绿色示范村13个；农网改造投资1.01亿元；完成"四好农村路"210千米。基础设施建设成效显著，完成交通建设投资14.2亿元，仙女山机场实现首航，落实航线4条；渝怀二线铁路投运；白马航电枢纽、渝湘高铁、渝湘高速复线、武道高速推进建设，武两高速完成投资人招标，14个交通干线项目加快实施。完成水利投资4.52亿元，8个在建重点水利项目顺利推进，江口供水工程完工，龙宝塘、西山、沙坝3座水库主体工程完工。建成加油站2座、5G基站469座、室外无线AP200个。生态环境更加优良，落实"五大环保"行动，空气优良天数达355天，集中式饮用水水源地水质达标率100%，农药化肥施用量减少0.5%，畜禽粪污综合利用率93.75%，回收废弃农膜463吨；新完成国土绿化17.8万公顷；清理整改小水电138座，治理水土流失100平方千米。环保督察反馈问题切实整改，环保业务用房加快建设，芙蓉湖国家湿地公园建设通过验收。天然林全面禁伐、全域禁猎，全面落实长江流域重点水域"十年禁渔"。

8月25日，武隆区人民政府与中国中铁股份有限公司战略合作签约仪式现场
付琳眉　摄

【民生实事】 2020年，全区企业和机关事业单位退休人员养老金实现同步上调；加快黄荆坝麻纺厂还建房建设；建成养老服务中心1个、社区养老服务站6个，改造乡镇敬老院4个。提升教育水平，白马小学综合楼，长坝、土地2所幼儿园投用；成为全市学前教育示范区（县）之一；建特色学校、特色项目学校49所。博爱医院迁建、疾控中心业务综合楼、妇幼保健院儿科大楼等加快建设，区中医院成功创建二甲医院，人民医院、妇幼保健院启动等级创建，居民健康素养显著提高。融媒体中心一期建设通过验收，新建文体设施17处；送文化下乡1000余场，成功举办仙女山马拉松等赛会，《武隆年鉴（2019）》被评为全国地方志优秀成果（年鉴类）一等年鉴。社会环境安定和谐，群众满意度持续提升。

【乐山市—武隆区正式缔结为友城】 7月13—14日，四川省乐山市—重庆市武隆区缔结友城座谈会举行，双方签署《乐山市人民政府 武隆区人民政府缔结友城协议书》；通过《乐山与武隆合作重点事项清单（2020—2023年）》。

【武隆区与中国中铁股份有限公司战略合作框架协议签约仪式】 8月25日，武隆区人民政府与中国中铁股份有限公司战略合作框架协议签约仪式在重庆举行；合作金额100亿元，就高速公路、干线公路升级项目，轨道交通项目，新城综合开发项目，河段防洪护岸综合治理项目，文旅、康养项目等方面开展合作。

重要会议

【区人民政府全体会议】 2020年，区人民政府召开全体会议2次。

1月17日，召开第一次全体会议，审议《2020年政府工作报告任务分解（送审稿）》等议题。7月21日，召开第二次全体会议，书面通报《2020年政府工作报告》完成情况；听取区发展改革委汇报全区上半年经济运行总体态势和重点项目建设情况及下半年工作建议发言、区统计局汇报上半年经济指标完成情况、区经济信息委、区财政局、区住房城乡建委、人行武隆支行、区农业农村委、区商务委就行业经济运行情况发言；仙女山街道、白马镇围绕上半年统筹疫情防控和经济社会发展发言。

【区人民政府常务会议】 2020年，区人民政府召开常务会议35次。

2020 年武隆区人民政府常务会议情况

表 20

时间	次数	内容
1 月 17 日	第 87 次	传达学习全市文化旅游发展大会精神，研究贯彻落实措施；传达学习全市安全生产与自然灾害防治工作电视电话会议精神，听取区应急局关于大排查、大检查、大执法专项行动开展情况的汇报；审议《政府工作报告重点目标任务分解（送审稿）》《邦启芒公司总部结算项目合作协议及补充协议（送审稿）》《武隆区人才服务证制度实施细则（试行）（送审稿）》《武隆县基础设施建设项目招商引资协议补充协议（二）（送审稿）》《武隆区开展违法违规私建“住宅式”墓地等专项整治实施方案（送审稿）》；研究《校园保安队伍建设突出问题建议方案（送审稿）》；研究阳光童年旅游文化项目产业扶持事宜
1 月 22 日	第 88 次	研究部署新冠肺炎疫情防控工作，要求加强组织领导、严格报送程序、科学周密完善预案，建立联防联控机制，加强向上请示报告工作，加强应急值守；全力做好保障工作；压紧压实责任
1 月 26 日	第 89 次	传达学习《市委办公厅、市政府办公厅关于迅速学习贯彻习近平总书记在中央政治局常务委员会会议上的重要讲话精神全力以赴打赢打好新冠肺炎疫情防控阻击战的通知》；听取区卫生健康委以及 10 个专项工作小组工作落实情况，研究部署防控工作
2 月 4 日	第 90 次	贯彻落实中央、市上对新型冠状病毒感染的肺炎疫情有关精神；抓好统筹调度、疫情排查；增强对疫情防控重要生产生活物资的供应保障力度；增强医疗战线的救治和防控力、交通流动面的有效管控和精准调度、信息公开和舆论宣传的引导力、疫情防疫工作的组织纪律性；抓好全年经济社会发展目标任务
2 月 13 日	第 91 次	传达学习近期中央及全市新冠肺炎疫情防控工作有关重要讲话及会议精神，研究贯彻措施；听取区发展改革委关于新冠肺炎疫情对我区经济社会发展的影响及下一步工作建议的汇报；审议《区级领导联系重点项目任务分解方案（送审稿）》；审议《区级领导联系重点项目资金保障方案（送审稿）》《区级领导联系重点项目用地保障方案（送审稿）》《全国劳动模范和先进工作者推荐评选候选人的工作方案（送审稿）》等议题
2 月 24 日	第 92 次	会议要求，认清当前疫情防控正处在最紧要的关键阶段；扎牢做好疫情防控的“防护网”；抓好全区经济社会发展各项工作
2 月 28 日	第 93 次	研究当前全区新冠肺炎疫情防控有关事宜；研究统筹经济社会发展有关事宜；传达全市农村工作会议精神，审议《关于抓好“三农”领域重点工作确保如期实现全面小康的实施意见（送审稿）》《武隆区促进乡村产业振兴的实施方案（送审稿）》《武隆区农村人居环境整治工作要点（送审稿）》《武隆区高层建筑消防安全提升计划（2020—2022）（送审稿）》；研究全区与重庆高速公路集团有限公司有关合作事宜；传达有关会议精神
3 月 3 日	第 94 次	传达贯彻 3 月 2 日习近平总书记在京考察战疫科研攻关工作时的讲话精神、3 月 2 日李克强总理在中央应对新冠肺炎疫情工作领导小组会议上的讲话精神及相关会议精神，研究有关工作事宜；研究统筹经济社会发展、“雪亮工程”设计及投资变更事宜；审议《税保宝公司总部结算项目合作协议（送审稿）》《年产 20 万吨页岩气支撑剂项目投资协议及补充协议（送审稿）》《武隆区油坊沟东侧智能立体停车库项目协议（送审稿）》《武隆国际服务贸易数字经济产业园项目合作协议（送审稿）》等议题
3 月 10 日	第 95 次	传达有关会议精神，贯彻落实中央决战决胜脱贫攻坚座谈会上的重要讲话精神；研究疫情防控工作；研究区仙管委等单位行政委托清理有关情况；审议《武隆城区污水处理厂搬迁补偿协议（送审稿）》《武隆区特色豆制品、苕粉产业振兴暨重庆市武隆区 10 万吨大豆深加工项目协议（送审稿）》《武隆七彩陶开发项目合作协议（送审稿）》；研究区建设投资（集团）公司与中石油天然气股份公司共同组建能源公司有关事宜
3 月 18 日	第 96 次	传达有关会议精神，研究疫情防控及全区重点工作；研究支持解决企业复工复产和生产经营政策落地事宜；审议《武隆区 2019 年安全生产先进单位和先进个人表彰奖励名单（送审稿）》《武隆国际服务贸易数字经济产业园项目协议（送审稿）》《食用笋种植加工项目投资协议（送审稿）》《建筑石材综合开发利用深加工项目投资协议（送审稿）》《武隆区人民政府关于废止部分政府规范性文件的决定（送审稿）》等议题
4 月 2 日	第 97 次	传达有关会议精神；研究疫情防控及重点工作；审议《2020 重庆武隆春夏消费促进季活动方案（送审稿）》《关于贯彻落实〈重庆市实施政府过紧日子十条举措进一步深化财政管理改革的通知〉的通知（送审稿）》《新增一般债券安排（送审稿）》等议题
4 月 14 日	第 98 次	传达有关会议精神；研究部署疫情防控、经济社会发展工作；听取有关工作汇报；审议《关于进一步规范活禽交易推行集中屠宰加强冷链供应工作的实施方案（送审稿）》《致荣承科技公司总部结算项目合作协议及补充协议（送审稿）》《武隆区水漾年华立体停车库项目实施方案（送审稿）》《关于支持中堆坝片区 D4-02/02 地块用于民营医院建设项目建议方案（送审稿）》；研究度假区部分道路命名、人事有关事宜
4 月 30 日	第 99 次	传达有关会议精神；研究区政府班子成员职务分工调整、疫情防控工作、重点工作；听取有关工作汇报；审议《武隆区与乐山市缔结友诚的协议（送审稿）》《关于新建重庆与黔江铁路征地拆迁实施协议（送审稿）》《关于渝湘复线高速和武道高速征地拆迁包干协议、临时用地协议（送审稿）》审议《重庆鎏创实业总部结算项目合作协议及补充协议（送审稿）》《关于推进烟叶产业发展的工作意见（送审稿）》《武隆区社区居家养老服务全覆盖实施方案（送审稿）》；研究重庆武隆影视文化创意产业园区 2019 年地方经济贡献奖励扶持、人事有关事宜

续表 20

时间	次数	内容
5月14日	第100次	传达学习上级会议精神；研究疫情防控工、经济社会发展重点工作；听取“济南—武隆”东西部扶贫协作工作开展情况，审议《武隆区东西部扶贫协作工作要点（送审稿）》；听取水利部定点扶贫武隆工作推进情况，审议《水利部定点扶贫武隆区目标任务分解工作方案（送审稿）》；审议《武隆区消防工作要点（送审稿）》《九街菜市场项目投资协议（送审稿）》《武隆区关桥村乡村生活综合体项目投资协议（送审稿）》《关于进一步加强农村宅基地审批及监管工作的通知（送审稿）》《仙女山旅游度假区管控范围调整方案（送审稿）》《武隆区避暑休闲地产规划（2015—2030）调整（送审稿）》审议《武隆区进一步加强耕地保护和改进占补平衡实施方案（送审稿）》；研究新建重庆至黔江铁路征地补偿安置、夏宫高尔夫球场整改、人事有关事宜
5月19日	第101次	学习贯彻中央、市有关会议精神，安排近期重点工作；传达学习度市管领导干部经济责任审计集中进点见面会议精神，研究迎接审计准备工作；研究人事有关事宜
6月1日	第102次	传达上级会议文件精神；研究抓好经济运行各项工作；传达第二轮中央生态环保督察反馈意见，审议《武隆区第二轮中央生态环保督察反馈意见整改任务分工方案（送审稿）》；听取关于全区清理拖欠民营企业中小企业账款工作进展的汇报，审议《武隆区清理拖欠民营企业中小企业账款还款方案（送审稿）》《武隆区政府挂牌整治重大安全隐患问题的通知（送审稿）》《关于深化农村道路交通安全治理体系建设的实施意见（送审稿）》《武隆区总部和注册结算经济指导意见（送审稿）》《武隆区鼓励乡镇（街道）开展招商引资工作指导意见（送审稿）》；研究人事有关事宜
6月9日	第103次	传达有关会议精神；通报苏惠勇工作分工；安排部署近期重点工作；审议《新增专项债券（提前下达）资金方案（送审稿）》议《武隆区拟上市重点培育企业财政奖补办法（送审稿）》《关于年产3万吨混凝土外加剂项目投资协议书（送审稿）》《年宰1000万只家禽屠宰加工项目投资协议（送审稿）》《关于对2019年度“最美扶贫人”嘉奖的请示（送审稿）》《关于贯彻落实〈完善促进消费体制机制进一步激发居民消费潜力主要举措及责任分工〉的通知（送审稿）》等议题
6月10日	第104次	通报中央纪委国家监委驻水利部纪检监察组在武隆暗访情况反馈，研究部署整改工作；审议《武隆区2019年脱贫攻坚成效考核结果（送审稿）》《武隆区国有企业退休人员社会化管理实施方案（送审稿）》《武隆区打好防范化解重大金融风险攻坚战实施方案（送审稿）》等议题
6月23日	第105次	传达有关会议精神；贯彻党中央、国务院决策部署，落实市委、市政府及区委要求，安排近期重点工作；审议《关于进一步明确生产安全与自然灾害事故目标考核责任的通知（送审稿）》《武隆区区属国有企业负责人薪酬调整方案（送审稿）》《武隆区区属国有企业负责人经营业绩考核与薪酬管理办法（送审稿）》《再生资源回收基地及总部结算中心项目投资协议（送审稿）》《“归原”艺术农业旅游综合项目补充协议（送审稿）》《生态气候宜居监测与研究示范站项目投资补充协议（送审稿）》《重庆保税港区进口商品直销中心仙女山店项目投资补充协议（送审稿）》《松果电单车智慧低碳出行项目投资协议（送审稿）》《仙女山国际森林教育营地项目投资协议（送审稿）》《仙女山亚高原训练基地项目投资合作协议（送审稿）》《道润中国·武隆仙女山武学康养文化国际交流中心文旅综合体项目投资协议（送审稿）》《共建微波输能与空天太阳能电站实验基地项目投资协议(送审稿)》《年产50万吨EYM生物菌肥和有机营养土项目投资协议(送审稿)》《关于建设绿色智慧能源示范区战略合作协议（送审稿）》；研究人事有关事宜
6月29日	第106次	学习贯彻中央、市上有关会议精神，安排近期重点工作；听取区农业农村委关于全区长江流域禁捕工作推进情况汇报，并审议《武隆区渔业船舶禁捕和渔民退捕转产工作实施方案（送审稿）》；审议《进一步规范全区国有投资工程建设项目招标活动的通知（送审稿）》《武隆区招聘教育卫生事业单位工作人员的方案（送审稿）》《武隆区发放2019年机关在职人员目标绩效奖和离退休人员健康休养费实施方案（送审稿）》《武隆区贯彻落实〈重庆市中央生态环境保护督察报告〉整改方案（送审稿）》《武隆区野生动物养殖后续处置工作实施方案（送审稿）》《武隆区深化改革加强食品安全工作实施方案（送审稿）》等议题
7月6日	第107次	学习贯彻中央、市有关会议精神，安排近期重点工作；听取全区脱贫攻坚“百日大会战”及市脱贫攻坚专项督查第八组反馈问题情况汇报；传达全国、全市脱贫攻坚普查电视电话会议精神，听取全区脱贫攻坚普查工作推进情况，审议《武隆区脱贫攻坚普查实施方案（送审稿）》《重庆市乌江博物馆（非遗中心）、美术馆建设方案（送审稿）》议《武隆区客运站改制转企工作方案（送审稿）》《武隆区促进会展产业发展扶持办法（送审稿）》《武隆区小水电站清理整治“一站一策”实施方案（送审稿）》《武隆区凤山街道等8个镇街国土空间规划一致性处理方案（送审稿）》；研究关于申报市域社会治理现代化试点工作事宜；通报《武隆区2019年度财政预算执行和其他财政收支审计工作报告（送审稿）》
7月20日	第108次	研究区政府领导工作临时调整事宜；学习贯彻中央、市有关会议精神，安排近期重点工作；听取区水利局关于水利部松辽水利委员会到武督查脱贫攻坚有关情况汇报；审议《零工宝互联网人才共享平台项目投资协议（送审稿）》《年产10万套车载节能智能环保空调项目（送审稿）》《武隆奥世·万汇广场商业综合体项目投资协议（送审稿）》《重庆市武隆区2019年决算（草案）的报告（送审稿）》审议《重庆市武隆区1—6月财政预算执行情况的报告（送审稿）》《关于安排新增一般债券（预下达）资金方案（送审稿）》《关于调整安排原4亿元提前批新增一般债券资金方案（送审稿）》《关于直达资金安排方案（送审稿）》《武隆区区级预算调整方案（送审稿）》等议题

续表 20

时间	次数	内容
7月27日	第109次	学习贯彻中央、市有关会议精神，安排近期重点工作；传达学习国务院、市政府第三次廉政工作会议精神，开展集体廉政谈话；调度全区防汛救灾、灾后重建工作；调度统筹推进常态化疫情防控和经济社会发展；审议《武隆区安全生产与自然灾害防治工作考核办法（送审稿）》《重庆市武隆区人民政府长江生态环保集团有限公司“共抓长江大保护”合作框架协议（送审稿）》《重庆市武隆区人民政府成都航空有限公司战略合作协议（送审稿）》；研究人事有关事宜
8月3日	第110次	学习贯彻习近平总书记系列重要讲话精神，中央、市有关会议精神，安排近期重点工作；听取有关单位工作汇报；审议《2020中国·重庆（武隆）绿色发展实践国际论坛总体方案（送审稿）》《仙女山旅游度假区啤酒节活动方案（送审稿）》《全区党政机关公务员根据所在职级执行公务交通补贴有关问题的通知（送审稿）》《陶然山居生态园项目投资协议（送审稿）》《重庆市武隆区人民政府与中国中铁股份有限公司战略合作框架协议（送审稿）》；研究人事有关事宜
8月10日	第111次	传达贯彻中央、市有关会议精神，安排近期重点工作；听取有关单位工作汇报；审议《新形势下推动服务业高质量发展的实施意见（送审稿）》《武隆区促进大健康产业高质量发展行动计划（送审稿）》《武隆区开展脱贫攻坚与实施乡村振兴战略有机衔接试点工作方案（送审稿）》《年产50万吨EYM生物菌肥和有机营养土项目协议（送审稿）》《重庆凯歌智慧教育总部结算项目合作协议（送审稿）》《武隆区和顺镇地质文化生态旅游康养小镇项目合作协议（送审稿）》
8月20日	第112次	通报苏惠勇工作分工；传达有关会议精神，贯彻党中央、国务院决策部署，落实市委、市政府及区委要求，安排近期重点工作；传达《国家统计局防范和惩治统计造假、弄虚作假督察工作规定实施办法》等文件精神；审议《武隆区规划自然资源领域项目战略合作框架协议（送审稿）》《重庆市武隆区人民政府与中国电力建设股份有限公司战略合作框架协议（送审稿）》《重庆市武隆区人民政府与国家电投集团远达环保工程有限公司战略合作协议（送审稿）》《页岩气钻探采出水及废物处理项目投资协议（送审稿）》《绿色新型建材、装配式建筑产业和土地综合利用项目投资协议（送审稿）》《示范新型数字城市及产业配套项目投资协议（送审稿）》
9月2日	第113次	传达有关会议精神，贯彻党中央、国务院决策部署，落实市委、市政府及区委要求，安排近期重点工作；听取全区脱贫攻坚“收官大决战”工作情况；审议《武隆区大力发展乡村旅游助推脱贫攻坚工作实施意见（送审稿）》《第4批新增政府债券资金安排方案（送审稿）》议《武隆区土地储备管理实施细则（试行）（送审稿）》等议题
9月14日	第114次	传达有关会议精神，贯彻党中央、国务院决策部署，落实市委、市政府及区委要求，安排近期重点工作；调度统筹推进常态化疫情防控和经济社会发展工作；研究兑现中钢投资集团财政贡献扶持奖励资金和恒泰石材加工有限公司基础设施建设资金有关事宜；审议《武隆区党校迁建工程建设方案（送审稿）》《2020重庆·武隆仙女山马拉松赛事方案（送审稿）》《重庆市武隆影视文化创意产业园区项目补充协议（二）（送审稿）》《中铁十一局集团第五分公司年产8000吨钢结构加工项目协议（送审稿）》《中铁七局集团第四工程有限公司年产8000吨钢结构加工项目协议（送审稿）》《中铁七局集团第四工程有限公司年产8000方混凝土拌和站加工项目投资协议（送审稿）》《武隆区种养殖生态循环农业项目投资协议（送审稿）》《武隆区大力发展装配式建筑实施方案（送审稿）》等议题
10月9日	第115次	传达有关会议精神，贯彻党中央、国务院决策部署，落实市委、市政府及区委要求，安排近期重点工作；调度统筹推进常态化疫情防控和经济社会发展工作；审议《区喀斯特（集团）公司市场化改革方案（送审稿）》；研究武隆区公开招聘事业单位工作人员事宜；审议《重庆诚益同创企业管理咨询服务有限公司总部平台结算项目合作协议（送审稿）》《关于共建北京中国科学院老专家技术中心武隆工作站合作协议（送审稿）》《武隆区退役士兵安置工作实施方案（送审稿）》；研究白马镇牛儿湾地质滑坡S529线K120+020-K120+600段地质灾害抢险修复工程施工、有关人事事宜
10月26日	第116次	贯彻党中央、国务院决策部署，落实市委、市政府及区委要求，安排近期重点工作；调度统筹推进常态化疫情防控和经济社会发展工作；研究中钢公司再生资源结算项目优惠政策兑现事宜；审议《武隆区度区级部门、街镇乡经济社会发展考核指标实施细则（送审稿）》《重庆市凤来新城开发有限公司组建工作方案（送审稿）》《重庆碧汀智能科技有限公司总部结算项目投资协议（送审稿）》及《补充协议（送审稿）》；《关于进一步加强和规范房地产开发项目建设管理的通知（送审稿）》《武隆区脱贫攻坚评比达标表彰工作和事业单位脱贫攻坚专项奖励对象名单（送审稿）》《武隆区推荐上报重庆市优秀民营企业家、优秀民营企业名单（送审稿）》《武隆区人民政府试点领域基层政务公开标准目录（送审稿）》《关于统一规划体系更好发挥全区发展规划战略导向作用的实施意见（送审稿）》《关于进一步落实天然气管道保护职责的通知（送审稿）》《关于仙女山机场净空及电磁环境保护有关事项的通告（送审稿）》《关于开展铁路沿线外部环境安全隐患整治的通告（送审稿）》《武隆区电子商务产业发展扶持政策（试行）（送审稿）》《武隆区“菜篮子”区县长负责制考核反馈问题整改方案（送审稿）》等议题

续表 20

时间	次数	内容
11 月 9 日	第 117 次	传达有关会议精神；研究全区脱贫攻坚收官大决战调度工作、白马镇第二小学校建设项目调整投资概算有关事宜；审议《武隆区区级财政预算调整方案（草案）（送审稿）》；《武隆区评比达标表彰旅游开发建设工作奖励方案（送审稿）》《重庆钦越实业有限公司总部平台结算项目合作协议（送审稿）》《重庆金准招商服务总部平台结算项目协议（送审稿）》《重庆福永胜实业有限公司总部平台结算项目协议（送审稿）》《年产 200 万平方米新型合成树脂瓦项目投资协议（送审稿）》《年产 500 台智能生态厕所项目投资协议（送审稿）》《武隆区公立医院等级创建工作实施方案（送审稿）》《武隆区职工医保和居民医保长期护理保险制度试点区县申报方案（送审稿）》《深化城乡居民医疗保险高血压糖尿病门诊用药保障试点方案（送审稿）》《重庆市武隆区非煤矿山关闭整合实施方案（送审稿）》《武隆区区级政策和项目预算绩效管理办法（送审稿）》《完善武隆区重大疫情防控体制健全公共卫生应急管理体系的实施意见（试行）（送审稿）》等议题
11 月 19 日	第 118 次	传达有关会议精神；研究近期重点工作、全区脱贫攻坚收官大决战工作、兑现重庆武隆影视文化创意产业园上半年税费缴纳及奖励扶持资金、北城半岛项目征收城市建设配套费执行"收支两条线"有关事宜；听取关于 2018—2020 年全区乡村旅游工作检查验收的情况，并研究按照标准兑现补助有关事宜；审议《武隆区新型智慧城市建设方案（送审稿）》《重庆市武隆区陶土资源管理办法（送审稿）》等议题
12 月 3 日	第 119 次	研究 2021 年区委、区政府表彰项目、人事有关事宜；审议《关于武隆至两江新区高速公路（平桥至大顺段）项目建设有关事宜的请示（送审稿）》《关于武隆至两江新区高速公路（平桥至大顺段）项目社会投资人招标有关事宜的请示（送审稿）》《武隆区教育系统面向 2021 年应届毕业生公开招聘计划（送审稿）》等议题
12 月 16 日	第 120 次	研究关于 200 万元以上重点增支项目有关事宜；审议《加快凤来新城开发建设的意见（送审稿）》《重庆川耀科技有限公司总部结算项目投资协议（送审稿）》《关于推进新时代地方志事业发展的通知（送审稿）》《关于废止部分政府规范性文件的决定（送审稿）》《关于第四届武隆区青少年科技创新区长奖获奖人选名单（送审稿）》《重庆市武隆区农村房屋安全隐患排查整治实施方案（送审稿）》《重庆市武隆区农村公路养护管理办法（送审稿）》等议题
12 月 24 日	第 121 次	听取全区长江禁捕退捕、高层建筑消防安全、垃圾分类等相关工作情况的汇报；审议《加快建设武隆旅游国际化示范区的实施意见（送审稿）》《武隆苕粉生产基地项目投资协议（送审稿）》《武隆区加油站布点"十四五"发展规划（送审稿）》等议题

【区人民政府区长办公会】 2020 年，区人民政府举行区长办公会 12 次，传达相关会议精神，总结上月工作完成情况，安排部署下月重点工作；其中，2 月召开区长办公会 3 次，安排部署疫情防控及统筹经济社会发展工作。

重要文件

【区政府文件】 2020 年，区人民政府印发主动公开文件 17 件，其中政府令 1 件、意见 1 件、决定 4 件，通告、通报 4 件，通知 7 件。

2020 年武隆区人民政府主要文件一览表

表 21

文号	名称	发文日期
武隆府发〔2020〕1 号	关于印发《2020 年政府工作报告》的通知	1 月 15 日
武隆府发〔2020〕2 号	关于和顺场镇道路命名的通知	1 月 12 日
武隆府发〔2020〕4 号	森林防火禁火令	2 月 13 日
武隆府发〔2020〕6 号	关于取消白水洞地下水等 5 个集中式饮用水水源地保护区的通知	2 月 26 日
武隆府发〔2020〕8 号	关于做好第七次全国人口普查的通知	3 月 9 日
武隆府发〔2020〕9 号	关于明确重庆乌江白马航电枢纽建设征地移民安置补偿政策的通知	3 月 20 日
武隆府发〔2020〕10 号	关于废止部分政府规范性文件的决定	3 月 19 日
武隆府发〔2020〕11 号	关于 2013—2018 年度三峡后续工作专项资金项目实施有关情况的通报	4 月 30 日
武隆府发〔2020〕12 号	关于发布野生动物禁猎区和禁猎期的通告	5 月 11 日
武隆府发〔2020〕14 号	关于授予陈永灿见义勇为先进分子称号的决定	6 月 23 日
武隆府发〔2020〕18 号	关于表扬罗晓林等 5 名优秀地质灾害驻守地质队员的通报	10 月 16 日
武隆府发〔2020〕19 号	关于长坝镇部分道路命名的通知	10 月 23 日

续表 21

文号	名称	发文日期
武隆府发〔2020〕20 号	关于印发武隆区试点领域基层政务公开标准目录的通知	10 月 28 日
武隆府发〔2020〕21 号	关于新形势下推动服务业高质量发展的实施意见	10 月 29 日
武隆府发〔2020〕23 号	关于开展铁路沿线外部环境安全隐患整治的通告	10 月 29 日
武隆府发〔2020〕25 号	关于废止部分区政府规范性文件的决定	12 月 22 日
武隆府发〔2020〕26 号	关于表彰第四届武隆区青少年科技创新区长奖的决定	12 月 24 日

【区政府办文件】 2020 年，区人民政府办公室印发主动公开文件 40 件。

2020 年武隆区人民政府办公室主要文件一览表

表 22

文号	名称	发文日期
武隆府办〔2020〕1 号	关于调整、成立和撤销部分议事协调机构的通知	1 月 10 日
武隆府办〔2020〕16 号	关于调整武隆区农民工工作领导小组成员的通知	5 月 20 日
武隆府办〔2020〕26 号	关于印发贯彻落实进一步助力市场主体健康发展政策措施任务分工的通知	9 月 24 日
武隆府办〔2020〕27 号	关于成立武隆区金融工作领导小组的通知	9 月 28 日
武隆府办〔2020〕34 号	关于印发武隆区查处无证无照经营工作联席会议制度等制度的通知	11 月 19 日
武隆府办〔2020〕35 号	关于成立武隆区社区矫正委员会的通知	12 月 10 日
武隆府办〔2020〕36 号	关于印发重庆武隆芙蓉湖国家湿地公园（试点）建设整改方案的通知	12 月 18 日
武隆府办发〔2020〕2 号	关于表扬 2018—2019 年度全区优秀科技特派员的通报	1 月 9 日
武隆府办发〔2020〕3 号	关于聘请武隆区 2020—2021 年科技特派员的通知	1 月 9 日
武隆府办发〔2020〕6 号	关于印发武隆区创建全国有机茶叶示范基地实施方案的通知	1 月 19 日
武隆府办发〔2020〕13 号	关于调整武隆区优化营商环境工作领导小组的通知	2 月 7 日
武隆府办发〔2020〕21 号	关于印发武隆区高层建筑消防安全提升计划（2020—2022 年）的通知	3 月 9 日
武隆府办发〔2020〕22 号	关于建立武隆区城镇化工作暨城乡融合发展工作联席会议制度的通知	3 月 9 日
武隆府办发〔2020〕23 号	关于印发武隆区促进乡村产业振兴的实施方案的通知	3 月 10 日
武隆府办发〔2020〕25 号	关于印发重庆乌江白马航电枢纽建设征地移民安置实施管理办法的通知	3 月 20 日
武隆府办发〔2020〕26 号	关于印发武隆区绿水青山就是金山银山实践创新基地建设实施方案（2019—2022 年）的通知	4 月 1 日
武隆府办发〔2020〕28 号	关于印发 2020 重庆武隆春夏消费促进季活动方案的通知	4 月 9 日
武隆府办发〔2020〕29 号	关于调整重庆市武隆区人民政府推进政府职能转变和“放管服”改革协调小组的通知	4 月 9 日
武隆府办发〔2020〕36 号	关于印发武隆区社区居家养老服务全覆盖实施方案的通知	5 月 9 日
武隆府办发〔2020〕38 号	关于印发 2020 年水利部定点扶贫武隆区目标任务分解工作方案的通知	5 月 20 日
武隆府办发〔2020〕39 号	关于做好行政机关政策解读工作的通知	6 月 2 日
武隆府办发〔2020〕45 号	关于区政府办公室领导班子成员分工的通知	6 月 23 日
武隆府办发〔2020〕48 号	关于印发武隆区加快人力资源服务业发展工作方案的通知	6 月 30 日
武隆府办发〔2020〕49 号	关于印发武隆区金融专员制度实施方案的通知	6 月 30 日
武隆府办发〔2020〕50 号	关于印发武隆区创新信用贷款支农模式推进乡村振兴实施方案的通知	7 月 1 日
武隆府办发〔2020〕51 号	关于印发武隆区保障消费扶贫产品供给工作方案的通知	7 月 1 日
武隆府办发〔2020〕52 号	关于印发武隆区渔业船舶禁捕和渔民退捕转产工作实施方案的通知	7 月 15 日

续表 22

文号	名称	发文日期
武隆府办发〔2020〕58号	关于印发武隆区青少年科技创新区长奖评选办法的通知	8月6日
武隆府办发〔2020〕59号	关于区政府有关领导同志工作分工调整的通知	8月21日
武隆府办发〔2020〕60号	关于印发武隆区自然资源资产产权制度改革实施方案的通知	9月1日
武隆府办发〔2020〕61号	关于印发武隆区地下管线数据动态更新管理办法的通知	9月9日
武隆府办发〔2020〕62号	关于开展第一次全国自然灾害综合风险普查的通知	9月16日
武隆府办发〔2020〕64号	关于印发武隆区2020年退役士兵安置工作实施方案的通知	10月13日
武隆府办发〔2020〕65号	关于印发武隆区大力发展装配式建筑实施方案的通知	10月26日
武隆府办发〔2020〕66号	关于印发武隆区贯彻落实国务院办公厅深化医药卫生体制改革2020年下半年重点工作任务分工的通知	10月27日
武隆府办发〔2020〕67号	关于进一步落实石油天然气管道保护职责的通知	10月29日
武隆府办发〔2020〕68号	关于印发武隆区贯彻落实重庆市中央生态环境保护督察报告例行督察第15项具体问题专项整改子方案的通知	11月27日
武隆府办发〔2020〕70号	关于印发武隆区农村房屋安全隐患排查整治实施方案的通知	12月17日
武隆府办发〔2020〕71号	关于印发武隆区农村公路养护管理办法的通知	12月21日
武隆府办发〔2020〕73号	关于印发武隆区天然林保护修复制度实施方案的通知	12月21日
武隆府办发〔2020〕74号	关于推进新时代地方志事业发展的通知	12月30日

政府信息公开

【概况】 2020年，全区健全政务公开工作机制，设立政务公开科；主动公开政府信息2.63万条、受理向武隆区依申请公开32件；区政府门户网站设立部门、乡镇（街道）子网页63个，管理政务新媒体34个；开展政务公开培训会1次；将政府信息公开工作情况纳入全区经济社会发展实绩考核。

【主动公开】 2020年，武隆区主动公开政府信息26343条，其中通过政府网站公开17361条、政务新媒体公开2393条、政府公报公开60条、其他方式公开6529条。公开内容主要包括机关简介、办事指南、工作动态、重要会议、政策法规、政策文件、政策解读、规范性文件、政府信息公开年报、政府信息公开制度等。

【依申请公开】 2020年，共受理向武隆区依申请公开32件。其中，予以公开13件，不予公开1件，无法提供6件，不予处理1件，其他处理1件，结转下年度继续办理10件。保证依申请公开的政府信息均在20个工作日内完成答复。

【政府信息管理】 2020年，全区制定《政府信息公开绩效考核制度》《政府信息管理制度（公文公开属性源头认定制度）》《政府信息公开“三审三校”制度》《重要政策文件解读制度》《政府信息公开培训工作制度》。建立专人采编、科室负责人核改、分管领导把关的信息公开工作机制。同时，进一步强化公开保密审查制度，严格执行“谁公开、谁审查、谁负责”“一事一审”等保密审查规定。

【平台建设】 2020年，武隆区政府门户网站设立部门、乡镇（街道）子网页63个，管理政务新媒体34个，设置政府信息公开查阅点14个（区县级4个，乡镇级10个）。同时，督促和指导区融媒体中心对门户网站集约化建设进行规范管理，开展全区门户网站子站信息录入工作，现已全部更新完成，达到市上考核要求。按照《重庆市2020年政务公开第三方评估指标》要求进行门户网站的改版及栏目调整，维护栏目20个，新增栏目6个。

【监督保障】 2020年，全区37个部门、22个乡镇、4个街道均分别明确1名分管领导、1名科室负责人、1名工作人员负责政务公开工作，并在区政府办公室设立政务公开科，具体负责全区政府信息公开工作，并对全区政府信息公开工作进行指导。全年组织开展政务公开培训会1次，全区37个部门、22个乡镇、4个街道参加培训，共计培训340人次；将政府信息公开工作情况纳入全区经济社会发展实绩考核，压实责任，跟踪问效。

外　事

【概况】 2020年，区委外事工作委员会审议通过《关于进一步规范全区重要外事活动管理的通知》《党政领导干部因公临时出国（境）管理办法》等文件，制定《武隆区融入全市建设中西部国际交往中心三年行动计划（2020—2022年）》；邀请市外办专家到武隆开展“习近平外交思想进党校”专题讲座活动；开展《“十四五”对外工作规划》编制工作，先后组织专家组调研产业优势2次，组织专家评审会1次，修改文稿10余次。

【外事接待】 2020年，武隆区参与服务第二届绿色发展实践国际论坛，邀请外国驻重庆、成都领事馆成员52人参加论坛活动，其中日本、新加坡、意大利等10国驻渝蓉总领事、领事及相关人员与武隆区建立友好联系。邀请重要外宾、驻渝蓉领事到武隆区参观访问，推动多次“驻渝蓉领事官员武隆行”，市政府外办将武隆区堰塘、青杠、大田、天池苗寨4个乡村旅游扶贫点组成的脱贫示范带纳入全市外宾重要参访点。引导仙女红茶叶参与2020年“重庆好礼”——外事礼品征集活动，于9月10日入选“重庆外事礼品”。

【对外交流合作】 2020年，全区接待境外游客1628人次（同比下降95.22%），其中疫情以来351人次（主要来自泰国、新加坡、马来西亚、韩国）。采取线上“云外事”、线下“快捷通道”等措施，通过电子邮箱、微信等平台，继续保持与瑞士格林瓦德、白俄罗斯米亚吉利区、日本大阪府泉佐野市和静冈县、意大利翁布里亚大区奥尔维耶托市和苏比亚科市、匈牙利厄尔凯尼市的友好交流。2月，中华人民共和国驻瑞士使馆批复同意武隆区与瑞士格林瓦德市建立友好城市关系。与意大利翁布里亚大区奥尔维耶托市、白罗斯明斯克州米亚吉利区签署缔结友好城市的意向协议，与匈牙利厄尔凯尼市、意大利苏比亚科市签订友好合作关系协议。

【服务外经外贸】 2020年，全区实现外贸进出口总额1.36亿元，同比增长6.10%。区芯宝微电子等企业实际利用外资744万美元，增长3815.79%。向市发展改革委争取世界银行贷款，配合区发展改革委、区城市管理局、区供销合作社、区建设投资（集团）公司等7个单位策划包装项目6个，拟申报世界银行贷款6438.38万美元（折合人民币42141.78万元），开展项目可研编制等前期工作。组建外商投资企业“行政服务管家”工作团队，全年新增鹏芝琳茶业、恒蓟康商贸等外贸企业8户、外资企业5户。服务企业开展境外旅游推介活动，参加俄罗斯线上商务推介会、第25届澳门国际贸易投资线上展览会、第八届澳门国际旅游（产业）博览会等10余次展会。

【外事宣传培训】 全年邀请市外办专家到武隆区开展“习近平外交思想进党校”专题讲座活动；开展“领事保护宣传周”，开展海外旅游安全宣传，宣传推介领事直通车、12308热线等服务平台，宣传领事保护知识，引导公民理性维权、正确求助；通过在电视台、景区播放公益短片，张贴海报等方式，提醒出国注意事项。

（区委外办）

退役军人事务

【概况】 2020年，区委退役军人事务工作领导小组召开全体会议1次，审议《区委退役军人事务工作领导小组2020年工作要点（送审稿）》《区委退役军人事务工作领导小组成员单位联络员工作细则（送审稿）》等议题；召开全区退役军人工作会议、“兵支书”脱贫攻坚事迹报告会、退役军人专场招聘会；建成乡镇级“全国示范型”退役军人服务站8个；争取财政资金300万元，建立区退役军人关爱基金；按时足额兑现优抚对象抚恤优待补助金；落实常态化联系退役军人制度，收集意见726件，解决问题726件；组建了“白马山老兵志愿服务队”，开展应急抢险、就业创业、法律援助等志愿服务50余次，累计为退役军人提供服务和帮助3000余人次；争取财政80余万元新建城区烈士纪念馆；动员“兵支书”队伍，设立“战疫”退役士兵岗、参战老兵岗等，退役军人投身疫情防控阻击战。

2020年，武隆区创建“全国双拥模范城”，凤山街道红豆社区彭小兵被评为“全国爱国拥军模范个人”，黄莺乡黄莺村刘其发被评为重庆市“最美退役军人”；区退役军人事务局被评为“全市部分退役士兵社保接续工作先进单位”。

【退役军人服务体系建设】 2020年，按照国家示范型退役军人服务中心（站）创建标准要求，全区共投入资金109万元用于服务保障体系建设，其中区退役军人服务中心累计投入48万元，下拨各乡镇（街道）共61万元，8个乡镇创建示范型退役军人服务站。

【优待抚恤】 2020年，全区落实优抚优待政策，按时足额兑现优抚对象抚恤优待补助金，发放“三属”地方优待金；发放义务兵家庭优待金、大学生入伍、进藏进疆奖励524万余元；发放“企业三类人员”困难生活医疗补助30万余元。开展困难帮扶走访慰问工作。四大家主要领导带队对驻武部队以及老八路、烈军属等代表；发放优抚对象“元旦”“春节”等节日慰问金；发放优抚对象困难帮扶补助。

2020年武隆区籍军人立功奖励人员一览表

表23

序号	姓名	性别	家庭住址	奖励项目	奖励时间	备注
1	丁文栋	男	白云乡红星村	三等功	2020年	维和，享受三等功同等待遇
2	杨清松	男	江口镇	三等功	2020年	奖励通知书
3	杨小军	男	和顺镇	三等功	2020年	奖励通知书

续表23

序号	姓名	性别	家庭住址	奖励项目	奖励时间	备注
4	曾洪瑞	男	白马镇	三等功	2020年	奖励通知书
5	刘　毅	男	凤来镇	三等功	2020年	奖励通知书
6	杨　洋	男	黄莺乡	三等功	2020年	奖励通知书
7	唐赠胜	男	石桥乡	三等功	2020年	奖励通知书
8	周建桥	男	凤来镇	三等功	2020年	奖励通知书
9	吴　栩	男	桐梓镇	三等功	2020年	奖励通知书
10	张　朋	男	凤山街道	三等功	2020年	奖励通知书
11	邹　毅	男	浩口乡	三等功	2020年	奖励通知书
12	陈　瑜	男	和顺镇	三等功	2020年	维和，享受三等功同等待遇
13	牟存阳	男	凤山街道	三等功	2020年	维和，享受三等功同等待遇
14	孟榆松	男	沧沟乡沧沟村	三等功	2020年	奖励通知书
15	刘绪全	男	凤来镇送坪村	三等功	2020年	奖励通知书
16	李　斐	男	江口镇黄桷树	三等功	2020年	奖励通知书
17	夏雄峰	男	石桥乡贾角村	三等功	2020年	奖励通知书
18	曾　杰	男	赵家乡	三等功	2020年	奖励通知书
19	王艳晓	男	和顺镇核桃坪	三等功	2020年	奖励通知书
20	李　红	男	羊角街道艳山红村	三等功	2020年	奖励通知书
21	杨灶伟	男	江口镇荆竹村	三等功	2020年	奖励通知书
22	陈顺利	男	鸭江镇双河园	三等功	2020年	奖励通知书
23	朱顺红	男	羊角镇	三等功	2020年	奖励通知书
24	江坤余	男	火炉镇鲁家岩村	三等功	2020年	奖励通知书
25	彭　陈	男	长坝镇何家堡村廖家嘴组	三等功	2020年	奖励通知书
26	杨成文	男	接龙乡小坪村	三等功	2020年	奖励通知书
27	窦彬瑞	男	凤山街道国平时代天街	三等功	2020年	奖励通知书
28	罗贤文	男	桐梓镇长征村	三等功	2020年	奖励通知书

【烈士纪念馆建设】2020年，武隆区投入80万余元完成区烈士纪念馆建设。

纪念馆　位于凤山街道凤山村（武隆中学）后山上，海拔327米。占地面积120平方米，建筑面积100平方米，展览面积80平方米。9月30日建成使用。展览分前言、武隆历史主要战斗及烈士纪念设施分布示意图、烈士英名录、土地革命战争时期、抗日战争时期、解放武隆战斗、抗美援朝战争、珍宝岛自卫反击战等10部分。有各类藏品300余件，主要有抗美援朝纪念章、革命军人证明书、淮海战役纪念章、自卫还击纪念章，以及和平鸽纪念章、老山和者阴山防卫作战纪念章等。至12月，全馆开展教育活动100余次，接待参观2000余人次。年内，投入80万元完善部分乡镇（街道）烈士陵园和散葬烈士墓维修改造工作。

【退伍安置】2020年，全区完成符合政府安置条件的退役士兵档案审查、报到落户等工作，将符合政府安置条件的退役士兵安置到乡镇事业单位，实现安置率和满意率100%。

【退役军人就业创业】2020年，全区做好秋冬季自主就业退役军人报到落户工作。建立全区退役军人就业情况台账，完成全区在机关企事业单位工作的退役军人情况摸底。完成退役军人高职扩招审核工作，退役士兵参加高等学历教育，发放高等学历补助7.6万元。组织开展"退役第一课"退伍培训，举办退役军人专场招聘会。

【退役军人权益维护】2020年，全区落实常态化联系退役军人制度，收集意见726件，解决问题726件；完成退役军人困难帮扶系统录入审核；登记诉求核查台账129件。救助困难优

9月8日，武隆区组织“兵支书”脱贫攻坚事迹报告会现场　　区融媒体中心　供图

抚对象，发放帮扶资金。

【“兵支书”脱贫攻坚事迹报告会】 9月8日上午，武隆区“兵支书”脱贫攻坚事迹报告会在区人民大礼堂举行。来自接龙乡两河村党支部书记徐斌、长坝镇民主村党支部书记郭廷海、黄莺乡黄莺村党总支书记刘其发、赵家乡香房村党支部书记黄朝林、鸭江镇显灵村党总支书记李代兵等5名“兵支书”代表讲述自己在脱贫路上的亲身经历。其间，《人民日报》重庆分社记者常碧罗以《退伍不褪色，换装不换心》，畅谈自己在采访兵支书报道中的见闻感悟。

【退役军人专场招聘会】 11月5日，区退役军人事务局联合区人力资源社会保障局在区宏福大酒店11楼举办全区退役军人专场招聘会。25余家企业为退役士兵提供特警、水手、销售等500余个岗位，达成就业意向占比25%。

（区退役军人事务局）

信　访

【概况】 全年群众信访总量3181件次、3680人次，其中，区内信访2842件次、向市信访213件次、向国家信访局信访126件次，同比均保持下降。全年共召开信访工作（群众工作）联席会议5次。

【源头治理体系】 1—12月，30名全区市管领导干部接访下访群众379批次、398件次，接待群众657人，受理各类矛盾纠纷398件，化解390件，化解率98%。在区信访办参与调度、公开接访群众123件次，受理群众诉求并签批办理意见14件次。全区纳入系统考核69个单位开展接访下访工作，并按时按质录入系统。市级集中交办重点信访问题15件，区级自排查重点信访问题25件，办结率均达100%。

【防控体系】 2020年，全区共排查矛盾纠纷1748件，化解1476件，化解率84.4%。其中，重大矛盾纠纷23件，化解21件，化解率91.3%。对武隆区年产30万吨再生包装纸拟征用土地项目、武隆至两江新区高速公路（平桥至大顺段）武隆段、武隆区花园水库工程等75个重大决策和重点项目社会稳定风险评估进行指导、备案。

【法治引领体系】 2020年，区信访办代表区府复查信访事项13件，其中维持7件，撤销5件，发回重办1件。向市政府申请复核9件。其中，7件维持、2件不予复查。

【责任保障体系】 2020年，全区对房地产开发建设、物业纠纷、广告宣传、“违法上访、非法维权”、农民工工资保障、合同纠纷共6个重点领域开展突出问题专项治理工作，其中房地产开发建设领域排查矛盾16件，化解7件，进入司法破产程序3件，推进存在困难6件；物业纠纷领域排查问题25个，全面化解；广告宣传领域排查到12家房企存在违法销售行为，全部督促整改完毕；农民工工资保障领域立案处理拖欠工资类案件18件，协调处理拖欠工资类案件15件，共为161名劳动者，追讨工资报酬199.48万元；合同纠纷领域排查矛盾问题9件，化解6件。

（区信访办）

11月5日，武隆区退役军人专场招聘会现场　　区退役军人事务局　供图

行政审批

【概况】 全年武隆区行政审批及公共服务事项共办理12.63万件；完成699项行政审批事项的清理工作；设立“综合窗口”41个；推进“一件事一次办”改革；拓展“政务＋邮政”一网通办新模式。

【“放管服”改革】 全年清理完善行政审批事项。完成699项行政审批事项的清理工作，在平台已发布684项，大厅受理办理率达90.1%。全面推行“一窗综办”。设立“综合窗口”41个，其中无差别受理“综合窗口”12个，将879项政务服务事项纳入“一窗受理”线上服务平台。推进“一件事一次办”改革。发布50个“一件事一次办”事项（其中区级27项，市级23项），实现“一次告知、一表申报、一窗受理、一次办成”。拓展“政务＋邮政”一网通办新模式。实现政务服务线上下单、线下邮寄、网点代办、7×24小时自助服务、双向免费快递等全渠道服务。将工商登记、卫生健康等49个政务服务事项纳入邮政代办。开展“四减”工作。申请材料缩减14.17%，承诺时限压缩75%，即办件比例34%，平均跑动次数0.25次。发布“零材料提交事项”130项，“零跑腿”“最多跑一次”事项824项。

【公共服务】 全年武隆区出台政务服务“硬十条”助力企业复工复产。从十个方面简化流程、靠前指导、优化服务。先后为全区100个重点工程项目和25个招商引资项目召开专题服务会20余次，解决实际问题70余个。推行“项目经理制”。实行“一站式”“保姆式”的全程服务机制，全年为66个重点项目提供服务保障，涉及投资350亿元。加大村（社区）代办服务。207项群众办事高频事项入驻乡镇（街道）公共服务中心，85项实现村（社区）帮办代办。推广使用网上中介服务超市。督促10家中介机构入驻重庆市网上中介超市，引导采购人在中介超市购买服务2次。完善服务评价体系。在“渝快办”平台开通短信、二维码等8个评价渠道，全年政务服务“好差评”评价总数18993次，满意率99.98%、差评回访率和整改率100%。

【政务服务】 全年武隆区推行网上办。区级部门行政许可共申请12080件，网上申请6835件，网上申报率56.56%；其他类行政权力和公共服务办理类共申请5400件，网上申请3751件，网上申请率69.46%。乡镇行政许可共申请218件，网上申请197件，网上申报率90.36%；其他类行政权力和公共服务办理类1382件，网上申请1168件，网上申报率84.51%。配置电子证照和电子印章。配置328个电子证照模板，制作62个电子印章，并将生成的电子证照加盖电子印章入库。

【招投标监管】 全年武隆区制定印发《关于进一步规范我区国有投资工程建设项目招标投标活动的通知》《关于限额以下工程建设项目发包管理工作的通知》《查处招投标违法案件操作规程》等文件；联合区纪委监委机关、区公安局和各行业主管部门常态化开展招投标项目监管，全年共开展专项督查5次，办结招投标项目投诉5件，纪委转办信访案件3件，审计问题转交办3件，抽查工程建设项目16个。向行业主管部门下发交办事项抄告单4件，开展集中约谈1场次80人次，处理评标专家5人次（其中1名记12分，被调整出专家库），处罚代理公司1家。（区政务办）

公共资源交易

【概况】 全年武隆区共成交项目201宗，交易金额32.53亿元，节约（溢价）资金2.38亿元，节约（溢价）率达6.81%。

【交易服务】 全年武隆区开展工程建设项目全流程电子招投标2场次。

【交易管理】 全年武隆区落实节能、环保和支持中小企业发展等政策措施，推行银行保函、电子保函等多种形式的投标担保、履约担保，减轻企业交易成本。

【全区首宗预公告地块通过现场拍卖】 7月3日，全区首宗预公告地块通过现场拍卖，最终以1395万元成交，溢价909.462万元，溢价率199.65%。该地块位于白马镇豹岩村红岩组，土地用途为加油站用地，出让价格包含国有建设用地使用权出让价和加油站经营权价格。

12月，武隆区获“2020年度重庆市优化营商环境十佳创新案例”奖

区发展改革委　供图

3 月 24 日，武隆区 2020 年一季度招商项目集中签约仪式　　代君君　摄

招商引资

【概况】 2020 年，全区推行招商引资项目“项目经理制”，统筹协调解决项目落地建设难题，做好招商项目落地服务保障，优化营商环境。4 月 14 日，《武隆区领导牵头推行“项目经理制”》案例入选“2020 年度重庆市优化营商环境十佳创新案例”奖。

【区领导“项目经理制”】 明确 1 个项目 1 ~ 2 位区领导担任“项目经理”，根据项目新签约和履约情况，进行动态调整，全年有 8 名区领导担任 70 个招商项目的“项目经理”。1 个项目建立 1 套专班。全年明确 14 个单位为项目落地服务的牵头部门，54 个相关部门单位为各项目责任部门，落实约 120 名责任专员共同协助企业解决落地实际难题。1 个项目 1 套服务。针对技术单一、风险可控的建设项目审批，实行“多审合一”制度，全年联合验收仙女山民用机场建设项目、武隆大梁子风力发电项目等 20 多个项目。在保障重点项目推进方面，在风险可控的前提下，企业在办理急需的证照时推行“容缺受理”、实行“告知承诺制”，开辟绿色通道。推行云服务，助力复工复产。疫情防控期间，在全市率先启动政务中心工作，开展项目云评审、视频会审等不见面审批；率先启动项目投标开标方便企业。全程网办事项比例 73%，并与中国邮政创新共建城区“10 分钟政务服务圈”。全年各“项目经理”为乌江白马航电枢纽、仙女山机场建设、渝湘高速复线、武两高速、阳光童年、仙女山国际生态康养小镇、江西正邦集团武隆区种养生态循环、上海东方明珠白马山高端文化度假休闲小镇等 70 个重点项目落地推进工作服务，协调解决要素保障问题 400 余起，签约项目落地转换率达 85% 以上。

【凤来新城招商】 2020 年，区招商中心启动凤来新城招商工作，对凤来新城招商工作进行课题调研。围绕凤来新城整体规划及功能定位，加大引进新城片区综合整治项目及相关产业领域招商的对接力度。在引进基础设施建设项目上，对接中国中铁、中电建等有实力的央企，与中国中铁、中电建分别签订 100 亿元的战略合作框架协议。在引进相关产业领域项目上，加大引进万有文旅度假区、协信农产品电商园、国家电投智慧能源等投资项目的对接力度，争取早日签约落地。

【集中签约仪式】 3 月 24 日，第一季度招商项目集中签约仪式在区会议中心一会议室举行；签约项目 9 个，分别是武隆特色豆制品、苕粉产业振兴暨重庆市武隆区 10 万吨大豆深加工项目、食用笋种植加工项目、建筑石材综合开发利用深加工项目、年产 20 万吨页岩气支撑剂项目等 9 个项目，协议引资 12.03 亿元。7 月 2 日，全区 2020 年招商项目集中签约仪式在区会议中心一会议室举行；签约项目 8 个，包括九街菜市场项目、再生资源回收基地及总部贸易项目、“乌江大峡谷”极限运动基地文化旅游开发综合项目、松果电单车智慧低碳出行项目、道润中国·武隆仙女山武学康养文化国际交流中心文旅综合体项目、仙女山国际森林教育营地项目、年产 3 万吨混凝土外加剂项目、建设绿色智慧能源示范区合作协议。

（区招商中心）

机关事务管理

【概况】 2020 年，区机关事务管理中心坚持疫情防控和后勤保障“两手抓、两不误”，以标准化、规范化、法治化为抓手，打造主动、高效、智能的后勤服务体系，推动机关事务管理工作取得实效。全年共计开展接待151批次；跨部门公车服务平台完成出行任务540趟次、700余辆次，累计运送人员4000余人次。出台《关于全区党政机关等公共机构带头坚决制止餐饮浪费行为的通知》，全区89家党政机关和200余家公共机构宣传全覆盖；各机关食堂设立“光盘行动”监督员120余人，各机关食堂厨余垃圾同比下降30%以上。

【公务接待】 全年武隆区共开展接待151批次（其中部级以上接待30余批次）；做好“绿色发展国际论坛”等10余批次区上重大活动的接待服务保障工作。

【公务用车管理】 2020年，全区开展加油卡管理专项督查1次，对公务加油卡消费非燃油类商品进行专项检查，发现问题线索2起。部分乡镇（街道）调整后，按照相关政策重新核定仙女山街道、羊角街道、凤来镇等单位的车辆编制。完成40辆事业单位处置车辆封停工作，取消一般公务用车28辆，争取政策最大化保留公务用车278辆，统一纳入公车“标识化”和公务用车信息监管平台管理。全区党政机关公务用车安装OBD系统295辆，应纳入安装车辆的安装率100%，事业单位公务用车安装OBD系统173辆，做到业务用车安装率100%，实现车辆使用全过程监管。跨部门公车服务平台严格实行每周安全例会制，全年召开会议36次，完成出行任务540趟次、700余辆次，累计运送人员4000余人次。

【国有资产管理】 2020年，先后办理区教委、区交通局等5个单位的门面挂牌招租事宜。实地查看区教委、区交通局、区商务委等32家单位40余处房屋资产，清理城区各部门经营性资产。全年调剂解决区市政执法队、区普查中心无办公场地问题，缓解区政府外办办公用房紧张的情况。按照疫情防控期间减免租金助力复工、复产有关精神，对管理的17间门面统一减免租金2个月，共计减免租金10万余元。

【公共节能】 2020年，全区公共机构人均综合能耗同比下降2.74%；单位建筑面积能耗同比下降2.45%；人均水耗同比下降3.87%，完成年度节能目标任务。区委办、区政府办等28家单位创建为市级节约型机关；区人大办等22家单位创建为市级节水型单位；全区21家单位如期完成食堂油烟污染治理任务，超额完成年度目标。投资32.5万元，完成节能改造面积1.31万平方米。完成区政府办等3家单位能源审计和用电分项分楼层计量、能耗监测平台建设，实现25.4%的节能目标。完成绿色产品政府采购5230万元，占政府采购总量的44.6%。

制定生活垃圾分类实施方案，召开培训会80余场次，购买分类垃圾桶3000余个，分发至全区65个区级部门、26个乡镇（街道），实现配置设施全覆盖。全年推送“节能”公益短信10万余条、公益广告500余次；制作宣传标语300余幅、宣传展板200余块、宣传画800余张；通过网络“云”建设，组织开展线上节能宣传、远程培训等活动，受众5000余人次。

（区机关事务中心）

7月30日，武隆区人民政府区长卢红（右）慰问抗美援朝老兵　　罗强　摄

中国人民政治协商会议
武隆区委员会

综 述

【概况】 2020年，武隆区召开政协重庆市武隆区第九届委员会第五次会议。全年召开常委会会议6次，主席会议13次。完成市政协课题调研、区委“大调研”课题调研、重点课题调研和专题调研26个。开展全体会议协商、常委会议政协商，主席会专题协商、对口视察协商、通报协商和委员视察协商，提出工作改进建议意见。征集委员提案174件，立案144件，办复率达100%，委员满意率99.2%。继续开展污水直排乱排漏排委员履职实践活动。收集编报社情民意72期，市级采用3期，向全国政协转发2期。开展委员到贵州正安、南川等联组活动2次；开展委员小组、界别活动27次；组织民主党派支部活动1次。成立区政协书画院，举办首届书画展。《人民政协报》用稿37篇、《重庆政协报》用稿93篇，连续8年获市政协“新闻宣传先进集体”表彰。

【委员构成】 2020年，政协重庆市武隆区第九届委员界别共计19个、委员194人。其中，中共界9人，占4.64%；无党派界10人，占5.15%；共青团界3人，占1.55%；总工会界5人，占2.58%；妇联界4人，占2.06%；工商联界14人，占7.22%；科协界4人，占2.06%；侨联界3人，占1.55%；文化体育界3人，占1.55%；科学技术界8人，占4.12%；经济界25人，占12.89%；农业界18人，占9.28%；教育界10人，占5.15%；新闻出版界4人，占2.06%；医药卫生界10人，占5.15%；社会福利与社会保障界22人，占11.34%；少数民族界3人，占1.55%；宗教界2人，占1.03%；特邀界37人，占19.07%。

【政协理论研究】 全年区政协采写新闻稿件236篇，其中《人民政协报》用稿37篇、《检察日报》用稿2篇、《重庆政协报》用稿93篇。区政协连续8年获市政协新闻宣传先进集体，1名委员连续6年获市政协新闻宣传先进个人和明星通讯员；完成市政协理论研究会、主席研讨班、政协工作经验交流会有关政协履职能力建设、政协参与“发挥人民政协专门协商机构作用”等理论研究，区政协主席潘晓成撰写《“引”“聚”“联”凝聚共识的武隆探索》研讨文章。《区县政协参与基层社会治理机制思考》获市政协理论研究一等奖。

【文史工作】 2020年，区政协组织人员收集整理武隆政协成立37年来的有关史实资料，历届委员、政协工作者撰写回忆文章、反映履职历程、提供见证亲历，《武隆政协回眸》完成清样，即将付印；完成《武隆县志（1996—2016年）》政协工作部分编写任务；启动《武隆县志·政协志》编撰工作，完成《武隆县志·政协志》30万字初稿；收集整理陈旼媚等抗疫文史资料2篇；开展大洞河作家采风活动，完成《诗意大洞河》一书。报告文学《刷新青杠》被国家扶贫办收录，《我就是青杠人》获市政协“脱贫攻坚政协力量”征文二等奖。

【社情民意】 全年区政协收集编报社情民意72期，市级采用3期，向全国政协转发2期。

九届武隆区政协优秀社情民意信息情况表

表24

序号	标题	文号	层级	作者	备注
1	关于在疫情防控期间对居民电价作适当调整或补贴的建议	上报社情民意〔2020〕1期	市级	简小强	转送市职能部门办理
2	关于制定解决相对贫困基本标准的建议	上报社情民意〔2020〕7期	市级	刘　华	转报全国政协
3	解决相对贫困城市减贫不容忽视	上报社情民意〔2020〕8期	市级	刘　华	转报全国政协
4	疫情期间严重精神障碍患者的就医问题亟待解决	上报社情民意〔2020〕9期	市级	张文建	转送市职能部门办理
5	线上教学的问题与建议	上报社情民意〔2020〕10期	市级	刘　华	转报全国政协
6	关于加快推进“综合行政审批改革试点”的建议	上报社情民意〔2017〕3期	市级	杨国兴	转报全国政协
7	关于盘活农村撂荒土地的建议	社情民意〔2020〕6期	区级	代沿江	
8	关于重视历史文化名人资源利用的建议	社情民意〔2020〕21期	区级	董存友	
9	天然气气表到期更换该由谁买单？	社情民意〔2019〕3期	区级	夏　超	
10	关于规范治理滨江路白笋溪桥及周边脏乱差的建议	社情民意〔2019〕1期	区级	刘长友	
11	关于优化公交线路的建议	社情民意〔2019〕20期	区级	张绍斌	
12	加强实验二小至滨江路三岔路口交通疏导的建议	社情民意〔2019〕19期	区级	夏　丹	
13	关于建设瑜珠至人才交流中心人行道的建议	社情民意〔2018〕12期	区级	曾凡凌	
14	关于加强凤山公园停车管理的建议	社情民意〔2017〕1期	区级	童　敏	
15	高度警惕宗族势力对农村社会治理的危害	社情民意〔2017〕6期	区级	刘　华	
16	城东村公路坍塌受损应引起重视	社情民意〔2017〕8期	区级	石红梅	

续表 24

序号	标题	文号	层级	作者	备注
17	关于加强我区违法用地违法建设整治的建议	社情民意〔2017〕10 期	区级	刘长友	
18	完善六大机制破解农村垃圾处理难题	社情民意〔2017〕12 期	区级	刘　华	
19	关于整治中小学生培训班的建议	社情民意〔2017〕13 期	区级	刘　华	
20	关于推进“江后”公路建设的建议	社情民意〔2017〕26 期	区级	彭天权	

1 月 5 日，全区庆祝人民政协成立 70 周年书画摄影展在区人民广场举行　代君君　摄

1 月 4 日，政协武隆区第九届委员会第五次会议开幕式　代君君　摄

【区政协书画院】 经区政协九届 32 次主席会研究，同意成立重庆市武隆区政协书画院，简称“区政协书画院”；下设创作室（青少年活动中心）、展览室（仙女山博象美术馆），为区政协开展书画联谊活动学习、交流、宣传工作平台。区政协书画院在主席会领导下实行院长负责制开展工作，由院长牵头和委托副院长定期或不定期研究开展相关工作，区政协办公室负责联系和管理。区政协副主席罗斌任书画院院长，秘书长、办公室主任杨国兴任常务副院长，聘请张道诚、马新林、张复兴、陈琳、卢德龙等 9 人为书画院顾问。9 月 3 日，武隆区政协书画院在仙女山旅游度假区正式成立，并举办全区首届书画展。政协书画院位于仙女山街道梧桐路 3 号博象美术馆内，博象美术馆总建筑面积约 5000 平方米，拥有 3 层展厅，可同时举办 3 个中型或 1 个大型综合性展览。馆内有可以容纳 300 余人的多功能会议厅。

【全区庆祝人民政协成立 70 周年书画摄影展】 1 月 5 日，全区庆祝人民政协成立 70 周年书画摄影展在区人民广场举行；展览由区政协主办，集中展现全区各界别政协委员、政协干部职工及社会各界人士创作的上百余件书画摄影作品。

重要会议

【区政协全体会议】 1 月 4—7 日，政协武隆区第九届委员会第五次会议在区人民大礼堂举行。本次会议参会委员 185 人，列席人员 114 人。会议听取和审议区政协主席潘晓成代表政协九届委员会常务委员会作《政协重庆市武隆区第九届委员会常务委员会工作报告》，副主席杨兴禄作《九届四次会议以来提案工作情况的报告》。列席区人大十八届四次会议，听取并协商讨论区长卢红所作的《政府工作报告》，计划、财政报告及人民法院、人民检察院工作报告。增补选举陈鹏为区政协九届委员会副主席、马宏伟为区政协九届委会常务委员。审议通过区政协九届五次会议决议、常委会工作报告决议和提案工作报告决议。

【区政协常委会议】 2020 年，区政协共召开常委会议 6 次。

2020年政协武隆区第九届委员会常委会会议情况表

表25

时间	会议次数	会议议题
1月2日	第18次	会议审议通过区政协九届五次全体会议日程、区政协九届五次全体会议各次大会执行主席和会议主持人名单；会议审议通过辞退政协委员名单和增补政协委员名单，同意王元其、冉光锐、冉晓明、李安波、李克、李英、陈敏7人辞去区政协九届委员会委员职务，同意马宏伟、代治江、孙世明、刘继华、陈芳、陈念、陈星宇、陈鹂、应勃、罗海鸥、曾华11人增补为区政协九届委员会委员；会议协商审议补选政协常委候选人建议名单，同意马宏伟为区政协九届委员会补选政协常委建议候选人；会议协商审议区政协九届委员会增选副主席候选人建议名单，同意陈鹂为区政协九届委员会增选政协副主席建议候选人；会议协商审议《中国人民政治协商会议重庆市武隆区第九届委员会第五次会议选举办法（草案）》《中国人民政治协商会议重庆市武隆区第九届委员会第五次会议选举大会总监票人、监票人建议名单（草案）》《中国人民政治协商会议重庆市武隆区第九届委员会第五次会议选举大会总计票人、计票人建议名单（草案）》
1月6日	第19次	会议协商确定陈鹂为中国人民政治协商会议重庆市武隆区第九届委员会增选副主席正式候选人、马宏伟为中国人民政治协商会议重庆市武隆区第九届委员会补选常务委员正式候选人；协商审议《中国人民政治协商会议重庆市武隆区第九届委员会第五次会议选举办法（草案）》《中国人民政治协商会议重庆市武隆区第九届委员会第五次会议总监票人、监票人建议名单（草案）》《中国人民政治协商会议重庆市武隆区第九届委员会常务委员会工作报告的决议（草案）》《中国人民政治协商会议重庆市武隆区第九届委员会第四次会议以来提案工作情况报告的决议（草案）》《中国人民政治协商会议重庆市武隆区第九届委员会第五次会议决议（草案）》；审议通过《中国人民政治协商会议重庆市武隆区第九届委员会第五次会议总计票人、计票人名单（草案）》
1月7日	第20次	审议通过中国人民政治协商会议重庆市武隆区第九届委员会第五次会议选举大会选举结果，并向全体参会委员宣布
7月2日	第21次	会议组织学习《中共重庆市武隆区委关于深入推进成渝地区双城经济圈建设的决定》、习近平在宁夏考察时讲话精神、3月27日中共中央政治局会议精神；会议协商讨论武隆融入“双城经济圈”城市规划及功能布局情况；通报《开展“融入双城经济圈，积极谋划武隆西部新城建设”委员助力活动的实施方案》以及方案的实施情况，讨论《关于融入成渝地区双城经济圈积极谋划武隆西部新城建设的调研报告》，要求形成《建言参考》报送区委、区政府决策参考
8月31日	第22次	会议听取2020年上半年全区经济社会发展情况情况通报、页岩气产业发展情况通报；协商讨论《重庆市武隆区国民经济和社会发展“十四五”规划基本思路（征求意见稿）》；听取区政协2020年上半年工作情况报告，组织学习相关会议（文件）精神
12月29日	第23次	会议听取区政府关于区政协九届五次会议以来提案办理情况通报，协商讨论《政府工作报告》《区“十四五”规划纲要和二〇三五年远景目标（草案）》《区2020年国民经济和社会发展计划执行情况与2021年国民经济和社会发展计划（草案）的报告》《区2020年预算执行情况和2021年预算（草案）的报告》《区人民法院工作报告》和《区人民检察院工作报告》（征求意见稿）；听取《政协重庆市武隆区第九届委员会第六次全体会议筹备工作情况报告》；审议通过《中国人民政治协商会议重庆市武隆区第九届常委会工作报告》《中国人民政治协商会议重庆市武隆区第九届常委会关于九届五次会议以来提案工作情况的报告》、常委会工作报告人、提案工作报告人名单（草案）、会议议程（草案）、日程（草案）、有关决定（草案）、会议邀请和列席人员范围(草案)、会议分组讨论各组召集人名单(草案)；协商讨论常委会工作报告决议(草案)、九届五次会议以来提案工作情况报告的决议（草案）、会议决议（草案）；书面印发九届区政协常委2020年度工作述职和区政协2020年工作总结；同意刘继华、杨帆主动辞去政协委员

【区政协主席会议】 是年，区政协 共召开主席会议13次。

2020年政协重庆市武隆区委员会主席会议情况

表26

时间	会议次数	会议议题
1月2日	第29次	会议协商审议区政协九届五次会议日程（草案）；协商审议辞退政协委员名单；协商审议增补政协委员名单；协商审议补选政协常委候选人名单；协商审议增选政协副主席候选人名单；协商审议《中国人民政治协商会议重庆市武隆区第九届委员会第五次会议各次大会执行主席和会议主持人名单（草案）》；协商审议《中国人民政治协商会议重庆市武隆区第九届委员会第五次会议选举办法（草案）》；协商审议《中国人民政治协商会议重庆市武隆区第九届委员会第五次会议选举大会总监票人、监票人建议名单（草案）》；协商审议《中国人民政治协商会议重庆市武隆区第九届委员会第五次会议选举大会总计票人、计票人建议名单（草案）》
2月11日	第30次	会议讨论区政协党组2020年工作要点和区政协主席会成员分工
2月27日	第31次	会议讨论区政协2020年重点外出调研计划和2020年重点提案，并听取区政协各专委会2020年工作计划
4月1日	第32次	会议通报协商退役军人事务局工作情况；审议政协重庆市武隆区委员会办公室关于印发《区政协2020年重点任务分解》的通知；审议政协重庆市武隆区委员会关于印发《开展助力成渝地区双城经济圈建设，融入“一区两群”区域协调发展重点履职活动方案》的通知；审议《武隆政协志（1996—2020年）》编纂工作方案；审议区政协书画院筹备方案
5月14日	第33次	会议通报协商深度贫困乡后坪乡脱贫攻坚工作情况；审定开展“融入双城经济圈，积极谋划武隆西部新城建设”委员助力活动的实施方案；审定赴贵州省正安县学习考察委员联组活动方案；审定政协重庆市武隆区委员会关于加强和改进调研工作的办法
6月17日	第34次	会议审定《探索政协组织向基层延伸、搭建商量平台外出调研方案》《政协重庆市武隆区委员会关于继续开展“聚焦污水偷排直排乱排问题”委员明察暗访监督性调研视察实施方案》《区政协常委会专题协商武隆融入“双城经济圈”城市规划及功能布局情况的方案》《区政协书画院成立仪式暨首届书画作品展工作方案》及征稿、文化交流协议书；同意在8月份举行政协书画院成立仪式并在仙女山博象美术馆举办首届书画作品展；同意邀请张道诚、马新林、张复兴、陈琳、卢德龙等9人作为书画院顾问；同意由区政协书画院与重庆博象美术馆签订文化流协议书；审议区政协九届第二十一次常委会议程
7月23日	第35次	会议听取区公安局通报全区禁毒工作情况和区烟叶生产指导中心《关于全区烟叶扶贫产业发展工作情况汇报》并进行协商讨论；协商讨论区经济信息委《应对新冠肺炎疫情援企保岗政策支持落实情况》；审定区政协《2020年提案办理工作专委会评价方案》、区政协《提案办理工作评价实施办法》；审定《政协工作向基层延伸试点工作方案》；听取各专委会半年工作情况汇报
8月4日	第36次	会议审定《关于政协工作向基层延伸试点工作方案》、区政协《赴南川学习考察委员联组活动方案》；审定区政协《2020年提案办理工作专委会评价方案》、区政协《提案办理工作评价实施办法》；《关于开展西部（凤来）新城规划建设调研的方案》；审定《政协回顾》目录；审定《区政协书画院成立仪式暨首届书画作品展工作执行方案》；审定《区政协九届第二十二次常委会议程》
9月15日	第37次	组织全区公共卫生应急管理视察活动；会议协商讨论区卫生健康委全区公共卫生应急管理工作情况；组织学习习近平总书记相关讲话精神
10月13日	第38次	会议审定区政协办公室2020年专题调研考察方案，区政协提案委、经济委2020年专题调研考察方案，区政协人资环建委、社法民宗委2020年专题调研考察方案，区政协科教文卫委2020年专题调研考察方案，区政协学习联络委2020年专题调研考察方案
11月11日	第39次	会议审定同意《共建巴渝文化旅游走廊——庆祝中国共产党成立100周年重庆市政协系统书画作品展方案》《关于印刷〈政协历程70年〉内部出版物方案》；同意《政协历程70年》内部出版物印刷方案，印刷经费在2020年度文史工作经费预算内支出，印制数量300册；审定《区政协2020年提案办理工作述评会议方案》《政协重庆市武隆区委员会九届六次会议筹备工作方案》
12月15日	第40次	通报区政协九届六次会议筹备工作情况；审议《中国人民政治协商会议重庆市武隆区第九届委员会常务委员会工作报告》《中国人民政治协商会议重庆市武隆区第九届委员会常务委员会关于九届五次会议以来提案工作情况的报告》、报告人名单、议程、日程、决议、分组讨论、列席人员范围（草案）等；审议通过《中共政协重庆市武隆区委员会党组关于召开区政协九届六次全体会议的请示》、区政协九届第二十三次常委会议程；通报区政协各委室2020年工作总结
12月28日	第41次	会议审议辞退政协委员名单（区委统战部作说明）；审定九届区政协先进委员小组、优秀政协委员、优秀提案和优秀社情民意表彰名单；审定区政协九届六次全会委员视察工作方案

协商议政

【全委会议政协商】 2020年，区政协组织委员大会发言材料18份，梳理大会委员建议意见141条，归纳成9个方面34条，其中区委政府意见30条，政协意见4条，形成《建言参考》报送区委、区政府。召开区政协常委会对政府工作报告（审议稿）及“十四五”规划和二〇三五年远景目标（草案）等进行协商讨论，提出建议意见。

【常委会专题协商】 6月18日，区政协副主席雷云峰带队，组织部分政协委员赴丰都县、忠县考察学习城市规划情况；6月23日，区政协副主席雷云峰召开部分政协委员和相关部门、街道负责人座谈会，听取各方对武隆城市规划的意见建议；7月2日，区政协召开九届二十一次常委会议，对桃花山公园、中堆坝规划建设、南滨路、城区游客集散中心等开展视察调研，并专题就“武隆融入‘双城经济圈’城市规划及功能布局情况”进行协商讨论，提出协商建议。8月，召开二十二次常委会，协商讨论《区国民经济和社会发展“十四五”规划基本思路》，听取区发展改革委汇报，建议按发展的标准、城乡统筹的标准、生态产业标准来衡量和谋划“十四五”规划的工作建议意见。

【主席会视察协商】 5月29日，区政协副主席杨兴禄组织区政协农业农村委、区财政局、区农业农村委、区烟叶生产指导中心、区烟草公司等部门和部分政协委员到白马镇车盘村、和顺镇青木池村和弹子村等地实地视察调研；6月16日，区政协主席潘晓成再次组织全体副主席、部分政协委员、区级涉农和财政部门负责人到石桥乡望阳村和阳安村视察调研，现场听取全乡烤烟生产情况的介绍，与烤烟种植大户交谈，了解当地烤烟种植成本、种植效益、生产扶持政策等情况。随后，在石桥乡组织召开烤烟产业助推扶贫工作座谈会，听取相关情况汇报和委员建议意见；7月23日，经区政协九届第35次主席会协商，形成“持续抓好武隆区烤烟产业巩固脱贫攻坚成果”的协商建议。9月15日，区政协主席潘晓成带领主席会成员、部分政协委员和区级相关部门负责人到区人民医院、区中医院、区疾控中心、江口镇卫生院等地视察调研，并在随后召开的区政协九届三十七次主席会上就“公共卫生应急体系建设”进行专题协商，提出协商建议。此外，召开主席会对应对新冠肺炎疫情援企保岗政策支持落实情况进行专题视察，并进行协商讨论，提出建议意见。

【专委会对口协商】 5月中旬，区政协副主席雷云峰带队，组织部分政协委员到鸭江、平桥、仙女山、火炉、桐梓、后坪等乡镇和街道，就全区城乡垃圾处理及设施建设情况进行实地调研；5月27日，区政协副主席雷云峰率部分政协委员和相关部门、乡镇负责人，视察江口镇农村垃圾分类示范村建设、乌江银盘水电站库区水上垃圾清漂、生活垃圾焚烧发电厂项目建设、沧沟乡青杠村垃圾分类示范村建设情况，并召开专题协商座谈会议，提出协商建议。10月下旬，区政协副主席黄崇义协同主席会成员、部分政协委员、相关部门对重庆仙女山机场建设与运营情况进行视察调研，并开展座谈讨论，提出协商建议。此外，就石桥、浩口、文复等乡镇民族乡小康社会建设，巷江路沿线环境治理进行视察，与相关部门乡镇开展对口协商。

【通报协商】 6月下旬，区政协社法民宗委组织部分政协委员与区公安局等相关部门就全区禁毒工作情况进行调研座谈。7月23日上午，区政协第35次主席会对全区禁毒工作情况进行会议通报协商。常委会就半年政府经济工作、提案办理工作等听取区政府通报。主席会就退役军人事务局工作情况、后坪乡深度贫困乡“两不愁三保障”落实情况听取相关部门通报并协商提出工作建议意见。

【委员视察协商】 11月中下旬，区政协雷云峰副主席带队，组织部分政协委员到有关乡镇和街道，就全区土地整治工作开展实地调研；11月27日，区政协雷云峰副主席率部分政协委员和相关部门、乡镇负责人，视察火炉镇筏子村土地整治项目实施情况，并召开专题协商会议，提出协商建议。此外，通过专委会活动，组织委员对堰塘村乡村旅游、机场建设、青杠村脱贫攻坚、全区垃圾处理、生态走廊、大洞河白云乡小城镇建设等进行视察协商，提出工作改进建议意见。

【参政议政】 全委会协商议政。区政协九届五次会议于1月5—7日举行。委员们围绕政协常委会工作报告、九届四次会议以来提案办理工作情况报告以及政府工作报告、计划和财政报告、法院工作报告、检察院工作报告，认真讨论，积极建言献策，共提出9个方面141条建议意见，其中涉及政府及工作部门128条，政协13条。经归纳梳理形成建议意见35条，其中属政府及部门工作31条，属政协工作4条，供区委、区政府决策参考。

常委会专题协商议政。围绕武隆“十四五”规划（草案）、武隆融入“双城经济圈”城市规划及功能布局等课题开展常委会专题协商议政。围绕应对新冠肺炎疫情援企保岗政策支持落实情况、烤烟产业发展、公共卫生应急管理等课题开展主席会视察协商议政。围绕巷江公路沿线环境治理情况、仙女山机场建设与运营情况、城乡垃圾处理及设施建设、少数民族乡小康建设情况、土地整治情况等课题开展专委会对口协商议政。形成《协商会议建议》7期，报区委、区政府决策参考。

情况通报。常委会上听取武隆区半年经济情况通报、协商讨论《政府工作报告》等报告，听取提案办理情况通报、页岩气产业发展情况通报。主席会上听取部门、乡镇退役军人事务局工作情况、全区禁毒工作情况和深度贫困乡“两不愁三保障”落实情况通报。

专门委员会工作

【区政协提案委】 全年共征集提案174件，按照《提案审查工作条例》相关规定，立案144件，立案率82.8%；未立案30件，占17.2%。未立案提案作为社情民意信息报送区委、区政府或转相关部门作工作参考。6月，提案委牵头，组织区经济信息委、工业园区等部门和部分政协委员开展《应对新冠肺炎疫情援企保岗政策支持落实情况》调研活动；召开政协主席会对全区《应对新冠肺炎疫情援企保岗政策支持落实情况》进行协商，提出意见建议供相关部门参考。9月，开展《巷江路沿线环境治理情况》专委会专题对口协商活动，并提出意见和建议。全年组织联系的委员小组开展专题小组活动4次，组织联系的界别委员开展界别活动2次，走访联系委员28人次。提案办理述评。3月，区委、区政府召开提案交办会，对已立案并案后交办的119件提案，分别由34个部门、街道乡镇承办。截至6月，交办提案全部办结，办复率达100%，委员满意率99.2%。对不满意提案，承办部门进行二次办理，委员对二次办理结果表示满意。在交办的提案中，提案所提问题和建议得到解决和基本解决的有64件（A类提案），占交办提案总数的53.7%；提案提出的事项和要求正在解决或已列入规划逐步解决的有51件（B类提案），占交办提案总数的42.8%；提案提出的事项和要求，因客观条件限制或其他原因不能办结落实的有4件（C类提案），占交办提案总数的3.5%。11月，区政协召开提案述评大会，听取34个提案承办部门协商办理情况述职，由参会委员、群众代表现场测评。总体看，区政协九届五次会议以来提案涉及面广，提案和办理质量较高。重点调研。4月，配合区政协农业农村委就“全区高山避暑纳凉民宿产业群发展”开展专题调研，并形成调研材料送政府相关部门工作参考。6月，提案委与农业农村委到荣昌开展武隆区“融入双城经济圈，积极谋划武隆西部新城”委员助推活动，并形成考察学习调研子报告送政协调研组参考。简易协商。5月，提案委组织部分政协委员与区农业农村委开展提案承办事中协商活动，参加提案办理协商政协委员共7人。6月，与区经济信息委、区发展改革委、民生燃气公司和部分政协委员在政协二楼会议室开展简易协商，促进企业价格公开和企业服务工作进一步改进，得到群众好评。

【区政协经济委】 全年区政协经济委员会组织专委会全体委员分别对堰塘村乡村旅游融合发展情况、武隆后坪天池苗寨脱贫攻坚、武隆仙女山机场建设和运营情况进行视察座谈；组织专委会委员参加区政协界别联组活动，对贵州安吉县、南川区南平工业园及大观农业产业园产业发展情况进行视察。常委会专题协商。3—4月，区政协经济委、学习联络委、区发展改革委、区经济信息委、区招商中心和部分委员就“武隆‘十四五’规划纲要（草案）”进行调研座谈。8月，区政协九届二十二次常委会就“十四五”规划编制作专题协商。开展对口协商。10月下旬，专委会与重庆市渝武机场有限公司和区交通局开展对口协商，组织委员对武隆仙女山机场建设和运营情况进行视察，并召开专题协商会议，形成《关于仙女山机场建设与运营情况的协商建议》，供区委、区政府决策参考。截至11月30日，收集上报社情民意8篇，其中《关于在疫情防控期间对居民阶梯电价作适当调整的建议》在被市政协采用转送市发改委、国电重庆分公司办理。提案征集、评议工作。全年委员提案29件，立案23件（其中列为重点提案5件），转部门参考5件；按照区政协《提案办理工作评议实施办法》的要求，评议组分别到区发展改革委、区财政局、区经济信息委、区商务委、区金融中心、区消防救援支队组织召开座谈会，对评议单位共18件提案办理工作进行逐项评价，并将评价结果送区政协提案委。在区政协九届二十二次常委会上，区经济信息委对全区的页岩气产业发展情况进行通报。调研工作。全年开展财政增收节支大调研，提出推动全区经济高质量可持续发展的对策建议，形成“关于财政增收节支的调研报告”，提交区委、区政府供决策参考。开展融入成渝地区双城经济圈专题调研。为高标准规划好凤来新城，5月21—22日，区政协经济委调研组由区政协黄崇义副主席带队，区财政局、区规划自然资源局、区招商中心工作人员参加，分别到长寿区中科未来城、农产品交易中心，涪陵区国家现代农业产业园进行实地调研，围绕“融入成渝地区双城经济圈”建设进行座谈、交流询问，对谋划武隆区凤来新城建设提出建议意见。化解基层债务重点调研。10月下旬，由副主席黄崇义带队，部分专委会委员赴吉林省长春市、延边朝鲜族自治州就“考察学习化解基层债务风险”开展重点调研，通过召开座谈会、现场视察和点对点交流等方式，形成《关于化解基层债务风险》的重点调研报告，供区委、区政府决策参考。

【区政协人资环建委】 2020年，区政协人口资源环境建设委员会开展调研视察、参政议政活动，履行专委会职责，为全区经济社会发展建言献策。开展“聚焦污水偷排直排乱排问题”委员监督性调研视察活动。牵头制定《武隆区政协继续开展“聚焦污水偷排直排乱排问题”委员监督性调研视察实施方案》，组织相关政协委员开展监督性调研视察。常委会专题协商。由区政协人资环建委牵头，区政协社法民宗委配合，对“武隆融入‘双城经济圈’城市规划及功能布局情况”进行政协常委会专题协商。6月18日，副主席区政协雷云峰带队，组织部分政协委员赴丰都县、忠县考察学习城市规划情况；6月23日，区政协雷云峰副主席召开部分政协委员和相关部门、街道负责人座谈会，听取各方对武隆城市规划的意见建议；7月2日，区政协召开常委会，专题就“武隆融入‘双城经济圈’城市规划及功能布局情况”开展现场视察调研和会议协商，提出协商建议，形成区政协《关于武隆融入“双城经济圈”城市规划及功能布局情况的协商建议》。专委会对口协商。由区政协人资环建委牵头，对全区“垃圾处理及设施建设情况”进行对口协商。5月中旬，区政协副主席雷云峰带队，组织部分政协委员到鸭江、平桥、仙女山、火炉、桐梓、后坪等乡镇和街道，就全区城乡垃圾处理及设施建设情况进行实地调研；5月27日，区政协副主席雷云峰率部分政协委员和相关部门、乡镇负责人，视察江口镇农村垃圾分类示范村建设、乌江银盘水电站库区水上垃圾清漂、生活垃圾焚烧发电厂项目建设、沧沟乡青杠村垃圾分类示范村建设情况，并召开专题协商座谈会议，提出协商建议，形成《关于城乡垃圾处理及设施建设情况协商建议》。由区政协人资环建委牵头，对全区“全区土地整治工作情况”进行对口协商。11月中下旬，区政协副主席雷云峰带队，组织部分政协委员和相关部门、乡镇就全区土地整治工作开展情况进行调研和现场视察，并召开专题协商座谈会议，提出协商意见，形成《关于全区土地整治工作开展的协商建议》。重点调研。3月，由区政协人资环建委牵头，就乌江流域武隆段生态走廊建设的现状、问题、工作举措等情况开展调研，形成《武隆区乌江生态走廊建设的探索》调研报告，并报市政协。7月，由区政协人资环建委牵头，组织区级相关部门，结合全区发挥承接重庆主城都市区的重要联结点功能，加快打造渝东南旅游集散中心、主城都市区后花园，建设成为世界知名旅游目的地、“两山”实践创新示范区、成渝地区产城景融合发展先行区等实际，形成《政协重庆市武隆区委员会关于对“十四五”规划构筑现代基础设施体系的建议意见》，并报市政协。联合区政协社法民宗委，对“武隆城区物业管理情况”进行调研。3月3日正式启动调研工作，区政协雷云峰副主席带领部分政协委员，先后走访行业主管部门和城区部分物业企业，召开有关部门和街道、社区相关人员座谈会议，听取情况介绍、征求意见建议。调研中先后召开调研动员会、座谈会5次，听取物业服务主管部门、物业管理企业、社区工作人员以及物业业委会成员意见建议，走访物业管理企业3家，形成调研报告初稿。经多次修改，最终形成《关于武隆区物业管理情况的调研报告》。5月20—22日，在区政协副主席雷云峰带领下，组织区级相关部门和政协委员赴綦江区、南川区就两区产业发展和布局、城市规划和建设、融入主城经济区发展等方面进行考察学习、交流讨论，形成《考察学习报告》。根据2020年区政协重点工作安排，区政协副主席雷云峰牵头组织区政协社法民宗委、人资环建委及部分政协委员，先后到石桥、文复、浩口、后坪等乡镇，通过实地查看、召开座谈会、院坝会等形式开展少数民族乡镇小康建设调研，同时还组织委员赴甘肃兰州、天祝、临泽、酒泉、嘉峪关市实地考察学习民族乡镇小康建设先进经验，形成《关于推进武隆区民族乡小康建设的调查及建议》。开展委员活动。全年组织本委委员到文复乡就场镇建设、特色产业发展、乡村旅游打造等进行调研视察，并召开协商座谈会议，提出协商建议。组织本委委员到大洞河乡、白云乡就小城镇建设、乡村旅游发展等开展视察协商活动，并就两乡的发展积极建言献策。组织各委员小组按时开展活动。组织委员参政议政，组织本委委员参加全区垃圾处理、城市规划、生态走廊、城市物业管理、土地整治、“十四五”规划编制等调研视察和协商活动，提出意见建议。同时，组织委员提出提案，反映社情民意；撰写《关于加强无障碍设施的规划建设管理 切实保障残疾人无障碍出行的建议》《关于为过街天桥加装电梯的建议》等，引起领导和相关单位的重视。

【区政协科教卫体文化文史委】2020年，区政协科教卫体和文化文史委员会牵头围绕文化旅游定位与产业发展调研课题开展调研，牵头开展全区公共卫生应急体系建设主席会协商，开展对口协商、民主监督，完成《武隆政协回眸》文史资料征集编纂工作。重点调研。牵头围绕全区文化旅游定位与产业发展调研课题开展调研。3月10—30日期间，区政协副主席罗斌带领部分政协常委、政协委员以及区文化旅游委等单位负责人，到区喀斯特（集团）公司、白马山旅游公司、羊角古镇、田家寨等地调研文化旅游定位与产业发展现状和存在问题，听取相关负责人的情况介绍。于4月2日、8日进行集中讨论，形成文化旅游定位与产业发展的建议，供区委、区政府参考。牵头对文化旅游品牌建设开展专题调研。10月20—24日，由副主席罗斌带领部分政协委员赴山西晋祠区、祁县、平遥县、五台县学习考察文化旅游品牌建设取得的成功经验做法。结合武隆旅游实际，深入区文化旅游委、区喀斯特（集团）公司、相关旅游景区景点实地调研、开展座谈，撰写武隆文化旅游品牌建设的建议，供区委、区政府参考。专题协商。牵头开展全区公共卫生应急体系建设主席会协商。9月15日，在区政协主席潘晓成带领下，部分政协常委、政协委员以及区卫生健康委等单位负责人，实地到江口镇、区中医院、区人民医院、区疾控中心视察公共卫生应急体系建设现状和存在问题，听取相关部门负责人的情况介绍，并在第37次主席会上进行专题协商。通过综合协商建议，向区委、区政府报送全区公共卫生应急体系建设的协商建议。得到区政府区长卢红、副区长黄昕批示。考察学习。5月21—25日，由区政协副主席罗斌带队，带领区政协科教文卫委主任、副主任、个别政协委员、科技局有关负责人先后到永川区、江津区实地学习考察新城规划建设，提出融入双城经济圈规划建设思路，在高起点规划新城、加大招商引资力度、加大政策支持和基础设施建设、电子信息产业、培育壮大骨干企业等方面提出建议意见。对口协商。6月23日，由副主席罗斌带队，本专委会牵头组织文化新闻届别政协委员赴万盛经开区学习考察群众体育与全民健身，撰稿形成《加强我区全民健身公共服务的建议》。5月12日，本专委会组织联系政协委员视察芙蓉街道堰塘村乡村旅游文化，针对堰塘村乡村旅游的发展现状，委员们提出具有长远规划和地方特色、将“吃住游乐”融为一体等方面的意见建议。民主监督。协助分管副主席开展面对面督办《关于大力发展中药材的建议》提案，区卫生健康委回复，提案者满意。本专委会对卫生健康委、教委、文化旅游委等单位28件提案办理情况进行督查评价工作，办理情况均为满意。

【区政协社法民宗委】 主席会协商。6月下旬，由区政协社会法制和民族宗教委员会牵头组织部分政协委员与区公安局等相关部门就全区禁毒工作情况进行调研座谈，并在7月的第35次主席会对全区禁毒工作情况进行会议协商，形成《关于全区禁毒工作的协商建议》。专题调研。组织联系委员到区内各物业企业、社区街道开展城区内物业管理情况调研，撰写“关于武隆区物业管理情况的调研报告”上报区委、区政府；组织联系委员到石桥、浩口、文复开展民族乡镇小康建设专题调研，赴甘肃兰州、天祝、临泽、酒泉、嘉峪关市实地考察学习旅游助力民族乡镇小康建设先进经验，形成《关于推进武隆区民族乡镇小康建设工作的调研报告》，供领导决策参考。为配合重庆市政协“推动民族地区特色产业发展巩固脱贫攻坚成果”专题调研，在副主席雷云峰的带领下组织政协委员到石桥、文复、后坪、浩口4个少数民族乡，通过听取情况汇报、座谈交流、实地查看等方式，就全区少数民族乡脱贫攻坚工作进行调研，形成《关于武隆区少数民族乡脱贫攻坚情况的调研报告》报市政协。提案督办工作。开展“关于加强小区物业管理的建议”的重点提案督办和政协委员提案办理专委会评价工作。全年专委会根据重点工作任务适时组织开展委员活动5次，上交社情民意8篇。

【区政协学习联络委】 全年区政协共组织选派40余名政协委员参加市级扶贫考核、全区党组织书记述职、区级领导年度考核、保健食品市场整顿、天然气价格听证及部门特邀监督员等民主监督工作。开展区委课题大调研。3月，由区政协学习和联络委员会牵头，陈鹏副主席组织调研组成员、部分区政协委员以及区卫健委、区疾控中心负责人先后到区疾控中心、区卫生健康综合执法支队、区人民医院、中医院、凤山和芙蓉街道社区卫生服务中心、长坝卫生院等单位开展疾控预防体系建设调研。并组织医卫界、特邀界、中共界的部分政协委员，对加强全区疾病预防控制体系建设进行专题座谈协商。4月中旬，向区委、区政府提交《武隆区疾控体系建设调研报告》。做好主席会重点工作通报。3月中旬，学习联络委组织部分政协委员到退役军人事务局、芙蓉街道、凤山街道、三坪村视察退役军人服务中心及村退役军人服务站，了解退役军人服务中心（站）、退役军人作用发挥情况，并在区政协第32次主席会上，邀请区退役军人事务局负责人对该项工作作专题通报。举办专题研讨班。由学习联络委牵头举办区政协常委新时代人民政协理论专题研讨培训班。6月上旬，组织区政协常委、各专委会组成人员50人，在市委党校开展5天集中培训。开展相关课题专题调研。6月下旬，由区政协副主席陈鹏带队，学习联络委牵头，组织4个街道党工委副书记赴四川省彭州市、都江堰市、双流区就探索政协工作向基层延伸课题进行专题学习调研，形成《关于武隆政协工作向基层延伸试点工作方案》并上报区委，区委宗华书记批示“由组织部、编办拟定工作实施方案报区委审定”。做好“双城经济圈”调研工作。5月下旬，区政协副主席陈鹏带队，学习联络委组织部分政协委员到合川区、璧山区进行调研，形成《建设凤来新城融入主城都市经济圈的建议》报区政协办公室。10月下旬，到四川、云南等地对疾控体系建设工作和文旅融合工作开展调研，并形成关于《加强我区疾控能力建设的建议》的调研报告。开展委员视察和民主党派活动。专委会视察活动。全年开展4次委员小组视察活动。5月上旬，组织政协委员到芙蓉街道堰塘村视察乡村旅游工作；6月中旬，组织委员深入白云、长坝、白马等乡镇对“污水偷排直排乱排”进行监督视察。8月中旬，组织委员到双河、羊角开展乡村建设视察活动。10月中旬，组织部分委员视察仙女山机场建设。委员联组考察活动。9月上旬，由学习联络委牵头，组织区政协主席会成员和60多名政协委员赴贵州正安县学习考察吉他工业园区、坝区农业产业化发展、旅游扶贫示范点建设情况。9月下旬，由区政协主席潘晓成带队，组织区政协委员60余人赴南川区学习考察南川南平工业园区及大观农业产业园建设。民主党派视察活动。10月上旬，由区政协学习联络委和区委统战部牵头组织全区4个民主党派支部50多名民主党派人士赴仙女山机场开展专题视察活动。做好提案办理检查考核。10月下旬，由副主席陈鹏带队，分别到区城乡建委、交通局、应急局、规划自然资源局等单位对28件委员提案的办理情况进行检查考核，并对提案办理工作进行指导。

【区政协农业农村委】 2020年，区政协农业和农村委员会开展调研3次，撰写《建言参考》1期；开展视察协商5次、撰写《协商会议建议》1期；收集反映社情民意信息17篇，采用8篇，分别为《关于持续整治城市占道经营的建议》《关于盘活农村撂荒闲置土地的建议》《关于在城区增设公交站点的建议》《关于我区发展休闲农业的建议》《关于取消大溪河水库大坝通行车辆的建议》《关于城区人行横道线设置红绿灯的建议》《关于重新复核警戒水位保证水位的建议》《关于武隆快递业“菜鸟站”乱象整改的建议》；收到委员提案22件，其中审查立案18件，重点提案5件，一般提案13件；组织开展委员小组活动5次。继续开展大溪河流域“污水偷排直排乱排问题”委员监督性调研视察活动。

重要提案摘编

【产业发展提案】 叶仲宇委员提出给

予江后公路沿线农业扶持的建议，区农业农村委结合“十四五”农业农村规划对沿线作出产业规划，纳入现代农业产业园重点区域，累计安排资金1000万元支持产业发展，开展脱贫攻坚与乡村振兴有效衔接试点。针对民盟武隆区总支《关于加大支持全区能繁母猪生产扶持的建议》，区农业农村委根据《武隆区现代山地特色高效农业产业发展项目扶持政策》，对贫困户及新型农业经营主体发展生猪补助进行明确，累计安排资金1075万元用于支持生猪产业发展。针对刘明、刘上菱、张宏、赵小红等委员提出的《关于强化武隆区农民专业合作社规范管理的提案》，区供销合作社加大农民专业合作社示范培育发展工作，2020年培育国家级示范农民合作社10个。先后组织250余人参加市、区有关培训班；加强动态监管，对无实际运作、无发展潜力、无创收能力、无带动作用的合作社，依法取缔和注销。

【旅游发展提案】 围绕加快建设“文化旅游融合示范区”，打造“世界知名旅游目的地”的目标和人民群众普遍关心的全区文化旅游发展的热点难点问题，委员们共提出13件提案。如代洪铭等委员《关于构筑文旅融合大格局，打造全域旅游升级版的建议》、左林委员《关于加快推进武隆文旅产业融合发展，助推武隆经济发展的建议》等。针对委员们的这些建议，区文化旅游委启动《武隆区“十四五”文旅融合发展规划》编制工作，成立武陵山生态文化旅游研究院。针对乡村旅游发展，范鲁峰委员提出《加快推进荆竹村乡村旅游重点村建设提案》，区级有关部门将荆竹村乡村旅游重点村基础设施建设项目纳入“十四五”资金项目规划库，仙女山街道以归原小镇为中心聘请专家进行设计，全力发展荆竹村成为全国首批乡村旅游重点村。

【经济发展提案】 委员刘华提出《关于编制好“十四五”规划的建议》，相关部门认真吸纳，按照区委、区政府的统一部署，启动规划编制工作，全面完成总体规划纲要的草案。张宏、袁莉等委员提出《关于抓紧推动现代化粮食储备库建设的建议》，区发展改革委会同相关部门策划包装项目，将1万吨粮食储备库项目建设纳入“十四五”规划。针对委员汪孝东委员提出的《关于增加工业企业科技研发资金投入，培育财税收入新的增长点的建议》，区科技局加大科技型企业的培育，2020年新增科技型企业23家，累计达115家；启动武隆区知识价值信用贷款改革试点工作，设立知识价值信用贷款风险补偿基金规模5000万元，为2家科技型企业发放贷款110万元。委员石红梅提出《关于重视本土生产型企业的建议》，区经济信息委统筹谋划全区民营经济发展工作，加大信贷支持力度，落实税率下调、税费减免等稳岗返还政策措施，100余家企业申请享受政策，涉及补贴金额1000余万元。

【城市发展提案】 黄河江、冯拥军、杨兴勇等委员提出关于江后路改道、武隆公墓建设环形公路、加强国道319线隧道管理等24件提案，区交通部门会同区规划自然资源局、城市管理局、民政局、凤山街道对殡仪馆环线公路开展设计工作，启动停车场扩建工作，可新增停车位300余个；向市上争取专项资金完成新滩、江口共15座隧道的整治。区城市管理局办理关于城市管理等方面的提案27件，其中解决和基本解决11件。针对委员谭建梅《关于在城区有关地段修建人行天桥的建议》，委员夏朝阳、杜庆禄《关于宏福酒店T形路口设置人行天桥的建议》，区城市管理局会同规划自然资源局、住房城乡建委协作办理，已于9月在宏福转盘、乌江一桥北桥头建成人行天桥并投入使用。针对委员罗应琼《关于加强城区环境卫生管理，提升城乡环境总体水平的建议》等提案，区城市管理局加强城区环境卫生管理，实行“精细化”清扫保洁，“制度化”垃圾清运，投入资金对沿街果皮箱进行设置、更换。

【社会事业提案】 高岭、丁玲、王小平等委员提出加快职业教育结构调整、解决教师进修校办学条件、平桥镇中心校场所用地等建议，委员梁伦亮、李红松、陈波提出完善农村卫生体制、提高全区儿科专科医诊水平、加快中医药事业发展等提案，有关部门均提出规划，办理并回复。曾凡凌、肖咸英、杨娟等委员提出的加强小区消防通道管理提案，区消防救援支队督促指导产权单位、物业服务企业完成全区高层住宅小区、高层公共建筑消防车通道画线、立牌工作，清理影响消防车通行的障碍物30余处。委员夏超《关于殡葬习俗改革的建议》，区民政局在城区禁放烟花爆竹、取缔治丧乐队等方面取得实效；宣传引导清明节等推广文明低碳祭祀方式，研究制定推进遗体火葬政策措施。

九届武隆区政协优秀提案情况表

表27

序号	提出时间	提案号	提案者	提案名称	备注
1	2018年	2	民盟重庆市武隆区总支委员会	关于对武隆学前教育发展现状的建议	民主党派
2	2019年	报告采用	民进重庆市武隆区总支委员会	关于拓宽渠道、精准营销、持续提升武隆旅游影响力的建议	民主党派
3	2019年	75	九三学社武隆区基层委员会	关于持续推进乡村垃圾处理的建议	民主党派

续表 27

序号	提出时间	提案号	提案者	提案名称	备注
4	2017 年	21	余健	关于建立区储血库为危急患者争取生命时间的建议	
5	2017 年	7	程文菊	关于加强校园周边环境综合整治的建议	
6	2017 年	41	毛光佑	关于建立文明卫生城市管理长效机制的建议	
7	2017 年	67	袁杰	关于加快推进芙蓉江游船提档升级项目的建议	
8	2017 年	8	冯拥军	关于武隆公墓和新建殡仪馆建设环形公路的建议	
9	2017 年	报告采用	夏朝阳	关于建立我区扶贫长效机制巩固脱贫成果的建议	
10	2017 年	报告采用	张伟	关于加快休闲农业和乡村旅游统筹发展的建议	
11	2018 年	6	湛杨	关于优化工业园区重点产业发展规划和布局的建议	
12	2018 年	15	黄小平	关于合理规划利用农贸市场的建议	
13	2018 年	16	徐华林	关于建立政府招商项目跟进后续评价机制的建议	
14	2018 年	17	刘旭	关于加大城区行人过街设施建设力度的建议	
15	2018 年	36	申建忠	关于加快推动武隆地方品牌产品打造的建议	
16	2018 年	107	肖武文	关于加快推进人民广场和世纪广场安全隐患整改的建议	
17	2019 年	报告采用	刘万权	关于打造乡村旅游示范点的建议	
18	2018 年	报告采用	刘明	关于脱贫攻坚后续产业扶持政策修改的建议	
19	2018 年	报告采用	刘培	关于改善营商环境，大力发展民营经济的建议	
20	2019 年	4	唐春光	关于乡村振兴的人才支撑问题的建议	
21	2019 年	报告采用	王小波	关于加强背街小巷环境卫生治理，进一步提升我区城市整体形象的建议	
22	2019 年	报告采用	陆建	关于实施武隆城区“一江两岸”治理提升战略、率先启动“南滨特色街区”建设的建议	
23	2019 年	报告采用	杨娟	加强我区学校周边饮食摊点安全管理的建议	
24	2019 年	报告采用	罗维	关于规划建设城区到仙女山度假区城市经济走廊的建议	
25	2020 年	5	景刚	关于在乌江南桥头建观光电梯连接南滨路和建设中路的建议	
26	2020 年	8	周德波	关于规范武隆区非民用天然气收费价格和服务的建议	
27	2020 年	9	曾凡凌	关于加强消防通道管理的建议	
28	2020 年	88	田娅琴	关于加大对农村地区故意伤害案件发生的防范化解的建议	
29	2020 年	64	代洪铭	关于加快推进全区文化旅游重大项目建设的建议	
30	2020 年	报告采用	左林	关于加快推进武隆文旅产业融合发展，助推武隆经济发展的建议	

政协调研

【概况】 2020年，区政协完成市政协安排的课题调研、区委“大调研”和交办调研、区政协重点调研和专题调研等26个课题调研，编印《建言参考》7期、《协商会议建议》7期，形成工作方案1份，转化为委员发言1份。

【课题调研】 市政协课题调研。组织落实《关于恳请将武隆全面融入成渝地区双城经济圈建设重点项目纳入市“十四五”规划的情况汇报》材料，并于5月上旬由区政协主席潘晓成向市政协领导作专题汇报，两次在市政协举行的常委会、彭水片区会就武隆区“十四五”规划争取列入市级规划作交流发言。《关于支持武隆“十四五”重点发展项目的建议》书面报市政协，部分内容被市政协作为重点项目推荐给市级相关部门。7月，根据市政协通知要求，完成《关于对“十四五”规划构筑现代基础设施体系的建议意见》，并报市政协。年内还完成渝东南文旅融合示范区调研，向市政协报送了《关于渝东南文旅融合发展示范区建设调研报告》；完成市政协《关于武隆区少数民族乡脱贫攻坚情况的调研报告》；根据市政协关于开展《加快长江、嘉陵江、乌江、岷江、涪江、沱江等生态走廊建设研究》的实施方案要求，就乌江流域武隆段生态走廊建设的现状、问题、工作举措等情况开展调研，形成《武隆区乌江生态走廊建设的探索》调研报告报市政协。区委“大调研”课题调研。开展农民组织化产业化经营、公序良俗现状、财政增收节支、旅游文化定位与产业发展、城区物业管理、疾控体系建设、避暑纳凉型民宿产业群发展等课题调研，形成调研报告7份，并参加区委组织的调研成果交流会。

【重点课题调研】 区政协开展“融入双城经济圈，积极谋划武隆西部新城建设”委员助力活动，制定实施方案，于5月下旬，由区政协主席和副主席分别带领部分区政协委员到铜梁、潼南、涪陵等12个区县开展调研，形成1个综合调研报告和7个子报告。并组织区级相关部门和政协委员召开“融入双城经济圈，谋划武隆西部新城建设”调研座谈会，听取委员献策，形成《关于融入成渝地区双城经济圈积极谋划武隆西部新城建设的建议》报区委、区政府。根据区委的交办，于7月围绕武隆—南川一体化发展，再次对凤来新城规划建设进行调研研究，形成《关于凤来新城规划建设的建议》报区委、区政府决策参考，相关建议意见被采纳吸收。并完成烤烟产业发展、粮食安全保障、全民健身公共服务、民族乡小康建设等重点课题调研。2020年年底，区政协组织委员学习海南等先进地区经验开展调研，形成《关于生态旅游、城市建设调研报告》报区委、区政府，就凤来新城建设等提出建议意见，形成调研报告7个。

【专题调研】 2020年，区政协各专委会组织委员分别到区内外、市内外开展融入“双城经济圈”城市规划及功能布局、财政增收节支、城区物业管理、化解基层债务风险、加强全区疾控能力建设的建议、文化品牌建设、禁毒工作、公共卫生应急体系、政协工作向基层延伸等专题调研。

（区政协办公室）

中国共产党武隆区纪律检查委员会
武隆区监察委员会

综　述

【概况】 2020年，武隆区纪检监察工作坚持“严”的主基调，推进党风廉政建设和反腐败工作。全区先后召开区十四届纪委五次全会、区政府廉政工作会、“以案四说”警示教育大会等会议；研究制定《关于护航重大项目建设的具体举措》；开展集中约谈1次，约谈乡镇（街道）8个，督办问题4个。抓好中央脱贫攻坚专项巡视“回头看”反馈问题整改，对巡视整改情况开展5轮集中督查，发现共性问题21个，个性问题22个，提出建议11条，通报4次。召开区纪委监委班子中央脱贫专项巡视“回头看”反馈意见整改专题民主生活会，共查找问题10个，制定整改措施26条；明确16项整改任务，全部整改销号，其中长期坚持14项。开展“线索清仓”“案件清结”“伞网清除”等行动，共处置问题线索7件，立案1件，开除党籍1人。全年共接受群众信访举报611件次，处置问题线索373件，共立案54件，给予党纪政务处分64人。全区开展“以案四说”警示教育会489场次，2.5万余人次受教育。

【纪检监察体制改革】 2020年，区纪委监委印发《关于深化重庆市武隆区纪委监委派驻机构改革的实施方案（试行）》，完善派驻机构体制机制，明确职责定位、理顺工作关系，提高派驻监督全覆盖质量。制定《区监委派出监察室运行机制（试行）》，完善工作职责、管理制度、业务制度、保障制度等方面制度20余个。

【制度建设】 2020年，全区印发《党纪政务案件立案和处分有关事项的暂行规定》，规范监督执纪执法工作。制定《武隆区纪委监委问题线索规范化办理考评制度》，对问题线索处置、初步核实、立案审查调查、审查调查安全、移送审理、事实证据、定性处理和管理规范等8个方面的65项要求及规范进行量化考评，提高办理质量。

【从严治党】 2020年，全区加强对执行《党委（党组）落实全面从严治党主体责任规定》及武隆区贯彻落实任务分工方案情况的监督检查。会同区委组织部研究出台《中共重庆市武隆区委落实全面从严治党主体责任清单》等3个责任清单，推动主体责任落实。全年开展党内问责15起，问责党组织1个，问责党员干部48人。

重要会议

【区纪委全体会议】 1月21日，区十四届纪委五次全会举行。出席会议区纪委委员19人，列席121人。全会由中共重庆市武隆区纪委常委会主持；回顾2019年全区纪检监察工作，部署2020年任务，审议通过张小宁代表区纪委常委会所作的《健全监督体系　提高监督质量　为决胜全面建成小康社会决战脱贫攻坚提供坚强保障》的工作报告。

【区纪委常委会会议】 全年共召开区纪委常委会会议42次；主要传达中央、市纪委相关会议、文件精神，研究区纪委贯彻落实措施；听取干部外出学习培训情况汇报、开展疫情防控监督检查工作情况报告、委机关扶贫工作、关于正科级领导干部选拔任用会议推荐人选、委机关2020年党内法规执行工作情况等汇报；审议《中共重庆市武隆区第十四届纪律检查委员会第五次全体会议方案（送审稿）》《中共重庆市武隆区第十四届纪律检查委员会第五次全体会议工作报告（送审稿）》《中国共产党重庆市武隆区第十四届纪律检查委员会第五次全体会议决议（送审稿）》《2020年度区纪委监委理论学习中心组学习计划（送审稿）》《区纪委监委2020年全员培训工作方案》《重庆市武隆区纪委关于开展基层“微腐败”自查自纠的通知（送审稿）》《重庆市武隆区纪委监委2020年度考核方案（送审稿）》《关于加强日常监督的工作指引（送审稿）》《乡镇（街道）纪委（纪工委）、派驻纪检监察组履行监督职责工作清单（试行）》《区纪委监委机关贯彻落实〈巩固深化“不忘初心、牢记使命”主题教育成果〉的实施方案（送审稿）》等议题；研究对区纪委十四届五次全会收集意见建议交办、干部人事、职务职级晋升、区纪委领导班子调整成员分工等事宜。

党风政风监督

【政治监督】 2020年，印发《关于坚决贯彻习近平总书记系列重要指示精神做好新型冠状病毒感染肺炎疫情防控监督工作的紧急通知》，对全区各级各部门落实疫情防控主体责任情况进行监督检查，共发现问题353个，提出整改意见51条。查处疫情防控工作不力、瞒报漏报等问题7个，组织处理15人。制定印发《关于加强政治监督工作的指引》，加强对党章党规和宪法法律执行情况、贯彻落实中央、市委决策部署和区委工作要求情况的监督检查。研究制定《关于护航重大项目建设的具体举措》，开展集中约谈1次，约谈乡镇（街道）8个，督办问题4个。推进扫黑除恶监督执纪问责工作。开展“线索清仓”“案件清结”“伞网清除”等行动，共处置问题线索7件，立案1件，开除党籍1人。

1月21日，中共武隆区纪委十四届五次全会现场　　付琳眉　摄

【日常监督】常态化监督。全年开展集中约谈提醒2批次23人次，个别约谈提醒34人次。开展巡视巡察反馈问题的监督。对市委巡视反馈问题开展集中监督检查，发现6个方面59个问题，形成抄告单交办给责任单位限时整改。对区委第九轮至第十一轮巡察反馈问题整改情况开展日常监督，督促抓好问题整改。加强选人用人的监督检查，共审查25批次352人次，其中7人次被建议暂缓使用。运用“四种形态”批评教育帮助和处理825人次。其中，运用第一种形态批评教育帮助753人次，占总人次的91.3%；运用第二种形态处理50人次，占6%；运用第三种形态处理9人次，占1.1%；运用第四种形态处理13人次，占1.6%。

【作风整治】2020年，全区在重要时间节点发送廉政短信共计2000余条，通报典型案例3批次12人，开展监督检查6次。开展专项督查和整治，会同区财政局等主责部门，对发现的130个问题进行交办督办。持续开展违规公款吃喝、违规收送红包礼金、违规发放津补贴或福利等专项整治，共查处享乐主义、奢靡之风问题17个，处理57人，处分16人。共查处形式主义、官僚主义问题25个，处理41人，处分10人。构建长效机制，抓好《贯彻落实中央八项规定精神30问（第三辑）》的落实，督促主责部门明确纪律“红线”。

纪律检查和案件受理

【反腐败工作】全区开展审查调查安全专题警示教育，召开全区纪检监察系统专题警示教育会3次。编印工作手册，制订《“走读式”谈话操作简易流程图》等。严格执行纪律处分决定，全面开展回访教育。督促相关单位推进“以案促改”，开展专项整治5项，健全完善制度机制17个。

【案件审理】全年区纪委监委共立案54件，给予党纪政务处分64人，其中县处级干部6人。共留置2人，涉嫌犯罪移送检察机关4人。

【专项治理】2020年，全区开展人防系统腐败问题专项治理，查处问题1个，组织处理5人。开展制止餐饮浪费、长江流域重点水域禁捕退捕、农村乱占耕地建房专项整治、冒名顶替上大学问题专项清查等工作的监督。开展党员干部亲属涉权事项公开，清退补助资金4.87万元，组织处理19人。开展漠视侵害群众利益问题、基层“微腐败”等专项治理工作。推进扶贫领域腐败和作风问题专项治理，共查处扶贫领域腐败和作风问题27个涉及76人，处分5人。

【公益林生态效益补偿突出问题专项整治】2020年，区纪委监委与林业部门联合下发《武隆区公益林生态效益补偿突出问题专项整治工作方案》，按照“凤山街道、沧沟乡试点先行+全面铺开整治”的工作思路，重点整治2011年至2018年以来的突出问题，明确26个乡镇（街道）、林业、扶贫等成员单位职能职责，分阶段制定“三步走”整治计划。区纪委监委成立督导检查组3个，采取查阅资料、走访抽查、明察暗访等方式，全覆盖走访乡镇（街道）的重点村社、重点办室集中开展为期8个月的专项督导检查，共走访乡镇（街道）26个次、村社86个次、村民243户次，发现问题线索258个，涉及资金401.99万元，通报批评45人、书面检查8人，批评教育27人、警示约谈3人、提醒谈话16人。

信访举报

【概况】全年区纪委监委共接受群众信访举报611件次，处置问题线索373件。

【信访举报渠道】全年区纪委监委依托武隆电视台、“风正武隆”等媒体平台滚动播放廉政宣传短片，利用干部带案下乡、设点宣传、群众上门等形式开展宣传，发放宣传资料6000余份，让党员群众知晓纪检监察机关的受理范围、职责权限以及举报人的权利和义务。接访有心。按照“分级回复，快速受理”原则，做到简单咨询现场答疑，常规业务属地消化，具体政策部门落实。新冠肺炎疫情发生以后，通过短信提示的方式告知群众暂停来访接待，安排专人负责12388举报电话、网络及来信举报的办理，确保信访举报渠道的畅通。按照市纪委统一部署，委机关15个部室的纪委内网开通使用。检举举报平台中来访接待系统、办理子平台、处置子平台正常运行；12388座席电话按照上级要求一年365天8小时人工接听；27个乡镇（街道）纪（工）委、17个派驻（出）机构检举举报平台（基层版）于10月28日正式上线使用，实现基层纪检监察机构检举举报平台的全覆盖。

4月28日，武隆区纪委到白马镇督查学校疫情防控工作
黄锐　摄

1月16日，武隆区纪委监委开展春节作风建设督查
周令高　摄

【信访专项治理】 全年成立工作专班，开展“重复信访”专项治理，针对中巡组交办的48个重复信访问题进行重新调查，明确包案领导、责任人和完成时限。问题办结后，区纪委常委会召开专题审核会议，做好督办督导。创新采取“四个一”模式，即：1起案件，1名班子成员负责，1个纪检监察室办理，1个责任单位落实，化解中央信访联席办交办3件信访积案。整治“四风”。深入调查群众反映干部存在形式主义、官僚主义等问题8人次，专项整治成效显著，检举控告类信访总量下降18.5%，重复举报率下降22.9%。

【信访督办】 建立快速分办机制。按照《中国共产党纪律检查机关监督执纪工作规则》（以下简称《规则》）要求，采取“三个五日”的分办模式。即：收到管理权限在上级、本级或下级部门的信访件，自收到之日起5个工作日内报送至相关纪检监察机关信访举报部门受理或转办，提高工作效率。严格开展交办督办。全年向基层纪检组织交办检举控告39件，受理、核实、告知实名检举控告35件。按照“红黄蓝”三色对案件进行督办管理，对距办结期限10日内未办结的信访件，显示为蓝色的进行督办提醒；对逾期1个月内未办结的信访件，显示为黄色的进行警告，并督促承办单位整改；对逾期1个月以上未办结的信访件，显示为红色的，由该区纪委监委约谈纪委书记或主要领导重点办理。全年开展督办提醒39次，电话警告17次，约谈纪委书记8人（次），消化信访存量38件，办结本年度信访83件，解决群众问题53个，信访件办结率同比提高11.2%。提高信访件办理质量。严格实行四级审核制，即：做好纪检监察室负责人、信访部门负责人、协管常委、分管领导四级审批，机关各室和派驻（派出）单位办理的信访件还要由区纪委书记亲自审核把关，力求交办件办理事实清楚、证据确凿、定性准确、手续完备、处理恰当、材料齐全，提高办理质量。

【信访业务培训】 2020年，对12388座席电话、《中国共产党纪律检查机关监督执纪工作规则》等业务进行全员培训。加强对基层工作指导，建立区级信访工作举报联系点制度。采取集中培训、以会代训、以案代训、个别辅导等方式，全年指导乡镇（街道）、部门办理信访件50余件次，业务培训100余人。

廉政警示教育

【概况】 2020年，全区加强党纪法规宣传教育，精选扶贫领域典型案例汇编成警示教材，督促全区各级各部门开展“以案四说”警示教育会489场次，2.5万余人次受到教育，全区有4人主动投案，23人主动交代问题。

【工程建设领域廉政座谈会】 3月20日，在区会议中心二会议室召开。会议要求，各单位部门要提高政治站位，夯实国有企业全面从严治党“两个责任”。要立足机制制度创新，着力解决招投标制度形同虚设、自由裁量权过大问题。要发挥监管部门职能，坚持各司其职，依法行政，提升工作效率，对在政府投资项目建设管理中造成严重后果的责任单位和责任人，要予以责任追究。要坚持深入一线，强化源头治理，加强对项目管理和建设单位负责人的廉政教育和职务犯罪的预防教育工作。

【全区纪检监察系统专题警示教育会】 3月26日，区纪委监委组织全区各纪检监察组织及区委巡察办、区法院、区检察院、区国有企业等单位的160余名纪检监察干部，在区委党校多功能厅召开专题警示教育会，安排部署2020年全区纪检监察系统重点工作。会议强调，全区各纪检监察组织要切实提高政治站位，全面转变执纪执法理念，认清审查调查安全形势，严格审批流程，依规依纪依法办案；要加强纪检监察干部纪律作风建设，严守党的政治纪律和政治规矩，争做遵纪守法的带头人、践行者、模范者和守护者，自觉增强抵御各种诱惑的定力，不断强化自我监督，严防“灯下黑”，把“严”的主基调长期坚持下去。

【区政府廉政工作会】 7月7日，区政府党组书记、区长卢红主持召开武隆区政府2020年廉政工作会议，集中学习《中华人民共和国公职人员政务处分法》《党委（党组）落实全面从严治党主体责任规定》等有关法律规定，观看警示教育片《蜕变的初心》《忏悔》，听取有关部门工作情况汇报，研究部署全区政府系统廉政工作。

【“以案四说”警示教育大会】 12月11日，区属国有企业领导人员“以案四说”警示教育大会召开，100余人参会。会议集中观看廉政警示教育片、通报自党的十八大以来区属国有企业干部职工违法违纪问题及处理有关情况、区属国有企业相关负责人运用身边人、身边事进行“以案四说”警示教育。

【组织旁听职务犯罪庭审】 1月，区纪委监委组织30余名基层党员干部赴区法院旁听职务犯罪庭审活动。

巡视巡察

【概况】 全年对29个区管党组织、71个村（社区）开展巡察，发现区管党组织问题253个、村（社区）问题303个，移交问题线索23件32人。十四届区委区管党组织巡察全覆盖率88%，村（社区）巡察全覆盖率91%。全区建立协作配合机制，畅通与组织、宣传、审计等部门的问题移交和信息共享渠道。

【第十一轮巡察启动】 7—9月，十四届区委第十一轮巡察对区委政法委、区委老干局、区委网信办、团区委、区科技局、区文化旅游委、区林业局、区畜牧发展中心、凤山街道、赵家乡等10个党组织开展为期2个月的常规巡察。

【巡察问题督促整改】 2020年，武隆区制定《武隆区被巡察党组织整改成效综合评估细则》，加强对巡察整改进行综合评估。对第四至七轮巡察整改进行监督检查，反馈27个区管党组织问题411个，完成整改393个，整改率95.62%；村（社区）反馈问题281个，完成整改253个，完成整改率90.04%。

（区纪委监委机关）

民主党派 · 工商联

中国民主同盟武隆区总支

【概况】 10月，中国民主同盟重庆市武隆区总支部委员会成立。全年培养积极分子5人，发展盟员10人，盟员共计41人。是年，民盟武隆总支盟员刘华建言献策作为全国政协双周协商会大会发言基础材料，并被民盟中央、重庆市委统战部采用；盟员黄卫获民盟中央“民盟社会服务先进个人”称号；民盟武隆区支部被民盟中央评为民盟思想政治建设和宣传工作先进集体。

2020年，民盟武隆区总支部委员刘华撰写的《区县政协参与基层社会治理机制思考》市政协理论研究一等奖。黄卫获2020年度民盟中央社会服务先进个人。张文建获盟市委会防疫先进个人。

【民盟武隆区总支成立】 10月23日，民盟重庆市武隆区总支部委员会第一次盟员大会、第一届委员会一次会议召开，选举产生新一届民盟武隆区总支部委员会委员、副主任委员、主任委员。民盟重庆市委会主委、市政协副主席吴刚出席大会并授牌授印。

【参政议政】 2020年，民盟武隆区总支在市“两会”上，参加1号提案的办理；在区两会中，提交提案27件，其中集体提案1件，8件被区政协列为重点提案。《关于加大支持全区能繁母猪生产扶持的建议》被列为区九届五次会议大会发言材料。参加政党协商3次，参加区政协常委会4次，参加区政协组织的“不满意提案”协商活动，就《关于规范非民用天然气收费价格和服务的建议》不满意提案面对面协商。参加区暑期谈心会，座谈协商脱贫攻坚、文旅融合发展。参加区政协活动58人次。盟员刘华根据课题改写的社情民意《关于建立解决城市相对贫困长效机制的建议》被民盟中央采用。《武隆融入成渝地区双城经济圈的几项重点工作》《建设渝东南文旅融合示范区的思考》《关于凤来新城建设工作的十点建议》等8篇调研稿件得到区主要领导肯定，并批示到相关部门。《关于凤来新城建设的十点意见》被凤来新城指挥部全部采纳，《关于支持武隆“十四五”重点发展项目的建议》《关于武隆区“十四五”构筑现代基础设施体系的建议意见》报市政协后，相关内容被市政协作为重点内容报市级相关部门。

5月14日，民进武隆区总支部委员会成立大会召开　　付琳眉　摄

【民主监督】 2020年，民盟武隆区总支1名盟员被公安机关聘请为警风警纪监督员，参加公安机关公开监督活动6次、4次暗访监督活动；1名盟员被法院聘请为行风监督员，参加案件审判、执行情况等监督活动6次；1名盟员被区人民政府聘请为监督员，参加依法行政监督活动6次；6名盟员参加市、区政协组织的专题民主监督活动3次；4名盟员17次参与区政协组织的污水偷拍漏排直排监督性协商议政活动。纪检委特约监督员，参与医疗行业作风建设监督检查3次。

【社会服务】 2020年，民盟武隆区总支8名盟员战斗在疫情防控一线，12名盟员疫情防控期间未休假。协调资金5000余万元，调集口罩101万余只、防护服6032件、隔离服2660件、手套108万余副等。聚焦“两不愁三保障一达标”，在22个乡镇帮扶的65户贫困户中，开展“扶贫—扶志—扶智”帮扶行动与壹基金、重庆两江新区慈善组织一起，开展对青吉小学的帮扶。助力土坎中学校更名为重庆武隆育才中学校。盟员黄卫向核桃小学捐赠10万元，组织商会会员向贫困户捐赠定向扶贫资金20万元。

（区委统战部）

中国民主促进会武隆区总支

【概况】 2020年，中国民主促进会重庆市委直属武隆区总支部委员会成立；全年开展各类学习培训10余次；共有总支会员43人，其中学历本科的会员37人。

2020年，副主委湛杨获“民进全国履职能力建设先进个人”称号；会员杨秀琴被民进重庆市委会评为新冠肺炎疫情防控工作先进个人。

【民进武隆区总支成立】 5月14日，民进武隆区总支部委员会成立大会在区政府二楼一会议室召开。市政协副主席、民进重庆市委会主委陈贵云到会祝贺。成立大会前还召开民进武隆区总支部第一次会员大会和一届一次全委会，先后选举王洪斌、冉琼、辛莉、汪燕、柯希权、湛杨等6人为民进武隆区总支部第一届委员会委员，辛莉当选民进武隆区总支部第一届委员会主委。

【参政议政】 2020 年，民进武隆区总支成立参政议政部，提交人大建议、政协提案、社情民意共计 30 余件，立案 28 件，其中 2 篇被区政协选为重点提案督办，3 篇被区政协采用刊发，副主委湛杨撰写的《关于完善城区充电桩建设和管理加快推广使用新能源汽车的建议》在区政协〔2019〕第 16 期《社情民意》采用，副主委冉琼通过走访调查，《关于缓解国平路口至预兆新天地路段交通拥堵的建议》在区政协〔2020〕第 23 期《社情民意》采用。牵头完成市委会调研课题 3 篇并结题，其中《关于加强区县民营企业用地保障的建议》被市委会采用并被市政协刊发；《关于加快武隆区全域智慧旅游建设的建议》获区委统战部课题结题并评选为一等奖；《关于推进武隆智慧旅游发展的思考》被评为优秀。

【社会服务】 2020 年，在赵家乡开展“同心·逐梦”关爱女孩的社会服务活动，“一对一”结对帮扶 29 名女孩，共筹集资金 3 万余元用于帮助赵家乡贫困村民。疫情防控期间，通过各种渠道购买口罩 2000 只、一次性防护手套 1 万副等物资捐赠给部分乡镇和部门。总支部主委辛莉、副主委湛杨带领会员慰问辖区内的防控一线医护人员。会员陈明亿的企业捐助 10 万余元物品直达湖北疫情严重地区。

（区委统战部）

中国农工民主党武隆区支部

【概况】 2020 年，中国农工民主党重庆市武隆区支部委员会共发展党员 8 人，平均年龄 41 岁，主体界别占 100%，本科以上学历占 100%。全区现有农工党员 20 人，平均年龄 44 岁，中高级职称占 50%，本科以上学历占 100%。全年组织党员召开 2020 年基层干部培训，选派 3 名党员参加 2020 年新时代人民政协理论专题研讨班培训，组织党员参观重庆建川博物馆。修订完善基层组织工作制度 6 个。

【参政议政】 2020 年，中国农工民主党提交提案 9 件，其中城市建设方面 4 件、旅游发展方面 1 件、民生领域 4 件。《促进民间资本参与养老服务业发展的探讨》入选区统战理论研究优秀结课课题。

【社会服务】 疫情防控期间，中国农工民主党党员自发捐款 10082 元。联合中国福利基金会捐赠医用口罩 5800 只、医用酒精 5000 毫升。联系乐益社会服务中心为平桥镇、凤来镇、庙垭乡送价值 5.17 万元物资；携手中华儿慈会向凤来镇、大洞河乡、土地乡和庙垭乡送去价值 9.35 万元物资。联系公益组织为凤来镇、接龙乡的 400 名困难母亲和 100 名困难学生送 17.2 万元的生活物资与学习用品；向青吉小学、接龙小学 250 名师生捐赠价值 8.25 万元的高寒羽绒服；向原羊角永隆村、土坎清水村、后坪白石村以及双联村赠送价值 20 万元的儿童服务站设施，并聘请 1 位本土人才为留守儿童辅导学业。联系农工党市委、九龙坡区委的党员医疗专家赴后坪乡卫生院开展义诊、带教查房、送医送药送技等“三送”活动。

（区委统战部）

九三学社武隆区基层委员会

【概况】 2020 年，九三学社重庆市武隆区基层委员会共组织全体社员集中学习 6 次。支持 3 名社员参加市内外培训。全年共发展新社员 9 名，其中副处级 2 人，高级职称 1 人；截至 12 月，共有社员 42 人，平均年龄 46 岁。

2020 年，九三学社武隆基层委员会社员彭顺刚被九三学社中央评为“抗击新冠肺炎疫情湖北抗疫一线优秀社员”，被湖北省委、省政府评为“最美逆行者”，被重庆市委、市政府、湖北省孝感市委市政府评为“抗击新冠肺炎疫情先进个人”。

【参政议政】 全年基层委员会社员围绕民生及重点领域共撰写市人大建议 7 件，区政协提案 12 件，各类市人大建议、区政协提案、建议、社情民意 22 篇。

【社会服务】 2020 年，九三学社重庆市武隆区基层委员会每月派专家到沧沟乡卫生院进行现场指导、坐诊、义诊以及人才培训。与荣昌支社共同做好沧沟板角山羊养殖和乡村旅游工作。开展以“关爱社会，服务大众，不忘初心，继续前行”为主题的活动，围绕民生重点领域开展培训 10 余次，共 1000 余人次。在区委统战部支持下，在沧沟乡青杠村建成九三学社陈列室和专家工作室。与九三学社乐山市委员会签订围绕成渝双城经济圈建设出谋划策战略合作协议。

（区委统战部）

武隆区工商业联合会

【概况】 2020 年，全区共有基层商协会组织 26 个，共计会员 1817 人。会员中担任区工商联（总商会）副主席、副会长职务的 25 名，执委 88 名。会员中全国党代表 1 人，人大代表 17 人，政协委员 22 人。全年召开第十一届八次执委会议；批复同意武隆区青年商会换届；开展“川渝企业武隆行”活动、武隆区企业家论坛活动；12 月 11 日，重庆市工商联认定武隆区凤山商会和青年商会为 2019—2020 年度市级“四好”商会。推荐盛勋机械制造有限公司总经理张信聪、军建物流有限公司董事长傅恩军为重庆市优秀民营企业家候选人；推荐上报重庆罡阳机械制造有限公司为重庆市优秀民营企业候选人。执委企业凡迅佳建筑工程有限公司公司获评重庆市抗击疫情先进民营企业，苗情乡村旅游股份合作社、泰丰畜禽养殖有限公司、渝蔬农业发展有限公司、加人农业发展有限公司、茗臻农业有限公司、仙鸟农业发展有限公司等 6 家企业和凤山、火炉等 2 个商会被评为重庆市“万企帮万村”先进典型单位，凤山商会、青年商会成功创建市级“四好”商会。《重庆日报》等媒体以及《中华工商时

9 月 28 日，武隆区“川渝企业进武隆”座谈会现场　　周令高　摄

报》、《渝商视界》等线上线下多方位采访报道民营企业 10 家以上。全年获评重庆市抗击疫情先进民营企业 1 家、先进商会 2 个，武隆区总商会被市工商联表彰为“‘万企帮万村’精准扶贫行动组织工作先进集体”。

【组织建设】 2020 年，全区共有基层商协会组织 26 个，其中：乡镇基层商会 16 个，行业商会 1 个（不包括建材商会），其他商会 2 个，7 个行业协会。1 月 2 日，重庆市武隆区工商联（总商会）十一届八次执委会议在荣融金科酒店召开。会议审议通过《2019 年执委会工作报告》《2019 年度会费收支情况报告》；表彰先进商会、优秀执委。1 月 15 日，批复同意武隆区青年商会换届，选举黄卫为武隆区青年商会第二届会长。

【“川渝企业武隆行”活动】 9 月 27—29 日，“川渝企业武隆行”活动在武隆区举办，来自川渝地区的 100 余位民营企业家和商协会负责人参会。区委书记黄宗华对武隆发展优势、发展机遇进行推介，与会企业代表则围绕营商环境、产业发展、投资意愿以及融入成渝地区双城经济圈建设交流发言、建言献策。会上，成都市文化旅游产业商会、重庆百事达渝东南汽车销售服务有限公司、重庆音传教育管理有限公司分别与武隆区人民政府签订投资框架协议，签约总投资额达 25.5 亿元。活动由重庆市工商联、四川省工商联指导，武隆区委、区人民政府主办，旨在促进川渝两地企业与商会资源共享、信息互通、优势互补，助推地方经济社会高质量发展。

【经贸服务】 2020 年，区工商联在全区民营经济系统召开各类专题学习会议 60 余场次，开展宣讲活动 30 余场次。组织政策理论和经济形势宣讲 5 场次，研讨会 2 次，印发相关政策宣传册 1000 册；推荐 5 名民营经济人士报名参加清华大学与武隆联合办班学习，举办《中华人民共和国民法典》专题讲座、推荐 20 余家会员企业参加市工商联举办的抗击新型冠状病毒疫情支持民营企业政策解读、年轻一代企业家理想信念教育、大中型民营企业高质量发展研修班等培训。不定时开展“渝商微课——重庆市中小企业线上培训”，受众面 3000 人次。开展招商引资活动，成都武隆商会挂牌成为四川地区招商联络处；全年邀请区外企业家到武隆考察 5 批 200 余人次，外出招商推介 4 批次；组织企业家到山东、四川等地开展经贸考察交流活动 4 批 30 余人次。召开全区在外创业人士座谈会。定期出席渝黔滇川桂毗邻地区工商联（商会）工作协作会，与渝南黔北等 16 个市、区、县外地商会签署协议，缔结友好合作关系。区青年商会在“新经济、新未来”川黔渝青年企业联席会上作交流发言。开展“抓六稳促六保百日大走访”活动，实现“四上”企业走访全覆盖，各街道、乡镇走访全覆盖。全区共走访民营企业和个体工商户 1186 户，基层商协会 19 家，共收集问题 855 件，涉及疫情影响、融资难、用地难、缺技术缺人才、降本增效难、基础设施建设和政务环境等 7 类，对其中的 788 件进行处理，占 92.16%。与检察三分院联合开展“检察官进民企”活动，与区检察院联合举办“服务‘六稳’‘六保’护航民企发展”检察开放日活动，与区司法局、区普法办联合下发《关于开展“法律三进”活动的意见》，为企业提供法律咨询，帮助企业协调办理劳动争议、合同和侵权纠纷 5 件。参与“三方四家”劳动关系协调工作，全年参与协调解决劳资纠纷 20 多起。帮企解困，为企业协调解决工商登记、品牌保护、生产秩序维护、企业发展等方面的具体困难 13 个。

【调查研究】 2020 年，区工商联开展上规模民营企业、商会服务民营经济发展作用研究等专题调研，如实反映企业面临的困难和问题、呼声和诉求以及政策执行的现状和差距，形成理论成果、实践成果和发展成果。

【参政议政】 2020 年，区工商联引导民营经济人士参与全区性大会、暑期谈心会、区委和区政府相关专题会及年度考核测评、工商联界别政协委员活动，为各项工作建言献策。

【光彩工程】 2020 年，区工商联引导民营企业家热心光彩事业，承担社会责任。福康医院、博爱精神病院组织医护人员支援一线开展设点布控，排查过往人员等工作，部分商会组织会员深入社区、村社、居民、农户家宣传疫情防控知识，发放口罩、开展消毒等工作，凤山商会、渝商商会、火炉商会、白马商会、建材协会、成都武隆商会等多家商协会组织及罗素洪、傅恩军等民营经济人士个人捐款捐物 300 多万元；工商联所属执委企业复工复产率 98.7%。截至 12 月底，全区 25 个商（协）会、205 家民营企业参与精准扶贫行动中，与 110 个村签订结对帮扶或共建协议。

（区工商联）

群众团体

武隆区总工会

【概况】 2020年，全区新成立工会组织33个，其中工会联合会9个（包括区人社局工会联合会、区林业局工会联合会、区城管局工会联合会、区文化委工会联合会、区卫健委工会联合会、区国资委工会联合会、喀斯特工会联合会、建投集团工会联合会、工业集团工会联合会），工会委员会24个，新增会员1296人；办理法人资格证书65本。年末，全区基层工会组织693个，其中单独建会585个，联合基层工会108个；会员人数98186人，其中农民工会员72535人。

1月20日，武隆区委书记黄宗华（左四）调研罗旦华劳模创新工作室

区总工会 供图

【基层组织建设】 2020年，全区印发《关于理顺全区工会组织管理体系的意见》；加强规模以上、百人以上、国有企业、企业经营者有政治安排的企业建会工作，完成百人以上、国有企业建会率100%，规模以上、企业经营者有政治安排的企业建会率100%。探索“商会＋工会”组建模式，推动工会组织对商场信息员，保安员、货车司机等灵活就业群体的有效覆盖。落实非公企业新建工会补助启动经费政策。区公安局、工业集团获市模范职工之家，公积金中心获市模范职工小家称号。升级创建人民医院、中医院爱心妈咪小屋，职教中心建成心理辅导室。济南市总工会捐赠40万元建设职工书屋，完成5个职工书屋改造，工业园区职工书屋、仙女山街道职工书屋、和顺镇哈阳民俗职工书屋、庙垭乡农民工书屋、第二实验小学职工书屋于6月全部完工并投入使用。

【工会宣传教育】 2020年，区总工会组织工会干部到园区企业，度假区、乡镇（街道）宣传工会政策，助推企业发展、助力复工复产。组织举办武隆区“建行杯”职工乒乓球比赛，创新引领发展、科学亮点生活“科学听我说”科普演讲比赛，首届“农商行杯”羽毛球比赛，第九届“村镇银行杯”职工羽毛邀请赛。协助举办“放歌新时代”送文化进基层活动2场次。参加“网聚职工正能量 争做中国好网民”主题活动，微视频作品《逆行英雄》获市总工会二等奖、诵读作品《中华的根基》获市总工会三等奖、摄影作品《隆成山河》获中华全国总工会三等奖。开展工会干部培训1次。

【职工技能竞赛】 2020年，全区开展黄莺生态鱼技能竞赛、家政服务技能竞赛、“当好主人翁、建功新时代，共护全民健康”护理知识竞赛、渝黔高铁9标段项目“抗疫情保增长大干100天”劳动竞赛等大型综合技能竞赛6场，赛技能14项，覆盖职工2000余人。组织召开网上劳动和技能竞赛和寻找宣传发布“巴渝工匠年度人物”活动动员会，指导发动区人民医院、喀斯特旅游（集团）公司、大唐重庆武隆水电公司、区供电公司、

8月3日，仙女山街道职工书屋　　周令高 摄

9月23日，中铁七局劳动竞赛“工人先锋队”授旗

区总工会 供图

中铁七局等多家企业单位开展网上劳动和技能竞赛7项，按时推送月度之星、五小活动，42人获技能之星、创新之星、服务之星等荣誉。推荐1人参加市总工会“巴渝工匠年度人物”评选。

【劳模评选及服务】 2020年，区总工会开展全国劳模和先进工作者推荐评选活动。罗旦华获2020年全国先进工作者。开展2020年市五一奖推荐评选活动。重庆武隆区旅游支线机场建设服务中心获重庆市五一劳动奖状，重庆市武隆区疾病预防控制中心检验科科员陈旼媚，武隆区政协办公室社情民意信息中心副主任、青杠村第一书记何军获重庆五一劳动奖章，国家税务总局重庆市武隆区税务局白马税务所、重庆市武隆区职业教育中心旅游教研组获工人先锋号。重庆市武隆区疾病预防控制中心检验科陈旼媚被评为“全国抗击新冠肺炎疫情先进个人”。引导劳模在新冠疫情期间发挥作用，41名省部级以上劳模共捐款21.92万元，58名区级劳模和重庆市五一劳动奖章获得者共计捐款捐物4.57万元。落实2006年7月后评选的省部级以上劳模高定1～2级工资待遇政策，共计为9名在职机关事业单位省部级以上劳模补发6.9万元。指导申建忠、罗旦华2位劳模创建劳模工作室。完成省部级劳模情况调查统计和劳模认定工作，新增核实省部级劳模2人（肖庆彬、游四海）。先后组织2次21人劳模和先进工作者参加劳模疗休养活动。

【民主管理】 全年对各企业工会走访了解，对疫情防控期间区内企业开展集体协商工作进行摸排，督促指导企业签订集体合同。组织人社局、律师、集体协商员化解企业劳资纠纷工作。宣传推广“公开解难题、民主促发展”主题活动，拓宽企业参与劳动关系创建活动覆盖面。开展全区企业协商民主制度建设暨新形势下发挥民主管理积极作用专题调研，走访100人以上企业，召开国有企业、园区企业、非公企业民主管理座谈会6场。推进市级企业民主管理示范点创建工作，组织区内企业召开民主管理工作和职代会培训1次。

【职工权益维护】 2020年，全区开展“服务大局普法行”活动、“普法三进”“遵法守法·携手筑梦”服务农民工公益法律服务行动、“三月法制宣传月”“宪法宣传周”等集中宣传活动。开展“千名律师进企业服务职工在基层”活动，与重庆星空律师事务所3名律师签订合同，完成法律援助案件10件。配合区人社局开展线上线下“春风行动”暨就业援助活动2场次。在山东省济南市总工会职工服务中心设立重庆市武隆区农民工维权站，直接对在山东省济南市的务工人员开展维权、服务等工作。到企业、乡镇（街道）开展新冠肺炎疫情宣传、防范工作20余次。开展“安康杯”竞赛答题活动，参加以“防风险、除隐患、遏事故”为主题的6月“安全生产月”和“安全生产专题行”活动。全程参与安全事故调查处理7起。对困难职工、农民工、退役军人、高校毕业生、下岗工人等30人开展家政、电商等劳动技能培训。开展根治拖欠农民工工资欠薪夏季行动，参与区治欠办对全区所有在建项目合同总价款在200万元以上的280余个工程项目“一金三制”推进情况进行全面检查。开展“夏送清凉”活动，为在高温酷暑下工作1800余人送清凉物资5万元。

【职工帮扶救助】 2020年，全区开展元旦春节送温暖活动，对31户国家级、6户市级建档困难职工进行分档慰问，送慰问金6.62万元；对欣航水资源、乡镇供水、灵峰纸业、绿源物业、玉堂号豆制品、通耀铸锻等6家困难企业378名困难职工送慰问金16万余元；慰问农民工、劳模、非公企业优秀工会干部共45人，送慰问金3.7万余元。筹资27.8万元，集中慰问疫情防控期间坚守一线岗位的医生、警察等一线职工1524余人次，入户慰问赴孝感3名医务人员。开展困难职工解困脱困情况调研、困难职工家庭未就业情况摸底调查。对37户建档困难职工疫情期间特殊困难生活救助3.7万元。对31户全国级建档困难职工发放疫情期间生活补贴3.1万元。支助1名建档职工子女参加“助学成才”活动，支助3270元。向22名因病、因灾造成的临时困难职工家庭救助10万元。完成城市困难职工解困脱困工作成效第三方评估工作。对24名困难互助会会员慰问6万元；开展互助保障健康大讲堂2期；对200余名互助会员开展免费体检。全年共有互助保障入会单位有175个（比上年增加单位16个），入会会员11297人，理赔414人次理赔金75.67万元。

【女职工权益维护】 2020年，全区线上组织75家基层女职工委员会3000余女职工参加《性别平等及女职工权益保护知识竞赛答题》活动。通过讲座、微信群、QQ群开展节妇女权益保护知识宣传。关注特殊时期女职工权益问题，督促用人单位结合实际安排孕期、哺乳期女职工居家远程办公、灵活安排休假及工作时间。宣传落实女职工特殊疾病保险工作。开展对新冠疫情防控一线的女职工慰问工作，组织10名一线抗疫女职工在区人民医院开展免费“两癌”普查。及时处理女职工维权案例1起。六一期间组织各级女工委开展抗疫一线、困难女职工未成年子女、农村留守儿童、贫困儿童关心关爱活动，与区妇联联合开展“小手拉大手·共建绿色家庭”垃圾分类宣传活动。与大唐重庆武隆水电公司联合开展单身青年联谊活动，近100名青年参加。

（区总工会）

共青团武隆区委

【概况】 全区共有团员13790人，团区委下辖基层团组织共676个。下辖团（工）委47个，其中乡镇团委22个、街道团工委4个、行业（系统）团工委7个、区级机关单位团委1个、学校团委11个、公司团委2个；团

（总）支部629个，其中区属机关企事业单位团（总）支部72个，村（社区）团支部214个，中学团支部321个，非公和社会组织团组织22个；专兼职团干部1498人。

2020年，团区委连续三年均获全国、全市“优秀西部计划项目办”；1人获“全国致富带头人”，6人获全国优秀西部志愿者，1人获“重庆市青年岗位能手”，1人获市优秀共青团干部荣誉，1人获全国优秀少先队员；3人获市级十佳（优秀）少先队员、3人获市级优秀少先队辅导员等荣誉；获市级优秀少先队集体2个，获市级优秀组织奖2项；获市级直播带货大赛一等奖、三等奖各1个；推荐参评市级及以上优秀表彰17人次；重要工作、重大活动被市级及以上媒体宣传报道34篇次。

【区青年工作联席会】 2020年，团区委共召开《武隆区贯彻落实〈重庆市中长期青年发展规划（2018—2025年）〉实施方案》实施工作联席会议2次。1月3日，联席会议第一次全体会议召开；传达学习《重庆市中长期青年发展规划（2018—2025年）》实施工作联席会议第一次全体会议精神，研究实施工作，审议《〈实施方案〉工作规则》，会议要求，联席会议全体会议每半年召开一次，根据议题需要，每两个月可召开专题会议，由联席会议办公室根据会议精神对《〈实施方案〉工作规则》修改完善后送签，以联席会议名义印发。12月28日，联席会议第二次全体会议召开；传达学习相关会议精神；研究并原则同意《2020—2021年贯彻落实〈武隆区贯彻落实重庆市中长期青年发展规划（2018—2025年）实施方案〉重点工作（送审稿）》《关于打造一批区青少年教育基地的方案（送审稿）》《关于重庆市武隆区青年人才驿站建设方案（送审稿）》，同意建设武隆区青少年校外教育营地、武隆区青年创新创业基地、大学生三下乡武隆营地和武隆区青年人才驿站。

【共青团阵地建设】 团组织建设。全年举办全区团（队）干部培训班2期，192名团（队）干部参训；开展团干部岗位能力大比武、“背靠背”满意度测评，督促12家直属团组织按时换届；动态完善“智慧团建”系统基础数据，各项指标完成率100%，按时足额全面完成团费收缴。组织全区开展“迎接少代会·争做好队员”主题队日活动。将学校团建、队建纳入学校督导考核占10分。推进学校团队重点项目，打造中学团校示范点4个，落实团课队课进课表、进课堂。全区新发展团员1300名。全年推优入党68人，占全区发展28岁以下党员人数的89.5%。全年推荐参评市级评选表彰62人次。全年依托微信、微博、今日头条号等“网上共青团”平台建设，“武隆共青团”微信公众号粉丝量提升到12万人以上，加强常态青少年思想引领，强化网络化动员组织。规范化建设仙女山群团服务站和后坪文凤村等6家青少年之家阵地，在后坪文凤村支持实施项目3个，依托云平台发布活动186场次。

【“青春志愿行”服务品牌】 2020年，团区委深化“青春志愿行”服务品牌，打造“紫藤花”“研支团”“蓝精灵”“山茶花”等工作品牌，加强青年志愿者人才项目建设和实施。全年推出志愿服务项目6个，吸引1030余名志愿者常态化参与服务。团区委西部计划志愿者人才项目连续3年获评区级优秀人才项目。区项目办连续3年获评全国和重庆市优秀区县项目办。

助力旅游发展志愿服务。开设为期30天的“仙女山度假课堂”，每天免费服务青少年250余名。组织256名志愿者服务马拉松赛、60名志愿者进行旅游人口普查20天。助力脱贫攻坚志愿服务。派遣90人次西部计划志愿者到乡镇（街道）参与脱贫攻坚，组织后坪“山茶花”扶贫驻村工作组面向后坪小学生实施心理健康辅导、“四个一”结对关爱〔“每天一次作业辅导”“每周一次亲情（含心理）关怀”“每月一次作文批阅”“每学期一次集体生日会”〕、共青团周末课堂项目3个，后坪乡“山茶花”到村工作组原组长罗福东被评为重庆市最美扶贫志愿者，并被邀请参加重庆市“脱贫攻坚·青春榜样”故事分享及“我的志愿青春”巡回宣讲，组织29名西部志愿者参加市级直播带货大赛，实现销售单数2081单、销售额42万元。助力疫情防控志愿服务。招募志愿者247人，累计参与疫情防控志愿服务1672人次，在高速路口检测、社区入户、宣传引导、便民服务、援鄂物资转运、援鄂医护家属服务、青少年课业辅导、复工复产等8方面发挥生力军作用，招募40名翻译志愿者协助开展疫情防控志愿服务。对接40余名大学生“三下乡”志愿者开设网课辅导。

11月29日，武隆河小青、洁小青活动现场　　团区委　供图

7 月 28 日，武隆区“青春导航·助力成长”流动课堂公益活动 团区委 供图

9 月 25 日，武隆区服务青年创新创业培训在沧沟乡大田村举行 团区委 供图

开展关心新兴领域青年志愿服务。为茶产业联合团支部捐赠茶具 1000 套。组织 18 名志愿者开展为期 10 天的春运暖冬志愿服务及共青团联系服务青年月活动，组织开展“致敬城市守护者”春节慰问活动。助力河长制志愿服务。新发展“河小青”“洁小青”志愿者 390 余人，开展志愿服务活动 20 余场。支持 10 个乡镇组织 230 余名团员青年参加抗洪抢险。

【“河小青”“洁小青”志愿服务】 11 月 29 日，以“健身＋公益”方式，团区委组织开展“美丽武隆——河小青、洁小青在行动”主题活动，共组织 50 余名青少年参加，志愿者集体徒步乌江武隆城区段信号台至二桥江北沿线，对乌江城区段的垃圾进行分类清理，同时向过往群众宣传水资源保护、垃圾分类等相关知识。推动乡镇（街道）团（工）委发展“河小青”“洁小青”志愿者 400 余人，集中开展“河小青——守卫青山渝水·助力河长制”志愿服务活动 20 余场，通过微信公众号进行展播。

【青少年教育】 2020 年，团区委运用培训班、主题团（队）课、主题活动、专题讲座、“流动课堂”、情景模拟、网络媒体等形式和载体，加强青少年思想政治建设。组织开展为期 5 天“冬日阳光·温暖你我”重庆市贫困儿童“红色之旅”主题冬令营及两期为期七天的“传承红色基因·培育时代新人”青少年军事夏令营，服务青少年 100 余人；开展“红色基因代代传，争做向上好少年”——“欢庆国庆·喜迎中秋”亲子主题教育活动，惠及 110 组家庭；到后坪鱼子小学开展“中华少年·传承国粹”青少年武术公益活动，传承非遗文化，共 120 余名学生参加；开展“情暖童心·流动少年宫”兴趣课程进校园公益活动，服务青少年 230 人；组织开展“心手相牵·共筑成长”关爱青少年公益活动；组织青少年参加“厚植文化自信·争做时代新人”小小志愿者风采大赛，1 名获三等奖，并获优秀组织奖。面向全区机关企事业单位新进青年职工、西部计划志愿者等 300 余人开展区“青春倡廉”培训 1 期，开展西部计划志愿者能力素质提升等培训班 3 期。组织 671 名青少年参加研学实践、军事和国学夏（冬）令营活动。组织 11.53 万人次青少年参与“青年大学习”网上主题微团课学习，组织 72 个团组织开展“高举团旗跟党走·奋斗青春最美丽”“五四精神传承有我”等活动，开展思想政治类活动 60 余场次，官微推送思想政治类微文 630 余篇，组织参与党的十九届五中全会精神学习 4.26 万人次。

【区青少年活动中心】 2020 年，区青少年活动中心全年开设中华武术、中国舞蹈、书法、作文、主持口才、少儿美术、素描、国画、钢琴、幼儿语音、机器人、少儿编程、少儿英语等培训项目 13 个，教学班 94 个，培训学员 1185 人，免费培训援鄂医护人员及贫困家庭子女 78 人。

组织活动中心教师先后走进桐梓小学、后坪中心校、后坪鱼子小学、浩口小学、特殊教育学校等策划开展流动少年宫活动，带去机器人、编程、武术、国画等 7 个特色课程，走进鱼子小学与 108 名青少年开展“中华少年·传承国粹”青少年武术公益活动。开展青少年思想政治、“五小龙”成长营、文艺比赛等活动 26 场次，服务青少年 7300 余人次。后坪乡实施“四个一”结对关爱特困少年儿童、心理健康辅导及“春芽”模拟法庭进校园等公益项目。组织 671 名青少年（含贫困和留守儿童）参加研学实践、军事和国学夏（冬）令营活动。联合区教委、区少工委举办“无惧困难·共同战疫”武隆区青少年书画文大赛，引导青少年用手中的笔来表达对抗疫英雄的敬意，累计收到作品 420 件；组织开展“青少年书·画·影大赛”，收到参赛作品 785 件；组织开展“冬日阳光·温暖你我”新春关爱活动、“我们的节日·传统亲子粽”端午主题活动、“红色基因代代传，争做向上好少年”——“欢庆国庆·喜迎中秋”亲子主题教育活动、“共庆国庆·欢度中秋”争做向上向善好少年红色主题教育暨大手牵小手关爱活动、“心手相牵·共筑成长”关爱青少年公益活动、“情暖童心·流动少年宫”兴趣课程进校园公益活动及“网络安全·全民国防教育”宣传等活动。全年争取项目资金 15 万元打造职工之家；投入 19.8 万余元开展区青少年活动活动中心玻

11月30日，武隆区第二届“春芽”模拟人民调解进校园活动现场　　团区委　供图

璃幕墙安全隐患整治。

【服务青年创业就业】 2020年，团区委向团市委争取开办创业培训班资金6万元，组织110余名青年开展创业培训，开展市青创10万人＋涉农青年创业培训班1期，全市52名青年参训；通过“武隆共青团”微信公众号13万人粉丝量发布就业信息20余条，实施“扬帆计划”、就业定向推荐等，帮助82人实现就业。优化新兴青年群体联系服务机制，定期开展“向城市守护者致敬”、关爱快递小哥等活动。组织我与院士“面对面”公益活动及3期茶文化推广暨茶艺培训公益活动。成立茶产业联合团支部，协调茶叶专家常态化到武指导，引进市人社局公布的唯一一家茶艺培训机构落户武隆。联合区委组织部、区人社局推进青年人才驿站建设。1人获“全国致富带头人”，1人获“重庆市青年岗位能手”。

【青少年权益维护】 2020年，团区委联合区教委、区公安局、区消防救援支队、区少工委开展“青春导航·助力成长”流动课堂公益活动，开展活动为期18天、累计25场次，覆盖全区26个乡镇（街道）2000余名青少年及家长。策划实施“春芽”模拟法庭进校园2期，依托“武隆共青团”微信公众号、仙女山群团服务站、大学生三下乡实践基地、青少年之家等形式开展法治教育。　（团区委）

武隆区妇女联合会

【概况】 2020年，全区已建乡镇（街道）妇联26个，村（社区）妇联215个；区级机关事业单位妇委会（妇女小组）67个，妇工委4个，“四新”领域妇女小组8个。新建国企妇联2个。

全年新建区建设投资（集团）有限公司和区工业发展（集团）有限公司妇联2个；在凤山街道、仙女山街道、羊角街道、平桥镇、赵家乡、沧沟乡、后坪乡建立市级规范化妇女之家4个、儿童之家6个。实施“巴渝基层妇联领头雁培训计划”，分片区集中开展妇联干部培训7场（次）。实施“女性素质提升工程”，线上开设专栏宣传妇女典型事迹，线下开展培训。创评全国抗疫最美家庭1户（肖代花家庭），新冠肺炎疫情防控重庆“最美家庭”4户（谭长华家庭、陈旼媚家庭、李长宏家庭、肖代花家庭），新冠肺炎疫情防控“重庆市巾帼建功标兵”1人（谢俐俐）。

【妇女思想引领】 2020年，全区开展“巾帼大讲堂”“百千万巾帼大宣讲”“思想政治引领第一课”等各类宣传教育活动230余场（次）。召开村（社区）妇联干部QQ、微信工作会议7场次，通过“武隆姐妹”微信公众号推送信息205条。举办第110个“三八”国际劳动妇女节纪念大会，表彰重庆最美家庭、重庆市巾帼建功标兵等各类先进代表89人；举办“立足岗位·争做巴渝最美巾帼奋斗者”主题宣传活动。

【脱贫攻坚巴渝巾帼行动】 2020年，全区开展“脱贫政策大宣讲”宣教活动。联合济南市妇联举办东西部扶贫协作家政培训活动；联合庙垭乡举办“文蔚结绳”手工扶贫技能培训，联合平桥镇开展“巴渝巧姐·菜乡结绳”手工编织培训，让近300名贫困和留守妇女实现就地、就近就业。配合市妇联开展“巾帼脱贫技能农村电商培训”。举办武隆区2020年家政服务员、茶艺师培训，为400余名妇女群众提供指导教学。实施“贫困母亲两癌救助”项目，争取全国妇联“两癌”专项救助金20万元救助20人。创建重庆市“巾帼脱贫示范基地”2个（武隆区后坪乡白石村山嫂子巾帼扶贫工坊、君景中蜂养殖场中岭村扶贫工

8月7日，武隆区博象美术馆·市级示范儿童之家正式开园　　区妇联　供图

7月9日，“武隆区美丽家园巴渝巾帼行动暨村庄清洁行动攻坚战”启动仪式在凤山街道黄渡村举行　　区妇联　供图

8月11日，重庆市武隆区“城市品质提升巴渝巾帼行动”暨“绿色生活美万家”花艺沙龙培训活动举办　　区妇联　供图

坊）、重庆市最美“巾帼脱贫户”3个（后坪乡白石村张树学、凤山街道出水村田景美、沧沟乡青杠村冉义群）。

【乡村振兴巴渝巾帼行动】 2020年，全区举办“乡村振兴·巴渝巾帼行动”农村留守妇女杨梅采摘、烤烟等“双学双比”活动，挖掘后坪乡留守妇女互助组“‘九个山嫂’要出山”典型报道，引领广大妇女群众通过“比学赶超帮”，主动投身乡村振兴。联合区农业农村委启动“美丽家园巴渝巾帼行动暨村庄清洁行动攻坚战”，在全区26个“精品类”“示范类”美丽宜居村庄中创评“最清洁庭院”1560个，“最美庭院”100个，分片区开展农村人居环境整治讲座及现场观摩活动7场（次），实现全区各乡镇（街道）、村（社区）全覆盖。发动妇女干部、巾帼志愿者参与“巾帼护河　共建生态家园”“绿色生活美万家　战役植绿同步行”“垃圾分类”等主题志愿服务活动200余场（次）。

【城市品质提升巴渝巾帼行动】 2020年，全区获评全国文明家庭1户，全国“最美家庭”1户，重庆“最美家庭”2户，评选2020年武隆“最美家庭”96户，“平安家庭”示范户17户、示范村（社区）4个。开展“绿色生活美万家”系列活动，举办茶艺培训活动3期，花艺活动2期，创评市级“最美庭院”5个，“最美阳台”4个。在旅游景区开展“争做‘光盘行动’践行者”主题活动3场。参加市妇联家庭阅读展示和诵读大赛，获二等奖，获评重庆“最美书香家庭”2户。实施《重庆市家庭教育促进条例》，联合开展重庆市家庭教育日宣传活动10场（次），讲座20场（次）。联合区纪委（监委）、区委直属机关工委在全区党员干部家庭中开展“清风常伴·廉洁齐家”家庭助廉立德活动。

【创业创新巴渝巾帼行动】 2020年，全区组织妇女群众参与2020年“春风行动”现场招聘会。开展岗位练兵、技能比武活动，创评市级巾帼文明岗2个、巾帼建功标兵1个。争取市级资金扶持女性中小微企业，培育重庆市金誉生态农业发展有限公司、武隆县富业蔬菜种植专业合作社、重庆市武隆区樊霞大闸蟹养殖家庭农场3个巴渝巾帼产业示范基地项目，服务带动周边100余名妇女群众增收致富。

【妇女儿童权益维护】 2020年，全区推动妇女儿童发展纲要（规划）指标实施，开展“建设法治中国·巾帼在行动”主题活动60余场（次），开展“守护花季　相伴成长”儿童防性侵教育活动26场（次）。推进“平安家庭”建设，摸排“六类”问题家庭673户。接待调处妇女儿童家庭纠纷20余起。召开反家庭暴力专项协商会议，联合区委政法委、区法院等12个部门共同出台《重庆市武隆区反家庭暴力工作联动机制实施细则》，明确相关部门职能职责和联合联动机制。下发《预防性侵未成年人、保护未成年人人身权益联动工作机制》。开展“关爱一名母亲·幸福一个家庭”乡村游活动。

【妇女儿童关心关爱】 全年组织各级妇联利用元旦、春节等节日，对武隆区未脱贫的44名妇女开展巾帼暖心慰问活动。做实“1+1+N”困境儿童关爱帮扶项目和留守儿童关爱工作，开展爱心妈妈“六个一”关爱活动，发放“快乐健康包”400份、“暖心冬衣”138件。在全区各中小学和乡镇（街道）、村（社区）开展“暑期安全（防溺水、防性侵、禁毒、消防）教育活动”267场（次）。

【首个国有企业妇女联合会成立】 5月22日，区建设投资（集团）公司第一次妇女代表大会召开，标志首个国有企业妇女联合会正式成立。区建设投资（集团）公司各部门的39名妇女职工代表参加会议。会议审议通过《重庆市武隆区建设投资（集团）有限公司第一次妇女代表大会选举办法（草案）》，汇报建设投资（集团）公司第一次妇女代表大会筹备相关工作，公布第一次妇女代表大会选举办法，通过差额选举，产生区建设投资（集团）公司妇女联合会第一届执行委员会委员共7人，其中主席、副主席各1人。　（区妇联）

武隆区科学技术协会

【概况】 2020年，武隆区公民具备科学素质比例8.9%，高出渝东南武陵山区城镇群1.5%，为渝东南武陵山区城镇群第一，比上年高出1%。评选优秀科技工作者35人；成立武隆区老科技工作者协会；命名科普示范基地10个；承办第三届渝东南农技协转型升级与乡村振兴研讨会、2020年科普大篷车渝州行武隆区活动；组织参加第35届重庆市青少年科技创新大赛，获市级二等奖2项、三等奖9项；开展第四届武隆区青少年科技创新区长奖表彰。

2020年，武隆区科协获市科协工作考核特等奖、重庆市全国科普日活动优秀组织单位；论文《提升武隆区公民科学素质的路径研究》，在第五届科协改革研讨会征文活动中被评为优秀论文。

5月22日，武隆科技馆开工仪式　　区科协　供图

【基层科学组织建设】11月，成立武隆区老科技工作者协会。全年命名科普示范基地10个；承办第三届渝东南农技协转型升级与乡村振兴研讨会，渝东南武陵山城镇群6个区县科协、农技协联合会代表60余人参加，并邀请中国农技协联合会监事长授课；实施"基层科普行动计划"，获市级奖补项目2个资金15万元，区级项目6个24万元；组织区农技协联合会、白云乡李子种植大户到巫山县学习李子栽培管理技术等。

【科技人才】2020年，全区评选优秀科技工作者35人，涵盖理工农医领域；区四大家分管领导走访慰问部分优秀科技工作者；召开全区优秀科技工作者座谈会，区融媒体中心宣传报道部分优秀典型；协助区委人才办做好到武隆院士后勤服务等工作。长坝镇卫生院院长、平桥中学校长获重庆市基层科协"三长"（卫生院院长、学校校长、农技站站长）典型，12名医师、农艺师、教师典型案例被市科协网采用，组织2名"三长"参加市科协党校科技工作者研修班，1名"三长"参加中国科协科技人才红旗渠研修班。

【青少年科技教育】2020年，全区组织参加第35届重庆市青少年科技创新大赛，获市级二等奖2项、三等奖9项，科技辅导老师一等奖1项、二等奖1项、三等奖2项。组织市科技融合教育学会开展人工智能科普知识培训，区实验小学近600名学生参加；申报全市"创意科学拓展计划"科学实验资源包捐赠活动，20所中小学校免费接收资源包；组织平桥中学11名师生参加2020年青少年云上科学营活动；建成3所校园科技馆；开展第四届武隆区青少年科技创新区长奖表彰，5名青少年获区长奖，4名青少年获区长奖提名奖。

【科普宣传】2020年，全区承办2020年科普大篷车渝州行武隆区活动，重庆科技馆等13辆科普大篷车，到全区10所学校开展科普活动，受益学生近1万人；印制居民用电、反邪教等知识科普年画6万张；26台科普文化云终端和163个科普网络书屋正常运行；3所社区科普大学教学点有序开展活动，鸭江社区被评为市级示范教学点；组建新时代文明实践讲科技志愿服务队50人，开展"千会千人进千户"、新时代文明实践讲科技志愿服务和复工复产活动；做好"全国科普日"活动和反邪教宣传教育工作，获重庆市全国科普日活动优秀组织单位和重庆市反邪教信息工作优秀组织单位。

【科普创新】2020年，全区建成市科协云视频会议系统；邀请市、区级专家对"四史"和《重庆市科学技术普及条例》进行专题解读；接受区人大《重庆市科学技术普及条例》执行情况监督检查；配合开展公民科学素质年度调查，全区公民科学素质比例8.9%，稳居渝东南武陵山区城镇群第一位；举办全区"科学听我说"科普演讲比赛，遴选4名选手参加第三届重庆市公民科学素质大赛第三赛区现场复赛，获一等奖，并成功晋级第三届重庆市公民科学素质大赛总决赛，获全市三等奖。

【入选重庆市科普基地1个】8月20日，武隆区应急救护培训科普基地入选2019年度重庆市科普基地名单。该基地系中国红十字会彩票公益金"十三五"规划生命健康安全教育项目成果，位于区实验小学凤溪校区综合楼，面积218平方米，包含红十字运动、应急救护、地震安全、消防安全、交通安全、厨房安全等模块。基地以"学校+社区"健康教育单元，通过各种情景式体验、高科技模拟、游戏式互动以及标准化教学等方式普及应急救护知识和技能。该基地自2019年开放以来，累计开展各类科普活动7场次，受众超过1000余人次。

【武隆科技馆开工仪式】5月22日，武隆科技馆开工仪式在仙女山举行；项目占地2.53万平方米，总建筑面积7000多平方米，总投资3000万元；主体工程由1栋2层16米高的科技馆和1栋1层的科学营组成，其中科技馆造型为鹰型。

【科技创新区长奖评选】8月6日，《重庆市武隆区人民政府办公室关于印发科技创新区长奖评选办法的通知》出台；9月1日，区科协、区教委下发《关于开展第四届武隆区青少年科技创新区长荐评选工作的通知》，启动区长奖推荐评选工作。12月24日，区人民政府授予冯子芸、应双阳、彭小钰、郭博宏、雷坤哲等5名同学“第四届武隆区青少年科技创新区长奖”，授予方盈盈、项诗砚、廖晨荀、黄子鸳等4名同学“第四届武隆区青少年科技创新区长奖提名奖”。12月25日，第四届武隆区青少年科技创新区长奖表彰大会在区委会议中心一会议室召开。

【第三届渝东南农技协转型升级与乡村振兴研讨会】11月4日，第三届渝东南农技协转型升级与乡村振兴研讨会在武隆区荣融金科大酒店召开，中国农技协监事长张晓平以《提高农技协组织能力，提升农技协服务能力》为题发言。大会讨论选举出第四届渝东南农技协转型升级暨乡村振兴研讨会的主办单位，石柱县将主办第四届探讨会。

【2020年科普大篷车渝州行武隆区活动】11月5—6日，由市科协主办，区科协、区教委承办的2020年科普大篷车渝州行武隆区活动在白马中学、江口中学、火炉中学、鸭江中学、长坝中学、白马小学、江口小学、平桥小学、火炉小学、长坝小学开展，市科协、重庆科技馆、重庆动物园、南山植物园、江津科协、大足科协、合川科协、璧山科协、彭水科协、綦江科协、渝北科协、荣昌科协、巴南科协、武隆科协、武隆教委等单位科普大篷车参与活动。

【武隆区老科技工作者协会成立】10月21日，武隆区老科技工作者协会获区民政局登记批复；11月2日，区民政局颁发社会团体法人登记证书，法人为任昌才；11月17日，获得人民银行开户许可；11月25日，在建设银行武隆支行开设正式帐户。

（区科协）

武隆区归侨侨眷联合会

【概况】截至12月底，全区在外华人华侨92人，侨属313人，留学人员52人。有侨资企业1个（嘉明农场有限公司）。其他归国留学人员均在外地工作。是年，完善区侨联机构设置，筹备区侨联换届工作。

【联络联谊】1月1—3日，巴拿马华助中心侨领陈智兴携家人一行7人到武隆参访。1月16—17日，德国欧博国际有限公司总经理张天乐、重庆对外贸易进口有限公司总经理喻霄一行到武隆开展侨商招商项目考察。10月19—20日，区侨联分别在凤山街道、白马镇开展纪念《中华人民共和国归侨侨眷权益保护法》颁布30周年宣传活动。向嘉民农场、重庆芯宝微电子等侨资企业捐助复工复产物资共计4万元。开展侨情普查，摸清侨属、海外华人华侨等底数；开展纪念《中华人民共和国归侨侨眷权益保护法》颁布30周年宣传活动，新冠疫情防控期间慰问侨属代表20人。

【侨爱心工程】9月18日，中国侨联秘书长陈迈、重庆市侨联副主席陈瑛一行到武隆调研“珍珠班”办班情况；2016年以来，武隆中学“珍珠班”连续招生五届共190名学生（2020年招生30名），新华爱心基金会联系社会各界提供助学金90万元。

（区委统战部）

武隆区社会科学界联合会

【概况】2020年，区社科联研究出台《武隆区社会科学普及及基地建设与管理办法（试行）》，挂牌命名区爱国主义教育基地、印象武隆剧场等10个社科普及基地；参与组织“中国·重庆·武隆绿色发展国际论坛”活动；指导完成重点课题的调查研究，撰写调研报告和理论文章100余篇；全年出版《武隆时政》12期、编印《2019年度武隆区党政领导干部优秀理论文集》等；开展基层微宣讲活动2288场次，创作群众喜欢、利于传播的诗歌、音乐、快板等各类作品220余篇（首）。

【社科团队建设】2020年，区社科联研究出台《武隆区社会科学普及及基地建设与管理办法（试行）》，对区爱国主义教育基地、印象武隆剧场等10个社科普及基地挂牌命名。各社科社团和社科普及基地全年共接待群众18万余人次。5月，先后对所有社科社团、社科普及基地进行走访，走访期间就社团的组织建设、学术研讨等内容进行交流。

【社科学术研究】2020年，全区组织、协调全区社会科学工作者开展调查研究工作，指导完成重点课题的调查研究，撰写调研报告和理论文章100余篇。区委宣传部和区社科联组织相关专家评选，筛选50篇文章，编印成《2019年度武隆区党政领导干部优秀理论文集》等。组织申报市社科联“两基”专项。2019年区社科联推荐上报的《武隆区康养产业发展研究》项目获重庆市社会科学规划“两基”专项立项。组织申报2020年度市社科联调研项目。推荐3篇优秀调研报告参评，其中《主动融入成渝双城经济圈建设加快打造武陵山区全国文旅融合示范区》通过立项审批。

【社科普及活动】2020年，指导各社科普及基地开展工作，采取“横向+纵向”“线上+线下”的模式，以科普展板、科普讲坛、发放科普小手册等形式开展社科知识活动，发放防灾减灾、反邪教、青少年溺水防护等读本，印制居民用电、用气等科普年画6万余张。利用新时代文明实践站以“十讲十让”模式组织全区干部通过“走田坎”“进院坝”等方式开展“一对一”宣讲，受众20万余人次。开展“共话全面小康　感恩伟大时代　迈上新的征程”习近平新时代中国特色社会主义思想微宣讲等基层微宣讲活动2288场次，创作群众喜欢、利于传播的诗歌、音乐、快板等各类作品220余篇（首）。

（区社科联）

1 月 19 日，武隆区文联在区人民广场开展送春联活动　　代君君　摄

武隆区文学艺术界联合会

【概况】 2020 年，区文联以“满足人民群众高品质生活”为出发点和落脚点，以“出作品出人才、出影响出形象”为目标，做好“培优育强”工作，提升全区文艺工作者“脚力、眼力、脑力、笔力”，引导广大文艺工作者多出文艺精品力作，推动文艺工作更好向前发展。全年，区文联筹划开展“脱贫攻坚”系列文艺活动，编办地方文艺刊物、挖掘武隆地方文化资源，编写地方文化书籍，组织各文艺家积极创作。

【协会建设】 区文联辖协会 10 个，分别是武隆区作家协会、音乐家协会、书法家协会、美术家协会、舞蹈家协会、摄影家协会、根艺奇石协会、花卉盆景协会、演讲家协会、曲艺术家协会。是年，共有会员 674 人，其中市级会员 79 人，国家级会员 11 人；年内吴沛成为中国作家协会会员，周倩兰成为中国书法协会会员。

【编辑文艺书籍】 9 月，作协会员李永忠出版个人诗集《云水削月》。年内区文联整理编辑完成《白马山采风作品集》《犀牛寨采风作品集》《大田采风作品集》《谭家村作品集》《锅圈岩文学作品集》样书。

【文艺人才培训】 全年举办摄影讲座 2 次，文学创作 2 次，书法讲座 2 次，美术创作 2 次，音乐创作 2 次，演讲技能培训 2 次，参训人员达 500 人次。各文艺会员参加周边区县文化交流培训 100 余人次。　（区文联）

武隆区残疾人联合会

【概况】 2020 年，全区共有持证残疾人 13570 人，建档立卡残疾人 2539 户、2773 人。开展第三十次全国助残日捐赠、重庆市残疾人艺术巡演等活动；信访案件办结率 100%。

2016—2020 年，区残联对 1149 户农村贫困残疾人家庭危房改造，落实改造资金 1200 万元；为 1200 户残疾人家庭实施家庭无障碍改造 600 万元；在全区创建残疾人文体示范点 19 个，涉及 2 个街道、9 个乡镇。但还存在基层为残疾人服务的能力薄弱，专业服务人才匮乏等问题。

【助残扶残】 2020 年，全区残联出台《后坪乡贫困残疾人脱贫攻坚实施方案》，争取帮扶资金 100 万元；开展“一户多残”项目检查，针对“一户两残”128 户，“一户三残”9 户，逐户走访查看项目实施落地情况。投入资金 20 万元完成农村贫困残疾人危房改造 20 户。投入资金 4.4 万元实施农村贫困残疾人实用技术培训 220 人。争取对口捐赠资金及物资 50 万元，用于 177 名贫困残疾人实施产业、物资等帮扶。为 284 户建档立卡贫困重度残疾人家庭进行无障碍改造，投入资金 85.2 万元。配合民政部门开展“残疾人两项补贴”的审核工作，全年合计发放 6.43 万人次、金额 584.72 万元；救助符合条件的残疾人大学生 18 人、金额 5.6 万元，帮扶种养植大户 3 户、金额 11 万元。8 月 12 日，区残联组织专业人员为全区 12 名建档立卡贫困残疾人免费适配假肢。

5 月 18 日，武隆区第三十次全国助残日捐赠活动举行　　陈娜霖　摄

【残疾人就业】 2020年，区残联联合区人社局、区就业局等单位，组织有就业意向的残疾人，参加全区举办的2020年春季招聘会，帮助3名登记失业残疾人员实现就业。依托东西部扶贫协作生产车间，为残疾人提供就业岗位。在疫情防控期间对复工复产困难的80余名残疾人及19家盲人按摩店进行走访慰问，并送上现金、消毒液和口罩等物。宣传残疾人就业政策，鼓励企事业单位按一定比例聘用残疾人，安排专职人员对残保金征收进行宣传、指导、审核等工作。对符合“阳光家园”居家托养条件的建档立卡残疾人实施居家托养全覆盖。

【残疾人教育】 2020年，区残联对区特殊教育学校109名残疾学生以发放物资的方式进行走访慰问，折合资金5.45万元；联合区检察院在区特殊教育学校开展“沙姐普法”活动。开展各类培训。依托乡镇（街道）对残疾人培训需求摸底，联合就业局等对有培训需求且在就业年龄段的残疾人进行培训，共有13名建档立卡残疾人参加雨露技工转移就业扶贫培训。开展残疾大学生救助，对贫困残疾学生家庭进行帮扶。开展适龄残疾儿童统计工作。

【残疾人康复服务】 2020年，全区出台精神病残疾人救助方案，对有服药需求的困难精神残疾人做到“应补尽补”，共实施贫困精神残疾人服药救助180人。开展0～6岁残疾儿童康复救助工作，帮助28名残疾儿童做好康复救助项目申报，救助资金总额56万余元。为350余名重度贫困残疾人适配假肢、发放轮椅、拐杖等辅助器具，贫困残疾人康复服务率达95%以上。配合区卫健委做好残疾人家庭医生签约工作，实现建档立卡贫困残疾人家庭医生签约全覆盖。

【残疾人文体活动】 5月18日，由区残疾人联合会主办，区芙蓉街道办事处承办的第三十次全国助残日捐赠活动在区芙蓉街道办事处举行，为70名残疾人捐赠轮椅、腋杖、单拐等残疾人辅助器具，筹集爱心资金5000余元。11月4日下午，由市残联主办，市残联信息中心、区残联共同承办的“决胜小康·奋斗有我”重庆市残疾人艺术巡演在区特殊教育学校举行；后在区世纪广场、羊角街道、白马镇、白云乡等地演出。全区围绕助残日主题“助残脱贫，决胜小康”分别在相关乡镇、街道开展活动，现场进行法规及政策宣传解答，送康复器材100余件，发放宣传资料600余份；宣传报道残疾人先进典型，组织社会各界共同开展助残活动。开展“爱耳日”线上宣传活动，宣传爱耳保健知识及残疾预防相关知识。

【残疾人权益保护】 2020年，全区成立武隆区残疾人法律救助工作协调领导小组，建立区残疾人法律援助工作站，组建以律师、法律工作者为主的志愿者队伍，形成横向到边、纵向到底的工作格局。做好残疾人信访工作，信访案件办结率100%。（区残联）

武隆区红十字会

【概况】 2020年，区红十字会开展宣传动员工作，广泛募集救助资金，持续开展扶贫帮困和助学活动，发挥红十字会在党委政府人道领域的助手作用。全年开展“应急救护走进度假区”“应急救护走进敬老院”“专题应急救护暑期班”等活动，举办培训60余场5000余人次；建立全区第1个红十字救护站；新增遗体和人体器官捐献登记志愿者55人，累计252人，实施捐献3例。

3月15日，武隆区市民参与无偿献血活动　　区红十字会　供图

3月15日，武隆区红十字会志愿者开展应急救护技能普及培训　　区红十字会　供图

【抗疫物资捐赠接收】 2020年，区红十字会承担全区新冠肺炎疫情防控捐款捐物的具体工作，并于1月31日成立新冠肺炎疫情防控工作小组，制定《重庆市武隆区红十字会新冠肺炎疫情防控接受捐赠款物管理办法》，并对捐赠款物的收支情况建立台账对外进行公示31期，并接受区审计局和第三方审计；1月至8月，红十字会接受新冠肺炎疫情防控捐赠款物价值696.39万元，其中接受捐赠资金558.68万元，接受捐赠物资137.71万元。

【志愿服务】 2020年，全区新增志愿者50余人，组织红十字志愿者参与义诊、医疗救护培训、健康知识讲座、艾滋病防治宣传、助学助困等活动80余场次。

【应急救护培训】 2020年，区红十字会以生命健康安全教育项目建设为载体，到仙女山度假区、双河镇、白马中学、职教中心、喀斯特公司等村社区、学校、企业开展“应急救护走进度假区”“应急救护走进敬老院”“专题应急救护暑期班”等活动。全年举办培训60余场，培训5000余人次，培训救护员64人，新增救护师资2人。在重庆武隆喀斯特旅游集团公司仙女山接待中心投入20万元建立全区第1个红十字救护站。

【红十字青少年活动】 2020年，区红十字会联系涪陵血站对20名贫困学生救助3.7万元，在武隆中学、职教中心开展困难学生救助，争取市红基会“守陪计划”项目对失独老人开展慰问。

【生命工程】 2020年，全区参与无偿献血2650人次，献血量73.46万毫升。采集造血干细胞76份，累计938份。新增遗体和人体器官捐献登记志愿者55人，累计252人，实施捐献3例，累计实施11例。 （区红十字会）

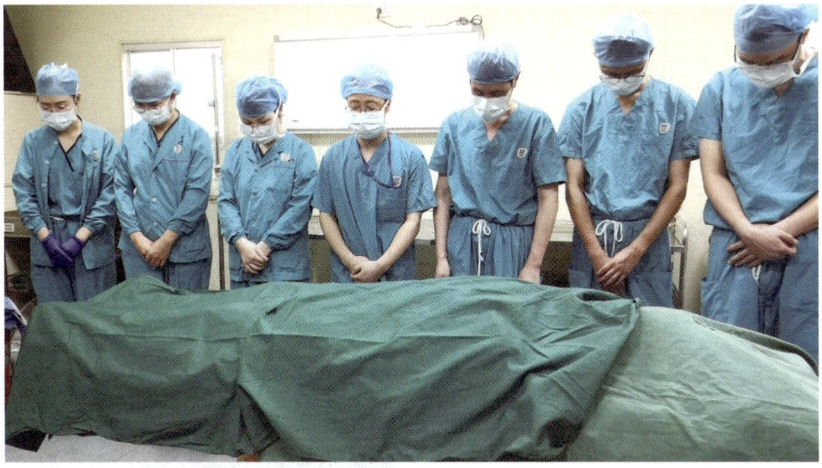

5月1日，武隆区羊角镇村民彭仕全（46岁）于浙江温州务工期间因意外去世，在温州医科大学附属第一医院捐赠器官（双肝、双肾及双眼视网膜）移植手术成功，图为医生向彭仕全遗体默哀致敬
区融媒体中心 供图

武隆区计划生育协会

【概况】 2020年，经区委、区政府批准，将区计生协正式纳入区委群团管理，于6月召开第一次会员代表大会，选举产生第一届理事会、常务理事会和会长。

2020年，区计生协会围绕市计生协“123”重点工作（健全1个服务阵地——基层计生协“会员之家”，打造2个服务品牌——计生特殊家庭暖心行动和家庭健康促进行动，建好3支队伍——会员队伍、专家队伍和志愿者队伍）和全区卫生健康中心工作，推动宣传教育、生殖健康咨询、优生优育指导、计划生育家庭帮扶、权益维护和流动人口服务等重点工作完成。但还存在计生协队伍建设有待进一步加强、计生协事业经费投入严重不足（宣传教育、节日慰问及青春期健康教育等经费未列入财政预算）、基础工作较为薄弱，计生协工作处于起步阶段等问题。

【计生特殊家庭暖心行动】 2020年，全区新增计生特殊家庭24人，全区共有计生特殊家庭342户、498人，分布在25个乡镇（街道），人数最多的为鸭江镇（54人）。其中，独生子女死亡家庭230户、314人（占63%），独生子女残疾家庭112户、177人（占37%）；建卡贫困户79人。聚焦计生特殊家庭，启动实施“暖心行动”。实现“3+X”联系人制度全覆盖，印发《规范和完善计划生育特殊家庭联系人制度》，对全区342户计划生育特殊家庭，建立完善扶助信息“一户一档”，安排“3+X”结对联系人（即每户1名乡镇干部、1名村居干部、1名医务人员及1名法律工作者等特约联系人）共956人，发放亲情连心卡、关怀明白卡并上墙，结对联系人每两月通过实地走访或电话联系，及时掌握家庭动态，帮助解决生产生活困难约300件。组织各乡镇（街道）开展计生特殊家庭春节走访慰问活动，发放慰问金18.79万元（含物资折款2.64万元）。实现“就医绿色通道”全覆盖，乡镇以上公立医院在挂号、缴费、诊疗等环节设置醒目的“计生特殊家庭优先”标识，全年累计为近500人次提供优先挂号、交费、诊疗等便捷服务。实现家庭医生签约全覆盖，整合家庭医生签约服务资源，组建签约服务团队，全区将计生特殊家庭和建卡贫困户优先纳入签约服务对象，签约服务率达100%。启动实施计生特殊家庭第二周期住院护理保险项目，落实保费20.1万元，分两批次为498名计生特殊家庭对象购买住院护理保险，办结理赔案70件，理赔到位9.53万元，毛赔付率47.4%。此外，争取到市红十字会10万余元的慰问物资。

【家庭健康促进行动】 2020年，武隆区开展以生殖健康、优生优育为主的家庭健康主题推进活动3期，受众约2000人次。实施救助先天性唇腭裂儿童三年行动计划，筛查登记先天性唇腭裂患者27人，主动放弃救助15人，动员参与术前检查12人，实施救助手术3人，兑现检查补贴3600元，联合学校开展青春期健康教育讲座4期，受众约200人次。邀请市计划生育科研院专家到武隆区开展病残儿童鉴定服务活动1次。

【计生宣传教育】 2020年，武隆区利用“5·29”计生协会员活动日、“7·11”世界人口日、“9·26”世界避孕日等节日、纪念日，开展宣传服务活动；组织发动干部群众收看“舌尖健康·美丽庭院”“健康中国·家庭健康”等主题推进活动、“关爱女性健康·预防宫颈癌”“男性健康日”“携手防艾抗艾·共担健康责任”等直播活动。全年印发宣传画、宣传折页、宣传资料等约5万份，区乡两级开展集中宣传30余场次。加强住院护理保险政策宣传，修改印发《关怀明白卡》1000份，群发宣传短信2306条次。

6月18日，武隆区计生协第一次会员代表大会召开　　周令高　摄

【区计生协会第一次会员代表大会】 6月18日，武隆区计划生育协会第一次会员代表大会召开。市人大常委会副主任、市计生协会会长沈金强出席会议并讲话。会议深入学习贯彻党的十九届四中全会精神及习近平总书记、李克强总理关于新时期计生协会工作的重要指示批示精神，安排部署今后五年全区计生协会工作；选举产生区计生协会第一届理事会、常务理事会、会长，由曾凡凌任会长。

（区计生协会）

法 治

政法委及综治

【概况】 2020年，全区政法委系统推进防范化解重大风险攻坚战和市域社会治理现代化试点，统筹抓好疫情排查防控和维护社会平安稳定各项工作，全区政治社会大局持续平安稳定。全年召开区委政法委员会全体会议7次，政法工作专题会4次。全年政法系统共获区级及以上集体表彰12项、个人表彰23人；开展市域社会治理市级试点，创建全国民主法治示范村3个，市级民主法治示范村（社区）50个。

【重要会议】 4月7日，2020年区委政法委工作暨市域社会治理现代化试点工作会召开。会议学习贯彻中共十九大、十九届二中、三中、四中全会等会议精神，安排部署全区政法工作和市域社会治理现代化试点工作。表彰2015—2019年度平安建设暨社会治安综合治理先进集体和先进个人。

【扫黑除恶专项斗争】 2020年，全区共判决黑恶个案人员26人，共立涉黑涉恶类（九加四类）案件51件，破35件，抓获犯罪嫌疑人150余人。制定下发《全国扫黑办特派督导武隆反馈问题整改落实方案》，梳理11个问题和5条建议，明确40条整改措施，完善以区委书记、区长任双组长的整改工作领导小组，抓好问题整改。制定下发《武隆区十大重点行业领域专项整治"1+10"工作方案》，在全市率先谋划开展十大行业领域专项整治。组建4个督导组，先后6次对重点成员单位、乡镇（街道）开展督导检查。2020年第三季度，扫黑除恶专项斗争综合排名由2019年年底的末位上升到33位。

【防范化解重大风险攻坚战】 2020年，全区健全完善重大风险属事属地双交办、平安稳定风险综合研判联动处置等工作机制，开展平安稳定风险综合研判28期，评估重大决策事项54件。集中开展涉疫情矛盾纠纷排查化解专项行动，化解涉疫矛盾问题29件。推进社会治安重点挂牌地区整治。常态化开展重大风险动态排查。动态排查、精准管控各类风险，逐一落实防范化解责任单位和工作措施。全区群众信访总量2971件次、3440人次，同比分别下降15%、21%。全区连续77个月未发生较大及以上生产安全事故。

【政法队伍建设】 全年召开区委常委会5次、区政府常务会5次、区委政法委全体会7次，传达贯彻有关扫黑除恶、平安稳定等会议及文件精神，听取工作情况汇报。举办社会治理专题研讨班，赴重庆大学开展政法系统政治轮训。加强对政法部门中层干部提拔任用的审核把关，开展考察2批次7人次。全年政法系统共获得区级及以上集体表彰12项、个人表彰23人。其中，区法院荣获第六届"全国文明单位"称号，区检察院被最高人民检察院评为第七届"全国先进基层检察院"，区公安局民警罗旦华获"全国先进工作者"称号。开展政法队伍教育整顿，常态化开展"以案四说"警示教育，坚持常态化明察暗访、案件评查等工作制度。全年对全区618名政法干警开展综合评价，会同区委组织部对区公安局党委班子开展集体约谈2次，开展案件评查50件。

【市域社会治理】 2020年，经区委、区政府同意成功申报市级试点（第一期）。制定下发《贯彻落实〈关于推进市域社会治理现代化的意见（试行）〉重点举措任务分工方案》，明确37个牵头单位，47个责任单位，170项具体工作任务；完成115项，有序推进55项。试点打造"三治融合·智惠后坪"——乡村社会治理系统试点工程亮相2020线上智博会市域社会治理智能化应用场景展。建设"法治大院"，推广"让一让"调解工作法等典型做法，创建全国民主法治示范村3个，市级民主法治示范村（社区）50个。

【政法服务保障】 2020年，全区制定下发《2020年社会治理体制改革和司法体制改革专项小组重点任务分工》，分解落实改革任务12项。适用认罪认罚从宽制度办理案件197件261人。推进执法司法规范化建设。推进人民警察管理制度改革，384名民警套改为执法勤务类警员职级，32名民警套改为警务技术职级。强化执行强制措施运用，将639人进行限制高消费、598人纳入失信被执行人名单。巩固法治扶贫成效。下发《加强市域社会治理推进法治扶贫工作实施方案》，优化政法公共服务。加强扶贫领域司法救助和扶贫领域法律援助，开展"法律顾问进乡村"活动。全年受理各类法律援助案件354件，办结499件，

12月20日，后坪乡白石村法治大院　　区司法局　供图

为受援人挽回和避免经济损失974万元。区法院为当事人缓交诉讼费19人次，累计9.9万余元。护航民营经济发展。开展“保市场主体、助企业发展、清挂案积案”等专项行动。政法部门集中走访精准服务企业3870家，接受咨询1300余人次，妥善处置涉企矛盾纠纷78起，审结涉民营企业纠纷案件2419件。严厉惩治违法犯罪。部署开展“战疫情、保民安”、“禁毒2020”两打两控、打击治理跨境赌博等10项专项整治行动。1—11月，全区立刑事案件1031件，受理查处违反治安管理案件1193起。公安机关侦办“1·7”跨境赌博专案，抓获犯罪嫌疑人151人，查扣冻结涉案资金2000万余元。现行命案破案率连续16年100%

【疫情排查防控】2020年，全区先后下发《关于进一步做好疫情排查防控及维护社会稳定工作的通知》《关于进一步加强常态化疫情排查防控工作的通知》等一系列文件，根据疫情形势实时动态调整排查防控策略，落实社区排查“日报告”制度。累计走访280余万户（次），840余万人（次），累计核查酒店旅馆住宿人员2.69万人，排查到武游客130余万人（次）。

【见义勇为先进个人表彰】6月23日，区人民政府授予陈永灿“见义勇为先进分子”称号，奖励人民币1万元；2月7日，土地乡犀牛寨村民吴某某等3户的木质结构院落发生火灾，土地乡天生村冉家沟组村民陈永灿不顾个人安危，挺身而出，投身到抢火战斗中。（区委政法委）

法治政府建设

【概况】2020年，全区调整充实区委全面依法治区委员会，印发《2020年全区法治政府建设工作要点》，安排部署21项工作任务；党政主要负责人先后召开会议7次，履行推进法治建设第一责任人职责；行政许可事项实际办理时间比法定时限平均缩减70%以上，一体化政务服务平台发布事项网上可办率达96%；对地方政府行政事业性收费定价项目实行动态调整公布；调整完善并印发55个区级党政群机关和26个乡镇（街道）“三定”规定；出台《在全区市场监管领域全面推行部门联合“双随机、一公开”监管工作方案》《重庆市武隆区政府购买服务暂行办法》；落实48家中小企业对新冠肺炎疫情实施援企稳岗返还政策648.2万元，落实疫情防控期间对270户中小微、个体工商户减免房租246.91万元；年检社会组织194个，建成区公共法律服务中心1个，公共法律服务工作站26个；公开发布行政规范性文件12件，共审查文件73件，报备11件；清理现行有效文件94件，拟废止拟修改文件24件；全区101个重点项目和重大决策开展社会稳定风险评估并备案；印发《关于健全人大讨论决定重大事项制度、各级政府重大决策出台前向本级人大报告的实施意见》《重庆市武隆区人民政府“三重一大”议事决策规则》《重庆市武隆区人民政府常务会议规则》，聘请法律顾问7人；组建市场监管等综合行政执法队伍8支，配备执法记录仪及移动执法设备箱等935台；调解各类案件3731件，调解成功3626件；行政复议实质纠错率17.39%；全区法治宣传1838场13万余人次；各级各部门8000余人次参加内部集中学法。

【依法治区】2020年，全区调整充实区委全面依法治区委员会。区委书记黄宗华任组长，区委副书记、区政府区长卢红任副组长，区委班子成员及11个相关单位主要负责人任委员。区委全面依法治区委员会下设立法调研协调小组、执法协调小组、司法协调小组、守法普法协调小组，分别由相关区领导任小组组长，区级相关部门和单位为成员，具体负责依法治区和法治政府工作。7月，区政府办公室印发《2020年全区法治政府建设工作要点》，安排部署21项工作任务。8月，区委全面依法治区委员会办公室对26个街道办事处和乡镇人民政府，以及50余个区政府部门和相关单位开展法治政府建设工作督导督查，65项督查任务基本得到落实；9月，又对40余个部门和单位，开展法治政府建设自查评估工作，108项指标得到全面落实。

【重要会议】2月14日上午，区委书记黄宗华主持召开十四届区委常委会第116次会议，传达学习中央全面依法治国委员会第三次会议精神，听取区法治政府建设情况汇报。3月4日上午，区委书记、区委全面依法治区委员会组长黄宗华主持召开区委全面依法治区委员会第二次会议，听取《武隆区行政执法有关事项情况》汇报，专题研究部署区委全面依法治区和法治政府相关工作。9月4日，全区克服疫情灾情影响确保如期全面脱贫暨脱贫攻坚“收官大决战”动员部署会议召开，区委书记黄宗华要求，用法治的方式抓好疫情防控，坚决打赢脱贫攻坚战。9月27日，区委书记黄宗华在区会议中心二会议室主持召开十四届区委常委会第142次会议，审议《关于统筹抓好党内法规执行的工作方案（送审稿）》。3月4日，区委副书记、区政府区长卢红在全面依法治区委员会第二次会议上，领学《重大行政决策程序暂行条例》，对全区法治政府工作提出具体要求。8月10日下午，区政府党组书记、区长卢红主持召开区政府党组（扩大）会议暨区政府第111次常务会议，专题学习《重庆市重大行政决策程序规定》，要求严格执行重大行政决策法定程序，班子成员及所有公务人员必须严格依法办事，行政案件中负责人全出庭。9月14日，区政府党组书记、区长卢红主持召开区政府党组（扩大）会议暨区政府第114次常务会议，学习习近平总书记在全国抗击新冠肺炎疫情表彰大会上的讲话精神，强调全区上下要持续优化法治化营商环境。

【依法履职】2020年，区政府办公室、区委编办、区政务办行文公布行政审批目录清单。行政许可事项实际办理时间比法定时限平均缩减70%以上，一体化政务服务平台发布事项网上可办率达96%。687项行政许可事项中有619项入驻行政服务中心，另设立人力社保、交巡警、税务分中心3个，入驻率90.1%。设立分领域综合窗口9个，无差别综合窗口3个，619项事项实现“一窗”分类受理，受理率90.1%。100个高频事项采用网上办、快递办等方式实现“最多跑一次”，在行政服务大厅与不动产登记中心窗口推行“一窗受理、并行办理”，联合办理10283笔。发布行政许可事项清单；对地方政府行政事业性收费定价项目实行动态调整公布；明确乱收费举报投诉电话12315。调整完善并印发55个区级党政群机关和26个乡镇（街道）“三定”规定，明确职责划分。建立以编委会审定、专题会协调部门事权划分的工作机制，召开专题会6次。出台《在全区市场监管领域全面推行部门联合“双随机、一公开”监管工作方案》，构建以“互联网+”为特征的大数据监管机制。优化法治化营商环境。区级各部门清理现行有效的规章、规范性文件和其他政策措施共计124件，并及时向社会公示。构建以规范化服务为导向的引导帮扶机制和以企业信用公开为重点的失信联合惩戒机制，归集信用数据9万余条。构建以提升失信成本为抓手的风险防范机制。落实48家中小企业对新冠肺炎疫情实施援企稳岗返还政策648.2万元，落实疫情防控期间对270户中小微、个体工商户减免房租246.91万元。制定《武隆区开展违规涉企收费专项治理工作方案》《武隆区外贸专项资金管理实施细则（试行）》，研究出台外商投资服务事项清单。创新社会治理优化公共服务。年检社会组织194个，合格率95.2%。出台《重庆市武隆区政府购买服务暂行办法》，购买基本公共服务13个1640.95万元，社会管理性服务1个580万元。出台《武隆区全面推开行业协会商会与行政机关脱钩的方案》，实现39家行业协会商会与行政机关脱钩，脱钩率100%。建成区公共法律服务中心1个，公共法律服务工作站26个。

【规范性文件审核】 2020年，武隆区行政规范性文件通过重庆市武隆区人民政府官网公开发布12件，共审查文件73件，报备11件；清理现行有效文件94件，废止规范性文件9件。健全依法决策机制。重大行政决策依法自觉接受人大及其常委会的监督，重大行政决策事项充分听取社会公众意见，并向社会及时反馈意见采纳情况和理由。完善社会稳定风险评估专家库，推行第三方社会稳定风险评估机构推介目录制度，全区101个重点项目和重大决策开展社会稳定风险评估并备案。

2020年武隆区废止规范性文件目录情况表

表28

序号	文件名称	文件号	废止理由	废止时间
1	重庆市武隆区人民政府关于严厉查禁取缔摩托车非法营运行为的通告	武隆府发〔2017〕22号	部分内容不适应社会经济发展要求	12月22日
2	重庆市武隆区人民政府办公室关于印发武隆区青少年科技创新区长奖评选办法的通知	武隆府办发〔2017〕25号	已有新文件替代	12月22日
3	重庆市武隆区人民政府办公室关于印发武隆区电子商务进农村综合示范项目专项资金使用管理办法的通知	武隆府办发〔2017〕103号	部分内容不适应社会经济发展要求	3月19日
4	重庆市武隆区人民政府办公室关于印发武隆区地下管线数据动态更新管理办法的通知	武隆府办发〔2017〕149号	已有新文件替代	12月22日
5	重庆市武隆区人民政府办公室关于印发武隆区推进乡村振兴行动计划产业扶持办法的通知	武隆府办发〔2018〕26号	部分内容不适应社会经济发展要求	3月19日
6	重庆市武隆区人民政府关于加强全区公路两侧控制区用地管理的通告	武隆府发〔2018〕33号	部分内容不适应社会经济发展要求	12月22日
7	重庆市武隆区人民政府办公室关于印发武隆区简化企业开办和注销程序方案的通知	武隆府办发〔2018〕41号	部分内容不适应社会经济发展要求	12月22日
8	重庆市武隆区人民政府办公室关于印发武隆区利用综合标准依法依规推动落后产能退出工作实施方案的通知	武隆府办〔2018〕61号	部分内容不适应社会经济发展要求	3月19日
9	重庆市武隆区人民政府办公室关于印发武隆区农户卫生厕所和农村公厕改造建设三年规划及年度实施计划（2018—2020年）的通知	武隆府办发〔2018〕112号	与上位法规不相符	12月22日

【科学决策】 2020年，区委印发《关于健全人大讨论决定重大事项制度、各级政府重大决策出台前向本级人大报告的实施意见》。区政府聘请法律顾问7人，参与重大行政决策事项。综合考核评价中，武隆在有关科学决策、民主决策、依法决策方面获得满分。

【行政执法】 2020年，全区组建市场监管、生态环境保护、文化市场、农业、城市管理、交通运输、规划和自然资源、卫生健康等综合行政执法队伍8支，核定编制215名。建立健全公安、市政、工商、民政以及各乡镇的联动协作机制，在26个乡镇（街道）均组建综合行政执法办公室和综合行政执法大队，实行统筹运行机制，负责辖区内综合行政执法工作，共核定编制150名。推行行政执法公示制度。印发《武隆区全面推行行政执法公示制度执法全过程记录制度重大执法决定法制审核制度实施方案的通知》，全区815名执法人员中，负责法制审核182人，配备执法记录仪及移动执法设备箱等935台。对全区申请办理执法证件的工作人员开展行政执法通用法律知识网络培训243人。将行政执法经费全额纳入财政预算，严格执行“收支两条线”管理。

【制约监督】 2020年，自觉接受党内监督、人大监督、监察监督、民主监督、司法监督。2020年人大代表建议办理满意度为100%。区政府为被告的行政诉讼案件，行政机关负责人出庭应诉率同比增加25%。重大案件、高关注度案件、行政公益诉讼案件等，行政机关负责人出庭率100%，全部履行法院生效判决。司法建议办复率达100%，检察建议回复率达100%。加强行政监督和审计监督。出台《中共重庆市武隆区审计委员会工作规则》《中共重庆市武隆区审计委员会办公室工作细则》《中共重庆市武隆区审计委员会关于进一步加强审计整改工作的意见》《中共重庆市武隆区审计委员会重大审计事项请示报告实施办法（试行）》，健全了审计管理体制。通过开展大数据审计实现对全区所有一级预算部门开展部门预算执行审计100%，对重大项目、重大政策每季度开展跟踪审计，对政府投资工程建设项目、专项资金等开展专项审计，年度审计工作报告和审计结果报告经区人大常委会审议通过后在区人民政府网站上公开，经济责任审计报告等专门领域审计报告在规定范围内公开。

【行政复议】 2020年，全区调解各类案件3731件，调解成功3626件，其中调解信访陈年旧案42件，调解协议涉及金额4539.66万元，调解协议已履行3618件。依法畅通行政复议渠道，办理行政复议案件，发挥行政复议的监督和救济功能。对区内频发的土地、林木林地权属争议和工伤认定等类别的案件，及时组织现勘和调查10余次，调查谈话30余人次，有效查明事实。全年办结案件23件，均在法定期限内结案，制作并送达法律文书120余件次。行政复议实质纠错率17.39%。

【宣传教育培训】 2020年，全区组织开展宪法宣传周集中宣传教育活动、青少年法治宣传教育和其他法治宣传教育活动。全区法治宣传1838场13万余人次，其中干部法治教育690场3万余人次，青少年法治教育84场2万余人次，企业职工法治教育242场1.4万人次，农民法治教育633场6.3万人次。建成2个法治文化阵地，4个法治文化主题城市公园广场。将法治教育纳入政府工作人员必训、定期轮训的必修课。开展党校法治轮训，7月7日，副处级干部进修班、中青年干部培训班和科级干部进修班100余名学员参加法治课程培训。全区申请办理执法证件的工作人员全面开展行政执法通用法律知识网络培训，参训率100%。全区各级各部门8000余人次参加内部集中学法，同时，全区干部还通过干部网络学院、学习强国等平台深化法治知识学习。

公　安

【概况】 2020年，全区现行命案破案率连续16年100%；开展惩治黄赌毒违法犯罪等专项整治行动10个；查处“三无”口罩刑事案件1件，扣押“三无”口罩14.2万只，涉疫刑事案件8件，取保候审13人，行政拘留1人，教育训诫15人。全区创建国家安全旅游示范区、首批国家级旅游业改革创新先行区。

【矛盾纠纷化解】 2020年，配合开展专项排查化解，累计排查矛盾纠纷320件，化解296件，涉疫情14件全部解决；开展“百万警进千万家”活动。在芙蓉、凤山派出所创建“驻所调解室”，在凤山中山社区、鸭江社区建立“老马式群众工作服务站”。凤山水陆派出所窗口单位试点综合服务实现“一窗综办”，可办理户政、车驾管、出入境和治安管理等28类134项，其中新增车驾管、出入境、治安管理业务43项。

【惩治违法犯罪】 2020年，全区判决恶势力集团成员2个、恶势力团伙成员9人，黑恶个案人员194人。推进扫黑除恶收官战，开展惩治黄赌毒违法犯罪等专项整治行动10个；开展“六清行动”（即“线索清仓”行动、“逃犯清零”行动、“案件清结”行动、“伞网清除”行动、“黑财清底”行动、“行业清源”行动），175条线索全部清仓，7个团伙案件全部清结，黑财清底、行业清源、逃犯清零、伞网清除。开展治理跨境赌博专项行动，侦破一起公安部督办专案，涉及违法犯罪人员600余人，涉案资金数亿元，抓获犯罪嫌疑人155人，查扣冻结涉案资金2000万余元，移送起诉70人，治安处罚55人。全年发命案2件，破案2件，现行命案破案率连续16年100%。开展“战疫情、保民安”专项行动。查处“三无口罩”刑事案件1件，扣押“三无口罩”14.2万只，涉疫刑事案件8件，取保候审13人，行政拘留1人，教育训诫15人。开展“禁毒2020”两打两控专项行动，抓获毒品犯罪嫌疑人3人，查扣涉案车辆1台。部署“天目—20”专项行动，铲除毒品原植物。开展“最美禁毒志愿者”评选活动，评选10名“最美禁毒志愿者”。

【交通管理】在全区设立27个乡镇交通安全办公室和177个农村交通安全劝导站，连续5年未发生死亡3人以上较大交通事故。建成城区“智能交通”系统，交通拥堵指数下降19%，城区主干道路拥堵时间平均减少20分钟。开展“平安共建、和谐共享”活动，先后成功推送重庆市第四季和第五季“一路有你，平安建设”热心市民高长春、任福，区公安局2次获优秀组织单位奖。

【治安户政管理】全年受理治安案件1334起，查处1334起。查处违法人员589人，其中治安处罚375人。全区926家旅店实现信息上传系统全覆盖，89家机动车修理企业进行系统建设。审核居民身份证（市内）2.07万张，审核异地证1125张，办理临时身份证163张。加强人口统计，全区共有13.97万户，40.92万人。城镇人口12.12万人，乡村人口28.8万人；男性21.33万人，女性19.59万人。

【典型案例】破获销售伪劣口罩案。2月2日，区公安局联合区市场管理局在武隆高速服务区内当场查获一批正在交易的“三无”口罩，经现场清查，共14.2万只，均系伪劣产品。以销售伪劣产品案立案侦查，2月3日，将涉案的昌某某、李某取保候审，并责令其回家按照当地政策进行隔离观察。2月5日，罗某、余某某被取保候审。

破获网络赌博案。3月初，区网安支队通过摸排发现，辖区网民余某、杨某、陈某3人涉嫌通过一款叫“大亨互娱”手机App参与网络赌博。通过集约警力攻坚，确定整体侦查目标。组织民警分赴秀山、大足、重庆渝北等地实施集中抓捕，抓获8名嫌疑人，现场查扣大量作案手机、银行卡等。加大审讯固证，对该赌博团伙5名犯罪嫌疑人采取刑事强制措施，查扣冻涉案资金70余万元。

抓获诈骗团伙。8月，区公安局通过研判，发现重庆辖区有1个使用“猜猜我是谁”方式诈骗窝点，犯罪嫌疑人在巴南区租住房后通过网购作案工具和信息，拨打电话，让被害人猜测身份并冒用以需要给领导送礼或有急事为由让被害人转账实施诈骗。9月下旬，在巴南将正在实施诈骗犯罪嫌疑人邵某某、黄某某、林某等人抓获并刑事拘留，当场扣押手机3部、电话卡10张，诈骗电话拨打至少2500余人次。（区公安局）

检　察

【概况】2020年，区检察院围绕全区工作目标任务，依法忠实履行检察职能职责，提高法律监督工作质效水平，助推市域社会治理现代化。全年获国家级、市级、区级先进集体表彰12次、先进个人表彰18人次，被市人社局和市检察院联合表彰为“全市检察系统先进集体”，被最高人民检察院表彰为“全国先进基层检察院”；但还存在检察业务发展不平衡，行政检察短板较为突出，民事检察还需提质增效等问题。

【服务保障】依法开展疫情防控工作。区检察院联合区公安局、区法院、区司法局发布严惩涉疫违法犯罪的通告，提前介入余某某等4人涉嫌销售“三无”口罩案，依法办理杨某某以投资合伙做口罩生意为由涉嫌诈骗案。开展野生动物保护、涉疫医疗物资销售、医疗废弃物处置等专项检察。组织律师与犯罪嫌疑人“零接触”视频会见。开展疫情防控巡回检察。

推进扫黑除恶专项斗争。依法向相关行政部门发出社会治理检察建议7份。向区文旅委发出的检察建议，被市院评为优秀社会治理检察建议。开展“保市场主体、护民营经济”专项行动。坚持少捕、慎诉、慎押，健全完善涉企案件甄别机制，对企业主不批准逮捕4人，不起诉3人。批准逮捕侵犯企业财产权利案件2件2人，起诉侵犯企业、个体工商户财产权利犯罪4件5人。支持29名农民工提起民事诉讼，依法讨薪5.57万元。对农村困境老人、儿童等特殊被害人群体给予重点关注，发放司法救助金3人8万元。

推进市域社会治理现代化。办理群众来信来访111件次。院领导下访接访78件次，均全部办结。开展案件公开听证和公开审查，邀请人大代表、政协委员、人民监督员、律师等释法说理。打造派驻仙女山检察室法治宣传教育展厅，开展普法宣传19场次。青少年法治教育实践基地、干部法治现场教学基地接待学习参观34场次。

【平安法治建设】依法惩治严重刑事犯罪。受理审查逮捕案件96件135人，同比下降22.58%、31.82%；批准和决定逮捕63件84人，不批准逮捕32件50人。批准逮捕故意杀人、故意伤害、强奸、猥亵儿童等侵犯公民人身权利案16件22人。犯罪嫌疑人丁某

12月5日，武隆区检察院“莎姐”普法宣传进校园　代君君　摄

某因婚姻家庭矛盾，持刀将王某某捅伤致死，造成较大社会影响，依法对其批准逮捕。批准逮捕侵犯财产案17件21人，其中盗窃11件14人、诈骗6件7人。依法批准逮捕妨害社会管理秩序案28件39人，其中寻衅滋事4件5人、“黄赌毒”犯罪24件34人。

精准指控各类刑事犯罪。受理移送审查起诉案件237件353人，同比下降16.25%、21.73%，起诉176件283人，不起诉55件81人。依法起诉危害公共安全案63件63人、侵犯公民人身权利、民主权利案20件30人、侵犯财产案41件75人、妨害社会管理秩序案48件107人，其中“黄赌毒”犯罪40件93人。依法办理涉案赌资上千万元的“1·07”开设赌场专案，起诉李某某、张某某等犯罪嫌疑人24人。依法办理区监委移送的阚某某、蒋某甲、黄某某、蒋某乙等4人涉嫌贪污罪、职务侵占案。

做实未成年人检察工作。落实“捕、诉、监、防、教”未成年人检察工作一体化机制。批准逮捕侵害未成年人犯罪案件4件5人，起诉4件7人。依法惩戒帮教罪错未成年人，办理审查逮捕未成年人犯罪案件5件7人，起诉8件15人，不起诉1件2人。落实未成年人刑事诉讼特别程序，对杨某某盗窃案适用附条件不起诉。开展未成年人关爱救助10人次。提前介入性侵未成年人案件3件，开展教职员工犯罪记录查询。深化“莎姐”大普法，院领导、未检检察官担任法治副校长，到中小学讲授专题法治课9场次；开展线上普法宣讲2场次，实现全区在校学生全覆盖。

落实认罪认罚从宽制度。适用认罪认罚从宽制度办理案件211件314人，认罪认罚适用率91.81%。适用认罪认罚从宽制度起诉261人，不起诉53人，提出确定刑量刑建议241人，幅度刑量刑建议20人，法院采纳量刑建议249人，采纳率95.40%，被告人认罪服判率98.1%。

【刑事诉讼监督】 2020年，区检察院监督立案5件7人，监督撤案6件，追捕漏犯2人，追诉漏犯3人，追诉漏罪2条，对侦查活动违法情形提出书面纠正意见13件。依法审查法院刑事判决、裁定185件272人，检察长列席法院审判委员会2次。加强刑事执行检察监督，监督纠正刑事执行活动违法6件6人；监督纠正指定居所监视居住执行违法1件1人；办理羁押必要性审查案件4件4人；办理违法扣押财物案件5件5人；办理重大案件侦查终结前讯问合法性审查案件4件4人；办理人民法院财产刑执行监督案件3件3人，纠正刑期计算错误案件1件1人。

【民事诉讼监督】 2020年，区检察院强化民事生效裁判、调解书的监督，受理案件2件，向法院提出再审检察建议2件，其中改判2件，调解1件(含结存案件1件)。监督纠正封某某、严某某与黄某民间借贷案件再审并获改判。强化审判程序和审判人员违法行为监督，受理案件5件，提出检察建议5件，法院采纳5件。推进民事执行活动监督，提出执行检察建议4件(含结存案件1件)，法院采纳4件。促成李某某与文某某房屋买卖合同纠纷案达成执行和解。

【行政诉讼监督】 2020年，区检察院开展行政非诉执行监督专项活动，审查办理行政非诉执行活动监督案件2件；办理行政违法行为监督案件4件，向行政机关发出纠正违法检察建议4份，收到行政机关整改回复4份。

【公益诉讼检察】 履行公益诉讼检察职能。受理公益诉讼案件线索51件，立案51件，其中行政公益诉讼案件43件，发出诉前检察建议39件，收到行政机关整改回复38件，向人民法院提起行政公益诉讼案件1件；提起刑事附带民事公益诉讼案件3件。1月，办理的1件行政公益诉讼案件被评为全国检察公益诉讼优秀案件(重庆市武隆区人民检察院诉原武隆县畜牧兽医局行政公益诉讼案)。

延伸阅读

2019年8月14日，由重庆市武隆区检察院起诉的原武隆县畜牧兽医局行政不作为公益诉讼案件宣告判决：撤销原武隆县畜牧兽医局于2015年对第三人重庆豪壮农业开发有限公司作出的《特色效益农业项目验收意见书》，责令被告武隆区农业农村委员会重新作出处理。该案是重庆市首例国有财产保护领域的行政公益诉讼案件。

助推长江经济带绿色发展。区检察院获全市检察机关“保护长江母亲河”公益诉讼专项行动先进集体。办理生态环境和资源保护类案件41件，向相关部门发出检察建议29件，均整改回复。依法对在武隆巨金石材公司闭坑环境恢复治理和土地复垦中未全面履行行政监管职责的区规划自然资源局提起行政公益诉讼，获胜诉判决。

拓展公益诉讼案件范围。聚焦文化遗产保护、未成年人权利保护、消防安全等方面立案8件，发出检察建议10件(含结存案件2件)，均整改回复。依法办理江口镇“李进士故里”题刻行政公益诉讼案；9月11日，该案被评为重庆检察机关公益诉讼十大典型案例。联合区文旅委对刘秋佩故居、大石箐石刻等市区级文物保护单位进行公益诉讼巡查。与乐山市检察院、大足区检察院会签《关于文物、文化和自然遗产保护领域公益诉讼检察工作跨区域合作的意见》。

2017—2020 年武隆区人民检察院行政公益诉讼案件办理情况表

表 29　　单位：件

年度	立案	发出检查建议	相关单位回复	起诉	判决	案件类型				
						生态和环境资源	食品药品安全	国有财产保护	国有土地出让	其他领域
2017 年	1	1	1	0	0	1	0	0	0	0
2018 年	48	48	48	0	0	37	1	10	0	0
2019 年	47	45	45	1	1	42	3	1	0	1
2020 年	42	39	39	1	1	32	3	2	0	5

【公益诉讼宣传】 是年，区检察院编制公益诉讼宣传资料《重庆市人民代表大会常务委员会关于加强检察机关公益诉讼工作的决定》《公益诉讼，检察官在行动》，通过分批次发放和在重点乡镇、街道开展街头法治宣传活动，共发放 5000 余套。《公益诉讼，检察官在行动》刊载 2017 年下半年至 2020 年 3 月，区检察院开展公益诉讼工作的总体情况、基础数据、典型案例、检察官释法以及办案场景等内容。

（区检察院）

法　院

【概况】 2020 年，区法院坚持服务大局、公正司法、司法为民，发挥审判职能，为统筹推进疫情防控和经济社会发展提供司法服务和保障。全年受理案件 8230 件，结案 7524 件，同比分别下降 2.18%、2.22%，结收比 100.16%，法官人均结案 235 件。

全年，区法院审查非诉行政案件 438 件，裁定准予执行 214 件，引导行政相对人自愿履行 202 件。常态化为相关行政机关提供司法咨询 30 余次，参加各类疑难复杂问题协调分析会 20 余次，就区人社局工伤保险先行支付、市交通行政执法总队执法管理平台漏洞提出司法建议。受邀到区委党校、交通执法支队、乡镇等开展法治培训 13 场。对接扶贫领域司法需求，审结农村土地、成员权益纠纷等案件 64 件。联合四川省乐山市中区、峨眉山市、五通桥区、犍为县等四家法院出台《关于为乐山与武隆友好城市建设提供司法服务和保障的意见》。

【刑事审判】 2020 年，区法院受理各类刑事案件 204 件，审结 189 件，判处罪犯 280 人。坚持“一案一整治”机制，针对涉恶案件审理中发现的社会治理薄弱环节，及时发出司法建议 5 篇，其中关于加强群防群治的建议被市高法院评为优秀司法建议；召开扫黑除恶专项斗争新闻发布会，通报工作情况，发布典型案例。严惩危害社会治安犯罪，审结故意伤害、寻衅滋事、危险驾驶等案件 82 件 93 人。惩治侵犯群众财产权益犯罪，审结电信诈骗、盗窃案件 39 件 68 人，为群众挽回经济损失 339 万余元。惩治“黄赌毒”犯罪，审结开设赌场、容留吸毒等案件 45 件 84 人。严惩危害食品药品安全犯罪，审结首例销售假药刑事附带民事公益诉讼案，7 名被告人悉数获刑，其中主犯王某某被判处有期徒刑五年，并处罚金 59 万元。同时，责令 7 人通过公告方式回收假药，消除危险，并在全国公开发行的媒体上赔礼道歉。落实宽严相济刑事政策，对 132 名社会危害不大的初犯、偶犯及未成年犯，依法判处缓刑。加强人权司法保护，为 28 名被告人指定辩护律师。

【民事审判】 2020 年，区法院受理民事案件 2861 件，审结 2779 件。畅通民生权益保护“绿色通道”，快立快审快执追索赡养费、抚养费及农民工讨薪等案件 429 件，为 340 名劳动

10 月 12 日，武隆区人民法院举行新闻发布会，通报该院电信诈骗案件审理情况及典型案例　陈娜霖　摄

者追索劳动报酬、工伤赔偿537万余元。蒋某等72人诉李某劳务合同纠纷案，法院从立案到调解结案仅用时6天。推进道交案件“网上数据一体化处理”，快速处理道路交通事故纠纷案件102件。深化家事审判方式改革，探索柔性化审理模式，建立家事调解、家事调查等机制，推行离婚冷静期、判后跟踪回访制度，审结家事纠纷案件571件，调撤率55%。审结涉北城半岛、仙女山1号等房屋买卖合同纠纷案件304件。

【商事审判】 2020年，区法院受理商事案件1596件，审结1443件，涉诉金额5.26亿元。严格执行涉疫情案件系列司法政策，妥善化解因疫情引发的房屋租赁、企业债务等纠纷案件261件。审结金融借款、民间借贷等纠纷案件785件。对代某、肖某等涉嫌非法吸收公众存款，依法移送公安机关侦查。出台《在疫情防控期间为中小企业提供司法服务保障的意见》，开展集中走访精准服务民营企业活动，提供精准司法服务。慎用查封、扣押、冻结等强制措施，全面支持企业复工复产，为民营企业执行到位6559万余元。优化与执行合同、办理破产相关的诉讼服务和程序，压缩审判执行各环节时间费用成本，保证企业合法权益快速实现。完成鼎泰氧化铝公司破产清算。

【执行拍卖】2020年，区法院执结案件2722件，执行到位标的2.4亿元。开展“利剑2020·三集中”和“涉民生执行”等专项行动6次，全年采取搜查措施13次、司法拘留13人、强制腾退房屋5处、扣押车辆12台。发挥信用惩戒功能，纳入失信被执行人762人次，微信公开曝光失信人员8期86人。对接评估行业协会，建立完善询价机制，缩短司法拍卖处置周期。完成司法拍卖177件，成交金额2472万元，溢价率54.6%，实现债权人利益最大化。

【司法体制改革】 2020年，区法院庭长办结案件4614件，占比62.32%。修订绩效考核办法，采取部门考核、团队考核、个人考核相结合的模式。召开审判委员会会议48次，专业法官会议70次。强化审判管理，坚持审判质效周公示、月通报、季分析制度，完善案件评查和发改案件评析机制。建立干预过问案件情况月报告和零报告制度，健全对记录违规干预过问案件法官的保护和激励机制，保障法官依法独立公正行使审判权。召开庭前会议11次，证人、鉴定人、侦查人员出庭作证23人次，刑事案件当庭裁判率100%，认罪认罚适用率93.12%。推进“分调裁审”机制改革，选优配强调解速裁快审团队。适用简易程序审理案件3245件，适用率79.93%。

【司法服务】 2020年，区法院推进一站式多元解纷和诉讼服务体系建设，构建完善“当场立、自助立、网上立、就近立”四位一体便民立案体系，规范运行12368诉讼服务热线，提供热线服务474次、办理跨域立案29件。诉前调解案件2086件，调解成功380件，司法确认199件。出台《一乡镇一法官活动实施方案》，选派法官与乡镇对接联络，负责指导矛盾纠纷化解、开展法制宣传，推动构建多元化矛盾纠纷解决机制。全年到乡镇开展巡回审判、法制宣传、联动解纷等活动90场。落实司法援助制度，为确有困难的民营企业、贫困户减免缓诉讼费8.4万余元；为困难申请执行人提供司法救助11万元。健全院领导带班接访、律师代理申诉、远程视频接访等机制，接待来访人员116人次。加强司法公开“四大平台”建设，在裁判文书网公开文书5414份，在庭审公开网直播、录播庭审1694场，依托审判流程信息公开网公开重要节点信息4331条。讲好法治故事，在各级媒体、重庆法院网等发布新闻稿件100余篇，召开新闻发布会3场，官方微信、微博发声2600余次。落实“谁执法谁普法”责任，到社区、学校、企业开展普法教育活动24次。

【智慧法院建设】 2020年，区法院推广网上立案，办理网上立案3540件，同比提升88%；落实自动化随机分案要求，制定随机分案规则，除系列案件和“四类”案件外，其余案件均由系统随机确定承办法官。全面推行全流程网上办案，实行文书智能纠错、类案及关联案件强制检索、生效证明自动生成。依托“易达”平台，采用电子邮件、短信等电子方式送达诉讼文书。加强“易审”平台应用，规范在线庭审，尤其是疫情防控期间，通过网上开庭、远程调解、在线执行案件。

（区法院）

司法行政

【概况】 2020年，区司法局以推进全面依法治区为统领，以维护稳定、防范风险为重点，以司法为民、服务经济社会发展为重任，以深化改革创新为动力，以夯实基层基础为支撑，以强化队伍建设为保障，围绕区委、区政府中心工作和重点任务，创新工作举措，推进法治武隆和平安武隆建设，营造法治环境。全区创建全国民主法治示范村（社区）2个、市级民主法治示范村（社区）50个，建成法治大院213个，培养法律明白人179人。

【依法治区】 是年，筹备召开区委依法治区委员会第二次会议，分解落实61项任务，开展3次工作进度督查察。印发《武隆区贯彻中央全面依法治国委员会保障人民群众生命健康安全工作方案》及分解17项工作任务，印发《贯彻落实习近平总书记在中央全面依法治国委员会第三次会议上重要讲话精神工作任务分工的通知》及分解14项任务。推进依法行政，分解《2020年全区法治政府建设工作要点》21项任务；组织全区公职人员学习《重大行政决策程序暂行规定》，协调区政府办修订工作规则，为区政府决策出具法律意见315份，审核101份对外签订合同；对全区行政执法主体进行清理、审核，开通网络通用法律知识培训，开展全区行政执法“三项制度”督查2次，对15件行政强制拆除案件

后坪乡白石村“让一让”调解室　　区司法局　供图

进行法制审查，对全区行政处罚案件进行案卷质量抽查；完成区政府为复议机关的行政复议案件35件，被市政府行政复议7件，办理区政府的行政应诉案件38件、民事案件6件，办理司法建议9件，完成依申请信息公开32件；出具审查意见书86件，其中审查规范性文件34件、工作意见书13件，废止规范性文件13件，组织立法意见征求8次。推进民主法治，构建村居德法自治，抓法治、德治、自治“三治融合”，70%的村居达到规范化要求。截至年末，全区创建全国民主法治示范村（社区）2个、市级民主法治示范村（社区）50个，建成法治大院213个，培养法律明白人179人。创建农村基层社会治理“院长制”模式，打通农村基层社会治理最后一米。

【普法依法治理】 是年，全区“七五”普法通过验收，落实普法责任，健全工作机制，围绕领导干部、青年学生、农民等重点群体，开展习近平法治思想和《中华人民共和国宪法》学习宣传活动，开展宪法学习500场次，宪法主题班会、“模拟法庭”进校园、宪法晨读、宪法演讲等活动300次，区实验小学陈彦琳获全国“学宪法、讲宪法”知识竞赛总冠军；针对不同地域群众法治需求差异性，编排赡养、未成年人保护等法治文化作品23个，通过舞蹈、小品等方式宣传《中华人民共和国民法典》150场次5.3万人次，以案释法996余场次，编印发放典型案例读本2万余册，现场接受法律咨询5万余人次，发放法治教育资料28万余份。

【人民调解】 是年，全区健全调解组织网络，配齐乡镇、街道专职人民调解员和驻法院、检察院、派出所、信访接待中心专职调解员。建立矛盾纠纷化解调度机制和分级调解机制，形成调解主体的多元化，共调解各类矛盾纠纷6950件，调解成功6752件，调解成功率97%，调解涉及当事人1.3万人，协议金额5883.9万元；组织开展信访陈案攻坚化解行动，成立攻坚行动“尖刀连”，组建10个“尖刀班”，攻坚化解信访积案和疑难纠纷68件。

【社区矫正和安置帮教】 是年，全区加强特殊人群管控，宣传《中华人民共和国社区矫正法》，发放宣传资料3万余份，在矫对象133人。累计给予警告5人次，训诫16人；核实207名预释放人员，接收刑满释放人员383人，严格执行必接必送相关制度。开展社会帮扶活动，共协调落实特困刑满释放人员低保1人、住房救助1人、走访慰问138人。推进扫黑除恶专项斗争，共开展院坝会300余场次，滚动播放宣传影像4000余条，排查社区矫正对象239人，刑满释放人员1701人。联审调查村（社区）干部拟任人选8批次164人次，开展扫黑除恶专项斗争乡村治理领域专项整治。

【律师工作】 是年，在全区开展为期两个月的“公共法律服务宣传月”活动，印制宣传资料2万余份，向全区群众推广使用12348重庆公共法律服务实体、热线、法网三大平台，12348法网注册数量和公众号关注数量超1万人次；保障12348热线正常运行，共接受群众咨询1500余件。办理公证1296件，经济标的1.2亿元；司法鉴定110件；受理各类法律援助案件308件，办结267件，共为受援人挽回和避免经济损失731万元，其中为农民工挽回和避免经济损失474.5万元。5个律所代理刑事辩护79件，代理民事856件，行政辩护代理28件，代理非诉讼法律事务23件，担任法律顾问213家，参与接待信访案件13件，办理法律援助案件106件；10个法律服务所共办理民事283件，代理行政10件，担任法律顾问36家，代理劳动仲裁11件，办理非诉讼法律事务13件，咨询和代书1463件。

【公共法律服务】 2020年，区司法局组织法律服务团先后为240余家企业开展法律体检，开展《中华人民共和国民法典》集中讲座18场次；助力打好“三大攻坚战”，组织全系统党员、干部、律师深入贫困乡村开展“法治扶贫”351人次。健全公共法律服务网络，26个乡镇、街道公共法律服务工作站达规范化要求，建立210个村居公共法律服务工作室和76个法治扶贫工作室，群众知晓率80%。建立“问哈村长”微信群和26个法律顾问群，线上、线下解答群众法律咨询1.21万件次。营造法治营商环境，为区政府、乡镇（街道）解决与企业合同纠纷提供法律意见建议23份。

【扫黑除恶】 2020年，全区组织5家律所、51名律师参加律师办理黑恶势力犯罪案件辩护代理专题培训会议。全年无涉黑涉恶案件代理。重点摸排社区矫正对象200余人，通过每月开展警示教育、个别谈话教育等形式，发动社区矫正对象举报涉黑涉恶犯罪线索。重点摸排刑满释放人员2000余人，联动乡镇街道、司法所集中时间开展走访活动，发动刑满释放人员举报涉黑涉恶犯罪线索。督导辖区5个律师事务所开展涉黑涉恶线索筛查工作。全年无黑恶线索。组织全区260余名农村普法骨干参加法治培训，开展扫黑除恶、普法融合宣讲“进社区”“进学校”“进农村”活动。借助“乡村振兴”战略、法治宣传月、“问哈村长”普法微信群、“法律顾问”微信群普及扫黑除恶相关法律常识230余场次。（区司法局）

仲　裁

【概况】 2020年，重庆市武隆区劳动人事争议仲裁院在岗5人，其中3人取得司法职业资格证书。全年共处理劳动争议案件333件，人事争议案件1件，为劳动者挽回经济损失等共计695.51万元。

【劳动争议仲裁】 2020年，该院立案受理劳动争议案件277件，不予受理57件。立案受理的277件案件中，裁决118件（终局裁决19件），调解62件，撤诉61件，中止审理36件，为劳动者挽回经济损失等共计695.51万元。

【咨询宣传】 2020年，该院窗口接待来访来电人员800余人次，处理因受新冠疫情影响的企业提供政策咨询40余次，处理某个体工商户因受疫情影响关闭导致的群体性劳动争议案件1件；同时，借辖区内各类招聘会、社会保障政策宣传活动等在现场搭建咨询点，发放法律宣传资料1000余份，现场解答劳资问题1500余件。

（区人力社保局）

12月4日，武隆区“12·4”宪法宣传日活动在都市广场举行　　区司法局　供图

军　事

武隆区人民武装部

【概况】 2020年，武隆区人民武装部，组织全区“四大班子”、区级部门主要领导和乡镇党委书记、专武部部长共130余人开展“第一书记进军营”“军事日”活动；组织部机关、专武干部、基干民兵、村社普通民兵连长、指导员训练，全年完成集中训练85天；注重军地协同抓训；民兵参与入户排查、防控宣传、复工复产等工作。派出民兵参加重庆市“精武民兵”比武竞赛，获全市决赛第五名、北斗手持机操作使用第一名、渝东南片区竞赛第三名；研究制定军地联合应急行动实施办法，出动民兵参加山体滑坡抢险救灾。率先成立征兵事务中心，完成年度征集任务，实现100%大学生入伍，大学毕业生占比47.6%。投入20万余元，安装营区视频监控系统。组织民兵开展“捐献一棵菜活动”，为帮扶贫困户赠送肥料1.92万元，筹集特殊党费3.66万元。全年共上稿112篇，《人民日报》、中央电视台、《解放军报》等中央级媒体55篇，《重庆日报》、华龙网等省市级媒体57篇。

10月，重庆市武隆区人民武装部被中央军委国防动员部表彰为2020年度国防动员系统决战决胜脱贫攻坚“先进单位”；12月，被表彰为2020年度国防动员系统新闻宣传工作“先进单位”。区人武部副部长夏晓松被评为重庆市“抗击新冠肺炎疫情先进个人”，军事科科长王建峰被重庆警备区表彰为人武部建设“优秀个人”；红豆社区“兵支书”彭小兵、黄莺乡黄莺村“兵支书”刘其发分别被评为“全国爱国拥军模范”“全市最美退役军人”。

【思想政治建设】 2020年，区人武部发挥党管武装优势，第一书记黄宗华主持召开部党委扩大会议、武装工作暨国动委全体会议，审议年度武装工作，制定落实警备区脱贫攻坚会议精神措施，解决部机关规范化建设、民兵训练基地建设和征兵政策调整等重大事项。开展“传承红色基因、担当强军重任”和“不忘初心、牢记使命”主题教育；结合疫情防控，专题开展形势政策教育。严格政治整训，开展政治领域形式主义、官僚主义整治活动，深化巡视巡察整改成果；每季度党委书记和纪委书记分别上纪律课堂，常态开展法纪警示教育和安全禁令学习；解决干部职工照顾不了家、工作压力大等现实思想问题。

9月24日，武隆区人武部组织学生军训　　汤琳钰　摄

【基层武装部建设】 6月15日，武隆区人武部召开基层武装部规范化建设推进会，就全区基层武装部第一阶段规范化建设情况进行总结，并就下一步规范化建设进行安排部署。重庆警备区副司令员到会调研指导民兵队伍建设和基层武装部规范化建设。全区基层武装部硬件设施齐备，按规范标准基本配套完善，全区村、社区编建的普通民兵连全部挂牌，并规范营区建设和军营文化氛围建设。

【民兵组织整顿】 2020年，区人武部召开全区民兵整组任务部署会，明确目标，抽组成立专班，深入摸排潜力资源，完成基干民兵编建任务，基干民兵新质力量占比34.5%，比上年高10%。

【集训培训】 5月8日，区人武部根据《武隆区人武部2020年民兵应急分队集中训练方案》，组织凤山街道、羊角镇、凤来乡、土地乡等地民兵开展集中训练，主要完成共同基础课目、单兵训练科目以及森林防火、城市排涝、水上救援等任务行动课目训练。10月15日至11月13日，全区组织开展民兵应急连集中轮训备勤暨军地联考联评集训；开展新质装备静态展示、应战应急力量联考联评、民兵新质力量动态演示等项目集中训练。5月21日至6月16日，区人武部分两期组织专武干部、普通民兵连长（指导员）等，采取野外宿营方式完成12天封闭式集中训练，设置军事理论、基本技能、业务工作、组织指挥等科目，组建军地联合教练员队伍。8月23—28日，区人武部采取集中强化训练与比武竞赛相结合方式，在仙女山体育场完成“四会”教练员集训暨精武民兵比武选拔。10月21日，全区民兵应急连集中轮训备勤暨军地联考联评集训动员誓师大会举行。

【学生军训】 2020年，区人武部组织7所高中近4000名新生开展为期7天的军事训练活动。联合区教委、各学校负责人召开军训协调部署会，结合各校实际，合理安排、研究制定军训方案。抽组优秀退役军人担任学生军训教员，提前组织岗前培训，考核合格后颁发“教员证”。区人武部主官每人分管2～3所学校，会同地方有关部门加强跟踪问效和动态管控。训练内容除队列、体能外，增加应急疏散演练、自救互救常识等科目。

【组织参与抢险】 7月12日，受连日暴雨影响，白马镇鱼光村枣子组牛儿湾出现山体滑坡灾情，滑坡土方约180万立方米，导致11户民房受灾，47名群众生命安全受到严重威胁。区人武部启动抢险救灾预案，连夜组织应急分队民兵参与救援，协助转移被困群众30户98人、牲畜38头、电器300余件，总价值约30万元。协助区规划自然资源局扩大范围开展排查，划定危险区域范围，设立警戒线和警示标志，指派民兵进行24小时轮流值守，禁止无关人员进入危险区域。会同白马镇政府对撤离的30户98人进行临时安置。

【国防动员】 2020年，区人武部召开全区民兵整组任务部署会，明确目标，抽组成立专班，深入摸排潜力资源，完成基干民兵编建任务。率先成立征兵事务中心，完成年度征集任务，实现100%大学生入伍，大学毕业生占比47.6%。2020年退役的符合安置条件退役士兵全部安置进武隆区全额拨款事业单位。为在人武部工作30年的老职工召开退休职工座谈会、赠送纪念品；牵头召开“武隆兵支书脱贫攻坚事迹报告会”。开展红岩革命故事展演，线上直播累计观看30万人次；与团区委合作开展国防教育知识竞赛；协调辖区各党政机关、企事业单位，开辟国防教育宣传专栏，悬挂宣传条幅2000多条；配套建设英模广场、青少年爱国主义教育基地，推进武隆中学红岩文化氛围建设。

【宣布中央军委国防动员部命令大会】 12月23日，武隆区召开宣布中央军委国防动员部命令大会。重庆警备区政委宣读中央军委国防动员部命令和党内任职通知，任命武隆区人民武装部部长、区人武部党委委员、副书记。

【全区武装工作暨国防动员委员会全体会议】 2月26日，全区召开2020年武装工作暨国防动员委员会全体会议，传达学习重庆警备区党委全体（扩大）会议精神，总结2019年武装工作，部署2020年各项工作任务。会议强调，全区国防动员系统要深入贯彻习近平强军思想，深入贯彻落实党中央、中央军委的决策部署和市委、重庆警备区党委部署要求，坚持政治建军、改革强军、科技兴军、依法治军，紧紧围绕中心、主动服务大局，不断推进新时代国防动员建设高质量发展，努力开创全区党管武装工作新局面。

【区国防教育工作领导小组会议】 6月22日，区委副书记、区长、区国防教育工作领导小组组长卢红在区会议中心二会议室主持召开区国防教育工作领导小组会议，传达学习相关会议精神等，研究全区贯彻落实工作。会议要求，要聚焦重点对象，抓好领导干部这个关键少数，抓好青少年这个关键基础，抓好民兵队伍这个关键力量，提高国防教育工作的针对性，开展好国防教育。

【征兵工作】 2020年，武隆区兵员征集逐步从大学生向大学毕业生和本科毕业生转变，优先批准大学毕业生和理工类大学生入伍。年内确定武隆区征兵工作主要包括体格检查、政治考核、役前教育训练和审批定兵4个环节。6月6日，全区2020年征兵工作推进会议召开，网上应征报名人数是征集任务数的4.9倍；6月20日，全区在城区世纪广场启动以“激情夏日，情系军营”为主题的征兵月宣传活动；7月23日至30日开展征兵体检工作；8月26日，开展2020年体格检查暨政治考核双合格公示；9月2日，全区2020年定兵会议召开，批准符合条件人员入伍；9月10日，全区举行抗战老兵事迹报告会暨全区2020年新兵入伍欢送仪式，完成全年征兵任务以及100%大学生新兵征集目标任务。

提高大学毕业生入伍奖励标准，完善大学生士兵退役安置政策，对不符合退役安置政策的大学生士兵，每年拿出公务员、行政事业编及国有企业岗位招聘数量的10%，定向招考招录大学生退役士兵。

【廉洁征兵特聘监督员上岗】 7月24日，全区落实廉洁征兵“零报告”制度和廉洁征兵监督员制度，共聘请83名廉洁征兵监督员全程参与征兵工作，对征兵工作实行全面督查。廉洁征兵监督员分别来自人大代表、学校教师、乡村干部、退伍军人、应征青年家长、热心群众等七类人员，覆盖区、乡镇（街道）、村（社区）等三个层级；经乡镇（街道）武装部和区人武部严格挑选，并进行征兵法规、应征程序等培训。

【春季征兵宣传】 1月21日，武隆区春季征兵宣传活动在南城中央广场举

9月10日，武隆区举行2020年新兵入伍欢送仪式　　代君君　摄

1 月 21 日，武隆区春季征兵宣传活动在南城中央广场举行　徐爱荣　摄

10 月 20 日，武隆区获“双拥模范城”荣誉称号

行。征兵宣传活动以“祖国挑选你，人民信任你，我们支持你”为主题，通过设置宣传点、在醒目位置悬挂横幅、张贴宣传海报、发放宣传手册、微信推广等方式进行宣传。

（区人武部、区退役军人商务局）

武警武隆中队

【概况】 武警武隆中队始建于 1950 年 4 月，前身系黔江县土家族苗族自治公安中队，主要担负武装警戒勤务和驻地反恐处突、抢险救灾等任务。2020 年，武警武隆中队被表彰为“四铁先进单位”，荣立集体三等功。

【思想政治教育】 全年利用组织生活、政治教育等时间，采取集中式、讨论式、辨析式的学习方式，把“深入学训词、奋斗决胜年”专题教育理论学习成果贯彻到工作指导和工作实践。开展“传承红色基因，担当强军重任”主题教育，坚持中队抓小课、班排抓讨论、全员抓深化、岗位抓实践。用好“三个半小时”、强军网、微信公众号、梦课学堂及板报橱窗等载体，开展学习党章、承诺践诺、重温入党誓词，友邻单位支部联建等活动。“七一”建党节，邀请专家教授为官兵上党课，与老兵座谈。组织观看《古田军号》《我和我的祖国》等红色影视作品和《中国战“疫”记》《人生第一次》等纪录片，开展案例警示教育等活动。全年做好“三句五句话家常”“三步五步谈思想”谈心交心；开展“反哺党恩亲恩、做习主席的好战士”活动。

【队伍建设】 2020 年，武警武隆中队严格组织按纲施训自查，开展“盯住米秒环、创破训练纪录”活动，表扬训练先进典型，涌现出大批训练尖子。贯彻执勤方针，严格落实执勤制度；开展形势任务教育；针对冬季抗击冰雪、春季森林灭火、夏季抗洪抢险等突发任务，检修装备器材、开展针对性训练，做好抢险救灾准备。

（武警武隆中队）

双拥工作

【概况】 10 月 20 日，武隆区被命名为“全国双拥模范城”，凤山街道红豆社区彭小兵被评为“全国爱国拥军模范个人”；11 月 6 日，武隆区被命名为重庆市第七届双拥模范城（县），区芙蓉街道办事处、区公安局被表彰为重庆市拥军优属模范单位，凤山街道红豆社区党总支书记彭小兵、重庆剑直律师事务所专职律师彭澜被表彰为重庆市拥军优属模范个人。

【武隆区被命名为全国双拥模范城】 10 月 20 日，全国双拥模范城（县）命名暨双拥模范单位和个人表彰大会召开。武隆区被命名为“全国双拥模范城”。是年，全区将双拥工作纳入经济社会发展考核指标，区财政投入 200 万元，加强双拥工作经费保障；各成员单位照单开展相应工作，层层压实责任；区财政投入 1830 万余元支持部队建设，建设营房和配套设施；组织双拥成员单位开展军事日活动、慰问应急民兵集训、共建等活动。

【庆祝建军 93 周年军政座谈会】 7 月 28 日，武隆区召开庆祝建军 93 周年军地座谈会，区委书记、区人武部党委第一书记黄宗华出席会议。区委副书记、区长卢红主持会议。会上，区人武部、武警武隆中队、区城市管理局、芙蓉街道就拥政爱民、拥军优属、全国“全国双拥模范城”创建等方面进行发言，部分优抚对象和军队离退休干部代表等作交流发言。会议要求按照“党委政府领导、军地部门协作、逐级分工负责、社会共同参与”的原则，发扬优良传统，坚定信心、凝聚合力，抓好全国“双拥”模范城创建工作，确保取得成功。

【双拥工作领导小组会议】 7 月 2 日，2020 年武隆区双拥工作领导小组第 1 次会议在区会议中心二会议室召开。会议听取全区创建全国双拥模范城（县）工作情况汇报，审议相关工作议题。10 月 26 日，2020 年第 2 次双拥工作领导小组会议在区会议中心二会议室召开。会议传达全国双拥工作表彰大会精神，区双拥工作领导小组成员单位分别汇报当前工作中存在的薄弱环节，下一步改进提高措施；研究讨论《武隆区双拥工作改进提高若干措施》。

【双拥宣传】 2020 年，武隆区在城区公交站台、公交车、出租车、电梯等增设双拥宣传广告，共投入资金 11.58 万元，其中投放公交站台广告 29 处、公交车广告 27 辆、出租车广告 140 辆，LED 大屏户外广告及单位 LED 广告 60 块，电梯广告 240 块。

（区退役军人事务局）

人民防空

【概况】 2020 年，武隆区成立以区政府主要领导为组长，相关区领导为副组长，区政府办、区住房城乡建委（区人防指挥中心）等单位主要负责人为成员的人防系统腐败问题专项治理整改工作领导小组。组织开展人防系统腐败问题专项治理。多次召开区政府常务会、专题会，研究部署专项治理措施，听取工作汇报；组建专门工作组，与区纪委监察部门建立工作沟通机制。全年参与、开展各类训练达 150 余次，参加全市跨区域联动训练 5 次，保障区委、区政府各类会议 60 余次。全年完成人民防空群众组织训练，参训参演 200 余人。城区防空袭警报全部实现无线控制，鸣响率和覆盖率 100%。

【人防工程建设】 2020 年，区人防办严格结建审批程序，将结合民用建筑物配套建设防空地下室（包括易地建设）审批项目纳入与相关部门联合审批。严格人防易地建设费征缴，人防易地建设费审批办结率为 100%。某防空地下室结建工程完成地圈钢梁验收。

9 月 18 日，武隆区“武隆金盾—2020”人民防空综合演练指挥中心　　付琳眉　摄

【人防行政执法】 全区建立健全法规制度，规范行政执法程序，推进行政执法检查“双随机、一公开”工作，全年开展执法检查 5 次。

【人防宣传教育】 2020 年，区人防办组织开展人防知识宣传活动，通过网络、电视台、报刊、手机短信和 LED 等方式，受教育人数 10 万余人；开展人防知识进学校活动，继续与区教委联合开设初级中学人防知识教育，确保全区初级中学一年级人防知识教育开课率达 100%。利用“5・12”全国防灾减灾日、“6・5”防空警报试鸣日和“12・4”宪法宣传周等时机，通过制作展板、发放宣传小册、宣传礼品等形式，开展人防政策法规和防空防灾应急知识宣传，受教育人数 5000 余人。

【防空警报试鸣放】 6 月 5 日上午 10 时 30 分，根据全市统一部署，全区在仙女山街道、江口镇、武隆城区准时拉响时长 12 分钟的防空警报，并先后发出预先警报、空袭警报、解除警报和灾情警报 4 种信号。

【人民防空综合演练】 9 月 18 日上午，武隆区举行重庆市“武隆金盾——2020”人民防空综合演练。在指挥部统一指挥下，区各专业队实战演练，被袭区域附近居民得到及时疏散，恢复被毁指挥信息系统，救出被困居民，扑灭起火目标大火，恢复居民正常生活秩序。

（区人防指挥中心）

生态文明建设示范区

综　述

【概况】 全区共有自然保护地6类10个，自然保护区3个，森林公园1个，风景名胜区3个，岩溶地质公园1个，湿地公园1个，世界自然遗产地1个，共596平方千米。划定834.63平方千米生态保护红线（优化调整后834.652平方千米），占辖区面积的28.89%。

是年，全区完成各类营造林4.48万公顷，森林覆盖率63.84%，位居全市前列；乌江、芙蓉江、大溪河水质稳定保持Ⅲ类以上，其中大溪河水质实现由Ⅴ类到Ⅱ类的“四连跳”；饮用水源地水质达标率100%。年末，优良天数355天，较上年同期增加3天。发展生态旅游、生态农业、生态工业等绿色产业，关停区内全部煤矿37家，淘汰建成区现有10蒸吨/小时及以下燃煤锅炉26台，三产比例从14∶40∶46调整为12.4∶37.5∶50.1。完成生态环境质量、污染防治攻坚战等共计241项重点任务。成为全市唯一获得“国家生态文明建设示范市县”“绿水青山就是金山银山实践创新基地”两块金字招牌的“双创”区县。

存在问题：污染性天气时有发生；存在饮用水水源地污染隐患，乌江入河排污口排查难度大；建筑工地施工周期长、影响范围大，噪音扰民问题突出；黑臭水体、农村面源污染等治理效果欠佳；全区无固体、危险废物处理设施，在固体、危险废物收集、转运和处置全过程之中，存在污染风险；部分农村污水处理厂超负荷运营。

【入选“第四批国家生态文明建设示范区”】 10月9日，生态环境部公布第四批国家生态文明建设示范市县名单，武隆区入选。按照《国家生态文明建设示范市县建设指标》要求，主要考核指标包括生态制度、生态安全、生态空间、生态经济、生态生活、生态文化等6大类40项（其中3项仅考核沿海地区，3项考核县级行政区）。截至2020年9月，武隆区各项考核指标基本达到国家生态文明建设示范区考核要求。

环境状况

【环境质量】 2020年度城区空气质量优良天数为355天，优良率达到96.99%；乌江、芙蓉江水质持续优良，大溪河水质稳定在Ⅲ类、部分时段达Ⅱ类；城区集中式饮用水水源地水质达标率100%；全区声环境、辐射环境和土壤环境保持稳定；环境安全风险总体可控，无环境安全事件发生。

【空气质量】 全年城区空气质量优良天数为355天，优良率达到96.99%，较上年同期增加3天，主要污染物PM2.5浓度均值27微克/立方米。

5月25日，武隆城区一角　　代君君　摄

【水环境质量】 全年乌江、芙蓉江水质持续优良，大溪河水质稳定在Ⅲ类、部分时段达Ⅱ类；通过比对1—10月大溪河出入境断面水质监测数据发现，大溪河入境除1月为Ⅲ类（2月受疫情影响无数据），3—10月均达到Ⅱ类，出境1—10月均达到Ⅱ类；出境断面月均总磷浓度均较入境面低，平均浓度下降23%。地表水符合水域功能要求，城区集中式饮用水源地水质达标率为100%；万人千吨饮用水源地水质监测达标率为100%。

【声环境质量】 全年区域噪声、交通噪声污染持续下降，分别为52.6分贝、65分贝。

生态创建

【概况】 全区创建150个县级生态村，26个市级生态村，4个市级生态乡镇，江口镇、平桥镇等16个市级生态文明建设示范乡镇通过市级验收。同时，全区持续推进绿色创建活动，开展节约型机关、绿色家庭、绿色学校、绿色社区和绿色出行创建行动，创建市级绿色示范村庄5个，“绿色学校”41所，“绿色小区”19个，“绿色园丁”5人，“绿色使者”6人。10月，获评“国家生态文明建设示范区”。

【生态文明建设示范区创建】 2020年，全区创建“国家生态文明建设示范区”。完善生态建设制度，出台《实施意见》《创建规划》《创建工作实施方案》《创建工作实施方案》，把生态建设和保护成效纳入干部考核评价体系之中，建立干部考核指标体系。生态文明理念深入人心。据调查，全区公众对生态文明建设的满意度92.08%、公众对生态文明建设的参与度85.61%。生态产业建设成效显著。生态旅游，成功探索出旅游+扶贫、旅游+文体、旅游+农业、旅游+商贸等“旅游+N”的发展模式。全年旅游固定资产投入200亿元，接待游客3700万人次，接待游客、综合收入分别增长5%和5.88%。生态工业，关停37家非煤矿山和一批污染环境的中小企业。生态农业，打造以高山蔬菜、高山茶叶为主的“2+6+N”山地特色高效农业体系，包装推出“羊角豆干”“仙女红茶”“土坎苕粉”等一批全国知名品牌产品。“三品一标”农产品认证总量超22万吨，获批国家鳅田稻标准化示范区、国家农业绿色发展先行区。连续两届举办“中国·重庆（武隆）绿色发展实践国际论坛”。

【绿色学校创建】 4月22日，区实验小学被命名为重庆市“绿色学校”，区实验小学老师雷利被授予重庆市“绿色园丁”称号，区实验小学学生殷梓月被授予重庆市“绿色使者”称号。截至年末，全区创建市级绿色学校9所、绿色园丁5人、绿色使者6人。

（区教委）

2020年武隆区市级“绿色学校”“绿色园丁”“绿色使者”情况表

表30

批次	名称	命名称号	命名时间
1	示范幼儿园	第四批重庆市“绿色学校”	2006年12月
2	火炉镇中心小学	第五批重庆市“绿色学校”	2008年11月
3	长坝中学校	第六批重庆市“绿色学校”	2010年12月
4	羊角中学校	第七批重庆市“绿色学校”	2012年12月
5	第二实验小学，长坝中学校老师谭程桂、学生张榕、第二实验小学学生王凝睿	2014—2015年度重庆市“绿色学校”“绿色园丁”“绿色使者”	2015年6月
6	鸭江中学校，实验小学老师陈珊珊，白云乡中心小学校学生罗露	2015—2016年度重庆市“绿色学校”“绿色园丁”“绿色使者”	2016年4月
7	火炉中学校，鸭江中学校老师刘海，白云乡中心小学校学生黄琦涵	2016—2017年度重庆市“绿色学校”“绿色园丁”“绿色使者”	2017年5月
8	桐梓中学校，实验小学老师黄琼、学生王炳天	2017—2018年重庆市“绿色学校”“绿色园丁”“绿色使者”	2018年12月
9	实验小学，实验小学老师雷利、学生殷梓月	2019年重庆市“绿色学校”“绿色园丁”“绿色使者”	2020年4月

生态保护

【污染防治攻坚战】 2020年，重庆市下达污染防治攻坚战目标任务175项，污染防治攻坚战专项目标任务20项，生态优先绿色发展行动计划目标任务19项，共计214项，完成率达100%。

蓝天保卫战 以抑尘、控车、销烟、减排为重点开展攻坚：巩固5条扬尘控制示范道路，5个扬尘控制示范工地，督促7个建筑工地落实防尘污染防治措施；对4家烧结砖瓦企业和1家水泥生产企业开展监督性监测，完成重庆市武隆区卓佳纺织有限公司、九龙传说酒业有限责任公司燃煤锅炉改造、淘汰；督促全区混凝土搅拌站落实《重庆市预拌混凝土搅拌站控尘十项措施》。加强燃油品质管理，对8家加油站油气回收系统进行抽测，

1月19日，乌江武隆段　　代君君　摄

开展机动车路检3000余辆次，对非道路移动机械信息报送制度并严格执行高排放非道路移动机械污染管控要求。结合油烟扰民投诉突出问题，完成60家餐饮经营单位油烟治理，21家单位食堂油烟治理；开展城区燃用高污染燃料的专项检查，依法查纠露天烧烤、烟熏食品等违法行为，发放臭氧告知书611份。按要求完成2020年主要污染物总量更新核算，等待国家级认定，全面完成“十三五”主要污染物总量减排目标任务。

碧水保卫战 完成《武隆区水生态环境保护“十四五”规划（初稿）》

4 月 26 日，武隆区长头河一段　　代君君　摄

《大溪河水生态环境保护“十四五”规划（初稿）》。落实河长制，推进延沧河一河一策管理，开展 4 次牵头单位巡河工作，完成区河长办交办的沿河村何群烤鱼污水直排等 3 个“三乱”问题的整改落实，落实 89 个入河排污口初步溯源工作和二次排查溯源。加强流域水环境联防联治工作，与南川、涪陵、丰都、彭水、道真均签订联防联控协定，协同推进跨区域水污染防治工作。印发《关于进一步明确全区污水处理职能职责的通知》，明确全区已建成的 47 个污水处理厂（站）由区建设投资（集团）公司负责统一运维管理。完成 11 个集中式饮用水水源地规范化建设任务，水源地规范化建设比例 67%，全区 25 个乡镇街道生活污水收集处理率 100%，7 个运营码头全面完成浮趸、生活污水池、污油存放间、垃圾桶等接收设施建设工作。向平桥镇、鸭江镇和庙垭乡下达修复资金共 200 万余元。

净土保卫战　完成安全利用措施耕地面积 7440.9 公顷，严格管控措施耕地面积 331.3 公顷。制定农作物秸秆综合利用实施方案，开展秸秆肥料化、饲料化、基料化和燃料化相关技术推广，综合利用率 92%，新完成农村环境整治行政村 10 个。减少污染存量，完成土壤污染状况详查中重点行业企业用地调查，捷利化工、长欣水泥 2 块污染地块，污染地块再开发利用准入管理的相关内容纳入《武隆区国土空间总体规划》。建立信息共享机制；推进危险废物规范化管理；完善畜禽养殖废水治理设施，全区畜禽粪污综合利用率 93%，全区规模养殖场粪污处理设施装备配套率 95%，大型规模养殖场粪污处理设施装备配套率 100%；地下水水质稳中向好，武隆区白马镇青杠堡水厂水源地、仙女山街道阴河沟活龙口水厂水源地、和顺镇石拱坝和顺供水站水源地等 3 个地下水型“万人千吨”集中式饮用水水源，达到《地下水环境质量标准》Ⅲ类标准要求。

【自然遗产地保护和开发】　规划编制。2020 年，武隆区编制完成《中国南方喀斯特世界自然遗产地保护管理状况报告》武隆分文本，通过国家林草局专家评审，呈联合国教科文组织世界遗产委员会审核。编制六年一轮的定期保护状况报告，涉及影响遗产因素调查、实施遗产公约优秀实践案例等 15 个大项目 200 多个子项目。履行联合国《保护世界文化和自然遗产公约》，编制第三轮武隆喀斯特世界自然遗产地保护管理状况定期报告，通过国家林草局专家评审。实地核查一般建设项目选址 20 个，否决不合规项目 2 个；对芙蓉江、天生三桥风景名胜区的危岩治理和步游道改造项目，文复乡铜锣村民宿建设项目，江浩路升级改造项目等提出意见建议；进一步对遗产地保护管理边界进行实地踏勘，核准生态保护红线。对武道高速公路、页岩气开发、乌江白马电航等重大建设项目，提供科学咨询和专业报告。

资源保护　全年巡查 78 车次 200 余人次，填写工作日志 69 份，现场叫停违法活动 11 起，向主管部门报告重点巡查事项 5 个；配合执法部门处理行政处罚案件 1 起，责令停止违法建设行为 1 起，责令恢复生态植被 3 起；联合处置朱子溪景区彭水段违规修建公路事宜；查处“两违”行为，无有效新增违法建设项目。关闭采石场 1 个，拆除生猪养殖场 2 处，规范畜禽养殖场 2 家，整治排污游船 8 艘，生态修复 1600 平方米；实地核查处理遥感卫星图斑 10 个，完成“绿盾”督查整改项目 1 个，推进后坪风景名胜区内公路建设生态修复工作。配合景区开展摊位年度调整工作，规范天生三桥进出口摊位84个，地缝出口摊位30个。

科研科普　是年，仙女山岩溶科研基地投入66万元，启动《武隆喀斯特世界自然遗产地可持续发展研究》课题研究，结题研究成果4项，编制评估报告15个。由西南大学院士袁道先牵头，将武隆成功申遗以及在遗产地保护管理中的突出贡献，作为“重庆市2020年度科技进步一等奖”候选项目正式备案。与中国地质科学学院岩溶地质研究所合作，编撰2本市内首套自然遗产科普专著——《世界遗产在武隆》《芙蓉洞科普图画册》，受疫情影响，出版工作延迟至2021年。全年参加交流座谈会议15次。

遗产宣传　是年，邀请专家、知名人士和本地公益贡献者9人组成武隆遗产地形象代言人团队，以微信朋友圈为阵地，开展“自然有限·守护永恒”宣传活动，受众达10万余人。与同济大学等高校学府开展“同行计划”和“扬帆计划”暑期实践，组织30余名学子走进遗产地现场开展科普研学，举办专家学者科普讲座1堂，辐射带动影响高校学子上万人。6月21日，全区在人民广场举办2020年“文化和自然遗产日”暨武隆“申遗”成功13周年庆宣传活动。开展“我是小小守护者”评选活动，评选守护儿童80人，影响家庭5000余户。利用文化和自然遗产日、集会等重要时间节点，在人流集中场所开展有奖知识问答、手抄报展示、法规咨询等活动；借人口普查等重大活动，开展“自然遗产根脉·武隆共护未来”入户宣传活动，赠送主题团扇8万把，挂历1万份。（区遗产保护中心）

【生态保护红线】　全区生态红线评估调整成果报国家审查。武隆区原有生态保护红线为834.63平方千米，占全区国土面积的28.89%，评估调整后的生态红线总面积为754.72平方千米，占全区国土面积比例26.12%。

【生态农业】　2020年，全区投入品减量化、生产清洁化、废弃物资源化加快推进，化肥农药施用量减少0.5%。受污染耕地安全利用率95%。农产品质量安全监测合格率稳定在97%以上。开展农产品质量安全执法专项行动，全面推进食用农产品合格证制度，查处各类违法案件10余件。

（区农业农村委）

【造林绿化】　2020年，推进森林生态屏障、生态治理与修复等重点工程建设。筹备2020年义务植树活动，累计栽植桂花、香樟、楠木等各类绿化苗木80万株；完成2020年度国土绿化提升行动项目11866.66公顷，组织开展2019年国土绿化提升行动的第二次成效验收；投资100万元，实施2020年岩溶地区石漠化综合治理林业项目143.91公顷；完成重庆市欧洲投资银行贷款林业发展项目第二次报账提款5762.76万元。完成武仙路升级改造3期建设任务，对青坪小学至大雁窝4千米公路两侧1～3米进行绿化，完成节点打造2个，绿化面积4500平方米；支持打造芙蓉街道东山村公路绿化、双河镇生态长廊、火炉镇向前村居民点绿化、白马镇板桥村集中绿化、羊角镇搬迁遗址生态修复等9个乡镇村镇绿化示范点，完成投资836万元；投资110.6万元，对原羊角镇场镇西部公路两旁搬迁遗址地进行绿化，绿化面积6.94公顷。

仙女山营林生产　全年规划国土绿化提升行动，其中森林抚育133.33公顷、特定灌木林培育400公顷、疏林地及未成林地培育200公顷，其中补植3.7公顷，生物围栏2734.8米，割灌除草37.94公顷，碑牌1座，界桩47根。完成周边绿化3000平方米。开展珍稀林木培育，新造水杉66.67公顷。

【林业生态保护】　2020年，完成2019年森林督查问题图斑150个查处工作，整改135个，查处2020年森林督查问题图斑12个，整改7个；查办行政案件275件、移送区公安局继续侦办13件。编制完成《全区自然保护地整合优化试点方案》并经市级专家评审。严格自然保护地项目审批，完成一般建设项目红线核准90个，农户建房审批20户、建设项目审批12起，重大建设项目2起。完成自然保护地违法违规问题整改84个，整改完成率96.5%；完成“绿盾2020”自然保护地强化监督工作11个人类活动遥感监测问题核查和长江经济带自然保护地31个问题点位核查。推进芙蓉湖国家湿地公园建设，于2020年12月通过国家林草局验收并获授牌。

（区林业局）

【仙女山森林资源保护】　全年出动森林防火宣传车250余台次，在园区醒目位置和重要节点设置防火警示牌80余块，发放《森林防火告游客书》7万余份，张贴防火令和宣传标语160余幅，发放宣传单3000余张。完善林区基础设施建设。修建森林防火通道3千米，通道路面宽度3.5米（含路肩4.5米）；修建标准化森林防火检查哨卡1座；修缮管护职工饮用水池1口。组建森林灭火应急救援队伍9支、135人；开展防火器材操作培训1次，参培20人；无人机操作培训1次，参培30人；组织5人参加白马镇森防演练；与涪陵大木林场联合开展防火器材使用技能培训1次，参训50人；3人参加区武装部统一组织的民兵培训演练1个月，实现全园森林火灾“零发案”及连续49年无森林火灾。关闭退出野生动物驯养繁殖场所2处。

（区林业局）

【畜牧业污染防治】　2020年，全区通过饲养减量、安装环保机械及修建环保设施，持续推进零排放、发酵床、水泡粪等多种绿色环保养殖模式，减少畜禽粪污排放总量；持续开展禁养区养殖场户关闭拆除工作，完成区政府下达的关停任务；集中治理畜禽养殖场172户，完成市上和区政府下达的2.5万头生猪当量治理任务；实施4000万元畜禽粪污资源化利用整县推进项目，完成185个畜禽粪污资源化利用项目建设，并启动农业废弃物利用（有机肥厂）建设，建立畜禽粪污收贮转运体系。（区畜牧发展中心）

8 月 10 日，后坪乡文凤村乡镇垃圾分类宣传墙　　　代君君　摄

【水环境生态保护】　全年排查整改“三乱”问题 93 个，乌江全面实施十年禁渔期制度，105 座电站全部建成生态基流泄放设施。　　（区水利局）

【园林建设与绿化】　至 2020 年年末，全区绿地面积 677.35 公顷，其中建成区绿地面积 618.66 公顷，建成区绿地率 35.35%。绿化覆盖面积 837.83 公顷，其中建成区绿化覆盖面积 684.25 公顷，建成区绿化覆盖率 39.1%。有公园 7 个，公园绿地面积 192.82 公顷，人均公园绿地面积 10.30 公顷。公园建设。完成木林岩、五一滑坡等坡坎崖绿化 10 处，完成人民广场、党校等 10 余处“微绿化”，完成闲置边角空地野花培植 20 余处。补植龙山公园、凤山公园内绿带 6000 余平方米，并试点安装喷灌系统。游园建设。投入 70 万余元建设观江苑小游园，面积 1000 平方米；投入 15 万元建设实验二小游园，面积约 600 平方米，栽植斑竹、小叶榕、木春菊、观赏草等。芙蓉中路绿化景观提升工程。梳理原有植物，取掉桂花、紫薇、樱花，增加花期长、效果好的树状月季，补植地被植物金叶女贞、红继木、佛顶桂、草花等。打造城区微绿化微景观。运用园林造景技艺，创新栽植方式将城区人民广场、党校、高速路转盘处的 10 组花器进行打造，运用盆景、组合花境的栽植形式，提炼城区微景观微绿。开展城区立体绿化。规划并实施城区立体绿化，投资 20 余万元，对中横街、渝珠对面、殡仪馆到实验二小、党校对面游园护坡、木林岩、五一滑坡、桂园路、人民医院门口、公路局门口、五龙城车站旁泄洪沟护坡等 10 余处种植爬山虎、常青藤、丰花凌霄、欧月等垂吊植物。城区香化美化工程。投资 15 万余元，对城区 10 余处街旁绿地和游园增加四季开花植物进行香化美化。对面积大的区域，集中布置美人梅、黄花槐、碧桃、木芙蓉等，对市民集中的游园、街旁绿地等，品种尽量丰富多样，增加蜡梅、栀子花、黄桷兰、美人蕉、红梅等。城区空地覆绿工程。通过播撒野花进行覆绿，投入 5 万元，在柏杨游园护坡、荣融大厦对面火车站护坡等地进行野花培植。仙女山街道改造部分广场和环岛，验收一批房地产项目配套绿地。改造迎宾广场、仙女广场、体育场环道、隆鑫转盘，仙女山街道配套绿地验收仙山曼谷一期、漫山云筑二期、中坤•依云林里三期二区等 8 个项目。羊角街道新建一批公园绿地。区工业集团投入资金 3380 万，建设面积 12.71 公顷，在羊角街道新建万宝路绿地、烈女路绿地、朝阳路绿地、青春路绿地、龙王路绿地、羊角古镇文化广场、土坎社区广场等。

【垃圾处理】　2020 年，因区生活垃圾填埋场达到设计使用年限且场区库容饱和，自 7 月 1 日起，区垃圾填埋场不再接收、处置生活垃圾，城区（含部分乡镇）生活垃圾均转运至涪陵垃圾焚烧发电厂进行处置。1—6 月，区生活垃圾填埋场继续填埋处置生活垃圾，共填埋处置生活垃圾 29185.32 吨，其中城区生活垃圾 17253.66 吨，乡镇（17 个乡镇、2 个街道）垃圾 11516.73 吨，景区垃圾 415.26 吨，日平均处置量 162.14 吨，无害化处理率达 100%；填埋场灭蚊除臭 180 余次，开展专项安全检查 150 余次，开展安全专项培训 12 次。7—12 月，区垃圾填埋场作为垃圾外运处置中转站对生活垃圾进行收集、转运，其间共外运处置生活垃圾 27978.99 吨，其中城区生活垃圾 13408.34 吨，乡镇（17 个乡镇、2 个街道）垃圾 13839.89 吨，景区垃圾 535.66 吨，日平均转运处置量 155.44 吨，生活垃圾外运处置率达 100%。

全区生活垃圾填埋场渗滤液处理厂，位于区生活垃圾填埋场内，2018 年 12 月投入运行，设计进水约 150 吨、排水 80 吨，处理工艺为“外置式 MBR（两级 A/O）+NF（纳滤）+RO（反渗透）”。全年共处理渗滤液 40570 立方米，日均处理量约 111.15 立方米。

（区城市管理局）

【污水处理】　全年完成龙湖路人居环境整治项目建设；博爱医院及中心城区污水管网改造工程于 12 月 10 日开工建设；完成鸭江污水处理厂、石桥环湖聚居点污水处理项目前期手续。推进乡镇污水管网项目建设，新建污水主管网 5.78 千米，三级管网 1.4 千米，修建检查井 229 座，一体化提升泵站 2 座。大洞河、赵家等 13 个乡镇污水管网完成移交。

［区建设投资（集团）公司］

【废弃农膜回收利用】　2020 年，全区回收废弃农膜 462.66 吨，完成率 161.21%，回收率达 86%；回收农用包装袋 69 吨，完成率 138%。区供销社确定区供销社经济开发公司为专门的废弃农膜回收公司，建立“回收站点＋公司＋加工厂”的农膜回收网络体系，新成立永利再生资源有限责任公司，建立贮运中心1个，新建回收站（点）6个，累计建立废弃农膜收购站点47个。会同相关部门组成联合检查组，对全区农膜生产、销售市场开展联合检查，依法查处、打击生产销售非标地膜行为。加强废弃农膜收购价格、质量控制等管理，指导回收、加工企业制定废弃农膜收购、交易结算等制度。（区供销合作社）

环境监管

6月4日，武隆区开展“六五”环境日宣传活动　代君君　摄

【环境监测】　全区实施武隆区空气质量网格化管理项目，建立常规站、微型站的空气质量网格监测体系。全年共签发116份各类监测报告，共上报监测数据1.6万个。对全区设计处理能力20吨/日以上的镇村生活污水处理设施全年开展2次监测，出具监测报告66份。对全区重点排污单位（9厂次）自行监测开展情况进行检查，加强对企业自行监测方案编制的技术指导和备案审查。开展乌江（武隆段）涉及的45个入河排污口监测工作。配合区生态环境局监察支队执行执法监测30余次，按时出具监测报告29份，提供监测数据1000个。

【环保督查问题整改】　2020年年末，2016年第一轮中央环保督察武隆区涉及的26项整改任务和2018年市级环保集中督察反馈的53项具体整改任务，全部整改销号。2019年第二轮中央生态环保督察交办群众投诉举报件41件，全部办结；23项整改任务整改销号10项，剩余整改任务按方案要求序时推进。

市水生态环境问题暗查暗访暗拍专项行动，反馈武隆区4个问题。区环督办4个问题进行交办，截至年底，“何家电站取水坝无生态泄流流量监测”“大院子电站取水坝无生态泄流流量监测”2个问题完成整改。“凤山街道乌江大桥下，雨水涵洞混入生活污水直排乌江”问题（实地核查为人行桥下雨水涵洞），白马镇雨水涵洞混入生活污水直排乌江支流，污水处理厂附近污水管网有明显溢流痕迹问题于2021年1月31日前完成整改。

【环境执法监管】　全年立案查处各类环境违法行为15起，下达行政处罚决定书14件，共计罚款77.7万元，责令改正违法行为14件；申请法院强制执行案件1件，催缴行政处罚案件1件。全年共收缴环保罚款65.9797万元。公布2020年度9家重点排污单位和32家正面清单企业名录。

环保审批　全年共审批建设项目环境影响评价文件44个，投资总额34.5亿元，其中环保投资0.76亿元；指导建设项目登记表项目网上备案305个，投资总额60.16亿元，其中环保投资1.27亿元，因不符合备案条件撤销备案的6个；核发夜间作业审核意见书41个；核发辐射安全许可证23个。落实区级要求，取得白马山度假区规划环评、乌江白马航电枢纽环境影响评估报告书。环保专项行动。全年相继开展整治污水偷排直排乱排、乌江入河排污口排查整治、居民住宅小区餐饮业油烟达标排放监管执法、“严查噪声污染　确保高中考环境”、严厉打击危险废物环境违法犯罪行为、露天矿山综合整治、环境安全领域系列、“散乱污”企业整治行动，精准打击环境违法专项行动。环境信用评价。全区26家重点企业纳入2019年度环境信用评价（其中纳入市级环境信用评价2家，区级环境信用评价24家），评审结果为环保诚信企业1家，环保良好企业23家，警示企业2家，全面落实红黑名单制。

【环保宣传教育】　2020年，全区开展世界水日、世界地球日、“6·5”环境日、“节能宣传周暨低碳日”“防灾减灾宣传”等系列宣传活动，招募并注册志愿者107人，共发放宣传资料3000余份，累计服务时长500余小时。通过武隆电视台、《武隆日报》、“武隆生态环境”政务微博、微信公众号互动传播能力，做好环保重点信息的推送。全年共发布微博文章1500余条，发布微信文章600余条，原创100余条。组织拍摄名为《绿水青山背后的武隆故事》和《大溪河的守护者》的攻坚战污染、绿色促发展短视频各1部，在全市各区县的评比中，获市局颁发的“最佳组织奖”和“最佳传播奖”。（区生态环境局）

生态旅游

综　述

【概况】武隆集大娄山脉之雄，武陵风光之秀，乌江画廊之幽，被誉为“世界喀斯特生态博物馆”；先后获评“首批国家级旅游业改革创新先行区”“全国乡村旅游和休闲农业示范县”“全国森林旅游示范县”“全国旅游文明先进单位”“中国森林氧吧”“中国绿色旅游示范基地”“仙女山国家级旅游度假区”“国家体育旅游示范基地”“全国通用航空旅游示范单位”等多项荣誉，拥有“世界自然遗产”“国家AAAAA级旅游景区”“国家级旅游度假区”三块招牌，被联合国开发计划署授予“可持续发展城市范例奖”。核心景区天生三桥、仙女山先后进入“150万游客俱乐部”；芙蓉洞、龙水峡地缝成为“100万游客俱乐部”；芙蓉江进入“50万游客俱乐部”。“十三五”期间全区累计接待游客总量接近1亿人次，年均增长13.7%；累计实现综合收入257亿元，年均增长14.8%。

2020年，全区接待游客3701.02万人次，同比增长5.01%，旅游综合收入180.02亿元，同比增长5.88%；3月18日，龙水峡地缝被批准为国家AAAA级旅游景区；6月5日，仙女山入选“国家森林康养基地”；8月8日，武隆区获评“中国最佳国际休闲旅游目的地”“中国最佳国际康养旅游目的地”；11月18日，武隆景区获“巴蜀文化旅游走廊新地标”称号；12月30日，芙蓉江景区被批准为国家AAAA级旅游景区。

【乡村旅游】2020年，全区乡村旅游接待游客1200.05万人次，综合收入24.07亿元，同比分别增长20.02%和20.24%。

【武隆旅游扶贫模式入选世界旅游联盟旅游减贫案例】10月10日，《重庆武隆区：“旅游+N”多产业融合发展》入选“世界旅游联盟旅游减贫案例100”，位居第74例。

武隆区是全国唯一同时拥有“世界自然遗产”“国家AAAAA级旅游景区”“国家级旅游度假区”“国家绿色旅游示范基地”“联合国可持续发展城市示范奖”5块招牌的县级区。通过旅游与文体“联姻”、旅游与地产“联建”、旅游与农业“联合”、旅游与商贸“联动”等多种“旅游+N”模式的“武隆模式”，发展休闲度假、纳凉避暑、康体运动、会议会展、养老养生等旅游业态，不断延伸和壮大旅游产业链条，同时拓展多种渠道增加贫困居民收入，提高居民生活水平，降低地区贫困发生率，为全国其他贫困地区的发展提供借鉴。

旅游资源

【概况】全区喀斯特地貌显著，群山连绵，沟壑密布，乌江横贯全境，乌江支流芙蓉江流淌其间。自然景观资源丰富，山青、水秀、崖雄、峰巍、洞奇、峡幽、涧深、滩险。全区旅游资源单体654处，分属8个主类、18个亚类、65个基本类型，通过专家评价后有优良级旅游资源单体112处，其中五级8个，分别为仙女山、白马山、天生三桥、龙水峡地缝、后坪天坑群、芙蓉洞、印象武隆、中国国际山地户外运动公开赛，四级16个，三级88个。已经开发的主要景区有：世界规模最大、最高的串珠式天生桥群——天生三桥；地质奇观——龙水峡地缝；山城夏宫、东方瑞士和落在凡间的伊甸园——仙女山国家森林公园；中国唯一列入《世界遗产名录》的洞穴——芙蓉洞；亚热带“生物基因库”——白马山；水上喀斯特森林——芙蓉江；田园综合体——仙女山归原小镇；世界口部面积最大的天坑——天坑寨子；峡谷漂流——仙女峡等；未开发的景区有：世界唯一的冲蚀型天坑——后坪天坑，世界最大和亚洲最深的竖井群——天星竖井群，亚洲最长的洞穴——桐梓山洞穴群，世界最高洞厅——二龙口洞，水上乐园——芙蓉湖等。

7月29日，芙蓉江游船启航仪式活动现场　　王俊杰　摄

武隆区自然旅游资源情况表

表31

序号	分类	名称	地址
1	主要景区景点	天生三桥	仙女山街道白果场
2		仙女山国家森林公园	仙女山街道石梁子村
3		芙蓉洞	江口镇天星村
4		芙蓉江	江口镇三河村
5		龙水峡地缝	仙女山街道白果场
6		后坪天坑群	后坪乡中岭村
7		黄柏渡漂流	凤山街道沿河村
8		白马山天尺情缘景区	白马镇车盘村
9		乌江画廊	武隆全境
10		中下石院天坑	仙女山街道白果村
11		芙蓉湖	石桥乡八角村
12		桐梓山	桐梓镇
13		弹子山	和顺镇
14		大洞河	长坝镇、白云乡、大洞河乡
15		鸭江小三峡	鸭江镇大溪河三元村
16		梦幻谷	仙女山街道桃园村
17		仙女湖	仙女山街道桃园村
18		三潮圣水	火炉镇关桥村
19		木棕河大峡谷、漂流	沧沟乡大田村
20		朱子溪、红军渡	浩口乡浩口村
21		万峰林海	火炉镇万峰村、保峰村、岩峰村
22		山虎关水库	赵家乡新华村
23		和尚崖	土坎镇清水村
24		七洞门	黄莺乡坪上组
25		鸡尾山垮塌遗址公园	大洞河乡红宝村
26	名古树	接龙千年银杏王	接龙乡小坪村白果树组
27		双河九耙古树	双河乡新春村高峰组
28		鱼子楠木古树	后坪乡
29		火炉五根树	火炉镇保峰村
30		浩口红豆杉	浩口境内
31		山虎关水库古银杉	赵家乡山虎关水库
32		文复古柏树王、桂花王	文复乡漆树村杉树林村民小组
33	自然景观资源点	矿洞石柱	凤山街道矿洞村民小组
34		硝洞	凤山街道桃核坝村民小组
35		赵子沟自然风景	凤山街道十六村民小组
36		破口山自然风景	凤山街道八村民小组
37		朝天望金银花基地	凤山街道沙弯村民小组
38		万人洞	凤山街道中堆坝村民小组
39		三木药材基地生态观光	凤山街道石海炉村民小组
40		广坪森林	凤山街道广坪村
41		老盘河	芙蓉镇
42		瓦厂坝温泉	凤山街道三桥
43		岩穴	凤山街道广坪村火石坝

续表 31

序号	分类	名称	地址
44	自然景观资源点	大水井石林	仙女山街道石梁子居委大水井组
45		现代农业观光园	仙女山街道荆竹村
46		少数民族风情街	仙女山街道石梁子
47		警示教育基地	仙女山街道石梁子
48		现代农业观光园	仙女山街道石梁子
49		蔡家温泉	江口镇蔡家村卷棚农业社
50		银盘电站大坝	江口镇
51		生命之泉	江口镇
52		城门洞	白马镇车盘村城门洞组
53		大沙河	白马镇车盘村四合组
54		羊子千溶洞	白马镇车盘村风香坪组
55		天尺茶园	白马镇豹岩村天池组
56		长坝蓉洞	长坝镇
57		长坝石林	长坝镇
58		谭家沟	长坝镇鹅冠村邓家堡组
59		花猪洞	长坝镇前进村黄岩组
60		七眼洞	长坝镇前进村黄泥桩组
61		黄岩迁	长坝镇茶园村李子堡组
62		铁厂沟	长坝镇简村村沙窝组
63		东山箐林场	火炉镇筏子村
64		筏子石林	火炉镇筏子村
65		周家山林场	火炉镇徐家村
66		徐家石林	火炉镇徐家村
67		东山箐林场	火炉镇筏子村
68		老鹰嘴	火炉镇岩峰村
69		腊溪沟	火炉镇保峰村
70		乌龟石	火炉镇岩峰村
71		荷花园	火炉镇木水村
72		脆桃园	火炉镇筏子村
73		香梨园	火炉镇保峰村
74		半边园水库	火炉镇保峰村
75		石柱天坑	桐梓镇繁荣村 1 社
76		池塘坪	桐梓镇官田村 7 社
77		乐元水库	桐梓镇香树村 4 社
78		香树银花山	桐梓镇香树村 4 社
79		花塔原始森林	桐梓镇桐梓村 4 社
80		花尖岩大草坪	桐梓镇桐梓村 7 社
81		花园桃园风光	鸭江镇大溪河三元村大坨社
82		石堡冲山水风光	鸭江镇送月村石堡冲水库
83		万亩梨园风光	鸭江镇羊岩村、送月村
84		鲤鱼石森林公园	鸭江镇
85		尖峰岭森林	平桥镇龙园村岩上农业社
86		赵家坝溶洞	平桥镇茅坪村赵家坝农业社
87		双狮山乡村旅游	平桥镇高屋村过家楼农业社
88		联合水库休闲旅游	平桥镇南坪村桂花园农业社

续表 31

序号	分类	名称	地址
89	自然景观资源点	仙女洞	和顺镇周家山村茅草坪社
90		青木池石林	和顺镇青木池村金车社
91		现代烟草观光示范园	和顺镇青木池村川迁社
92		鸡冠岭岩崩遗址	和顺镇核桃坪村鸡冠岭
93		瀑头观峻	羊角街道朱家嘴渡口对岸
94		响水临江	土坎造纸厂西侧
95		层严两榜	羊角街道新坪村与芙蓉街道白杨村
96		云子山	羊角街道李家组云子组
97		燕翅洞、观音洞	羊角街道朝阳观音组
98		观光枣园	羊角街道鹅岭石梁组
99		都园林场	羊角街道杨柳山
100		寨门	羊角街道庙尔
101		烈女岩	羊角街道
102		五里滩	羊角街道
103		盐井峡温泉	羊角街道
104		凉风垭	羊角街道凉风
105		杨家湾	羊角街道沙湾组
106		白云石林	白云乡红色村生基坪组
107		白云乡打蕨朝原始生态度假村	白云乡红星村四合头组
108		沿沧河观光游	沧沟乡关庙村田家寺组、水竹林组，沧沟村（甘乡沟沟）
109		老关嘴	沧沟乡大田村木棕河三级站
110		山台山	沧沟乡大水村山台山
111		“天心眼”溶洞	沧沟乡大水村岩峰槽组
112		凤凰山	沧沟乡关庙村中岭组
113		山王洞	沧沟乡青杠村大堡顶
114		土城台皇城庙	沧沟乡沧沟村土城台
115		阎王沟	后坪乡中岭村一组
116		喀斯特石柱	后坪乡中岭村七组
117		红山湖	后坪乡文凤村五组
118		后坪原始森林	后坪乡文凤村五六组、高坪村四组
119		人头山、山王敦	后坪乡中岭村、文凤村交界处
120		后坪石林	后坪乡中岭村三组、高坪村三、四组
121		百刹滩	浩口乡何家村上坝村民小组
122		天体浴场	浩口乡何家村上坝村民小组
123		化石峡谷	浩口乡三汇村邵家山村民小组
124		石墙	浩口乡三汇村邵家山村民小组
125		浩口电站库区	浩口乡浩口村民小组
126		杨狮岩	黄莺乡黄莺村大弯组
127		黑面角	黄莺乡复兴村丰源组
128		应和岩	黄莺乡复兴村三重堂组
129		大锅凼	黄莺乡复兴村丰源组
130		黄泊淌	黄莺乡复兴村沙坪组
131		小坪群峰	接龙乡小坪村
132		山富林场	接龙乡接龙村
133		犀牛洞	接龙乡山丘组

续表31

序号	分类	名称	地址
134	自然景观资源点	三岔洞	接龙乡山丘组
135		接龙水库	接龙乡两河村
136		接龙云海	接龙乡盖坪组
137		笋子坪风光	接龙乡
138		蒋家湾大坝	接龙乡
139		贯角山乡村旅游	石桥武务路贯角村沿线
140		观音寺休闲养生旅游	石桥乡香龙村观音寺组
141		天池—大坪公路汽车户外自驾游基地	石桥乡天池—公路环线大坪
142		环湖自行车基地	石桥湖—南厂湖
143		仙女石	双河乡梅子村梅子组
144		仙女洞	双河乡荞子村荞上组深基湾
145		鹰嘴岩	双河乡木根村文堂组
146		马战口洞	双河乡石坝村堡坨组
147		磨槽湾山峰	双河乡石坝村董家坝
148		牛心山	大洞河乡红宝村白岩组
149		大佛岩	大洞河乡百胜村椿树坪组
150		大梁子原始森林	大洞河乡红宝村、百胜村后
151		穆杨沟田园风光	大洞河乡百胜村树坪组、石梯子组
152		赵云山河谷	大洞河乡红宝村铜鼓组
153		绿池湖	大洞河乡红宝村铜鼓组
154		后山乡村旅游	大洞河乡红宝村铜鼓组至九矿路15千米
155		泉口、山层岩、寨洞	土地乡天生村天生桥组分水岭
156		五棵树	土地乡天生村天生桥组分水岭
157		天生桥、猪圈门、石藤沟	土地乡天生村天生桥组大厂
158		鹰嘴岩	土地乡天生村天生桥组竹园
159		香沟湖	土地乡天生村柏树坳组石板沟
160		南天门	土地乡天生村荆竹槽组南天门
161		石林	土地乡天生村河坝组穿洞坝
162		燕子背林场	文复乡铜锣村燕子背村民小组
163		土地坳茶厂	文复乡兴隆村车盆塘村民小组
164		韩井沟高山生态林	文复乡高隆村韩井沟村民小组
165		马厂坝生态观光区	文复乡西山村懒板凳村民小组
166		观音洞景区	文复乡西山村村公所村民小组
167		柿子林生态观光区	文复乡兴隆村萝卜垭村民小组
168		铺坝鲜花园	文复乡兴隆村车盆塘村民小组
169		观山亭	赵家乡新华村庙board社
170		六井沟	赵家乡新华村庙board社
171		马头山	赵家乡新华村新房子社
172		铜鼓箐	赵家乡香房村灯盏社
173		万宝场竹海	赵家乡香房村石垭子社
174		石香炉	赵家乡新华村石香炉社
175		轿子山	赵家乡香房村石垭子社
176		凉风洞	赵家乡香房村灯盏社
177		石船河	赵家乡香房村放牛坪社

【仙女山度假区】 重庆市武隆区仙女山旅游度假区管理委员会协管区面积318.2平方千米，规划区面积68平方千米。其中，规划建设用地面积16.36平方千米，规划商住用地总规模为11.87平方千米。现建成区面积达15平方千米。度假区始终坚持“显山、露林、隐城”的规划原则进行规划建设，保留金鼎山等原生态山脊线，保留原生态山头35个。度假区容积率、绿化率、建筑密度、建筑限高等规划指标严格执行规范。度假区容积率控制在0.6以内，绿化率控制在45%以上，建筑密度控制在35%之下，建筑限高控制在12.5米以内。度假区建设11年来，累计引进40余家开发企业，引资协议总投资500亿元，实现投资230亿元。旅游房地产总开工面积210万平方米，建成商品房150万平方米、3万余套，已销售房屋140万平方米、3万套，实现销售收入100亿元以上。累计建成商业及酒店等配套设施58万平方米（其中，酒店28万平方米、商业街30万平方米），实现财政收入36亿元。累计接待游客3200万人以上，旅游高峰人口达到25万人次/天以上。旅游收入累计100亿元以上。

度假区建成城市主次干道22条46千米，市政管网70千米。建成市民广场5个，面积58088平方米，完成城市绿化55万平方米。建成天衢公园、嫦娥公园、鸾姵公园、婵娟公园、百卉公园等市政及社区公园15个。建有国际标准体育场、民俗赛马场、18洞山地标准高尔夫球场、室内体育馆、运动中心、自行车道、登山步道等大批户外运动设施。已建成供水厂3个、水库各2个，日供水量2.5万立方米。建成污水处理厂2个，日处理量3800吨。建成供气站1个，日供应量2.5万立方米。建成垃圾中转站1个，110千伏变电站1个。已建成西南地区规模最大的酒店集群，现有三星级（标准）以上酒店20家，房间3200间，床位4812张。有农家乐公寓300余家，房间8096间，床位14884张。共有旅游接待配套房11290余间、床位2.2万余张；建有金马广场、仙女天街、夜宴仙女山、七色天街、雪岭仙山、仙山流云、布鲁克林和懒人村落8条商业街，商业街面积达30万平方米。商业街内有餐饮、酒吧、咖啡吧、雪茄吧、红酒吧等各类商铺400余家。在建星际未来城、阳光童年、懒坝LAB国际文化艺术主题公园、仙女半山太阳季等现代旅游、文化、康养产业项目。

仙女山景区　　王俊杰　摄

【白马山度假区】 位于武隆区境西南，与仙女山国家级旅游度假区和仙女山国家森林公园隔乌江相望，其核心区天尺坪距武隆中心城区35千米，距渝湘高速白马互通20千米，距乌江白马码头20千米，距仙女山机场60千米，距拟建的渝湘高铁武隆站45千米，距重庆主城区125千米。管控面积478平方千米，范围包括赵家乡、大洞河乡、黄莺乡全域，白马镇2个村、羊角镇5个村、凤山街道3个村，以及白马山市级自然保护区，共计辖22个村居，人口9000余户3.2万余人。其中，旅游度假片区规划面积50.3平方千米，建设用地9.69平方千米，平均海拔1200米，主峰最高海拔1984米，森林覆盖率达90%以上。度假区旅游资源丰富，有原始森林、原生高山杜鹃花海、黄柏淌高山湿地、望仙崖、城门洞、黄莺大峡谷、大佛岩、大洞河、赵云山等自然景观，也有“万寿桥”、黔蜀门屏、朝天望、天尺坪茶海、神龙湖等人文景观，爱情文化、盐茶古道文化、茶文化、红色文化、森林科普文化。

【白马山天尺情缘景区】 位于白马山，典型的亚热带地区高山高海拔气候，年降雨量1200～1400毫米，年平均温度9～12℃，全年日照时间1100小时左右，相对湿度75%以上，最高温度31℃，最低温度-5℃，冬长夏短，常云雾弥漫。该景区是白马山旅游度假区核心景区；2019年8月18日，开园迎客；11月25日，获评国家AAAA级旅游景区。景区建设面积14万余平方米，房屋总面积超8.2万平方米，绿化总面积54万平方米；步游道总长25千米；公路总长27千米；固定停车位1585个。有望仙崖、贡茶园、巴国石林，结合现代文旅特色的白马仙街、浪漫天街、现代观光茶园、8D影院、真爱礼堂、爱情魔方、飞天索桥、“飞天之吻”等景点。2020年，全年接待游客27万人次。

“飞天之吻”景点2019年6月23日开工，2020年7月1日正式投入运行，完成投资5780万元，项目占地面积约6003平方米；由2台大型的飞行岛组成，南边的岛座代表白马王子；北边的岛座代表仙女，每台飞行岛的观光舱可以容纳60人。大臂旋转半径

白马山飞天之吻景点　　代君君　摄

39.5米；设备静态高度22米；设备运行高度52米，契合“520”爱情文化主题。观光舱安装在大臂的端头，并可绕自身铅垂轴旋转。设备运行时，2个大臂绕立柱上的水平轴，缓缓抬升，联动运行，最终观光舱升到离地面52米的高处时相互距离仅为2米左右，仿若空中接吻。

8D影院　2019年1月20日开工，2020年6月完工，投资4600万元；外形如钻石；主要播放白马王子和青衣仙女的爱情故事，采用独创360度动感弧幕剧场形式，游客站立在观影台之上，佩戴3D眼镜，可360度观赏影片画面，观影台将根据影片内容实时旋转、上升、下降、倾斜，现场模拟吹风、闪电、喷水、香味等特效。

【仙女山国家森林公园】　公园距城区28千米，位于乌江北岸，海拔1650～2033米，年平均气温低于11.2℃，拥有森林2.2万公顷，天然草原6666.67公顷，119科609种植物，林海、奇峰、草场、雪原并称“仙女山四绝”，被游客誉为“南国第一牧原”和“东方瑞士”；1999年被国家林业局批准命名为“国家级森林公园”，2011年被评为国家AAAAA级旅游景区。园内拥有观光小火车、骑马、滑雪、赛车、滑翔伞等20余个游乐项目；有仙女山长松国际大酒店、仙女山华邦酒店、仙女山学府家园酒店等四星级以上酒店集群；成功打造“仙女山草原露营国际音乐季”“仙女山国际风筝节”“国际山地户外运动公开赛”等知名文体旅融合的品牌项目。2020年6月5日，仙女山入选“国家森林康养基地”；全年接待游客86万人次，实现旅游收入1.18亿元。

【天生三桥景区】　位于仙女山街道，距仙女山国家森林公园15千米，于2000年5月1日正式对游客开放，2007年6月申报世界自然遗产，2011年获评国家AAAAA级旅游景区，与芙蓉洞共获“国家地质公园”称号。天生三桥由天龙桥、青龙桥、黑龙桥3座天然石拱桥夹抱青龙天坑、神鹰天坑组成，在不到1.2千米范围内，平行横跨在羊水河峡谷之上，形成“三桥夹两坑”的世界奇特景观。石桥平均高300米以上，桥面跨度500米以上，桥面厚度168米以上，总高度、桥拱高度和桥面厚度均居世界第一，被探险专家和地质专家赞为“地球遗产、世界奇观”，也是《变形金刚4》《满城尽带黄金甲》《三生三世十里桃花》等影视剧和综艺节目取景地。游道全程2千米。

【龙水峡地缝景区】　位于仙女山街道白果村，距离天生三桥景区3千米。整个峡谷高差达350米，两岸最窄处仅1米，游道全程4千米，主要为栈道式设计。该景区与天生三桥孪生发育在三叠系下统的碳酸盐岩河段，属纯生态地缝式峡谷景观，由入口地缝、中途穿洞、出口地峡三段组成，内部峡深壁立，原始植被、飞瀑流泉、急流深潭交相辉映，是辖区又一岩溶地质奇观，也是武隆国家岩溶地质公园的重要组成部分。2020年3月18日，龙水峡地缝获评国家AAAA级旅游景区。

【芙蓉洞景区】　位于芙蓉江畔，景区于1994年5月1日正式对外开放，2007年6月申报世界自然遗产，2011年获评国家AAAAA级旅游景区。芙蓉洞形成于第四纪更新世，发育在寒武系和奥陶系碳酸盐岩中，全长2.7千米，宽、高30～50米，其中“辉煌大厅”底面积在1.1万平方米以上。该洞以竖井众多、洞穴沉积物类型齐全、形态完美、质地纯净著称，其竖井是国内外发现的最大竖井群。洞中主要景点有“金銮宝殿”“雷峰宝塔”“玉柱擎天”“玉林琼花”“海底龙宫”“巨幕飞瀑”“石田珍珠”“生命之源”“珊瑚瑶池”等，其中“生命之源”“珊瑚瑶池”“巨幕飞瀑”“犬牙晶花”“石花之王”被称为“芙蓉洞五绝”。中国地质学会洞穴研究会会长朱学稳评价芙蓉洞为“一座斑斓辉煌的地下艺术宫殿，一座内容丰富的洞穴科学博物馆”，世界洞穴协会副会长安迪评价芙蓉洞是“世界上最好的游览洞穴之一”并题词。

【芙蓉江景区】　位于江口镇，主流河段长35千米，面积152.8平方千米，以典型的规模宏大的“U”形峡谷为主，是一个江峡型小尺度大容量喀斯特地貌和原始水上森林型风景区。景区包括以芙蓉江主体河流为主的沿岸景区、芙蓉洞景区，以苗寨风情、古木竹海、猴园、芭蕉林为主的盘古河景区，以蝴蝶谷、龙孔飞瀑、大小石笋为主的悬坝景区，以红军渡、玛瑙飞泉、姜太公钓鱼、珠子溪为主的朱子溪景区。2002年5月17日，被国务院批准为第四批国家重点风景名胜区；2020年12月30日，获评国家AAAA级旅游景区。景区新增9艘鱼龙造型全新游船，根据承载量不同，分为30座、60座、90座、120座四大类。

【芙蓉湖国家湿地公园】　湿地公园保护建设总面积846.07公顷，湿地率

芙蓉江景区　　王俊杰　摄

59.72%；有维管束植物达147科405属579种、脊椎动物达268种，国家Ⅰ级、Ⅱ级保护动植物达20种。新建污水处理管道约1万米、水泵站5座，修复湿地面积16.67公顷，建成动态型梯级·林泽·多塘复合系统，湿地公园水环境质量达《地表水环境质量标准》Ⅱ类标准。将废弃船型建筑、造船厂等改造为“生命之舟”自然教室、“蝴蝶花园”等，建成全区首个集生态保护、自然教育于一体的示范性自然教育基地。2020年12月25日，通过国家林业和草原局2020年国家湿地公园试点验收。

【懒坝国际禅境艺术度假区】 地处仙女山南麓和尚岩，位于羊角街道与仙女山街道之间；距离武隆城区30千米，距离仙女山核心位置7千米，紧邻仙女山机场；项目因地处懒坝而得名，其英文名LAB，意指生活Life、艺术Art、信仰Belief，同时也意味着实验室。项目规划控制范围17.6平方千米，建设用地106.67公顷，总投资逾30亿元人民币；以和尚岩绝壁为核心自然景观，建有禅境艺术花园、佛文化园、康养旅居、懒人村落等项目。项目一期包括大地艺术花园、佛文化园、懒人村落、禅境艺术小镇4个区域，于2019年8月开园，同时开启首届“武隆懒坝国际大地艺术季”。度假区内大部分餐饮、住宿，均为自营，如“留离素食”“我从山中来”等餐饮品牌独具特色；而“无识酒店”“阁楼酒店”“懒坝国际青年旅舍”“LAB ARTCASA”设计上各有特色，品质均能代表仙女山一流的民宿酒店风格。

大地艺术花园　占地40公顷，是一座浮于云海之上的梦幻花园，由日光花园、月光花园组成，有游光隧道、祈福栈道、静心湖等景点。作为艺术品室内集中展陈区的懒坝美术馆也坐落于花园之中。苔藓馆、漂浮的岛屿、老虎机餐厅等处，既是旅游配套服务建筑，也是艺术品的承载空间。

【《印象·武隆》大型实景演艺】《印象·武隆》是张艺谋“印象”系列中体现巴渝民间文化的大型实景演出。整场演出以真实山景为舞台背景，以非物质文化遗产“川江号子”为主线，穿插号子、哭嫁等传统民俗和“棒棒”“滑竿”“麻辣火锅”等巴渝人文元素，成为现代技术与传统文化完美融合的大型实景演出。演出场地紧邻天生三桥景区，峡谷呈“U”形，落差180米，占地20公顷，观众座位2688个，演出时间约70分钟，每年3月1日开演，12月底休演。《印象·武隆》演出先后获首届视界大赏年度“最佳旅游演出奖”、重庆市“十二五”规划重点文化产业项目、重庆市最具观赏价值文化产业项目、重庆市非物质文化遗产传承基地、2012年度同程网网友最喜欢的旅游景区、“2012重庆非去不可十大旅游名片”、2012中国旅游总评榜年度旅游品牌大奖、“点赞重庆2014最赞事件微营销奖”、“道略演艺·2015年中国旅游演出剧票房二十强”、重庆文化旅游新地标、“重庆市‘双百佳文化消费新领地’评选——特色演出”等称号。2019年4月，入选《重庆文化旅游新地标地图》。从2012年公演至2020年12月，累计演出2800余场次，接待游客超350万人次，经营收入近5亿元。其中，2020年从5月1日复演以来，共演出246场，接待游客超14万人次，经营收入1977万元。

（区文化旅游委）

懒坝国际大地艺术小镇　　代君君　摄

《印象·武隆》演出场景　　王俊杰　摄

旅游开发建设

【概况】 2020年，全区按照一心一带五区一网的规划模式山水园林旅游新城（武隆城区）：主动对应重庆建设长江经济带西部中心枢纽、内陆开放高地、新兴产业高地、国家中心城市的城市功能，定位于承接重庆主城旅游功能拓展和延伸，建成特色鲜明的国际化山水园林旅游城市和渝东南区域旅游中心城市。创建龙水峡地缝景区、芙蓉江景区为国家AAAA级旅游景区；后坪乡文凤村、芙蓉街道堰塘村创建第二批全国乡村旅游重点村，火炉镇保峰村（呐溪原乡）成功创建第一批市级乡村旅游重点村。仙女山游客中心成为重庆市唯一入选文化和旅游部首批公共服务机构功能融合试点单位；“双晒”活动获最佳传播奖。武隆区以发展生态旅游助推旅游脱贫攻坚的模式，再次被世界旅游联盟作为减贫案例给予推广。

【旅游营销活动】 2020年，全区开展仙女山国际音乐季、仙女山冰雪童话季、芙蓉江开游启动仪式、呐溪原乡和大田湿地人家开园仪式、首届哈雷机车文化节、“自驾白马山、相约飞天吻”自驾活动、“情定白马山、相约飞天吻”七夕音乐季以及学习强国平台党员直播带货“渝”你抗疫直播、“区长来了”武隆扶贫专场卢区长直播带货、双晒活动“晒旅游精品，晒文创产品”等营销活动。

【旅游市场推广】 2020年，全区调研各营销市场，与国旅、中旅、青旅、携程（百事通）、渝之旅、乐畅、港中旅、宝中8家平台社所属1774家门店的签约合作，拓展营销渠道。全年通过抖音、快手、一直播、花椒、映客、斗鱼、央视App等主流平台直播营销活动及旅游景点共计33频次，观看量1000万次，多次登上榜清博大数据AAAAA级旅游景区传播力榜单；在马蜂窝、携程、微博、搜狐等平台发布，总浏览量300余万次；通过微博、爱奇艺、腾讯等视频平台发布短视频100批次，总播放量100余万次。陈宗懋院士茶叶院士基地落户白马山天尺坪贡茶园，“仙女红”茶品牌获“2020重庆好礼外事礼品”铜奖、重庆市第五届十大名茶茗优茶评比红茶金奖等。参加成渝地区双城经济圈“巴蜀文化旅游走廊自由行”启动仪式，成为重庆市唯一推介景区，与成渝地区170余家旅游景区达成资源共享互推。与市区和武隆68家酒店、48家餐厅、8家运输服务公司建立资源合作关系并签订合作协议。推出武隆旅游资源包政策，与涉旅商家、渠道商建立利益共同体。融入“成渝地区双城经济圈”建设，与四川峨眉山、海螺沟、碧峰峡及重庆金佛山联合签订《成渝双城经济圈AAAAA景区联动协作战略合作框架协议》。

【仙女山度假区建设】 2020年，度假区全年完成固定资产投资14.38亿元，完成全年任务的89.2%；签订招商引资项目协议5个，协议签约金额61.85亿元，完成全年招商目标任务的82.47%；实现土地出让综合价金收入3.37亿元，完成全年任务的84.25%；实现配套费收入1600万元，完成全年任务（2500万元）的64%；实现税收1.7亿元。

基础设施　度假区和尚岩污水管网工程、碧云路道路扩宽工程、8千米自行车道建设、接待中心和希望小学电线下地工程、度假区迎宾广场大门改造完工；完成罗家槽新建公厕、黄家大湾广场、仙女山广场、体育场、夜宴公厕改造工程；城市书屋装修工程、体育场改建工程；度假区殡仪馆经通过区规划初审会议审查；度假区集中供暖方案通过区规委会审查。

旅游地产　度假区推进天衢府邸、仙女天街、千山原、漫山云筑、木里小镇、汇祥云深处、依云林里、仙山漫谷、君鼎壹号、仙山丽景、蔚蓝卡地亚等旅游地产项目建设，全年完成投资6.19亿元；销售房屋2100余套，销售面积14万平方米，实现销售收入11亿元以上。

重点项目　博象·美术馆开馆；24小时城市书屋投入运营；度假区阳光童年项目荷兰驿站、瑞士驿站主体工程完成，装修中；懒坝LAB项目净心寺内装完工，大地艺术公园恢复对外营业，懒人村落二期主体施工，部分封顶；仙女山文旅小镇（星际未来城）项目调整方案通过区规委会审查，恢复一期施工；仙女半山太阳谷·云上溪谷项目一期智慧康养社区主体全部封顶，正在装修和环境打造；仙女山国际生态康养小镇正在按照区规委会审查意见进行修改，正在办理相关建设手续。清泽·栖林溪谷一期外装修完工，启动二期场平和基础工程；博象·咏山水文化小镇开展主体施工和环境打造，博象美术馆完工投入运营；仙女山青少年科学示范营地项目开工建设，进行主体工程施工；芳草地·雪岭仙山四期建设完工交房；仙女山国际医院、仙女山文化艺术特色小镇（艺源岛）项目按照区规委会审查意见进行修改，办理相关建设手续；农业生产服务中心（二期）项目规划设计方案通过区规委会审查，开展土地房屋征收工作。

【白马山度假区建设】 2020年，白马山度假区推进市级重大项目天下鹊桥、天尺情缘景区提升项目。完成“飞天之吻”“冒险丛林”等体验性项目并向游客开放，天尺坪西坡公路改扩建一期完成，开工建设天尺坪污水处理厂、万银基础设施，开展319国道至天尺坪公路前期工作，启动天尺坪片区基础设施提档升级，东方明珠白马山高端文化休闲度假小镇首开区于12月24日开工建设，全年累计完成投资6588万元。

【仙女山森林公园建设】 仙女山林场总面积7318.1公顷（公园面积2339.7公顷），阳水河湿地自然保护区总面积6025公顷。2020年，公园森林资源管护工作落到实处，辖区内森林资源和生态环境保护完好，全年无森林火警火灾事故发生；仙女山全国中小学生研学实践教育基地建成森林步道6.5千米、森林自然体验健康径800米、仙女山视频监控系统1套、自然教育中心1座以及“仙女山·树顶漫步营地”1个；仙女山自然教育中心正式对外运营；完成仙女山·树顶漫步自然教育营地一期开发项目，并成功试运行。6月5日，入选“国家森林康养基地”，在第五届全国森林旅游节期间，入选全国自然教育精品基地；全年接待游客86万人次，实现旅游收入1.18亿元。

【喀斯特景区建设】 2月26日，区喀斯特（集团）公司邀请重庆市软件协会副理事长汪林林，重庆交通大学信息科学与工程学院副院长、副教授李益才，重庆市云计算和大数据产业协会专家王家伟对打造全域智慧旅游建设项目进行全程指导。4月15日，景区Wi-Fi实现全覆盖。4月26日，天生三桥、仙女山、芙蓉洞景区实行网络实名购票。实现游客可通过OTA渠道和二维码扫码等方式进行购票。5月1日，白马山天尺情缘景区天富农家乐对外运营。5月13日，龙水峡地缝景区电梯幕墙改造完成并通过验收。5月14日，白马山天尺五酒店、白马·和院酒店在携程上线。5月30日，区喀斯特（集团）公司成功研发防疫控制游客信息录入系统（C/S），并在游客接待中心安装调试完成。6月1日，“飞天之吻”游乐设施顺利通过国检。6月24日，区喀斯特（集团）公司完成购票二维码一码两用开发，实现游武隆景区可采用手机微信、支付宝方式进行购票。7月1日，白马山天尺情缘景区正式收费运营。7月16日，龙水峡地缝景区升级改造后正式对外开放。7月20日，白马山天尺情缘景区8D影院项目对外运营。7月29日，“清水出芙蓉”——芙蓉江游船开游活动在芙蓉江景区游船码头举行。8月13日，沧沟大田湿地人家开园。8月13日，万峰呐溪原乡开园。8月14日，白马山天尺情缘景区丛林穿越游乐项目正式对外收费运营。9月25日，天生三桥、芙蓉洞、龙水峡地缝景区危岩体（带）防护工程完成竣工验收。11月4日，经区政府134次会议审议确定，白马山天尺情缘景区（车盘）为七彩陶主要生产基地。11月13日，旅游公司与

12月19日，武隆区乡村旅游走进主城区集中宣传推广活动现场

区文化旅游委 供图

七彩陶公司达成制陶合作意向。12月23日，重庆市中小学社会实践教育基地正式挂牌天尺情缘景区研学基地。

【影视合作】 1月3日，“印象·武隆”受中央电视台邀请，川江号子传唱人杨兴勇赴北京参加央视一套大型音乐节目《经典咏流传》录制，与歌手谭维维同台演唱《踏歌千江》。1月11日，重庆电视台春晚摄制组进入作为重庆春晚分会场的白马山天尺情缘景区，拍摄当地民俗传统特色婚嫁“哭嫁”。1月20日，由激励永远（北京）文化发展有限公司影视中心制作的《欣赏——重庆武隆》特别节目在中央广播电视总台科教频道播出。4月11日，重庆文艺广播电台进入白马山天尺情缘景区拍摄，直播“仙女红”茶生产流程。

［喀斯特旅游（集团）公司］

【乡村旅游品牌创建】 2020年，后坪乡文凤村、芙蓉街道堰塘村创建第二批全国乡村旅游重点村；火炉镇保峰村（呐溪原乡）创建第一批市级乡村旅游重点村。《重庆武隆区：“旅游+N”多产业融合发展》正式列入世界旅游联盟的旅游减贫案例名单。

【乡村旅游宣传推广】 2020年，全区举办2020年武隆犀牛寨赏花季暨单身青年联谊活动、2020年重庆·武隆·浩口田家寨开寨暨杨梅采摘节、仙女山街道“渝见仙果”花果飘香季、2020年武隆沧沟湿地人家及火炉呐溪原乡开园、2020年首届仙女山刨猪文化旅游季等乡村旅游节庆活动；集中组织区级相关部门、26个乡镇街道以及涉旅公司分别在在成都宽窄巷子东广场和重庆解放碑举办“2020年武隆区全域旅游走进成都宣传推广活动”“2020年武隆乡村旅游走进主城区集中推广暨‘第十一届仙女山冰雪季’启动仪式”。

【武隆区乡村旅游走进主城区集中宣传推广活动】 12月19—20日，2020年武隆区乡村旅游走进主城区集中宣传推广暨“第十一届仙女山冰雪季启动仪式”活动在渝中区解放碑中心广场举行；活动由中共重庆市武隆区委、武隆区人民政府主办，重庆市武隆区文化和旅游发展委员会承办。活动主要分为启动仪式、文旅集市、推介会、文化旅游快闪活动等，以歌舞表演、宣传推介、美食展、“重庆橱窗”带货直播等形式对武隆区旅游资源、旅游活动、农副产品等进行展示。

【武隆颐高美丽乡村运营基地开业】 7月17日，武隆颐高美丽乡村运营基地启动仪式在锦江竹苑4号楼二楼举行，标志着武隆颐高美丽乡村运营基地正式开业。活动当天，来自中央组织部

一带一路专家咨询团成员，中国云计算应用联盟主席团主席汤兵勇，中国电子商务公共服务联盟副主席、安全产业协会副秘书长卢建新等人，就《青山绿水与电商之光》《颐居美丽乡村》为主题展开电商创新创业发展论坛主题演讲。

旅游管理

【仙女山度假区管理】 2020年，度假区管委会建立城市工作管理体系，明确责任和分工，划片分区；开展文明施工专项整治，分别约谈星际未来城、仙山曼谷、依云林里、阳光童年等企业；严加强室外广告管理，拆除屋顶、墙面等大型违规广告20余处；开展为期3个月整治乱停车专项工作；建立整治招手揽客的长效工作机制；完善“两违”整治长效机制。采取分小组、包片联系小区的方式，化解矛盾纠纷50余起；做好度假区迎峰度夏准备。全年投入整改资金6100万元完成整改；10月，文化旅游部对度假区进行复核验收，验收合格。

【白马山度假区管理】 全年制定出台《天尺情缘景区环境卫生监督管理制度》和《景区车辆及人员出入管理暂行办法》。组建天尺情缘景区物业管理公。组织景区农家乐开展食品安全、消防安全以及疫情防控、垃圾分类、农家乐旅游服务技能知识培训。完成高速公路路标更换及景区内导览图设置，完善智慧景区信息录入及门禁管理系统。加强环境综合治理，完成白马仙街居民点两基电线杆迁改、13家商户门楣店招统一设计和农户遮阳棚规范化设计。

落实专人加强常态化巡查。发现并处置两违建筑8起，制止无证开挖耕林地违法行为1次。

【喀斯特景区管理】 重庆市武隆喀斯特旅游产业（集团）有限公司（原名重庆市武隆喀斯特旅游投资有限公司）成立于2007年9月，系国有独资公司，注册资金1亿元。2011年，组建为重庆市武隆喀斯特旅游（集团）有限公司；2018年，组建重庆市武隆喀斯特旅游产业（集团）有限公司。公司拥有子公司15个，包括仙女山新区开发公司、武隆旅游公司、隆畅公司（拟上市主体）、惠隆乡村旅游公司、印象文化发展公司、仙女山国家森林公园开发公司、芙蓉江旅游开发公司、地心之旅公司、喀斯特华沣旅游产品开发公司、泽晋影视传媒公司、翼腾体育公司、仙女山歌舞团、万祥酒店管理公司、万祥旅行社、长松酒店。主要经营芙蓉洞景区（世界自然遗产、国家AAAAA级旅游景区）、芙蓉江景区（世界自然遗产、国家级重点风景名胜区）、仙女山景区（国家森林公园、国家AAAAA级旅游景区）、天生三桥景区（世界自然遗产、国家AAAAA级旅游景区）、龙水峡地缝景区（世界自然遗产）、天尺情缘景区（国家AAAA级旅游景区）、《印象·武隆》大型实景演出、长松大酒店（4星）、万祥旅行社（国内社）、旅游中转运输、汽车租赁、旅游文创产品开发销售、乡村旅游示范点等。在册职工1804人。

2020年，受疫情影响，喀斯特旅游区接待持票游客258万人次，同比下降51%；实现经营总收入2.48亿元，同比下降54%，其中武隆旅游公司实现收入1000万元；实现旅游有效投诉“零”目标，安全责任亡人事故“零”目标。累计投入资金3000万余元，先后打造后坪苗寨、万峰呐溪原乡、双河镇木根民宿等乡村旅游示范点；投入运营乡村旅游示范点万峰呐溪原乡、大田湿地人家、后坪苗寨，通过带动周边一、二、三产业，共计收益约400万元，带动贫困户123户，贫困人数475人，解决贫困就业人数175人，带动收益年均收入增加1000万余元。组织党员干部职工300余人成立喀斯特疫情防控志愿服务突击队，先后派出民兵78人，在高速路口排查劝阻车辆8000余辆，服务2万余人次，派出志愿者169人，协助开展疫情排查防控工作；先后2次派出6名驾驶员，运送110余吨生活物资驰援湖北夷陵、孝感；投入20万余元捐赠防疫物资700余件。各景区严格落实“预约、限量、错峰”要求，坚持游客入园须通过实名购票、体温检测、身份信息登记、佩戴口罩等措施，做好疫情防控物资储备，设立临时隔离点9个、疫情防控告示牌120余块，全年景区未发生1起疫情传播病例。

【乡村旅游培训管理】 2020年，全区开展乡村旅游扶贫培训，举办武隆区2020年基层公共文化服务与乡村旅游发展专题研讨班暨济南·武隆文化旅游扶贫协作培训班；组织武隆区第一批全国乡村旅游重点村村干部、旅游带头人参加国家文旅部在四川成都举办的“第三期2020年全国乡村旅游重点村培训班”；组织武隆区乡村旅游致富带头人参加重庆市文化旅游委分别在福建省厦门市、泉州市以及浙江省杭州市、湖州市举办的“2020年乡村旅游致富带头人综合素质提升培训班”；与市文化旅游委联合在后坪深度贫困乡举办乡村旅游从业人员扶贫技能送教上门培训班等。

【旅游执法】 2020年，全区旅游市场共检查景区94家次，购物店87家次（其中集中整治7家次，停业整改1家），检查涉旅经营户263家次，联合交通执法检查旅游包车159辆，检查导游106人次，查处旅游“黑车”3辆。联合商务、市场监管、街道集中整治旅游公路沿线商户招手揽客等不文明经营行为，约谈涉旅商户24家次，处罚商户3家，行政罚款1.2万元。全年共接受游客咨询1316次，受理投诉24件（其中政府信箱转交13件，“12301”转交5件，市总队转办交3件，区网监办转网上舆情3件），已全部办结，游客满意度达100%。疫情防控期间，共劝返游客1560余人次，帮助游客、旅行社调解因疫情防控解除旅游合同纠纷7件，涉及金额27万元。

旅游接待

【概况】 全年接待海内外游客3701.03万人次，较上年增长5.0%，其中接待国内游客3697.82万人次，

11 月 25 日，“森林大篷车”仙女山自然观察计时赛活动现场
区仙管处　供图

9 月 18 日，仙女山自然教育中心开馆仪式现场
区仙管处　供图

较上年增长 4.7%。实现旅游总收入 1797651 万元，较上年增长 5.8%。有乡村旅游景点 20 个，较上年增长 33.3%。年末，有旅行社 3 个，从业人员 75 人。

【旅游厕所】 2020 年，全区新建旅游公厕 10 座投入使用。全区在景区、度假区新建、改扩建旅游厕所 84 座，主要分布在国家 A 级旅游景区、旅游线路沿线以及乡村旅游点等地，有男厕位 724 个、女厕位 865 个、无障碍侧位 107 个、第三卫生间 15 个、男女通用厕位 6 个。按照质量等级已通过验收的 A 级以上旅游厕所 67 座，其中 AAA 级 16 座、AA 级 33 座、A 级 18 座。各乡村旅游点累计增设公共厕所 100 余座；实现旅游厕所全区所有景区、景点、旅游公路沿线的服务站、观景台全覆盖。

【仙女山研学实践教育】 2020 年，《重庆市武隆区仙女山国家森林康养基地总体规划（2021—2025 年）》编制完成。完成仙女山全国中小学生研学实践教育课程体系设计与资源开发编制工作，组织招募志愿者 15 期，300 余人次，服务游客上万人次。举办中小学生研学教育实践活动 6 项，70 余场，受众人数 7000 余人次。建成仙女山自然教育中心，并于 9 月开馆，面向公众开展森林科普和森林文化传播，受教人数达 20 万余人。完成仙女山・树顶漫步教育营地一期建设，且对外运营，接待游客 10 万余人次。

【仙女山自然研学活动】 全年仙女山国家森林公园开展自然教育活动 55 场次，其中木叶吹奏 10 场、竹编 9 场、自然生态观察 11 场、中国南方喀斯特地貌体验 7 场、云中漫步自然教育体验 11 场、风筝体验 7 场，受众学生计 1 万余人次。招募志愿者 15 期，100 人，开展室外公益讲解活动 193 批次，受众 3000 余人次。举办仙女山自然观察计时赛 1 期。国庆开展仙女山自然观察及博物馆探索主题研学营队 2 期。“森林大篷车”开进仙女山研学教育实践基地活动 1 期。举办仙女山首届机车音乐文化节、仙女山露营音乐节、国际风筝节、仙女山・迷你马拉松、相约仙女山・与雪共舞、仙女山・汉式雪地集体婚礼、仙女山・雪地马拉松、仙女山・雪地涮火锅等公众参与性强的互动体验式娱乐活动。

【仙女山自然教育中心开馆】 9 月 18 日，仙女山自然教育中心在仙女山国家森林公园景区内开馆；为公益性自然体验及环境教育科普基地。建筑面积 892 平方米，总投资 1300 万余元，分为仙女山森林的生成、植物、动物、地质地貌、森林教育展示区域 5 个，系统反映仙女山生态景观和生物多样性。中心布展设计获 2019 年 AI 全球设计（室内）方案设计铜奖。教育中心的运营首次探索采用政府、基金会、社会组织三方协力，由阿拉善 SEE 重庆项目中心作为资助方，支持重庆自然介公益发展中心运营。

【仙女山・树顶漫步自然教育营地开放营业】 位于仙女山国家森林公园内，12 月 4 日开放营业；总投资 2.2 亿元，规划总用地面积 23.33 公顷，于 2019 年开工建设；建成提升塔（高 15 米、长 260 米）、互动体验栈道（长 900 米）及主塔。开放项目有树顶漫步互动体验栈道、森林之眼、云端旋降、攀树、速降、自然之路等特色森林体验项目与自然教育教学点，以及森林溜索、鹰巢秋千、森林攀爬、爱传递、晃动的桥等 40 余组无动力设施，是重庆地区户外亲子互动自然教育体验基地。

森林之眼　塔高 41 米，全长 720 米，十二边形小蛮腰造型，是仙女山景区新地标，共有 3 个平台，7 层盘旋至塔顶，塔顶海拔高度 1880 米，在全球树顶漫步塔中海拔最高。

云端旋降　该项目位于森林之眼内，为德国引进的亚洲最长的空中旋转滑梯，总长度 96 米，高低落差 32 米，配有滑垫，单人乘坐，平均速度 6 米 / 秒，15 秒左右即可到达地面。

延伸阅读

树顶漫步　顾名思义，就是漫步在树的顶端。树顶漫步是国内首家全面导入“无痕山林”体系的生态可持续发展型社会企业，仙女山营地是其在国内选址建设的第二座综合性自然教育营地；依托仙女山森林旅游资源，围绕“动”为核

6月9日，仙女山·树顶漫步自然教育营地入口　　徐爱荣　摄

6月9日，森林之眼全景　　徐爱荣　摄

心，以“互动体验”为轴线，将德国的森林教育和美国的营地教育相融合，进行互动式的自然教育和运动体验。

【白马山度假区旅游服务】 挖掘白马仙女爱情文化故事，委托专业团队创作白马仙女爱情小说，完成小说初稿创作；举办白马山书画写真创作活动，实现白马山书画作品30余幅；邀请重庆知名学者为白马山撰写景区景点楹联80余联；完成6分钟、4分钟宣传片拍摄制作，实现“飞天之吻”小视频网络热搜转载，全网点击量超7.5亿次，成为国内网红之首；组织“画好同心圆 唱好双城记”2020全国重点网络媒体记者重庆行活动，56家中央、全国各省级重点网络新闻媒体持续宣传报道白马山，累计相关报道209篇、点击量2000余万次；打造白马山特色菜，研发白马山特色菜“九大碗”；研制文创产品18个品类47件，累计展示40余类100余件；做好度假区微信公众号平台维护更新工作。

【乡村旅游精品线路】 2020年，对全区7条乡村旅游精品线路进行调整优化，将7条乡村旅游精品线路调整优化为5条乡村旅游精品线路，同时将堰塘、复兴、艳山红、青杠等新兴乡村旅游点重新列入全区乡村旅游精品线路中。

乡村避暑游：城区（慢行道）—羊角古镇—双河镇木根铺（生基槽以及梅子、荞子沿线）—羊角街道懒坝—钻天铺（此处分路）仙女山街道荆竹村（亲子园、寻梦园、归原乡宿联盟）—芙蓉街道堰塘村。仙女山度假区—白果铺—火炉铺—沙台铺。线路特色：康养文化。

慢享时光游：城区—凤山街道凤舞黄渡—国强坝—黄莺乡复兴村—白马镇天尺坪茶山小镇—白马镇板桥—赵家乡鲜花小镇（考虑分线路串大洞河）—羊角街道艳山红村—羊角街道永隆村。大洞河峡谷、穆杨沟、大佛岩。线路特色：“慢生活”文化。

古寨风情游：城区—龙溪古渡—火炉镇车坝—火炉镇梦冲塘—沧沟乡青杠村—沧沟乡大田古村落—后坪乡天池苗寨—桐梓镇沿线或接龙—土地乡犀牛寨。线路特色：传统村落文化。

山乡田园游：城区或主城—平桥镇平胜村—平桥镇高屋村—凤来镇刘秋佩故居（大石箐）凤来镇高楼三圣堂—庙垭乡蒲坪（凤凰寨）—鸭江镇青峰涂鸦村—鸭江镇双河园—和顺镇打蕨村、寺院坪。线路特色：农耕文化梦里水乡游：城区—江口镇沿线—长孙无忌墓—石桥乡石桥湖—浩口乡田家寨—文复乡马厂坝（冉家湾传统村落）。线路特色：民族民俗文化。

【乡村旅游示范点】 全区以乡村振兴为载体，按照形态、生态、业态、文态“四态合一”的发展路径和避暑纳凉、瓜果采摘、休闲观光、农耕体验等类型，差异化启动乡村旅游示范点建设。有序推进凤舞黄渡、大田湿地人家2个区级乡村旅游示范点建设，大田湿地人家完成一期工程建设，并于2020年8月13日正式开园迎客；凤舞黄渡正在开展漂流回购的资产评估工作。芙蓉街道堰塘村、火炉镇保峰村（呐溪原乡）也先后开园迎客。同时，完成沧沟乡青杠村乡村旅游产业项目建设和后坪天池苗寨门楣店招制作安装验收工作。

【万峰呐溪原乡开园】 8月13日，万峰呐溪原乡乡村旅游示范点开园；位于火炉镇北部保峰村和岩峰村，距仙女山18千米，面积32.8平方千米，林地2344.4公顷，森林覆盖率70%；景区以“丛林探险”为主题元素，共打造飞越丛林、大魔网、音乐钢琴喷泉、飞拉达、高空速滑、步步惊心、铁索桥、玻璃迷宫、疯狂自行车、大喇叭、攀岩、七星阵、风火轮、游乐船、童年记忆、玻璃旱滑等16个极限挑战项目。

【旅行社】 年末，全区有旅行社3个，从业人员75人。

重庆市武隆区喀斯特国际旅行社有限公司　成立于2020年7月，注册资本1000万元，是由重庆市武隆喀斯特旅游产业（集团）有限公司全资成立的具有法人资格的直属国有旅行社。该社主要开展旅游咨询、接待；产品定制；门票预订；用车、酒店预订等业务。

武隆喀斯特万祥旅行社　成立于2009年9月，隶属重庆武隆喀斯特地心之旅旅游股份有限公司；取得国家导游证人员37人。

乌江旅行社　隶属重庆市武隆区义友汽车运输（集团）有限公司，前身为春龙旅行社，成立于1997年4月，2000年正式更名为乌江旅行社。该社主要经营武隆区内旅游和国内旅游，拥有专业车队包括多辆旅游豪华大巴，服务项目包括专业旅游服务、组团、地接、机票、火车票等。

【四星级旅游饭店】　2020年年末，全区有四星级饭店3家。

瑜珠花园酒店　位于城区乌江北岸，由武隆花园酒店有限公司投资兴建，2007年12月开业，2009年2月17日获评四星级旅游饭店，是四叶级中国绿色饭店；拥有房间156间、床位260张。

长松国际大酒店　位于仙女山国家森林公园内，2009年2月获评四星级旅游饭店。酒店拥有房间89间、床位155张；经营仙女山特色烤羊、各类绿色山珍系列菜品，拥有蒙古风情演绎娱乐剧场及表演队伍。

宏福饭店　位于城区乌江北岸柏杨路，2004年正式对外营业，12月13日成为本地首家三星级旅游饭店。2012年10月获评四星级旅游饭店；2015年2月6日，成为四叶级中国绿色饭店；拥有房间96间、床位167张。

（区文化旅游委）

旅游节会

【中国工程院院士陈宗懋、向仲怀考察指导】　6月18日，著名茶学家、中国工程院院士陈宗懋；蚕学遗传育种专家、中国工程院院士向仲怀对白马山茶旅融合示范点、茶山小镇以及蚕桑产业进行考察；对天尺坪茶基地开展病虫害防治指导，就武隆区茶产业防虫治病绿色发展合作项目以及院士专家茶叶产业基地建设相关事宜进行洽谈，初步达成合作意向；并为仙女红茶题词：“云雾缭绕深山中，巴蜀最美仙女红”“白马松林云雾起，高山最美仙女红”。

【“武隆·自然有声”腾讯专场公益直播】　7月18日，“武隆·自然有声”腾讯专场公益直播在白马山天尺情缘景区举行，《山涧有声》配音杨天翔、《风石有声》配音刘琮、美食人气网红“大胃王朵一”到武隆，腾讯新闻与“一部手机游武隆”双屏平台直播，546.5万名网友实时观看、2.3万条热评互动、16万次点赞。

【白马山七夕音乐季】　8月25日，白马山七夕音乐季在天尺情缘景区举行，邀请99对伴侣参加，开展主题音乐会、露天养生迪、电音狂欢秀、达人大咖秀以及系列互动小游戏和抽奖活动。

【仙女山草原露营音乐季】　8月1—22日，2020仙女山草原露营音乐季在仙女山举行；活动以“自然、健康、亲子”为核心，宣导“关爱自然，健康生活，乐享亲子”的生活理念，分别举行童声音乐周、青春音乐周、电音音乐周等。

【2020年武隆区全域旅游（成都）推广活动】　9月23—25日，由中共重庆市武隆区委、重庆市武隆区人民政府主办，武隆区文化旅游委、武隆区喀斯特（集团）公司承办的“2020年武隆区全域旅游（成都）推广活动”在成都宽窄巷子东广场、东区音乐公园、成都知名国际化社区等地举行。活动主要分为启动仪式、文旅集市、推介会、文化旅游快闪活动、双城同行迎大运（社区趣味运动会）等。启动仪式上武隆区仙女山景区与西岭雪山景区现场签订文旅品牌营销合作协议；武隆区喀斯特（集团）公司与成都武隆商会签订旅游营销合作协议。

【仙女山首届机车音乐文化节】　10月9—11日，2020重庆武隆仙女山首届机车音乐文化节在仙女山开幕，300多辆哈雷摩托车参加，骑行线路覆盖仙女山景区最美公路、天生三桥景区、归原小镇和印象武隆剧场。10日上午，重庆武隆仙女山“哈雷世界骑行基地”在仙女山冰雪城授牌。

【武隆区获重庆市“晒旅游精品 晒文创产品”活动最佳传播奖】　10月29日，重庆市“晒旅游精品 晒文创产品”大型文旅推介活动迎来武隆区直播推介。20时，武隆区政府区长卢红走进位于懒坝美术馆的直播间，以“看世界　到武隆”为主题进行介绍；并以中、英、日三种语言面向海外直播。截至22时，14个直播平台累计观看总量4200余万次，点赞数超2200万次，抖音点赞成为全市唯一破千万次的区县，淘宝“重庆文化旅游精品馆”带货直播销售总金额9万元。11月24日，市委宣传部、市委网信办、市文化旅游委公布“双晒”第二季区县名单，

8月8日，2020仙女山草原露营音乐季现场　　王俊杰　摄

9 月 23—25 日，武隆全域旅游宣传推广活动走进成都
区旅游公司　供图

10 月 9—11 日，2020 重庆武隆仙女山首届机车音乐文化举行
王俊杰　摄

11 月 7 日，仙女山首届高山生态年猪节开幕　　李柏翠　摄

12 月 19 日，仙女山冰雪季低空飞行项目　　王俊杰　摄

武隆区获“最佳传播奖”。

【仙女山首届高山生态年猪节】 11 月 7 日至 12 月 27 日，在仙女山广场、小仙女美食广场举行。年猪节期间，举办杀年猪、吃刨汤、重庆刨猪大师“一刀准”割肉 PK 赛、年味文化趣味游园会等活动。

【“我是地球礼物守护人”公益活动】 11 月 24 日，由重庆市武隆区文化旅游委与腾讯文旅联合举办的“我是地球礼物守护人”公益物资捐赠仪式暨达人采风活动在白马山天尺情缘景区举行；达人代表潘潘、剑剑学长、大象吃花生、jordan24、四喜丸子和网友代表曹小白、菠萝宝宝、付小白、斗斗，分别为武隆 9 大景区捐赠环保公益物资，包括抑菌洗手液、环保手套、小树苗、小鸟的家等。活动从 4 月正式启动；邀请中国科学院院士、地质专家、翻译家、名人明星、医护人员、非遗传承人、护林员等联合发出“我是地球礼物守护人”的倡议。同时还特别策划“自然有声”系列，邀请国家顶级配音团队“729 声工场”献声《武隆·自然有声》短视频 4 部，全网观看量超过 1.5 亿次。

【第十一届仙女山冰雪季】 12 月 19 日，2020 第十一届仙女山冰雪季开幕，活动持续至 2021 年 2 月 28 日。该届冰雪季仙女山景区引入低空飞行项目；举行汉式雪地集体婚礼、雪地涮火锅、冰雪趣味马拉松等活动。

（区文化旅游委）

经济管理

宏观经济管理

【概况】2020年，全区“十三五”规划目标任务完成，GDP年均增长7%，人均GDP接近1万美元，居渝东南首位，提前两年实现较2010年翻一番目标；编制完成《武隆区“十四五”规划和二〇三五年远景目标纲要（草案）》；推动成渝地区双城经济圈建设，出台《关于深入推进成渝地区双城经济圈建设的决定》等文件，与乐山市缔结为友好城市，与成都市、乐山市等签订各类合作协议10余份，联合川渝部分知名景区管理单位成立“巴蜀世界遗产联盟”，与170余家“巴蜀文化旅游走廊”旅游景区实现资源共享互推；推进以“风来新城”为核心的“武隆南川”一体化发展、旅游国际化试点等战略。深化渝黔合作，与道真县沟通交流并起草《武隆与道真协同发展实施方案》。制定印发《2020年推进长江经济带发展工作要点》等系列文件，落实长江经济带发展战略。优化营商环境，企业投资项目备案实现即来即办，政务服务“好差评”满意率99.8%。在全市率先推行“信易游”应用场景，建立健全武隆区涉旅游行业信用服务平台；完成区属国有企业和事业单位公务用车制度改革，建立完善全区综合经济体制改革工作台账；牵头组织编制《武隆区人口发展规划（2016—2030年）》。创新重大项目督查工作机制，推进白马航电枢纽、页岩气开发、天然气管道建设等重点项目建设。

【经济规划】2020年，全区制定《关于统一规划体系更好发挥全区发展规划战略导向作用的实施意见》，形成“1+33”规划体系；召开座谈会，征求意见建议，编制完成《武隆区“十四五”规划和二〇三五年远景目标纲要（草案）》，各项空间规划、专项规划有序启动。策划“十四五”项目储备520个，匡算总投资4150亿元。

【经济运行】2020年，区发展改革委牵头拟定《关于新形势下推动服务业高质量发展的实施意见》《武隆区促进大健康产业高质量发展行动计划》《武隆区数字经济与实体经济融合发展实施方案》等系列文件。出台《关于印发武隆区“四上”企业培育扶持办法（暂行）》，全区新增“四上”企业51户，及时兑现2019年培育升规“四上”企业第一批补助资金380万元。全年实现地区生产总值224亿元、增长4%，增速较一季度、上半年、前三季度分别提高8.8、2.5、1.3个百分点，增速列全市第12位、渝东南第2位；规模以上工业增加值增长7.5%，列全市第4位、渝东南第1位；建筑业增加值增长7.9%，较一季度增速提升约30个百分点；在减税降费力度加大的情况下，全年一般公共预算收入、税收收入分别增长12.5%、9.1%，税收收入增速列全市第2位；人民币存贷款总量首破500亿元大关，创历史新高。常住居民人均可支配收入26877元。

2020年武隆区国民经济和社会发展计划主要指标完成情况表

表32

类别	序号	指标	2020年预期指标	2020年完成指标
宏观经济	1	地区生产总值（GDP）增速▽	6.5%左右	4%
	2	固定资产投资增速▽	8%左右	0.8%
	3	社会消费品零售总额增速▽	10%左右	-2.9%
	4	一般公共预算收入增速	5%左右	12.5%
		#本级税收收入增速	9%左右	9.1%
	5	规模以上工业增加值增速▽	10%以上	7.5%
创新发展	6	研究与试验发展经费（R&D）支出增速	20%以上	20%（预计）
	7	新增市场主体	3500户以上	4959户
协调发展	8	城镇化率	+1.2个百分点	+1.2个百分点（预计）
	9	民营经济增加值占GDP比重	48.3%	62.9%（预计）
绿色发展	10	乌江干流水质★	II～III类	III类
	11	区域空气质量优良天数★	340天以上	355天
		#可吸入颗粒物（PM2.5）年日平均值	达到空气质量II类标准	达到空气质量II类标准
	12	万元GDP综合能耗降低★	完成市上下达考核目标	完成市上下达考核目标（预计）
	13	森林覆盖率★	+0.5百分点	+0.76个百分点
	14	主要污染物排放总量减少★	完成市上下达考核目标	完成市上下达考核目标

续表 32

类别	序号	指标	2020 年预期指标	2020 年完成指标
绿色发展	15	垃圾污水处理★		
		#城市生活污水处理率	完成市上下达考核目标	完成市上下达考核目标
		城市生活垃圾无害化处理率	100%	100%
		行政村垃圾有效治理率	90%	100%
开放发展	16	接待游客增速▽	10% 以上	5%
		旅游综合收入增速	12% 以上	5.88%
	17	进出口总值增速▽	15%	6.1%
	18	招商引资投资到位资金	50 亿～60 亿元	62.54 亿元
	19	电子商务网络零售总额增速▽	20% 以上	1.9%
共享发展	20	减少贫困人口★	全部脱贫	全部脱贫
	21	居民人均可支配收入增速▽	9% 左右	7.8%
		#城镇常住居民人均可支配收入增速	9% 左右	5.5%
		农村常住居民人均可支配收入增速	9.5% 左右	8.4%
	22	城乡居民养老、医疗保险参保率	95/95	95/95
	23	新增城镇就业	3800 人	4822 人
	24	城镇登记失业率	控制在 3% 以内	2.4%
	25	居民消费价格指数涨幅▽	控制在 3% 以内	3.6%

说明：1. 加★为约束性指标，其他为预期性指标；加▽为未完成指标；第四经普调查后，基数调整，民营经济比重提高，预计 2020 年民营经济增加值占 GDP 比重约 62.9%；2. 部分数据为初步统计数据，最终以统计部门公布数据为准

【重点领域改革】 优化营商环境。贯彻落实《优化营商环境条例》，立足主动靠前服务、精简前置要件、减少审批环节、简化审查流程、压缩办理时限、探索容缺受理和疫情期间“不见面”审批等七项创新，持续优化行政审批。组织开展综合业务培训和专题培训 5 期，全年审批办结 384 件次、涉及总投资 270.5 亿元，政府投资项目审批和企业投资项目核准的审批时限压缩 75%，企业投资项目备案实现即来即办，政务服务“好差评”满意率 99.8%。

信用体系建设。在全市率先推行“信易游”应用场景，制定《重庆市武隆区“信用旅游”建设实施方案》，建立健全武隆区涉旅游行业信用服务平台，针对信用较好的 7 类人群，推行部分景区免门票、餐饮、酒店打折、优先办理入住等优惠措施，全区“信易游”被市信用处列为全市重点信用运用场景。开展金融领域信用承诺，继续在政府采购、工程建设招投标和财政资金扶持 3 个领域使用信用报告，对企业进行事前体检，全年依托区级信用平台归集信用信息 12 万余条。全区“信易游”被市信用处列为全市重点信用运用场景。

改革实施。区属国有企业和事业单位公务用车制度改革完成，成交率 100%，整体起拍价 60.9 万元，整体成交价 163.2 万元，总溢价率 167.98%；完成车辆封车、评估、司勤人员安置、车辆标识化以及车辆 OBD 的安装工作。牵头制定印发《全面推开行业协会商会与行政机关脱钩改革的实施方案》，全区 46 家商业协会商会脱钩 39 家，另外 7 家所属区工商联。制定下发《关于印发 2020 年综合经济体制改革目标任务分解的通知》《关于分解贯彻落实武隆区 2020 年全面深化改革工作要点的通知》，建立完善全区综合经济体制改革工作台账。牵头组织编制《武隆区人口发展规划（2016—2030）》，形成初步成果。

【重点项目建设】 2020 年，优化全区重点项目工作推进机制，建立区委书记、区长双牵头，区人大常委会主任、区政协主席协同的重大项目工作领导小组，领导小组下设 1 办 4 组全力保障重点项目建设。创新重大项目督查工作机制，成立由区人大常委会副主任为组长的项目督查组，从全区 2 至 4 级调研员中抽派 9 名人员。全年提请区委区政府调度重点项目 31 次，交办任务 117 件，以区重点办名义印发通报 16 期，区委督查办印发通报 1 期，举行开工仪式 6 场（集中开工仪式 2 场），召开现场调度会 3 场，向项目第一责任人发出问题清单 14 份、向第一责任单位发出交办清单 39 份、对应开工未开工项目第一责任单位发出督办通知 9 份、印发工作动态 4 期。实现固投 84 亿元，增长 0.75%，其中 100 个重点项目完成投资 59.4 亿元。

白马航电枢纽项目。该项目分别于 11 月和 12 月获得环保部回顾性评价批复和长江委防洪批复，现所有前

置审批要件全部完成。全年完成投资4.55亿元，场内公路全面完工；主体工程施工于12月30日挂网招标；12月建成场内公路。四眼坪风电项目。该年取得社会稳定风险备案、文物调查报告、选址意见书批复。农村电网改造工程。全年开展全区农网升级改造现状调查，完成项目储备38个。完成投资8400万元，完成24个村的农村电网升级改造任务。项目储备和争资立项。牵头策划各类储备项目209个，总投资927.6亿元（包括滚动储备项目109个，总投资1373亿元。其中，乡村振兴项目34个，总投资119亿元；全域旅游项目75个，总投资1254亿元），其中区发展改革委储备项目14个，总投资173.8亿元。全年累计向上争资43.19亿元，到位资金34.41亿元，其中区发改委完成争资3.2亿元。项目审批核准备案。审批核准备案项目187个，涉及投资216.87亿元；其中，审批项目96个，涉及投资56.19亿元；备案项目91个，涉及投资160.68亿元。

【民生实事项目】 2020年，全区推动保障和改善民生行动计划及民生实事建设，行动计划涉及的69个项目完成投资10.39亿元、占年度计划投资的107.98%；全年32件市区级民生实事项目完成投资3.51亿元。牵头推进高尔夫球场退出关闭工作，按要求开展土地恢复、特征消除等工作，通过市发展改革委等市级相关部门的核查验收。压实粮食安全和“菜篮子”责任制，做好粮食、农副产品保障和储备，稳定生猪生产，保持物价总体水平基本稳定。全年累计为企业减税降费近5亿元，新发放贷款122亿元，新增市场主体4959户、增长14.9%。集中落实优惠气量954万立方米落地武隆，全力争取三峡优惠电量1.53亿度（折算资金为0.1267亿元）落地武隆，现已按程序报区政府审议。常态化加强2000吨区级储备粮（稻谷）、250吨成品粮的储存保管和库存检查；出台《武隆区安全储粮和安全生产问题隐患大排查大整治大执法集中行动方案》《全区粮食系统安全生产专项整治三年行动方案》等文件，与此同时与市储备粮公司签订战略合作协议。针对全区粮食储存、加工企业和33个粮食应急保供点开展40余次检查，开展粮食安全应急演练、消防演练，全年疫情防控期间未发生粮食安全事故和断档脱销。

【价格认定】 全年完成被盗手机、摩托车、项链等各类涉案物品价格鉴证37件、涉及金额11.2万元。

2020年武隆区主要主副食品和农资类价格监测动态（平均值）一览表

表33

类别	商品名称	规格（等级）	单位	1月	2月	3月	4月	5月	6月	7月	8月	9月	10月	11月	12月	年度平均值	年度同比
粮食类	黄豆	标准品	元/500克	3.98	3.98	3.98	3.98	3.71	3.98	3.98	3.98	3.98	3.98	3.98	3.98	3.96	6.96
	绿豆	一级	元/500克	5.98	5.98	5.98	5.98	4.99	4.99	4.79	4.59	4.59	5.05	5.05	5.71	5.31	(10.35)
	当地主销大米	标一	元/500克	2.19	2.32	1.99	1.99	2.29	2.39	2.39	2.39	2.39	2.02	2.02	2.19	2.21	(8.14)
	东北大米	标一	元/500克	2.59	2.52	2.59	2.59	2.58	2.68	2.58	2.49	2.49	2.39	2.39	2.39	2.52	3.76
	面粉	标准粉	元/500克	2.35	1.99	1.99	1.99	1.99	1.89	1.94	1.99	1.99	1.99	1.99	2.22	2.03	(10.15)
食用油类	散装菜籽油	一级	元/500克	6.50	6.50	6.50	6.50	6.50	6.50	6.50	6.50	6.50	6.50	6.50	6.50	6.50	(1.44)
	菜籽油	5升（红蜻蜓）	元/桶	59.47	65.80	68.80	68.80	59.87	68.80	68.80	68.80	68.80	68.80	68.80	72.23	67.31	(3.37)
	花生油	5升（鲁花）	元/桶	148.50	149.90	145.90	149.90	149.87	149.90	149.90	149.90	149.90	149.90	149.90	158.27	150.15	4.87
	菜籽色拉油	5升（红蜻蜓）	元/桶	50.90	20.90	50.90	50.90	50.90	50.90	50.90	50.90	50.90	50.90	50.90	63.57	49.46	(20.27)
	大豆油	5升（红蜻蜓）	元/桶	51.80	51.80	51.80	51.80	49.17	51.80	51.80	51.80	51.80	51.80	51.80	48.27	51.29	(5.87)
	食用调和油	5升（红蜻蜓）	元/桶	58.90	59.60	72.90	59.60	52.90	59.60	59.60	59.60	59.60	59.60	59.60	72.93	61.20	(9.77)
肉、禽、蛋、水产品类	猪肉	精瘦肉	元/500克	17.00	36.00	34.33	33.00	17.00	30.00	32.50	37.00	35.00	32.00	32.00	34.33	30.85	40.97
		三线肉	元/500克	12.67	27.33	27.67	26.33	12.00	25.00	26.50	28.67	28.00	27.00	27.00	26.33	24.54	52.12
		排骨	元/500克	17.00	34.00	33.67	31.00	17.67	29.00	31.00	34.33	33.33	31.67	31.67	32.00	29.70	35.54
		去骨后腿肉	元/500克	13.33	31.00	29.67	27.67	13.00	25.00	26.50	30.67	30.33	28.33	28.33	29.33	26.10	50.50
	鸡肉	土母鸡	元/500克	25.90	25.57	30.02	32.80	22.90	32.80	32.80	32.80	32.80	32.80	32.80	33.33	30.61	18.94
	鸡蛋	土鸡蛋	元/500克	13.80	16.50	16.50	16.50	13.80	16.50	16.50	16.50	16.50	16.50	16.50	18.00	16.18	3.12
	鸡蛋	鸡场蛋	元/500克	5.98	5.72	3.99	3.59	3.92	3.59	3.58	3.58	4.05	4.66	4.66	4.99	4.36	5.41

续表33

类别	商品名称	规格（等级）	单位	1月	2月	3月	4月	5月	6月	7月	8月	9月	10月	11月	12月	年度平均值	年度同比
	天友牛奶	220毫升	元/袋	2.50	2.50	2.50	2.50	2.50	2.50	2.50	2.50	2.50	2.50	2.50	2.50	2.50	0.00
	草鱼	鲜活	元/500克	8.58	8.38	8.38	7.98	8.32	8.58	8.98	7.98	8.31	8.32	8.32	7.38	8.29	(4.80)
	花鲢鱼	鲜活	元/500克	9.80	10.80	10.80	10.80	11.80	10.80	12.47	11.80	12.53	11.13	11.13	10.52	11.20	3.84
蔬菜类	芹菜	新鲜一级	元/500克	3.50	3.51	3.33	3.50	4.67	3.17	4.00	4.00	3.83	4.00	4.00	4.00	3.79	1.55
	大白菜	新鲜一级	元/500克	1.50	1.50	1.67	1.50	1.33	1.50	2.00	2.00	1.67	1.50	1.50	1.50	1.60	4.18
	油菜	新鲜一级	元/500克	2.50	2.50	2.50	2.50	2.50	2.00	3.00	3.17	3.00	3.50	3.50	2.33	2.75	9.51
	黄瓜	新鲜一级	元/500克	4.67	3.50	3.50	3.33	2.17	2.00	1.75	2.68	3.00	3.67	3.67	3.66	3.13	60.36
	白萝卜	新鲜一级	元/500克	1.00	1.00	1.00	1.00	1.33	1.50	2.00	2.00	1.67	1.67	1.67	1.33	1.43	3.43
	茄子	新鲜一级	元/500克	4.00	5.17	3.83	4.00	3.33	3.00	2.75	3.00	3.00	3.50	3.50	4.53	3.63	8.19
	西红柿	新鲜一级	元/500克	3.50	4.00	4.00	4.00	3.17	3.00	3.25	3.33	3.15	3.50	3.50	3.33	3.48	10.84
	四季豆	新鲜一级	元/500克	5.00	4.67	5.00	5.00	5.00	3.50	3.25	3.67	4.67	5.00	5.00	4.17	4.49	28.10
	土豆	新鲜一级	元/500克	1.50	2.00	1.50	1.50	1.50	1.50	1.50	1.50	1.50	1.50	1.50	1.50	1.54	8.33
	胡萝卜	新鲜一级	元/500克	2.33	4.00	3.67	3.00	2.67	3.00	3.50	3.50	3.17	3.00	3.00	2.33	3.10	(17.40)
	青椒	新鲜一级	元/500克	3.83	3.50	4.00	4.50	3.00	3.00	3.50	3.83	3.67	4.67	4.67	4.99	3.93	(5.38)
	尖椒	新鲜一级	元/500克	6.67	4.33	4.33	5.00	4.33	3.17	2.75	3.00	3.33	4.00	4.00	6.00	4.24	14.06
	莲白	新鲜一级	元/500克	1.50	1.50	1.33	1.00	1.33	1.00	1.50	1.50	1.50	1.83	1.83	1.50	1.44	6.46
	蒜薹	新鲜一级	元/500克	4.00	5.00	5.00	5.00	4.33	5.00	4.00	4.00	4.00	4.00	4.00	4.67	4.42	8.55
	韭菜	新鲜一级	元/500克	5.67	6.00	5.00	4.33	5.00	3.33	4.00	4.33	4.67	4.67	4.67	5.19	4.74	22.60
	莴笋	新鲜一级	元/500克	3.00	2.50	2.50	2.83	2.50	3.00	2.75	3.17	3.50	3.50	3.50	2.50	2.94	(5.85)
	菠菜	新鲜一级	元/500克	3.00	3.00	3.00	3.33	4.33	5.00	5.00	5.00	5.00	4.33	4.33	3.50	4.07	22.94
	冬瓜	新鲜一级	元/500克	2.33	2.00	1.83	1.50	2.00	1.50	1.50	1.50	1.67	2.00	2.00	2.33	1.85	17.01
	花菜	新鲜一级	元/500克	3.00	3.00	2.65	3.00	2.33	4.00	4.50	4.67	4.00	4.00	4.00	3.50	3.55	2.50
	藤菜	新鲜一级	元/500克	过季				4.83	4.00	3.25	3.33	2.83	3.50	3.50			
燃料类	液化石油气		元/瓶	115.00	115.00	115.00	115.00	115.00	115.00	115.00	115.00	115.00	115.00	115.00	115.00	115.00	0.00
农资类	尿素		元/千克	2.50	2.20	2.20	1.60	2.50	1.60	2.00	2.00	2.00	2.00	2.00	2.08	2.06	6.10
	碳铵		元/千克	1.20	1.02	1.02	1.08	1.20	1.08	1.08	1.08	1.08	1.08	1.08	1.00	1.08	(0.46)
	复合肥（低）		元/千克	1.70	1.59	1.59	1.63	1.70	1.63	1.63	1.63	1.63	1.63	1.63	1.60	1.63	(4.01)
	过磷酸钙		元/千克	0.70	0.71	0.71	0.69	0.70	0.69	0.69	0.69	0.69	0.69	0.69	8.00	1.30	8.49
	高压聚乙烯棚膜		元/千克	18.20	18.07	18.07	16.73	18.20	16.73	16.73	16.73	16.73	16.73	16.73	14.60	17.02	7.96
	高压聚乙烯地膜		元/千克	15.50	15.53	15.53	14.87	15.50	14.87	14.87	14.87	14.87	14.87	14.87	14.20	15.03	8.25
	多菌灵	100克/袋	元/袋	6.50	6.37	6.37	6.50	6.50	6.50	6.50	6.50	6.50	6.50	6.50	6.50	6.48	16.62
	阿维菌素	200克/瓶	元/瓶	18.50	17.67	17.67	18.00	18.50	18.00	18.00	18.00	18.00	18.00	18.00	17.00	17.95	0.46
	吡虫灵	15克/袋	元/袋	1.00	1.00	1.00	1.60	1.00	1.60	1.60	1.60	1.60	1.60	1.60	1.20	1.37	(40.39)

【物价管理】 全年启动对价格矛盾突出的自来水、天然气、农村客运、景区门票价格调整的成本审核、听证等工作；推进全区农业水价综合改革及农村供水价格核定，完成配气价格成本监审、启动非居天然气分类管理，按程序推进非居用水定额累进加价；清理并兑现2013—2020年城乡困难家庭免费电量，涉及困难群众10554户，免费电量306万千瓦时，免费金额160万元。疫情防控期间针对主副食品、医疗物资等启动“日监测、日报告”制度，做好农本调查、价格监测特别是生猪保供稳价工作，发放价格临时补贴1009.98万元，惠及低保、特困、孤儿等困难群众18.17万人次，报送价格分析20余份。

（区发展改革委）

国有资产管理

【概况】 2020年，全区修订完善《区属国有企业融资管理暂行办法》，印发《关于规范区属国有企业采购管理有关问题的通知》和《关于规范区属国有企业投资监督管理有关问题的通知》。《区国资委授权放权清单》和《区国资委监管权力清单和责任清单》等2次印发企业征求意见。全年开展安全检查10次，办理重大事项审批核准事项4件，监督检查保值增值事项8次，组织企业运营质量及财务状况定期分析8次，纠正违规投资、不当资金拆借、违规资产处置4件。

【企业国有资产】 2020年度，武隆区纳入统计范围的全级次国有企业70户与上年相比新增10户，减少2户，净增8户。其中，新增10户二级企业，减少2户二级子企业。从经营规模看，微型企业20户，小型企业34户，中型企业12户，大型企业4户。各占28.57%、48.57%、17.14%、5.72%；从资本构成看，国有独资企业65户，其他有限责任公司4户，国有控股企业1户。从管理层级看，一级企业4户，二级子企业41户，三级子企业24户，四级子企业1户。

截至年末，区属国有企业资产总额511.60亿元，负债总额315.62亿元，所有者权益195.98亿元，营业收入185457万元，营业总成本244544万元，利润总额-24146万元，净利润-27644万元，国有资产保值增值率98.02%。全区国有企业年末职工人数4754人，全年平均在岗职工4615人。

【国有企业管理】 2020年，区国资委完成区属国有企业产权登记74户（2019年以后新增国有企业8户），发放国家出资企业产权登记证书6份。建立健全各集团公司和重点二级企业董事会，配备高管人员39人，备案任用中层管理骨干86人。全年各企业引进专业技术人才6人、公开招录员工149人，办理退休、开除、辞退、离职86人。开展企业资产清理，重点对经营性房屋和土地资产的清理登记；至10月底，各企业完成清理上报工作。

【国资国企改革】 改革考核工作。建立分级分类考核体系，“一企一策”制定考核方案，对国有企业的考核结果实行政务考核和经营业绩统筹计算，结论分别由区委考核办、区国资委、区级行业主管部门、各管委会共同评定。实施薪酬制度改革。区委常委会和区政府常务会议审议通过《武隆区区属国有企业负责人薪酬调整方案》和《武隆区区属国有企业负责人经营业绩考核与薪酬管理办法》。将区属一级企业领导干部薪酬调整为：党委书记、董事长、总经理的年薪标准38万元（结构为：基本年薪、绩效年薪、当年任期激励薪酬），监事会主席的年薪标准按董事长的0.95倍确定，担任重点二级企业董事长的副职负责人的年薪标准按董事长的0.95倍确定，其他副职负责人按董事长的0.85倍确定。区属国有企业负责人实际发放年薪总额，根据企业经营业绩考核结果、政绩考核结果、行业主管部门考核结果套算后执行，最高不超过年薪标准的20%；区资产管理公司负责人薪酬由区国资委考核确定，重点二级企业负责人薪酬由一级集团公司考核确定。同时，解决“退居二线”企业领导人员待遇问题。推进公务用车改革。涉改企业领导人员84人，涉改区属国有企业公务用车277台。经测算，改革后区属国有企业公务用车支出2850万元，比2019年减少614万元，节支率17.73%，超过市上标准10.73个百分点。实施殡葬管理所企业化改制，完成市属国有企业“三供一业”剥离移交任务，推进市级国资大数据监管平台建设（一期）试点工作。探索工资总额与企业效益挂钩工资决定机制，探索任期激励、股权激励、超额利润分享试点。制订《区属国有企业业务接待管理实施办法》。推进喀斯特（集团）公司市场化转型。推进隆畅公司上市进程，重新选定辅导券商机构，组织开展二次资产重组，适时启动股改。完成通耀铸锻公司工商变更登记和名称更换工作，分别协调组织召开股东大会和债权人大会，审定修改公司章程，引进战略伙伴，并与中国航天科工集团下属北京赛伯乐松石投资有限公司签订框架合作协议。

【国企债务管控】 2020年，区国资委修订完善《区属国有企业融资管理暂行办法》，确保管住存量，严控增量。建立健全国有企业资产负债约束机制，划定企业资产负债率预警线和重点监管线；建立常态化融资举债审核备案制度，先批后融；坚持债务结构和融资成本分析，做好对债务结构和融资成本风险评估。

【国企考核监督】 2020年，区国资委印发《关于规范区属国有企业采购管理有关问题的通知》和《关于规范区属国有企业投资监督管理有关问题的通知》。开展安全检查10次，办理重大事项审批核准事项4件，监督检查保值增值事项8次，组织企业运营质量及财务状况定期分析8次，纠正违规投资、不当资金拆借、违规资产处置4件。开展2020年度经营业绩考核、专项审计，国企控制度建立及执行情况和财务大检查。

（区国资委）

自然资源管理

【概况】 2020年共召开规划初审会14次、审查议题159个；筹备召开规委会8次、审议议题51个。保障项目用地295.27公顷。供应土地62.87公顷，成交土地总价16.04亿元，实际入库12.3亿元。完成集体土地征收项目37个，兑现老车站等5个棚户区改造项目房屋补偿款6.8亿元。加强对土地储备专项债券1.9亿元的监管使用。完成第三次国土调查，初步成果地类错误率和边界错误率均控制在1%以内。划定永久基本农田储备区4729.67公顷。实施土地整治项目7个，实现新增耕地150.933公顷；实施农村建设用地复垦项目37个，新增耕地55.33公顷；完成5个绿色矿山建设任务，征收采矿权出让收益4770万元；完成71.1公顷废弃露天矿山图斑的生态修复工作。依法推进农村乱占耕地建房专项整治，完成全区20492个疑似违法图斑的清理核查和系统上报工作。

【规划管理】 推进《武隆区国土空间总体规划》编制工作；开展资源环境承载力和国土空间适宜性双评价，国土空间开发保护现状评估和人口、城镇化与城乡统筹等专题论证工作，形成规划初步成果。编制完成实用性村规划21个。调整白马航电、西山水库、仙女山度假区水厂、后坪小学和石桥污水处理厂等7个项目规划。青吉等14个小水电整改项目、和顺四眼坪风电和沧沟污水处理厂等项目规划调整方案上报市局待批复。完成规划一致性方案处理，保障后坪风情小镇、江南水厂、天池坪污水处理厂、罗家堡天主教堂排危异地迁建和仙女山度假区近期开发等18个项目落地。全年核发用地规划许可证等规划类许可证书86件。

【用地保障】 全年保障项目用地295.27公顷；供应土地62.87公顷，成交土地总价16.04亿元，实际入库12.3亿元；完成集体土地征收项目37个，兑现老车站等5个棚户区改造项目房屋补偿款6.8亿元；加强对土地储备专项债券1.9亿元的监管使用，完成2021年土地储备专项债券预申报工作；完成第三次国土调查，初步成果地类错误率和边界错误率均控制在1%以内。

【土地资源保护】 全年划定永久基本农田储备区4729.67公顷；后坪乡中岭村土地整治等7个市级项目完成验收，实现补充耕地150.93公顷；农村建设用地复垦项目通过市级验收37个，新增耕地55.33公顷；完成5个绿色矿山建设任务，征收采矿权出让收益4770万元；完成长江经济带废弃露天矿山图斑修复面积71.1公顷。

【矿产资源保护】 截至年底，全区完成8个矿山绿色矿山建设工作，并通过第三方验收达标。全年矿山共完成复绿8.64公顷，耕地复垦1.68公顷，道路硬化2314.3立方米，花园绿化2539.6平方米，工业广场硬化10991.25立方米，修建排水沟2672米，加工厂房密闭10.53万平方米，累计企业投入资金1654.41余万元。

【执法监察】 全年发现移交违法线索6件，查处4个案件，罚款1809894.35元，移交财政局处置矿产品38.1万吨。

【矿政管理】 全年新设置非煤矿山经招拍挂出让采矿权1个、延续4宗、变更2宗、抵押2宗；审批矿产压覆67件。制定《武隆区非煤矿山关闭整合实施方案》，并经区委常委会审议通过。全年关闭退出乌江直距1千米范围内的采矿权，并对全区矿山实行“提档升级一批”“停产整治一批”“关闭取缔一批”的综合专项整治。通过关闭整合，全区非煤矿山个数减少11个。建立矿产品监测调控制度。实现对全区矿产品销量、价格和流向的月度监测，定期发布监测报告，推进供需对接联动。

【开采监管】 全年应信息公示30宗，公示30宗，公示率100%。8月，区规划自然资源局委托地研院对采矿权公示系统实行100%的实地核查，监管矿山企业储量动用情况。完善采矿权标识牌界桩工作，制定安装“采矿权现状公示牌”“采矿权信息公示牌”“绿色矿山建设公示牌”。配合搞好矿业权督察工作，整改白马山自然保护区内违规采石场2宗。

（区规划自然资源局）

【水资源管理】 全年水环境违法行为立案查处8件次。（区水利局）

【生物资源管理】 全年区林业局开展杉天牛预防和除治，除治面积29.55公顷，采伐枯死木756株，采伐蓄积93.82立方米。完成仙女山草甸修复与鼠虫害防治项目可行性研究报告编制，安装草原检测仪1套、远程红外热成像相机14套、界碑3块。

（区林业局）

【自然资源确权登记管理】 全区农村土地承包地确权登记面积6.69万公顷，签订承包合同92824户，颁发承包经营权证书89074户。

（区农业农村委）

财　政

【概况】 2020年，全区收入总计78.14亿元，比上年增加13.1%。其中区级财政收入实现26.24亿元，比上年增加23.8%，区级财政收入分别是：一般公共预算收入13.36亿元、政府性基金预算收入12.43亿元、国有资本经营预算收入0.45万元。全年完成地方财政支出67.63亿元，较上年增长7%。

全年筹措资金2185万元，支持做好高校毕业生、农民工、退役军人等重点人群就业创业工作，大规模开展职业技能培训和创业指导培训。对受疫情影响严重的238户中小企业给予稳岗补贴1120万元。安排资金3.2亿元，支持养老服务中心、社区养老服务站、乡镇敬老院建设，提高退休人员养老金，提高城乡居民最低生活保障、基本公共卫生服务补助和特困人员救助标准；支持特色学校、特色项目学校建设；支持全区疫情防控，支持博爱精神病医院迁建，疾控中心业务综合楼、妇幼保健院儿科大楼等建设；支持棚户区、老旧小区、农村危旧房改造及保障性住房建设。累计减税降费4.5亿元，缓缴配套费1亿元、人防费1488万元。安排资金1亿元，支持“藏粮于地、藏粮于技”和生猪等重要农产品稳产保供，保障居民“米袋子”“菜篮子”。支持和引导页岩气开采、风能发电、水能发电，推进能源结构优化调整。保产业链供应链稳定。争取工业和信息化专项资金、中小微企业发展专项资金和贷款贴息资金120万元，安排企业再生产资金4543万元。落实政府“过紧日子”要求，压减一般性支出1655万元，调整用于基层运转；按月发放财政供养人员基本工资、规范津贴补贴，及时发放国家明确的到人到户财政补贴，未出现拖欠；序时拨付乡镇（街道）运转支出3.4亿元，税收体制分成777万元，村级组织运转支出7700万元。

【财政支出】 全年完成地方财政支出67.63亿元，较上年增长7.0%。其中，一般公共预算支出52.83亿元，较上年增长7.9%；政府性基金预算支出14.48亿元，较上年增长4.6%。一般公共预算支出中：一般公共服务支出42698万元，较上年增长6.4%；公共安全支出18994万元，较上年增长7.6%；教育支出85380万元，较上年增长0.9%；文化旅游体育与传媒支出9195万元，较上年增长53.2%；社会保障和就业支出51925万元，较上年增长7.2%；卫生健康支出52056万元，较上年增长17.2%；农林水支出107261万元，较上年增长4.1%。

【财政收入】 全区一般公共预算收入完成13.4亿元，增长12.5%。其中，税收收入完成8.2亿元，增长9.1%；非税收入完成5.2亿元，增长18.3%；加上级补助30.7亿元、债务转贷收入8.9亿元，以及调入预算稳定调节基金、上年结转、调入资金等6.8亿元后，收入总计59.8亿元。区本级一般公共预算收入12.5亿元，完成调整预算的100.1%；其中税收收入7.3亿元，增长9.7%；非税收入5.2亿元，增长18.3%；加上级补助30.7亿元、债务转贷收入8.9亿元，以及调入预算稳定调节基金、上年结转、调入资金、下级上解等7亿元后，收入总计59.1亿元。全区政府性基金预算收入12.4亿元，增长42.5%，其中国有土地使用权出让收入11.8亿元，增长54%；加上级补助6.4亿元、债务转贷收入3.7亿元、上年结转0.9亿元后，收入总计23.4亿元。全区国有资本经营预算收入4500万元，下降25.1%。

【国有资产管理】 全年清理全区行政事业单位国有资产，摸清资产底数，为资产分类处置工作提供依据。

【政府采购管理】 全年规范政府采购预算管理，全区政府采购562批次，采购金额1.6亿元，节约资金943万元。

【财政评审】 全年推进财政预算投资评审各项工作，完成项目评审44个，审定金额10.2亿元，审减净额7000万元。

【财政监督】 全年开展涉农项目资金检查，发现问题620余个，督促问题整改完毕；开展预决算公开专项检查，督促20多个发现问题的单位整改规范。督促各单位催收个人借款，整改收回7062万元。

（区财政局）

税　务

【概况】 2020年，全区累计组织税费收入24.62亿元，同比增长4.69%。其中，税收收入14.10亿元，同比增长10.02%，区级税收收入8.29亿元，同比增长10.83%；非税收入0.67亿元，同比增长8.94%；社会保险费收入8.95亿元，同比下降4.42%；其他收入1亿元，同比增长8.84%。

【减税降费政策落实】 全区落实落细减税降费政策措施，落实支持疫情防控税收优惠政策，拓展“非接触式”办税缴费服务，建立税企定点联系、复工复产税收分析等机制，形成定点联系企业分析报告20期。从减税降费组织保障、宣传服务、跟踪监测、效应分析等方面自查自纠，配合政府专项督查并通过验收。全年新增减税降费1.24亿元，其中新出台支持疫情防控和经济社会发展税费优惠政策，新增减税0.36亿元。

【纳税服务】 全年推进“非接触式”办税缴费，实行在线办、预约办、错峰办、邮寄办等便民服务举措，推广手机客户端、支付宝、“渝快办”等移动办税渠道，全年常用涉税业务网上办理率达90%以上。开通运行“77712366”二级纳税服务热线，推行政务服务“好差评”制度，改造升级自助办税区和排队叫号系统，组织聘任“营商环境体验师”并开展系列活动。全方位开展税法、税收政策宣传辅导，以线上云端辅导为主，制作纳税人学堂短视频、开通“钉钉直播”等，优化“不见面”宣传模式，全年举办各类培训36场次，8000余人次参加，发送政策短信11万条，电话辅导5000余人次。

【税收法治】 全年推进依法治税工作，坚持税收法治宣传与营造法治氛围相结合，结合税收宣传月活动，开展税法“六进”活动；编发8类143项权责事项清单，全年公示各类信息1000余条。全年推送复核风险任务279条，查补税款1270余万元；深化纳税信用体系建设，加大守信激励和失信联合惩戒力度，“银税互动”以信授贷2229余万元。

【税务稽查】 全年结合扫黑除恶专项行动，立案检查11户，查补税款890万余元。

（区税务局）

金融管理

【概况】 2020年，区金融服务中心强化地方金融机构监管功能。落实融资担保、典当、小额贷款公司监督管理办法，优化监督管理体系、实施现场检查及分类处置，引导不合规主体退出。

【金融风险防范】 推进打击非法金融活动与扫黑除恶工作。全年累计发放宣传品7万余份、短信100万余条，并结合楼宇电梯广告、公交车视频及站台广告、户外大屏等方式营造安全环境。

【金融风险化解】 全年完成2件涉嫌非法集资案件的处置。2018—2020年3年陈案攻坚行动累计结案率84.62%。重庆银行武隆支行为区属国有企业置换隐性债务3笔、金额7亿元，由重庆农商行为区喀斯特（集团）公司开立2亿元的跨境人民币融资保函增信项目，成为全市首笔跨境绿色旅游融资业务，首期到位5000万元。

（区金融服务中心）

审　计

【概况】 2020年，区审计局共完成审计项目38个，其中专项审计调查4个，其他审计项目34个。查出主要问题金额243922.7万元，其中违规金额12824.88万元、损失浪费金额42.19万元、管理不规范金额231055.63万元；审计发现非金额计量问题243个；损益（收支）不实金额27.46万元；审计发现侵害人民群众利益1395.43万元；审计处理处罚金额28558.03万元，其中应上缴财政12179.09万元、应归还原渠道资金645.79万元、应调账处理金额15733.15万元；移送司法机关、纪检监察机关和有关部门处理事项9件，移送处理人员15人，移送处理金额196.49万元。审计促进整改落实有关问题资金22751.37万元；审计促进拨付资金到位3803.59万元；审计后挽回（避免）损失7905.47万元；核减投资额7905.47万元；审计提出建议159条，被采纳129条；推动被审计单位制定整改措施120项。共出具审计报告和专项审计调查报告共49份，报送信息101篇，被市局网站采用31篇，呈报的12篇审计结果报告、6篇审计要情、1篇审计专报获区委、区政府主要领导批示。

【政策跟踪审计】 全年区审计局完成2020年中央和重庆市重大政策措施落实情况跟踪审计4个（含1个市级深度贫困乡镇扶贫资金跟踪审计）和2020年中央和重庆市重大项目跟踪审计3个。

【财政审计】 全年区审计局完成2019年度武隆区财政预算执行和决算草案编制审计和2019年度武隆区部门单位预算执行和财政财务收支审计。发现存在代编预算未及时下达至部门、人防费等征收管理不到位、债券资金及专项资金使用不及时和预算编制不合理、决算编制不实、扩大开支范围、无预算支出、超预算支出、原县担保中心807万元结存资金未上缴财政等问题。

【经济责任审计】 全年区审计局完成8个单位11名党政主要领导干部经济责任审计，结合开展1个乡镇自然资源资产离任（任中）审计，共查出违规金额400.33万元，管理不规范金额15032.33万元，上交区财政8.28万元，发现财务收支和资产管理不规范、非税收入未及时上缴、工程项目管理不规范、决策和采购程序不规范、人员和车辆超编、对村级财务管理和监督不力、乡镇污水处理设施管理运行不好、永久基本农田及林地资源保护不到位等问题，推动对乡镇污水处理设施与永久基本农田及林地资源的管理与保护。

【固定资产投资审计】 全年区审计局完成16个政府投资或以政府投资为主的工程项目结（决）算审计，送审金额159860万元，核减政府投资额7905.47万元，审减率4.9%。

【交办审计】 全年区审计局完成区委、区政府交办的应对新冠肺炎疫情防控资金和捐赠款物专项审计、扶贫资金内部审计和双河镇木根铺集中安置区基础设施项目有关情况调查，结合乡镇领导干部经济责任审计开展扶贫资金审计等工作。

【专项资金审计】 全年区审计局完成武隆区2018—2019年人居环境资金使用情况及绩效审计调查、武隆区人民医院2018—2019年国有资产管理使用情况审计调查，发现工程项目招投标、管理、建设实施不规范，房产未办理产权登记证、超范围使用专项资金等问题。

【审计信息化】 截至12月，区审计局共收集存储审计电子数据约1100GB，全年采集各类电子数据230GB，共对10个审计项目开展数据分析。通过数据分析发现的疑点，发现部分单位预决算编报不实、无预算列支费用、超预算支出、扩大开支范围支出、无预算出国、违规发放对外宣传奖励、非本单位在编在职人员持有公务卡、固定资产未及时入账、往来款项未及时清理，16名死亡人员和1名财政供养人员违规领取低保、560名女职工领取社保生育生活津贴的同时领取财政工资970.19万元；收回财政资金超1000万元。

【内部审计】 2020年，全区各部门、各企事业单位设内部审计机构7个，其中专职机构4个；配备内部审计人员31人，其中专职人员17人。完成内部审计项目135个，促进增收节支7488.41万元，提出建议意见被采纳96条。

（区审计局）

统计管理

【概况】 2020年，区统计局牵头或配合完成月（季）度经济形势分析研判

10 月 30 日，武隆区人民政府区长卢红（中）接受人口普查预登记　　代君君　摄

会 4 次；累计完成统计专报 17 篇、分析 66 篇、信息 95 条、简报 215 期；累计开展统计法治教育 1000 余人次、宣讲《全国人口普查条例》500 余人次，组织 3000 余人次参加全国统计法律法规知识竞赛；全年对 23 家工业企业、房地产企业和重点服务业的相关统计数据予以查询并纠错，对 12 家建筑企业主要指标进行核查，对 20 家法人单位的劳动工资数据开展质量查询；开展各类别各层级统计培训 15 次；完成第七次全国人口普查，开展全区乡镇（街道）、部门年度社情民意调查；发布《重庆市武隆区第四次全国经济普查公报》。

2020 年，区统计局被表彰为全市第四次全国经济普查市级先进集体，在全市 2019 年区县统计工作考核中获渝东南武陵山区城镇群一等奖，局属事业单位普查中心在脱贫攻坚工作中获区级“嘉奖”。

【武隆区第七次全国人口普查】 10 月 15 日，全区开展人口普查入户摸底工作；11 月 1 日，全区正式启动普查登记，共划分普查小区 1761 个，绘建筑物 8.28 万个；11 月，完成短表登记，12 月，完成长表登记以及比对复查、行职业编码各个环节，同时制定质量控制和验收计划，在摸底、短表登记、编码等多个环节分片开展验收和检查工作，并通过市级事后质量抽查。普查工作中存在基础信息采集较为仓促、工作时间跨度较大、普查数据采集设备软硬件条件要求苛刻等问题。

普查机构。全区成立以区政府常务副区长胡珍强任组长、21 个区级部门为成员的区级普查组织架构，各街道乡镇分别成立以主要领导为组长的乡级普查机构，共选聘普查指导员和普查员 2085 人，区人普办抽调 16 名工作人员实行集中办公。普查保障。落实普查经费 773.5 万元，按时发放“两员”劳动报酬 380 余万元；及时落实普查办公用房 380 平方米，以及办公设施设备和调查物资。普查宣传。通过标语、海报、专栏、短信、微信、电视、LED 广告屏、电梯、街头宣传、致调查对象一封信、宣传扇等一系列方式，进行全方宣传。在正式入户登记时，赠送仙女山门票 10 万张。普查培训。在普查各流程中开展普查业务培训，累计开展人普“两员”培训会 23 次，并及时组织考评，全区普查员考试考评合格率为 100%；组织“两员”参加国务院人普办线上学习和考试，过关率 98.8%。

【《重庆市武隆区第四次全国经济普查公报》发布】 4 月 28 日，全区发布《重庆市武隆区第四次全国经济普查公报》；全区第四次全国经济普查，普查的标准时点为 2018 年 12 月 31 日，普查的时期资料为 2018 年度，普查对象是全区行政区域内从事第二产业和第三产业活动的全部法人单位、产业活动单位和个体经营户。普查结果显示，2018 年年末，全区共有从事第二产业和第三产业活动的法人单位 4865 个，与 2013 年第三次全国经济普查相比（下同），增长 70.8%；从业人员 61612 人，与 2013 年年末比减少 49 人，下降 0.1%；产业活动单位 5383 个，增长 57.8 %；个体经营户 26885 个，增长 23.5%。

【统计法治建设】 落实工作部署。全年区统计局采用集中学习和自学相结合的方式，组织学习和宣传党内法规和统计法律法规，向全区 12 个重点单位领导班子成员发放中央重要文件选编资料，同时向 26 个街道乡镇和 17 个区级相关部门发放《统计法律法规知识汇编》和《防范和惩治统计造假、弄虚作假督察工作规定学习手册》近 400 本。

统计法治教育。区统计局向各乡镇街道、区级各部门、区属企事业单位发函，要求学习传达《国家统计局关于严格依法统计切实保障统计数据质量的通知》等相关文件。组织乡镇街道、区级各部门参加 2020 年全国统计法律法规知识竞赛活动，参赛人数 3000 余人次，位居全市各区县第 5 位。推进“统计法进党校”活动，邀请市统计执法检查总队对武隆区 2020 年中青年干部培训班的学员开展专题讲座。

统计普法宣传。依托各类统计业务培训会、统计年报会、第七次人口普查等，对工业、房地产业、建筑业、商贸业以及重点服务业等 5 大行业的“四上”企业统计人员，对部门统计人员，对人口普查“两员”，开展系列点对点的计法治教育培训，本年度累计培训各类人员 1000 余人次。在芙蓉西路社区设立普法联系点；利用“9 · 20”统计开放日、“12 · 8”《中华人民共和国统计法》颁布纪念日组织街头宣传。

统计执法监督。区统计局先后出台《统计造假弄虚作假举报规定（试行）的通知》《统计数据质量管理工作责任制度》《统计违纪违法案件移送制度》《行政处罚信息公示暂行办法》

《统计数据质量监控办法》《统计执法“双随机”抽查办法》等一系列文件，争取区政府办印发《武隆区防范和惩治统计造假弄虚作假责任制规定实施办法（试行）》。先后对2家房地产企业的生产经营状况开展调研和现场指导；对22家工业企业、房地产企业和重点服务业的相关统计数据予以查询并纠错；对全区不符合“四上”企业标准的3家企业单位予以退库；对12家建筑业企业主要统计指标进行核查；对20家法人单位的劳动工资数据开展质量查询。

统计法治基础。区统计局对行政检查事项进行梳理，建立完善随机抽查事项清单。鼓励职工参加国家统计执法考试，6名职工具备统计执法资格。在政府门户网统计局端口设立行政处罚信息、统计失信企业信息、统计从业人员严重失信行为信息3个子栏目链接，对相关信息予以公示。

【统计规范化建设】 全年区统计局规范部门统计管理和调查活动，审批民意调查项目1个，联网直报单位统计台账全覆盖，探索建立乡镇街道季度GDP统一核算制度，自然资源资产负债表编制（试行）有序推进。完善联网直报数据即报即审制度，制定工业、贸易等专业的数据质量管控流程；规范“四上”企业审批入库，全年新入统“四上”企业42户。

【年度社情民意调查】 2月21日至3月31日，区社情民意调查中心开展2019年度全区街道乡镇、部门年度社情民意调查；调查采用CATI电访（计算机辅助电话调查）为主，入户面访调查相结合的方式。调查由乡镇调查和部门调查两部分组成，乡镇的调查对象为在辖区内居住一年及以上的18～65岁的居民，样本总量2373个；部门的调查对象为了解该部门工作情况的相关人员，样本总量3325个。调查共收集到意见建议或群众要求近500条。

乡镇新冠肺炎疫情防控工作满意度。新冠肺炎疫情防控工作的评价，表示“满意”和“基本满意”的分别占96.1%、3.0%，满意度为99.1%，“不满意”的仅有0.3%。从调查结果来看，除极少数反映存在防控宣传不到位、村社或小区进出管理不严格外，全区农村居民对新冠肺炎疫情防控工作的整体评价非常满意。扶贫工作满意度。农村群众对2019年乡镇的扶贫工作总体满意度57.6%，“不满意”的占8.5%，33.8%的调查对象表示“不清楚”。基层干部作风情况。从调查结果看，认为乡镇、村社干部办事解决问题“公道”的群众占67.3%，认为“不公道”的占13.9%，有18.9%的群众回答“不清楚”。区级部门（单位）服务态度。2019年度全区区级部门（单位）服务态度满意度99.6%，全区总体满意度评价比2018年度高。办事效率方面，认为“快”的占93.0%，比2018年有较大提高；吃拿卡要方面，认为仍存在“吃拿卡要”现象的仅有0.2%。

【统计教育培训】 分类培训。区统计局按照“分工负责，逐级培训”原则，制订统计教育培训计划，开展统计领导干部培训、街道乡镇和区级部门统计业务人员的培训、企业统计业务人员的培训等。针对工业、能源、投资、贸易、服务业、房地产和建筑业，以及人口普查等重点专业知识，开展对基层统计人员、各类报表填报企业、部门统计人员的业务培训，全年召开各类培训会共计14次，对全区统计人员累计开展统计教育培训3000余人次。推进“统计进党校”工作。会同区委组织部、区委党校，开展“统计法进党校”活动。邀请市统计执法检查总队到区委党校对中青年干部培训班开展专题讲座，涉及各街道乡镇、区级部门的相关副处级和科级干部60余人。统筹培训资源。利用网络平台组织全局干部职工参加“国家统计局在线学习中心”“学习强国”“重庆干部网络学院”等平台的培训达到规定学时以上。组织开展统计继续教育和统计技术职称资格考试工作，全年有28人通过统计继续教育考试，4名职工报名参加中级统计师资格考试。干部能力培训。安排年轻干部3人次到党校接受系统理论教育和党性教育培训。举办各科室人员述学讲学活动8次，围绕党建、时事政治、专业统计知识等知识，提升机关干部的业务能力和管理水平。鼓励和支持干部职工参加国家统计局、市统计局以及区相关部门组织的各类业务培训，全年累计外出培训40余人次。法治教育培训。依托各类统计业务培训会，面向统计人员开展7次统计法治教育培训。到社区开展普法宣传活动2次，社区群众200余人次参加。对全区人口普查指导员和普查员开展统计法规宣讲2次。推动区委常委会、区政府常务会、区委理论学习中心组开展专题学习统计法规5次。

【统计服务】 2020年，区统计局围绕经济社会发展主要目标任务，紧扣疫情后复工复产、复商复市中的堵点和难点问题，扎实做好月（季）度经济形势预研判，牵头或配合完成月（季）度经济形势分析研判会4次。累计完成统计专报17篇、分析66篇、信息95条、简报215期。其中，被市局采用统计分析3篇、简报信息52篇条；获区领导批示的统计报告13篇、统计分析11篇。序时开展统计公报、领导干部手册、统计年鉴、数据武隆App等产品的编发工作，主动公开统计数据信息。

【统计宣传】 2020年，区统计局推动全区各级各部门学习统计法律法规及中央重要文件选编资料，发放《统计法律法规知识汇编》和《防范和惩治统计造假、弄虚作假督察工作规定学习手册》近400本；累计开展统计法治教育1000余人次、宣讲《全国人口普查条例》500余人次，组织3000余人次参加全国统计法律法规知识竞赛。

（区统计局）

统计调查

【概况】 2020年，国家统计局武隆调查队做好全区城乡住户调查、农业调查等重点调查。组织开展居民消费价格调查、贫困监测、农民工监测、房价调查、月度劳动力调查等民生领域监测调查。做好主要畜禽监测、工业生产者价格、农产品生产者价格及中间消耗调查、新设立小微企业和个体户跟踪调查工作等其他常规调查工作。

【国家调查项目管理】 截至年底，全队所负责的统计调查业务涉市级及以上抽样调查网络12项，包括住户收支（城乡居民收入）调查、居民消费价格指数调查（CPI）、主要畜禽监测调查、农产量调查、工业生产者价格调查（PPI）、房地产价格调查、贫困监测调查、农民工监测调查、农产品生产者价格、中间消耗调查、新设立小微企业和个体经营户跟踪调查、月度劳动力调查；涉市级全面统计内容4项，包括农业全面统计、农业核算、区域统计、畜牧业统计。做好事关民生领域的监测调查工作及常规调查监测调查任务以及其他临时性调查工作。

【调查网点管理】 2020年，全区按照国家调查方案要求，规范样本调整报备程序，加强调查网点的动态维护与管理，加大调查业务工作规范化建设和监督指导工作。按专业要求建立数据台账；全面农业执行村级起报制度，并将村级报表存档备查；镇级上报表需单位领导签字盖章存档。按年度对统计资料进行归档保存。加强对基层调查员的管理及调查能力提升。严格执行人员变动等情况的报备管理，保证调查队伍相对稳定。严格执行培训制度，依法依规开展各专业的调查业务培训。完善辅助调查员等考评办法，与镇街配合加强调查员管理。全年为调查员购买意外伤害保险。

【数据质量管理】 全年国家统计局武隆调查队落实各专业业务工作规范和数据质量管理办法，重点对基层基础工作进行监督考核。采取科长负责、党组研究审定，每季度反馈问题。坚持质量中心原则，抓好全覆盖全员全域全流程控制。全年有7人通过国家统计局统计执法证考试，取得统计执法资格。按照“双随机”抽查原则，全年抽取15家企业开展统计执法检查。

（国家统计局武隆调查队）

4月26日，武隆区市场监管局在石桥乡开展食品药品安全检查　　徐爱荣　摄

市场监督管理

【概况】 2020年，区市场监管局全区新增市场主体4959户，市场主体增速为14.95%，市场主体总量34029户，其中内资企业7979户，个体工商户25027户，农民专业合作社1001户，外资企业22户。

【市场主体监管】 2020年，区市场监管局做好市场主体信息公示。2019年度全区企业（内资、外资）年报率达96.4%，位居全市第二。开展信用信息归集工作，归集上报信息2300条。指导全区15个部门在“双随机、一公开”平台建立检查人员库、检查对象名录库22个，完成“双随机、一公开”综合抽查任务316户。依法开展主体强制退出工作，2020年批量吊销企业231户，强制注销个体工商户2079户。

【食品安全监管】 2020年，区市场监管局全区加强党委、政府对食品药品安全工作的领导，制定完善食品安全工作督查、督办、履职记录、履职报告等制度。开展食品及食用农产品监督抽检1621批次，快速检测1380批次。对全区食品生产经营者开展“双随机”抽查，“两品一标”产品100%纳入国家农产品质量安全追溯管理信息平台。开展春、秋季开学后校园及周边食品安全专项整治，推进“互联网+明厨亮灶”，120余个学校食堂完成“重庆阳光餐饮”App注册并使用。部署开展春、秋季食品安全专项整治行动，组建40人的6个片区市场监管巡回执法队，积极协助各乡镇（街道）办理食品安全案件38件。

【药品安全监管】 2020年，区市场监管局全区共有药品经营企业（零售）189户，医疗机构344户。组织开展药品经营企业执业药师“挂证”回头看、疫苗、中药饮片、药品网络销售违法违规行为、药店诊所（卫生室）药品质量安全等5项专项检查整治行动。全区涉药单位监管覆盖面达100%。开展监督抽验和药品不良反应监测，严守药品安全风险。全年完成药品51个批次，其中不合格药品检验报告1份，已立案查处。全年共监测上报药品不良反应200例，其中严重病例13例，药物滥用32例。

【质量监管】 2020年，区市场监管局对流通领域和生产领域开展监督抽查，共完成产品质量监督抽查188批次，其中，生产领域40批次，流通领域148批次，不合格13批次，其中生产领域1批次，流通领域12批次。开展烟花爆竹安全专项检查，对烟花爆竹批发企业开展6批次产品质量抽查，检验结果均为合格。

【宣传培训】 2020年，区市场监管局组织食品药品安全监管、特种设备操作、冷链食品处置培训60场次，培训人数1500人次。

【品牌创建】 2020年，区市场监管局引导个体、企业、农民专业合作社等创新发展、注册商标、申报专利。全年新发展注册商标507件，累计3952件。新增授权专利数91件，全区专利授权总量1994件。实施品牌培育和质量提升奖励扶持项目，全区申报的2个项目纳入全市23项标准化试点示范项目。对申报的35个绿色食品认证以及90个注册商标等兑现奖励金额141万元。

【计量监管】 2020年，区市场监管局组织基层医疗机构（含村卫生室）医用计量设备免费检定，共计检定在用的医用计量设备542台（件），比上年增长123台（件），增长率29.36%。对全区9家有主办者的集贸市场在用计量器具开展免费周期检定。做好强检计量器具免费检定的宣传发动工作，动员企业主动在网上申请免费检定。加强对旅游沿线的计量巡查，在每年旅游旺季来临之前，对旅游沿线在用的计量器具检定情况开展监督检查，督促经营者按期送检计量器具。

【特种设备监管】 2020年，区市场监管局完成96333应急平台和753台在用电梯的打证认领工作。严排特种设备隐患。以安全生产专项整治三年行动为抓手，全年共计检查特种设备使用单位267家次，发现安全隐患49条，下达特种设备安全监察指令书29份，执行行政处罚6家。全年未发生特种设备安全事故。

【价格管理】 2020年，区市场监管局加强对医用口罩等防疫用品价格监管，重点对口罩、抗病毒药品、消毒杀菌、相关医疗器械等防疫用品价格监管监测。加强民生领域收费监管。关注教育、殡葬和养老等民生领域的收费热点，及时回应群众关切，结合本地实际适时开展抽查。开展涉企收费专项治理。组织开展行政审批中介服务收费检查。加大对具有法定职责、具有行政部门委托或授权事项的行业协会收费的检查力度。开展银行涉企收费专项检查。全年价格类案件9件，罚没金额124万元。

【消费维权】 2020年，区市场监管局共受理消费投诉（含举报）602件，为消费者挽回经济损失70余万元。价格问题、质量问题、安全问题和合同纠纷是引发投诉的主要原因，占投诉总量的77.74%。2020年度，商品类投诉中，食品、医疗用品、家用电子电器、交通工具、服装鞋帽和烟酒饮料居前六位。服务类投诉中，生活社会服务、房屋装修及物业服务、旅游服务、公共设施服务和文化体育服务居前六位。

【消费投诉重点】 合同退订、防疫用品和民生消费品涨价等成为疫情期间投诉热点　全年因疫情影响导致的投诉共70件，占全年总投诉的11.63%。其中，口罩等防疫用品50件（涉及价格43件、质量4件、假冒2件、虚假宣传1件），餐饮服务6件，住宿服务8件，食品（蔬菜肉类）3件，婚庆摄影3件。

食品（餐饮）安全成为投诉重点　全年辖区食品类投诉90件，涉及食品安全55件，餐饮服务投诉52件，涉及餐饮安全25件，食品（餐饮）安全总计77件，占安全类投诉74.04%，占总投诉12.79%。食品（餐饮）安全投诉主要表现在：职业打假人针对食品的标签、成分和标准等问题进行投诉举报，甚至多名职业打假人用同一事由同一证据投诉举报同一店铺；经营者不遵守食品经营管理制度，未定期检查货架及库存食品，导致变质或者超过保质期的食品销售出去，引发消费者投诉和举报；消费者就餐时发现食品有变质情况，就餐后出现拉肚子、肚子痛等症状，进而投诉；食品或餐饮店环境卫生差，食品内发现头发、苍蝇等异物引发投诉。

生活、社会服务投诉量名列前茅，景区住宿服务问题突出　全年生活、社会服务投诉连续两年100件以上，占总投诉比重20%以上。2020年度，生活、社会服务类投诉158件，占总投诉量26.25%，其中住宿服务投诉68件、餐饮服务52件、保养修理12件、摄影服务9件、美容美发8件、洗衣服务5件、中介和家政4件，住宿服务投诉占比43.04%。住宿服务问题突出，与武隆辖区旅游热度相关，仅仙女山景区及周边就有从事住宿服务的酒店、旅馆、农家乐、山庄以及民宿700余户，经营主体在淡季和旺季及节假日的供求和价格上反差极大，且相关从业人员素质参差不齐，法律意识不足，导致住宿服务成为投诉重灾区。

（区市场监管局）

烟草专卖管理

【概况】 2020年，区烟草专卖局查获专卖案件94件，案值126.94万元，破获国家级网络案件1件。

【破获跨省非法经营案】 6月5日，区烟草专卖局配合区公安局，破获跨省非法经营案1件，抓获犯罪嫌疑人13人，查获烟叶40吨，涉案金额350万元，冻结资产100万余元，打掉该非法经营跨省犯罪团伙，12名犯罪嫌疑人被刑事拘留。（区烟草专卖局）

应急管理

综　述

【概况】 2020年，全区共发生生产安全事故9起、死亡10人；除道路交通、建设施工、工贸机械3个行业领域发生事故外，其他行业领域未发生生产安全亡人事故，全区连续78个月未发生较大及以上生产安全事故。

【应急机制】 2020年，全区印发《2020年安全生产与自然灾害防治工作要点》《武隆区安全生产专项整治三年行动任务清单》《2020年武隆区突发事件趋势分析及主要对策》等文件，规范安全生产与自然灾害防治工作。出台《武隆区安全生产与自然灾害防治工作考核办法》，贯彻落实《武隆区党政领导干部安全生产责任制》。坚持定期汇报、定期会议制度，在重点节点时段，区委区政府主要领导及各“一岗双责”领导分别带队督查检查，区委常委会议、区政府常务会议、区长办公会议全年传达学习并研究安全生产与自然灾害防治工作34次。强化督查检查，区安委办区减灾办印发《督查通报》24期，“通报批评项目35个”，通报批评安全监管责任单位44个（次），区安委会发放安全生产“黄牌警告”8个单位9块、警示约谈7个单位，公示事故责任单位9个。

【总体应急预案】 6月22日，武隆区减灾委员会、武隆区安全生产委员会联合印发《武隆区突发事件总体应急预案（修正）》（简称《预案》）。《预案》分为总则、组织体系、预警、应急响应与处置、恢复与重建、应急保障、宣传教育培训和应急演练、附则等8个部分，要求建立健全统一领导、综合协调、分类管理、分级负责、属地管理为主的应急管理体制；武隆区突发事件应急委员会统一领导全区突发事件应急处置工作，下设3个专项应急指挥部、6个单项应急指挥部，较大及以上突发事件发生后，成立现场指挥部。

【自然灾害】 全区年内共计发生统计口径自然灾害事件11起，其中洪涝灾害6起，风雹灾害2起，滑坡灾害3起。涉及乡镇（街道）26个，受灾人口11.39万人，紧急转移安置3455人，需紧急生活救助8379人，需过渡性救助276人，倒屋179户320间，严重损坏房屋486户1130间，一般损坏房屋2588户5010间，农作物受灾6122.75公顷，直接经济损失约2.5亿元。

【应急救援队伍】 2020年，全区采取“1+7”模式组建80人的“武隆区综合应急救援队伍”，其中区应急局1支队伍共10人，羊角、白马、江口、平桥、火炉、长坝、桐梓7支队伍共70人。

【应急救援物资】 全区有抢险救援救护车8辆、32米登高平台消防车1辆、无人机3架、部门储备挖掘机8台、冲锋舟4艘、帐篷733顶、应急发电车2辆等救援物资。

【应急防治体系】 全年投入220万元新建837平方米功能齐全的二级标准化区应急指挥中心，完成中小河流7.97千米、山洪沟1千米的防洪减灾工程建设治理，整治完成58处重大地灾安全隐患，将323户1254人纳入地灾搬迁避让“金土工程”，整合区级有关资金1500万元推进18处区级地灾治理工程，推进5个森林防火综合标准检查站建设，设立8个“森林防火一码通”。

【应急救援处置】 全年发布《防汛抗旱调度令》《关于做好强降雨工作应对的通知》等文件，发布各类预警服务信息47条，向85万人次推送气象灾害预警信息，启动Ⅳ级应急响应9次，Ⅲ级应急响应3次。应急处置。全年有效处置白马镇鱼光村牛儿湾山体滑坡、土地乡六井村中台组中堡滑坡、大溪河超警戒水位等险情，累计紧急转移安置群众3455人。向受灾乡镇发放帐篷192顶、棉被411床、折叠床120张，启动巨灾保险和重大自然灾害房屋保险理赔机制，向受灾群众赔付保金38.8万元，并先后4次向全区各乡镇（街道）紧急调拨应急资金700余万元。全区未造成一例因自然灾害导致的人员伤亡。

【重庆市地理信息应急保障演练】 9月16日上午10时，重庆市地理信息应急保障演练在武隆区白马镇牛儿湾举办。演练灾情设定为白马镇牛儿湾重

4月28日，武隆区沙河水库项目防洪度汛应急演练现场
倪杰　摄

9月16日，重庆市地理信息应急保障演练现场
区规划自然资源局　供图

要通道突发洪水灾害，人民生命财产、基础设施等面临较大威胁。重庆市自然资源安全调度中心接到武隆区局报告，因区局无资料及时反映事发现场地形、受灾情况，无法准确评估灾情，开展有效救援，急需市局应急测绘支持，并在1小时内提供现有测绘地理信息成果。按照《应急测绘保障预案》Ⅲ级（一般）响应要求，立即组成综合保障分队、信息采集分队、信息处理分队前往现场，利用垂直起降固定翼无人机飞马V100对目标区域进行正射航拍及倾斜摄影；旋翼无人机对灾区民众聚集区、阻断道路等区域进行720度全景采集；旋翼无人机进行视频信息采集，并对现场数据进行综合处理，对形成的影像数据、720度全景、实景三维模型、各专题图件资料，实时传输至现场指挥部，为现场应急救援提供准确、实时、科学的地理信息服务。

【地震监测预报】 是年，仙女山地震台站共监测预报辖区地震4次，震级1.3～2.4，震源深度1.3～5.5千米，经排查核实无人员伤亡和财产损失。

2020年武隆区地震监测预报情况表

表34

日期	时间	深度（千米）	震级	参考地点
5月22日	03:06:18	1.3	1.3	白马镇白马垃圾处理厂附近
7月1日	10:56:35	5.5	2.4	火炉镇筏子村左家坡附近
7月12日	12:41:19	2.5	1.1	凤山街道蒲板村委会附近
7月27日	05:48:30	4.0	1.3	江口镇石桥村附近

【培训宣传】 2020年，全区共组织企业人员参加特种作业培训考试17批1441人，建成高处作业实操场地并通过市局验收，组织应急系统人员参加安全生产执法证新训20人、复训28人，组织26名基层应急干部参加市级培训，组织全区乡镇（街道）分管领导、应急办主任和重点部门应急办主任开展执法培训1次。制定《2020年应急管理宣传教育工作要点》，开展“安全生产月”、安全生产“五进”、防灾减灾日、安全在我心中美术摄影大赛等系列活动。全年共组织宣教和应急演练活动30多次，参与人数2000余人，发放宣传资料8万余份，开展全区性各类安全生产讲座培训20场，参加教育培训人员超过5000人次。组织订阅《中国应急管理报》报刊206份，武隆区选送的摄影作品《货车上站着的人》获重庆市第九届“安全在我心中”美术摄影大赛一等奖。

【行业管理】 全年共检查非煤矿山行业企业79家次，出动执法人员163人次，专家参与检查19人次，查处各类安全隐患378条，隐患整改复查378条，整改率100%，下达限期整改指令书57份，实施行政立案处罚9家企业，全区非煤矿山行业事前处罚17.5万元，没收违法所得34.9022万元，对6家矿山企业实施了停产停业的行政处罚。全年共检查危险化学品、烟花爆竹生产经营单位共76家次，下达现场检查笔录76份、整改指令书61份，共排查安全隐患395条，隐患整改395条，整改率达100%，行政处罚7家次共2.81万元。全年共开展现场宣传活动31次，发放宣传单1.5万余张，张贴通告1000份、宣传画1000张，制作宣传标语350余幅，出动“打非治违”宣传车220余次，排查发现线索4起，查处非法储存1起、非法运输2起，查获烟花爆竹191件，行政拘留4人，警告教育32人。

【安全监管执法】 2020年，区应急管理局编制《2020年安全培训执法检查计划》；按计划开展安全培训执法检查，全年共计检查非煤矿山企业21家，危化烟爆品企业21家，安全培训企业1家，发现安全生产隐患50条，下达行政处罚决定书4份，实施安全培训罚款1.74万元，严肃查处安全培训各种违法违规行为。

（区应急管理局）

地质灾害防治

【概况】 2020年，全区争取国家、市级各类地灾专项资金近2亿元；推进2020年度地灾防治行动计划，消除隐患58处；完成323户1254人的地灾搬迁避让。

【地质灾害防治体系】 全区建立应急管理、规划自然资源、气象、水利等部门和各乡镇（街道）的沟通协作、定期会商的工作机制；依托技术支撑单位划定135处风险防范区，26个乡镇、街道落实村社干部强化风险管控。在全市率先开展地灾监测预警智能化和地灾精细化调查工作；推进地灾气象风险预警研究和重大治理工程远程视频监控；建立完善地灾风险防控体制机制，形成全民参与的防灾格局；全区35处重大地灾隐患点安装专业监测设备，20处隐患开展普适性专业监测，70处重大地灾高风险区安装地灾雨情告知系统，在10处灾（险）情率先推出电子围栏防范撤离人员回流；结合武隆区遥感影像图，建成地质灾害移动管理平台，实现便携式地灾移动管理一张图。

【培训宣传】 全年举办群测群防员技能大赛、地灾防治知识“进校园”、驻守地质队员“进社区”和地灾应急避险演练观摩等一系列防灾减灾宣传活动，倡导“防灾减灾、全民参与”；组

7月22日，土地乡中堡山体滑坡现场航拍图
区规划和自然资源局　供图

7月26日，土地乡中堡山体滑坡避险搬迁沧沟乡临时安置点
陈娜霖　摄

织20名专业驻守地质队员深入隐患点开展防灾知识宣讲。

【防治工程】 全年申报推进白马集镇、浩口集镇、长坝集镇、平桥集镇、文复集镇综合治理工程；第一时间启动白马公租房后山滑坡、白马镇牛儿湾滑坡、土地乡中堡滑坡、白马镇沙台林滑坡、平桥镇沙地湾危岩等5处应急治理工程，完成土地集镇、精神病医院南侧斜坡、江口库岸、松树坡滑坡等7处地灾治理工程，完成18处区级地灾治理工程。

【土地乡六井村中台组中堡滑坡处置】 7月22日，土地乡六井村中台组中堡滑坡后缘土体开裂出现大面积滑移变形情况，造成直接经济损失约195.19万元。滑坡为纵长约600米、横宽约200米、厚约10米、体积约130万立方米，滑坡体属岩土质混合滑坡，基岩为志留系页岩。截至26日9时许，据监测滑坡体仍处于不稳定状态（有零星落石情况），滑移的岩（土）体约1万立方米已完全阻断沿沧河，据市水文监测总站现场实测，形成坝前水位13米、库容水量约42万立方米的堰塞体（基本稳定），堰塞湖水位出现溢坝情况，对土地乡中台组及下游泉塘电站和沧沟乡场镇造成较大影响。26日凌晨，市政府副市长郑向东，市政府副秘书长周青，区委书记黄宗华、区委副书记、区长卢红等奔赴受灾现场查看险情，随后召开武隆区土地乡中堡滑坡灾情应急处置专题会议，安排部署相关工作。全区安全转移162户520人，无人员伤亡。至27日上午9时，堰塞湖库容水量降至约33.1万立方米，堰塞湖坝前水位由14米降至12.82米，湖内蓄水稳定微降。

【白马镇鱼光村枣子组牛儿湾滑坡处置】 7月13日7时左右，白马镇鱼光村枣子组牛儿湾出现地质滑坡灾情，变形体长约200米，宽约100米，厚约7米，体积约14万立方米。全区迅速启动应急响应，成功预警和处置该处灾情，提前撤离避让23户85人，未造成人员伤亡。

【5名地质灾害驻守地质队员获表彰】 10月16日，区人民政府通报表扬罗晓林等5名优秀地质灾害驻守地质队员。2020年，全区247名群测群防员、52名片区负责人、20名驻守地质队员和9名地环站工作人员坚守岗位、认真履职，成功预警和处置白马镇牛儿湾滑坡、平桥镇沙地湾危岩、土地乡中堡滑坡等140余起地灾灾（险）情，安全撤离群众1202人，最大限度地避免因地灾造成的人员伤亡和财产损失。（区规划自然资源局）

消防救援

【概况】 2020年，区消防救援支队共接出警349次，其中扑救火灾174起，抢险救援64起，社会救助111起，抢救被困人员26人，疏散被困人员54人，出动消防人员3154人次，出动消防车辆411辆次，保护财产约3000万元，未发生较大以上火灾事故，火灾伤亡数为零。

【消防队伍建设】 全年制定下发《全员岗位大练兵活动方案》。在春季业务比武竞赛中，多个项目进入总队决赛；在总队350兆无线通信组网考核中，取得100分；在总队应急通信比武中，取得战区第一、总队决赛第12名；在消防业务技能比武竞赛中，取得总队决赛中第三名。推进水域救援分队、山岳救助专业队建设，5人参加水域冲锋舟驾驶培训并取得驾驶资格，2人参加山岳绳索救援技术培训并取得IRATA L1（国际绳索救援技术一级）资质，完成通信“轻骑兵”前突小队试点建设任务。开展辖区消防水源调查4次，对辖区市政消火栓管网进行普查2次，修订对重点保卫对象或缺水地区消防供水保障方案8份。开展高层建筑、大型商业综合体熟悉调研4次，完善修订高层建筑、大型商业综合体灭火救援预案96份，组织开展灭火救援业务大讲堂12次。开展作战训练安全整治，集中组织案例复盘和桌面推演6次，规范支队作战训练安全工作。支队党委成员定期带队深入辖区重点单位场所、不放心区域开展熟悉调研和实战演练8次。

3 月 17 日，武隆区消防联合多部门开展消防通道整治
区融媒体中心　供图

7 月 10 日，仙女山机场应急演练活动现场　　代君君　摄

【消防基础设施】 2020 年，支队交付投入使用消防车 1 辆，改造火灾调查车 1 辆，为消防站采购 280 余万元、5000 余件套装备器材完成验收并投入使用。完成仙女山消防救援站营房升级改造、巷口站营房漏水维修、支队机关办公楼加层改造和支队篮球场翻新改造工程。全年在城区补建 15 个市政消火栓，建设 3 处消防取水设施，投资 80 余万元推广安装简易喷淋 5 套、独立式感烟探测器 1000 个、电气火灾检测设备 20 套，出资 50 万元改造 15 栋老旧居住建筑消防设施。全区 24 个社区、115 家重点单位微型消防站建成投用。

【消防宣传培训】 全年开展消防宣传“五进”活动 30 场次，组织队站开放 24 次，发放宣传资料 30 万余份，播放消防公益广告 2000 余条次、滚动字幕 500 余条次，发送短信提示 20 万余条，张贴打通生命通道公告、消防海报 1 万余份。建成凤山消防主题公园和全媒体中心，注册消防志愿者 249 名，在中央媒体上稿 18 篇（全市前 5 名）、市级媒体上稿 42 篇、区级媒体上稿 82 篇。对医院、学校、社会培训机构、旅游景区、文物建筑、社会福利机构、物业服务企业、消防安全重点单位约 1000 余名消防安全责任人、管理人进行标准化建设业务培训。

【消防安全责任落实】 2020 年，支队提请区政府 5 次召开常务会专题研究消防工作，区委书记黄宗华 2 次、区长卢红 3 次带队检查消防安全工作，分管领导多次协调解决重大火灾隐患、高层建筑隐患整改工作，集中约谈火灾多发、隐患整改进度慢的乡镇、街道。区委区政府督查科、区纪委监委分别对高层建筑开展情况进行实地督查，确保消防安全责任落实到位。区政府逐级签订《消防安全目标责任书》，将消防工作纳入经济社会发展考核指标、安全生产考核体系。

【消防专项整治】 全年部署开展高层建筑消防安全突出问题专项整治工作，各乡镇、街道紧扣责任落实，划片包干逐一分解职责，发布“三查三清”行动通告 200 余份，开展实名制网格化摸底排查，建立高层建筑台账和问题清单，发现隐患 700 余处，督促整改隐患 650 余处。其间，区政府将 171 栋高层建筑逐栋落实牵头单位，各单位直面难题，认真排查，制订计划，积极推动高层建筑隐患整改工作。主动联系相关部门建立消防通道联合执法机制，开展联合检查 10 余次，出动执法人员 80 人次，警示违章占用消防通道车辆 100 辆，处理违法车辆 60 辆，拖移违法车辆 50 辆，罚款 12000 元，消防安全违法行为得到有效遏制。支队全面落实“双随机、一公开”监督制度，共检查社会单位 511 家，督促整改火灾隐患 117 条，查封场所 1 家，办理消防行政案件 26 起，罚款 5.72 万元，发现并确立龙腾苑小区重大火灾隐患 1 件。

（区消防救援支队）

农业农村

综 述

【概况】 2020年，全区农林牧渔业总产值实现51.64亿元，按可比价算，较上年增长5.1%，其中，农业总产值306315万元，增长7.6%；林业产值22429万元，增长8.0%；牧业产值162669万元，增长1.0%；渔业产值10265万元，增长3.7%。实现农林牧渔业增加值317692万元（含农林牧渔专业及辅助活动），按可比价算，较上年增长5.0%。一产业增加值实现307370万元，按可比价算，较上年增长4.8%。农村常住居民人均可支配收入15473元，增幅8.4%。全区186个村集体经济组织实现村集体经营性收入1165.1万元，村均经营性收入6.26万元；有经营性收入的村集体经济组织186个，10万元以下164个，10万元至50万元21个，50万元以上1个。

全年粮食播种面积4.84万公顷，较上年下降0.1%；粮食作物产量18.91万吨，较上年增长0.2%。种植烤烟的农户1040户，较上年下降15.4%；收购烤烟3050吨，较上年下降30.7%；烤烟收购均价26.96元/千克，较上年下降1.5%。蔬菜播种面积2.68万公顷，较上年增长1.3%；蔬菜产量65.27万吨，较上年增长3.0%。猪牛羊禽肉类总产量4.09万吨，较上年下降1.5%；禽蛋产量2973吨，较上年增长5.6%。水产品生产面积4787公顷，较上年下降4.1%。其中，养殖水产品生产面积787公顷，较上年下降20.8%；淡水捕捞面积4000公顷，与上年持平。水产品产量4683吨，较上年增长3.8%。其中，养殖水产品产量4268吨，较上年增长9.5%；捕捞水产品产量415吨，较上年下降32.4%。

【农业机械化】 是年，全区推广高标准农田建设“宜机化”改造，实施“大改小，坡改缓，弯改直”，在凤来、桐梓、双河、土地、后坪等乡镇高标准农田“宜机化”改造耕地2666.67公顷，建成芙蓉街道、羊角街道艳山红村农田“宜机化”整治示范片。全区投入耕作农机具45320台（套）。完成机耕面积5.7万公顷，水稻机播面积3506.67公顷，水稻机械化收割面积6533.33公顷。农机总动力达到35万千瓦以上，主要农作物耕、种、收综合机械化率达到46%以上。

【美丽乡村】 是年，桐梓镇桐梓村、土地乡天生村、文复乡西山村入选重庆市首批美丽宜居村庄。芙蓉街道堰塘村、仙女山街道龙宝塘村、白马镇板桥村、和顺镇打蕨村、江口镇蔡家村、长坝镇大元村、黄莺乡黄莺村、文复乡铜锣村、仙女山街道荆竹村、平桥镇平胜村、双河镇木根村、双河镇梅子村、羊角街道清水村、羊角街道永隆村、鸭江镇双河园村、火炉镇万峰村、黄莺乡复兴村、沧沟乡大田村、沧沟乡青杠村、接龙乡小坪村入选重庆市第二批美丽宜居乡村名单。

【农业技术推广】 全年开展30余个新品种试验示范，推广新品种20个，推广新技术22项。

【农业废弃物资源化利用】 是年，全区畜禽粪污综合利用率达85%以上，秸秆综合利用率、农膜回收率分别达92.06%和81%。

【土壤产地环境监测】 是年，全区完成农产品产地土壤重金属污染普查分析、测试、监测工作。对13个农产品产地土壤环境质量监测点和3个地膜国监测控点开展例行监测。

【农业普查调查】 是年，全区调查搜集野生植物资源44份，核实135个种植业源和120个地膜源抽样调查数据及产排污系数。

【全区农网改造全覆盖】 2016—2020年，全区共计投资农网改造资金4.75亿元，全区农网改造覆盖面达100%。

“十三五”期间，全区新建及改造配变1378台、10千伏架空线路1367千米、电缆线路43千米、0.4千伏线路3851千米，“一户一表”实现全覆盖。电网改造升级涉及全区26个乡镇（街道）215个行政村（30个居委会）1353个村民小组，51个村877个村民小组已全面完成改造，164个村完成

3月18日，武隆区乡镇春耕生产场景　　陈庆发　摄

9月1日，凤来镇狮子村田湾组新引进旱地水田收割机正在收割稻谷　　徐爱荣　摄

部分区域改造。全区农网改造覆盖面达100%，改造升级覆盖面65%。截至2020年年末，全区综合电压合格率99.82%，供电可靠率99.86%；电力设施过载、供电卡脖子和低电压等突出问题得到改善，低电压台区存量由466台降低至225台。城乡供电保障能力有效提升（指高压部分），全区有220千伏变电站1座、110千伏变电站6座，35千伏变电站9座，变电容量负载率62.06%，尚有37.94%的变电容量空间，能满足全区近5年供电需求。

（区发展改革委）

【农作物病虫害防控】 是年，在长坝镇病虫观测场设置灯诱害虫远程实时监测仪和性诱害虫远程实时监测仪，在全区实现害虫远程自动监测，取代以往人工观测工作。全区主要农作物病虫害累计发生面积282.63万亩次，其中病虫害227.62万亩次、农田草害45.41万亩次、农田鼠害6.0万亩次、农田螺害3.6万亩次。全年防治面积266.73万亩次，共挽回粮食损失33252.6吨、挽回油料损失1390.4吨。

农业经济管理

【农村承包地确权登记颁证】 全区农村土地承包地确权登记面积6.69万公顷，签订承包合同92824户，颁发承包经营权证书89074户，农业适度规模经营度34.16%。

【农村集体资产清产核资】 全区清产核资单位1547个，其中村集体经济组织186个（含1个涉农社区），村民小组集体经济组织1361个；全资企业1个。

资金资产　全区农村集体总资产为268844.19万元。其中，流动资产22703.58万元，农业资产2273.12万元，长期资产569.1万元，固定资产243286.23万元，其他资产12.16万元，分别占全区农村集体资产总额的8.44%、0.85%、0.21%、90.49%、0.01%。

债务状况　全区农村集体负债总额21824.37万元，其中短期借款、应付工资和应付款等流动负债7874.37万元，占债务总额的36.08%；长期借款、专项应付款、一事一议等长期负债13950万元，占债务总额的63.92%。

资源状况　全区农村集体拥有土地面积26.84万公顷，其中农用地25.59万公顷，建设用地1.09万公顷，未利用地1606公顷，分别占总面积的95.34%、4.06%、0.6%。具体组成情况是：全区农用地25.59万公顷。其中，耕地6.13万公顷，林地18.03万公顷，园地为4353.33公顷，草地为780公顷，农田水利设施用地为693.33公顷，养殖水面为1066.67公顷，其他农用地为7420公顷，分别占总农用地的23.95%、70.46%、1.70%、0.30%、0.27%、0.42%和2.90%。全区建设用地总面积1.09万公顷。其中，工矿仓储用地466.67公顷，农村宅基地5046.67公顷、公共管理和公共服务用地146.67公顷、交通运输和水利设施用地4006.67公顷、其他建设用地1220公顷，分别占建设用地总面积的4.29%、46.36%、1.35%、36.80%、11.20%。未利用地面积及其他1606公顷。

【产业扶贫基地建设】 是年，全区建成产业扶贫基地3487个，实现184个行政村全覆盖，确定产业发展指导员459人，覆盖贫困户7000余户，产业带贫能力持续增强。

全区实施农畜产品营销、脱贫带头人培训等行动，下达产业扶贫项目126个，财政扶持资金5700万元。实行产业发展指导员制度和贫困户到户产业补助政策，下达补助资金707.58万元，组建产业扶贫技术专家组5支，遴选产业发展指导员459人、农业科技服务人才45人，开展精准指导服务，建成各类产业扶贫基地超过3487个，80%的贫困户与新型经营主体建立利益联结关系。落实高山蔬菜研究所、鲁渝科技联合研发计划、渝东黑山羊杂交等东西部扶贫协作项目12个，武隆高山茶叶、武隆苕粉、豆干等农产品在山东济南的销量持续扩大，累计完成消费扶贫16139万元。推进6个“三变”改革试点村，创建双河蔬菜、羊角猪腰枣等4个全国“一村一品”示范村镇和桐梓高山茶叶、万银黄腊李、火炉脆桃12个全市“一村一品”示范村镇。

【新型村级集体股份经济联合社】 是年，全区组建新型村级集体股份经济联合社185个，占比100%，登记赋码100%；基本完成组集体股份合作制改革，组建组级股份经济合作社1354个，占比99.1%。

是年，全区推进承包地“三权分置”工作，适度规模经营2.16万公顷、集中度33.75%。村级集体经济组织全部实现经营性收入1万元以上，其中收入在5万元、2万元以上的比例分

3月26日，江口镇开展春管现场培训　　蒋颖　摄

别25%、50%，收入10万元至20万元的村集体经济组织8个，收入20万元至50万元的村集体经济组织4个，收入50万元以上的村集体经济组织1个，最高收入55万元。10个“三变”改革试点村积极探索“三变”+乡村旅游、“三变”+集体经济等模式，累计盘活闲置农房50余套，2万名农民变股东。推进10个村自治、法治、德治“三治”相结合的乡村治理体系建设试点示范，推荐市级乡村治理示范镇村3个，羊角街道艳山红村入选全国乡村治理示范村。

【农民专业合作社】 截至年末，全区共有注册农民合作社978家，其中种植行业624家，占比64%，养殖行业316家，占比32%，旅游等服务行业38家，占比4%，市级示范社36家，国家级示范社10家。累计在市场监管部门注销未运行的农民专业合作社188个。全年开展业务培训250人次。开展免费代理记账的农民合作社、基层供销社等合作经济组织达258家。

【“一村一品”示范】 是年，武隆区平桥镇（苕粉）入选第十批全国“一村一品”示范村镇及2020年全国乡村特色产业十亿元镇亿元村名单。白马镇灵山村（皇冠梨、红心蜜柚）、石桥乡香龙村（青花椒）、浩口乡落心村（油菜）、浩口乡三汇村（老鹰茶）、浩口乡接官村（核桃）、凤山街道万银村（黄腊李）、后坪乡中岭村（蜂蜜）、后坪乡高坪村（茶叶）、土地乡沿河村（银杏）、火炉镇向前村村民委员会（脆桃）、桐梓镇双凤村（高山茶叶）、平桥高屋村（红薯）入选第二批市级“一村一品”示范村镇名单。

【扶贫龙头企业认定】 是年，重庆市农业产业化市级龙头企业监测合格7家：重庆市武隆区芙蓉江食品有限公司、重庆市武隆区琪丽玉农业开发有限公司、重庆市凯如畜禽养殖有限公司、重庆市金博农业有限公司、重庆市高屋农业发展有限公司、重庆市武隆区鑫凤鸽子养殖专业合作社、重庆沐树农业开发有限公司；跟踪监测7家：重庆市武隆区华禹生猪养殖专业合作社、重庆市武隆区铧玉农业有限责任公司、重庆市金誉生态农业发展有限公司、重庆市武隆区祥宇农业发展有限公司、重庆市泰丰畜禽养殖有限公司、庆市武隆县羊角豆制品有限公司、重庆海威畜禽开发有限公司；新认定2家：重庆市武隆苕粉集团有限公司、重庆久味夙食品（集团）有限公司。

4月7日，双河镇高山蔬菜育苗棚　　陈娜霖　摄

【新型职业农民认定】 是年，全区出台《武隆区新型职业农民培训监督管理办法（试行）》《武隆区农村实用人才认定和管理办法（试行）》，培训高素质农民（新型职业农民）900人，认定新型职业农民335人。

种植业

【概况】 2020年，按照“多品种、适规模、高品质、有品牌、好价钱”的思路，加快发展“2+6+N”现代山地特色高效农业。推进“一环两园”现代农业产业园建设。创建国家级农业科技园区。开展新品种试验示范30个，推广新品种20个，推广新技术22项。

【蔬菜】 全区蔬菜基地以仙女山、白马山、弹子山、桐梓山、罗英山为重点，依海拔高差和生产条件，以保障重庆主城区供应的高山蔬菜生产带、支撑本地供应的中低山时令蔬菜生产带、以榨菜和辣椒为主的加工蔬菜生产带、特色蔬菜生产带为主的“四大蔬菜生产带”初步形成。全年累计引进蔬菜新品种172个，其中茄果类24个：辣椒4个，甜椒5个，茄子15个；瓜类101个：黄瓜16个，丝瓜85个；豆类：四季豆40个；叶菜类4个：花菜1个，甘蓝3个；特菜类：芹菜3个。初步筛选出抗病优质新品种14个，其中辣椒2个，甜椒1个，茄子2个，黄瓜2个，丝瓜3个，四季豆2个，花菜1个，甘蓝1个。继续在试验基地开展番茄肥水一体化、番茄避雨栽培、辣椒大棚避雨栽培、黄瓜大棚避雨栽培、黄瓜露地黑膜避害栽培、辣椒露地黑膜避害栽培、萝卜地膜高厢避灾栽培、甘蓝根肿病综合防治、茄子地膜避害栽培等蔬菜种植技术示范。

【粮食作物】 全年粮食播种面积4.84万公顷，较上年下降0.1%；粮食作物产量约18.91万吨，较上年增长0.2%。

【烟叶生产】 是年，全区21个（街道）乡镇、70个村、210个农业社、1040户烟农种植烤烟，实际完成种植面积2207公顷，收购烟叶3050吨，完成收购计划的81.37%；其中，上中等烟叶占95%，上等烟叶占64.02%，中部烟叶2160吨，占计划产量的70.79%；收购均价每千克26.96元；实现产值8229万元；实现财政税收1810万元；烟农总收入9120万元，烟农户均收入8.7万元，人均收入2.2万元。

【中药材】 是年，全区中药材种植面积3796公顷，产量9559吨；在后坪乡新发展银杏标准化种植基地133.33公顷，全区银杏种植面积466.67公顷，建成烘干厂房推进初加工，启动银杏黄酮提取加工厂规划设计。

（区农业农村委）

【特色果林产业】 是年，在仙女山街道荆竹村建立武隆高山水果种植基地，开展特色水果品种选育。重庆市武隆区农业农村委员会与西南大学合作建立“武隆仙女山院士专家工作室”，聘请西南大学向仲怀院士为技术顾问。引进蓝莓、葡萄、李子、桑葚等水果品种30余个，通过试验示范，选育推广适合武陵山区的精品水果品种。

（区林业局）

【高淀粉品种渝薯198试种成功】 是年，渝薯198高淀粉红薯在鸭江镇双河村成功试种，亩产2600千克左右，较当地红薯亩产多200余千克，淀粉含量约为本地红薯的1～1.5倍。

（区农业农村委）

2020年武隆区主要农产品产量一览表

表35　　单位：吨

农产品名称	产量	比上年增长（±%）
粮食	189057	0.2
稻谷	43332	−0.1
玉米	72804	−0.2
小麦	50	−0.4
豆类	5458	2.5
薯类	67107	0.7

林　业

【概况】 截至2020年年底，武隆区林地总面积22.77万公顷，占辖区面积28.825万公顷的79%，其中森林面积18.93万公顷，森林覆盖率64.6%。现有植物种类2048种，陆生野生动物371种；国家级森林公园1个、湿地公园1个；省级自然保护区1个、区县自然保护区2个，国有林场2个、乡办林场13个；全国生态文化村1个、市级生态文化村3个；市级生态镇4个、生态村26个。

1月，按照全国公安系统改革要求，区林业局原下设森林公安局整体转隶区公安局。4月24日，设立重庆市武隆区湿地保护中心，加挂重庆武隆芙蓉湖国家湿地公园管理处牌子。9月2日，区林业局制定《重庆武隆芙蓉湖国家湿地公园保护管理办法》。12月28日，“重庆武隆芙蓉湖国家湿地公园”试点建设通过国家林业和草原局验收。

【林业投资】 2020年，林业行业全年争取各类资金1.28亿元，占年度计划任务的106.6%；完成林业固定资产投资6300万元，占年度计划任务的103.2%；林业生产总产值2.1亿元。

【林业资源管理】 全年完成天保二期2019年封山育林项目3333.33公顷和中央财政森林抚育补贴项目1120公顷，启动实施2020年国土绿化提升行动特灌林培育项目3333.33公顷和2020年国土绿化提升行动森林抚育补贴项目2200公顷。全年累计办理各类林业审批申请1083件，办理重点项目林地审批76件次633.86公顷。累计发放森林防火宣传资料18万余份、发送森林防火宣传短信200万条，共发生2起森林火灾，森林受害面积2.83公顷，森林火灾受害率严格控制在0.1‰的红线指标以内。推进松材线虫、杉天牛等林业有害生物防治工作，全年累计防控除治林业有害生物9173.33公顷。自筹资金50万元，完成仙女山国家森林公园内大草原围栏封育和药物治理防治，并安装草场检测仪。

【林业产业】 全年投资160万元，完成后坪乡特色林果产业基地100公顷建设任务，打造特色林果采摘园4个；投资100万元，在深度贫困乡后坪乡实施森林质量精准提升133.33公顷；兑现2019年度1083贫困户生态护林员补助730万元，兑现472名天保护林员补助430万元；完成公益林生态补偿和天然商品林停伐管护补助2704万元直补资金兑现；完成17家野生动物养殖后续处置，补偿204.07万元。

【仙女山入选国家森林康养基地】 6月5日，国家林业和草原局、民政部、国家卫生健康委员会和国家中医药管理局公布第一批国家森林康养基地，武隆仙女山入选以经营主体为单位的国家森林康养基地。仙女山共有景点50余处，开发开放20余处，年接待游客量超过百万人，形成以生态旅游为基础、休闲度假为核心、户外运动为补充的森林草原生态旅游格局，也是市民健康生态游、自然教育游、体育探险游、休闲度假游、会议观光游和地质科普游的旅游目的地之一。

（区林业局）

畜牧业

【概况】 2020年，全区新建及改（扩）建规模养殖场83个，其中新建5000头以上生猪养殖场9个；全区规模养殖场达519个，规模化养殖比重42%。泰丰公司获批“重庆市市级渝东黑山羊地方畜禽资源品种保护场”；后坪中岭君景中蜂养殖场获“重庆市巾帼脱贫示范基地”，泰丰渝东黑山羊、微模中蜂、厚德蛋鸡获“武隆区科技创新示范基地”；与重庆市畜牧科学院联合打造的枣红王中蜂选育场示范建设项目完成基础设施建设。

年末，全区生猪存栏30.06万头，同比增长0.5%；牛4.37万头，同比增长1%；山羊15.90万只，同比增长0.8%；家禽91.75万只，同比增长2.9%；兔3.93万只，同比增长0.4%；蜜蜂保有量8.5万群，同比增长14.1%。

全年畜禽出栏233万头（只），其中生猪出栏42.94万头，同比下降1.7%；肉牛出栏2.29万头，同比下降1.10%；山羊出栏21.12万只，同比下降1.5%；家禽出栏140.66万只，同比下降0.5%，肉兔出栏10.27万只，同比增长1.68%。肉类总产量4.11万吨，其中猪肉产量32510吨、牛肉产量3049吨、羊肉产量3200吨、禽肉产量2152吨，兔肉144吨；禽蛋产量2973吨。畜牧业产值12.5亿元。

【畜牧品种改良】 2020年，全区生猪良种率99.8%，肉牛良种率30%，山羊良种率35%。全年推广洋二元优质种猪3000余头，引进西门塔尔、德国黄牛等杂交肉牛5000余头，推广川中黑山羊、渝东黑山羊、板角山羊等地方种母羊8000余只，推广武隆凤羽鸡3.5万羽、枣红王中蜂200余群。

【畜牧品牌打造】 2020年，“火炉铺”“杨叉岭”羊肉组建专业营销团队，产品进入大型超市，通过微商远销日本、新加坡。“武媚羊”鲜羊肉、羊肉干生产销售肉产品产销两旺。“云上牧羊谷”烤羊成为重庆市烤羊产品的一张名片。“武隆土鸡”地理标志证明通过农业部专家评审。培育琪丽玉、泰丰等市级农业产业化龙头企业8家，培育佳利公司等区级农业产业化龙头企业12家。

【畜牧技术服务】 2020年，全区与重庆市畜牧科学院、西南大学、山东农业大学等科研院校的技术交流与合作，在畜牧业发展规划制定、畜禽遗传资源保护与开发、畜牧生产技术指导等方面开展合作。多次邀请市内外专家和本单位学术技术带头人、科技特派员及其他专业技术人员，采取集中授课、现场解答、跟踪服务等多种形式，培训养殖技术人员上千人次，解决养殖及疫病防控等疑点、难点问题200多个。

【动物防疫与疾病监测】 2020年，全区组织完成春、秋口蹄疫、高致病性禽流感、小反刍兽疫、狂犬病等重大动物疫病强制免疫，全年累计免疫接种225.43万头（只），免疫密度100%，抽样监测26个乡镇，118个行政村、60个单元格、86个畜禽规模养殖场抗体水平均到达国家规定的合格标准。组织对养殖圈舍和环境集中开展4次大清洗大消毒行动，消毒面积近1000万平方米，组织资金采购、发放消毒药品18吨。开展非洲猪瘟疫情防控，代表重庆市接受农业农村部非洲猪瘟防控工作专项督查。

【动物检疫】 2020年，全区执行检疫申报制度、生猪运输车辆备案和点对点调运备案制度、生猪运输车辆消毒制度，严格到场、到点实施产地检疫，检疫率100%，病害动物及其产品无害化处理率100%。（区畜牧发展中心）

渔　业

【概况】 2020年，全区水产品生产面积4787公顷，较上年下降4.1%。其中，养殖水产品生产面积787公顷，较上年下降20.8%；淡水捕捞面积4000公顷，与上年持平。水产品产量4683吨，较上年增长3.8%。其中，养殖水产品产量4268吨，较上年增长9.5%；捕捞水产品产量415吨，较上年下降32.4%。

【增殖放流活动】 5月22日，区润龙公司到芙蓉湖流域开展增殖放流活动；投放各类鱼苗共计174.1万尾，其中鲢鱼68万尾、鲤鱼34万尾、草鱼

5月22日，武隆区芙蓉湖增殖放流鱼苗　　王腾霄　摄

39.16万尾、青鱼10.21万尾，胭脂鱼1.7万尾，中华倒刺鲃10.21万尾，江团6.81万尾，鳜鱼3.85万尾，投放地点为芙蓉湖、中心庙水库、接龙水库、山虎关水库、向阳水库等地；放流时间将持续4个月。

【渔业船舶禁捕】 2020年，全区核定捕捞渔船171艘、辅助渔船34艘，全部提前退捕上岸。

【渔民退捕转产】 2020年，全区核定渔民310人，全部提前退捕上岸。发放渔民补助资金3477.2万元，通过发展产业、务工就业、扶持创业和公益岗位安置等措施，落实社会保障297人（其中死亡3人），帮助235人实现转产就业。

【渔业执法检查】 2020年，全区常态化开展护渔清江检查，针对重点区域、重点时段，开展禁渔打非“零点行动”，共出动执法人员100余人次，劝离垂钓人员17人次，清理网具3张。10月22日，区农业农村委联合区公安局、区市场监管局、区交通局等有关部门开展非法捕捞禁用渔具集中销毁行动，共拆解销毁打击非法捕捞收缴的渔网30余张、电鱼机6套、垂钓工具30余套、地笼30余个，发放“十年禁捕”宣传单100余份。

（区农业农村委）

农田水利

【概况】 2020年，全区完成水利固定资产投资4.88亿元，超计划7%；争取国家投入3.92亿元，超计划9%。建立完善“双总河长+警长”区、乡、村三级河长组织体系，双总河长带头巡河12次，各级河长推动“污水乱排、岸线乱占、河道乱建”，整改各类问题256个。完成三峡后续规划修编工作，规划项目36个总投资11.6亿元。召开2020年水利部定点扶贫工作座谈会，完成水利部定点帮扶工程建设。

【水利工程建设】 2020年，全区完成水利固定资产投资4.88亿元，超计划7%；争取国家投入3.92亿元，超计划9%。沙河水库大坝填筑36万立方米，正在实施溢洪道开挖和管道安装；江口供水工程和龙宝塘、沙坝、西山等3座水库主体工程基本完工；花园水库左右库大坝混凝土浇筑基本完成；江南水厂工程完成工程量15%；鸭江场镇管网改造工程完成工程量35%；仙女山度假区供水工程、车盘水库、土坎河段防洪护岸综合治理工程开展前期工作。饮水安全工程，下达农村饮水专项资金1500万余元，完成34处农村人饮工程建设。农田水利工程，整治渠堰31.5千米，整治山坪塘1口。水保生态工程，清理整改小水电142座，完成507项整改事项；完成水土流失治理面积20平方千米。防洪救灾工程，抢险修复水库1座，恢复鸭江、平桥、桐梓、后坪等4个场镇供水，紧急抢修农村供水管道、排水渠、堤防57.5千米；完成六角、东风2座病险水库除险加固。

【河长制工作】 2020年，全区建立完善“双总河长+警长”区、乡、村三级河长组织体系；双总河长带头巡河12次，各级河长推动“污水乱排、岸线乱占、河道乱建”，整改各类问题256个；区水利局开展河道巡查督导58次，发现各类问题144个，巡查312人次，处置解决问题106个。

【水利行政监管】 2020年，全区开展取水工程（设施）核查登记，推行取水许可电子证照，建立用水统计调查基本单位名录库，推进节水型社会建设。落实“谁执法谁普法”责任制和法律顾问制度，开展规范性文件审查，终结李某某信访事件；推行行政许可标准化建设，厘清行政许可事项18项，受理行政许可申请34件，准予行政许可29件。优化营商环境，企业用水办理缩减至10个工作日，居民缩减至5个工作日，时限压缩50%。完成水资源费、水土保持补偿费征收377万元，行政处罚2.5万元。

（区水利局）

9月10日，武隆区龙宝塘水库工程施工现场　　付琳眉　摄

工 业

综 述

【概况】 2020年，全区工业实现增加值396763万元，按可比价算，较上年增长6.3%。占地区生产总值的比重为17.7%，对GDP的贡献率为30.4%，拉动GDP增长1.2个百分点。分门类看：采矿业实现增加值41834万元，较上年增长22.9%；制造业实现增加值157681万元，较上年增长3.7%；电力、热力燃气及水生产和供应业实现增加值197248万元，较上年增长5.5%。

全区规模以上工业企业实现工业增加值396763万元，按可比价算，较上年增长6.3%。占地区生产总值的比重为17.7%，对GDP的贡献率为30.4%，拉动GDP增长1.2个百分点。其中规模以上工业增加值增速是7.5%；新培育规模以上工业企业6家，分别为大梁子风力发电有限公司、吉姆包装有限公司、环跃电器制造有限公司、迪纳新能源有限公司、祥龙雅信天然气、奥讯智能设备有限公司。

是年，区经济信息委招商小组签约招商项目4个，签约投资金额18亿元，完成全年目标任务的180%。即：特色豆制品及苕粉产业振兴项目3亿元、再生资源总部结算及回收基地项目4亿元、建设绿色智慧能源示范区合作项目10亿元、页岩气钻探采出水及废物处理项目1亿元。

2020年武隆区规模以上工业主要产品产量一览表

表36

产品名称	单位	产量	比上年增长（±%）
饲料	吨	41947	20.1
罐头	吨	2929	-36.5
大米	吨	7038	7.8
硅酸盐水泥熟料	吨	224234	-11.5
水泥	吨	349923	-11.2
塑料制品	吨	5546	89.9
石灰石	吨	3136486	-8.7
瓦	万片	4268	-20.3
商品混凝土	立方米	588599	-1.6
集成电路	万块	469	11.2倍
钢绞线	吨	45561	-8.2
发电量	万千瓦时	525318	10.7
其中，风力发电量	万千瓦时	20196	98.6

【生态工业】 截至12月，全区共有规模以上工业企业40家，规模以上工业总产值实现48.57亿元，同比增长5.6%。以大唐水电和江口水电、隆祥能源为代表的11家清洁能源企业实现产值23.05亿元，同比增长15%；以通耀铸锻、民康电器、羊角豆制品、芯宝微电子为代表的20家制造业企业实现产值19.14亿元，下降2.60%；以东楚翔石材、奥克混凝土、新金联建材为代表的新型材料企业实现产值6.38亿元，增长1.5%。

【信息化建设】 2020年，全区出台《武隆区全面推行"云长制"工作方案》《武隆区新型智慧城市建设方案》，完成《武隆区通信基础设施专项规划》初稿编制。建成2019年国家电信普遍服务4G项目10个，争取2020年国家电信普遍服务4G项目27个；完成5G网络基站建设412个。全区现有物理4G基站1039座，运营商使用基站1791座，全区所有行政村4G网络覆盖和光纤通达，300米以内20家（含20家）以上的自然村实现4G网络全覆盖，乡村平均接入带宽能力达100Mb/s以上，光纤到家端口占比达97.8%。建成公共区域免费无线局域网室外AP200个。通信保障。完成仙女山机场的校飞、试飞、首飞无线电干扰排查和通信保障工作。完成全市重大项目开工视频调度连线、区长直播带货、农民丰收节、扶贫直播带货等重大活动的通讯保障。完成白马航电枢纽、渝怀复线、渝湘高铁、城区老旧小区改造等重点工程的通信管线的迁改工作。完成创建卫生城区的全部通信管线整治任务。完成"马路办公"交办的城区—武隆中学（棉花坝）通信线路整治、乌江二桥管线下地等任务。完成仙女山度假区、白马山度假区等旅游景区的管线下地任务。完成堰塘、大田、纳溪原乡等乡村旅游开业及沿线通信信号的保障工作。

【大数据建设】 智能化应用。在政府管理方面：完成迁移上云比例95.23%；完成自建政务信息整合率57.14%。建成"武隆政务信息资源共享交换平台"；启动信创项目；在全市一体化政务服务平台发布10476项十大行政权力和公共服务事项，依申请办理类网上可办率96%，行政许可全程网办事项比例73%；智慧法院构建以法院大数据中心为主体的“4易平台+1中心”体系；智慧检务运用检察大数据平台、智能辅助办案系统和司法为民检察云三个平台；智慧司法实施司法行政系统监控视频联网和法律服务中心—工作站—工作室监控视频建设工程。在民生服务方面：推进智慧教育“十化”建设，网络校校通100%，班班通覆盖100%，区职教中心等8所学校申报为智慧校园示范学校；智慧医疗完善区人口健康信息平台建设，推广普及电子健康卡，累计为建卡贫困家发放电子健康卡6万余人次，区人民医院、区中医院、区妇幼保健院开展以电子病历为核心的数据化医院建设，乡镇卫生院管理信息系统和基本医疗信息系统，基本实现公共卫生互联互通、数据融合；智慧扶贫对接市上精准扶贫系统建设，完成市级精准扶贫大数据采集系统、精准扶贫帮扶通App等五大业务子系统建设，全面使用建档立卡App和渝扶贫App，开展消费扶贫行动，全区84个市场主体加入社会扶贫网重庆馆开展销售，实现397个产品上线售卖，全年销售617万元。在公共产品供给方面：推广渝康码，累计发码量20余万个。完成96096交通服务热线、交通运行监测与应急调度平台、仙女山旅游公路区域路网交通诱导工程建设，推广公交IC卡，完善公共交通移动支付功能，为市民出行提供方便；完成全区两客一危车辆GPS的升级改造，完成白马、羊角等等交通流量调查站建设，为国家干线路网协同运行管理和交通运行分析能力提供动态数据支撑。在社会治理方面：实施“雪亮工程”“应指工程”“智能交通数据平台”“警务实战装备”“标准化信息系统”建设等工程，其中“雪亮工程”整合政府部门、重点行业等视频监控资源8000余路。

智能产业。完成瑁得机械重点工序段、迪纳新能源天然气生产线智能化改造项目、盛励机械生产设备智能化改造项目、羊角豆制品豆干生产线自动化及智能化改造建设、通耀交通装备摇枕侧架生产线智能化改造、芯宝微电子SMT数字化生产线升级改造项目等6个智能化改造项目。奥讯机器人项目投产，推进重庆芯宝微电子有限公司年产350万套芯片项目。

【工业节能】 2020年，全区规模以上工业企业综合能源消费量67260.31吨标准煤，较上年同比增长-23%。其中：制造业综合能源消费量56986.33吨标准煤，较上年同比增长-27%；原煤共消耗41366.08吨，同比增长-23%；电力消耗18053.6万千瓦时，同比增长-10%；天然气共消耗953.23万立方米，同比增长-45%。

（区经济信息委）

工业园区

【概况】 2020年，区工业园区累计完成基础建设投入36.5亿元、企业固定资产投入92.2亿元，建成总面积约4平方千米；共有入驻企业53户，其中规模以上企业25户。全年实现规模以上企业工业总产值24.33亿元，同比增长9.14%；解决就业人口3800余人，其中吸纳贫困人员310余人。

【园区企业建设】 全年新建、续建项目共7个，累计完成企业固定资产投资2.65亿元。其中，迪纳新能源公司、奥讯机器人公司、五登木塑公司建成投产；罡阳公司二期完成厂房建设；嘉焜机械公司完成设备安装；恒泰石材公司启动一期项目基础工程建设。吉姆包装公司、环跃汽配公司等6家企业升为规模以上企业，园区规模以上企业总计25家。

【园区基础设施】 全年累计完成基础建设投资1.15亿元。白马货运码头完成177水工平台、入港路桥、217平台等主体设施建设；黄荆坝还建房完成主体结构施工。

【园区招商引资】 全年新签约麟子源EYM生物菌肥、混凝土外加剂、中铁七局混凝土拌和站、中铁七局钢结构加工、中铁十一局钢结构加工等建设项目10个，以及税保宝、邦启芒、致荣承科技等总部经济项目6个，总计协议投资额15.75亿元，占年度目标任务105%。

【园区企业安全管理】 全年开展企业安全检查180余次，检查覆盖率达100%、隐患整改率达94.6%；创建专家入园进行安全技术指导的服务新模式；组织完成园区消防演练；28家企业完成职业病危害因素检测、1057个员工完成职业病岗中体检；罡阳公司、久味夙公司完成健康企业创建。

（区工业园区管委会）

农副产品加工业

【概况】 2020年，全区农副产品深加工规模以上企业共计6家，分别为重庆市华银山野菜开发有限公司、武隆羊角豆制品有限公司、武隆新希望六和饲料有限公司、重庆久味夙食品（集团）有限公司、重庆瑞唐粮油有限公司，重庆天生药业有限公司（2021年退库）。共计实现产值2.95亿元，与上年同期相比，下降43%。

【重庆市华银山野菜开发有限公司】 公司成立于1997年，位于白马镇沙台村，总占地5.2公顷，厂房面积10000多平方米，有员工75人，其中管理人员15人，专业技师10人；主要经营竹笋及休闲素食类产品。休闲类食品主要销售国内各大食品批发市场及大型连锁超市；获专利技术14个，拥有“黑山谷”“铧玉”“好家香”“地然馈赠”等注册商标；产品具有“野生天然、营养丰富、味道鲜脆”之特点。2015年4月，获“重庆农产品加工企业100强”。2016年8月，获得中共重庆市委农村工作领导小组办公室授予“重庆市农业产业化实际龙头企业”，11月被武隆区农业商会评定为“副会长单位”。2020年实现销售收入4394万元。

【重庆市武隆县羊角豆制品有限公司】公司是集研发、生产、销售为一体的科技创新型企业，市级农业产业化龙头企业，中国豆制品著名品牌企业20强，中国豆制品行业质量安全示范单位，被认定为重庆市中小企业技术研发中心和湖南省教育厅认定的十大研究生科技创新基地之一。羊角豆干共7大产品系列：传统精品羊角豆干系列、风味羊角豆制品系列、大豆蛋白豆制品系列、大豆蛋白素肉系列、乌江鱼豆腐系列、餐饮系列、功能系列，共68支单品。羊角商标自2005年起被认定为重庆市著名商标，羊角豆干和制作技艺被列入重庆非物质文化遗产及保护性生产基地。公司创建于1999年3月，注册资本3350万元，总资产约6000万元，资产负债率32%，现有员工126人，其中科技人员27人（含兼职13人），拥有1套自动化休闲豆制品生产线，能力为6500吨/年，年产值8000万元。2020年实现产值4669万元。

【重庆久味凤食品（集团）有限公司】位于工业园区长坝组团园区南路1号，成立于2008年8月，注册资本3000万元，现有职工200余人，占地面积近2.67公顷；产品以香菇豆干为主，香菇灯影丝、杏鲍菇蒸（嫩）豆腐、手撕素肉、QQ豆干、鱿鱼、竹笋、花生等产品系列，其中香菇豆干、香菇灯影丝为全国首创。拥有重庆那之味食品有限公司、重庆市旗派商贸有限公司和重庆毅安商贸有限公司3家子公司，分别经营休闲食品生产销售和商贸代理。集团拥有“涨停板”“那之味”“久味凤”3个商标，其中“涨停板”商标为“重庆市著名商标”。2020年实现产值3658万元。

【武隆新希望六和饲料有限公司】隶属新希望六和股份有限公司（新希望集团控股公司），是全国人大代表刘永好投资收购的饲料制造企业。公司成立于2012年5月，位于凤山街道城东村，总投资超过3000万元，拥有畜禽料生产机组1套，具备10万吨的生产能力。主销“希望”牌猪配合饲料、猪浓缩饲料、肉鸡配合饲料和蛋鸡配合饲料等。2020年实现产值1.35亿元。

【重瑞堂粮油有限责任公司】位于凤来镇青龙村曹家剑大桥，成立于2009年7月，是私营股份有限责任公司，注册资金50万元（实收现金），占地面积1.6公顷。2013年5月公司总投资1960万元，其中机器设备360万元；年设计能力生产大米1万吨，谷壳0.2万吨，碎米0.1万吨，米糠0.2万吨。2020年实现产值3294万元。

专用设备制造业

【概况】2020年，全区专用设备制造业实现产值28117万元，较上年同期增长5.6%。

【重庆盛励机械制造有限公司】位于工业园区平桥组团，成立于2012年10月，注册资金600万元，占地面积50669平方米，现有固定资产1.21亿元，无形资产3000万元，资产总额2.1亿元；现有员工51人。设计生产数码编组系统100台/套、产砖机真空挤出机100台/套。2020年共计生产438.74万件；实现总产值15859万元，同比增长14.4%，实现利税总额131.53万元。

【重庆通耀铸锻有限公司】位于工业园区平桥组团，创建于2011年1月，注册资金10600万元，占地面积35.33公顷，是重庆市经济和信息化委员会批准的“重庆铸钢件生产基地”，是纳入2012年重庆市工业和信息化投资“双百”计划项目及全国对口支援三峡工程重庆库区经贸招商引资企业。公司现有员工518人；主要以“铁路、汽车车辆及清洁高效能源装备铸锻件设计、制造”为主，集铁路车辆、火车车钩、摇枕侧架、重型汽车桥壳、曲轴，高压阀体、阀门，汽轮机缸体等铸锻件制造。年设计生产能力为15万吨铸钢，2020年实际生产8696吨，实现总产值12258万元，同比下降58.4%。

【重庆芯宝微电子有限公司】位于白马镇园区东路74号，成立于2019年3月，注册资本5000万元，总投资1.28亿元，从事电子科技领域内的技术研发、芯片、集成电路板、通信设备、智能穿戴、医疗器械的生产销售。2020年生产集成电路469万块。

10月15日，重庆盛励机械制造公司生产车间

区经济信息委　供图

10月29日，重庆通耀铸锻有限公司生产车间

区经济信息委　供图

5 月 20 日，重庆芯宝微电子有限公司生产车间

区经济信息委　供图

7 月 1 日，重庆穗通新能源汽车制造有限公司生产车间

区经济信息委　供图

新能源汽车产业

【概况】 2020 年，全区新能源汽车产业实现产值 7123 万元，较上年同期减少 64.8%。

【重庆穗通新能源汽车制造有限公司】 位于工业园区白马组团，成立于 2012 年 8 月 7 日，注册资本 4000 万元，占地面积 6.87 公顷，于 2014 年建成投产，总投资 8 亿元，已建成年产 10000 辆豪华旅游客车、新能源客车、新能源专用车及多功能智能旅居车生产基地；为科技创新型企业，获中华人民共和国工业和信息化部批准的专用汽车、客车和新能源汽车生产资质，并已经分别获得中汽认证中心 ISO 9001 质量管理体系证书和国家强制性认证 3C 证书，名列《2016 年度符合申领汽车出口许可证条件企业名单》；获国家实用新型专利和外观专利 34 项。公司现有职工 32 人。企业年设计生产 5000 台新能源汽车，2020 年实际生产 185 台，实现利税总额 15.91 万元。

清洁能源产业

【概况】 2020 年，全区有规模以上清洁能源企业 11 家，全年实现产值 23.05 亿元，同比增长 15%。

【重庆大唐国际武隆水电开发有限公司】 位于江口镇银盘路 1 号，2005 年 1 月注册成立，总投资 60 亿元，装机总容量 64.5 万千瓦；设计年平均发电量 27.08 亿千瓦时。近年，公司先后获“全国工人先锋号”“全国‘安康杯’竞赛优胜单位”“全国电力行业软实力建设贡献奖”“标准化良好行为 AAAA 企业”称号，重庆市“五一劳动奖状”“国企贡献奖”“劳模创新示范工作室”称号，大唐集团“一流企业”“文明单位”“青年文明号”等称号。2020 年，公司实现产值 8.15 亿元。

【重庆江口水电有限责任公司】 国家电投集团重庆江口水电有限责任公司是中央企业国家电力投资集团公司旗下三级子企业，上级公司为国家电力投资集团重庆电力有限公司。成立于 1998 年 11 月，水电站总装机容量 40 万千瓦。2020 年，公司实现产值 3.54 亿元。

【重庆大唐国际武隆兴顺风电有限责任公司】 位于和顺镇打蕨村，为大唐国际发电股份有限公司全资子公司，总投资 58620 万元；2008 年 10 月 31 日成立，注册资本 9388 万元，经营范围包括电力生产、销售（限重庆电网）、风力发电技术咨询等。所属寺院坪风电场 2008 年 6 月开始建设至 2010 年 10 月，总装机容量为 46.75 兆瓦，安装 H56—850 型风力发电机组 55 台，年上网电量 8747 万千瓦时。2020 年，公司实现产值 4257 万元。

【武隆区大梁子风力发电有限公司】 位于大洞河乡百胜村春天坪组，成立于 2015 年 3 月 16 日，主要经营范围为风力发电，风能、太阳能等新能源的开发等。静态总投资 3.89 亿元，是武隆区第二座风力发电场，项目装机容量 44 兆瓦，安装 22 台单机容量为 2000 千瓦的风电机组。2019 年 12 月 3 日并网试运行，年发电量 10669.2 万千瓦时。2020 年，公司实现产值 6370 万元。

【重庆迪纳新能源有限公司】 位于白马镇园区东路 74 号，2019 年 6 月成立，注册资本 2000 万元；主要从事天然气（LNG/CNG）生产、销售和分布式能源开发、工程技术服务以及污水处理工程运营管理等方面的业务。公司现有 LNG/CNG 生产场站位于白马镇沙台村与渔光村相邻，占地面积 0.8 公顷，员工 35 人，建设有日处理能力 4 万立方米 / 天的 LNG 及 10 万立方米 / 天的 CNG 加工厂。2020 年，公司实现产值 2960 万元。

【重庆市隆祥能源发展有限公司】 位于白马镇园区东路 74 号，由重庆祥龙天然气有限公司、重庆市武隆工业发展（集团）有限公司共同出资，于 2017 年 1 月 18 日完成工商注册，注册资本 2000 万元，2018 年 7 月增至

4月1日，重庆大唐国际武隆水电开发公司大坝

区经济信息委　供图

7月19日，重庆大唐国际武隆兴顺风电公司风电场

区经济信息委　供图

4000万元。2020年，公司实现产值18846万元。

【重庆祥龙雅信天然气有限公司】位于白马镇园区东路74号，成立于2016年12月，是重庆祥龙天然气有限公司下属子公司，为全区乡镇民用、工业商业、燃气企业等供应天然气。

公司在编人员共23人。截至2020年12月31日，公司固定资产总额5141万元，其中管网建设长度40.38千米，资产额为4872万元；全年实现产值2878万元。

新型材料制造业

【概况】全年以东楚翔石材、奥克混凝土、新金联建材为代表的新型材料企业实现产值6.38亿元，增长1.5%。

【重庆东楚翔建材有限公司】位于鸭江镇正街，成立于2012年3月31日，注册资本1000万元。公司石灰岩矿位于鸭江镇三元村，开采方式为露天开采，开采矿种为建筑石料用灰岩，矿区面积0.1837平方千米。2020年，公司实现产值5479万元。

【重庆市武隆区奥克混凝土有限公司】位于土坎镇关滩村，成立于2010年7月27日，注册资本1000万元，经营范围包括从事建筑相关业务（商品混凝土生产、销售）等。公司总投资5500多万元，拥有两套HZS180型混凝土生产设备，粉料罐9个，汽车泵3台，车载泵5台，运输车20余辆，配有混凝土全套研发、检测试验设备；年产商品混凝土60万立方米。2020年，公司实现产值7479万元。

【重庆市武隆区新金联建材有限公司】位于长坝镇园区北路8号，成立于2017年2月23日，注册资本为4800万元，占地面积13.33公顷，主要经营陶瓷、新型建材、建筑材料的研发、生产、销售等。总投资5.5亿元，建成日产量30000平方米西瓦兼仿古线1条，选用当地优质紫砂泥作原料，生产各种规格西式瓦，延用金联注册商标，主要销往重庆、四川、湖北、湖南、贵州等地，每月销量约400万片。2020年，公司实现产值1.07亿元。

（区经济信息委）

商贸服务业

综　述

【概况】2020年，全区社会消费品零售总额同比下降2.9%，居全市层面第34位、区级层面第24位，渝东南层面第3位。外贸进出口总额13585.8万元，同比增长6.1%；实际利用外资744万美元，同比增长3815.79%。全年实现电子商务交易额47.09亿元，网络零售额39.18万元，同比增长2.48%，在重庆网络零售额中占比2.9%，排名第8位，涉农交易额26.36亿元。

全年批发和零售业实现增加值22.42亿元，按可比价算，较上年下降1.4%，占地区生产总值的比重为10%；住宿和餐饮业实现增加值9.32亿元，按可比价算，较上年下降13.8%，占地区生产总值的比重为4.2%。

全年批发和零售业实现商品销售额130.66亿元，较上年增长2.3%。其中，批发业实现商品销售额61.64亿元，较上年增长20.6%；零售业实现销售额69.02亿元，较上年下降9.9%。住宿和餐饮业实现营业额32.33亿元，较上年下降22.4%。其中，住宿业实现营业额9.98亿元，较上年下降32.4%；餐饮业实现营业额22.35亿元，较上年下降16.9%。

【商贸流通体系】2020年，启动《武隆区现代商贸服务业发展“十四五”规划》《武隆区口岸物流发展“十四五”规划》编制工作。开展项目储备包装6个（罗洲坝仓储物流基地0.69亿元、凤来新城物流基地15亿元、国际贸易数字经济产业园1.11亿元、南溪沟商贸中心14.85亿元、五洲国际电商产业园0.53亿元、渝东南旅游商品集散中心1.5亿元），拟投资33.68亿元。五洲国际商贸城项完成18～20栋房屋主体建设，项目年度总投资5687万元。医养结合综合体项目实际完成投资8000万元，康养中心于9月开业营运。完成城东高山农产品发交易市场项目项目可研、项目专业咨询和项目选址工作。

【商贸项目】全年组织申报的11个农商互联项目获市商务委评审通过，获得市级专项资金320万元。中堆坝智慧商圈建成投用，获得市级补贴资金50万元。完成羊角市级特色商贸小镇创建，获得奖励资金20万元。开展“限额以上”企业培育，完成入库企业14家，“限上”个体41家。对2019年入库的“限上”企业，根据培育办法，兑付扶持补助资金，共扶持企业6家、个体15家，兑付扶持补助资金185万元。2019年度“菜篮子”区县长负责制考核总分为90.7分，考核等级为优秀，其中市场流通能力单项分值20分，获得19.95分。编制完成与乐山、南川、道真等区域关于商贸行业深入合作、促进区域协同发展的相关材料。

【商贸招商】全年商贸招商小组共拜访企业38批次，接待考察洽谈项目企业84批次，签约框架协议1个，投资0.5亿元；签约实体项目2个，签约金额0.3亿元。到位投资2.097亿元、总部经济入库税金0.148亿元、储备及在谈项目13个、引进外资企业5个，分别完成全年目标任务的140%、74%、260%、500%。引进“武隆七彩陶”项目落户芙蓉街道堰塘村，首批369件合格“七彩陶”成功开窑。

七彩陶产业项目。4月25日，该项目在芙蓉街道堰塘村点火投产；4月28日举行第一批武隆七彩陶烧制开窑仪式。9月，全区对陶土资源进行普查；在芙蓉街道车盘村、长坝镇、仙女山街道找到可机械开采的陶土资源，探明储量1590万吨。10月，引导重庆市武隆旅游公司投入武隆七彩陶产业发展，年底在白马山天尺坪建成生产车间3000平方米。

【外经外贸】全年实现外贸进出口总额1.36亿元人民币，同比增长6.10%。实际利用外资744万美元，增长3815.79%。新增外贸企业8户、外资企业5户。

推进五洲国际商贸物流园建设，完善贸易物流基础设施。新增培育外贸企业8家，全区累计备案外贸企业29家。组织黔江海关、区金融部门开展上门服务。组织沐树、隆祥、火炉脆桃的特色产品参加重庆—欧亚区农产品对接洽谈，参加进口优品汇重庆活动、俄罗斯线上商务推介会，第25届澳门国际贸易投资线上展览会等。全年印发《关于成立武隆区商务委营商环境工作领导小组的通知》《组建外商投资企业“行政服务管家”工作团队》，成立领导机构，召开全区外商投资服务事项部门对接会。出台武隆区外商投资服务事项清单，公示“服务管家”名单。

1月17日，南滨路商业步行街开街暨2020年消费促进季启动仪式现场　代君君　摄

【节庆会展】 全年相继举办“春暖花开实惠武隆”2020重庆·武隆春夏消费促进季活动、“爱尚武隆·惠享六月”2020年武隆区第四届汽车（新能源）消费节、2020中国·重庆·武隆绿色产品博览会、2020重庆消费扶贫月启动仪式暨扶贫产品展销等主题消费活动10余场，拉动旅游、购物、餐饮、住宿、文化、娱乐、体育、房产等消费。

中国·重庆（武隆）绿色产品博览会暨消费扶贫产品展销会。8月26—28日，中国·重庆（武隆）绿色产品博览会暨消费扶贫产品展销会在仙女山街道仙女广场举行。在消费扶贫产品展销区，现场搭建有56个标准展区，主要设置“绿色水果荟萃”“武隆特色味道”2个展区。其中，“绿色水果荟萃”展区主要展销火炉脆桃、仙女山葡萄等特色水果。“武隆特色味道”展区主要展销全区26个乡镇（街道）的农特产品、扶贫产品、贫困户的农产品。

【消费扶贫】 全年完成鲁渝东西协作消费扶贫2252万元，直接带动2242名贫困人口实现增收。组织开展“渝货进山东”促进季活动、第六届（济南）电子商务产业博览会、重庆市消费扶贫月启动仪式暨消费扶贫产品展销会、“4·26”寻味武隆电商日暨消费扶贫网上行、绿色产品博览会、农民丰收节等展示展销活动。获第六届（济南）电子商务产业博览会优秀组织奖。在鲁渝消费扶贫协作产销对接会上，区电商公司与济南市农商行现场签订农产品采购协议30万元，团购销售100余万元。在绿色产品博览会上，3家山东企业现场签约采购武隆扶贫产品550万元。通过重庆市消费扶贫月启动仪式活动，销售农产品27万元，带动、签约销售245万元。举办美食美景区长代言电商直播带货、百名干部直播带货、党员直播带货“渝”你抗疫助农等10余场系列直播带货活动，销售金额1500多万元。通过直播带货及各项活动的展示展销，重点培育羊角豆干、武隆苕粉、仙女红茶、鳅田稻、鹏芝琳老鹰茶等优质农产品。

1月17日，南滨路商业步行街　　代君君　摄

在济南市历下区姚家街道打造“鲁渝消费扶贫·重庆武隆扶贫产品体验店”。全年接待山东采购团队145次、个人2000余人次，实现销售281万元。在齐鲁文旅集团、山东统一银座设立2个鲁渝消费扶贫专柜，在山东舜网设立武隆区扶贫产品专区。

武隆特产体验店投入营运。9月1日，东西扶贫协作项目——重庆·武隆特产体验店在山东省济南市历下区正式开业投入运营。该体验店位于历下区解放东路62号，面积约80平方米，店内设置工作展示区、消费扶贫产品体验区、爱心企业展示区、简易仓储区、简易办公区等6大功能区域，主要展示推广武隆特色农产品及东西协作消费扶贫成果。

【商贸行业管理】 全年开展单用途预付卡管理工作，未发现符合备案监管条件的新增企业；按照《单用途预付卡管理办法》的规定，加强对备案企业“红翻天超市”的监管。做好12312商务举报投诉平台运行、管理工作。以五仙路沿线、仙女山镇社区街道和仙女山景区为整治重点区域，开展食品安全大检查、大整治活动。对酒店和农家乐等餐饮企业进行检查。开展打击非法集资和扫黑除恶专项斗争工作。在永辉、红翻天等大型商场宣传防范打击非法集资的法律法规。每月对扫黑除恶工作情况进行报送。联合打击侵犯知识产权和制售假冒伪劣商品工作。整顿和规范市场秩序，打击商贸流通领域的制售假冒伪劣商品和侵犯知识产权行为，区商务委在都市广场设立消费者权益保护和鉴别假酒的咨询点。全区印发关于《重庆市武隆区自备油库（油罐）专项清理整理工作方案》，共清理24个。

市场载体

【商圈建设】 全年完成中堆坝智慧商圈项目改造提升，总投资206万元。完成500余个车位停车场升级改造，实现无人值守、自动识别、自助交费，设置新能源专用充电车位6个；完成监控（智能安防）建设，实现商圈公共区域、车库监控（智能安防）工程全覆盖。商圈核心公共区域内，实现区域Wi-Fi全覆盖，App、移动支付等智能应用便捷高效。完成商家O2O电子商务建设，入驻商家均建设移动支付应用，餐饮、影院等商家均建立O2O电子商务营销模式，无缝对接美团、饿了么、全民外送等当地主流电商平台。利用公众号、爱武隆App、微友圈等线上营销工具，引导商圈线上线下消费，实体商圈与虚拟商圈融合发展。建成253平方米的LED大屏。在公共区域、车库等统一规范设置各类灯箱广告、平面广告。

【特色商贸小镇建设】全年获得《2019年特色商贸小镇创建项目（羊角特色商贸小镇）》奖励资金20万元。将羊角古镇建设纳入全区全域旅游发展整体规划，打造乌江流域第一旅游古镇。按照国家AAAA级旅游景区标准建设；将搬迁安置房建成巴渝民居，按“修新如旧”打造古镇景观，融入民俗文化博物馆、名人祠堂、衙门牌坊等景观景点；复制古盐务局、古居民楼、古茶馆等古文化，修建游客接待中心、文化剧院、文化体育广场，植入传统手工豆干、手工酿醋、石磨豆花、码头、纤夫、盐邦、美食、民俗文化，再现“羊角记忆”。

【商业街建设】南滨路商业步行街，位于渝兆新天地片区，1月17日建成开街。该项目是重庆渝兆房地产开发公司打造，集商品零售、特色餐饮、休闲、娱乐、购物等多种综合功能于一体的购物中心。商业总建筑面积3万平方米，有近500米亲水滨江步行景观通道、双平台，大观景公共空间，四层商业布局涵盖有特色商业、横店影院、星级农超等产品线。

【商品交易市场】全区建成综合专业市场2个，其中仙女山度假区农贸市政综合市场完工，占地面积2万平方米（待开业），位于仙女镇的金马农贸市场建成于2016年，该市场为国有综合市场，全市场占地面积约6500平方米，营业面积6500平方米；固定摊位500个，固定经营户100户，固定从业者200余人，2020年完成商品交易总额1.6亿余元。

全区有城区菜市场3个，营业面积18440平方米，固定摊位592个，固定经营户377户，固定从业者558人，2020年完成商品交易总额6.6亿余元。

全区现有乡镇农贸市场23个，营业面积34043平方米，固定摊位2172个，固定经营户814户，固定从业者1173人，2020年完成商品交易总额1.43亿余元。全区拟建农贸市场1个，武隆区羊角镇朝阳社区农贸市场，拟于2021年开工，占地面积5944平方米，拟投资额1400万元。

【商业体建设】截至12月31日，全区累计注册登记从事水果销售1370户、食品加工销售1793户、蔬菜销售1579户，“菜篮子”零售网点总数4742户，比上年同期增长933户，增长率24.49%。全区行政村184个、社区30个，实现社区平均零售网点22.15个。城区大型超市4家。

重庆永辉超市有限公司武隆区南城中央广场分公司。位于凤山街道建设东路2号南城中央广场负一层；2010年12月28日正式开业，现有门店直接就业员工153余人，辅带就业岗位200多个，主要经营生鲜食品、洗化日用百货等商品2.2万种，2020年年销售额1.48亿元。

重百超市武隆店。位于芙蓉街道芙蓉中路20号；2008年2月开业，现门店就业人员100余人，主要经营生鲜、食品、洗化、日用百货等商品8000余种，2020年全年销售3303万元。

武隆区联华食品超市。位于凤山街道南滨路215号4幢1层79～94号；2019年2月开业，2020年年销售额1549.5万元。

武隆区栈鑫百货超市有限公司。位于芙蓉街道芙蓉西路82号1～14；2018年1月栈鑫超市首家连锁店开业，2018年黄金水岸店成立，2019年栈鑫生活超市五龙城店成立，2020年1月鸿泰栈鑫生活超市成立，2020年苏家河桥栈鑫生活超市成立；2020年营业额为1500万元。（区商务委）

电子商务

【概况】2020年，全区网商总数达8016家，电商带动就业人数3.06万人，其中直接带动1.88万人。打造“寻味武隆”供给配送综合服务平台，推动30多家电商网点、专业合作社免费入驻，实现销售430多万元。完成武隆区电子商务进农村综合示范县项目终级验收。“赵佳人”农村电商，热销武隆村民群众土货产品100余种，线上销售600余万元，线下销售300余万元，帮助农户500余户（其中贫困户50余户）和4个扶贫企业解决销路难题，户均增收4000元。

【农村电商】全年新建武隆区电子商务农产品集配中心；在山东省建立首个“东西扶贫协作 重庆·武隆特产体验店”；对全区电商网点全面开展排查并督促指导整改。整合区内电商企业、乡镇电商网点等25家上线入驻寻味武隆平台，招募寻味武隆代言人310人；与山东明德集团等7个平台资源共享共推武隆农特产品；上线“832扶贫电商平台”等扶贫采购平台。利用微信、抖音等新媒体持续开展营销宣传，通过直播带货、消费扶贫、国家832平台、社会扶贫网重庆馆、参加大型活动、农商互联大会和各类推介会、在小区铺设“寻味武隆末端集配店”、与重庆洪崖洞景区等合作开展线上线下助推农产品销售。全年带动全区农产品销售1.6亿元以上。

【直播带货】全年实施直播带货“13551”工程，举办美食美景区长代言电商直播带货、百名干部直播带货、党员直播带货“渝”你抗疫助农、鲁渝互联、消费扶贫、汽车购物节、绿色产品博览会等10多场系列直播带货活动等活动，实现销售额1500余万元，促进线上消费上亿元。

【电商产业】2020年，区商务委支持区电商公司在济南开设鲁渝消费扶贫·重庆武隆扶贫产品体验店，接待采购团队145次、个人2000余人次，实现销售281.3万元。引进电商龙头企业颐高集团入驻武隆，成立武隆颐居美丽乡村运营中心、电商产业孵化园，并招募20家特色电商企业入驻。

【电商培训】2020年，区商务委联合济南市商务局开展首期44人的电商致富带头人培训，并上线济南—武隆远程培训平台，选派7名电商扶贫带头人到石柱参加鲁渝扶贫协作电子商务专题培训。与区委组织部、市商务委联合组织电商送培下乡和电商新模式营销专题培训，培训党政干部、电商带头人70名。

5 月 25 日，武隆区常务副区长胡珍强（中）在白马山景区直播带货　　蒋颖　摄

【物流配送体系建设】 全年完善物流配送体系建设，投入资金837万元完成区快递物流分拨中心、农产品电商集配中心、赵佳人冷链集配中心建设，建成快递物流分拣线，分拣效率提升50%，分拣成本降低20%以上。

【首个电子商务农产品集配中心建成使用】 9月1日，全区首个电子商务农产品集配中心正式建成并投入使用，总面积1200平方米，集冷链配送、分拣包装、仓储物流和销售配送为一体。

【百名干部直播带货助力线上消费公益活动】 5月25日，2020年武隆区百名干部直播带货助力线上消费公益活动在白马山天尺情缘景区启动。区委常委、常务副区长胡珍强在直播间直播“带货”，推荐武隆美景、特色产品及旅游文创产品等。截至25日19时，线上浏览量92.02万人次，订单22821单，销售额273.44万元。

【白马山“飞天之吻”体验票首发预售助旅带货直播】 6月20日，由区文旅委主办的“爱的魔力转圈圈”——白马山“飞天之吻”体验票首发预售助旅带货直播在白马山天尺情缘景区举行。截至下午5时，该次直播活动在线浏览人次共计35.43万人次，直播期间同时在线观看人次最高峰达15.2万人，线上订单成交量共计9000余单。（区商务委、区供销合作社）

供销合作

【概况】 2020年，区供销合作社从农业生产者购进的农产品总额107541万元，同比增长22.98%；实现销售总额104614.5万元，同比增长20.12%。分商品看，农资销售额1553.67万元，同比增长11.29%；农产品销售额89462.62万元，同比增长20.49%；日用消费品类销售额12163.02万元，同比增长20.16%；再生资源销售额1435.19万元，同比增长10.06%。消费品零售额14513万元，同比增长36.54%。连锁经营销售额27474万元，同比增长20.3%。电子商务销售额31472.42万元，同比增长44.93%，其中，农产品电子商务销售额24764.4万元，同比增长55.49%。商品交易（批发）市场交易额67722.92万元，由于调整报表基数，同比下降50.9%。综合服务营业额1169.76万元，同比增长52.91%。

【供销体系】 全年改造建设基层社5个，完成基层供销社建设任务，培育基层社示范供销社6个，累计培育创建基层示范社11个。26个街道乡镇购置（租赁、划拨、共建）供销服务场所并实现运营。全年规范建设烟花爆竹经营网点195个。

【农村流通网络】 全年新建农村综合服务社40个，其中创建星级社8个，累计全区已建农村综合服务社166个（其中，星级综合服务社20个）。全年共销售各类化肥7500吨；规范建设农资放心店6个、庄稼医院3个。

（区供销合作社）

专项经营

【概况】 2020年，区商务委管理的特种行业共5类，即再生资源、报废汽车拆解、拍卖、酒类流通、药品流通，特种商品共4种，即成品油、汽车、二手车、散装水泥。全区再生资源回收公司3家，回收网点75家；汽车销售、二手车经营和报废汽车回收拆解15家。

【成品油经营】 2020年，全区共有成品油经营企业（加油站）24个，其中中石油12座，中石化5座（其中高速公路服务区南北侧各1座），民营企业7座，全年累计销售成品油8.2万吨左右。

（区商务委）

【烟草营销】 2020年，区烟草公司累计销售卷烟1.28万箱，同比增幅7.29%，实现销售收入4.24亿元，增幅9.13%，单箱销售收入3.3万元，增幅1.71%。（区烟草专卖局）

【盐业销售】 2020年，重庆盐业公司武隆分公司完成盐产品销售2509吨（其中：食用盐869吨，多品种盐90吨，行业用盐1550吨），非盐产品190万元；实现毛利120万元。

［重庆市盐业（集团）公司武隆分公司］

城乡规划与建设

综　述

【概况】2020年，全区成立以区政府主要领导为组长的城市品质提升工作领导小组，筹备召开领导小组会议3次、各类专题会54次，审定印发《武隆区城市品质提升年工作实施方案》，推进建设61个项目，全年完成投资约28亿元，油房沟农贸市场建设、乌江一桥加固维修工程、城区道路整治、城区人行天桥等16个项目完工投用。

全年完成长峡路、桂园路排水分区，海绵城市建设达到0.82平方千米，完成中堆坝广场及南侧道路消火栓建设15个，新建道路0.2千米，实施北岸乌江二桥至三桥4.99千米建设，城区排水管网内窥检测和普查测绘约120千米。

【城乡建设投资】全年完成城乡建设投资55亿元，完成房地产开发投资约22.85亿元，同比增长9.8%。区内注册建筑施工企业完成建筑业产值16.8亿元，同比增长19%，商品房销售面积29.57万平方米，同比增长9%，城镇化率提高1.2个百分点。

【城市建设改造】棚户区改造。全年完成棚户区改造252户，瓦厂坝片区完成房屋拆除并实现招拍挂，铁厂坡、老车站、复烤厂、长途河西岸片区即将完成棚改扫尾工作，老林业局片区开展房屋拆除工作。

老旧小区改造。全年编制完成城镇老旧小区5年规划，南滨路老旧小区示范片改造加快实施，完成投资约3500万元，4号、5号通道地面完成铺装，铺设地下雨污水管网1200米、连接南滨路步行天桥2座，改造房屋本体3.25万平方米，加快建设片区内商业建筑及金海观光电梯塔楼；冯家坡片区老旧小区示范片开工改造。

【农村住房安全保障】全年实施农村危房改造371户，对所有建卡贫困户等重点对象的住房以及因暴雨受灾较严重的一般困难户住房纳入农村危房改造计划，全面实现建卡贫困户住房安全有保障。

【建设项目审批】全年共办理工程项目审批服务事项756件。其中，审批事项187件，涉及初设批复11件、施工许可42件、能效测评20件、消防验收11件、消防验收备案20件、商品房预售许可27件、排水许可26件、建筑资质27件、开发资质3件；服务事项569件，涉及施工图审查备案36件、消防设计审查31件、工程竣工验收备案14件、前期物业备案3件、开发资质延期7件、商品房屋解除网签26件、商品房屋合同备案290件，建筑资质增项15件、变更28件、人员入库14件、配套费征收20件、人防费征收66件、罚没收入19件。

【《武隆区城市生活垃圾处置费收费标准》发布】3月23日，《武隆区城市生活垃圾处置费收费标准》发布，从即日起执行；城市居民（城区、仙女山镇）按7元/户·月缴纳。

【海绵城市建设】是年，全区建成中堆坝乌江岸线、龙湖路海绵城市并投入使用，建设面积0.03平方千米，其内容为生物滞留带、彩色沥青混泥土铺装及透水砖铺设。

【武隆区建设投资（集团）有限公司】公司注册资本金14.47亿元，主体信用为AA-，注册地址为芙蓉街道芙蓉东路22号1幢3-1。全年完成城区3座人行天桥、凤山公园配套设施项目、检察院办案和技术用房项目、中堆坝次干道二期、次干道三期等项目并投入使用；建设完成送月水厂、火炉水厂、东风水库维修整治工程、大雁窝管道工程、石梁河流域（铁厂沟段、灵山段）综合治理工程等16个项目；推进18个交通重点项目建设，其中武隆S428土坎至盘家湾路面改造工程、新9桥等4个项目建成投用。全年偿还本息24.16亿元，其中政府隐性债务14.32亿元。

下属利丰公司以“利丰印象”品牌为依托，新建楼盘2个，累计销售住宅149套（14733.73平方米）、车位133个，实现销售合同金额10058.75万元，完成经营收入23621.79万元，利润总额2817.19万元；绿园物业公司深耕“绿园物业”品牌，已完成经营收入2000万元，占全年计划的117.65%；渝隆公司打造“务远”建筑施工品牌，全年实现建筑施工产值3000万元，签订施工合同金额8181万元，完成建筑施工产值8143万元，较2019年增长168%；农业公司，推进高山生态蔬菜基地建设，筹划“武隆高山蔬菜”“武隆苕粉”地标品牌申报，打造“武隆区农产品展销平台”，销售苗木56万余株、水果4万余斤，销售经营收入911.41万元。水务公司保障城区、度假区及乡村集中用水，实现供水1313.17万吨，发电833.26万千瓦时，实现经营收入7046.14万元，实施基础设施项目，完成固定资产投资3.98亿元；2020年卓艺公司独立运营，全年总绿化面积10万余平方米，新建项目3个，实施项目17个，涉及10个乡镇，全年营业收入1340.7万元；保安公司实现营业收入2353万元，上缴税费80万元，派驻客户单位总数73个，派驻人员658余人；远瞻公司推动城乡规划设计工作，实现营业收入1163万元，利润总额约为180万元，完成各类测绘项目120个，测绘总面积约11平方千米，完成各类规划项目19个；检测公司全年共完成检测26839组，检测数据准确率达99.9%，报告及时率达90%以上，签订检测合同42份，合同金额共计498万元，实现税后营业收入467万元，净利润100万元；铭昊公司提高殡葬管理服务水平，实现经营收入957万元，同比增长205.75%，完成利润总额112.45万元。

（区建投公司）

城乡规划

【概况】2020年，武隆区推进《武隆区国土空间总体规划》编制工作；开展资源环境承载力和国土空间适宜性双评价，国土空间开发保护现状评估

9月21日，武隆高速公路出口转盘绿化　　徐爱荣　摄

和人口、城镇化与城乡统筹等专题论证工作，形成规划初步成果。全年共召开规划初审会14次、审查议题159个。

【规划体制】 全区建立健全日常工作机制，完善规划审查机制。对规划初审会议事规则、规委会议事规则进行修改完善，新增议题审查环节，并经区规委会审议通过，同时规范区专家咨询审查会相关审查事宜。实行区专家咨询审查会（技术审查）和区规划初审会（行政初审）“两会”合一，压缩审查时长。

【规划调整】 全年完成白马航电、西山水库、仙女山度假区水厂、后坪小学和石桥污水处理厂等7个项目的规划调整，保障基础民生项目的落地。青吉等14个小水电整改项目、和顺四眼坪风电和沧沟污水处理厂等项目规划调整方案已上报市局待批复。完成规划一致性方案处理，保障后坪风情小镇、江南水厂、天池坪污水处理厂、罗家堡天主教堂排危异地迁建和仙女山度假区近期开发等18个项目落地。

【测绘管理】 全年开展地理国情监测及地表图斑常规监测。启动2020年国土变更调查工作。印发《地下管线数据动态更新管理办法》，建立科室联动会审机制，全年完成地下管线数据汇交约74千米。推进1∶500大比例尺建设、1∶500城镇地籍图更新维护。开展“8·29”测绘日暨国家版图意识宣传教育，部门联动查处整治“问题地图”。组织完成全区76个永久性测量标志核查工作。全年共审核国有土地使用权测绘成果30余宗、房产测绘成果29余万平方米。开展测绘地理信息行业安全生产大排查大整治大执法及年末安全生产检查工作。

【规划行政许可】 全年核发选址意见书19件；核发用地规划许可证29件，用地面积92.87万平方米；核发工程规划许可证38件，建筑面积91.02万平方米；合并办理选址意见书和用地预审意见21宗，面积19.31公顷。

（区规划自然资源局）

城市管理

【概况】 至年末，全区建成区面积17.90平方千米，较上年增长0.6%。其中城区建成区面积3.75平方千米，较上年增长0.3%。全区城市道路43.69千米，较上年末增长9.3%；总面积64.83万平方米，较上年末增长10.2%。城市桥梁15座，较上年末增加3座；城市桥梁长度2933米，较上年末增长6.6%。城市隧道1座，总长1410米。城市停车位总数12958个，其中路内停车位365个。城市路灯4426盏，较上年末增长4.1%。全年新增公共厕所19座，总数达192座，较上年末增长11.0%。其中，街道、乡镇管理厕所152座，较上年末增长11.0%。

【环境卫生管理】 全年严格实行16小时保洁制，城区主次干道冲洗率达95%，清扫保洁率达100%，垃圾无害化处理率达100%。有序启动全区生活垃圾转运至涪陵焚烧处置，全面做好城区餐厨垃圾收运处置工作，启动

8月17日，武隆城区乌江一桥维修加固工程完工恢复通车　　徐爱荣　摄

仙女山度假区餐厨垃圾收运处置工作。全面推进6个社区8个小区、30个行政村生活垃圾分类示范工作，累计开展垃圾分类宣传活动52次，发放宣传资料2.6万余份。更换完善公厕标识标牌33块，完成区人民医院、瑜珠酒店等20座社会公厕对外开放相关工作。10月22日，召开渝东南片区市容环境卫生工作示范现场会，移动公厕建设管理模式和因地制宜“一厕一景”的效果、城区清扫保洁精细化日常管理、运用市场理念来经营和管理城市的模式、“服务＋管理＋执法”的多元管理模式、城区户外广告管理被市城管局肯定为“全市城管工作五个亮点”。

8月7日，武隆城区桂圆街39号公共卫生间　　徐爱荣　摄

【市政设施建设】 道路　全年改造2条主干道、4条次干道、7条背街小巷道路路面15.4千米，城市道路由26.2千米增加到39.6千米（增长率51.1%），面积由27.9万平方米增加到55.38万平方米（增长率98.5%），人行道面积由9.8万平方米增加到18.6万平方米（增长率89.8%）。

排水　新建城市污水主管网22.4千米，实现城区污水主管网全覆盖，污水无害化处置由92%增至98%，污泥无害化处置由60%增至100%，污水处理能力由1.5万吨/日增至4万吨/日，处理工艺由一级B标准提高到一级A类标准。

桥梁　实施乌江一桥维修加固工程，维修加固工程提前12天全面完工并恢复通车。桥梁由12座增加到15座。

公厕　新建公厕17座（城区10座、公园广场7座），改造提升公厕20座，城区现有公厕49座，城区公厕达4.75座/万人（国家标准为4座/万人）。

路灯灯饰　实施城区夜景灯饰工程并开灯亮景，新建或改建路灯照明设施3500余盏，路灯灯饰亮灯率达98%以上。

公交站亭　完成城区25个公交车站点座椅和顶棚安装，新建御江华府、宜居家园等处公交站亭3座。

【“马路办公”】 是年，按照全市统一安排部署，对照“大城智管、大城细管、大城众管”的要求，区级有关部门、镇街实行“共建共享”开展“马路办公”，探索推进“门前三包”“五长制”。全年区领导开展“马路办公”96次，区城市管理局班子成员开展“马路办公”452次，区级有关部门、镇街开展“马路办公”1650余次，发现问题7419个，完成整改7419个，整改率达100%；下发交办督办事项54件，完成整改52件，整改率96.3%。

【市容管理】 全年完成龙湖路等城乡接合部综合整治，改造人行道4000余平方米，设置高标准围挡600米，清理陈腐垃圾1200余吨，拖移违停车60余辆，并对沿线7个重要节点进行绿化美化。定期组织城管、公安、规划、住建等10余个部门开展城市综合管理联合执法并形成长效。全年开展联合执法7次，累计清理占道经营800余处，查处乱停车260余台，查处违规扬尘问题230余件次，清理违法广告260余处，清除公共场合非法贴、涂小广告130余处。理顺城市违法建筑管理机制，建立日常巡查、部门联动、有奖举报、年度考核等制度，确保中心城区新增违建立案率100%、查处率100%。全年查处中心城区新增违法建设47宗，完成整改41起；查处老旧城区改造项目存量违法建筑13宗；查处仙女山组团新增违法建筑15宗。探索开放“夜市经济”“地摊经济”，打造国平二期夜市摊区，规范设置临时摊区5处。

【数字化城市管理】 全年推进“大城智管”，运用数字化城市管理平台，通过“信息采集、案卷建立、任务派遣、任务处置、处理反馈、核查结案、综合评价”7个环节开展城市日常管理工作。全年共受理城管通案件8024件，结案8024件，结案率100%；受理群工件40件，处理率100%；受理12319民生舆情服务系统78件，处理率100%。启动智慧城管建设前期工作，编制完成武隆区智慧城管建设方案。全年通过微信公众号平台发布城管工作动态180余条。

（区城市管理局）

村镇建设

【概况】 全年争资资金3586.95万元，其中农村危房改造资金992.95万元，特色小城镇建设项目资金927万元，旧房整治提升项目资金1387万元，传统村落保护发展项目资金250万元，农村建筑工匠培训资金20万元，设计下乡补助资金10万元。完成农村公共照明路灯和庭院灯安装1100盏；培训216名农村建筑工匠，经培训考核共合格207名。是年，后坪乡天池坝申报为市级传统村落保护发展项目，完成投资约400万元，实施寨门、基础设施和旧房环境整治；土地乡天生村冉家沟、浩口苗族仡佬族乡邹家村等15个村落申报市级第二批传统村落。

【特色小镇建设】 全年推进江口特色小城镇建设，改造提升市民休闲活动广场2处，农贸市场整治完成主体建设。

【危房鉴定挂牌】 按“鉴定安全、改造安全、保障安全”3种类型，逐户核实全区12656户建卡贫困户住房安全保障方式，同步开展住房安全有保障核验。开展全区一般农户的房屋排查和等级鉴定。更换标识标牌21151张。

【旧房整治】 全年完成旧房整治提升2000户，创建美丽庭院500户。

【农村人居环境整治】 2020年，全区在开展“三清一改”村庄清洁行动的基础上，开展“五清理一活动”专项行动（即清理“蓝棚顶”，清理无人居住废旧房，清理房前屋后杂物堆，清理田间地头废弃物，清理管线“蜘蛛网”，开展农村爱国卫生运动）。按照“示范带动、全域整治”的思路，规划并启动20平方千米的集中连片整治。全年完成公厕建设20座，建成垃圾分类示范村8个，农村生活污水技术改造设施6座，入户道路100千米，农村危房改造126户，旧房整治提升2000户，“四好农村路”459千米，绿色示范村13个，公共场所绿化10.33公顷。对农村人居环境整治三年行动计划进行评估，总体评估结果为超额完成市上下达的目标任务。

（区城乡建委、区农业农村委）

自来水供应

【概况】 2020年，区自来水公司供水量576万立方米。完成市级民生事实“一户一表”改造81户。从2月1日起至12月31日，对城区非居民用水户实行阶段性降低用水成本优惠政策，惠及用水户数累计34182户，优惠金额近36.54万元。对承租公司经营用房的个体工商户，减免3个月租金，共计减免金额2万元。

【设施运行维护】 全年对供水基础设施抢险抢修达240次，主管维修探漏51次，消防栓维修维护88次，管网排放清洗60次。对计量不准、漏损严重、年限较长的计量表分批次分区域进行更换，累计更换计量表约380支。市政公共供水管网漏损率为9.8%。

【供水管道建设】 全年承接凤山街道供水管道延伸工程，安装直径为400毫米、长2700米的供水管道。完成中堆坝至一桥直径为600毫米与乌江一桥直径为200毫米供水管道的安装。承接江南水厂临时施工用电工程和凤溪小学段DN600毫米、长800米供水管道的安装。完成广东坡水厂加氯加药设施的升级改造；更换斜管、网格，安装1台自动发电设备、沉淀池遮阳网等。该次改造累计投资近110万元。油房沟水厂因修建铁路取缔后，为满足凤山居民和武隆中学（凤山校区）的用水需求，投资约145万元新建冯家坡供水系统；投资约100万元升级改造冯家坡老水厂。

（区自来水公司）

电力供应

【概况】 2020年，全区年用电总量64095万千瓦时，较上年增长0.8%；其中，居民、集体、商业用电39452万千瓦时，较上年增长6.7%。

【供电网络】 国网重庆市电力公司武隆供电分公司（简称国网电力武隆公司）是国网重庆市电力公司下属供电企业。公司先后获国网公司政治思想建设标杆、国网公司“新基建”劳动竞赛先进集体、市公司防汛抗洪先进单位等称号。公司供区面积2889.37平方千米，服务人口41万余人，供电客户20.42万户。全年完成发展总投入1.66亿元；售电量6.41亿千瓦时，同比增长0.78%；营业收入3.17亿元，同比降低3.47%；利润-1.78亿元，综合线损9.17%；电费回收率100%。

【电网建设发展】 2020年，国网电力武隆公司供区范围管辖变电站16座，其中220千伏1座，110千伏6座，35千伏9座，变电总容量91.21万千伏安。线路1116.51千米，其中220千伏307.206千米，110千伏434.704千米，35千伏374.6千米。最高负荷13.55万千瓦创新高（8月10日），较历史峰值减少4.06%。全区电网形成

5月26日，国网电力武隆公司开展电力抢修　　张芷菡　摄

以220千伏武隆站和146座小水电为电源点的相对独立的电网，以220千伏武隆变电站为核心的110千伏“日”字形环网。东西部片区各有1座110千伏变电站与主网连接，其中仙女山变电站通过两回110千伏线路接入主网运行。电网运行呈现丰水期上网负荷和降温、取暖负荷“上下网双高”的特点。

【供电经营管理】 2020年，国网电力武隆公司从投资、建设、生产、运营、政策等方面制定35项具体措施，累计实现提质增效成效2624万元。完成城门洞电站自供区移交。通过建立“1234”薪酬激励模式、实施自有施工队伍“市场化管理”等手段，提高业务承揽能力和服务质量，实现产值近500万元。

【供电安全生产】 2020年，国网电力武隆公司兑现专项奖励80余万元，查处各类违章815起，考核金额30.59万元。开展安全生产专项整治、安全意识提升年等专项活动，整改安全生产巡查问题66项，治理隐患1514处。实施第三方触电压降排查治理工作，开展辖区内171栋高层建筑电气火灾隐患排查，完成104户涉电鱼塘安全协议签订及鱼塘主安全培训，推广安装三级漏保5672只。

【供电营销】 2020年，国网电力武隆公司开展“亮剑”反窃查违专项行动，全年累计查处窃电、违约用电72户，追补电量65.92万千瓦时，完成指标的185.7%；常态化开展营销稽查工作，全年累计稽查16273件，查实问题186件，整改186件，整改率100%，完成稽查经济成效69.27万元；扎实开展线损专项治理，处理采集异常、计量装置故障9000余处，查处低压台区窃电用户40户，治理高损台区126台，全年台区线损合格率完成96.53%，0.4千伏分压线损率累计下降0.28个百分点，累计减少电量损失32.55万千瓦时。

【供电信息化】 全年投资12万元，实施群创自安排项目《农村电网漏电保护可靠性提升方法研究》课题，开发成基于温湿度和泄漏电流监测的，具备远方监控和控制的智能漏电保护终端，在武隆电网试点运行近60天，整体运行情况良好。相关的研究成果发表于中文核心期刊中，并形成发明专利1件、新型使用专利1件（待授权中）；另年内获得新型实用专利授权2件。调整防火墙策略48条。在全公司范围内开展信息安全保密周宣传活动，签订网络安全承诺书，签订率100%。选派人员参与重庆市电力公司网络安全攻防演练，参与重庆市电力公司护网行动3次。新增入侵检测系统1套。及时处置信息安全风险预警工作17项，修复网络设备、终端中高危漏洞共206个，开展网络与信息安全现场专项督查，发现并整改问题13项；全年未发生信息内外网安全威胁事件。

9月29日，涪陵页岩气田白马区块评价井组石油工程总承包项目开工　　代君君　摄

【供电服务】 2020年，国网电力武隆公司对标京沪标准提升“获得电力”水平，实施“三零”（零上门、零审批、零投资服务）、“三省”（省力、省时、省钱服务）和“阳光业扩”（即在阳光下办理扩大用电容量）服务。“网上国网”App推广成效排名市公司第2。出台业扩时限管控方案，打破专业协同壁垒，10千伏高压客户和低压非居民客户平均接电时长分别压降8.72天和1天。降成本。严格执行国家电价政策，政企联动落实“转供电费码”要求，节约客户成本780余万元。投资751万元服务小微企业234户。完成全区11648户特困客户电费减免清退148万元。开展疫情防控期间“两送一促”活动，助力85户企业复工复产，为50户用电成本超高客户制定“一企一策”，全年降低客户用电成本1622万元。　（国网电力武隆公司）

天然气开发供应

【概况】 2020年，武隆区天然气用气2990.09万立方米，较上年下降10.2%。其中，居民、集体、商业用气1296.17万立方米，较上年增长17.2%。天然气供气管道620.52千米，较上年增长12.1%。天然气用户68553户，较上年增长10.9%。

【全区页岩气勘探开发利用工作领导小组会议】 12月21日下午，全区页岩气勘探开发利用工作领导小组会议暨页岩气开发利用联席会召开，专题研究和审议页岩气开发相关问题。

会议审议《重庆市武隆区页岩气产业发展规划》，听取区发改委关于2021年页岩气开发利用工作重点及计划和调整充实武隆区页岩气勘探开发利用工作领导小组有关事宜、武隆区页岩气勘探开发有关工作的汇报。中石化涪陵页岩气勘探开发有限公司、中石化重庆页岩气有限公司、重庆页

岩气勘探开发有限公司有关负责人就页岩气勘探开发情况及2021年在武投资开发计划进行发言。

【页岩气勘探开发】 全年争取市发改委支持通耀交通装备公司生产页岩气勘探开发生产设备；与中石化天然气分公司初步达成6%优惠气量落地。全年完成投资6.9亿元，实施勘探开发18个平台45口井（17口井正常产气），累计产气1.59亿立方米、产值2.25亿元、入库税收0.55亿元。

【管道建设】 全区出台《关于进一步落实石油天然气管道保护职责的通知》，理顺长输管网安全监管职责。累计完成投资7.12亿元，建成长输管道5条（总里程227.7千米），累计完成投资6.68亿元，分别为南川水江至长寿天然气管道、平桥至白马天然气管道、武陵山天然气管道、南川水江至涪陵白涛天然气管道、南川水江至武隆仙女山天然气管道。建成平台配套外输管道4条，累计完成投资0.44亿元。即143平台配套管道工程、107平台配套管道工程、隆页2平台至武隆分输站支线管道、隆页3平台至火炉阀室支线管道。 （区发展改革委）

建筑业

【概况】 全年建筑业实现增加值462907万元，按可比价算，较上年增长7.9%，占地区生产总值的比重为20.6%，对GDP的贡献率为36.6%，拉动GDP增长1.5个百分点。全区具有资质等级的总承包和专业承包建筑企业实现产值16.74亿元，较上年增长19.0%；签订建筑合同金额27.12亿元，较上年增长41.8%。自有施工机械设备250台，设备净值6250万元，设备总功率10078千瓦。

【建筑市场管理】 全年新增建筑企业10家，其中二级企业2家，三级企业8家；推进工程建设审批制度改革，对建设工程初步设计审批等24项审批服务事项授权集中办理，接件受理率达到100%。办理工程项目审批服务事项756件。全年开展综合或单项检查3次，施工许可现场查勘11次、协助执法办案3次。开展建筑节能宣传周暨低碳日活动，组织165人参加市建委组织的绿色建筑与建筑节能线上培训。

【建筑新技术推广】 10月26日，全区印发《武隆区大力发展装配式建筑实施方案》，发展装配式混凝土结构建筑和钢结构建筑，要求至2025年全区装配式建筑占新建建筑面积的比例20%以上。全年创建“智慧工地”25个项目，其中7个项目获市建委通报表彰。

【建筑原材料监管】 全年开展建筑材料、实体质量抽测，共计抽测270余次。

【建筑工程质量管理】 全年开展质量安全提升行动，加强78个受监项目安全质量监督，全年未发生一般和较大安全事故，建成智慧工地7个、创建扬尘控制示范工地5个；开展质量安全诚信评价和项目经理计分工作，实施诚信评价6轮250次，对24个项目经理进行计分处理，累计扣分145分，约谈项目经理12人，监理单位9人。全年受理质量投诉15件，质量投诉与上年相比降低12%。

【建筑安全监管】 全年累计受监工程项目78个，建筑面积178.4万平方米（其中：新受监工程项目32个，房建工程23个，市政工程9个）。开展以危大工程、高边坡高支模、建筑质量和形象品质提升、商品混凝土、工地消防安全、检测行业整治、质量安全隐患大排查大整治为主的专项执法检查7次，发现质量安全隐患2600余条，下发整改通知书42份，停工整改通知书35份，实施一般违法违规行为简易处罚38起，直接参与调查实施立案行政处罚29起，全年共计处罚罚款63万元。开展日常巡查和“双随机、一公开”检查350余次，发现隐患1900余条，均督促整改落实。起草拟定武隆区城镇房屋安全隐患排查整治工作方案，组织26个乡镇、街道80余人进行业务工作培训；开展主体使用安全隐患排查，共计排查房屋442栋，其中现有C、D级危房130栋，新增疑似危房312栋，下发隐患整改函15份，并逐栋落实动态监测人员；指导乡镇（街道）开展和人员密集场所房屋安全隐患排查，共计排查房屋739栋。

【保障性住房管理】 全年公租房入住4169套，占可分配房源98%以上，住房租赁补贴在保户数31户，发放金额13.15万元；收缴涉及50个楼盘4368户的房屋专项维修资金2041万元；完成仙女山街道和棉花坝廉租房项目配租，配租634套；完成132套人才公寓装饰装修并交付使用；清退不符合条件保障性住房对象36户，停发廉租住房租赁补贴14户。

【仙女山公租房摇号配租】 6月8—26日，位于仙女山街道的廉租房项目房源接收市民申请；项目位于仙女山街道翠云路192号，2016年3月25日开工，2019年11月29日通过竣工验收，2020年1月21日取得竣工验收备案登记证；建筑面积15226平方米，总保障住房382套；实行廉租房和公租房同时申请、审核、摇号配租入住。8月18日，仙女山公租房摇号配租，现场摇号配租保障性住房331套。

【棉花坝保障性住房摇号配租】 12月21日，区棉花坝保障性住房摇号配租活动在区住房和城乡建委8楼会议室举行，303套保障性住房全部配租成功。棉花坝保障性住房项目位于城东村棉花坝村民小组，总建筑面积20994平方米，保障性住房304套，其中78套用于解决武隆中学教师住房困难，另预留社区物业用房1套。

（区住房城乡建委）

房地产开发管理

【概况】 2020年，全区范围内共有房地产开发企业35家，其中本地注册企业33家，外地企业2家。全年资质内房地产开发企业完成投资约22.85亿

2020 年武隆区商品房建设和销售统计表

表 37

产品名称	绝对数	比上年增长（±%）
房地产开发投资额（万元）	228506	9.8
#住宅	144013	3.1
施工面积（平方米）	1387188	-34.4
#住宅	903116	-29.1
新开工面积（平方米）	297985	-62.1
#住宅	206688	-64.2
竣工面积（平方米）	49473	-92.3
#住宅	46829	-87.9
销售面积（平方米）	295711	9.0
#住宅	217006	9.8
销售额（万元）	230793	17.3
#住宅	155393	17.2
待售面积（平方米）	176068	-8.1
#住宅	7260	-52.7
住宅销售套数（套）	2767	5.1

元，较上年增长 9.8%。施工面积约 138.72 万平方米，较上年下降 34.4%；新开工面积约 29.80 万平方米，较上年下降 62.1%；竣工面积约 4.95 万平方米，较上年下降 92.3%。实现销售面积约 29.57 万平方米，较上年增长 9.0%；实现销售额约 23.08 万元，较上年增长 17.3%；待售面积约 17.61 万平方米，较上年下降 8.1%。销售住宅约 2767 套，实现销售额 155393 万元。

【房地产项目】 2020 年，城区及乡镇房地产在建项日 24 个，其中碧桂园·江山赋、锦玉华庭、利丰锦绣阁、归原小镇等 15 个项目有序推进；处置隆城国际、山水华府、江上明珠、江口镇大唐芙蓉城 4 个项目问题；竣工项目 5 个，仙山流云、戴斯大卫营三期、依云林里、芳草地、廊桥水岸交付使用。

【物业服务管理】 2020 年，区住房城乡建委牵头做好全区 41 个住宅物业小区疫情防控的工作。成立武隆区物业协会，出台《星级物业服务项目考评办法》。组织街道和物业企业培训 3 次。会同市场监管部门查处对不履职和服务质量低劣的重庆流年物业、天珠物业等 4 家物业通报批评，约谈负责人 5 家企业，挂黄牌企业 1 家。调处物业纠纷 18 起，申报建设智慧小区 12 个。

【物业管理协会成立】 4 月 1 日，全区 2020 物业管理工作会在区住房城乡建委 8 楼会议室召开；成立物业管理协会，选举产生物业管理协会理事、监事、常务理事和协会负责人，通过《物业管理协会章程》《物业管理协会会费管理制度》等。

（区住房城乡建委）

交通·邮电

4月8日，涪（陵）秀（山）二线武隆段板桃隧道段　　区融媒体中心　供图

综　述

【概况】 2020年，武隆区交通运输、仓储和邮政业实现增加值63058万元，按可比价算，较上年增长2.3%，占地区生产总值比重为2.8%，对GDP的贡献率为2.1%，拉动GDP增长0.1个百分点。全年道路、水路客运量428.24万人，旅客周转量23209.34万人千米；道路、水路货运量457.72万吨，货运总周转量50626.26万吨千米。内河港口完成货物吞吐量242.23万吨，较上年下降35.8%，其中出港240.52万吨，较上年下降35.8%；进港1.71万吨，较上年下降29.9%。

全区公路总里程5412.02千米，其中等级公路5074.21千米，铁路里程117.8千米。养护总里程5323.50千米，客运站2个，营运客车316辆6978座、货车2180辆8599吨，公路客运运量673万人，客运周转量35326万人千米，公路货运运量386.1137万吨，货运周转量42256.57万吨千米，通航里程119.2千米、货船22艘6.13万吨，运量163.93万吨，周转量23724.35万吨千米。地方重点建设项目18个，总投资8.28亿元，全年年完成约4.25亿元。有部级文明单位1个，市级文明单位1个，区级文明单位9个。10月13日，武隆区被交通运输部、财政部确定为全国“深化农村公路管理养护体制改革试点地区”；12月14日，区交通局局被交通运输部命名为“2018—2019年度全国交通运输行业精神文明建设先进集体”。

全年实现邮电业务总量29117万元，较上年增长8.0%。其中，全年电信业实现业务总量25104万元，较上年增长6.1%；邮政业实现业务总量4013万元，较上年增长21.6%。年末全区有固定电话5.50万户，移动电话39.94万户。

【渝湘高铁重庆至黔江（武隆段）开工】 3月30日正式动工建设，武隆段起于平桥镇茅坪村赵家坝组，止于江口镇彭水界，全长63.8千米，涉及平桥镇、长坝镇、白马镇、羊角街道、凤山街道、芙蓉街道、江口镇，共4镇3街道14个村30个组。凤山街道城东村棉花坝修建武隆南站。代建业主渝黔铁路有限责任公司，承建单位中铁十八、十一局、七局、十二局、大桥局，项目总投资90亿元，项目建设工期5年半。

【渝怀铁路二线黄草隧道贯通】 10月12日，渝怀铁路二线黄草隧道贯通；位于武隆黄草和彭水高谷境内，全长7131米，隧道最大埋深约为736米，设计速度120千米/小时，为客货共线单线铁路隧道。

【交通建设投资】 全区交通建设固定资产投资完成14.2亿元，占全年投资计划11.1亿元的127%。

【交通重点项目建设】 仙女山机场建设及开航　仙女山机场飞行区、航站楼和配套工程全部完成，加油站主体完成，景观绿化完成75%；完成竣工验收、校飞、试飞、行业验收等工作，于12月中旬取得机场使用许可证，12月18日完成包机飞行。

铁路网络建设　渝怀铁路二线于12月25日全线开通运营。渝湘高铁各标段路基、桥梁桩基、便道、改路等主、辅助工程施工全面同步推进。永久征地方面勘界52.79公顷，交地47.79公顷，交地率91%；临时用地全面交地，面积148.39公顷；房屋拆迁方面共需拆迁5万平方米，拆除2万平方米；“三电”、管线共需迁改198处，完成125处。

高速公路建设　渝湘高速复线（巴南至武隆段）控制性工程全部开工，红线用地分户交地使用196.67公顷，占下发面积212.47公顷的93%。临时用地分户交地使用163.07公顷，

4月3日，武隆至道真高速公路项目开工　　代君君　摄

占勘界报告面积173.6公顷的94%。坟墓迁改完成98%。房屋拆迁红线内共125户，完成拆迁24户，占总数的19%。管网线迁改工作完成前期摸底调查、数据统计等基础工作。武道高速公路建设完成红线用地勘界、放线工作和临时用地选址、现场踏勘工作，待占风景名胜和遗产地缓冲区政策明确后，立即启动分户测算工作。武两高速（平桥至大顺段）成社会投资人招标。武丰高速工可报告通过市交通局、市发改委审查，开展初步设计。

干线公路建设　完成S528土坎至盘家湾段、XL05荆竹路、X155城区乌江二桥至土坎段等项目。在建7个项目：G353竹坝至白马段目标任务30千米，建成17.66千米，在建12.34千米进行路面施工，完成投资约5500万元，占合同总量的74.9%。XA74赵家至豹岩段11.7千米进行路面施工，完成投资约3286万元，占合同总量的79.3%。S529鸭江至庙垭段12千米开展路基工程扫尾工作，完成投资5433万元，占合同总量的82.2%，基本完成路基工程。X180平桥至凤来段9.3千米进行路面施工，完成投资约1112.5万元，占合同总量76.8%。S528木根至青杠堡段5.5千米路基工程完工。S204江口至浩口芙蓉江大桥（彭水界）段30.4千米进行路面工程施工，完成投资4603.5万元，占合同总量的69.3%。G353白马郭溪沟至白云界牌段35千米进行路面工程施工，完成投资885.9万元，占合同总量的72.6%。

【“四好农村公路”建设】2020年，全区共下达“四好农村路”建设计划113个/310.661千米，截至年末，完工107个/267.746千米，在建6个/42.915千米。全区实现行政村通畅率、通客率均100%；村民小组通达率达99.9%，村民小组通畅率99.7%。

（区交通局）

道路养护

【概况】2020年，全区完成G319线预防性养护工程整治，对所辖道路路面质量、路肩边坎、边沟涵洞、桥（涵）隧、安全护栏、保洁、绿化、标志标牌等进行整治。共完成路面挖补960立方米，路面洗刨2万平方米，铺路面沥青5万平方米，修补边沟600立方米，M7.5浆砌片石挡墙500余立方米，修补路肩1000立方米，增设文化墙12副。新安装钢护栏10千米，钢护栏翻新75千米，清洗标志牌120套，热熔振荡标线修补3500平方米。改造罗英山隧道、曾家园隧道、田家湾隧道、江口隧道、小溪沟隧道、大岩洞隧道、杨家湾隧道、白马隧道、万卷书隧道、小角邦隧道、边滩隧道、老黄纤隧道、二龙口隧道，安装反光环18道，洞门装饰6个，隧道铭牌7个，对沿线行道树进行修建和刷白。

5月6日，武隆区公路事务中心开展公路抢险救灾　刘忠于　摄

【公路安全管理】2020年，全区《公路养护技术规范》为标准，狠抓全面养护，强化公路保洁保畅工作，做到疫情防控与公路保洁保畅两不误，清扫车每天对重点路段进行冲洗、清扫，养护巡查车坚持每天上路巡查不低于2小时，养护职工对管养路段进行日巡查、日清扫，确保及时发现隐患、病害并采取相应处置措施，保证路容路貌整洁。按养护职能要求，对所辖道路路面质量、路肩边坎、边沟涵洞、桥（涵）隧、安全护栏、应急抢险、保洁、绿化、标志标牌等纳入考核指标，按季度量化考核。迎接全市国省干线公路技术状况检测，完成辖区内国省县道公路视频数据采集工作。加强桥隧养护管理工作，聘任桥隧养护工程师，对桥隧进行日常检查、整治跟踪、数据库更新等全面系统管理，发现问题及时上报，并进行处理。明确养护目标，加强辖区公路小修保养。对管养道路进行沥青灌缝处理共计69870延米，路面修补5880平方米，补划标线1600平方米，新增、恢复安装钢护栏24余千米，修复损毁护栏5.8千米，行道树修剪300余千米。对全区国、省、县道安全隐患点落实专人监测，并做好监测记录，发现险情立即启动应急预案。按照《关于印发“压事故、保安全”全区道路交通领域专项整治行动方案的通知》要求，开展隐患排查治理，针对排查出来需要安装道口桩的174处，共安装道口桩656根，恢复水毁挡墙50余处，共计2万余立方米，尚有33处水毁隐患点正在进行设计，并按轻重缓急安排工程施工。完成老黄钎、新滩隧道整治工程，武仙路复线2处复绿工程建设，G319线3处地质灾害治理工程，白果至武岔路路面改造工程。S204线油盆大桥栏杆提质升级，狗耳峡桥和芙蓉江特大桥提质升级项目进行招标比选，二龙口隧道、大溪河隧道二次衬砌项目进行招投标。添置安全警示标示标牌300余块，对危崖邻岸路段进行重点提示，确保行车安全。

【道路抢修】2020年，全区遭遇强降雨袭击，特别是“5·4”“6·28”“7·15”“7·23”等特殊恶劣天气，导致辖区公路沿线行道树被吹倒，多处道路发生垮塌、泥石流等，多条公路交通阻断，区公路事务中心启动应急预案，组织干部职工、调度抢险机械设备等，第一时间开展防汛抢险保通工作，及时处置道路段塌方、泥石流和零星掉石等影响道路通行的障碍物，并清洗道路水毁淤泥，共出动7000余人次，挖机1780余台班，装载机890余台班，运输车5000余台次，清除坍方30万余立方米，清理吹断的行道树3000余棵，恢复挡土墙2万余立方米，疏通涵洞60道、疏通边沟堵塞400余千米。

【农村公路养护】 2020年，全区以创建工作为契机，切实指导农村公路养护管理工作。对乡村道路的养护管理做到月检查、季通报、半年考核，全面指导农村公路养护管理和抢险救灾。农村公路日常管养良好，路面整洁、无杂物、边沟畅通、构造物完好。修改完善《武隆区农村公路养护管理办法》。10月13日，武隆区被交通运输部、财政部授予“深化农村公路管理养护体制改革试点地区”称号。

【《武隆区农村公路养护管理办法》出台】《武隆区农村公路养护管理办法》经区政府第120次常务会议审议通过，于12月21日由区人民政府办公室印发；共32条；明确区公路事务中心承担本行政区域内农村公路养护管理的事务性、辅助性、技术性工作，编制所管养公路的养护建议计划并组织实施，协助区交通局审核各街道办事处、乡镇人民政府农村公路养护计划并指导实施，负责全区行政区域内县道公路养护管理工作；各街道办事处、乡镇人民政府是全区乡道、村道公路养护管理的责任主体，负责各行政区域内乡道、村道的养护管理工作。

（区交通局）

水上交通

【概况】 2020年，全区所辖在册运输船舶共33艘，其中货运船舶22艘，37074总吨；客渡船11艘，774客座。1—11月水路运输累计完成货物运输量143.09万吨，货物运输周转量18927.67万吨千米，分别比上年同期减少24.38%、57.45%。港口货物吞吐量220.59万吨，比上年同期减少32.47%，其中进口1.71万吨，出口218.88万吨，分别比上年同期减少29.63%、32.49%。喀斯特公司景区游览船于7月29日开始营业，累计完成旅客渡运量3.94万人，客运周转量125.74万人千米。

【专项整治】 2020年，根据市交通局等5个部门《关于印发重庆市船舶和港口污染突出问题整治工作实施方案的通知》（渝交发〔2020〕7号）文件精神，全区组织辖区各港口码头和船舶在规定时间内完成船舶和港口污染突出问题整治工作；根据《重庆市老码头技术检测与评估办法》，组织辖区5座老码头在开展5个专项评审和综合评审，于12月29日完成老码头技术检测与评估工作。

【安全监管】 2020年，全区水上交通发生1起自然灾害事故，白马渡口船舶渝武客006号受大风大雨及冰雹等极端天气影响，发生翻沉事故，导致1名船员死亡；本籍港船舶异地未发生安全生产事故；辖区码头未发生爆炸和重大泄漏污染事故。（区交通局）

公路运输

【概况】 2020年，全区现有客运企业8家，客运车辆640辆，其中班线客运企业1家，客运线路144条，客运班车309辆；公交客运企业1家，公交线路9条，公交车78辆；出租客运企业4家，出租车146辆；小型租赁客车企业1家，租赁车辆21辆；旅游客运企业1家，旅游客运车86辆。现有客运站2个：武隆汽车客运站（二级客运站）、白马客运站（五级客运站），建成招呼站点380个。货运企业14家（5辆以上的企业），货运车辆2382辆；2020年注销柴油车264辆。备案和原维修经营许可在有效期内的维修企业和业户有200户，其中二类以上维修企业16户，其中2020年备案123户。现有驾驶员培训机构5家，培训结业2635人；从业资格培训1家，培训1784人次。义友驾校经营范围增加A1、B2驾驶证培训，设立桐梓分校。

是年，货运量439万吨，同比增长13.7%；货运周转量48040万吨千米，同比增长13.7%；客运量424万人，同比下降37%；客运周转量23074万人千米，同比下降34.7%。

5月27日，武隆区交通运输执法支队路政宣传月活动　　王露　摄

【行政许可】 截至12月中旬，办理行政审批件204件，年审从业资格证2539人，年审客运车辆923辆，年审货运车辆306辆，打印服务监督卡230次。

【公共交通】 2020年，区交通局牵头召开城区公交车站点优化方案评审联席会，通过城区公交车站点调整方案；规范城郊公交站点建设，对长坝、白马、江口沿线公交站点进行改造升级，其中港湾式15个、简易式78个，标线施划4507.8米；完成12辆新能源电动公交车采购工作，投入运营；新增开通城区至新武隆中学公交线路；对度假区内公交站点进行优化设置，从5月1日起开通公交线路。集中整治提升一批村道公路安全设施，采取片区经营、预约响应等灵活的经营模式加快推进农村客运发展，按交通部通客标准要求，全区行政村通客率100%。协调推进芙蓉江风景游游览船运营，10艘风景游游览船于9月正式投入运营。督导公交公司开发公交App便民出行系统，乘客不用到公交站点就可查询附近公交招呼站车辆到站情况，现试运行中，调试完毕后，即可全面推广使用。开通仙女镇景区至重庆龙头寺、四千米，城区至江北机场（包括大巴和7座商务车）的旅游客运班线。

【交通执法】 全年共查处交通运输违法案件952件，实现非税收入205万元（其中罚款109万元，公路赔补偿及占用费96万元）。其中，路政案件204件，运政案件722件，交通工程质量案件14件，水运案件12件。清理公路及公路用地内乱堆乱占100余处；劝离在公路及公路用地内摆摊设点200余起；拆除违法违规非公路标志标牌500余块。审批路政许可13件。开展送法进乡村、进企业、进校园活动。办理人大代表议案和政协委员提案共8个事项，均得到满意认可。全年无行政诉讼和行政复议案件。加强交通执法领域乱象治理，对从事违法违规行为的车辆及人员进行查处。

3月6日，渝怀二线施工现场　　蒋颖　摄

【城区新投运12辆新能源公交车】 8月19日，城区新投运12辆新能源公交车。公交车长8.5米，宽2.5米，核定载客60人，总价值870多万元，均由穗通车业生产制造。截至19日，全区共有78辆新能源公交车，其中城区101路、102路、103路、105路、205路5条营运线路共有40辆。

（区交通局）

铁路运输

【概况】 2020年，武隆火车站采取措施，实现“安全铁路、优质服务、疫情防控”工作目标。通过制定预案、责任落实、强化监督等方式抓好铁路汛期行车安全、车站机动车安全等工作，同时还通过车站反恐防爆演习、实名制验证工作、路外安全宣传等方式，保证全年无铁路路外伤亡事故。通过站区环境卫生整治、为旅客在车站广场搭建风雨棚，成立春运、暑运及节假日党团员服务队，完善客运设备设施等工作，抓好服务质量卡控为旅客货主提供优质服务。

【客货运输】 全年共计发送24.13万人次，日均发送688人次，直通共计发送2.6万人次，日均发送72人次，管理范围内21.53万人次，全年共计收入969.5万元。

6月10日，武隆火车站新站台正式投入使用　　区交通局　供图

【新建渝怀铁路二线涪陵至中嘴段开通运营】 8月10日23时33分，首趟途径新建渝怀铁路二线涪陵至中嘴段的K585次列车从涪陵站驶出，标志着新建渝怀铁路二线涪陵至中嘴段开通运营。渝怀铁路二线涪陵至中嘴段全长约74千米，为国家I级铁路，设计速度120千米/小时，本段线路设涪陵、白涛、新白马、白马、土坎、武隆、中嘴7个车站。

【新建渝怀铁路二线全线开通运营】 12月25日22时40分，随着首趟列车51401次列车从武隆站发车，标志着历时4年新建渝怀铁路二线全线开通运营。此次开通线路为中嘴至石子坝段，全长约83千米，为国家I级铁路，设计速度120千米/小时，共设中嘴、高谷、彭水、保家楼、郁山、石子坝6个车站，同时关闭黄草场、干溪沟2个既有车站，全段共有桥梁33座、隧道21座，桥隧比82.4%。

【武隆火车站新站台正式投入使用】 6月10日上午10时25分，随着重庆北至秀山方向5609次列车驶入武隆火车站新站台，标志着武隆火车站新站台正式投入使用。新站台采用高站台设计，总长550米，宽9米，站台面高1.25米。 （武隆火车站）

民航运输

【概况】 仙女山机场位于仙女山街道仙女村，与城区直线距离15千米，公路里程43千米，占地154.87公顷，按4C级标准建设，跑道标高1746.5米，长2800米，宽45米，总投资16.7785亿元。根据规划，到本期目标年2025年，旅客吞吐量为60万人次，远期按照年旅客吞吐量180万人次控制，本期建设6个C级机位，4个B级机位，拟使用机型有空客319、320系列和波音737系列机型以及部分50座以下的EMB145、CRJ等机型。

重庆仙女山机场情况表

表38

中文名	重庆仙女山机场	航站楼面积（平方米）	6000
外文名	Chongqing Xiannvshan AirportI	机位数量（个）	6
ICAO代码	ZUWLIATA	跑道长度（米）	2800
代码	CQW	航线数量（个）	1
首次通航日期	2020年12月18日	通航城市（个）	1
所属地区	中国重庆市武隆区飞行区等级4C机场类型民用运输机场	旅客吞吐量（人次）	200
地区管理	中国民用航空西南地区管理局	起降架次（架次）	2
运营机构	重庆机场集团有限公司		

【仙女山机场连接路竣工通车】 11月30日，仙女山机场连接路竣工通车。仙女山机场连接路由进场道路和场内连接路组成；进场道路起于双河镇梅子坳，接省道S205，止于仙女山机场入口处，公路全长11.4千米，总投资1.2亿元，按三级公路标准建设，公路于2019年12月全线竣工通车；机场场内连接道路起于进场道路终点（机场入口处），止于机场航站楼，道路全长1.76千米，路面宽7米。

12月18日，仙女山机场首航航班乘务人员合影 周令高 摄

【仙女山机场试飞】 9月8日、9月27日，重庆航空公司先后2次在重庆渝翔飞行训练中心和珠海翔翼飞行训练中心实施仙女山机场飞行程序模拟机验证，总验证时间共计6小时。模拟机验证对其他各项均符合要求。10月23日、10月30日，根据机场天气和飞行校验情况，重庆航空公司使用空客320型飞机，先后2次进行实地试飞，试飞科目28项，涵盖仙女山机场进离场、进近、复飞和等待飞行程序，重点验证飞行程序、运行最低标准、通信导航、助航灯光、飞行区道面、

12 月 18 日，仙女山机场大厅投入使用　　周令高　摄

标志标识和净空环境等，总试飞时间为 6 小时。得出试飞初步结论为合格。

【仙女山机场航线开发】 3 月 11 日，华夏航空股份有限公司与武隆区人民政府就仙女山机场航线开发正式达成战略合作协议。双方合作推进开通以华夏航空既有航空基地为基础的航线，适机开通"贵阳—武隆—北京""西安—武隆—海口（三亚）"航线。在短途运输发展方面，以仙女山机场为中心，选择周边万州、黔江、遵义、铜仁、凯里等航点，开通短途运输航线。在航旅协同发展方面，结合武隆禀赋资源，联合两地旅游部门加强航空旅游联合营销。此外，双方约定武隆将适时引进维修、培训等航空产业项目，发展航旅产业。（区交通局）

邮　政

【概况】 中国邮政集团有限公司重庆市武隆区分公司位于芙蓉街道建设东路 11 号，主要经营国内和国际邮件寄递、国内报刊发行、邮政储蓄、三农分销、普遍服务等业务；设有邮政网点 15 个，员工 141 人。

【业务收入】 2020 年邮政武隆分公司实现总收入（含寄递事业部）4284.83 万元，完成年度目标进度的 100.63%，同比增长 5.41%。其中，邮政公司实现业务收入（含寄递邮政账）4008.33 万元，同比增长 4.13%。寄递事业部实现收入 452.01 万元，完成目标的 100.67%，同比增长 28.07%。其中速递账实现收入 276.51 万元，同比增长 28.23%。

全年实现报表利润 40.44 万元，比上年增加 115.75 万元；加上能力建设及各项补贴后实现考核利润 827.26 万元（含寄递事业部考核利润），比上年增加 239 万元，完成目标的 128.86%，超额 185.26 万元。其中，邮政公司（含寄递邮政账）实现考核利润 828.43 万元，比上年增加 240 万元，完成目标的 123.83%，超额 159.43 万元；速递账实现考核利润 -1.16 万元，比上年减少亏损 31 万元，比预算目标少亏损 25.84 万元；寄递事业部共实现的考核利润 88.86 万元，比上年减少 18 万元，超预算目标 124.86 万元。

【金融业务】 全年邮政武隆分公司实现代理金融业务收入 2711.83 万元，完成目标进度 101.23%，同比增长 9.25%。其中，实现利差收入 1930.33 万元，同比增长 9.06%，实现代理寿险业务收入 505.99 万元，同比增长 11.12%，实现其他中间业务收入 275.51 万元，同比增长 7.26%。期末余额达到 17.81 亿元，全年净增余额 21306 万元，比上年多增 11491 万元；新增余额市场占有率为 11.67%，比上年高 5.62 个百分点；期末余额市场占有率为 11.05%，比上年提高 0.08 个百分点。

【寄递业务】 全年邮政武隆分公司实现寄递收入 452.01 万元，完成全年计划的 100.67%，同比增长 28.07%。其中，实现特快业务收入 131.89 万元，比上年增长 48.62%；实现快包业务收入 149.47 万元，比上年增长 32.75%。

【集邮与文化传媒业务】 全年邮政武隆分公司实现文传收入 670.6 万元，完成计划进度的 100.1%，同比增幅 8.92%。其中，函件完成收入 199.8 万元，完成计划进度的 98.4 %；报刊完成收入 226.2 万元，完成计划进度的 102.8 %；集邮完成收入 244.6 万元，完成计划进度的 99.03%。

【渠道业务】 全年邮政武隆分公司实现渠道平台业务收入 397.62 万元，同比增幅 11.58%，其中增值业务收入 122.16 万元，完成全年目标进度 101.08%，分销业务收入 275.46 万元，同比增幅 51.26%。

（邮政武隆分公司）

电　信

电信武隆分公司

【概况】 中国电信股份有限公司武隆分公司（简称电信武隆分公司）位于芙蓉街道白杨路 43 号，下设部门 5 个（综合管理部、市场经营部、网络建设维护部、客户服务中心、政企客户部），支局 10 个（江南、江北、城郊、桐梓、鸭江、江口、白马、仙女山、火炉、长坝），2020 年有职工 133 人。全年收入累计完成进度 102.85%；开展 5G 建设、网信安全等工作；投资建设政府免费公共 Wi-Fi 二期、全区智能交通、明厨亮灶等信息化项目；获市公司优秀奖。

【网络建设】 全年电信武隆分公司新增光端口 5542 个。全区 100% 行政村以上区域实现光网覆盖；4G 基站站址数 522 个，覆盖率 94.37%，全区所有乡镇、行政村、旅游景区、交通干线基本实现全覆盖；全年新入网 151 个 5G 站点，基本完成城区、仙女山景区及沿途道路网络覆盖；开展本地网和干线杆路大修整治，改造江口—火炉方向波分和 IPRAN 环路。承接 9 个行政村共计 10 个电信普遍服务基站建设，全部完成开通。

【客户服务】 全年电信武隆分公司开展"两深入、两服务"（即深入市场、深入基层，服务客户、服务员工）活动，规范服务流程；推进“当日装、当日修、慢必赔”服务承诺，落实行风建设暨纠风工作措施。

【服务脱贫攻坚】 全年电信武隆分公司完成后坪乡信息化扶贫建设项目（爱心小屋、同步课堂）；捐赠6万元为帮扶村堰塘建设天翼看家和天翼大喇叭；为全区贫困户人员46515人累计优惠让利199.4万元；购买扶贫产品共计消费近4万元。是年，分公司总经理黄雁获武隆区扶贫先进个人称号，武隆分公司扶贫对口帮扶团队获得市公司扶贫先进集体称号，分公司驻村帮扶干部杨光明获得市公司扶贫先进个人称号。

（电信武隆分公司）

移动武隆分公司

【概况】 中国移动通信集团重庆有限公司武隆分公司（简称移动武隆分公司）隶属中国移动通信集团重庆有限公司，位于凤山街道建设东路190号，下设综合部、市场部、建维部、集客部4个部门；存量运营中心；江北分局（城市）、江南分局（城市）、城郊分局、仙女山分局、江口分局、火炉分局、白马分局、长坝分局、桐梓分局、鸭江分局10个分局。2020年年底共有员工67人；全年移动通信服务收入增幅、用户发展、重点客户保拓、电视净增、5G客户、云收入等重要指标均全市排名第一。全年完成通信服务收入11772.84万元，完成年计划11695万元的100.66%，收入增幅2.58%。全年整体发展209302户，较上年增长624户，增幅0.30%，其中5G用户累计发展22860户，全量用户占比10.92 %。重点客户保拓展2140户。电视净增45972户，较上年增长7508户，增幅19%。

【服务地方经济发展】 配合全域旅游建设。全年共争取投资1520万元，新建旅游景区资源76个，其中仙女山旅游景区新建4G基站32个；完成仙女山机场、懒坝、天池坪景区，纳溪沟等重点旅游场所的网络建设与日常维护。搭建度假区全域旅游大数据平台，实现度假区人、车、酒店数据精准分析，精准管理。搭建纳溪沟智慧乡村旅游平台，实现交易、监控、广播、停车场收费系统集成管理。配合政府发展规划。全年完成2个基站和11段线路搬迁。对白马山，黄柏渡，平风路，黄草，荆竹等地进行线路迁改。助力全区信息化发展。与武隆区农业农村委员会合作益农信息社项目，提供189个益农信息服务社站点信息化运营服务（其中包括：1个中心站，95个标准站，5个专业站，87个简易站，1个镇级站）。配合梳理贫困地区网络盲点并进行覆盖，保障贫困户子女网课需求。在疫情防控期间，免费提供和对讲、云视讯等信息化产品，向政府员工免费提供宣传科学抗疫的视频彩铃等。助力生态农业发展，建设全区第一个集土壤监测、土质管理、智能灌溉一体的智慧果园（火炉脆桃）项目。完成旅游通信保障。完成仙女山音乐季、马拉松、冰雪季等活动通信保障，申请应急通信车3次，完成各重大会议及活动紧急开站保障流程。

【客户服务】 全年移动武隆分公司开展服务万家活动，改变传统上门服务模式，全量在线调研城区宽带用户1.2万余户，收集用户反馈的宽带故障问题121个，资费问题537个。4G问题561个，宽带偶尔卡顿问题895个，与用户做好预约登记。以服务万家为起点，每天组织8支以上装维队伍跑村、进社、入户。仅至2月底，累计上门416户，占全市42%，用户满意度98.28%。

以整体服务形象宣传为基础，将网络、资费、宽带、营业厅等纳入服务宣传范围。强化渠道整体服务规范工作的落实，截至年底，营业厅满意度99.52，全市排名第一。

【网络建设】 全年移动武隆分公司新建5G基站88个，累计157个，5G覆盖率行业领先，并率先具备SA商用能力；新建4G基站47个；新增公共区域无线Wi-Fi项目200个AP，实现江口镇、白马镇、羊角镇、土坎镇、鸭江镇、平桥镇、双河镇等场镇密集场所和重点区域，以及星级酒店、二甲及以上医院的覆盖。

【网络维护】 全年移动武隆分公司提升4G网络质量，解决全区弱信号覆盖点67个，解决室分弱覆盖点37个，旅游景区信号问题21个。全区户线资源214954线，覆盖率88%。本地专线平均开通时长7个工作日，同比缩短2个工作日，政企产品开通满意度测评连续三个季度保持满分。协助武隆区防范电信网络诈骗犯罪宣传4次，发送全民反诈专项行动宣传短信。

（移动武隆分公司）

联通武隆分公司

【概况】 中国联合网络通信有限公司武隆区分公司（简称联通武隆分公司）打造属地电子政务平台；出动保障人员200余人次，投资50余万元，完成仙女山机场校飞和试飞、多个乡村旅游示范点开园等多起重要通信保障任务，完成重庆市重大基础设施建设集中开工仪式武道高速分会场视频连线、区长直播带货武隆天生三桥分会场提供独家网络保障任务。完成城区主要街道的光缆线路整治和下地工作，配合完成渝湘高铁、渝湘高速扩能、武道高速、武隆区平风路等武隆区重点工程的配套工程管线迁改工作。

【市场经营】 全年联通武隆分公司主营收入市场份额同类第三、移动用户市场份额同类第四、宽带用户市场份额同类第三、综合绩效考核同类第五。

【网络建设】 全年联通武隆分公司与电信武隆分公司共建共享5G基站154个，完成商务楼宇和“千户万栋”室分建设7个，新建仙女山机场4G基站；同步开展网络优化工作，加强用户投诉、网络指标、网络质量关联分析机制；实施传输和配套技改；宽带端口累计2.5万个，完成城区千兆小区改造，实现千兆接入能力。

（联通武隆分公司）

武隆区金融系统抗击新冠肺炎疫情爱心捐款
捐赠仪式
2020.2.11
武隆区金融系统抗击新冠肺炎疫情捐助
人民币390983.88元

金　融

综 述

【概况】 至2020年年末，全区有金融机构29家，其中银行9家、保险公司13家、担保公司2家（重庆市武隆区中小企业融资担保有限责任公司、重庆市武隆区兴农融资担保有限责任公司）、典当公司2家（重庆市武隆区穗隆典当有限公司、重庆国铭典当有限公司）、小额贷款公司2家、证券经营部1家。全年货币金融业实现增加值10.11亿元，按可比价算，较上年增长2.0%。至12月末，全区货币金融机构实现本外币存贷款余额508.69亿元，较上年增长8.4%。其中，存款余额240.82亿元，较上年增长7.0%；贷款余额267.87亿元，较上年增长9.8%。

全年保险业实现增加值10294万元，按可比价算，较上年增长3.6%，占地区生产总值的比重为0.5%，对GDP的贡献率为0.4%。全年实现保费收入5.4亿元，较上年增长7.2%。全年保险赔款和给付支出1.82亿元，较上年增长36.0%。全区2家担保公司直接融资担保业务期末总额3.98亿元，非融资担保业务期末金额0.19亿元，期末资产总额2.97亿元。净资产2.2亿元，应收代偿款1.31亿元。区兴农担保公司和区中小企业担保公司当年融资担保代偿率分别是11.98%和11.6%。全区1家证券经营部新开户413户，全年累计证券交易额25.47亿元，同比增加11.14亿元，增长77.2%。

【金融服务实体经济】 2020年，全区首家民营小微企业首贷续贷中心成立，为中小微企业融资提供“窗口式”服务。截至年末，首贷续贷中心受理首贷申请21笔1861万元，累计办结20笔1781万元；受理续贷申请9笔，办结9笔，金额716万元。设立金融专员制度。印发《武隆区金融专员制度实施方案》，入库金融专员84人，定点帮扶企业157家，对接走访360余次，基本形成“一对一”帮扶机制。发展普惠金融，增强金融普适性。成立武隆普惠金融基地建设工作领导小组，按照“1+2+N普惠金融服务到村”［指围绕普惠金融“基础金融服务不出村（居），综合金融服务不出乡（镇）”，打造1个普惠金融基地，建设金融综合服务示范站、普惠金融知识宣传站2个站点，搭载N个普惠金融服务到村行动计划］要求，深入乡村，开展普惠金融基地建设，全区8家商业银行共建成14个普惠金融基地，实现深度贫困乡全覆盖。依托绿色金融发展试验区机遇，围绕全域旅游、乡村振兴，制定《武隆区建设绿色金融改革试验区实施方案》，引导各金融机构加大绿色产业信贷投入，截至年底，全区绿色贷款余额57.5亿元，比年初增长41.47%。

6月11日，全区首家民营小微企业首贷续贷中心入驻区政务服务中心　蒋颖　摄

【金融助力复工复产】 支持就业困难人员、高校毕业生、退役军人等开展自主创业，提供“低息＋贴息”的创业担保贷款，2020年年末，创业担保贷余额3.29亿元，惠及1768户，累计为创业个体节约成本990万元。全区金融系统为疫情防控募捐54.1万元、为全区公安干警、医务人员等赠送保险总额超10亿元。区内2家担保公司累计续保83笔2亿元，续保率达到90%以上；降低担保费率2笔，为17户企业或个体工商户缓收担保费88.14万元；缓收担保费23笔共计122万元；缓收保证金4户涉及47.5万元。区兴农担保公司为武隆羊角豆制品公司提供担保贷款400万元，为抵押物评估值的1.97倍。

（区金融服务中心）

银 行

【概况】 至12月末，全区货币金融机构实现本外币存贷款余额508.69亿元，较上年增长8.4%。其中，存款余额240.82亿元，较上年增长7.0%；贷款余额267.87亿元，较上年增长9.8%。存款余额中，住户存款161.25亿元，较上年增长12.8%；非金融企业存款47.31亿万元，较上年增长2.1%；广义政府存款32.26亿元，较上年下降9.9%。贷款余额中：住户贷款110.86亿元，较上年增长10.4%；非金融企业及机关团体贷款156.01亿元，较上年增长9.3%。

2020年武隆区银行机构基本情况表

表39

名称	地址	网点数（个）	期末职工（人）	期末存款余额（亿元）	期末贷款余额（亿元）
中国农业发展银行重庆市武隆支行	芙蓉街道芙蓉中路40号	1	23	6.74	18.58
中国农业银行股份有限公司重庆武隆支行	芙蓉街道芙蓉中路39号	6	125	32.22	51.74
中国工商银行股份有限公司重庆武隆支行	芙蓉街道芙蓉中路37号	1	20	4.75	23.85
中国建设银行股份有限公司重庆武隆支行	芙蓉街道芙蓉中路6号	2	50	25.31	12.35
中国邮政储蓄银行股份有限公司重庆武隆区支行	芙蓉街道柏杨路43号	2	52	21.4	5.82
重庆农村商业银行股份有限公司武隆支行	芙蓉街道芙蓉中路36号	35	293	122.54	104.67
重庆银行股份有限公司武隆支行	芙蓉街道芙蓉西路117号	2	32	11.55	39.13
重庆三峡银行股份有限公司武隆支行	芙蓉街道芙蓉西路44号	1	16	4.76	4.06
重庆市武隆融兴村镇银行有限责任公司	凤山街道建设东路2号	5	70	8.24	7.68

【中国人民银行武隆支行】 2020年，人行武隆支行被区委、区政府评为年度政绩考核“优秀单位”，建设绿色金融改革创新试验区《武隆区建设绿色金融改革创新示范区实施方案》获武隆区深改委讨论通过，创新金融专员制度获区政府推广实施，创设民营小微企首贷续贷中心被重庆市政府《昨日简况》采用并获市委主要领导指示；在中心支行辖内交流文明单位建设经验1次，在营业管理部辖内交流货币信贷工作1次，累计获地方党政领导肯定批示和表扬14次；参加中心支行“农村地区支付服务提质增效”竞赛获集体一等奖、优秀个人1人，参加中心支行“深化法治央行建设提升基层治理能力”劳动获一等奖1人、优秀奖1人；1人被评为武隆区脱贫攻坚“先进个人”，参加上级行征文比赛等累计12人次获奖。

金融政策　全年制定3个文件，创设4个制度，召开联席会3次、专题会5次，组织政银企对接4次。开展“再贷款暖企百日行动”“暖企百日大走访”，共对接走访3900余户（次），发放贷款12.73亿元，惠及企业、个体工商户367家。支行金融支持稳企业保就业工作，被武隆区融媒体中心现场采访3次，被华龙网、巴渝传媒网报道5次。年末，全区存贷款总额突破500亿元。

民营小微企业首贷续贷中心　制定《武隆区民营小微企业首贷续贷中心建设方案》，在政务大厅设立综合服务窗口，首批入驻9家银行参与轮值。据统计，首贷续贷中心首贷申请21笔、金额1861万元，累计办结20笔、金额1781万元；续贷申请9笔、金额716万元，累计办结9笔、金额716万元。

金融专员制度　推动区政府创设金融专员制度，为企业公司治理、财务管理、资金融通等提供“保姆式”服务，帮助企业解决融资中的难点、痛点、堵点，强化金融服务实体经济质效。自6月实施以来，金融专员人才库和需求库初步建立，其中人才库首批入库84人，首批入库企业涵盖企业159户，金融专员对接走访，服务企业400余次。

普惠金融基地建设　全年制定《武隆区“1+2+N普惠金融服务到村”实施方案》，制订路线图、明确时间表。完成辖区14个基地的建设，其中国家深度贫困乡——后坪乡6个行政村和3个国家级乡村旅游示范村实现基地建设全覆盖。

绿色金融　制定《武隆区建设绿色金融改革创新试验区实施方案》并获审议通过，被营业管理部定为绿色金融改革试验重点区。开展绿色金融调研，实地走访调研绿色企业20余家，报送绿色金融工作动态12期。引导银行加大绿色产业信贷投入。年末，辖区金融机构绿色贷款余额为57.51亿元，比年初增长41.47%。

金融风险防控　全区出台《打好防范化解重大金融风险攻坚战实施方案》，针对重点领域制定4个子方案。坚持定期监测评估地方政府债务，提出风险管控建议，《地方融资平台监测》报告被营业管理部采用。开展央行评级和存款保险收缴工作，启动存款保险标识工作，巡查网点20余个。清理靠档计息产品，实现“清零”目标。年末，全区不良贷款率0.14%，较年初上升0.02个百分点。

金融服务体系　开展金融基础数据统计制度报数。完成制度性经济调查和小微企业融资、新冠疫情影响、城镇居民家庭资产负债情况等调查。开展“数据治理年”活动，配合中心支行完成对武隆融兴村镇银行综合执法检查。组织开展“2020重庆·武隆春夏消费促进季”活动，参加政府专项讨论3次，召集部门会商20次，协调政府、银行、银联出资120万元，政银补贴、商家让利，惠及商户956家门店，交易16761笔、322.18万元。完成乡村客运移动支付、党团工会经费接入、移动支付示范小镇、农业产业链场景应用等场景建设。开展涉案银行卡、银行账户现场核查、打击跨境赌博及电信网络诈骗等违法犯罪活动。与武隆区人民检察院达成《反洗钱、反恐怖融资合作备忘录》。做好征信普惠服务，共受理征信查询13112次，其中企业308次，个人12804次；受理各类异议9次，其中企业1次、个人8次。对因受疫情不上报或异议处理征信逾期记录55笔、4656.32万元。二代征信系统上线，启动动产融资统一登记，推进应收账款质押融资业务，成交8笔，金额20.001亿元，增长118%。推进农村信用体系建设，召开专题会2次，实现建档立卡贫困户信息采集全覆盖，采集农户数61050户，推进三级联创评定，共创建信用乡镇6个、信用村40个，评定信用户18479户，授信总额94360万元，累计放贷210905万元，贷款余额45462万元，贷款覆盖率62%。

提升国库管理水平　全年办理各项预算收入204704笔，金额44.07亿元；预算支出48220笔，金额98.10亿元；预算收入退库10451笔，金额1.43亿元；更正调库82笔，金额6.74亿元，其他66272笔，金额3.63亿元。建立“绿色通道”，累计拨付172笔、3642.42万元。推进现金服务示范区建设。测试8家商业银行点钞机、清分机24台，完成新版人民币发行。全年投放人民币74355万元，同比下降20.54%；回笼84567万元，同比下降22%；货币净回笼10212万元，同比下降31.28%。分别为被虫蛀、火烧的特殊残损币鉴定兑换9106.5元和2602元。共收缴假币1037张、93795元。开展整治拒收现金专项行动。开展“守住‘钱袋子’”“金融知识普及月”“金融知识进万家”“争做金融好网民”等主题活动10余次活动。制作金融宣传作品，配合营管部建立金融知识宣传资源库。组织学习总行《金融消费者权益保护实施办法》2次。

（人行武隆支行）

【中国农业发展银行重庆市武隆支行】 2020年投放各类贷款5.06亿元，较2019年同期多投放18810.6万元。其中，精准扶贫贷款投放50475.6万元，普惠小微贷款投放1100万元。各项贷款余额185.77亿元，比年初增加3.71亿元，增幅为24.93%；各项存款余额6.74亿元，比年初增加2268万元，增幅为3.45%；不良贷款余额为零；实现中间业务收入0.71万元，账面利润1647.62万元，人均利润71.64万元。

（农发行武隆支行）

【中国农业银行股份有限公司重庆武隆支行】 2020年，农行武隆支行综合绩效考排“三农”行第十一位，较上年度上升8个位次，党风廉政建设、不良贷款管控在“三农”行排名第一；获市分行2020年度先进集体、2020年度优秀分支行领导班子、2020年度脱贫攻坚先进集体称号。

业务发展　全年各项存款日均余额31.65亿元，比上年增加3594万元，完成全年计划19.12%，市场份额比年初下降1.37个百分点。其中，个人存款日均余额20.37亿元，比上年增加1.7亿元，完成全年计划89.17%，市场份额比年初下降6.76个百分点；对公存款日均余额11.27亿元，比上年减少1.34亿元，市场份额比年初下降3.16个百分点。年末各项贷款余额51.74亿元，比上年增加4.25亿元，完成全年计划137.5%，市场份额比年初增加0.65个百分点。其中，个人贷款余额12.73亿元，比上年增加1.86亿元，完成全年计划255.44%，市场份额比年初增加1.04个百分点；对公贷款余额39亿元，比上年增加2.38亿元，完成全年计划101.02%，市场份额比年初增加0.73个百分点。实现中间业务收入2601万元，比上年减少455万元，完成全年计划79.54%，市场份额比年初下降9.79个百分点。

“三农”业务　创新推广“乡村振兴带头人贷款”，重点支持致富带头人产业发展，累计投放乡村振兴带头人贷款106笔、金额3203万元。完成低效服务点搬移6个，完成“四个中心”建设15个，创建普惠金融基地3个，全区192个“惠农服务点”全年总交易60万笔，累计交易金额4.66亿元，月台均294笔。向后坪乡捐献物资20余万元，投放贷款612万元。做好精准扶贫贷款投放工作，全年投放精准扶贫贷款净增2.11亿元、服务带动人口增加5299人，均超额完成市分行计划；攻克扶贫小额贷款投放痛点，全年发放2128万元、净增额居全区第一。

（农行武隆支行）

【中国建设银行武隆支行】 2020年，建行武隆支行在城区共设有6处自助银行；获建设银行总行级“先进集体”称号1个，“先进个人”称号5人，重庆市分行“先进集体”称号2个，“先进个人”称号9人。支行主要负责人获武隆区脱贫攻坚工作“先进个人”称号。在重庆市金融精准扶贫劳动和技能竞赛评比中，支行获“先进集体”称号，1名部门负责人获“先进个人”称号。

业务发展　截至年末，支行各项存款时点余额25.28亿元，比上年新增6.47亿元，增幅达34.4%：其中对公存款时点余额16.21亿元（日均余额12.7亿元），年新增5.01亿元（日均新增3.99亿元），增幅44.77%（日均增幅45.50%），时点新增四行占比65.13%（日均新增四行占比58.78%），时点余额市场占比提升5.76%（日均余额市场占比提升8.52%），时点新增和日均新增双双遥居四行第1位；个人存款时点余额9.07亿元（日均余额8.63亿元），年新增1.46亿元（日均新增1.64亿元），增幅19.18%（日均增幅23.46%），新增四行占比30.32%（日均新增四行占比35.39%），时点余额市场占比提升1.2%（日均余额市场占比提升1.84%），余额和日均新增居四行均居第2位。住房资金存款新增0.63亿元，新增位列分行第7位。各项贷款余额12.35亿元，年新增1.8亿元，增幅17.06%：其中对公类贷款余额3.73亿元，年新增1.05亿元，增幅39.09%，新增四行占比23%，四行比年初增速为5.6%，新增居四行第2位；个人类贷款余额8.62亿元（含信用卡分期投放），年新增0.75亿元（信用卡分期投放），增幅9.59%，新增四行占比23%，四行比年初增速为12.31%，

12 月，乌江白马航电工程武隆城区段防护工程建设场景（工行武隆支行贷款 7 亿元项目）
王瑞　摄

新增居四行第 2 位；公积金贷款余额新增 0.96 亿元，位列第 17 位。

业务拓展　住房租赁在线支付新增 6849 笔；为区住建委上线商品房预售资金监管系统。推广“惠懂你”App，新获客户 59 户，实现普惠贷款新增 956 万元，普惠金融客户新增 64 户。年实现社会化平台对公有效户新增 4 户，机构长尾客户新增 11 户，通过建行善融商务平台促成的商品交易 4.07 万笔，交易额 486 万元。分批接受大学实习生 10 人，开展“金智惠民——乡村振兴”学子暑期下乡活动，开办“裕农通”272 个，“裕农通”服务点签约客户 5118 户，交易笔数 24.13 万笔，服务点存款新增 6900 万元。

金融扶贫　累计向扶贫村捐赠货币类资金 53.7 万元及实物物资，建立金融扶贫示范点 3 个，裕农通金融服务点 272 个（全区各村）；疫情防控期间，支行通过裕农通为 12 位村民实现了线上就诊。推广总行上线的疫情监控系统。累计提供金融扶贫贷款 1965 万元，先后带动低保户、贫困户就业人数 500 余人次，其中通过创建金融扶贫示范点，直接带动 245 人就业增收。

（建行武隆支行）

【中国工商银行股份有限公司重庆武隆支行】　2020 年，工行武隆支行下辖 1 个营业网点、1 个在行式自助银行、3 个离行式自助银行。全年实现拨备前利润 3906 万元、实现税收 669 万元；获工行“优质服务明星网点”称号；连续 13 年未发生大小安全事故和案件。

业务发展　全年各项存款余额 4.7 亿元，较年初新增 7270 万元，增幅 18%；其中，储蓄存款余额 3.09 亿元，较年初新增 289 万元，增幅 1%；公司存款余额 1.5 亿元，较年初新增 6768 万元，增幅 82%；机构存款余额 1603 万元，较年初新增 213 万元，增幅 15%。全年投放公司项目贷款 2.6 亿元；全年投放融 e 借 3852 万元，投放 e 分期 4257 万元，普惠贷款 3211 万元。净增普惠贷款 2708 万元，增幅 382%；全年贴额 6583 万元，创工行武隆支行多年来票据贴现金额新高，全年累计贴现额排重庆辖内第 7 位。全年各项贷款余额 23.85 亿元，较年初新增 837 万元，增幅 0.35%；其中，公司贷款余额 23.07 亿元，较年初新增 558 万元，增幅 0.24%；个人贷款余额 7786 万元，较年初新增 278 万元，增幅 3.7%。全年不良贷款余额 35 万元，不良贷款率 0.014%，较年初减少 6 万元。全年理财产品余额 5143 万元，基金余额 541 万元，保险余额 1691 万元。理财产品累计销售 1.09 亿元，比同期新增 1635 万元；基金销售 692 万元，比同期下降 107 万元；保险销售 191 万元，比上年同期下降 158 万元。

全年实现中间业务收入 1145 万元，较同期增加 675 万元。

客户发展　全年对公客户总量 749 户，当年新开户 190 户，较年初增加 126 户，增幅 20.22%。其中，1000 万元以上客户 4 户，较年初增加 3 户；100 万 ~ 1000 万元客户 15 户，较年初增加 2 户；1 万 ~ 100 万元客户 140 户，较年初增加 5 户。个人全量客户 91796 户，较年初增加 4584 户，增幅 5.25%。其中私银客户 1 人，较年初持平；财富客户 14 户，较年初下降 17 户；20 万元以上客户 345 户，较年初增加 68 户；5 万元以上中端客户 1650 户；较年初增加 167 户。

普惠金融服务　全年在接龙乡小坪村建设“1+2+N 普惠金融服务到村”基地 1 个，走村入户开展普惠金融知识宣传 10 次，全乡（村）累计参与人数 1000 人以上。

（工行武隆支行）

【中国邮政储蓄银行股份有限公司重庆武隆区支行】　2020 年，邮储银行武隆支行下辖营业部和芙蓉中路支行 2 个自营网点；全年实现收入 2859 万元，同比增幅 10.86%，超预算绝对值 46 万元；实现利润 1337 万元，同比增幅 20.53%，超预算绝对值 483 万元，在全市 39 个区县综合考评中排名 15 位。

业务发展　全行个人存款结余 3.34 亿元，较上年新增 2100 万元，增幅 6.72%；公司存款结余 4077 万元，同比增加 1140 万元；发放各类贷款超 4 亿元，净增 6900 万元，结余 5.8 亿元，增幅 13.4%；贷款逾期率 0.44%，较上年下降 0.52%；不良率为 0.57%，较上年下降 0.37%。

金融扶贫　探索和实施由邮储银行武隆支行提供信贷支持、邮政电商帮助产品销售、邮政速递提供货运支持的资金流、信息流、物流“三流合一”的新型扶贫模式，建成便民金融自助服务点 6 个。全年发放扶贫小额信贷 99 笔 370 万元。

金融专员建设　成立金融专员工作领导小组，入库金融专员 7 人，全年金融专员服务企业共 221 家，对接走访 221 次，政策宣传 221 次，对接开立公司账户企业17次，获得续贷100笔1960.6万元，获得利率下调158笔3916.6万元，担保方式贷款62笔1370万元，办理经营性信用贷款84笔652.6万元，办理首贷27笔131万元，办理线上贷款108笔2694.6万元，入库企业13户。

普惠金融服务　拟定《中国邮政储蓄银行重庆武隆区支行“1+2+N普惠金融服务到村”实施方案》，在江口镇黄草村建立“1+2+N普惠金融服务到村”基地，增设银行卡助农取款服务、安装收单条码等。推动移动支付便民建设。

小微企业金融服务　全年发放小微企业贷款914笔2.4亿元；加大“首贷户”信贷支持，推广“工程信易贷”，发放首贷53户537万元。主动对接受疫情影响较大的小微企业，结合“百行进万企”融资对接和“大走访”营销活动，主动对接资金需求，满足525户18100万元融资需求。结合金融支持返乡人员创业就业工作，发放贷款333笔6000万元。对小微企业进行利率下降，无还本续贷2户1020万元；主动减费让利，新发放小微贷款加权平均利率为5.84%。

三农金融业务　推出信用类线上产品极速贷。对接重庆农业担保公司，加大乡村旅游产业信贷支持力度。全年涉农贷款结余19900万元，比年初增加4300万元，发放极速贷3300万元，发放农担贷款1039万元。

疫情防控期间活跃经济　参加“武隆消费季”活动，共投入资金7万元，其中支行投入1.8万元，涉及住宿、餐饮、图书、生活日用品等多个生活领域。　（邮储银行武隆支行）

【**重庆农村商业银行股份有限公司武隆支行**】 2020年，农商行武隆支行营业网点35个。全年各项存款余额122.54亿元，较年初净增1.38亿元，增幅1.14%，其中储蓄存款余额91.13亿元，较年初净增9.09亿元。各项贷款余额104.67亿元，较年初净增5.47亿元，增幅5.51%，其中公司条线贷款净增0.7亿元；小微条线贷款净增2.28亿元；零售条线贷款净增1.16亿元。表内不良贷款收回475.47万元，表外不良贷款收回421.04万元，不良贷款余额1028.4万元，不良率0.1%，资产质量全行第一。支行上缴各项税金5517.77万元；完成“两增两控”监管目标；获全区“2019年度政绩考核优秀单位”“脱贫攻坚工作先进集体”等奖项。

业务发展　全年新增个人VIP客户4516户，完成目标计划163%；新增“渝快付”商户4543户，完成目标任务的263%；新增手机银行App客户20602户，完成目标任务108%；新增有效直销银行注册绑卡8739户，完成目标任务418.13%；新增信用卡有效客户5044户。

营销渝湘高铁、邦启芒总部经济结算账户、凤来新城公司基本账户等6个单位账户，以及170个村集体经济组织账户。新拓展国有资产公司、区人民医院、区旅游公司、区民爆公司、渝隆国土公司等6个单位客户，累计新增授信3.66亿元。创新运用融资产品，为区喀斯特旅游集团开展跨境直贷业务。全年授信获批2亿元，落地资金5000万元，成为区内首笔跨境直贷业务和重庆市首笔绿色旅游跨境融资业务。全年支持小微客户3761户，贷款余额26.41亿元，其中单户授信1000万元以下普惠型小微贷款户数增加55户、余额增加1.64亿元，增速为10.28%，较各项贷款增速高4.77个百分点。

支持复工复产　全年主动捐款30.58万元定向用于区医疗系统疫情防控；向王氏畜禽专业合作社新增200万元信用贷款，向喀斯特集团新增流动资金贷款12000万元，向区人民医院、区中医院新增授信15320万元。开展“再贷款暖企百日行动”“金融保市场主体百日大走访”等活动。推广无还本续贷等特色服务，累计对接企业4625户，其中办理续贷1217户，金额5.95亿元；新增授信2850户，金额16.2亿元，发放贷款15.68亿元。累计投放支农支小再贷款924户，金额3.03亿元，执行加权平均利率为4.93%；投放普惠小微企业信用贷款309户，金额6649万元，为822户普惠小微企业执行延期还本付息，涉及金额4.09亿元。

“三农”服务　推进落实与区政府签订的《乡村振兴战略合作协议》，累计发放乡村振兴贷款3.19亿元，“三社”融合贷款5183万元。涉农贷款余额72.99亿元，占贷款余额69.74％。累计向5193户贫困户发放扶贫小额信用贷款2.32亿元，余额6156.45万元，占全区75%以上。开展“扶贫搭把手，助农拼一单”抖音直播平台消费活动，销售贫困户农副产品12余万元；做好火炉镇新田村贫困户结对帮扶工作，累计向62户帮扶贫困户捐款捐物64万元。

普惠金融　全行35个网点布设自助机具128台，便民服务点12个；投放200万元的金融流动服务车；创建3个信用镇，3个信用乡，32个信用村，涉及3774余户信用户，实现行政村金融服务覆盖率100%。落实“1+2+N普惠金融服务到村”实施方案，建设深度贫困乡后坪乡的双联村、白鹤村、文凤村及乡村旅游重点村仙女山街道荆竹村4个“普惠金融基地”。优化网点布局，盐市口分理处搬迁至中堆坝并更名为凤山分理处；推进仙女、火炉分理处网点装修，打造特色网点；调整14个网点实行定时定点服务，加大自助设备铺设密集度，致力24小时服务不间断。成立消费者权益保护工作领导小组，制定《消费者权益保护专项考核办法》，开展应急预案演练。组织“消费者权益保护工作提升年”活动、“普及金融知识，守住‘钱袋子’”等系列消费者权益保护宣传活动。　（农商行武隆支行）

【**重庆银行股份有限公司武隆支行**】 重庆银行武隆支行成立于2011年6月16日，辖营业网点2个，其中支行本部位于芙蓉街道芙蓉西路117号，二级网点位于凤山街道建设中路2号附8～11号。主营吸收人民币存款，发放贷款，办理国内结算、票据承兑与贴现、结汇、售汇业务以及外汇等业务。截至12月31日，武隆支行存款余额11.5亿元，各类贷款余额39.13亿元。

金融服务　全年实现武隆当地纳税2264万元，增幅169%。推动全区基础设施、企业融资，全年为国有平台公司及其子公司发放贷款10.7亿元。累计投放小微贷款414笔、2.3亿元。其中对瑞唐粮油、民生燃气发放人行专项再贷款700万元，利率仅2.95%；发放人行支小再贷款104户、8998万元。执行金融专员制度，对口企业贷款余额1.6亿元。普惠涉农贷款余额1.2亿元。在2个月内发放信用贷款发放扶贫小额信贷213户、1054万元。

（重庆银行武隆支行）

【重庆市武隆融兴村镇银行有限责任公司】2020年，武隆融兴银行下设营业部、龙城支行、白马支行、火炉支行、江口支行5个营业网点；全年资产总额112199.14万元，存款总额8.24亿元，贷款余额7.68亿元，不良贷款余额1015.72万元，不良率为1.32%；实现净利润1094.28万元；成本收入比68.13%。累计通过无本续贷办理的贷款业务共计171笔、2.85亿元。累计获人行再贷款资金11000万元，投放贷款345笔、12651万元。创新信用贷、二次抵押担保方式，发放小微企业信用贷款20笔、1370万元；发放二次抵押贷款35笔、1130万元。推行全员营销贷款，通过营销贷款300笔、7700万元。

（武隆融兴村镇银行）

【重庆三峡银行武隆支行】2020年，重庆三峡银行武隆支行下辖营业部1个营业网点，开设贵宾服务区1个，综合业务柜台2个，布放自助存取款机2台，智能机1台。1月16日，获人民银行重庆营管部“2019年移动支付便民工程突出贡献一等奖”。1月19日，完成中国人民银行二代征信系统切换与上线运行工作。6月19日，重庆三峡银行武隆支行向证监会提交首发上市申报材料；6月28日，上市申请获证监会正式受理。全年实现利润716.62万元。全年存款余额4.76亿元，比上年增加1.16亿元。各项贷款余额13.75亿元，其中表内贷款4.06亿元，表外贷款9.69亿元，比上年增加0.53亿元。涉农贷款余额0.62亿元。全年净增公司客户数28户，净增公司有效客户数12户。净增小企业贷款4198万元；净增小企业贷款客户数41户；净增消费类小额抵押贷款69万元。净增个人客户数2843户；净增优质客户数179户；净增个人消费贷款余额952万元；净增手机银行和网上银行个人客户数3767户；代销中间业务收入0.58万元，销售个人理财产品9850万元。

（重庆三峡银行武隆支行）

保　险

【概况】2020年全区实现保费收入5.4亿元，较上年增长7.2%。其中，产险收入2.06亿元，较上年增长4.5%；人身险收入3.34亿元，较上年增长8.9%。产险中：车险收入1.41亿元，较上年增长2.3%；农业险收入2634万元，较上年增长2.8%。人身险中：寿险收入2.42亿元，较上年下降4.3%；健康险收入8383万元，较上年增长86.5%。全年保险赔款和给付支出1.82亿元，较上年增长36.0%。其中，产险赔款给付支出1.02亿元，较上年增长19.9%；人身险赔款给付支出7998万元，较上年增长64.2%。产险赔款支出中：车险赔款支出7212万元；意外险赔付支出513万元。保险业从业人员1855人，较上年增长13.3%。

2020年武隆区保险机构基本情况表

表40

名称	地址	设立时间	保费收入（万元）	保险赔付（万元）
中国人民财产保险股份有限公司武隆支公司	凤山街道建设中路7号、建设东路2号4幢2-4	1986年4月	11326	5411
中国人寿保险股份有限公司重庆市武隆区支公司	凤山街道建设中路2号正1～4层	1997年8月	11039	1451
中国平安人寿保险股份有限公司武隆支公司	芙蓉街道芙蓉西路105号2-3	2002年7月	6698	717
中国大地财产保险股份有限公司重庆市武隆支公司	芙蓉街道芙蓉东路36号	2005年8月	1126	515
中国太平洋人寿保险股份有限公司武隆支公司	凤山街道建设中路2号	2008年5月	4379	549
中国平安财产保险股份有限公司武隆支公司	芙蓉街道芙蓉东路5号2-2	2009年11月	3380	1924
泰康保险股份有限公司武隆支公司	芙蓉街道芙蓉西路82号2-3	2010年2月	2686	246
中国人民人寿保险股份有限公司重庆市武隆区支公司	凤山街道南滨路118号2-1、2-2	2010年5月	714	405
安诚财产保险股份有限公司重庆分公司武隆支公司	芙蓉街道白杨路8号6-2	2014年12月	410	324
阳光财产保险股份有限公司重庆市武隆支公司	芙蓉街道芙蓉中路11号附1号、2号	2015年12月	601	290
新华保险股份有限公司武隆支公司	芙蓉街道芙蓉中路89号	2016年1月	1122	31
中国太平洋财产保险股份有限公司武隆支公司	凤山街道长滨路318号6幢2-2号	2017年8月	3693	1973
中华联合财产保险股份有限公司重庆分公司武隆支公司	芙蓉街道芙蓉东路5号6-4	2020年8月	114	0

【中国人寿保险股份有限公司重庆市武隆区支公司】 2020年，中国人寿武隆支公司在巩固学平险、旅意险等传统业务同时，拓展老龄保险、民政“三无”人员保险、女性安康保险等新业务。全年总保费收入11039万元，同比增幅19.02%；首年保费4539.93万元，同比增幅33.83%；首年期交3091.88万元，同比增幅52.44%；十年期交1397.19万元，同比增幅45.75%；标保958.72万元，同比增幅29.99%。长、满期及短险赔付支出1451万元，年金给付212万元。承保“精准脱贫保”保险，承保户数6188户，人数21985人，承保全区边缘户保险，共计1267人，截至12月25日，为6201人次提供“精准脱贫保”理赔服务，共计赔付354.47万元。边缘户赔付12.77万元。用电子化方式送出新冠防疫险1000余份，向区公安局所有在编、在职、在岗的干警（含辅警）捐赠“守护卫士防疫保险”。累计提供风险保额2.42亿元，员工捐款2.02万元，同时也为重庆市武隆区教育委员会、重庆市武隆中学、重庆市武隆区实验一校、重庆市武隆区实验二校、重庆市武隆区实验中学全体教职员工赠送“岁岁吉祥”保险。

（中国人寿武隆支公司）

【中国人民财产保险股份有限公司武隆支公司】 2020年，人保财险武隆支公司共有员工38人，公司驻村工作队员聂川（车商部副经理）扶贫工作事迹被列入全国保险业助力脱贫攻坚贡献奉献典型案例，获中国人民财产保险股份有限公司保险扶贫特别贡献奖。9月，被中共武隆区委、武隆区人民政府评为“2019年度政绩考核优秀单位”。

业务发展 全年实现保费收入11325.81万元，完成计划任务的113.25%%，赔款支出5411.18万元。承保14个乡（镇）、街道的建卡贫困户“精准脱贫保”工作，保障人数21910人，承担保险责任135亿元，共计赔款422.53万元，承保后坪乡“产业脱贫保”农户共计291户，共计赔款8.35万元。5—7月洪涝灾害期间，处理各类农户、企业财产案件300余件，累计赔款近600万元。

“两站两员”建设 全年推进“两站两员”建设（“两站”是各乡镇设立交通管理站、重要路段、村口设立交通安全劝导站，“两员”是建立乡镇专职交通安全员、行政村聘用交通安全劝导员）。与区安委办组织召开深化警保联动合作，推进“两站两员”建设部署工作会。全年建立警保联动劝导站45个，其中一级劝导站2个，二级劝导站43个；建立1个“警保联动”2个学习室；3个车驾管社会服务站，分别是城区车驾管社会服务站、白马车驾管社会服务站、平桥车驾管社会服务站。（人保财险武隆支公司）

【中国平安人寿保险股份有限公司重庆市武隆支公司】 全年实现保费收入6697.83万元，同比下降3.97%；赔付支出720.54万元。全年对32款疾病保险产品扩展新冠肺炎保险责任；开展“防范非法集资宣传月”“保险业消费者权益保护宣传月”等活动，落实保险业市场乱象整治“回头看”、严禁利用疫情防控需求进行违规销售宣传行为专项自查自纠、2020年重庆银行业保险业案件防控等专项自查工作。

（平安人寿武隆支公司）

【中国平安财产保险股份有限公司武隆支公司】 全年达成财务保费3380万元，较上年同期下滑1.19%，其中车险受车险综改保费降低的影响，较上年同期下滑2.35%，非车险依靠意外险及健康险，较上年同期整体6.21%；赔付1923.54万元，较上年同期上涨19.4%；整体实现经营利润155.48万元，承保利润率4.86%；全年累计手续费547.94万元，同比下滑1.32%，整体手续费率16.21%，其中车险13.36%，同比下滑1.19%。累计提供疫情防控相关风险保障金额共计5619.4万元。共保障人员3480人次，其中一线防疫人员150人次，其他人员3330人次；保障单位企业共207个，其中防疫相关单位15个，其他企业198个；扩展保险责任涉及保单30件，增加保险金额1968.2万元；延长保险保障期限涉及车辆19辆，涉及保单件数38件，涉及保险金额2.09万元。

（平安财险武隆支公司）

【安诚财产保险股份有限公司重庆分公司武隆支公司】 成立于2014年，属于安诚财产保险股份有限公司在武隆设立的分支公司；位于白杨路8号6–2。主要经营财产损失保险、责任保险，信用保险和保证保险，短期健康保险意外伤害保险。2020年实现保费收入409.78万元。

（安诚财险武隆支公司）

【阳光财产保险股份有限公司重庆市武隆支公司】 成立于2015年12月，

9月8日，中华联合财产股份有限公司重庆分公司武隆支公司开业仪式现场

区金融服务中心 供图

是阳光财产保险股份有限公司在渝设立的四级支公司，位于芙蓉街道芙蓉中路11号附1号、2号二楼，公司正式员工8人。主要经营各类财产保险、责任保险、法定责任保险、信用保险和保证保险、农业保险、其他财产保险业务、短期健康和意外伤害保险、上述保险业务的再保险业务。全年实现保费收入600.66万元，同比增长15.08%；赔付总金额289.9万元，同比增长28.41%，实现时点存款1000万元。（阳光财险武隆支公司）

【中华联合财产股份有限公司重庆分公司武隆支公司开业】 9月8日，中华联合财产股份有限公司重庆分公司武隆支公司（简称中华联合财险武隆支公司）开业盛典暨扶贫签约活动举行，分别与羊角街道艳山红村、高寿村、庙岭村进行扶贫项目签约。7月21日，中华联合财险武隆支公司获中国银行保险监督管理委员会涪陵监管分局下发的“经营保险业务许可证”；8月10日，在区市场监督管理局进行注册登记，重点销售车险、财产险、意外和健康险、农险、信用保险等多险种保险产品。

（中华联合财险武隆支公司）

证　券

【概况】 2020年，全区累计证券交易额25.47亿元，同比增加11.14亿元，增长77.2%。

【西南证券股份有限公司重庆武隆证券营业部】 2014年1月设立，位于凤山街道南城中央广场4号楼3楼，现有营业场地面积180平方米，员工5人；主要经营证券经纪、证券投资咨询、证券投资基金代销、融资融券、与证券交易、证券投资活动有关的财务顾问、代销金融产品等业务。截至年末，营业部共开立账户2636户，托管证券市值15999万元，全年证券交易总额25.57亿元；新增资产725万元，纳税额235万元，实现利润26万元。是年，营业部联合会计师事务所和律师事务所开展武隆区豆制品行业调研，并于8月21日承办武隆区企业上市知识培训会。

（西南证券武隆营业部）

【企业培育上市】 2020年，全区成立企业培育上市工作领导小组，以区委书记黄宗华为组长，区长卢红为常务副组长。制定《武隆区企业培育上市工作领导小组工作规则》，强化组织领导、明确部门分工。出台《武隆区拟上市企业资源库管理暂行办法》，全年共计入库31家，后备库29家，重点库2家，挂牌重庆股转中心5家。制定并落实《武隆区拟上市重点培育企业财政奖补办法》，有3家企业分别获3万元奖励。制定《武隆区上市相关政务服务事项办理规程》，进一步优化上市流程、细化工作职责，实行专人限时办理制度。重点引导喀斯特（集团）公司的新培育主体隆畅公司申报市级重点储备企业、开展券商选聘等。

（区金融服务中心）

文化 ·体育

综　述

【概况】是年，全区举办2020年全区春节联欢晚会、武隆区第二届运动会，组织开展重庆广场舞大赛武隆区分赛，音乐节目《怕你人乖心不乖》获2020年重庆市第九届乡村文艺会演一等奖。组织开展送文化下乡活动1000场次；开展全民阅读推广活动80余场次，参与人数达5万余人；送展览讲座46场、培训辅导16场、政策法规科技宣传10场、文物知识讲座5场，完成义务讲解和政务讲解288场，博物馆接待参观7.1万人。

【公共文化服务】是年，全区完成后坪乡文旅脱贫攻坚项目天池苗寨综合文化服务中心、文化广场、5个村级综合文化服务中心标准化建设的竣工验收，投入50万元购置贫困地区村文化活动室设备，羊角街道综合文化服务中心（新建）完成选址，全区26个乡镇（街道）综合文化服务中心，184个村级综合文化服务中心覆盖率达到100%。新建仙女山街道金马广场24小时自助图书馆，拓展延伸区县文化馆图书馆总分馆制，完善乡镇图书馆分馆业务平台，"两馆一站"和体育馆免费开放。完成全区应急广播系统和地面数字电视无线覆盖工程建设。新改扩建11座旅游厕所已完成，全区84座旅游厕所全部完成电子地图上线工作。完成江后路沿线旅游交通标识标牌设置。

【文化市场整治】是年，全区开展文化旅游市场整治。检查出版物经营单位447家次，打字复印店321家次，游商摊贩点15个，校内图书阅览室3个，办结案件9件，收缴非法出版物372件，罚款50万元。

（区文化旅游委）

文化设施

【概况】全区有文化馆1个（一级馆），图书馆1个（二级馆），区级博物馆1个，文图分馆27个，24小时自助图书馆3个，26个乡镇（街道）综合文化服务中心，185个村级综合文化服务中心，480个文化中心户，8处非遗传习所，3个游客服务中心，84座旅游厕所，1个文化产业园，200余种文化旅游商品。

全区有乡村旅游重点村4个，其中全国乡村旅游重点村3个，市级重点村1个；列入国家名单的传统村落5个；少数民族特色村镇4个；市历史文化名村1个。

全区推进"文图"两馆总分馆制建设，仙女山度假区、白马山景区建立24小时图书馆。城区游客接待中心完成封顶，其中新增博物馆、美术馆、非遗中心1.3万平方米。

【武隆区文化馆】成立于1950年9月；2016年8月，文化部命名为"国家一级文化馆"。馆舍建筑面积5777平方米，由区影剧院、宣传文化中心和建设西路29号的文化馆分馆三部分组成；其中，免费开放文化活动厅室13个，面积4040平方米，常年免费开设朗诵、书法、国画、美术和摄影等艺术培训班24个，2020年秋期新增篆刻、木叶吹奏、图片处理、棕编等培训班6个，全年共开设46个班次，学员1000余人。是年，区文化馆举办2020年春节联欢晚会、2020年迎春摄影网上展、迎新春送春联下乡活动、"唱响武隆、唱响梦想"大型二胡音乐会、"奋进新时代·共圆小康梦"2020年重庆市武隆区第九届广场舞大赛、"庆丰收·迎小康"武隆区2020年中国农民丰收节活动、"砥砺奋进新时代·助力文旅大融合"武隆区政协书画院首届书画展、2020年武隆区文化馆全民艺术普及免费开放师生作品展和汇报演出、武隆人民大礼堂2020—2021年演出季开幕系列活动等群众文化活动20余场次；全年送文化演出进基层156场次，展览讲座18场，培训辅导19场，政策法规科技宣18场。

11月3日，武隆人民大礼堂改造后首演仪式　　区融媒体中心　供图

【武隆影剧院】由武隆人民大礼堂改造而成，分为前厅、艺术走廊、剧院展厅，建筑面积2390平方米，容纳650人。4月，成都东方文商通过公开招投标方式获得剧院经营管理权；11月3日，举行开幕首演，演出大型山水交响诗舞音画《斑斓武隆——山经水章》，通过交响乐并结合声乐、舞蹈、朗诵、戏剧、独奏等艺术表演，由东方交响乐团演奏，分为《山水绮幻之壮美武隆》《水泽激韵之秀美武隆》《天垂丽景之秀美武隆》《日新月异之华美武隆》4个篇章。

【武隆公共文化数字化平台】年内，全区实现公共文化服务服务网络点击率150万余次，志愿者服务100余次，26个街道、乡镇完成购买公共文化下乡演出服务网络预约157场，总分馆网络录入240余条，线上音视频上传时长200小时，线上报名参与活动3000余人次，线上场馆预约200余场，全区文化云平台线上注册人数1万余人。数字文化活动主要以免费开发、专业讲座、培训为主，送文化下乡为辅。线上线下参与人数全年达20万人次。

8月1日，武隆博象美术馆开馆 付琳眉 摄

【武隆区图书馆】 位于芙蓉街道芙蓉中路81号，2011年6月正式对外免费开放，2013年被文化部评为一级图书馆，建筑面积约4000平方米，馆内现有文献总藏量12万余册，年订阅报刊170余种，年均文献入藏量8000余册，年接待进馆阅读8万余人次，年外借7万余册；内设12个免费开放空间。年内，区图书馆开展群众喜闻乐见的阅读推广活动，举办“迎新春”有奖猜字谜、“4·23世界读书日 邀你来悦读”、首期“阳光麦粒”亲子阅读分享会、“阅读伴我成长”——动漫公仔创意涂鸦大赛等；开展全民阅读推广活动84场（含活动、讲座、展览、培训），开展辅导19场。

【24小时自助图书馆开馆】 1月16日下午，武隆区城区南滨路24小时自助图书馆正式开馆，对外免费开放；位于南滨路渝兆段，使用面积近100平方米，馆内配置纸质图书5000余册，涵盖文学、历史、医疗、工业等门类，并设有电子书借阅机提供电子图书和数字资源。馆内配有空调、座位等设备，市民凭本人身份证在门禁感应器上刷卡即可进入自助办证、免费阅读，如需外借，市民凭读者卡就可在自助借还书机上自助操作，完成借还流程。10月15日，仙女山国家级旅游度假区24小时自助图书馆建设完成；位于仙女山街道金马广场内，使用面积约150平方米，馆内配备含少儿、艺术、文学、农业、医药卫生等各类图书5000余册，并设有瀑布流电子书借阅机、自助借还一体机、书法体验机、有声读物体验区。

【乐山武隆两地图书馆签订交流合作协议】 11月27日下午，四川省乐山市图书馆、重庆市武隆区图书馆举行《乐山市图书馆、武隆区图书馆交流合作协议》签订仪式；双方就资源共享、地方文献建设、阅读推广活动、共建“乐武大讲堂”、共树图书馆研学旅行品牌、联手成立区域公共图书馆联盟、馆员人才建设等进行座谈交流；并互赠馆藏特色文献。

【武隆博物馆】 位于芙蓉中路81号，建筑面积1200平方米，12月21日被核定为国家三级博物馆；馆藏文物3285件（套），其中珍贵文物61件（套）。全年在区人民广场、武隆客运中心、江口镇、白马镇、长坝镇、后坪乡等乡镇开展“灵鼠迎新”“澄怀道观——中国画的形式与美感”“嘉陵江上——馆藏抗战时期美术作品集”“不忘来时路——武隆文博30年成就展”等系列展览吸引观众近3万人，发放武隆区馆藏精品文物图册等相关宣传资料2万余份。累计开展文物知识进课堂、文物知识讲座和其他社会教育活动等共15次，累计参加2100余人次。因肺炎疫情影响，博物馆于1月24日至3月30日闭馆，因此全年免费开放约235天。全年完成义务讲解和政务讲解230余场，接待参观人数为7.1万人，其中进馆参观青少年3.3万人，占参观总人数的46.5%。全年送展览68场，文物知识讲座6场。

1月16日，武隆区城区南滨路24小时自助图书馆开馆 代君君 摄

《晃动的房子》　　普耘作品

【懒坝国际艺术度假区】 位于仙女山核心板块，规划面积 17.61 平方千米，是重庆市重点文化旅游项目之一，度假区分为大地艺术区、佛文化体验区、康养度假区、山地运动区、户外探险区等功能组团，包括苔藓博物馆、竹音剧院、懒坝美术馆、心跳博物馆、月球博物馆、漂浮的岛屿、祈福栈道、泥土绘馆、日光花园等 20 多处景点，融观光旅游、国际人文、休闲养生为一体。项目一期包括大地艺术花园、佛文化园、懒人村落、禅境艺术小镇 4 个区域，于 2019 年 8 月开园，同时开启首届“武隆懒坝国际大地艺术季”。

【武隆博象美术馆开馆】 8 月 1 日开馆；位于仙女山街道，是新兴文旅综合体——博象·咏山水文化小镇的一部分，总建筑面积约 5000 平方米，共 4 层，拥有展厅 3 层，近 600 米展线；设有收藏室、修复室、教室、创作室、贵宾室、学术研讨厅、会议室和容纳 300 人以上的多功能会议厅。馆名由第十一届全国人大常委会副委员长周铁农和第十届全国政协副主席李蒙分别题书。

【武隆横店电影城开业】 1 月 18 日开业，位于凤山街道南滨路渝兆新天地商业楼 4 层；总投资 700 万余元，建筑面积 2800 多平方米，设 6 个 3D 影厅 745 个座位。

（区文化旅游委）

文化活动

【概况】 是年，全区累计开展送文化下乡活动 1000 场次；开展重庆市 2020 年送演出进基层活动、武隆区政协书画院首届书画展、大型二胡音乐会、2020 年春节联欢晚会、“奏响武隆　奏响梦想”大型二胡音乐会、“奋进新时代·共圆小康梦”2020 重庆市武隆区第九届广场舞大赛、“庆丰收·迎小康”武隆区 2020 年中国农民丰收节活动、2020 年武隆区文化馆全民艺术普及免费开放师生作品展和汇报演出、武隆人民大礼堂 2020—2021 年演出季开幕系列活动等，人民大礼堂演出季系列活动等演出活动；购买公共文化演出服务送到乡镇（街道）156 场次。

【武隆懒坝国际大地艺术季新展开幕】 7 月，以“人人都是艺术家”为主题的武隆懒坝国际大地艺术季新展，在仙女山懒坝国际艺术度假区开幕；集中展示来自国际、国内的 40 余位知名艺术家的 42 件艺术作品，其中新增展览分为《未来人》《风物》《灵童》3 个版块共 19 件作品。

【重庆市首届青少年书画大赛作品展】 8 月 1 日，由武隆区委宣传部、重庆华龙网集团、重庆文艺网、重庆博象文化旅游产业有限公司主办，武隆区文旅委、武隆区教委、武隆区文联、重庆博象美术馆、武隆区文化馆承办的“博观万象·传承文脉”——重庆市首届青少年书画大赛作品展在仙女山博象美术馆举办。大赛共收到来自全市 2000 多名青少年书画爱好者创作的近 3000 幅书画作品；最终确定获奖入围小学书法组 122 人、中学书法组 67 人、小学美术组 220 人、中学美术组 79 人。武隆区实验小学学生获一等奖 1 人、二等奖 1 人、三等奖 2 人、优秀奖 14 人。

【二胡音乐会】 8 月 21 日，“奏响武隆　奏响梦想”大型二胡音乐会在仙女山镇金马广场举行，由二胡演奏家刘光宇、李力，扬琴演奏家谭导丽及区实验中学、实验小学、江口小学等 20 名学员共同演出。

8 月 21 日，“奏响武隆　奏响梦想”大型二胡音乐会现场　　区文化旅游委　供图

9 月 23 日，中国著名画家画重庆美术作品展开幕仪式　　代君君　摄

【武隆区政协书画院首届书画展】 9 月 3 日，“砥砺奋进新时代·助力文旅大融合”武隆区政协书画院首届书画展在仙女山街道博象美术馆举办，展出书画作品近 200 幅。

【重庆市 2020 年送演出进基层活动】 9 月 14 日至 17 日，“放歌新时代 文化进万家——重庆市 2020 年送演出进基层活动”先后到武隆区白马工业园区、羊角街道、芙蓉洞景区、桐梓镇等 10 个地方演出 10 场；活动由中共重庆市委宣传部、重庆市文化和旅游发展委员会主办，中共武隆区委宣传部、武隆区文化和旅游委员会承办；参加演出演员有鲁广峰、曲春雷、凌淋、庞万强、张琳琳、刘航孟等。

【重庆市第十三届“三峡杯”名优茶评比活动】 9 月 18—19 日，重庆市第十三届“三峡杯”名优茶评比暨重庆市第五届“十大名茶”评选活动在武隆区白马山天尺情缘景区白马仙街广场举行。共评选出重庆市第十三届“三峡杯”名优茶金奖 23 个，其中绿茶金奖 14 个，红茶金奖 9 个，银奖 32 个，其中绿茶银奖 21 个，红茶银奖 11 个；大宗茶特等奖 2 个，一等奖 1 个；创新产品奖 2 个；“十大名茶”产品 10 个，“十大名茶”提名产品 5 个。

【中国著名画家画重庆作品展】 9 月 23 日至 10 月 23 日，“山水之城·美丽之地”——中国著名画家画重庆作品展在武隆仙女山博象美术馆展出，167 位画家的 241 幅作品（书法作品 8 幅，国画作品 233 幅）参展，具有代表性的作品有马新林的《夔门关胜景》、张复兴的《巴渝听瀑》、施江城的《瞿塘朝晖图》等。

【武隆区第九届广场舞大赛】 9 月 29 日，由区委宣传部、区文化旅游委、区文联主办，区文化馆、区舞蹈家协会执行的“奋进新时代·共圆小康梦”2020 欢跃四季·舞动巴渝重庆市武隆区第九届广场舞大赛在区体育馆举办；参赛队伍 13 支，南城曳步舞团和长坝石梁河健身队分获街道组和乡镇组第一名。

【2020 年川渝街舞邀请赛】 10 月 7—8 日，由重庆市舞蹈家协会、四川省舞蹈家协会、武隆区白马山旅游度假区管理委员会联合主办的 2020 年川渝街舞邀请赛，在武隆白马山举行；分为特邀嘉宾组、齐舞组、斗舞组。齐舞秀山斯贝特“spec kids”、重庆艾逗娱乐“饕餮”、合川杰杰熊“X 战警”获前三名；少儿 freestyle1vs1（自由型街舞一对一）重庆市何文博获冠军，重庆市郭然宸获亚军；少儿 breaking1vs1（技巧型街舞一对一）重庆市宋思泓获冠军，重庆市张峻生获亚军；成人 freestyle2vs2（自由型街舞二对二）四川省王海超、晨香获冠军，重庆市练炜杰、包晴熙获亚军；成人 breaking2vs2（技巧型街舞二对二）四川省黄凯、杨华鼎获冠军，四川省于鲁西、瞿林佳获亚军。

【武隆人民大礼堂 2020—2021 年演出季开幕系列活动】 11 月 3 日至 12 月 12 日，由重庆市武隆区影剧院执行的武隆人民大礼堂 2020—2021 年演出季开幕系列活动举办；分别举行开幕演出、儿童音乐剧《冰雪女王》《蓦然回首》木管五重奏华语流行怀旧专场音乐会、魔术师专场魔术表演 4 场。

（区文化旅游委）

文旅市场管理

【概况】 全年出动执法人员 8917 人次，检查各类文化经营场所 2547 家次（检查网吧 2743 人次、713 家次，检查歌舞娱乐场所 2898 人次、739 家次，检查出版物经营单位 1239 人次，469 家次，检查印刷复制行业 857 人次，326 家次，电影院 529 人次、135 家次，其他 651 人次、165 家次），没收非法出版物 457 册，没收违法所得 157 元，行政罚款 36.31 万元，办结案件 15 件。

旅游市场共检查景区 94 家次，购物店 87 家次（其中集中整治 7 家次，停业整改 1 家），检查涉旅经营户 263 家次，联合交通执法检查旅游包车 159 辆，检查导游 106 人次，查处旅游“黑车”3 辆。联合商务、市场监管、街道集中整治旅游公路沿线商户招手揽客等不文明经营行为，约谈涉旅商户 24 家次，处罚商户 3 家，行政罚款 1.2 万元。全年共接受游客咨询 1316 次，受理投诉 24 件（其中政府信箱转交 13 件，“12301”转交 5 件，市总队转办交 3 件，区网监办转网上舆情 3 件），全部办结，游客满意度 100%。疫情期间，共劝返游客 1560 余人次，帮助游客、旅行社调解因疫情解除旅游合同纠纷 7 件，涉及金额 27 万元。

【执法检查】 2020 年，全区召开网吧经营业主培训会 2 次，办结一般程序案件 3 件，没收违法所得 157 元，行政罚款 1.2 万元。结合“扫黑除恶”

专项斗争及噪声污染防治工作，开展娱乐场所检查。监管营业性演出活动，重点对仙女山草原露营音乐季、七夕音乐季等演出活动节前报备手续、节目演出风险防范。联合区文化馆审核2020年送文化下乡团队演出资质和节目内容。对重庆市武隆区歌舞剧团有限公司在芙蓉江游船上的现场表演节目开展联合专项检查，首次对农村演出团队案件进行处罚，行政罚款1000元。联合区教委开展暑期培训机构检查，发放法律法规100余份。对破坏市级文物保护单位土坎遗址文物案件进行查处，对施工单位处罚5万元，对建设单位罚款30万元。对全区出版物市场、报刊亭等重要场所和体育馆、人民广场等区域进行清查；开展校园周边出版物市场集中整治。

【专项行动】 是年，全区开展邮寄快递企业联合检查行动，共检查仓储物流、邮寄快递企业13家次；配合保密局开展打复印行业涉密专项检查行动。开展网络售书平台、网络直播平台销售传播非法出版物、音视频排查，建立检查台账，查处违法违规经营企业。对农村地区及学校周边等场所专项检查，清缴非法出版物。联合区教委清理全区中小学校内图书馆内出版物。参加“护苗·绿书签”行动，参加以“百本好书送你读”等主题宣传活动，发放绿书签宣传资料1000余份。开展网络直播平台专项整治，出动128人次，检查网络直播平台32家次；辖区内网络直播平台进行摸排，共有网络直播平台4家。整治非法印刷复制行为。开展联合专项整治，制止拦路招客揽客等不文明行为600余人次，清除大型乱搭广告牌15块。召开旅游购物店负责人警示约谈会，开展专项整治。（区文化旅游委）

文物管理

【概况】 2020年，全区签订文物安全责任书27份，落实文物安全责任1510处；完成全区古建筑、古遗址、近现代史迹石刻和石窟寺及石刻共137处的文物安全直接责任人公示工作和123处文物单位文物安全责任人、管理人公示牌安装。完成和平中学旧址、大石箐石林寺、土坎遗址、江口汉墓群等7处市级文物保护单位的“双线”划定工作。完成刘秋佩故居保存加固项目和后坪苏维埃遗址建设。

【文物安全】 2020年，全区文物安全工作会议召开，签订文物安全目标责任书。区人民政府与2个街道办事处、25个乡镇人民政府现场签订文物安全责任书27份，落实文物安全责任1510处，完成全区古建筑、古遗址、近现代史迹石刻和石窟寺及石刻共137处的文物安全直接责任人公示牌安装工作。开展文物安全巡查检查工作，做好冬春文物火灾防控、夏季文物、汛期文物安全和文物火灾隐患整改和消防能力提升三年行动检查工作等，完成市、区级文物保护单位巡查检查180余次；督促各乡镇（街道）对辖区内一般文物巡查检查2930余次。对巡查检查出的不可移动文物建立安全隐患台账，按照文物安全属地管理原则落实乡镇（街道）对文物安全隐患进行及时整改。完成“和平中学旧址”“大石箐石林寺”“土坎遗址”“江口汉墓群”等7处市级文物保护单位保护范围和建设控制地带的“两线”划定工作。

【文物保护项目】 2020年，乌江博物馆主体工程封顶，开展消防设施安装和外墙砌筑。完成乌江博物馆陈列布展大纲编制和对外公开征集陈列布展概念性设计方案。做好区级文物保护单位后坪坝苏维埃政府遗址展示利用项目的选址、方案设计、资金争取及项目协同实施等工作，总投资314万元，新建遗址服务中心1座，完成建筑面积249.6平方米展馆的陈列布展。争取资金20万元，完成区级文物保护单位——刘秋佩故居临时性保存工作任务。配合重庆市文化遗产研究院完成渝湘高速武隆段的文物调查，调查发现8处地面文物保护点。配合重庆师范大学完成武道高速武隆段的文物调查，调查发现分布在芙蓉街道、浩口乡、石桥乡等16处古墓葬的文物保护点资料。配合重庆市文化遗产研究院完成白马航电枢纽坝区地下文物保护工作共涉及考古发掘文物点1处，共完成发掘面积150平方米，清理墓葬2座，出土文物3件套。

【文物宣传服务】 全年博物馆对外免费开放235天，并提供免费讲解服务，接待观众7.1万人次。做好送展工作，分别在区人民广场、武隆客运中心和各乡镇（街道）开展“灵鼠迎新”“澄怀道观——中国画的形式与美感”“嘉陵江上——馆藏抗战时期美术作品集”“不忘来时路——武隆文博30年成就展”等系列展览活动，发放宣传资料2万余份，接待观众14万人次。做好送展览进学校，文物知识进课堂活动。做好网上博物馆的展览工作，推出“抗击疫情——在线服务不打烊”系列展览10场，引进“灵鼠迎新”“澄怀道观——中国画的形式与美感”“嘉陵江上——馆藏抗战时期美术作品集”等线上、线下展览3场，转载“唐代陶瓷器欣赏”“唐代金银器欣赏”“托勒密硬币：王国的口粮”“历代酒器大赏”“清康熙青花五彩十二花神杯赏析”等15个专题线上展览。完成《武隆馆藏遗韵》《乌江古镇·羊角碛》等书出版。参加学术会议3次，6人次，撰写论文和发言提纲6篇，对外公开发表2篇。独立完成乌江博物馆陈列布展大纲的编制，并通过专家组评审。

【《武隆馆藏遗韵》出版】 7月，区文物管理所编辑《武隆馆藏遗韵》由重庆出版社公开出版，主编田城，共14万字，介绍区博物馆馆藏文物251件，客观反映武隆不同历史时期文化遗存情况。

【《乌江古镇·羊角碛》出版】 7月，区文物管理所编辑《乌江古镇·羊角碛》由重庆出版社公开出版，主编田城，共26万字，分为古镇源流、古迹遗存、古镇遗产3部分，设10章14节，介绍羊角古镇历史古迹等情况。

（区文管所）

武隆区文物保护单位情况表

表 41

保护序列	序号	名称	类型	位置	时代	批准时间
重庆市第一批	1	长孙无忌墓	古墓葬	江口镇蔡家村	唐	2000 年 9 月
重庆市第二批	2	江口汉墓群	古墓葬	江口镇蔡家村	东汉	2009 年 12 月
	3	“和平中学”旧址	近现代重要史迹及代表建筑	平桥镇乌杨村	清	
	4	土坎遗址	古遗址	土坎镇关滩村		
重庆市第三批	5	大石箐石林寺石刻	石窟寺及石刻	凤来乡高楼村	清	2019 年 2 月
	6	李进士故里石刻	石窟寺及石刻	江口镇下街	清	
	7	四川二路红军游击队司令部、政治部旧址	近现代重要史迹及代表建筑	双河镇新春村	1930	
县级第一批	1	四川二路红军游击队政治部驻地旧址	近现代重要史迹及代表建筑	双河镇新春村	1930	1983 年 6 月
	2	四川二路红军游击队司令部驻地遗址	近现代重要史迹及代表建筑	双河镇新春村	1930	
县级第一批	3	四川二路红军游击队司令部、政治部旧址	近现代重要史迹及代表建筑	双河镇新春村	1930	1983 年 6 月
	4	红军坟	近现代重要史迹及代表建筑	双河镇沱田村	1930	
	5	后坪坝苏维埃政府遗址	近现代重要史迹及代表建筑	后坪苗族土家族乡文凤村高峰槽小组	1930	
	6	烈士墓	近现代重要史迹及代表建筑	桐梓镇桐梓村	1950	
	7	李进士故里石刻	石窟寺及石刻	江口镇下街	清	
	8	“烈女石”石刻	石窟寺及石刻	羊角镇鹅岭村街道4 段	清	
	9	“黔蜀门屏”界碑	石窟寺及石刻	白马镇车盘村	清	
	10	长孙无忌墓	古墓葬	江口镇蔡家村天子坟小组	唐	
	11	生基坪石室墓	古墓葬	江口镇	东汉	
	12	柏杨坪东汉石室墓	古墓葬	江口镇	东汉	
	13	丁家坳东汉砖室墓	古墓葬	江口镇	东汉	
	14	烈女坟（李贞人墓）	古墓葬	江口镇	明	
	15	观音洞	古建筑	羊角镇朝阳村	清	
县级第二批	16	土坎武隆县城遗址	古遗址	土坎镇五龙村	唐至清	1983 年 12 月
	17	水济桥	古建筑	土坎镇五龙村	明	
	18	土坎盐井峡遗址	古遗址	羊角镇石床村	宋	
	19	兴隆桥	古建筑	羊角镇鹅岭村	明	
	20	大石箐石林寺石刻	石窟寺及石刻	凤来乡高楼村	清	
县级第二批	21	贞节牌坊	石窟寺及石刻	凤来乡宋坪村	清	1983 年 12 月
	22	凤凰寨	古建筑	土坎镇五龙村	唐至清	
	23	广坪祠堂	古建筑	土坎镇五龙村	唐至清	
县级第三批	24	刘秋佩故居	古建筑	凤来乡高楼村	明	1984 年 5 月
	25	“和平中学”旧址	近现代重要史迹及代表建筑	平桥镇乌杨村	唐至清	
县级第四批	26	峡门口栈道	古遗址	巷口镇中堆坝村	清	2012 年 1 月
	27	霍世臣夫妻合葬墓	古墓葬	石桥苗族土家族乡贾角村	清道光十年（1830 年）	
	28	乱世坳石棺墓	古墓葬	沧沟乡大田村	宋代	
	29	李才仁夫妻合葬墓	古墓葬	巷口镇青吉村	清道光元年（1821 年）	

续表 41

保护序列	序号	名称	类型	位置	时代	批准时间
县级第四批	30	响塘生墓	古墓葬	白云乡红云村	明天启三年（1623 年）	2012 年 1 月
	31	黄九银墓	古墓葬	庙垭乡云丛村	清光绪二年 (1876 年)	
	32	鸭江镇新房子	古建筑	鸭江镇青峰村	清光绪十年（1884 年）	
	33	石桥乡谭家庙	古建筑	石桥苗族土家族乡贯角村	清康熙八年（1669 年）	
	34	羊角镇灵关庙	古建筑	羊角镇碑垭村	清道光十四年（1834 年）	
	35	白马镇节孝牌坊	古建筑	白马镇三溪村	清雍正二年（1724 年）	
	36	白马山万寿桥	古建筑	白马镇车盘村	清乾隆四十八年(1783 年）	
	37	火炉镇上关桥	古建筑	火炉镇关桥村	清光绪年间	
	38	凤来乡龙凤桥	古建筑	凤来乡高楼村	清道光二年（1822 年）	
	39	凤来乡广济桥	古建筑	凤来乡高楼村	清嘉庆七年（1802 年）	
	40	鸭江镇均济桥	古建筑	鸭江镇青峰村	清道光二十二年(1842 年）	
	41	凤来乡石家岩“毛主席万岁”石刻	石窟寺及石刻	凤来乡青龙村	1967 年	
	42	鸭江镇马大塘毛主席语录碑	石窟寺及石刻	鸭江镇保禾村	1966—1976 年	
	43	凤来乡曹家剑桥六棱碑	石窟寺及石刻	凤来乡临江村	清道光十七年（1837 年）	
	44	巷口镇鱼林水文题刻	石窟寺及石刻	巷口镇中鱼村	清嘉庆十七年（1812 年）	
	45	长坝镇腰占铁索桥	近现代重要史迹及代表性建筑	长坝镇大园村	1922 年	
	46	白马山战斗遗址	近现代重要史迹及代表性建筑	白马镇车盘村	1949 年	

文艺创作

【概况】 2020 年，区文联共开展文艺活动 60 余次。

【文艺活动】 2020 年，全区开展“文艺进万家”活动。春节前组织 20 多场送春联下乡活动，书写对联 5000 余幅。开展“扎根基层，服务人民”活动开展 10 多场，组织书法、美术家协会为白马山景区和堰塘村、土地六井村等书写楹联。两次联合区政协举办“庆祝人民政协成立七十周年”书画摄影联展，展出作品 300 多件，在武隆县城和仙女山街道共展出 3 场。举办根艺奇石及党史联展，展出作品 200 多件，共展出 2 场。协助政协成立政协书画院，并在仙女山博象美术馆举办首次书画作品展。协助实验小学举办“印象武隆杯”第五届全国青少年书法大赛。

【《画说武隆》出版】 12 月，区文联编辑《画说武隆》由重庆出版社公开出版，收录曾衍涛、蒋世铭创作的山水画作品 125 幅，以武隆自然和人文景点为创作题材，以传统山水画写意与写实相结合为创作手法，以横幅、条幅、斗方、扇面等为表现形式为主，反映武隆自然山水。（区文联）

2020 年武隆区文联文艺协会获奖情况表

表 42

序号	活动名称	主办单位	获奖作者	奖项
1	墨韵两江第九届全国教师书法展	重庆市书法家协会　重庆市教育科学研究院	李昌凤	入展
2	墨韵两江第九届全国教师书法展	重庆市书法家协会　重庆市教育科学研究院	杨　汝	入选
3	墨韵两江第九届全国教师书法展	重庆市教育科学研究院	谢怀寿	三等奖
4	墨韵两江第九届全国教师书法展	重庆市书法家协会　重庆市教育科学研究院	胡元元	入展
5	墨韵两江第九届全国教育大家谈	重庆市书法家协会　重庆市教育科学研究院	胡元元	优秀奖
6	墨韵两江第九届全国教育大家谈	重庆市书法家协会　重庆市教育科学研究院	李昌凤	优秀奖
7	墨韵两江第九届全国教育大家谈	重庆市书法家协会　重庆市教育科学研究院	杨　汝	三等奖
8	重庆市中小学书法教育教学论文	重庆市书法家协会　重庆市教育科学研究院	胡元元	二等奖
9	重庆市中小学书法教育教学论文	重庆市书法家协会　重庆市教育科学研究院	李昌凤	一等奖

续表 42

序号	活动名称	主办单位	获奖作者	奖项
10	重庆市中小学书法教育教学论文	重庆市书法家协会　重庆市教育科学研究院	杨　汝	一等奖
11	重庆市第五届中小学书法优质课	重庆市教育科学研究院	杨　汝	一等奖
12	重庆市第五届中小学书法优质课	重庆市教育科学研究院	李昌凤	指导奖
13	情定四面山重庆市青年书法大赛	重庆市青年书法家协会	谢怀寿	获奖
14	重庆市抗疫书法作品网络展	重庆市书法家协会	谢怀寿	入展
15	重庆市第二届青年书法篆刻展	重庆市文联　重庆市书法家协会	谢怀寿	入展
16	作品发表	重庆市书法家报	谢怀寿	作品发表
17	辅导学生作品发表	书法报，书画教育	谢怀寿	辅导学生
18	发专版表	书法报，书画教育	武隆区实验小学	专版
19	印象武隆书法大赛	重庆市书法家协会	武隆区实验小学	全国活动
20	墨韵两江第九届全国教师书法展	重庆市书法家协会　重庆市教育科学研究院	周建军	入展
21	重庆市文化馆书法干部技能大赛	重庆市文化和旅游委员会	周建军	二等奖
22	了不起的中国人	中国杰出文艺家研究会	邓帮华	成就奖
23	遇见额尔古纳河	首届“柯蓝杯”全国散文诗大赛	郑　立	优秀奖
24	王者之树	第七届中外诗歌散文邀请赛	郑　立	一等奖
25	几许澄澈仙女谷	“重庆杯”《中国最美游记》文学大赛	郑　立	一等奖
26	云朵飘过谭家村	《重庆晚报》文学奖	吴　沛	一等奖

【抗疫创作】 2020年，区文化馆组织区音乐家协会创作抗疫歌曲《光明》《挺进挺进》《南山情》《我们会再见》等作品。馆音乐干部刘辉创作音乐作品《共克时艰》在重庆科教频道播出，并在《重庆文艺》（抗疫主题新创文艺作品专刊下）第1期刊登；馆音乐干部宾胜完成歌曲《最美的人》谱曲并录制完成；文学干部李容创作诗歌《平凡的人》，歌曲《最美的人》填词，典型事例报道《“疫”线同行》；胡兵录制抗疫作品《中华的根基》《看吧，我们托起不一样的春天》《致敬钟南山》《赞援汉军医》《诉衷情、致敬抗疫白衣战士》在“学习强国”重庆平台发布。美术干部张琰组织区美术家协会创作作品《致敬逆行者》（油画）、《宁静图》（中国画）等。舞蹈干部张越联合区舞蹈家协会创编舞蹈作品《坚信爱会赢》并在重庆华龙网播放。志愿者杨明创作抗疫情景剧《同饮一江水》。

【音乐节目获市级一等奖】 10月29日，区文化馆选送音乐作品《怕你人乖心不乖》在第九届重庆市乡村文艺会演上，获音乐类一等奖。节目由区文化馆专业人员刘辉根据武隆民歌音乐素材改编和填词创作，并与音乐干部宾胜、舞蹈干部张越编排辅导而成，展示本地民俗民风，体现青年男女爱情观念在新时代社会主义核心价值观影响下的融合转变。

10月29日，武隆区选送音乐作品《怕你人乖心不乖》演出场景

区文化旅游委　供图

【美术作品入围重庆市农民画作品展】 12月28日，区文化馆美术专干张琰版画作品《暖秋》和黄芸椿版画作品《丰收年》入选“奋进新时代 共圆小康梦”2020重庆市农民画作品展。

（区文化馆）

媒体融合

【概况】2020年，区融媒体中心推动媒体融合改革。8月，将“武隆日报”“视界武隆”与“武隆之声”3个微信公众整合为“武隆微发布”1个微信公众号。9月1日，武隆网由区委网信办移交区融媒体中心运营管理。至年末，区融媒体中心形成包含“武隆日报”“武隆手机报”“武隆电视台”“武隆之声”广播电台、武隆网、“武隆微发布”微信公众号、“武隆印象”App、“武隆手机台”App、“武隆融媒”抖音号等在内的“2+2+5+n”全媒体矩阵架构。

2020年，新址项目一期建设全面完成，刊播安全事故零发生；区融媒体中心获全区脱贫攻坚记功奖、2020年度重庆市区县网络电视台和手机电视台传播力引导力和影响力综合评比优秀奖、2020年度“学习强国”重庆学习平台区县供稿内容审核把关（防止错情）工作评比优秀奖、2020年度武隆区征兵工作先进单位。选送的《防疫加油站》《一件来自中南海的批文》《两个“永红”结对子扶贫路上结伴行》在第七届重庆市区县广播电视好新闻评选中分获一、二、三等奖。

【融媒体中心建设】区融媒体中心新址项目总建筑面积5849平方米，项目整体分为业务办公、演播室、数据中心、电力保障等4个功能区域。7月，通过区财政局组织评审，确定区融媒体中心新址建设资金总规模为4311万元。截至年底，分3批次到位2500万元政府债券资金，实际完成资金投入2620万元，占项目总投资61%，推进新址办公区、中央机房、广播电视播总控等附属设施基础装修，新址调度指挥、智能机房、采编媒资、播总控、摄录设备等工艺系统的招投标及采购工作完成，新址水、电、气、讯等达到入驻条件。新址第二期配套功能用房建设设计方案评审工作全面启动。12月17日，区融媒体中心建设项目调度指挥系统通过市委宣传部考核验收。

12月，武隆区融媒体中心办公区域　　区融媒体中心　供图

【宣传报道】全年，区融媒体中心编辑出版《武隆日报》235期，策划推出主题报道48个，采编稿件7000余篇，每期印刷投放8000份；“武隆之声”广播电台转播中央、重庆、武隆等新闻365期；“武隆综合”频道开设栏目11个，制作播出节目380余期，其中编播《武隆新闻联播》260余期，策划推出主题系列报道28个，采播新闻用稿2300余条；“武隆印象”App上传指令或推荐稿件近9000条；“武隆区人民政府网”审核上传信息70887条；“武隆网”审核上传信息2634条；“武隆微发布”推文2950条；“武隆手机台”上传电视新闻2406条，推出专题28个，发布信息660条，快讯480条；“武隆融媒”抖音号创作投放短视频260余条。

重点报道　全年，区融媒体中心在报纸、广播、电视等全媒体平台推出《把习近平总书记的殷殷嘱托全面落实在重庆大地上》《不忘初心 牢记使命 推动重庆各项事业沿着习近平总书记指引的方向奋力前行》《决战脱贫攻坚决胜全面小康》《做好疫情防控有序复工复产》《众志成城 抗击疫情》《晒文化·晒风景》《营造良好营商环境推动高质量发展》《看效果大型系列报道》《在行动大型系列报道》《培育和践行社会主义核心价值观》《创建国家卫生区 共建美丽家园》等系列主题报道，策划报道旅游国际化、脱贫攻坚与乡村振兴、营商环境、双城经济圈建设等全区中心工作，采写报道2万余篇条，制作专题片40余部，创作短视频300余条，公益广告7条。做实习近平总书记在全国“两会”期间“点赞武隆”的宣传落地，策划编发的《报告总书记123》系列作品。

对外宣传　全年，上送中央电视台采播用稿40条，用稿量同比上升40%；上送《人民日报》、人民网、学习强国用稿45条；上送重庆电视台、重庆网络电视台采播用稿505条，其中重庆电视台用稿282条，在《重庆新闻联播》区县用稿排名稳定在前20名，7月升至前10名；上送《重庆日报》、华龙网、上游新闻等平台用稿370余条。完成疫情防控、脱贫攻坚收官战、仙女山机场通航、渝湘高铁武隆段正式开工建设、“双晒”第二季武隆专场、绿色发展实践国际论坛开幕等重点工作对外宣传任务。

【栏目开设】《武隆日报》设要闻、要闻综合、专版、社会民生4个版面，一版要闻版，转载中央重大报道、区主要领导时政、重大成就、重要活动、重要评论等内容，二版为要闻综合版，刊载其他时政、工作动态、工作成效、热点言论等，三版为专版，设置深度报道、法律条文、思想理论、美图视觉、热点关注等板块，四版为社会民生版，涵盖法治、教育、健康、便民服务、诗歌文学等内容。

《武隆手机报》 创建于2014年6月，定位为新闻资讯微阅读平台，以全区机关企事业单位人员为主要受众。开设《今日要闻》《武隆聚焦》《武隆微闻》《法在身边》《隆城互动》《趣味生活》《放眼天下》《美文欣赏》等栏目，以图片、文字等形式，对外发布国内重要时政新闻、武隆时政要闻、乡镇部门工作动态、社会趣闻、生活百科等内容，一般在当日下午18时左右以彩信形式向订阅用户免费赠阅。

“武隆综合”频道 前身为武隆有线电视台，1989年11月开办。定位为视频内容服务平台，以全区行政企事业单位领导干部、中老年群体为受众。开设有《武隆新闻联播》《喀斯特之旅》《这里是武隆》《一线党旗红》等11个电视栏目，以视频形式向受众宣传贯彻党的路线、方针、政策，反映全区经济社会发展动态和成效。

“武隆之声”广播电台 1996年11月设立，定位为移动的音频内容服务平台，以车辆驾乘人员、老年群体等为主要听众。开设有《寰游武隆》《实时交通》《爱车保养》《致富故事》《你有事我来帮》等栏目，以转播、直播、录播等形式，同步向听众转播中央电视台《新闻联播》《重庆新闻联播》《武隆新闻联播》内容，定时编报交通信息、汽车摩托车知识、老年健康、农业技术、重大活动等。

“武隆网” 前身为武隆新闻网，创办于2005年，定位为电脑PC端的新闻资讯、舆论引导、综合服务平台，以武隆市民及关注武隆的各界人士为主要受众。开设新闻资讯、武隆旅游、招商引资、友情链接等版块，以视频、音频、直播、图文、文字等形式，向服务用户即时发布和提供各类新闻资讯、政务服务、便民服务、社情调查、民意反馈等内容。

“武隆微发布”微信公众号 创建于2020年8月，定位为“事事与你相关的权威发布平台”，以20～50岁青中年为主要用户。依托于腾讯微信平台，开设有《权威发布》《时政要闻》《热点关注》等栏目，以视频、直播、音频、图片、文字等形式，对外发布区内重要时政和重大活动新闻、重要政策、民生热点等内容。

“武隆印象”App 2015年12月正式上线运行，定位为指尖上的新闻资讯、舆论引导、综合服务平台，以武隆相关人群为主要用户。开设新闻、旅游、服务、隆友圈等一级版块，时政、乡镇、部门、政务、生活、电商、直播、美景、物产等二级版块，以视频、直播、音频、图片、文字等形式，即时向受众提供各类新闻资讯、政务服务、便民服务、社情调查、民意反馈、社交互动等服务内容。

“武隆手机台”App 2015年3月开设，定位为全区视频宣传主流平台，以武隆相关人士为服务对象。首页开设爆料、直播等直通菜单，还有领导直通车、武隆新闻、部门动态、魅力乡镇、主题宣传、快讯、微视频、电视频道、广播频率等版块。

“武隆融媒”抖音号 2019年7月创立，定位为更轻松更有趣的新闻资讯平台，以20～50岁青中年为主要用户。以视频、文案、直播等形式，通过#标签设定话题和@特定对象引流推送，定时与即时发布相结合向受众发布“本地+国内外”新闻资讯的爆点、热点、趣味点、话题点，以及结合党媒特定参与主题挑战。

2020年武隆区广播电视台（综合频道）自办节目情况表

表43

项目	类别	节目名称	制作时长（分钟）	周播时长（含重播）	播出方式	节目来源
自办电视节目情况	新闻类	武隆新闻联播	20	420	日播	自制
	专题栏目类	疫口童声	10	210	日播	自制
	综艺类	全民运动汇	30	90	周播	采购
	影视类	仙女山剧场	45	1260	日播	采购
		芙蓉江剧场	45	1260	日播	采购
		830剧场	45	1260	日播	采购
	生活服务类	生活帮	20	160	半月播	采购
		养生堂	45	135	周播	采购
		说一不二	27	108	周播	采购
		人文记录	25	175	日播	采购
	涉农服务类	致富故事会	20	160	周播	采购
	广告	（公益广告）	60	120	日播	

说明：日播总时长1080分钟

【传播渠道】 新媒体产品 创作的《@孝感，您有一笔偏远山区的爱心到账》《总书记点赞的武隆长啥样？一组美图告诉你！》等作品，在武隆的朋友圈、微信群高频率转发。推进“武隆印象”App和《武隆手机报》的版式、内容改革，对机场通航、大田及呐溪原乡开游、浩口田家寨开寨等进行专刊报道6期。

武隆融媒直播 全年开展直播19场，报道“区级文体活动、乡村旅游庆典、电商节会、农产品销售、乡村振兴现场会”等区级大事件，探索“新闻+商务服务”和带货功能，单场直播最高观看超40万人次；“武隆融媒”抖音宣传效力显著提升，全年创作短视频产品260余条，“6·5”防空警报、仙女山机场试飞等抖音作品浏览量超100万人次，粉丝量由年初的200多人增长至3.3万人，总点击量超亿次。

（区融媒体中心）

广电网络

【概况】 重庆广播电视信息网络有限公司武隆分公司组建于2009年8月，拥有固定资产2.1亿元。2020年有员工66人。公司主要从事有线数字电视、宽带互联网、应急广播、公共Wi-Fi、视频会议系统，以及医保专线、视频监控、雪亮工程及其他互联网专线大数据业务等。有线电视网络覆盖全区27个街道（镇乡），电视用户7万余户，互联网用户2.2万户。

【服务疫情防控】 全区建成应急广播终端533个，覆盖183个村约14万名村民，疫情期间全面开启防控宣传。在平台宣传引导方面，依托《世界的武隆》智慧融媒体平台，在其首页刊播游走字幕10余条，疫情防控宣传图片10余张，循环播放区融媒体中心制作的疫情防控宣传片，宣传疫情防控相关要求和防控知识。同时，向欠费用户免费开放电视节目方面，免费开放电视学习平台方面，确保全区中小学生停课不停学。

【公共文化服务】 2020年，广电网络武隆分公司开展“广播村村响”、“户户通”直播卫星发放安装、党员远教数字电视、公共Wi-Fi、视频会议系统、数据专线工作。通过有线为主，无线为辅，直播星补盲点的方式，解决老百姓看收视的问题，截至年末，全区广播电视覆盖率98%。

【平台建设】 2020年，广电网络武隆分公司在开展传统电视业务的同时，拓展集团专线、互联网出口等智慧城市项目。完成50余个智慧集成类项目合作建设，包括地面数字电视、应急广播系统、水务局流量监测系统、医保、视频联网专线等。

【本地节目覆盖】 广电网络武隆分公司结合全区武隆台覆盖薄弱点在农村边远地区的现状，提出利用地面数字电视传输系统进行覆盖方案；全区将建设地面数字单频网补点站20个，覆盖75%的区域。

【应急广播】 2020年，全区编制《武隆区应急广播系统建设方案和实施计划》，经市、区文旅委和区融媒中心共同组成的专家组评审通过，启动实施建设。（广电网络武隆分公司）

报刊资料

【《武隆日报》】 全年，区融媒体中心编辑出版《武隆日报》235期，策划推出主题报道48个，采编稿件7000余篇，每期印刷投放8000份。

【《芙蓉江》】 由区文联主办的文学双月刊。2009年9月创刊，2020年出刊6期，累计出刊65期，期号为60—65。栏目分为7个常规版，分别是《名篇赏析》《名家有约》《巴渝名家》《武隆头题》《本土文学》《域外文坛》《文化视野》。全年共刊登300余篇文学作品，以散文、诗歌为主，有70%的篇幅反映武隆地域的自然风光、人文历史和民俗风情；培育和发现文学新人10人左右。

【《武隆时政》】 该刊由区委宣传部主办，每月内部发行，开辟有《时政要闻》《讲话摘要》《聚焦发展》《理论视野》《宣传文化》《人物》《史志纵横》《视觉》《文苑》等栏目。全年出刊12期，累计66期。

【《领导参考》】 改刊由区委党校、区行政学院、区社会主义学院主办，常设栏目有《领导论坛》《脱贫攻坚》《乡村振兴》《全域旅游》《理论视野》《工作探讨》《学员论坛》《他山之石》《党建纵横》《好文推读》等。全年出刊4期，累计81期。

【《决策参考》】 该刊由区委研究室主办，双月22日出刊，开设有《领导观点》《调查研究》《学习党的十九届五中全会心得体会》《“十四五”规划建议》《他山之石》《图文风采》等栏目，全年出刊6期，累计99期。

【《武隆教育》】 改刊由区教育委员会主办，双月刊，开设有《开卷有益》《时事学习》《热点聚焦》《教育管理》《专家视点》《阅读时光》《家长课堂》《本土教研》《他山之石》《传统文化》《教育风采》《教师视野》《人文深呼吸》《乌江文苑》等栏目，全年出刊6期，72万字，累计出刊38期。

【《武隆文旅》】 原名《武隆文化》，于2015年创刊；2019年改名为《武隆文旅》，并由季刊改成双月刊，设有《本刊头条》《历史回眸》《人物风采》《遗产世界》《艺术天地》《旅游文化》《文旅动态》《文旅杂谈》等栏目。2020年出版6期，累计出版28期。

（年鉴编辑部）

档　案

【概况】 2020年，区档案局开展档案业务培训18次、329人次；档案业务指导54次；完成2019年度全区档案事业统计年报、“中国·重庆·武隆绿色发展实践国际论坛”重大活动资料收集归档；编制《武隆区三峡后续工

4 月 21 日，武隆区援鄂医护人员抗疫实物捐赠仪式现场　　李才东　摄

作档案建设项目实施方案》；年度执法监督检查单位 13 个、汛期档案安全检查单位 13 个、档案服务外包资质检查机构 3 个；开展《中华人民共和国档案法》等法律法规宣传。全区成为全国档案工作服务农村基层社会治理试点地区。

区档案馆推进档案资源、利用、安全三大体系建设；接收 22 个立档单位文书档案 4.57 万件、专业档案 3.1 万件，死亡干部档案 50 卷，代管法院案件档案 8509 盒；全年档案接待查阅 3084 人次、复印 1.89 万页，提供证明 3490 份；累计接待参观 30 批次、853 人次；收集全区疫情防控档案实物 300 余件；档案资政文章首次在《中国档案报》刊登。

【档案资源体系】 2020 年，区档案馆协助指导 11 个区级部门、27 个乡镇精准扶贫档案业务工作。对仙女山机场非民航部分档案工作进行监督指导和验收，保障机场按期竣工验收。完成 11 个村级建档档案收集目录清单调研、村级档案收集和整理规范。接收 22 个立档单位新文书档案 2645 盒、4.57 万件；接收婚姻档案 138 盒、5519 件；地名普查档案 195 盒、2.39 万件，污染源普查档案 77 盒、1572 件；死亡干部档案 50 卷；代管法院案件档案 8509 盒。对 2012 年以前未完成移交任务的 20 个全宗单位进行催收。

【档案利用体系】 2020 年，区档案馆完成对档案库房实体档案清理，更新《重庆市武隆区档案馆指南》台账数据。调整馆档案鉴定开放工作领导小组，对 1958—1959 年 2.05 万件档案进行清理和鉴定，建立涉密档案目录、开放目录和延期开放目录。全年共计接待档案查阅 3084 人次，涉及 5303 卷次、5326 件、3.01 万页；复印 1.89 万页，提供证明 3490 份。

【档案保管体系】 2020 年，区档案馆与重庆海清消防公司续签消防设施维保合同，定期进行检查维保。并邀请黔江镇安消防中队开展消防知识培训。将档案馆库房丙烷气体灭火器更换费用纳入 2021 年财政预算。加强档案馆库房和机房 24 日安全巡查工作。落实档案人防、技防和物防措施；数字化成果按照惯例备份。全年无一例安全事故发生。

【档案数字化】 1—12 月，区档案馆档案数字化加工项目完成 21 个单位的新文书档案和区民政局 2019 年婚姻档案数字化扫描，共计扫描 179.2 万页，录入条目 20.1 万条。

【档案业务培训】 2020 年，区档案局组织区域内 38 家国有企业 79 人的国有企业退休人员人事档案移交培训；邀请市档案局专家为全区党政办公室主任培训班授课，共 136 人参加培训；集中组织相关部门及街道（乡镇）、行政村（社区）共 31 人开展《村级档案管理办法》业务培训 1 次，对档案工作服务农村基层社会治理试点的 10 个乡镇 11 个行政村（社区）村社干部开展业务培训 10 次 83 人次；组织扶贫领导小组成员单位开展精准扶贫档案业务培训 2 次、精准扶贫档案收集归档工作推进会 2 次、精准扶贫档案集中调研情况通报暨业务培训会 1 次。组织参加市级档案管理部门组织的知识讲座和档案业务培训 2 次。

【档案业务指导】 2020 年，区档案局开展涉及职能职责改革单位档案管理处置业务指导 6 次，武隆区第二次污染源普查、第二次全国地名普查等专业档案业务指导 9 次，“不忘初心、牢记使命”主题教育、新冠肺炎疫情防控、精准扶贫等中心工作档案业务指导 22 次，中国电信等单位国有企业退休人员人事档案业务指导 3 次，白马隧道等区属重点建设项目建设项目档案业务指导 9 次，对佑铭、言辞 2 家档案中介服务公司开展业务指导 5 次。

【档案执法监督】 2020 年，区档案局对 3 项行政许可事项清单进行补充完善，完成渝襄铁路工人 6 人次和退伍老兵 3 人次的工龄档案行政审批；对 13 个区级部门和乡镇（街道）开展年度执法监督检查，并及时归集相关监管数据。

【档案宣传教育】 2020 年，全区宣传贯彻《中华人民共和国档案法》，并列入区委理论学习中心组学习内容；组织《村级档案管理办法》宣传贯彻 2 次 115 人次；组织参加国际档案日“档案见证小康路、聚焦扶贫决胜期”主题活动宣传。贯彻《重庆市档案“七五”法治宣传教育规划（2016—2020）》，开展档案法治宣传教育 1 次。

全年在《中国档案报》刊登信息3条、文章2篇，在《中国档案》刊登信息2条，在《红岩春秋》刊登文章1篇；其中，1篇论文获全国档案工作者年会征文三等奖；1人获“2020年度《中国档案》宣传工作先进个人”。档案馆爱国主义教育基地接待参观30批次、853人次。

【实物档案捐赠接收仪式】 4月21日，区档案馆举行援鄂医护人员抗疫实物捐赠仪式，接收全区3名援鄂医护人员赴湖北孝感抗疫一线请战书、工作证等实物30余件。12月5日，举行全国先进工作者罗旦华实物捐赠接收仪式，接收出席全国先进工作者表彰大会出席证、入场券及证书、奖章等实物5件。 （区档案局、区档案馆）

地方志

【概况】 2020年，全区印发《关于推进新时代地方志事业发展的通知》；完成全国“地方志两全目标”（志书、年鉴公开出版），《武隆县志（1996—2016）》《武隆年鉴（2020）》公开出版；《武隆年鉴（2019）》再次获全国地方志优秀成果（年鉴类）表彰；完成《武隆县志·供销合作社联合社志》《武隆县志·统计局志》《武隆区情概览（2020）》公开出版；收集地情资料7种。

【《关于推进地方志事业发展的通知》印发】 12月30日，重庆市武隆区人民政府办公室印发《关于推进新时代地方志事业发展的通知》（以下简称《通知》），要求充分发挥地方志存史、资治、教化功能，全面促进全区地方志事业繁荣发展。《通知》提出武隆区贯彻地方志事业发展的指导思想和基本原则，拟定实施武隆区地方志系列丛书工程，力争用5～10年的时间，使武隆区地方志事业发展整体水平进入全市前列的总体目标，实现《武隆县志（1996—2016）》公开出版，计划启动第三轮志书编修，力争在5年内《武隆年鉴》入选“中国精品年鉴”，实施地方志系列丛书工程，强化部门志、街道（乡镇）志、“名”“特”志编修，推进基础设施建设，加强地方志信息化建设，深入开展旧志整理研究，提升地方志成果开发利用水平，启动《武隆区情概览》《武隆地情概览》等地情丛书编纂等主要任务，明确依法治志、经费保障、队伍建设等保障措施，从工作体制机制、责任落实、舆论宣传等方面加强组织领导。

【《武隆县志（1996—2016）》公开出版】 9月，重庆市武隆区地方志编纂委员会编纂的《武隆县志（1996—2016）》由方志出版社出版。邓文光主编。该志设政区、自然地理、人口等31篇（160章），记述1996—2016年武隆自然、政治、经济、文化和社会的历史与现状，为改革开放和政治文明、精神文明、物质文明、生态文明建设服务。志首设图、概述、大事记，志末附前志补遗人物、荣誉、武隆退出国家扶贫开发工作重点县、重要文存。该志设有“三峡库区移民”“旅游业”等反映地方特色的篇，并设“扶贫开发”“武隆喀斯特申报世界自然遗产实录”“武隆撤县设区”等反映时代特色的篇或专记。全书208万字、图194幅。

【地方志系列丛书工程】 至年末，全区累计公开出版部门（乡镇）志书10部，分别是《武隆县志·文化委志》《武隆县志·行政服务中心志》《武隆县志·残疾人联合会志》《武隆县志·广播电视台志》《武隆县志·总工会志》《武隆县志·妇幼保健院志》《武隆县志·商务局志》《武隆县志·供销合作社联合社志》《武隆县志·统计局志》《土坎镇志》；出版地情书籍1部《武隆区情概览（2020）》；审读《武隆政协志》《武隆城乡建委志》《仙女山志》纲目及初稿；完成《重庆市武隆中学校志（1942—2017）》公开出版审批手续。

【《武隆县志·供销合作社联合社志》公开出版】 8月，由武隆区供销合作社联合社、武隆区地方志编纂委员会编纂的《武隆县志·供销合作社联合社志》一书，由四川民族出版社出版。刘丹国主编。该志共50万字，设机构沿革、党群组织、业务概况等12章（35节），记述1952—2016年全县供销事业的发展历程，反映武隆县供销机构自成立以来，坚持为农业、农村生产以及农民生活服务，合作组织体系更加完善，供销系统经济实力明显提高，基层供销组织从撤销到恢复重建继而稳步推进，成为农村商品流通的主渠道，为全县经济建设发展、服务“三农”做出积极贡献，发挥党委、政府联系广大农民群众的桥梁和纽带作用；同时展示供销人员艰苦创业、奋发图强、兢兢业业、扎实工作的精神面貌；具有存史、资政、育人积极作用。

【《武隆县志·统计局志》公开出版】 12月，重庆市武隆区统计局、重庆市武隆区地方志编纂委员会编纂的《武隆县志·统计局志（1962—2016）》由四川科学技术出版社公开出版。徐梅主编。该志共37万字，设概述、大事记、专志、人物、荣誉、附录、后记等，共8章28节，记述1962年县统计局成立以来至2016年，全县统计工作发展历程；反映全县统计工作的机构设置和变化、基础设施建设、统计调查工作的开展、统计方法制度改革、法治宣传、统计咨询服务等。

【《武隆年鉴（2019）》获第七届全国地方志优秀成果奖】 12月，《武隆年鉴（2019）》获第七届全国地方志优秀成果（年鉴类）县级一等年鉴，继《武隆年鉴（2018）》获第六届全国地方志优秀成果（年鉴类）三等年鉴后，再次获全国性殊荣。2021年1月，中共重庆市武隆区委、区人大常委会、区人民政府、政协武隆区委员会主要领导相继作出批示，向参与编纂工作的同志们表示致敬和祝贺，并评价为“武隆历史上获得国家级表彰的唯一最高荣誉”，希望“再接再厉、再攀高峰！”

【《武隆年鉴（2020）》公开出版】 10月，《武隆年鉴》编纂委员会编纂的《武隆年鉴（2020）》由四川民族出版社公开出版。全书共105万字；设特载、专记、大事记、武隆概貌、旅游、政治、经济、文化、社会事业、街道（乡镇）、人物、荣誉、文献、统计资料、附录、索引等部分，设类目15个、分目259个、条目1470个，收录171幅图片、44张表格。卷首专题图片收录全区“庆祝中华人民共和国成立70周年活动”图片，卷末附重庆市武隆区组织机构负责人名录、媒体武隆。该卷年鉴与以往相比，有三大亮点：对封面颜色进行调整，整体感觉素雅端庄；对框架结构进行适当调整，将“旅游”升格为类目，将“退役军人事务”“消防救援”纳入“重庆市武隆区人民政府”分目中；在“武隆概貌”中增设“历史与文化”分目；增设“中国·重庆·武隆绿色发展实践国际论坛”“武隆白马山天尺情缘景区”作为“专记”；将全区“庆祝中华人民共和国成立70周年纪念章获得者”纳入“人物”介绍，增加“2019年重庆市武隆区籍军人立功受奖人员名录”。

【地情资料征集】 是年，区档案馆征集地情资料9种：《人文地理（仙女山国家度假区）》季刊4册（2019年）、《武隆民间文艺集成》1套5册（《武隆民间故事》《武隆民间谣谚》《武隆民间歌曲》《武隆民间器乐》《武隆民间舞蹈》）、《领导参考》（2019年1—4期）、《决策参考》（2019年1—6期）、《武隆时政》（2019年1—12期）、《武隆日报》（2019年合订本）；收集《武隆时政》2019年图片资料；区文管所出版《武隆馆藏遗韵》《乌江古镇·羊角碛》；肖中胤画作《丹青武隆》2册。征集先进集体（个人）表彰的相关证书、奖章：9月，征集区委政法委移交《重庆市武隆区荣膺2018社会治理创新典范区》《重庆市武隆区荣膺2019社会治理创新典范区》奖牌2块（原件）；10月，征集《重庆市武隆区获“双拥模范城”称号》证书及奖牌（电子件）；12月，征集武隆区《国家生态文明建设示范区》奖牌（电子件）；

11月10日，武隆区第二实验小学大课间操比赛　　杨劲松　摄

张麒麟（2019年全国民族团结进步模范先进个人并参加全国民族团结进步表彰大会、国庆70周年观礼）等表彰证书、奖章图片资料55张；收集肖涛（2019年全国模范教师）荣誉证书及简介（电子件）；全国抗击新冠肺炎疫情先进个人陈旼娟证书、奖章（复制件）、参加全国抗击新冠肺炎疫情表彰大会邀请函、入场券（原件）；老革命李志顺相关奖章、证书、照片等实物资料；彭小兵获全国“爱国拥军模范”“重庆市优秀共产党员”“重庆市抗击新冠肺炎疫情先进个人”等证书、奖章照片；罗旦华（2020年11月获“全国先进工作者”）证书、奖章、出席证、入场券、绶带等实物5件。

【《武隆区情概览（2020）》出版】 12月，重庆市武隆区档案馆（中共武隆区委党史地方志研究室）编纂的《武隆区情概览（2020）》由四川科学技术出版社公开出版。该书共36万字，设印记、概览、旅游、经济、文化、民生、生态、街道（乡镇）、特载、附录等部分，采用纲目体，简要记述2019年全区旅游、经济、文化、社会、生态等方面的建设成就，体现时代特征、地方特色、年度特点，具有存史、资政、育人作用。

（区委党史地方志研究室）

体　育

【概况】 2020年，全区新建篮球场9片、健身路径5条、登山步道1条、4个社区健身点及其他各类球场共计19780.18平方米，形成城区、街道、

8月7日，重庆市第五届“万步有约”职业人群健走激励大赛现场　　付琳眉　摄

10 月 18 日，2020 重庆·武隆仙女山马拉松现场　　区喀斯特公司　供图

社区、乡镇四级体育设施网络；对武隆区体育馆、两中心体育场、人委球场等进行全天免费开放，累计接待体育锻炼人数达 12 万人次。全年举办体育运动竞赛 800 场次，举办群众体育活动 6 次。

【体育设施】 全区有体育场 1606 个，有篮球场 422 块、羽毛球场 179 块、网球场 23 块。

【学校体育】 全年中小学生体育锻炼达标率 98.52%。参加重庆市中小学生篮球比赛，实验二小获小学女子组第六名、实验中学获初中女子组第八名；参加重庆市 2020 年校园足球联赛总决赛，实验二小获小学女子甲组校园组第四名、火炉镇中心校获得小学男子甲组校园组冠军和小学混合组校园组第四名。鸭江中学、火炉镇中心校、白马镇中心校创建为全国青少年校园篮球特色学校，江口镇中心校创建为全国青少年校园足球特色学校。

【群众体育】 全年举办群众体育活动 6 次。9 月 29 日，2020 年重庆市武隆区第九届广场舞大赛在区体育馆举行。

【竞技体育】 全年举办体育运动竞赛 800 场次；其中规模较大的有重庆市第五届“万步有约”职业人群健走激励大赛、2020 重庆·武隆仙女山马拉松、全区第二届运动会等竞赛。

【重庆市第五届“万步有约”职业人群健走激励大赛】 8 月 7 日上午，由重庆市卫生健康委员会、重庆市武隆区人民政府共同主办的重庆市第五届“万步有约”职业人群健走激励大赛启动仪式在武隆区南滨健康步道举行。300 余人参加活动。

【2020 重庆·武隆仙女山马拉松】 10 月 18 日，2020 重庆·武隆仙女山马拉松在重庆武隆仙女山国家级旅游度假区开跑；设半程马拉松（21.0975 千米）、迷你马拉松（约 5.8 千米）2 个项目，参赛规模 2000 人。其中半程马拉松设个人赛和情侣赛，迷你马拉松设个人赛和亲子赛。赛事与仙女山旅游度假资源结合，是重庆首个度假马拉松；赛道途经金马广场、仙女山文旅小镇、天池坪、博象美术馆、创业广场、金鼎广场等地。四川选手沙正友和冯青分别以 1 小时 9 分 42 秒和 1 小时 23 分 18 秒的成绩获男子、女子半程组冠军。

【区第二届运动会】 11 月 25 日至 12 月 1 日，区第二届运动会在区体育馆举行，设有篮球、足球、网球、乒乓球、田径等 8 个竞赛项目，共有 78 支参赛队、4000 余人参赛。区教委和芙蓉街道分别获区级组和乡镇（街道）组团体第一名；区财政局、区农委、区融媒体中心、后坪乡、桐梓镇等 17 个代表队获体育道德风尚奖。

（区文化旅游委）

11 月 25 日，武隆区第二届运动会开幕式现场　　代君君　摄

科　技

综　述

【概况】 2020年，全区培育科技型企业24家、累计116家，高新技术企业1家（盛勋）、累计5家；培育科技专家大院2个、科技创新示范基地3个。启动武隆区知识价值信用贷款改革试点工作，首期到位500万元；有14家企业申请贷款，为2家科技型企业发放贷款110万元。成功申报国家农业科技园区创建。

【科技创新】 2020年，全社会R&D经费投入1.1亿元。与中国科学院力学研究所推进"低重力科学研究基地"大科学装置项目落户武隆；与北京中国科学院老专家技术中心共建武隆工作站；与重庆大学合作推进"微波输能与空天太阳能电站实验基地""地外空间生态系统地面模拟科学装置"项目建设；与四川省乐山市深化拓宽科技协作领域，推进双城经济圈协同创新；促成重庆茶游农业开发有限公司等4家企业与山东省林业科学院等院所签订《高山茶区适宜品种引进及高效生产技术集成示范》等合作协议4份；寻梦园高山水果基地与济南果品研究院开展交流合作，引进鲜果保鲜技术1项。与江西省科技厅签订《武隆区高山茶树栽培技术研究与应用项目》合作协议，经费8万元。

【科技平台】 全区培育科技型企业24家、累计116家，高新技术企业1家（盛勋）、累计5家；培育科技专家大院2个、科技创新示范基地3个。与市农科院合作，推进武隆区高山蔬菜产业发展，拟建成全国根肿病鉴定中心、分子试验室。

【科技项目与成果】 全年将重庆市武隆县羊角豆制品有限公司承担的"一种大豆全粉与植物蛋白复合的新型豆干工艺优化"等20个项目纳入2020年区级科技计划项目立项支持。

2020年武隆区科技计划项目立项名录

表44

序号	计划类别	项目名称	承担单位	项目负责人	立项金额（万元）
1	资金计划	一种大豆全粉与植物蛋白复合的新型豆干工艺优化	重庆市武隆县羊角豆制品有限公司	张奎林	5
2		后坪乡高坪村中蜂养殖科技扶贫示范项目	重庆市武隆区微模蜜蜂养殖有限公司	李廷模	5
3		重庆市武隆区"科技帮扶"活动	重庆硕睿云创信息技术有限公司	郭　东	6
4		脆红李种植新技术推广项目	重庆市武隆区建槐水果种植专业合作社	杨　建	5
5		大白菜新品种引进试验示范项目	重庆市武隆区大美种植专业合作社	罗代伦	5
6	指导性计划	早期妊娠人流术后放置宫内节育器的效果研究	武隆区妇幼保健院	冉　琴	
7		小儿慢性腹泻的临床治疗研究	武隆区妇幼保健院	杨海燕	
8		左炔诺孕酮宫内节育器（LNG-IUS）对不伴有不典型子宫内膜增生管理的临床研究	武隆区妇幼保健院	杨　霞	
9		武隆区旅游气象条件分析	武隆区气象局	江勇贤	
10		经皮肾镜及胆道镜双镜联合及置管持续灌洗引流治疗胰周感染	武隆区人民医院	张先兵	
11		互联网＋技术（信息化血糖管理系统） 助力医院探索糖尿病智能管理新模式	武隆区人民医院	刘仁海	
12		形成性评价在中等专业实习	武隆区人民医院	夏　红	
13		集束化干预措施在多重耐药菌感染管理中的应用探讨及推广	武隆区人民医院	刘晓春	
14		沙库巴曲缬沙坦治疗喀斯特地区慢性心衰患者的有效性及安全性研究	武隆区人民医院	侯靖熙	
15		艾灸配合穴位按摩护理周围性面瘫的临床应用分析	武隆区中医院	江华容	
16		武隆区城区空气污染特征分析及健康风险评估	武隆区生态环境监测站	叶成权	
17		重庆市武隆区城镇居民慢性病现状调查分析	武隆区疾病预防控制中心	冯　静	
18		武隆区以岩溶水为水源的饮用水卫生现状、健康影响及对策研究	武隆区疾病预防控制中心	陈国渝	
19		武隆区耕地土壤和农作物中重金属镉、铬、铅污染水平及人群健康风险评估	武隆区疾病预防控制中心	叶　建	
20		"农村义务教育学生营养改善计划"对我区学生营养和健康状况改善效果评估	武隆区疾病预防控制中心	杨　静	

【科技普及】 2020年，区科技局开展“首届武隆区科普讲解大赛暨第七届重庆科普讲解大赛武隆区预赛”活动，选送3名优秀选手参加全市复赛。“科技活动周”期间，开展“科技战疫·创新强国”为主题的科技活动，并牵头承办“绿色动力助推经济高质量发展”分论坛，邀请10余名国内外专家教授开展学术探讨，探索“坚持绿色发展共享生态资源”的新路径。组建由142名科技特派员组成的科技服务团1个和产业专家组5个，持续推进全区184个行政村科技帮扶全覆盖。围绕高山蔬菜、高山茶叶、特色林果、水产养殖等产业引进推广新品种、新技术100余个（项），引进项目6个，开展各类培训340余期（次），培养乡土人才56名，服务农户7200余人次，帮助解决产业技术难题190余个。

【武隆国家农业科技园区】 12月23日，重庆武隆国家农业科技园区入选第九批国家农业科技园区；位于双河镇，项目建设总面积8666.67公顷；主导产业为高山蔬菜产业，有蔬菜龙头企业、蔬菜专业合作社、蔬菜种植场和种植大户等新型经营主体559家。

（区科技局）

知识产权

【概况】 2020年，全区成立强化知识产权保护工作领导小组，制定《武隆区知识产权工作会议事规则》，推进知识产权服务、强化知识产权执法保护。全区先后培育地理标志证明商标7件，累计注册商标3952件、专利授权总量1994件。

【商标注册】 2020年，全区商标新注册507件，累计商标注册量3952件，同比增长16%。引导个体、企业、农民专业合作社等创新发展、注册商标，引导具有“名、特、优、新、稀”农副等优势产品申请注册地理标志商标。

【专利授权】 2020年，全区专利新增授权91件，其中发明专利5件，实用新型69件，外观设计专利17件；全区专利授权总量1994件。

2020年武隆区授权发明专利情况表

表45

序号	授权公告日	授权公告号	名称	专利权人	发明人
1	2月7日	CN106673485B	一种防水剂、防水抗裂砂浆及自防水建筑结构	重庆忠臬建筑科技有限公司	王冲、李治伟、邹胜斌、李光贵
2	5月19日	CN107052264B	钧体铸造系统	重庆通耀铸锻有限公司	贯非、岳国志、陈壮林、罗运鹏、陈建林、郭彦胜
3	9月29日	CN109225467B	立式双转子锤粉机	重庆盛勋机械制造有限公司	张信聪
4	9月29日	CN109225467B	二次码烧系统的废坯处理装置	重庆盛勋机械制造有限公司	张信聪
5	12月11日	CN107066104B	电脑汉英互读互译键盘最佳键位	白马镇高商展	高商展

2020年武隆区授权外观设计专利情况表

表46

序号	授权公告日	授权公告号	名称	专利权人	设计人
1	2月7日	CN305589004S	鞋底（8）	羊角街道庙岭村关剑	关剑
2	4月17日	CN305712510S	相框（金属）	桐梓镇桐梓村彭小刚	彭小刚
3	5月5日	CN305753400S	鞋底（188）	羊角街道庙岭村关剑	关剑
4	5月5日	CN305753391S	鞋底（988）	羊角街道庙岭村关剑	关剑
5	5月5日	CN305753390S	鞋底（688）	羊角街道庙岭村关剑	关剑
6	6月26日	CN305873114S	鞋子	凤来镇临江村曹羽	曹羽
7	7月24日	CN305935273S	鞋子（200401）	凤来镇临江村曹羽	曹羽
8	7月28日	CN305941867S	鞋子（20200403）	凤来镇临江村曹羽	曹羽
9	10月9日	CN306090997S	酒罐子	重庆洞之魂酒业有限公司	黄清华
10	10月13日	CN306097980S	汽车储物盒	平桥镇平胜村李帮林	李帮林
11	10月13日	CN306096043S	鞋子（20200402）	凤来镇临江村曹羽	曹羽
12	10月16日	CN306100262S	鞋子（200402）	凤来镇临江村曹羽	曹羽
13	10月16日	CN306100261S	鞋子（200403）	凤来镇临江村曹羽	曹羽
14	10月20日	CN306109731S	鞋底(68)	羊角街道庙岭村关剑	关剑

续表 46

序号	授权公告日	授权公告号	名称	专利权人	设计人
15	11月13日	CN306169441S	浴室供暖设备（热水雾传热介质）	凤来镇青龙村陈佳全	陈佳全
16	11月20日	CN306178618S	鞋底（718）	羊角街道庙岭村关剑	关　剑
17	12月1日	CN306202824S	挂饰（貔貅招财纳福）	火炉镇后槽村江春	江　春

【保护管理】 2020年，全区开展知识产权进园区、进企业活动，主动为辖区企业提供知识产权服务；开展知识产权优势及示范企业培育、专利分析导航、企业知识产权贯标等工作，增强企业自主创新能力。通过“4·26”知识产权宣传周等活动宣传知识产权法律法规。开展知识产权行政保护专项行动、“昆仑2020”专项行动、打击商标恶意注册和非正常专利申请行为专项行动、绿色技术知识产权保护专项行动；多部门开展联合执法行动8次。区市场监管局查处侵犯注册商标专用权案件2件，区文化旅游委查处侵犯他人著作权案件7件。

（区知识产权局）

气象服务

【概况】 2020年，区气象局印发气象灾害防御工作要点、气象灾害防治目标考核细则，气候趋势预测基本准确；全年发布重大防灾决策服务材料443期、节假日及高中考气象服务材料14期，发布疫情防控气象保障信息246条120万人次；启动应急响应8次；完成观测自动化改革，实现无人值守；开展防雷安全生产检查企业30家；发表科技论文3篇，1项科研项目立项，生态气候宜居监测与研究示范站落实经费1418万元；在气象行业职业技能竞赛中获个人单项三等奖1人次，个人全能优秀奖2人次，团体第九名，1人获重大气象服务先进个人；芙蓉、凤山街道创建市级标准化气象灾害防御街道；开展重要农事季节、关键农时、农业气象灾害监测气象服务，完成三农专项验收工作。

【气象保障服务】 2020年，区气象局全年发布重大防灾决策服务材料443期，发布预警信号53条、短信484条500万人次，处置预警信息6104条、1019万人次，外部电话叫应共297次，部门引用50次，政府转发或引用32次；通过预警平台等渠道发布疫情防控气象保障信息246条120万人次；发布节假日、高中考气象服务材料14期；启动应急响应8次，开展平桥镇危岩垮塌、长坝镇滑坡险情、土地乡六井村中台组中堡滑坡险情应急气象保障服务工作，共发布应急材料30期；开展5次专题气象保障服务，发布材料23期，完成武隆绿色发展国际论坛、仙女山机场校飞试飞首飞等重大活动气象保障服务。

【气象监测预警】 2020年，区气象局印发气象灾害防御工作要点、气象灾害防治目标考核细则。芙蓉、凤山创建市级标准化气象灾害防御街道；联合其他“三指”开展气象灾害防御工作大检查大排查；通过会议、电话等组织联合会商，及时通报最新天气趋势和气象风险，联合发布防御对策措施和建议；加强气象监测预警和应急处置；常态化开展气象风险隐患排查，开展重点地区的灾害隐患整治。优化气象监测站网布局；灾害性天气过程一般提前2～3天准确预报，特别是“6·27”“7·12”暴雨，准确预报起止时间、量级和落区；暴雨预警信号、强对流天气命中率100%。完成观测自动化改革，实现无人值守。

【气象为农服务】 2020年，区气象局助推接龙等9个乡镇评为清新清凉乡镇；1月10日，后坪苗族土家族乡获评“重庆气候清凉避暑地”“网友最想去的十大重庆气候宜居宜游乡镇”；在中国天气网、重庆卫视电视天气预报等栏目宣传后坪，助推旅游扶贫；开展重要农事季节、关键农时、农业气

7月10日，重庆市武隆区气象局开展人影作业现场培训　　夏开华　摄

1 月 16 日，重庆市武隆区人影作业装备通过市级验收　　夏开华　摄

象灾害监测气象服务，完成三农专项验收工作。

【灾害气象服务】 6 月 20—22 日，全区遭遇强降雨天气过程，大部地区暴雨，部分地区大暴雨。据监测显示，大洞河乡累积雨量 166.6 毫米，江口镇 158.2 毫米。6 月 19—22 日，区气象局共制作发布《重要气象信息专报》1 期，《强对流天气预警》6 期，《气象风险预警》3 期，《雷电橙色预警信号》1 期，《暴雨黄色预警信号》1 期，《暴雨红色预警信号》1 期，《雨情通报》13 期，《专题气象服务——气象监测（乌江流域降水监测）》3 期，《大溪河流域，乌江流域未来三天天气预报》2 期；通过预警平台发送短消息 27 条 16.4 万人次；电话叫应有关部门及乡镇共 55 次，向区领导电话汇报 6 次。7 月 22 日，土地乡六井村中台组中堡发生滑坡；区气象局先后报送《武隆区土地乡六井村中台组中堡滑坡险情应急气象保障服务》14 期、《雨情通报》3 期、“强天气预报” 2 期、“雷电橙色预警信号” 1 期、“暴雨黄色预警信号” 1 期。

【人工影响天气作业】 2020 年，全区出动高炮作业 14 次，发射人雨弹 208 发，火箭 1 次，火箭弹 6 枚，实现炮控区无重大冰雹灾害，确保蓄水，缓解旱情。1 月 16 日，区气象局人影作业装备通过市级年检；2—9 月，采用“线上直播”和“线下实际操作”方式开展人工影响天气作业人员安全教育培训；5 月，对双河、白云、文复等 6 个人影作业站开展安全大检查

【防雷安全监管】 2020 年，区气象局进一步落实防雷安全监管责任，开展防雷安全生产检查企业 30 家，下达责令限期整改通知书 25 份，现场处罚决定书 3 份（警告）。

（区气象局）

教育

综 述

【概况】2020年，全区有各级各类学校148所，比上年减少2所，下降1.33%；在校学生55617人，比上年减少1530人，下降2.68%；有教职工4664人，比上年增加190人，增长4.25%。全区学校占地124.31万平方米，比上年增加0.11万平方米，增长0.09%；校舍建筑面积81.96万平方米，比上年增加3.98万平方米，增长5.10%。

【表彰命名】2020年，区教委被区委、区政府评为中华人民共和国中国成立70周年维稳工作“成效突出单位”，区教师进修校获全市“电大教育先进集体”称号；老师童敏获“重庆市教书育人楷模”称号，高艺丹获重庆市法治优质课竞赛一等奖，高婷婷获全市统战知识进课堂教学比赛渝东南片第一名，张宏获重庆市群文阅读现场优质课大赛一等奖；学生陈海燕获2020年度“全国优秀少先队员”称号，陈彦琳获全国法治知识竞赛第一名，高初中选手参加全市化学元素故事会及教学设计竞赛3人次获一等奖。区教委扶贫集团帮扶的长坝镇及大元村、2名教育系统干部分别获区委脱贫攻坚工作先进集体、先进个人表彰，武隆中学、实验小学和2名教育系统干部分别获记功奖励、嘉奖奖励。

2020年武隆区教育事业情况表

表47

类别	学校数（所）	毕业生数（人）	招生数（人）	在校生数（人）	教职工数（人）	
					总计	其中专任教师
总计	148	15398	14448	55617	4664	4055
中等职业教育	2	1071	1448	3800	287	268
普通高中	4	2008	2387	6764	930	861
普通初中	6	4442	4459	13497	623	566
普通小学	56	4848	2939	21976	1985	1919
特殊教育	1	10	17	111	35	24
学前教育	79	3019	3198	9469	804	417

说明：此表数据包含民办教育，数据来源于《2020—2021年学年初武隆区教育事业统计综合报表》

2020年武隆区办学条件情况表

表48

类别	占地面积（万平方米）	校舍面积（万平方米）		运动场地面积（万平方米）	固定资产值（亿元）		图书（万册）		教学用计算机（台）
		计	其中教学及行政用房		计	其中教学仪器设备值	计	其中电子图书（万GB）	
总计	124.31	81.96	37.76	17.87	10.79	0.8	272.51	176.47	5752
中职教育	8.34	5.76	2.97	1.58	0.54	0.17	25.78	22	944
普通高中	29.93	22.61	9.9	1.3	4.97	0.19	55.84	28.98	1303
普通初中	16.77	11.02	3.9	5.4	1.13	0.12	77.89	60.2	889
普通小学	55.11	33.06	14.35	5.42	4.15	0.32	94.46	53.68	2616
特殊教育	0.16	0.23	0.13	0.06	*	*	11.09	11	*
学前教育	14	9.28	6.51	4.11	*	*	7.45	0.61	*

说明：此表数据包含民办教育，数据来源于《2020—2021年学年初武隆区教育事业统计综合报表》

2020年武隆区教育经费与办学水平统计表

表49

类别	数量	类别	数量
教育经费总收入（万元）	103868.33	每万人口在园幼儿数（人）	265
其中：国家财政性教育经费	98037.71	每万人口在校小学生数（人）	673
社会捐、集资办学经费	133.37	每万人口在校初中生数（人）	378

续表 49

类别	数量	类别	数量
事业收入	4855.24	每万人口在校高中阶段学生数（人）	189
教育经费总支出（万元）	102472.79	学前三年毛入园率（%）	93.12
其中：事业性经费支出	102472.77	小学适龄人口入学率（%）	99.96
基本建设投资项目支出	2934.74	初中适龄人口入学率（%）	99.78
财政预算内教育经费支出占财政支出的比例	16.88	高中阶段教育入学率（%）	98
政府教育财政拨款的增长与财政经常性收入的增长比例	11.2	小学毕业生升入初中比例（%）	99.78
小学生均预算内教育事业费（元）	15519.69	初中毕业生升入高中阶段教育比例（%）	98
初中生均预算内教育事业费（元）	15377.8	教育人口占总人口的比例（%）	—
普通高中生均预算内教育事业费（元）	8658.97	人均受教育年限（年）	10.98
中等职业学校生均预算内教育事业费（元）	16550.71		
小学生均预算内公用经费（元）	3164.83		
初中生均预算内公用经费（元）	2295.36		
普通高中生均预算内公用经费（元）	1908.36		
中等职业学校生均预算内公用经费（元）	5300.71		

说明：此表数据包含民办教育，数据来源于《2020 年全国教育经费统计报表》

【学校建设】 1月6日，实验中学、后坪小学、青吉小学被评为重庆市第五批义务教育阶段体育（艺术）特色学校；12月1日，江口小学、火炉镇中心校、白马镇中心校、鸭江中学被评为2020年全国青少年校园足球（篮球）特色学校；12月25日，江口小学被评为重庆市第六批义务教育阶段艺术特色学校。全年新增特色项目学校8所，创建特色学校、特色项目学校55所次，其中国家级、市级命名34所。是年，拟定《2020年武隆区教育改革工作要点》；修改完善中小学办学水平综合督导评估指标体系，引入第三方评价机制。印发《深化教育教学改革全面提高教育质量的实施意见（试行）》。推进教师绩效分配改革，强化教师教学常规管理和底线目标考核。推进高考综合改革，普通高中教育质量实现突破。

2020 年武隆区市级以上特色学校名录

表 50

学校	项目	命名名称	类别	级别	命名单位	命名时间
武隆中学	校园篮球	2018 年全国青少年校园篮球特色学校	特色项目	国家级	教育部办公厅	2018 年 11 月
实验中学	校园篮球	2018 年全国青少年校园篮球特色学校	特色项目	国家级	教育部办公厅	2018 年 11 月
实验二小	校园篮球	2018 年全国青少年校园篮球特色学校	特色项目	国家级	教育部办公厅	2018 年 11 月
实验小学	校园篮球	2019 年全国青少年校园篮球特色学校	特色项目	国家级	教育部办公厅	2019 年 8 月
白马中学	校园篮球	2019 年全国青少年校园篮球特色学校	特色项目	国家级	教育部办公厅	2019 年 8 月
江口中学	校园篮球	2019 年全国青少年校园篮球特色学校	特色项目	国家级	教育部办公厅	2019 年 8 月
白马中学	校园足球	2019 年全国青少年校园足球特色学校	特色项目	国家级	教育部办公厅	2019 年 10 月
土坎中学	校园足球	2020 年全国青少年校园足球特色学校	特色项目	国家级	教育部办公厅	2019 年 10 月
江口小学	校园足球	2020 年全国青少年校园足球特色学校	特色项目	国家级	教育部	2020 年 12 月
火炉镇中心校	校园篮球	2020 年全国青少年校园篮球特色学校	特色项目	国家级	教育部	2020 年 12 月
白马镇中心校	校园篮球	2020 年全国青少年校园篮球特色学校	特色项目	国家级	教育部	2020 年 12 月
鸭江中学	校园篮球	2020 年全国青少年校园篮球特色学校	特色项目	国家级	教育部	2020 年 12 月
白马镇中心校	花式跳绳	重庆市教育委员会第三批体育艺术特色学校	特色项目	市级	重庆市教委	2016 年 4 月
职教中心	校园足球	重庆市第二批校园足球特色学校	特色项目	市级	重庆市教委	2016 年 5 月
长坝中学	校园足球	重庆市第二批校园足球特色学校	特色项目	市级	重庆市教委	2016 年 5 月

续表 50

学校	项目	命名名称	类别	级别	命名单位	命名时间
火炉镇中心校	校园足球	重庆市第二批校园足球特色学校	特色项目	市级	重庆市教委	2016 年 5 月
白马镇中心校	花样跳绳	重庆市第二批义务教育阶段艺术特色学校	特色项目	市级	重庆市教委	2017 年 1 月
石桥乡中心校	木叶吹奏	重庆市第二批义务教育阶段艺术特色学校	特色项目	市级	重庆市教委	2017 年 1 月
浩口乡中心校	民族教育	重庆市民族教育特色学校	特色项目	市级	重庆市教委、市民宗委	2017 年 12 月
桐梓中学	校园足球	重庆市第三批校园足球特色学校	特色项目	市级	重庆市教委	2017 年 12 月
后坪乡中心校	后坪山歌	重庆市第三批非物质文化遗产传承教育基地	特色项目	市级	重庆市教委	2017 年 12 月
石桥乡中心校	木叶吹奏	重庆市第三批非物质文化遗产传承教育基地	特色项目	市级	重庆市教委	2017 年 12 月
浩口乡中心校	仡佬族蜡染、篾鸡蛋	重庆市第三批非物质文化遗产传承教育基地	特色项目	市级	重庆市教委	2017 年 12 月
巷口镇青吉小学	棕编艺术	重庆市第三批非物质文化遗产传承教育基地	特色项目	市级	重庆市教委	2017 年 12 月
实验二小	义务教育	重庆市义务教育特色学校	特色学校	市级	重庆市评估院	2018 年 5 月
浩口乡中心校	义务教育	重庆市义务教育特色学校	特色学校	市级	重庆市评估院	2018 年 5 月
石桥乡中心校	义务教育	重庆市义务教育特色学校	特色学校	市级	重庆市评估院	2018 年 5 月
浩口乡中心校	蜡染艺术	重庆市第四批义务教育阶段艺术特色学校	特色项目	市级	重庆市教委	2018 年 7 月
黄莺乡龙洞小学	根雕艺术	重庆市第四批义务教育阶段艺术特色学校	特色项目	市级	重庆市教委	2018 年 7 月
石桥乡中心校	民族教育	重庆市民族教育特色学校	特色项目	市级	重庆市教委、市民宗委	2020 年 1 月
实验中学	太极拳	重庆市第五批义务教育阶段体育特色学校	特色项目	市级	重庆市教委	2020 年 1 月
后坪小学	山歌	重庆市第五批义务教育阶段艺术特色学校	特色项目	市级	重庆市教委	2020 年 1 月
青吉小学	棕编艺术	重庆市第五批义务教育阶段艺术特色学校	特色项目	市级	重庆市教委	2020 年 1 月
江口小学	石画	2020 年第六批义务教育阶段艺术特色学校	特色项目	市级	重庆市教委	2020 年 12 月

【教育基础设施建设】 2020 年，武隆区完成固定资产投资 5894 万元。白马镇中心小学校改扩建项目、实验小学改扩建项目、长坝镇中心幼儿园建设项目完工投用。脱贫攻坚寄宿制学校建设黄莺乡中心小学校学生宿舍项目完工投用，桐梓中学学生宿舍改扩建项目主体完工。实验中学迁建项目完成项目立项批复、用地预审、选址意见书，项目规划方案设计经区初审会审查通过。

【教育督导】 是年，区政府教育督导委员会成立，由区长任主任，相关职能部门负责人任成员，区政府教育督导室作为其办事机构，配备副主任 1 人、工作人员 3 人。成立教育督导与质量监测中心，设立教育督导责任区，分设中学、小学、幼特教 3 个责任区，公开选聘专职责任督学 9 人，聘兼职责任督学 18 人，督学按与学校数 1 : 5 的比例配备。实现各级各类学校责任督学挂牌督导全覆盖。全年参加国家级市级督学培训 10 人次，区级培训 54 人次，参培率 100%。建立健全督政、督学、评估监测三位一体的运行机制，开展经常性督导、专项督导 4 次和综合督导 1 次；组织开展 2020 年中小学教育质量监测、全市基础教育质量监测。

【教育资助】 2020 年，全区制定并落实从学前到大学全覆盖的贫困家庭子女入学资助政策，建立完善贫困学生资助数据库、比对机制和补资助机制。全年发放学前教育、义务教育、高中及大学阶段学生资助金 3905.768 万元，助学贷款 2226.09 万元，实现应助尽助。学生营养改善计划应享尽享，全年共发放营养改善资金 1612.04 万元，惠及全区 82 所学校，2.67 万名学生。

【全覆盖配备兼职卫生副校（园）长】 5 月，区教委联合区卫生健康委从全区各级医疗卫生机构抽调 29 名医务人员，为全区 105 所中小学、幼儿园全覆盖配备兼职卫生副校（园）长，任期 2 年，可连续聘任，可 1 人兼任多个学校卫生副校（园）长。

学前教育

【概况】 2020 年，武隆区学前三年毛入园率 93.12%，普惠覆盖率 97.42%，公办园幼儿占比 57.98%。全区建立以城带乡的帮扶机制，依托“城区—乡镇—农村”三级幼教教研网络、3 个学前教育发展共同体、幼教名师工作室，发挥优质学前教育资源辐射带动作用，促进城乡学前教育均衡发展。全年城区共有幼儿园 15 所，其中公办园 3 所，民办园 12 所。全年新评定等级幼儿园 17 所，全区消除无等级幼儿园。全年改造农村薄弱幼儿园 20 所。

4 月 24 日，重庆市武隆区示范幼儿园大门　　代君君　摄

【普惠性幼儿园建设】 2020 年，武隆区投入 1756 万元，新增 1 所羊角古镇大庄幼儿园，改扩建幼儿园 4 所，改善民办幼儿园户外活动场地和喷淋系统 19 所，惠及全区普惠幼儿园 8041 名儿童。

【区示范幼儿园】 始建于 1956 年，由重庆市武隆区人民政府举办，重庆市武隆区教育委员会管理的公办全日制幼儿园，是武隆第一所公办幼儿园，唯一一所市级合格性示范园，位于凤山街道建设中路 116 号，占地面积 5177.33 平方米，建筑面积 8370 平方米，户外活动场地面积约 2800 平方米。现有 18 个教学班，918 名幼儿。教职工 83 人，其中正式教职工 43 人。市级骨干教师 3 人，区级学术技术带头人 2 人，区级骨干教师 7 人；学前教育名师工作室 1 个，区级学前教育名师工作室学员 3 人；教师专业合格率 100%。

基础教育

【概况】 是年，全区共有基础教育校（园）数 148 所，其中幼儿园 79 所，小学 56 所，初中 6 所（含九年一贯制学校），高中 4 所。全区基础教育招生 14477 人，其中高中 2387 人，初中（含九年一贯制学校）4459 人，职业中学 1448 人，小学 2939 人。全区基础教育在校生 55852 人，其中高中 6764 人，初中（含九年一贯制学校）13497 人，职业中学 3800 人，小学 21976 人。基础教育毕业生 15429 人，其中：高中 2008 人，初中（含九年一贯制学校）4442 人，职业中学 1071 人，小学 4848 人。

【义务教育】 是年，全区继续巩固义务教育基本均衡发展水平，小学辍学率为 0，初中辍学仅 10 人，辍学率 0.074%；初中无 56 人以上大班额，小学无 66 人以上超大班额，大班额仅 18 个，占比 2.85%；全区差异系数小学为 0.453，初中仅 0.317。启动开展创建义务教育优质均衡区工作，经过监测，乡镇中小学达标率达到 90% 以上，初中差异系数 0.257。

【普通高中教育】 全区高考报名 3000 人，参考 2980 人，高考录取率 92.7%。是年，推进高考综合改革，完善“3+1+2”选科制度，建立“选课走班”班级管理和教学管理模式；完善高中学生综合素质评价体系，举办首届高中学生艺术特长展评活动；建立高中学生职业生涯规划指导制度和建设体系，形成与新时代职业就业相适应的新型管理机制。实施普通高中促进计划，新增立项市级精品选修课程 1 门、优秀学生社团 3 个，开展 2 个课程创新基地、7 门精品选修课程建设和 7 个科研课题研究。武隆中学的高中生物课程创新基地通过市级验收；长坝中学的精品选修课程《灾害地理》获优秀结论，武隆中学的《武隆民俗》获良好结论。

【重点学校】 重庆市武隆中学　创建于 1942 年，2006 年被重庆市政府授予“重庆市重点中学”称号。学校分为凤山校区（初中部）和棉花坝校区（高中部），占地面积 20.67 公顷，建筑面积 15 万平方米；其中，凤山校区占地面积 7.33 公顷，建筑面积 3 万余平方米，棉花坝校区占地 13.34 公顷，建筑面积 11 万余平方米，2017 年 8 月建成投入使用。学校现有多媒体教室、计算机教室、语言实验室、

9 月 29 日，武隆区示范幼儿园开展中秋国庆双节主题活动　代君君　摄

7 月 5 日，武隆中学举行高考状元门活动　禹保位　摄

7月10日，武隆区实验中学　　区教委　供图

理化生实验室等20余间，4个教育基地，包括高中数学创新基地、高中生物创新基地、消防科普教育基地、禁毒教育基地。全校现有学生8000余人，其中初中部现有61个教学班，学生3200余人，高中部有78个教学班，4800余人。现有教职工508人，其中专技教师475人，特级教师及研究员级教师1人，高级教师66人；研究生学历54人；市、区级骨干教师79人，学术技术带头人8人。2020年，学校学生高考重本上线400人次。

重庆市武隆区实验中学　单设初级中学；建于1978年，原名武隆县巷口中学，2003年更名为重庆市武隆县实验中学，2017年更名为重庆市武隆区实验中学。学校占地24811平方米，建筑面积29840平方米。学校现有52个教学班，学生2820人；有教职工215人，其中国家级优秀教师1人，市级骨干教师8人、市级学科名师1人，市级骨干校长1人，市级班主任2人，区级骨干教师29人，区级学术技术带头人及后备人9人，中高级教师134人。教师学历达标100%。2020年10月，被重庆市妇女联合会和重庆市教育委员会命名为重庆市家庭教育创新实践基地；12月，被中国关心下一代工作委员会命名为2020年度三宽家长学校优秀实践学校。

重庆市武隆区实验小学　始建于1929年；先后更名为董家坝小学、巷口小学；2003年7月，将巷口小学与巷口镇希望学校合并，校名始定为实验小学，校址设在乌江北岸兰溪沟畔；2016年新建凤溪校区，投资2亿元。2017年秋，凤溪校区交由实验小学实行集团化管理。全校共占地约6.67公顷，在职在编教职工363人，专任教师355人，研究生学历1人，本科学历218人，专科141人，中师3人，特级教师1人，市级骨干教师20人，区级骨干教师46人，武隆区学术技术带头人1人。教学班139个，在校学生6622人。其中，凤溪校区占地4公顷，教职员工149人，教学班60个，学生3044人。2020年，学校学生参加各类活动获奖1500余人次，其中国家级奖1人次，市级奖励68人次，区级奖励59人次，校级奖励1250人次。

重庆市武隆区第二实验小学　位于凤山街道建设东路89号，于2008年5月启动建设，2009年4月动工，2010年8月竣工投入使用。占地面积41513平方米，建筑面积17049平方米，运动场18035平方米，总投资8000余万元。2018年2月武隆区第二实验小学集团正式成立，集团由5所学校组成，分别为第二实验小学集团总部、第二实验小学集团渝港完小、第二实验小学集团广杨完小、第二实验小学集团蒲板完小、第二实验小学集团黄柏渡校点。

集团现有班级75个，学生3382人，教职工224人。教职工中，党员96人；本科学历137人，专科学历87人；高级教师15人，一级教师96人；区级名校长工作室1人，区级名师工作室学员5人，学术技术带头人及后备人5人，市级骨干教师11人，区级骨干教师31人。2020年，全校师生在各级各类比赛中分获一、二、三等奖250余次；先后获武隆区科技创新教育优秀学校、武隆区教育科研示范学校、区教委学校绩效考核优秀单位，组织参加重庆市小学校园足球联赛，获男子甲组、女子组、混合组三等奖。

职业教育

【概况】　全年招收高一新生1386人，在校学生3752人。全区中职学生参加高职分类招生考试升学率100%，本科上线160人。组织33名教师赴企业参加行业实践，学生就业率96.8%，双证通过率92.33%；教师参加2020年中职学校教师教学能力比赛获市级二

6月10日，武隆区实验小学综合楼及运动场　　杨运动　摄

6月7日，武隆区第二实验小学　　区教委　供图

等奖 4 人次、三等奖 4 人次；全年开展各类培训共 21 期，1050 人次。

【学校建设】 重庆市武隆区职业教育中心（武隆旅游学校）2007 年由重庆市人民政府命名为“重庆市重点中等职业学校”，2011 年由教育部命名为“国家级重点中职学校”，2018 年 5 月由重庆市教委命名为“重庆市发展与改革示范中职学校”，2019 年 1 月被列为全市 36 所重庆市高水平中等职业学校建设学校，2020 年通过中期评估，位列 27 名。是年，学校改扩建完成投资 9217.46 万元，完成实训综合楼、教学楼整体工程及部分单项验收。

【职业技能大赛成绩】 4 月 15 日，重庆市第十二届中等职业学校职业技能大赛获奖名单公布，区职业教育中心共获奖项 23 项，其中获二等奖 3 项，三等奖 20 项。

2020 年武隆区参加重庆市第十二届中等职业学校职业技能大赛获奖情况表

表 51

序号	参赛项目	参赛组别	赛制	选手姓名	指导老师	获奖等级
1	旅游服务—茶艺	中职学生组	团体赛	陈鑫娅	谭晓玲、杨　祝	二等奖
2	旅游服务—茶艺	中职学生组	团体赛	杨　羊	谭晓玲、杨　祝	二等奖
3	文化艺术—服装设计与工艺（服装造型与设计）	中职学生组	个人赛	胡仁美	张海燕	二等奖
4	财经商贸—电子商务（PC 端博导前程）	中职学生组	团体赛	杜　林	谢　瑜、金洪兰	三等奖
5	财经商贸—电子商务（PC 端博导前程）	中职学生组	团体赛	杨天川	谢　瑜、金洪兰	三等奖
6	财经商贸—电子商务（PC 端博导前程）	中职学生组	团体赛	陈航宇	谢　瑜、金洪兰	三等奖
7	加工制造—电子电路装调与应用	中职学生组	个人赛	廖建虹	申　翼	三等奖
8	加工制造—焊接技术	中职学生组	个人赛	张　杰	蒋　泽	三等奖
9	加工制造—集成电路测试及应用	中职学生组	团体赛	周　强	申　翼、邵　霞	三等奖
10	加工制造—集成电路测试及应用	中职学生组	团体赛	尤纪勇	申　翼、邵　霞	三等奖
11	加工制造—集成电路测试及应用	中职学生组	团体赛	石建勇	申　翼、邵　霞	三等奖
12	加工制造—数控车工	中职学生组	个人赛	徐　勇	袁　锌	三等奖
13	旅游服务—烹饪（冷拼与雕刻）	中职学生组	个人赛	贺慧灵	冉明亮	三等奖
14	旅游服务—烹饪（冷拼与雕刻）	中职学生组	个人赛	蔡柳勤	冉明亮	三等奖
15	通用—数字影音后期制作	中职学生组	个人赛	罗　元	余络南	三等奖
16	通用—数字影音后期制作	中职学生组	个人赛	吕　逊	谢　瑜	三等奖
17	文化艺术—服装陈列与展示设计	中职学生组	个人赛	杨嫦贻	曹玮玮、杨　琼	三等奖
18	文化艺术—服装设计与工艺（服装造型与设计）	中职学生组	个人赛	张永红	何　敏	三等奖
19	文化艺术—模特表演（模特服装表演）	中职学生组	个人赛	亓文凤	陈　爽	三等奖
20	信息技术—网络搭建与应用	中职学生组	团体赛	冷银川	邓晓宁、谢　瑜	三等奖
21	信息技术—网络搭建与应用	中职学生组	团体赛	崔桔荣	邓晓宁、谢　瑜	三等奖
22	加工制造—单片机控制装置安装与调试	中职教师组	个人赛	申　颖	无	三等奖
23	信息技术—网页（Web）前端开发	中职教师组	个人赛	王　莹	无	三等奖

【学生实习就业】 2020 年，区职业教育中心学生实习就业组织 616 名学生参加跟岗实习、450 人参加顶岗实习，学生就业率 96.8%，双证通过率 88.7%。

【承办培训】 全年共开展扶贫创业、新型职业农民、老年教育等各类培训共 15 期，2506 人参训。

成人教育与民办教育

【概况】 全区有社区教育学院 1 所、街镇乡社区教育学校 26 所，社区学习中心 210 个，职教中心 1 所，区委党校 1 所，老年大学 1 所，职业培训机构 5 个，青少年活动中心 1 个，博物馆 1 个，图书馆 2 个。经区教委许可审批的民办教育学校共 40 所，其中民办幼儿园 20 所，民办培训机构 20 所。

【社区教育】 2020 年，全区完善芙蓉街道、凤山街道社区学校阵地建设，培育芙蓉街道的兰溪夜校和仙女山街道“仙山乐社”大本营新项目 2 个。开通“武隆社区教育”微信公众号，推进掌上学习，推进“芙蓉夜话书场、汉平大家谈、讲师团流动课堂、区家庭教育网络讲堂”社区教育品牌建设。

【培训活动】 全年开展农村实用技术、扶贫公益等培训，结合党员进社区、家长进课堂、老年教育试点、公序良俗建设等专项活动，开展教育培训、竞赛展演，居民参培率达30.1%。

【成人高自考】 2020年，全区参加成人高考139人，录取121人。其中，本科录取77人，专科录取44人。全年参加自学考试1144科次，合格科次237次(因有非本籍考生参考，造成合格科次低于参考科次数)。

【民办教育管理】 全年开展民办教育年度检查，20所民办幼儿园和19所培训机构为合格结论，1所培训结构未招生，未下年检结论。开展民办幼儿园等级评定，新增市一级幼儿园1所、市二级幼儿园2所。实施民办教育扶持政策，全年共补助民办幼儿园409.2826万元，其中幼儿园生均公用经费补助107.6125万元、幼儿资助补助20.2309万元、受疫情影响运行经费补助61.74万元、户外活动场地及消防喷淋系统改造补助219.6992万元。开展校外培训机构专项治理行动，对问题机构进行分类治理，对无证无照1个非法机构实施关停，重大安全隐患的3个机构实施搬迁或整改，整顿无安全演练活动机构9个、监控设备损害机构3个、无安全记录机构3个、灭火器过期整改1个。

特殊教育

【概况】 2020年，区特殊教育学校先后选派运动员参加全国第十届残疾人运动会暨第七届特殊奥林匹克运动会迷你滑雪赛获3枚金牌、1枚银牌；重庆市残疾人运动会获5枚银牌、7枚铜牌，5个第四名，4个第五名，2个第六名。12月28—31日，举行第一届艺术节活动，分为运动会、技能展示、艺术作品展示、文艺会演4个板块。

9月14日，武隆区实验小学凤溪校区光盘行动主题班会　　吴春花　摄

【学校建设】 武隆区特殊学校位于凤山街道建设东路67号；为九年一贯制学校，集言语听力障碍、智力障碍、视力残疾、肢体残疾和自闭症儿童康复、教育为一体，同时还承担全区随班就读学生的指导和资源中心建设的工作。全年有教学班9个，学生115人，其中聋教班2个，共22人，培智班7个，共93人。现有教职工28人，高级教师3人，一级教师13人，市级骨干教师1人，区级骨干教师3人，党员14人。

【特殊儿童少年竞赛获奖】 1月，区残联为区特殊教育学校参加第十届残疾人运动会暨第七届特殊奥林匹克运动会迷你滑雪比赛获奖学生颁发奖牌；陈海燕获女子智力残疾组50米、100米2项金牌，获比赛项目奖10万元、体育道德风尚奖1千元，李政億获女子听力残疾组500米金牌和100米银牌，获比赛项目奖7万元，雷贵园获女子智力残疾组50米、100米银牌，获比赛项目奖4万元，窦雪峰获男子肢体残疾组50米站式、100米站式第八名，获比赛项目奖1.3万元。

师资建设

【概况】 2020年，区教育工委班子成员5人，其中书记兼任教委主任1人、专职副书记1人，委员2人兼任教委副主任、委员1人兼任纪检监察组组长。区教委机关和直属事业单位中层干部17人，各级各类学校校级干部119人。提拔任命校级干部13人，其余校级干部交流6人，免职11人，进一步考察使用学校专职副书记1人，撤县设区校级干部考察任用2人。开展教委中层干部交流轮岗5人，新提拔3人，免职5人。公务员晋升三级调研员1人。

【教师人才】 全区有特级教师7人、市级学科带头人2人、市级学科名师9人、市级农村学科带头人1人、市级骨干教师112人、市级骨干校长3人，有区级学术技术带头人和后备人48人、区级骨干450人，区级骨干校长10人。有正高级教师3人、高级教师505人、一级教师1610人。中小学名师名校长工作室8个。

【培训引进】 全年236名青年教师参加教师基本功考核，组织各类骨干参加骨干考核。举办干部教师培训共10期1075人次参培，国培市培460人次，帮扶培训162人次，区外挂职锻炼10人。引进济南67名骨干教师到武支教。招聘新教师171人，其中研究生25人，全科教师14人，安排到农村学校113人；外区县调入3人。签约2020级小学全科教师25人，学前教育公费师范生5人。提高乡村教师补助标准，每

9月10日，武隆区第二实验小学雅韵民乐团演奏　　杨劲松　摄

月补贴300～900元/人，1964人享受补助，总金额1177.96万元。

【教师表彰】 9月10日，区委、区政府在区委会议中心一会议室召开第36个教师节庆祝大会，表彰40名优秀教师、10名优秀教育工作者。

教育教学

【概况】 2020年，全区共办理学生流动1445人次，其中跨省流动339人（外省转入232人，跨省转出107人）；市内区外流动共计392人（市内区外转入103人，转出到市内区外289人）；区内流动共计407人；恢复入学资格2人，休学137人，复学119人，死亡8人，就读中职11人，高中部分退学30人。

【学生德育】 全年开展以“中国梦”“社会主义核心价值观”为主题的教育活动20余场，评选武隆区新时代好少年10名。组织7所中央级乡村学校少年宫参加市级考核，获特等奖1个、一等奖1个、二等奖5个，获奖励经费27.5万元。开展“中华魂”主题教育读书活动2次，白马中学、实验小学被教育部关工委表彰为先进集体，刘波浪、郑美伶被评为先进个人。“党建带团建、团建带队建”成绩突出，实验小学被评为全国文明校园，陈海燕被评为“全国优秀少先队员”，陈麒、廖晨荀被评为“重庆市优秀少先队员”，陈静、李莉、陈俊宇被评为“重庆市优秀少先队辅导员”，实验小学、浩口小学校六（1）中队荣获重庆市少先队先进集体，陈彦琳获全国法治知识竞赛冠军，高艺丹获得重庆市法治教育优质课竞赛一等奖。

【艺术教育】 全年参加2020年重庆市中小学生艺术月系列活动获二等奖2个、三等奖5个，武隆区教委获优秀组织奖。江口镇中心校（石画）获重庆市第六批义务教育阶段艺术特色学校称号。

教育科研

【概况】 全年投入资金1521.61万元，实施教育薄弱环节改善与能力提升规划项目；全区师生线上教学覆盖率达97.5%；教育本地云项目建成13台硬件服务器，云空间398T；协同电信公司建设同步课堂和专线课堂，后坪乡中心校和鱼子完小实现课堂同步教学。

【科技创新】 全年组织开展全区中小学师生科技创新教育活动，推荐作品参加35届重庆青少年科技创新大赛活动，14件作品获奖，实验小学获武隆区科普示范学校。全区7名学生获科技创新区长奖，6名学生获科技创新区长奖提名奖。

【教研成果】 全年结题市级课题4个（胡天胜主持的“教学行为改进促进教师专业发展的实践研究”，蒋邦勇主持的“山区中学学生物理语言表达素养培养研究”，陈刚主持的“武隆县农村中小学音乐教育现状分析与策略研究”，张麒麟主持的“少数民族地区农村小学木叶吹奏校本课程开发与实践研究”）；申请结题区级课题18项（星期五评审）；区级课题成果结项课题17项。新申报市规划办课题2个（武隆中学张云主持的“基于捆绑机制下的城乡教育优质均衡的实践策略研究”，凤溪幼儿园汪玉琴老师的“体验式绘本阅读促进农村幼儿园留守儿童心理健康教育的研究”），高中促进计划精品课程申报成功1个（长坝中学杨先兵的“足球”）；重庆市社团申报成功2个（武隆中学余静怡老师的“舞蹈社”，白马中学张悬娜老师的“形舞坊舞蹈社团”）。7月2日，区教育科学规划办组织专家进行最终复评，“基于深度学习的小学数学合作学习教学实践研究”“山区初中学生英语口语表达能力培养研究”等37项课题被立项为年度教育科研课题，其中重点研究课题3项。全市基础教育征文竞赛获得一等奖30个，二等奖63个，三等奖83个。

【语言文字】 全年组织开展第二届中华经典诵写讲大赛，实验小学教师李昌凤获教育部教师软笔组优秀奖，武隆中学学生陈思丹获教育部中学硬笔组优秀奖。开展第二十三届“推广普通话周”活动。开展武隆区第二届“武隆好老师”教师演讲比赛活动。完成第三批语言文字达标学校建设工作，总达标率100%。组织普通话水平等级测试1期，共340人次。

（区教委）

卫生健康

综　述

【概况】至年末，全区有卫生机构332个，床位2739张。卫生机构中，有医院11个、社区卫生服务中心4个、乡镇卫生院22个、村卫生室177个。年末医疗卫生机构有卫生技术人员2354人，其中执业（助理）医师931人、注册护士1036人、技师（士）118人。医疗卫生机构床位2739张，其中医院2186张，乡镇卫生院346张，每千户籍人口实有床位7.71张。医疗卫生机构全年总诊疗201.03万人次，医疗卫生机构住院6.02万人，出院6.04万人，住院患者手术1.27万人次，每百人急诊入院5.27人。住院死亡率0.36%，急诊死亡率0.01%，病床周转23.5次/年，病床使用率74.4%。至年末，全区围产儿出生缺陷发生率6.67‰，低出生体重儿发生率1.59%。孕产妇产前检查率99.8%；孕产妇住院分娩2075人，住院分娩率100%。婴儿死亡率4.34‰，5岁以下儿童死亡率8.20‰，“八苗”接种率96.79%。

是年，区卫生健康委成立领导小组，下设6个专项组，制定工作方案，迅速统筹全系统医疗资源，并选派3名技术骨干支援湖北孝感，累计召开领导小组会议、专题会议46次；设置发热门诊，组建医疗队，协助乡镇和60个检疫点做好排查，落实居家隔离任务，累计接诊发热患者3000余例，现场开展及指导流行病学调查100余次，指导复产复学2000余家，参与和指导消毒930余万平方米；发放宣传资料50万余份，国家、市级媒体报道50余篇；开展“疾控大培训”，将防控知识纳入医务人员“三基”培训内容。

全年投入4000余万元为各级医院配置CT、DSA、DR、救护车等设备；获市级科卫联合项目1个、区级科技计划项目4个，创建市级重点专科3个、正在创建3个，推进区胸痛、创伤、危重孕产妇救治、危重儿童和新生儿救治等“四大中心”建设，区卒中中心通过市级专家评审确认；完善重大疫情应急响应机制，妥善处置突发公共卫生事件9起，开展紧急医学救援10起，公众应急培训200人。完成基层中医馆信息系统建设，申报市级精品中医馆项目1个、市级特色专科项目1个、市级课题调研项目1个、市级继教项目4个，中医师承传承创新2人。落实基本公共卫生服务项目补助经费2589万元，完成家医签约9.3万余人，高血压、糖尿病、重精患者规管率75.53%、78.47%、96.03%，艾滋病检测9万余人，孕产妇无死亡，“两癌”免费筛查13510人、12580人，均优于全市平均水平。中医院二甲创建成功，区级医院等级创建启动，实施基层医院等级评审、卫生室星级创建，中医院新院、城区2个社服中心建成投用，儿科大楼动工修建，博爱医院迁建、疾控中学业务楼完成主体施工。

【医疗体制改革】2020年，全区推进区人民医院现代医院管理制度市级试点，探索推进薪酬制度改革。开展区域医共体“三通”市级试点，组建推进纵向以区人民医院“1+6”、区中医院“1+5”，横向以白马、桐梓中心卫生院为试点的“纵联横合”医共体。全面落实医保药品集中带量采购，推行药品采购“两票制”。编制《武隆区卫生健康信息化建设规划》，启动智慧医疗平台一期建设，完成120指挥调度系统建设，实现全区120车辆的统一调度管理。推进医疗卫生行业综合监管，完成国家、市级“双随机”任务抽查281家，监督完成率、任务完结率均达100%，开展医疗废物、放射等6个专项执法行动。

【美丽医院建设】2020年，区中医院新院、城区2个街道社区卫生服务中心建成投用，区妇幼保健院儿科大楼破土动工，博爱精神病医院迁建、区疾控中心业务综合楼主体工程完工，福康医院迁建进入前期实施阶段。区中医院成功创建“二甲”中医院，区人民医院“三甲”、区妇幼保健院“二甲”创建启动，乡镇卫生院等级评审、村卫生室“星级”创建开展。推进羊角、仙女山、赵家、和顺、鸭江等5个乡镇卫生院（街道社区卫生服务中心）“美丽医院”建设。

【卫生健康人才建设】全年引进副高级紧缺人才4人，公招研究生3人、本科生4人、紧缺人才7人、属地化医学生2人，轮训基层医务人员32人，合理用药线上培训562人；引入山东帮扶专家27人，送培7人，以人才引进方式成功引进济南市中医医院专家王锡和聊城市疾控中心专家张世英。

（区卫生健康委）

【农村“厕所革命”】全年统筹新增计划资金546万元，使用530万元。开展督查，将农村改厕作为重要内容，发现问题及时督促乡镇（街道）整改。市级考核目标为500个户厕和26座公厕，实际全区共完成2500个无害化户厕和34个农村公厕建设，上报市级无害化户厕台账600个和农村公厕28座。

（区卫生健康委）

新冠肺炎疫情防控

【概况】2020年，全区设置定点救治医院1个、备用救治医院1个、集中隔离点1个，规范设置发热门诊4个，建成核酸检测实验室4个。组建医疗救治专家组1个、基层医疗小分队27个，治愈新冠肺炎确诊病例1例、排除疑似病例3例、解除密切接触者186人、重点人群排查2.2万人，完成确诊病例、疑似病例、密接人员“三清零”。

1月21日，全区医疗卫生系统新型冠状病毒疫情防控工作部署会召开，迅速成立武隆区卫生健康系统新冠肺炎防控工作领导小组，下设6个专项组；累计召开专题部署、领导小组会46次。在区人民医院、区中医院、区妇幼保健院、福康医院4个医院设置发热门诊。抽调20名医疗专家组成集中救治医疗队，组建27个基层医疗小分队，协助乡镇（街道）和60个检疫站点做好人员排查工作，落实居家隔离观察任务。其间，累计接诊发热患者3000余例，其中收治隔离治疗137人，现场开展及指导流行病学调查100余次，追踪管理密切接触者186人，参与和指导消毒930万余平方米，指导复工复产复学所涉企业2000余家、学校100家。

全区建立常态化疫情防控机制，全面落实“应检尽检”，加强对国内外重点区域到武隆返武隆人群管控，实施动态监测和管理。强化农贸市场人员、医疗机构人员、外卖、快递、冷链食品各环节环境及从业人员核酸检测，累计检测28814份，结果均为阴性；完成区疾控中心、区人民医院、区妇幼保健院、福康医院核酸实验室建设，新增PCR核酸扩增仪5台，完成区人民医院、区中医院、福康医院发热门诊规范化建设，完成区妇幼保健院、各乡镇卫生院（社服中心）发热诊断室规范化设置，完成区人民医院感染科、负压病房、负压手术室改造工程建设等。截至12月底，全区累计确诊病例1例（已治愈），累计筛查疑似病例3人（已排除），累计管理密切接触者186人（已解除），累计开展重点人群排查22764人，核酸检测37720份，均为阴性。

【疫情防控能力建设】 全年投入2200万余元，新增PCR核酸扩增仪5台，建成核酸实验室4个，完成发热门诊、负压病房、负压手术室和ICU改造建设，购置负压救护车2台。

【疫情防控督查】 全年共计出动监督执法人员360人次，督查乡镇（街道）和村居530余次、各级各类医疗机构342家、公共场所580家、药店157家、交通检疫站57个、复工复产企业45家、学校103所。（区卫生健康委）

【疫情防控应急演练】 2月4日，全区新冠肺炎疫情防控应急演练在区世纪广场举行。演练模拟到武隆某景区旅游的自驾游游客王某，出现发烧、咳嗽等症状，到区人民医院发热门诊就诊，被确诊为新冠肺炎确诊病例（轻型）。区人民医院立即对该病例进行逐级报告，并按照全市定点医院划定救治要求将谭某转运至市公卫中心治疗。区新冠肺炎疫情防控工作领导小组随即启动应急预案，按规定召开新闻发布会发布信息，第一时间开展流行病学调查、密切接触者追踪管理等工作，对该病例所在小区楼栋、景区及超市等地实行封控管理，对所在辖区街道内居民开展大规模人群核酸检测，并针对性采取集中隔离、居家封控等措施，超过14天未发现新增病例。本次演练包括病例发现与报告、流行病学调查、密切接触者追踪管理、防控区域管控、全员核酸筛查、信息登记、应急响应终止等环节，以直观的方式演练疫情防控的标准流程和做法，全面检验全区应急指挥和统筹协调能力。

【运输系统疫情防控】 调整运力结构，做好运输保障工作。1月28日，省际班线客车、县际班线客车、所有包车客运停运；1月30日，停运全区所有的农村班线客运、包车（旅游）客运、城市公交车，同时为已提前购买车票的旅客办理退票事宜。保障老百姓基本出行，根据市民的出行规律，合理调配每日城区运行的出租车数量，要求出租汽车驾驶员佩戴口罩，车辆每日消毒，不搭载未戴口罩的乘客。1月30日起，根据医护人员出行需求实行定制服务，开通接送医护人员免费专线公交，方便医护人员上下班，每天运行3辆车，6个班次。制定道路运输应急保障方案，安排30辆客运汽车，25辆普通货运汽车，77辆乡镇农村客车，10辆公交车，142名高素质、高水平的驾驶员作为应急车辆和驾驶员，协调处理应急救援或转运物资人员，确保疫情防治物资人员及时运输。

抓好源头管理。全区设立2个公交车消毒点，2个出租车消毒点，1个班线客车消毒点，1个站场消毒点，3个农村客运消毒点；是督促企业落实消毒制度，建立相关台账，驾驶员签字确认，做到运行车辆消毒率100%；坚持每天对参营客车、出租车、公交、客运站、凤溪小学公交首末站消毒；对车站旅客进站测体温和劝导佩戴口罩，严格执行未佩戴口罩不能乘坐公共交通工具规定。

分类分步推进企业复工复产。2月8日起，按照区疫情防控组复工复产要求，全区道路运输行业逐步恢复，自2月18日恢复部分公交客运线路营运（102路、103路），2月23日起恢复城区城郊公交线路，2月24日起恢复区内客运班车，2月25日起，开行农民工返岗定制包车，3月7日投入运行出租车146辆，全区16家二类维修企业2月12日起陆续复产复工，于3月6日全部复产复工。

（区交通局）

2月4日，武隆区新冠肺炎疫情防控应急演练现场

代君君　摄

2月11日，武隆区芙蓉街道芙蓉社区卫生服务中心采样

区卫健委　供图

2 月 22 日，重庆市武隆区支援湖北孝感疾控队出征仪式　　区卫健委　供图

【青年志愿服务疫情防控】 2020 年，团区委通过“武隆共青团”微信公众号（12 万名粉丝）发布《武隆区疫情防控志愿者紧急招募令》《致全区广大团员青年的倡议书》推文，组建网上舆论引导、防护劝导、便民服务、执法协查和入户排查 5 支青年突击队，共招募志愿者 247 人。组织全区青年在宣传引导、路口检测、便民服务、援鄂物资转运、援鄂医护人员服务、青少年课业辅导、复工复产复课等 8 个方面发挥作用。

疫情防控志愿服务。开展走访摸排。组织 120 余名志愿者，配合凤山、芙蓉街道 10 余个社区，在楼宇、路面、广场、商户等地方开展走访摸排、宣传劝导、便民服务、消杀清洁等疫情防控工作。累计入户排查 9500 余户，发放倡议书、告知书等宣传资料共 8200 余份。深入高速路口开展车辆排查。组织 13 名志愿者，配合交管、卫生等部门，在高速路武隆收费站进行蹲点排查，对入武车辆进行信息登记，对外籍车辆进行劝返。累计排查登记车辆 5700 余辆、劝返车辆 380 余辆、劝返 620 余人。深入农贸市场开展秩序维护。组织 30 余名志愿者在超市、农贸市场开展秩序维护工作，对进入超市、市场的人员进行体温测量，对市场经营人员开展防控知识宣传。累计监测体温人数 2.3 万余人。开展医护人员关爱活动。组织 41 名志愿者对 39 名抗疫一线医护人员及其家属开展“一对一”服务，开展学业辅导、物资采购等志愿服务 81 件次。开展志愿献血活动。组织开展“志愿献血共抗疫·武隆青年在行动”志愿献血活动，为市民送献血政策、献血爱心礼包。组织 83 人参加，献血量达 2.76 万毫升。积极配合区政府外办，招募 43 名翻译志愿者，为外防输入储备志愿者。向团市委、市青基金会等部门争取疫情防控物资，共落实一次性医用口罩 3080 只、医用 PVC 检查手套 2800 副、消毒液 165 瓶、防护面罩 20 副，统筹用于全区疫情防控和志愿服务需要。

青少年心理健康教育。开展网上舆情宣传引导。利用网络新媒体积极开展疫情防控网络宣传引导工作，弘扬主旋律，传播正能量。“武隆共青团”微信公众号、“青青武隆”微博公众号推送疫情防控相关推文共计 101 篇，阅读量 10.2 万人次。线上讲座助复学复课。邀请西南政法大学心理健康咨询中心主任针对全区中小学家长及学生开展两期心理健康教育网络讲座，共 8058 名家长学生在线观看，获点赞数 41.3 万余次，通过线上团课缓解学生入学前不良情绪。

青年企业复工复产。组织 30 余名志愿者，走进寻梦园等企业开展志愿服务，解决企业复工劳动力短缺问题。利用“武隆共青团”微信公众号发布复工复产政策、员工招聘等推文 19 条，点击量 1.5 万人次，帮助企业招聘人员 20 余人。向全区青年企业征集复工复产存在的难题 8 个，解决 8 个。邀请专家、创业导师以送技术、送服务等方式，走访青年企业 6 家，解决企业复工复产问题 7 个。聘请相关专家和部门负责人，成立青年企业“导师帮帮团”，常年为青年企业提供技术支持和政策解答。　（团区委）

【援助捐赠】 援鄂医疗队员。2 月 20 日，武隆区组建新冠肺炎救治后备队伍，由区人民医院 7 名医生、13 名护士，区中医院 3 名医生、7 名护士组成。2 月 23 日，区疾控中心人员孙毅、陈旼媚随重庆第 15 批支援湖北医疗队到孝感市，在分别大悟县新冠肺炎防控指挥部疫情防控组、孝感市疾控中心工作；累计完成样品核酸检测 13708 份，开展疫情防控相关培训 10 期次 260 人次，梳理完善大悟县新冠肺炎疫情防控应急预案和流调工作建议。2 月 28 日，区人民医院重症医学科主任、副主任医师彭顺刚作为重庆市第 18 批援鄂医疗队成员到湖北省孝感市中心医院重症隔离一病区工作。3 月 28 日，3 名队员返回重庆。4 月 11 日，3 名医疗队员结束隔离回家，全区举行欢迎仪式。

援鄂生活物资。2 月 13 日，武隆援助湖北 50 余吨生活物资（包括青菜头 15 吨、土豆 5 吨、南瓜 10 吨、甘蓝 10 吨、萝卜 10 吨，以及猪肉 1.2 吨）启运；14 日 1 时 43 分运抵湖北省宜昌市夷陵区，与当地红十字会进行交接。2 月 25 日，援助湖北省孝感市 60 吨生活物资启运；于 26 日运抵孝感市，与当地商务局进行交接，物资包括 52 吨新鲜蔬菜、3 吨猪肉、1000 份碗碗羊肉和羊角豆腐干等生活所需品。

涉外物资捐赠。2 月，全区主动向海外友好城市发出防护物资捐赠倡议，日本泉佐野市政府和白俄罗斯政府分别向武隆捐赠口罩 2 万只和 4000 个。3 月 28 日，武隆区向泉佐野市捐赠一次性口罩 2.6 万只。

（区卫生健康委、区红十字会、区委外办）

医疗健康服务

【概况】 2020 年，全区建立完善基本公共卫生服务项目综合评价考核体系，提升基本公共卫生服务管理水平，居民健康档案建档率 96%，0 ~ 6 岁儿童健康管理率95.40%，早孕建册率、产后访视率分别为98.69%、96.92%，“八苗”接种率均95%以上，65岁及以上老年人高血压、糖尿病、在册重精患者规范管理率分别为59.74%、62.91%、95.8%。推进尘肺病防治攻坚行动，开展重点行业尘毒危害专项治理、尘肺病随访调查专项行动，建设尘肺病康复站1个，创建健康企业3家。

【健康促进行动】 全年统筹协调组织实施15项健康监测行动，开设专栏1500期，开展讲座1300期、宣传270余次，居民健康素养20.75%；公共场所母婴设施配置率100%，10个医院通过健康促进医院验收，二级综合医院老年科设置率100%；推进慢性病综合防控示范区建设，持续推动尘肺病防治攻坚行动，建设康复站1个，创建健康企业3家；创建国家卫生区，新增国家卫生镇1个、市级卫生乡镇2个，无烟医疗卫生机构和无烟学校全覆盖，无烟党政机关覆盖率40%以上，建成卫生厕所2500个、公厕34座。推进健康促进医院建设，完成4所医院命名，其余单位通过验收，截至年末，全区完成6所市级、11所区级健康促进医院创建工作，健康促进医院创建率58.62%。协助区教委开展健康促进学校创建工作，完成20所健康促进学校验收，全区38所中小学（除村小）全面完成健康促进学校创建。无烟环境建设。巩固“无烟草城区”创建成果，开展无烟环境创建。全区截至年末所有28家医疗机构均创建无烟医院，二级以上医院规范设置戒烟门诊开展戒烟干预。全区学校、机关、重点企事业单位等共计85个完成“武隆区无烟单位”创建验收。贫困地区健康促进三年攻坚行动。累计召开3次基层健康教育骨干培训会，共培训300人次；督促全区各级各类医疗机构开展健康教育进乡村讲座活动700余次。指导并协助各基层卫生机构开展健康教育进家庭活动，制作并发放健康教育宣传处方30000余份（含健康扶贫宣传海报、健康教育慢病处方）、健康实用工具漱口杯2600个、无纺布口袋5000个、围裙袖套5000套。

【全区居民可免费享受31项基本公共卫生服务】 全区推进基本公共卫生服务均等化，为城乡居民提供31项基本公共卫生服务，2020年人均补助经费提高到74元。从2019年1月1日起，基本公共卫生服务内容包括以下几方面：建立居民健康档案，健康教育，预防接种，儿童健康管理，孕产妇健康管理，老年人健康管理，高血压和2型糖尿病等慢性病患者健康管理，严重精神障碍患者管理，肺结核患者健康管理，中医药健康管理，传染病和突发公共卫生事件报告和处理，卫生监督协管，地方病防治，职业病防治，重大疾病与健康危害因素监测，人禽流感、SARS防控项目，鼠疫防治，国家卫生应急队伍运维保障管理，农村妇女“两癌”检查项目，基本避孕服务项目，贫困地区儿童营养改善项目，贫困地区新生儿疾病筛查项目，增补叶酸预防神经管缺陷项目，国家免费孕前优生健康检查项目，地中海贫血防控项目，食品安全标准跟踪评价项目，健康素养促进项目，国家随机监督抽查项目，老年健康与医养结合服务管理，人口监测项目，卫生健康项目监督管理等。

【居民健康素养监测】 全年制定《武隆区2020年居民健康素养监测工作方案》，开展居民健康素养监测，累计有效监测482人，涉及全区6个乡镇12个村社，经市健康教育所确认，武隆区2020年居民健康素养水平为20.75%，达到全市居民健康素养平均水平。

【全区居民健康管理】 截至12月，全区居民健康档案建档率96%；0～6岁儿童健康管理率95.40%；早孕建册率、产后访视率分别达98.69、96.92%；65岁以上老年人、高血压患者、糖尿病患者健康管理人数分别达3.77万人、2.26万人、0.48万人；老年人、0～36个月儿童中医药健康管理数分别达3.48万人、0.72万人；妇女宫颈癌、乳腺癌免费检查人数分别达1.35万人、1.25万人；组建家庭医生团队120个，在家且有意愿居民签约9.17万人。

【健康教育宣传】 全年印制宣传资料28种20万余页（册），自制基本公共卫生服务项目宣传折页、画册和海报近2万册（页），制作帆布袋、搪瓷杯及围裙袖套等宣传实物1.6万余份。全区医疗卫生机构累计更新中医养生、常见传染病知识、新冠肺炎知识、慢性病防治知识、基本公共卫生服务项目内容、季节性气候应对等生活常识内容专栏1434期，其中村卫生室更新近1093期。全年各单位以进机关、进校园、进社区、进乡村契机开展内容涵盖新冠肺炎防治、中医养生、慢性病防治、季节性传染病知识、基本公共卫生服务项目内容等讲座活动近200期，各村卫生室依托健康促进三年攻坚行动重点围绕健康素养66条、重点疾病和传染病防治、健康扶贫政策等内容开展讲座730余次，累计受益4万余人次，其中重点针对新冠肺炎防控、慢性病防控、传染病防控等知识大型巡讲6次。各医疗卫生机构开展卫生节日的相关宣传、咨询、义诊等活动310余次，累计受益人群达25万余人。充分利用电视、报纸、LED等大众传媒传播健康知识，全年电视台对武隆区健康教育工作进行20余次播报，每周设立健康知识专题栏目“健康面对面”；在武隆电视台综合频道、旅游频道7种公益广告滚动播出《新冠肺炎健康知识》《远离肺结核》《你的成长，疫苗来守护》《全民健康生活方式》《居民健康66条》《控烟》和《科学健身》等主题公益广告，呼吸道传染病、流感、新冠肺炎、碘缺乏等疾病户外LED滚动播出温馨提示字幕，利用LED、楼宇电梯宣传平台滚动播放新冠肺炎、居民健康素养66条、控烟、健康生活方式、艾滋病、科学健身等健康公益视频；利用“健康武隆”微信公众平台发布健康信息90余条。武隆报、武隆人民政府网、华龙网共刊登健康核心知识30余期。利用公交车车载电视播放新冠肺炎防控、艾滋病宣传、健康生活方式行动及国家基本公共卫生服务政策宣传合计1000余小时。新冠肺炎疫情期间在“健康武隆”公众号发布疫情防控相关知识60余篇，制作并发放宣传资料5万余份，在全区各机关企事业单位、学校、医院、户外LED、电梯视频、车载广告等场所播放疫情防控健康教育视频，在全区范围内宣传疫情防控相关知识。（区卫生健康委）

卫生监督

【概况】 全年将卫生健康综合行政执法及协管工作纳入区委、区政府对乡镇（街道）的实绩考核内容。合理划分区域职能。明确城区和核心旅游景区以区级监管为主、属地乡镇（街道）协助，其余乡镇按属地化管理的模式进行日常监管。全区有85名协管员、215名村信息员。

【综合监管】 全区公共场所、医疗卫生、学校卫生等12个专业年度监督覆盖率均达100%，年度人均监督户次数达398户。截至12月中旬，共查处违法案件126件，其中公共场所卫生60件、学校卫生10件、饮用水卫生1件、医疗卫生29件、传染病防治16件、放射及职业卫生8件、餐饮具消毒1件、计划生育1件，人均查处案件达21件，罚款金额共计18.07万元。

【行业行风整治】 全年累计开展协管巡查10312户次（其中巡查公共场所2971户次），异常信息报告1310件，报告率100%；开展协管督导112次。全年共抽查医疗机构、公共场所、学校、饮用水单位等共240家，监督完成率、任务完成率及任务完结率均达100%，查处案件26件，并将抽查结果和处罚信息及时在“信用重庆”进行公示。全年共受理举报投诉案件8件，立案查处2件，办结率、回复率和满意率均达100%。

【执法监督】 全年查处违法案件126件，罚款18.07万元；推进“平安医院”建设，落实安全政绩考核责任制，完成医疗责任保险投保，全年处理医疗纠纷6起。

【专项行动】 全年开展病原微生物实验室、餐饮具集中消毒单位、消毒产品、医疗废物与医疗污水、医疗美容、学校卫生等专项监督检查行动，下达卫生监督意见书60余份，在“回头看”检查中对未进行整改的违法行为进行立案查处，共计查处违法案件10件。

【宣传培训】 全年编撰卫生健康综合执法简报22期，《重庆卫生监督》杂志刊登信息3篇、论文1篇，华龙网、新华网、重庆日报等市级主流媒体正面宣传报道28次，区政府门户网站、武隆手机报等报道10次，组织各类宣传、咨询活动8次，疫情期间还推选1名先进典型及支部党员代表在区融媒体中心进行宣传报道。强化培训力度。全年组织开展职业病防治工作暨业务知识培训、基层医疗机构依法执业暨中医药管理培训，并选派区乡两级28名执法业务骨干赴济南开展集中培训及现场观摩学习，总计参训人员达800余人；组织执法人员参加市级及区级网络培训学习，参学率及合格率均达100%。全年共培训协管员120余人次。（区卫生健康委）

疾病防控

【概况】 2020年全区共发生突发公共卫生事件9起，均为未分级事件。全区无甲类传染病发生，报告乙类传染病10种1038例、丙类传染病6种1433例。

【传染病防治管理】 法定传染病报告。2020年全区无甲类传染病发生。报告乙类传染病10种1038例，发病率252.85/10万，较上年同期下降18.52%，死亡6例，死亡率1.46/10万，较上年同期下降100%；报告丙类传染病6种1433例，无死亡病例，发病率为349.07/10万，较上年同期下降40.61%。

重点传染病报告。2020年新型冠状病毒肺炎确诊病例1例、疑似病例3例；报告手足口病病例879例，无死亡病例，发病率为214.12/10万，发病较上年上升71.35%；报告乙肝病例240例，其中急性乙肝14例，慢性乙肝226例；报告流感病例147例，无死亡病例，发病率35.81%，较上年同期下降88.25%。

H7N9及不明原因肺炎监测、狂犬病监测。据不明原因肺炎病例监测报告汇总统计，门诊登记152732例，无不明原因肺炎病例报告。无H7N9病例报告。无狂犬病病例报告，无犬伤人事件报告。

【突发公共卫生事件应急处置】 是年，全区共发生突发公共卫生事件9起，均为未分级事件。其中，手足口病4起、布病3起、诺如病毒1起、新型冠状病毒肺炎1起，疫情均得到及时有效控制。

【性病与艾滋病防治】 全年共报告性病5种262例，无死亡病例报告，报告发病率为77.06/10万，去年相比下降11.78%。其中淋病54例占发病总数的20.62%，梅毒126例占发病总数的48.09%，尖锐湿疣61例占发病总数的23.28%，生殖器疱疹8例占发病总数的3.05%，生殖道沙眼衣原体13例，占发病总数的4.96%。

全区自愿咨询检测2073人；筛查被监管人员161人，检测结果均为阴性；全年干预覆盖率95%；发放安全套3600余个，发放宣传资料3600余份；全区共检测孕产妇2115人，未发现HIV阳性病例，发现梅毒阳性16人，均开展母婴阻断。

【结核病防治】 是年，全区管理结核病人432例，病人管理率95%以上；非结防机构共报告结核病传报卡1091张，其中重卡295张，转诊到位554例，追踪到位126例，其他到位86例，死亡11例。总体到位765例，总体到位率为97.49%。结核病定点医院登记可疑肺结核患者842例，初诊免费痰涂片751例，初诊查痰率为89.19%；免费X线胸片检查706例，发现活动性肺结核患者432例；开展病原学阳性密切接触者筛查268例，未发现活动性肺结核病患者，病原学阳性密切接触者筛查率为99.63%；开展肺结核病患者HIV筛查428例，肺结核病患者HIV筛查率99.07%，发现初筛阳性1例；开展免费病原学痰培养716例，免费病原学分子生物学检测658例，免费耐药筛查280例；2020年结束治疗的533例肺结核患者中，治愈121例，完成治疗317例，肺结核死亡22例，丢失3例，诊断变更4例，不良反应停药29例，转入耐多药7例，其他30例，患者成功治疗率83.91%；利用“3·24”结核病宣传日共制作标语27幅，开展专栏27期，现场宣传29场，学校讲座4场，发放宣传资料10000余份，报社刊登结核病专题报道1期；招募志愿者52人，开展结核病知识进万家活动80余次，结核病防治知识入户宣传500余户，覆盖人群2万余人。

全年组织专业人员对学校开展2次结核病疫情巡视，核实学校肺结核传报卡信息141条，处理学校肺结核散发疫情25起，共计筛查密切接触者1458例，发现单纯PPD强阳性95例，发现活动性肺结核患者2例；开展初一、高一新生入学肺结核筛查6716例，发现单纯PPD强阳性112例，发现活动性肺结核患者4例；开展高二学生结核筛查3319例，发现单纯PPD强阳性148例，未发现活动性肺结核患者。

【慢性病防治】全年累计管理高血压病人22745人，规范管理17179人，规范管理率75.53%，最后一次血压达标20981人，血压控制率92.24%；管理糖尿病病人4908人，规范管理3852人，规范管理率78.48%，最后一次血糖达标4544人，血糖控制率92.49%。督导全区完成高血压和糖尿病在线学习培训，高血压获证率和高血压2020年重庆专项在线学习完成率均为100%，糖尿病获证率为96.25%。举办2020年重庆市万步有约启动会、武隆区“万步有约”职业人群大奖赛，招募30个分队，395人参赛，全国比赛成绩排名213名，较去年提高30名，全市比赛成绩排名20名，较去年提高3名。开展2020年家庭主厨减油减盐技能大赛和2020年儿童口腔综合干预项目工作。

慢性病综合防控示范区建设。召开武隆区创建慢性病综合防控示范区推进会1次，增加自助健康监测点2个，建成健康食堂6个、餐厅4个、健康公园1个、健康步道3条、健康一条街1个、健康自助监测点12个、健康单位10个、健康学校38所、健康村1个，更新维护健康公园、健康一条街、自助健康监测点等健康支持性环境。

【职业病防治】全区共有职业性尘肺病患者538例，主要分布在和顺镇、白马镇、鸭江镇等煤炭资源丰富乡镇及人口集中的凤山、芙蓉街道。白马中心卫生院尘肺病康复站被列入市卫生健康委尘肺病康复站建设试点单位，对全区尘肺病人提供对症治疗、康复指导、预防相关并发症以及宣教等服务。

【免疫规划】2020年全区共发放生物制品31种92207支，其中免疫规划疫苗46433，非免疫规划疫苗45774支；本地儿童“八苗”基础免疫报告接种率均达>95%；流动儿童报告接种率>95%；全区共有居住满3个月以上的0～6岁儿童23262人，建卡23242人，建卡率99.91%，建证23237人，建证率99.89%；

完成2020年春期新入托入学学生及2019年秋期入学时未全程免疫儿童预防接种证查验工作，对未全程儿童及时开展补种工作，完成未全程免疫儿童的补证、补种工作，全区共补证14人，完成补种628人，共补种1000针次，补种率达96.76%；完成辖区内2020年秋期新入托入学儿童开展预防接种证查工作，查验覆盖率100%，其中需补证2人，需补种569人，需补种1161剂次，目前补种工作正在有序开展中。

继续对AFP、麻疹/风疹、流脑、乙脑等疫苗针对疾病开展主动监测，严格执行病例电话报告制度。全年全区无流脑、乙脑及AFP病例报告。共报告疑似麻疹/风疹病例6例，经流行病学调查或实验室检测，1例临床诊断为风疹，5例诊断为其他出诊性疾病。对重庆儿童医院报告的2例现住址为武隆的AFP病例进行随访。

全年全区无接种事故发生，安全注射率100%。共报告AEFI病例27例，对所有报告病例均进行调查诊断和分类，并进行妥善处理。其中1例确认为接种疫苗后引起的异常反应，23例为接种疫苗后引起的一般反应，3例为接种疫苗引起的偶合反应。

【疾病防治监测】布鲁氏菌病防制监测　全年在芙蓉街道、凤山街道、桐梓镇、和顺镇、接龙乡等12个乡镇开展布鲁氏菌病防治监测工作，完成230名重点人群（兽医、饲养员、接羔员、育羔员和皮毛、乳肉加工人员以及与种畜和阳性畜有接触人员）的血清学监测采血和检测，检出布病阳性感染者5例（其中往年病例2例、隐性感染3例），经积极治疗已痊愈。

重点人群碘营养监测　全年对芙蓉社区、羊角社区、长坝镇、石桥乡、沧沟乡等5所小学8～10岁200名学生尿碘、家庭食用盐及五个乡镇（社区）的100名孕妇尿碘、家庭食用盐进行采样检测，共采集尿碘、碘盐样品600件，其中学生碘盐合格率96.00%；孕妇碘盐合格率96.00%。用B超法对200名8～10岁学生进行甲状腺肿大检查，6人甲状腺肿Ⅰ度肿大，8～10岁学生甲状腺肿大率为3.00%。

燃煤污染型地方性氟中毒防治　全年对7个燃煤型氟中毒病区村，开展改良炉灶率、正确使用率，玉米，辣椒正确干燥率调查，均为100%。8～12岁儿童氟斑牙检出率4.29%，行政村为单位综合评定7个村全部达到燃煤型氟中毒消除标准，消除的行政村数占比为100%，全区达到消除燃煤型氟中毒标准。对2019年查出的69名氟骨症病人已全部建档，并录入监测信息系统，落实氟骨症定点治疗医院1个。2020年随访69人（其中3人因病去世），对全部现存66名氟骨症病人进行签约服务管理，对38名自愿治疗的氟骨症病人开展药物治疗，完成2020年氟骨症病人治疗任务。

疟疾防治监测　全年对各级医疗机构发放疟疾RDT试剂条475份进行发热病人血检监测，截至年末，全区各级医疗机构未发现有境外居留史发热病人、有疑似疟疾症状病人以及原因不明发热病人等需要进行疟原虫镜检或RDT检测的可疑疟疾患者，全区无疟疾发病报告。

【公共卫生监测】水质监测　全年完

成农村城市饮用水监测项目、城乡水龙头水、创卫要求、“双随机”监测、应急检测及其他委托检测等任务共493件（包括应急水样）水质采样检测合格率63.89%，不合格原因主要是微生物、肉眼可见物、混浊度、色度、亚氯酸盐、铝指标超标。完成水质应急事件调查4起，参与应急保障水质检测4次。

食品监测　全年完成5类31件食品污染物及有害因素监测样品的采样和送检，监测指标共66项，上报数据513条，样品合格率100%，开展食源性疾病病例监测325例，处置食源性疾病聚集事件1起。

公共场所监测　全年完成部分乡镇（以景区为主）及城区住宿、美容美发、足浴场所、歌城等127家“双随机”公共场所检测，合格率91.13%。其中，公共场所用品用具检测超标指标主要是细菌总数和大肠菌群；参与应急保障公共场所检测3次，检测样品41件，所有检测指标均合格。

农村环境卫生监测　全年完成5个乡镇、20个村、100户家庭、8所中小学的基本情况调查和资料收集录入等；采集20个村的土壤进行重金属及蛔虫卵的检测，其中1份（沧沟乡青杠村）土壤检出活蛔虫卵，检出率5%，11个村（55%）重金属镉超过土壤污染风险筛选值，但未达风险管控值，铅和铬均在风险筛选值内。所有调查、检测结果均通过国家网络录入上报，并完成监测结果的分析汇总形成报告。

学校卫生监测　全年完成农村义务教育学生和学前教育儿童营养改善计划营养健康监测评估工作，收集整理2019—2020学年常规监测学校（11所中小学校和11所幼儿园）基本情况调查表；2000名中小学生的基本情况、体格表、体育成绩表、出勤表和6所重点监测学校的供餐表数据的收集、统计分析；942名学前教育儿童学生体格情况、体格表及出勤表和5所重点监测幼儿园的供餐表数据的收集、上报、统计分析。分别撰写农村义务教育学生和学前教育儿童营养改善计划营养健康监测评估工作报告各1份，并及时上报区卫生健康委。完成2020年470名学前教育儿童营养改善计划营养状况监测评估工作方案及现场监测工作（测量身高体重、检测血红蛋白、维生素A）。开展常见病和健康影响因素监测与干预工作，完成9所中小学和幼儿园的2956名学生（儿童）的近视检测，其中2787名中小学生增加检测其他常见病监测项目（包括龋齿、脊柱侧弯、身高体重、血压及青春期等项目）；完成2235名四年级及以上的中小学生的问卷调查和录入上报；开展7所学校环境现场调查和42间教室环境卫生监测工作；反馈学生异常情况1000余份。完成中小学生预防性健康体检工作，对2019学年城区14所中小学校（含2所分校）21981名学生的体检数据收集、统计分析，并将结果报告及时反馈给各学校；同时反馈给其他25个体检机构体检统计结果，反馈率100%。完成2019学年全区46084名中小学生预防性健康体检结果报告1份。完成全区23所学校“双随机”教学环境监测。

医院消毒效果监测　按要求全年对7个医疗机构医院污水进行监测，除粪大肠菌群合格率为89.47%，其余均为100%。对全区42家医疗机构共158件样品开展消毒效果监测，监测结果为：医护人员手合格率96.61%；使用中消毒剂合格率98.51%；压力蒸汽灭菌器合格率100%；诊疗物体表面合格率100%。

4月，武隆区职业卫生监测现场

区卫健委　供图

职业病防治与放射卫生监测　2020年度应完成职业性尘肺病回顾性随访调查747例；完成调查150家企业粉尘危害因素、化学毒物因素、物理危害因素、生物危害因素等职业病危害现状调查。完成8家企业的职业病危害因素调查与检测，完成率140%。根据职业健康体检网络上报数据收集职业健康核心指标1874例，复核187例；对辖区内13种职业性尘肺病、11种职业性肿瘤、职业性铅中毒、职业性苯中毒、职业性噪声聋及职业性传染病布鲁氏菌病开展职业健康核心指标常规监测、职业性尘肺病患者随访调查与管理、职业性肿瘤监测，共收集并审核网络体检报告（个案）808例，复核80例，审核与复核及时率100%。对区妇幼保健院、江口中心卫生院2个哨点医院的放射场所防护效果开展监测，显示2个定点医院放射设备的工作场所和周围环境辐射水平为本底水平，符合《医用X射线诊断放射防护要求》（GBZ130—2013）标准要求。对武隆区34个放射诊疗单位的放射人员开展个人剂量监测，4个季度共发放364人/次，监测结果显示无一人个人剂量超标，全区放射人员作业规范和放射场所相对安全。

雾霾监测　全年完成医院资料信息整理录入上报20余万条；完成气象、环保2020年365天监测数据收集整理上报；完成1023名小学生问卷（1679份）的整理和数据录入上报等。

（区疾控中心）

爱国卫生

【概况】2020年，全区开展城乡环境卫生整治行动、市场环境综合整治行动、家庭环境大扫除活动和科普宣传活动，针对不同场所的特点落实好环境卫生整治、病媒生物防制和科学消毒等工作。全年创建国家卫生区，新增国家卫生镇1个、市级卫生乡镇2个，无烟医疗卫生机构和无烟学校全覆盖，无烟党政机关覆盖率达40%以上，建成卫生厕所2500个、公厕34座。

4月9日，武隆区芙蓉街道芙蓉西路社区开展爱国卫生月活动　　蒋颖　摄

5月29日，武隆区凤山街道龙湖社区开展"世界无烟日"宣传活动　　徐爱荣　摄

【国家卫生城区（乡镇）创建】 争创国家卫生区。8月19—21日通过国家技术评估，并对专家组提出的问题完成整改后上报全国爱卫会。按照全国爱卫办要求进行公示，并收集上报公示情况，待全国爱卫办命名。创建卫生乡镇。7月29日，全国爱卫会命名2017—2019周期国家卫生乡镇，仙女山街道入选。仙女山街道、白马镇、江口镇、石桥乡继续巩固国家和市级卫生乡镇创建成果，通过区爱卫办组织开展的年度复查工作。桐梓镇、大洞河乡创建市级卫生乡镇于12月10—11日，通过市爱卫办专家组技术评估。

【爱国卫生月活动】 区爱卫办协调区级10个相关部门，印发《关于开展"防疫有我，爱卫同行"第32个爱国卫生月活动的通知》《关于印发2020年武隆区爱国卫生行动方案的通知》《关于继续强化部分行业爱国卫生工作的通知》等有关文件。4月14日上午，在区人民广场组织开展以"防疫有我，爱卫同行"为主题的第32个爱国卫生月宣传活动，区人民医院、区中医院、区妇幼保健院和2个街道社区卫生服务中心共10余名医务人员开展义诊和健康教育宣传，区疾控中心2名工作人员开展防疫知识和健康教育宣传，新天地有害生物防治公司4名工作人员开展四害消杀知识宣传，并免费赠送价值1000余元的粘鼠板、灭蟑毒饵和鼠药。全区26个镇街、城区11个社区相应组织开展宣传活动。

【病媒生物防制】 2020年，区爱卫办印发《关于印发2020年病媒生物防制工作实施细则的通知》《关于开展2020年全区春季统一灭鼠活动的通知》《关于开展2020年夏季灭蚊灭蝇灭蟑螂活动的通知》《关于开展2020年夏季预防登革热媒介蚊虫防制活动的通知》等文件，发动各部门、单位和街道、乡镇开展病媒生物消杀工作，新天地公司负责城区公共外环境病媒生物防制，同时，由重庆市卫健有害生物防治公司开展第三方评估，将病媒生物密度保持在C级标准。

【控烟行动】 全区开展第。33个世界无烟日宣传活动。印发《关于开展第33个世界无烟日宣传活动的通知》。5月29日上午，区卫生健康委联合多家区级医疗单位以"保护青少年远离传统烟草产品和电子烟"为主题的大型义诊宣传活动在人民广场开展，现场发放健康宣传资料共6种1000余份，发放宣传实物800余份。开展公共机构控烟宣传活动。全区各级医疗机构、中小学、公共交通系统、机关单位、新闻媒体结合实际，开展控烟宣传活动。开展无烟示范单位创建。4月，区爱卫办下发《关于开展"无烟示范单位"创建活动的通知》，发动全区各机关、企事业单位开展无烟单位创建，8月完成创建评审验收，共命名85个无烟示范单位，累计创建无烟党政机关44个，超过30%比例要求。同时，二级医疗机构按要求设置戒烟门诊。

（区疾控中心）

妇幼保健

【概况】 2020年，区妇幼保健院开展"两纲""两规"中妇女儿童健康指标的数据收集、资料整理和成效分析，10月22日接受市级"两纲""两规"终期评估，完成十三五"两纲""两规"监测工作。监测结果显示武隆区各项监测指标全部达到"两纲""两规"指标要求，部分指标优于全市平均水平。全年对医务人员、患者、家属及其探视人员进行体温监测，共监测8万余人次，检出体温异常65人次，转运到区人民医院20人次；建立新冠肺炎病毒核酸检测实验室并投入使用。

【新冠肺炎病毒核酸检测实验室】 8月25日，区妇幼保健院建立新冠肺炎病毒核酸检测实验室，通过市临检中心验收，投入使用。截至年末，累计检测核酸6224人次，其中本院工作人员检测680人次，检测率100%；患者、陪伴及其他医疗机构送检5544人次。

【健康管理】 全年孕产妇和0～6岁儿童实现信息系统管理。全区产妇1914人，活产数1933人，早孕建册1889人，早孕建册率98.69%；产后访视1855人，产后访视率96.92%；健康管理1780人，健康管理率99.27%。0～6岁儿童18831人，新生儿访视1874，访视率96.94%，健康管理17965人，健康管理率95.40%。

【群体保健】 全年开展全区妇幼工作人员集中专项培训3次，分片培训10余次，现场指导50余次，绩效评估2次。各乡镇卫生院（社服中心）结合疫情防控要求，开展辖区服务对象摸底登记、建档建册、追踪随访等健康管理工作。

农村妇女"两癌"和孕优检查项目。全区宫颈癌免费检查13510人，完成任务数（13500人）的100.07%，查出宫颈癌癌前病变12人（CIN1:3人，CIN2–CIN3:9人），宫颈癌3人，宫颈癌早诊早治率95%。乳腺癌免费检查：12580人，完成任务数（8000人）的157.25%，查出乳腺癌7人。孕优免费筛查1308人，目标人群（1304人）覆盖率100.30%，随访率98.43%，一年期妊娠率38.9%，高风险人群随访率100%，家庭档案合格率100%。

全年发放金额12.28万元的避孕药具，完成任务数（14万元）的87.71%（因疫情防控影响，市药具中心无法按时配货，未完成目标任务数）；人流术后避孕节育咨询指导1894人，随访率94.6%；产后避孕节育咨询指导1782人，随访率92.08%。全年应发放营养包45510盒，实际发放营养包43266盒，营养包发放率95.07%；调查儿童家长883人，有效服用708人，有效服用率80.18%；看护人健康教育覆盖率80.56%，核心知识知晓率80.31%。全年叶酸发放任务数2800人次，免费发放叶酸2020人次，完成任务数的72.14%，叶酸服用依从率97.97%，健康知识知晓率97.97%。

孕产妇艾滋病、梅毒和乙肝检查。全区艾梅乙免费筛查任务数2700人，区内医疗机构应筛查1824人，筛查完成率100%，其中筛查出HIV阳性孕产妇数3人（正常分娩2人，终止妊娠1人）；筛查出梅毒孕产妇数11人，按照规范给予干预治疗；筛查出乙肝阳性孕妇40人，乙肝阳性产妇分娩活产儿73人，接种乙肝免疫球蛋白73针次。

近视防治宣传工作。各乡镇卫生院（社服中心）全面开展0～6岁儿童眼保健和视力检查工作，共开展检查21520人，录入基本公共卫生服务系统20856人，覆盖率91.53%。

全区医疗机构内活产数1795人，新生儿疾病筛查1788人，筛查率99.61%。共发放《重庆市母子健康手册》1095本,《重庆市儿童保健手册》18本，手册使用率99.97%。托幼机构教职工应体检711人，实际体检644人，体检率90.58%。各医疗机构多次派专业人员到辖区托幼园所开展疫情防控、园区消毒、预检监测等指导，现场培训幼儿教师、保育员和保洁人员等2500余人次。全年出生证明首次签发1745份，7天内预录入98.51%。

（区妇幼保健院）

急　救

【概况】 2020年，区人民医院门急诊20016人次，减少10%，全年（1—11月）120出诊1993人次；收治住院病人1178人、留察病人2663人、抢救141人、洗胃101人；向其他科室分诊住院病人2317人：呼吸消化科486人次，神经疾病804人次，心内科320人次，普外科106人次，泌尿肾病科86人次，感染科18人次，骨科334人次，胸外科121人次，儿科13人次，妇产科10人次，ICU89人次。完成指令性任务30余次，出动100余人次。业务收入：1002.77万元，其中急诊门诊收入560.7万元，住院收入442.07万元，药物费用占收入比例分别为20.6%、25.39%。

是年，区人民医院新成立神经疾病科、肿瘤血液胸外科、泌尿肾病科。9月11日，重庆大学附属肿瘤医院肿瘤规范化诊疗基地签约授牌仪式在区人民医院举行，双方签订《肿瘤规范化诊疗基地合作仪式》并授牌。全年配置80余万元监护型负压救护车配有转运呼吸机、心肺复苏机等设备，抢救设备完好率100%；6月，新购置GE64排128层螺旋CT仪。

【医疗安全质量】 全年建立对“大批量病员及灾害性应急工作”进行分类管理的程序。完善“急诊留观病人24小时内明确诊断、病情稳定到安全入院”的急诊分流工作。加强上级医师急救指导及三级会诊制度执行力度，危重症患者抢救成功率98%。

【专业技术管理】 全年完成10余起大型医疗应急救援的抢救，常规加强医务人员病史询问技巧学习，规范体格检查流程，规范门急诊及留观病历书写，强调抗生素合理使用等培训力度。执行首诊负责制、交接班制度、危重病人抢救制度、各级各类人员职责制度、依据病情优先获得诊疗程序。加强留观病历的考评工作，重点检查与医疗质量和患者安全相关的内容，完善“定期检查、考评、反馈、总结”的质控制度。重点监控“环节管理、疑难病历讨论、死亡病历讨论、三级医师查房处理意见、院前病历的管理、交班本、门诊登记本、危急值登记本、医疗质量控制记录本等”。做好急诊工作中的医院感染管理工作，急诊专业护士岗位培训及继续教育，带教护理实习生80余人。

【服务质量管理】 全年以“加强急诊急救管理、医疗质量万里行、优质护理服务、创先争优”“三好一满意”工作为契机，规范服务行为、创新服务内容、注重服务技巧；落实医患沟通、知情告知制度。全年获数十人次给予表扬。

10月27日，武隆区人民医院　　代君君　摄

【医护人员培训】 全年新进各种专委会委员 2 人，参加各类学术会几十人次，制定各级各类人员培训及考核计划，外派梁鹏先后到山东省齐鲁医院中毒中心学习 3 个月，继续培训 1 名红十字会师资，走进校园 10 余次生动讲解全套急救技能，培训单位职工、在校学生 4000 余人次；全年按年初计划科室组织业务学习 12 次，病例讨论 10 次，操作培训 14 项，护理不良事件讨论 4 次，护理查房 12 次，公休座谈会 12 次、开展院感知识学习 12 次。定时组织全科人员按要求完成岗位技能培训，操作考核人人过关，全科护士业务技能得到提高。安排专人指导实习生的培训带教工作，定期考核，出科考试。

【院前急救】 全年完善“院前急救体系”的建设：成立全区 120 指挥调度中心，加强院前急救知识及专业技能的培训力度，提高急救专业队伍的院前急救水平，培训驾驶员参加心肺复苏并达标，达到院前及院内救治一体化，完善“急诊医疗体系”建设，实现“急诊及急救业务”增长。

【诊疗技术】 7 月 16 日，区人民医院呼吸内科与麻醉科合作，开展首例无痛纤维支气管镜检查，填补该项技术空白。7 月，区人民医院普外科开展一例解剖性半肝切除术，填补该院肝脏外科解剖性半肝切除手术空白。9 月 16 日，区人民医院呼吸消化内科开展该院首例内科胸腔镜下胸膜活检术。

【区人民医院医共体成立】 7 月 15 日，区人民医院医共体正式成立，举行签约及授牌仪式，选举区人民医院医共体第一届管理委员会和监督委员会成员，并召开第一次例会。区人民医院与 13 个乡镇及 2 个街道社区卫生服务中心签订医共体协议书。

（区人民医院）

中医药事业

【概况】 2020 年，区中医院实现总收入 8641.08 万元，同比增加 4462.8 万元，增长 106.81%，其中医疗收入 2681.21 万元，同比增加 664.61 万元，增长 32.96%，财政补助收入 5606.06 万元，同比增加 3505.09 万元，增长 166.83%，其他收入 353.81 万元，同比增加 293.1 万元，增长 482.79%。业务支出 4776.95 万元，同比增加 1387.87 万元，增长 40.95%。医院总诊疗 41622 人次（其中门诊 41534 人次），出院患者 3689 人次。

区中医院成立疫情防控工作领导小组，先后召开党支部委员会、院长办公会、疫情防控工作领导小组会议 32 次。全年累计开展疫情防控 46 次，组织开展疫情防控应急演练 7 次。疫情期间规范设置新冠肺炎备用隔离病区 4 层 52 间，收治发热病例患者 100 例。累计完成全院从业人员核酸检测 1017 人次，住院患者及陪伴核酸检测 1770 人次，无阳性病例，完成第一批重点人员新冠疫苗接种 55 人次，防护物资储备 1 月量。

推进国家二级残疾人康复中心创建工作。申报为重庆市 A 级残联肢体类别残疾儿童康复机构和重庆市残联 A 级智力类别残疾儿童康复机构，符合救助条件的患儿，在定点康复机构康复训练，每年能享受残联最高 2 万元的康复补助及部分生活补贴；与武隆区特殊教育学校联系，拟聘请 2 名特殊教育教师作为院儿童康复训练机构老师。

推进重庆市美丽医院创建工作。完成医院标识导向系统设计及文化环境设计，完成室内临时标识导向系统标牌制作，完成户外标识导向系统制作安装，完成室内文化建设项目；创建优质护理服务病区；开展国际护士节及年度护士长述职等活动，展示我院护理工作者精神风貌，推进护理服务质量；开展实用礼仪培训讲座、医患沟通培训，对患者服务不满意者予以严肃处理等加强医院服务质量提升。现患者满意度已有大幅度提升。

推进智慧医院创建工作。完成数据机房中心的建设，更换全新的 HIS 系统，安装和调试完成 PACS 系统、LIS 系统、病案管理系统、临床路径管

8 月 11 日，武隆区人民医院平桥分院挂牌仪式及大型义诊活动举行　付琳眉　摄

4 月 14 日，武隆区中医院外景　代君君　摄

4 月 14 日，武隆区中医院接诊大厅　　代君君　摄

理系统、医保控费系统、医院感染控制管理系统、药品管理系统、收费系统、体检系统，中医馆信息平台系统安装完成，并完成数据上传与调试。

【区中医院获评国家二级甲等中医医院】 8 月 4—5 日，重庆市卫生健康委组织专家对区中医院创建二级甲等中医医院进行初评，提出整改意见。区中医院成立以书记、院长为组长的创建领导小组，设置“二甲创建办”，由分管副院长兼任办公室主任，设综合、医疗、护理、院感、药学、党建 6 个工作组。制定《创建工作实施方案》，召开全院二甲创建启动会、誓师大会等。10 月 28—29 日，由重庆市中医药管理局组织，以重庆市九龙坡区中医院院长彭佑群为组长的评审专家组一行 13 人，通过听取汇报、查阅资料、现场查看、个别访谈、统计分析等方式，对武隆区中医院创建二级甲等中医医院进行最终评审。12 月 24 日，重庆市卫健委发布通知，区中医院正式获评国家二级甲等中医医院。

【新院区投入使用】 区中医院门诊住院综合楼建设项目位于凤山街道城东村 14 社（石蛇坝），于 1 月完工，4 月 12 日投入试运行，业务用房面积 3.12 万平方米，编制床位 299 张，设临床科室 18 个、医技科室 3 个、职能科室 11 个；累计投入 1.95 亿元。投入 497.18 万元建设 ICU、147.2 万元建设 PCR 实验室、200 万元建设发热门诊，截至 12 月底全部建设完工，并投入使用。疫情期间紧急采购医疗设备 CT、彩超、腔镜等 151 台件，共计 2000 万元。

【医疗护理】 全年区中医院召开护理质量与安全管理会议 4 次，护理部例会 12 次、完善护理管理制度等 32 个，组织开展护理行政查房 4 次，业务学习 26 次，三基理论考试 2 次，护理应急培训演练 8 次，派出 5 名护士到上级医院进修学习，举办为期一周的新聘护士岗前培训。6 个临床科室实施 13 个中医优势病种 13 项中医特色护理技术，中医特色护理技术开展率为 82.52%，患者满意度 100%。

【药品质量管理】 区中医院修订完善药品质量管理相关制度 55 个、操作流程 12 个、岗位职责 8 个、应急预案 7 个，建立药品购进验收、在库养护、出库复核、调剂使用过程的质量控制体系。开展质量监督检查 12 次，处方点评 12 次。全年采购药品（不含中药饮片）共 6447623.81 元，其中基药共计 1966400.42 元，基药采购金额占 30.5%，集中带量采购药品 94424.82 元，集采带量药品占 1.46%。

【人才培养】 全年引进副高级职称 1 人，考核招聘 2 人，医院自主招聘专业技术人员 33 人，其中医生 14 人、医技 4 人、护士 15 人。通过副高级职称考试合格 6 人，无岗位空缺未能申报评审。参加住院医师规培 3 人，选派 8 名业务骨干到三甲医院进修培训，参加各类短期培训 30 余人次。

【扶贫协作】 东西部鲁渝健康扶贫协作　全年山东省济南市继续派驻 13 名专家挂职区中医院开展健康扶贫工作，援建康复医学科、针灸推拿科、骨伤科、肛肠科、肺病科、放射科、麻醉科、心脑病科 8 个科室，灸疗、小儿推拿、针灸减肥 3 个特色门诊，开展新技术 28 项。建立鲁渝扶贫协作名中医工作室 1 个，确定指导老师 1 人，带教继承人 3 人。

三级中医医院对口帮扶全年涪陵区中医医院再次派驻 7 名专家帮扶指导临床、行政后勤、职能科室各项管理工作，指导区中医院开展二级甲等中医医院创建工作。

【医联体建设】 全年武隆区中医院与重庆市内三级医院建立紧密型医联体，打通人才培养、双向转诊、远程会诊等绿色通道；与中国科学院大学重庆医院（重庆市人民医院）神经中心联合建立区中医院“心脑病科·卒中中心”；与中国科学院大学·重庆市人民医院结成区域医学云影像专科联盟。与区域内社区卫生服务中心、乡镇卫生院建成紧密型医供体（医疗集团），整合 11 个医疗集团成员的医疗资源。完善区乡村三级中医药服务体系。

【体检义诊】 全年区中医院完成驾驶员体检 2683 人次，肢体残疾鉴定 430 人次，完成中小学生体检结核病筛查 5965 人次，从业人员体检 3751 人次，健康体检 2346 人次，协助做好征兵体检工作。开展重性精神病日、健康扶贫等专场义诊活动共计 15 场次，出动医务人员 180 余人次，义诊咨询 3000 余人次，发放免费药品 4 万余元，发放宣传资料 2.1 万余份。

（区中医院）

社会生活

人口与家庭

【人口出生】 2020年，武隆区户籍出生人口3223人，人口自然增长率-0.70‰，出生男女性别比104.6∶100。按卫生健康口径统计的户籍人口，全年出生2787人，其中一孩1424人、二孩1102人、多孩261人，人口自然增长率-0.6‰。

【人口寿命】 全区人均期望寿命为77.36岁，其中男性74.87岁，女性80.42岁。

【人口死亡】 全年死亡人口3510人。死因监测报告全区终审死因网络直报2958例，报告率8.50‰，粗死亡率为818.14/10万，标化死亡率为545.18/10万（以2010年第六次人口普查全国人口标化），所有乡镇实现死亡报告全覆盖。心脑血管事件报告1309例，报告率3.69‰；肿瘤报告1480例，报告率4.17‰，其中新发肿瘤993例，发病率为279.56/10万，死亡778例，死亡率为219.03/10万；慢阻肺报告3936例，报告率1.11%。（区卫生健康委）

【婚姻登记】 至年末，全区结婚登记2311对，离婚登记1231对。登记结婚4622人，其中初婚3133人，再婚1489人。全年实施“家庭和谐”计划，向区档案馆移交2019年度婚姻档案138卷，立卷归档2020年婚姻档案138卷，接待处理群众来访来电咨询2610人次，为1500对婚姻当事人举行免费颁证仪式，办理婚姻登记合格率100%。（区民政局）

居民生活

【概况】 全年居民人均可支配收入26877元，较上年增长7.8%。居民人均生活消费支出19053元，较上年增长5.2%。全体常住居民恩格尔系数为35.8%，人均现住房面积54.61平方米。全年居民消费价格指数比上年上涨3.6%；价格、质量问题为消费投诉重点。

【居民收入】 全年居民人均可支配收入26877元，较上年增长7.8%。按常住地分：城镇常住居民人均可支配收入40508元，较上年增长5.5%；农村常住居民人均可支配收入15473元，较上年增长8.4%。

【居民消费】 全区居民人均生活消费支出19053元，较上年增长5.2%。按常住地分：城镇常住居民人均生活消费支出26271元，较上年增长3.4%；农村常住居民人均生活消费支出13014元，较上年增长5.4%。城镇常住居民人均生活消费支出中：食品烟酒支出8990元，较上年增长5.5%；衣着支出2228元，较上年增长3.9%；医疗保健支出2026元，较上年增长11.9%。农村常住居民人均生活消费支出中：食品烟酒支出5019元，较上年增长11.4%；居住支出2599元，较上年增长9.2%；医疗保健支出877元，较上年增长9.5%。（区统计局）

【消费投诉】 2020年，全区共受理消费投诉（含举报）602件，与上年同期相比增长39.35%，为消费者挽回经济损失70余万元，与上年同期相比增长40%。

【价格、质量问题连续两年为消费投诉重点】 2020年，全区价格问题投诉134件，占比22.26%；质量问题投诉128件，占比21.26%；安全问题投诉104件，占比17.28%；合同问题投诉102件，占比16.94%；售后问题投诉54件，占比8.97%；虚假宣传投诉40件，占比6.64%；计量问题投诉19件，占比3.16%；其余类共计21件，占比3.49%。价格问题、质量问题、安全问题和合同问题是引发投诉的主要原因，占投诉总量的77.74%。

与2019年相比，价格问题和质量问题连续两年居前一二位，是消费投诉的重点。其中，价格问题投诉量较上年增长54件，占总投诉比重上升3.74%，价格问题投诉量上涨主要是疫情期间口罩等防疫用品价格上涨引发多起价格投诉。价格问题主要集中在医疗器械（口罩）、餐饮住宿、停车服务等三方面，这三类投诉分别为43件、26件、22件。质量问题主要集中在家用电器（34件）、服装鞋帽（19件）、汽车及零部件（14件）和日用商品（13件）等方面。售后投诉总量虽然不多，但较上年投诉量翻一番，占总投诉比重也上升2.95%，售后投诉上涨是家用电器、服装鞋帽、家用轿车及零件、汽车维修和房屋装修等方面均有上涨。安全问题和合同问题投诉均上涨，安全问题集中在食品安全（55件）和餐饮安全（25件），合同问题主要集中在住宿订单违约方面（41件）、商品房延迟交付（13件）、汽车延迟交付（8件）以及摄影合同违约（6件）等方面。与2019年相比，假冒问题引发投诉量大幅下降，比重下降4.4%。2019年度，假冒问题投诉集中在景区周边餐饮店销售乌江鱼、羊肉以及城区假冒茅台酒投诉。2020年度，经过长江禁渔禁捕专项整治和假冒酒查处，假冒问题得到有效治理。

2020年武隆区消费投诉（按投诉问题性质分类）情况表

表52

项目	2020年（件）	占比（%）	2019年（件）	占比（%）	比重变化（%）
价格	134	22.26	80	18.52	+3.74
质量	128	21.26	92	21.3	-0.04
安全	104	17.28	68	15.74	+1.54
合同	102	16.94	70	16.2	+0.74

续表 52

项目	2020 年（件）	占比（%）	2019 年（件）	占比（%）	比重变化（%）
售后	54	8.97	26	6.02	+2.95
虚假宣传	40	6.64	37	8.56	−1.92
计量	19	3.16	21	4.86	−1.7
其他	11	1.83	8	1.85	−0.02
假冒	7	1.16	24	5.56	−4.4
人格尊严	3	0.50	6	1.39	−0.89

【食品、生活社会服务投诉分别位居首位】 2020 年度，生活、社会服务类投诉 158 件，占比 26.25%；食品类投诉 90 件，占比 14.95%；医疗用品投诉 58 件，占比 9.63%；家用电器投诉 47 件，占比 7.81%；房屋装修及物业服务投诉 35 件，占比 5.81%；交通工具投诉销售服务投诉 34 件，占比 5.65%；房屋及建材类投诉 32 件，占比 5.32%；服装鞋帽投诉 29 件，占比 4.82%；烟酒饮料投诉 21 件，占比 3.49%；日用商品投诉 20 件，占比 3.32%；其余商品或服务投诉量均在 20 件以下，农用生产资料、金融服务、保险服务方面未发生消费投诉。

2020 年度，商品类投诉中，食品、医疗用品、家用电子电器、交通工具、服装鞋帽和烟酒饮料居前六位。服务类投诉中，生活社会服务、房屋装修及物业服务、旅游服务、公共设施服务和文化体育服务居前六位。

（区市场监管局）

2019—2020 年武隆区商品和服务投诉量变化情况表

表 53

类别	2020 年（件）	占比 %	2019 年（件）	占比（%）	比重变化（%）
生活、社会服务类	158	26.25	100	23.15	+3.1
食品类	90	14.95	57	13.19	+1.76
医药医疗用品类	58	9.63	2	0.46	+9.17
家用电子电器类	47	7.81	27	6.25	+1.56
房屋装修及物业服务	35	5.81	17	3.94	+1.88
交通工具类	34	5.65	20	4.63	+1.02
房屋及建材类	32	5.32	23	5.32	−0.01
服装鞋帽类	29	4.82	14	3.24	+1.58
烟、酒和饮料类	21	3.49	14	3.24	+0.25
日用商品类	20	3.32	19	4.40	−1.08
旅游服务	16	2.66	41	9.49	−6.83
公共设施服务	16	1.99	26	6.02	−3.36
首饰文体用品类	12	1.99	5	1.16	+0.84
文化、娱乐、体育服务	8	1.33	22	5.09	−3.76
销售服务	8	1.33	28	6.48	−5.15
互联网服务	4	0.66	3	0.69	−0.03
卫生保健服务	4	0.66	1	0.23	+0.43
邮政业服务	3	0.50	1	0.23	+0.27
其他商品和服务	3	0.50	3	0.69	−0.20
电信服务	2	0.33	1	0.23	+0.10
教育培训服务	2	0.33	5	1.16	−0.83
农用生产资料类	0	0.00	2	0.46	−0.46
金融服务	0	0.00	1	0.23	−0.23
保险服务	0	0.00	0	0.00	0.00

【价格指数】 全年居民消费价格指数比上年上涨3.6%，其中食品烟酒上涨11.5%，居住上涨0.6%，教育文化和娱乐上涨0.2%，医疗保健上涨0.8%。

2020年武隆区居民消费价格涨跌幅表

表54

指标名称	比上年增长（%）
居民消费价格指数	3.6
食品烟酒	11.5
#粮食	1.1
鲜菜	11.1
衣着	-3.1
居住	0.6
生活用品及服务	-2.6
交通和通信	-2.1
教育文化和娱乐	0.2
医疗保健	0.8

人事人才

【概况】 至年末，全区有各类专业技术人才10150人，较上年增长7.9%。其中：事业单位有专业技术人才6878人，较上年增长2.4%；企业有专业技术人才3272人，较上年增长22.0%。技术人才中，高级930人，较上年增长13.0%；中级3950人，较上年增长13.0%；初级5270人，较上年增长3.8%。

【人才队伍建设】 全区专技人才总量增至10150人。引进硕士研究生及副高以上职称高层次人才45名，带动引进人才294名。引进专家团队2个。培养技术技能人才。狠抓技术技能人才能力提升，全区技能人才总量达4.63万人，其中高技能人才1.26万人；开展职业技能鉴定4169人。实施全科教师、全科医生、学前教育、“三支一扶”等各类农村人才定向培养计划，促进乡村基层教育医疗卫生体系建设。

【事业单位人事管理】 全年加强事业单位人事制度管理。严格贯彻落实奖励、培训、考核、监督等事业单位人事管理配套规章制度，加强考试安全保障能力建设，做到零差错、无有效投诉。（区人力社保局）

劳动就业

【概况】 2020年年末，全区城镇新增就业4902人，较上年下降7.5%，其中二产业新增就业661人，较上年末增长3.9%；三产业新增就业人员2801人，较上年末增长13.1%。城镇登记失业率2.4%，较上年末提高0.7个百分点。登记失业人员本年就业3003人，较上年下降23.9%。

【重点群体就业】 全年实施区级高校毕业生“就业驿站”见习计划和基层管理服务岗位计划；为离校未就业高校毕业生开展定制服务，就业率93%；推动退捕渔民转产安置工作，310名退捕渔民转产就业率、职业技能培训、养老保险参保、兜底保障均达100%。加大就业困难人员公益性岗位托底安置力度，在岗就业3303人。

【政策扶持就业】 全年落实就业扶持政策。阶段性减免失业保险费727万余元；发放各类促稳就业补贴5052万余元。审核发放扶持创业贷款3.27亿元，帮助1854名创业者解决创业融资难题，带动就业5000余人。落实扶持创业贷款贴息990万元。在黄莺乡举办2020年武隆区渝创渝新创业大赛，吸引28名自主创业者参赛。

【高校毕业生就业】 全年开展招聘活动（含网络招聘）7场次，服务1020人次；新增见习基地备案数50家，累计备案见习基地69家，开发就业见习岗位180个，在岗60人，兑现就业见习补贴40人11.86万元。对市上反馈的832名离校未就业高校毕业生进行点对点对接，完成所有人员的录入系统工作，并将根据毕业生的就业需求开展定制服务，就业率98.3%，为117名离校未就业毕业生发放求职创业补贴5.85万元，实施区级高校毕业生就业见习计划，开发见习岗位47个，在岗44人。实施基层管理服务岗位计划，开发岗位35个，在岗17个。

【农民工返岗复工】 全年组织返岗26041人，其中通过“点对点、门对门”服务方式输送783名农民工到市外返岗复工。完成为市重点信息产业企业送工5221人。

【企业稳岗】 全年落实国家和市级关于阶段性减、免、缓社会保险费政策。阶段性减免失业保险费727.84万元，落实失业保险援企稳岗返还及中小企业疫情稳岗返还政策，为185家企业发放失业保险稳岗返还265.63万元，惠及职工9033人。为48家企业发放中小企业援企稳岗返还648.24万元，惠及职工3307人。为97家企业

2 月 25 日，武隆赴义乌返岗复工专车出发　　代君君　摄

11 月 10 日，武隆区高校毕业生专场招聘会直播带岗招聘现场　代君君　摄

发放社会保险补贴 180.46 万元，惠及职工 347 人；为 68 家企业发放一次性吸纳就业补贴 130.8 万元，惠及职工 218 人。

【技能培训】 全年完成职业技能培训 4241 人。其中，贫困劳动力 2533 人，企业在职职工岗位技能培训 742 人（含以工代训 157 人），大学生就业创业培训 570 人。

【就业服务】 全年开展各类线上 + 线下招聘活动 22 场，累计提供就业岗位 3 万余个，达成求职意向 6400 余人，接受各类政策咨询 6000 余人，发放各类政策宣传资料 29000 余份。重庆就业网介绍成功 2201 人次，重庆就业网发布招聘信息 908 条。推动充分就业社区建设，新创建芙蓉街道南溪社区等 6 个社区为充分就业社区，芙蓉街道芙蓉西路社区等 17 个保持“充分就业社区”命名。

【重庆市凤来农民工返乡创业园】 是年，重庆市凤来农民工返乡创业园被市人力社保局命名为重庆市农民工返乡创业园，这是全区首个市级农民工返乡创业园。重庆市凤来农民工返乡创业园总投资 200 万元，位于武隆区凤来镇高寿村石坝组。园区总场地面积 2.5 万平方米。该园为返乡农民工返乡创业就业，发展特色效益农业和乡村旅游搭建平台，入驻企业有 32 家，带动就业人员 182 人，其中贫困劳动力就业 35 人、帮扶残疾人就业 3 人。

（区人力社保局）

社会保障

【概况】 全区参加城镇企业职工基本养老保险、城乡居民基本养老保险、机关事业单位养老保险、失业保险、工伤保险人数分别为 4.586 万人、1.617 万人、9973 人、2.614 万人、4.804 万人；城乡居民基本养老保险参保率稳定在 95% 以上。社会保险基金收入 55298.15 万元，支出 98553.26 万元。新增发放社保卡 12451 张，累计发放 427359 张，累计发放电子社保卡 58608 张，使用社保卡金融功能发放失业保险金 947 人，涉及金额 251.88 万元。

2020 年，全区落实养老保险关系无障碍转移和电子化转移。全年完成退捕渔民社会保障工作，主动协调区农业农村委核对人员信息，多次下乡进行专题宣传，引导退捕渔民参加养老保险，310 名退捕渔民实现应保尽保、应缴尽缴。开展档案数字化工作第二期扫描，完成 22.6 万页的档案扫描。推进国有企业退休人员移交工作。移交企业 23 户涉及 355 人，移交完成率 100%。

【降费减负】 2020 年，疫情期间阶段性减免缓企业养老、失业、工伤三项社会保险费政策，助力企业复工复产。共计为全区 1419 家参保单位阶段性减免社保费单位缴费部分 10485.55 万元。为 223 户参保单位延缓缴纳社会保险费，免收滞纳金。宣传全市支持企业复工复产和生产经营若干政策的措施和新冠肺炎疫情防控期间暂缓缴存农民工工资保证金政策，督促指导全区行业主管部门落实。按规定减免 22 个工程项目工资保证金，减免金额 1482.99 万元；缓缴 25 个工程项目工资保证金，缓缴金额 1975.53 万元。

【社保待遇落实】 全年完成机关事业单位 2014 年 10 月至 2018 年 12 月期间退休“中人”养老金的复算工作，复算后每月增发退休“中人”养老金 30 万元。做好部分退役士兵补缴城镇职工基本养老保险工作，保障退役士兵社保待遇。继续执行调整退休人员基本养老金政策，共计为全区 31536 名退休人员调增养老金。其中，为全区 8297 名城镇企业退休人员月调增养老金总额 122.85 万元，人均月增资 148.06 元；为 19275 名征地农转非和城镇超龄人员月调增养老金总额 170.71 万元，人均月增 88.56 元；为 3964 名机关事业单位退休人员月调增养老金总额 78.52 万元，人均月增 198.08 元。落实城乡居民养老保险待遇确定和基础养老金政策调整机制，调整城乡居民基本养老保险各项待遇。

【城乡居民养老保险】 全年城乡居民参加社会养老保险 161691 人，较上年增长 0.5%；城镇职工基本养老保险基金收入 35900 万元，较上年下降 11.6%；基金支出 62171 万元，较上年增长 13.5%。

【城乡低保】 全区城乡低保保障对象共 8929 户 15463 人，其中兜底贫困人口 5415 人，全年累计发放低保金

8776 万元。全年城市居民最低生活保障家庭数 2083 户，较上年下降 6.4%；城市居民最低生活保障 3205 人，较上年下降 8.1%。农村居民最低生活保障家庭数 6846 户，较上年增长 6.6%；农村居民最低生活保障人数 12258 人，较上年增长 6.5%。城市居民最低生活保障标准 620 元 / 月・人，较上年增长 6.9%；农村居民最低生活保障标准 496 元 / 月・人，较上年增长 12.7%。

【工伤保险】 全年参加工伤保险 48148 人，较上年增长 23.3%；享受工伤保险待遇 844 人，较上年增长 21.3%。

【失业保险】 年末，失业保险参保 26140 人，较上年增长 6.4%；失业保险保费收入 727.84 万元，较上年下降 24.5%。年末，失业保险支出 570.50 万元，较上年下降 25.8%；领取失业保险金 947 人，较上年增长 25.3%。

【医疗保险】 全年城乡居民基本医疗保险参保 327156 人，较上年下降 1.5%；其中，城镇参保 42274 人，较上年下降 0.7%；农村参保 284882 人，较上年下降 1.6%。全年城镇职工参加基本医疗保险 42280 人，较上年增长 6.0%。

【生育保险】 全年参加生育保险 33302 人，较上年增长 6.9%。

（区人力社保局）

医疗保障

【概况】 2020 年，全区城乡医保参保人数 37.7 万人，基金收入 5.4 亿元，参保率稳定在 95% 以上。其中，职工医保参保 4.23 万人，基金收入 2.6 亿元（含生育保险基金）；居民医保参保 33.47 万人，基金收入 2.8 亿元；全年参加生育保险人数 31611 人，基金支出 1439 万元。

【医疗制度改革】 全年推进 DRG 付费改革的准备工作；加强总额预算管理，按时完成 2019 年度总额控制年终清算，支付医保基金 1.92 亿元，制定 2020 年总额预算和清算考核指标。同时，推动其他支付方式落地落实，指导 10 家二级医疗机构开展单病种付费，全年结算 1105 人次医疗费用 341 万元；落实区内精神病人按床日付费，全年结算 3689 人次支付医疗费用 1453 万元。

【医保电子凭证】 全区医保基础信息成功迁移投入使用；医保电子凭证上线运行，全区激活 7.9 万人，312 家定点医疗机构开通电子扫码业务，5.6 万人次通过电子扫码结算。

【待遇政策执行】 全年新冠肺炎患者治疗和核酸检测项目医保基金支付 125 万元；全区 730 余家参保企业减免医保费 950 余万元、缓缴医保费 1020 万元。

【居民高血压糖尿病门诊用药付费试点】 10 月，全区作为全市“两病”门诊用药保障按人头付费的试点区县，开展居民医保高血压病、糖尿病（下称“两病”）门诊用药保障按人头付费试点工作。试点后全区“两病”患者由原 6000 余人增至 2.5 万余人。高血压病医疗费用由原月均次 105 元降至 9 元，糖尿病医疗费用由原月均次 158 元降至 17 元。

【定点医疗机构监管】 全年开展打击欺诈骗保专项行动，稽核待遇享受 5 万余人次、定点医药机构 1000 余家次，现场检查医药机构 200 余家次。查实违规医疗机构 147 家次，违规费用本金 77 万元，处违约金 138 万元；暂停 1 家二级医疗机构基金支付，8 家个体诊所及 3 家药店网络结算权限；解除 4 家个体诊所和 3 家药店的服务协议；查实 7 起不应由医保支付的医疗服务行为，追回医保基金 3 万元。

【药品集中采购】 全年开展第一、二、三批国家组织药品的集中采购和使用工作，第四批集采药品的前期报量和五省市第一批常用药品联合带量采购工作。协议药品中选价平均降价幅度 52%，最高降幅达到 96%，节省费用 530 余万元；开展四省市医用耗材联合带量采购和国家组织的冠脉支架集中带量采购工作，节省费用约 400 万元。全年增补药品目录 1054 个品种，医保目录总品种达到 3372 种。全年公立医疗机构通过药交所平台采购药品金额 1.17 亿元。

【异地就医联网结算】 全区 10 家二级医疗机构，26 家一级医疗机构全部纳入跨省异地就医住院联网直接结算和西南五省（市）门诊联网直接结算，53 家药店开通西南五省（市）门诊联网直接结算。

（区医疗保障局）

住房公积金

【概况】 全年共归集住房公积金 3.5 亿元，现有公积金缴存余额 10.2 亿元；共办理职工正常提取 6759 人次，提取金额 2.7 亿元；办理职工个人购房抵押贷款 536 户，发放金额 1.98 亿元；全年实现增值收益 1200 万元。

【公积金归集缴存】 全年新增缴存单位 68 个，新增缴存人数 1152 人，完成全年目标任务的 115%，现有缴存单位 407 个，汇缴人数 18670 人。全年共归集住房公积金 3.5 亿元，完成全年目标任务的 122%，现有公积金缴存余额 10.2 亿元。

【公积金提取使用】 全年共办理职工正常提取 6759 人次，提取金额 2.7 亿元，占当年归集额的 77%。截至 2020 年 12 月累计办理公积金提取 48170 人次，累计提取金额 16.2 亿元。

【公积金贷款发放】 全年共办理职工个人购房抵押贷款 536 户，发放金额 1.98 亿元，比上年同期增长 50%。截至 2020 年 12 月，已累计发放贷款 6290 户，累计发放金额 14.74 亿元，个贷余额为 8.27 亿元，个贷比率为 81%，个贷逾期率为 0.18‰。

（区公积金管理中心）

民政事务

【特困供养】 2020 年，区民政局将特困人员供养标准提高到每人每月 806

元，优先为有集中供养意愿的生活不能自理特困人员提供集中供养服务，分散供养协议签订率100%。12月，特困供养人员在册2719人，全年发放供养资金3122.65万元。

【临时救助】全区建立乡镇、街道临时救助备用金制度，因疫情、自然灾害等追加下拨各乡镇（街道）备用金近185万元，将委托乡镇街道实施的临时救助资金审批权限从1000元上调至2000元。全年实施临时救助2481人次764.62万元。

【基层社区治理】全区制定社区综合服务设施建设三年行动实施方案，对部分无法满足基本服务功能的社区便民服务中心进行提档升级；配合区人大常委会开展《中华人民共和国村民委员会组织法》执法检查；开展村（社区）“两委”换届工作专题调研，邀请市区两级领导、专家开展基层治理能力提升培训，深化民政系统村民自治领域扫黑除恶专项斗争，对164名村（社区）干部开展任职联审；推进村（社区）减负，协助区纪委监委建立监督检查长效机制，选取凤山街道中山社区、仙女山街道石梁子社区、黄莺乡复兴村和石桥苗族土家族乡八角村等4个村（社区）作为减负增效定点监测点；协同文旅、农业等部门做好羊角、火炉等5个街道、乡镇集中安置点易地扶贫搬迁社区管理服务；配合区委政法委做好疫情期间社区排查，为3865名疫情防控一线城乡社区工作者发放工作补贴612.65万元；指导村（居）因地制宜修订完善村规民约（居民公约），设立村规民约（居民公约）执行委员会214个；打造凤山街道中山社区、长坝镇大元村和顺镇周家山村3个社区治理示范点。

【社会组织管理】全年开展2019年度社会组织年检，年检合格率94.7%；新成立登记社会组织17家，注销登记3家（重庆市武隆区庙垭乡李子种植技术协会、重庆市武隆金融学会、重庆市武隆区农学会）；落实社会组织日常监管，推行行业协会商会与行政机关脱钩改革，开展打击整治非法社会组织行动。

2020年武隆区新成立登记社会组织表

表55

序号	名称	时间
1	重庆市武隆区伶辰养老服务中心	1月8日
2	重庆市武隆区庙垭商会	3月23日
3	重庆市武隆区众诚职业技能培训学校	3月25日
4	重庆市武隆区蜜园蜂蜜专业技术协会	5月29日
5	重庆市武隆区苕粉研究推广中心	5月29日
6	重庆市武隆区乐益社会工作服务中心	7月15日
7	重庆市武隆区观赏石协会	7月28日
8	重庆市武隆区作家协会	8月11日
9	重庆市武隆区舞蹈家协会	8月17日
10	重庆市武隆区演讲协会	8月17日
11	重庆市武隆区书法家协会	8月19日
12	重庆市武隆区老科技工作者协会	11月2日
13	重庆市武隆区雯亿辰职业技能培训学校	11月18日
14	重庆市武隆区诚裕酒业协会	12月9日
15	重庆市武隆区美术家协会	12月9日
16	重庆市武隆区宏宇职业技能培训学校	12月9日
17	重庆市武隆区戏剧曲艺协会	12月15日

【社工服务】全年开展“专业社工 守护儿童 托起希望”“关爱老人·社会和谐”等活动；组织社区社会工作者、网格员等参加业务能力提升培训；实施“后坪乡文凤村扶贫攻坚”等4个社工项目。新培育社工机构1个、新开发社会工作专业岗位80个、新发布志愿服务项目122个。

【殡葬惠民服务】全年印发《关于开展住宅式墓地等突出问题专项整治的通知》《武隆区安葬安放设施违规建设经营专项摸排暨墓地专项整治成果巩固提升行动工作方案的通知》，对住宅式墓地进行专项整治、对违规建设经营的安葬安放设施进行摸排；联合市场监管部门对辖区14家殡葬服务机构收费情况开展全覆盖检查，出动执法人员25人次，发现并督促整改问题7条；配合区财政等部门完成新殡仪馆资产、账务移交。为79名低保、特困等弱势群体减免殡葬基本服务费30.68万元。

【流浪乞讨人员救助管理】全年开展生活无着的流浪乞讨人员救助管理服务质量大提升行动，为34名长期滞留人员落实户籍并妥善安置。持续开展“冬季送温暖”“夏季送清凉”专项行动，加大日常街面巡逻救助力度，到白马、仙女山等地巡逻212次，全年救助各类生活无着人员721人次125.16万元，流浪乞讨人员零死亡。

【福彩事业】 全年推进福彩投注站标准化建设，建成9个社区“福彩之窗”宣传栏，完成福彩销售2316万元，募集抗疫款物636.01万元。

【儿童关爱保护】 全年印发《武隆区进一步加强事实无人抚养儿童保障工作的实施方案》，开展农村留守儿童“合力监护·相伴成长”关爱保护专项行动，启动“儿童福利信息动态管理精准化提升年”专项行动及农村留守儿童和困境儿童关爱保护“政策宣讲进村（居）”活动，落实孤儿、事实无人抚养儿童“一人一档”管理制度以及农村留守儿童和困境儿童动态管理机制，委托武隆时间银行对50名孤儿、45名事实困境儿童、144名特困儿童开展结对帮扶并建立定期联系、节日慰问制度；开通应急救助呼叫电话，指导协调242名村居儿童主任和200名爱心志愿者对1350名农村留守儿童和2724名困境儿童提供应急呼叫、定期走访巡查和疏困帮扶。全年为50名孤儿发放基本生活费75.56万元，为45名事实无人抚养儿童发放基本生活费用20.71万元，为符合条件的13名孤儿发放福彩助学补贴13万元。

（区民政局）

老龄事业

【概况】 2020年，全区户籍人口中60周岁以上老年人84929人，占总人口的20.76%

8月8日，武隆区隆康医养中心入住启动仪式　　曾鸿　摄

【养老服务基础设施】 2020年，区民政局推进养老服务基础设施建设。凤山街道养老服务中心，芙蓉中路、芙蓉东路、巷口、龙湖、凤来、黄莺社区养老服务站建成并投用或试运营，凤来、仙女山、白马、长坝4个敬老院整改完成。完成白马、平桥、鸭江等7个乡镇养老服务中心和村级互助养老服务点建设任务；向本级财政争取300万元对20家公办、公办民营养老机构进行消防设施整改完善和提升，下拨67万元支持6家民办养老机构消防设施改造。制定武隆区时间银行互助养老服务中心统筹指导全区城乡社区养老服务中心（站）运营计划。备案4家民办和1家公办养老机构，新增养老床位265张；整合托管乡镇敬老院20个，向社会释放养老床位近500张；区社会福利综合服务中心装修改造完成并投入试运营，新增养护床位632张；建成白马片区失能护理中心，新增护理床位126张；在建后坪乡和鸭江片区失能护理中心，建成后拟新增护理床位160张。全区普惠、经济、高端养老服务协调发展，有偿收费从每月1000～7000元不等。建立特困人员、建卡贫困户和低保家庭中老年人的信息数据库，提供点对点社区居家养老应急呼叫服务。

【武隆区隆康医养中心】 位于凤山街道城东村（棉花坝），是武隆区委、区政府重点支持建设的民生工程项目。总投资3亿多元，总建筑面积达3万余平方米，是集快乐养老、医疗康复、健康体检、人才培训等为一体的医康养结合综合体，全部投用后可为650名养老人员提供养老服务。8月8日，一期建成养老公寓和护理楼开放，提供床位370个。

【老年人补贴津贴】 全年，区民政局为经济困难高龄失能留守老人发放养老服务和营养补贴185.22万元；按月发放百岁以上老人高龄津贴300元/人。

【百岁老人】 至年末，全区共有百岁以上老人11人，其中男性2人、女性9人，年龄最高108岁。

2020年末武隆区百岁老人情况表

表56

序号	姓名	性别	岁数	街道乡镇	序号	姓名	性别	岁数	街道乡镇
1	冯意素	女	108	火炉镇	7	陈学兰	女	101	白马镇
2	吴世英	女	105	凤山街道	8	余泽会	女	101	白马镇
3	任永芝	女	102	凤来镇	9	吴德安	男	100	白马镇
4	潘友华	男	102	后坪乡	10	王永孝	女	100	芙蓉街道
5	任昌碧	女	102	白马镇	11	文昌正	女	100	芙蓉街道
6	刘光碧	女	101	芙蓉街道					

精神文明建设

【概况】 2020年，全区以培育时代新人为目标，培育和践行社会主义核心价值观，贯彻落实《新时代公民道德建设实施纲要》《新时代爱国主义教育实施纲要》，以新时代文明实践中心为重要载体，组织全区广大干部群众和到武游客参加文明实践活动，新时代文明实践活动活跃在城市、乡村、景区。

【文明创建】 2020年，全区推进全国文明城区创建工作，申报新一轮全国文明城区提名城区。开展区级文明单位复查和评选表彰工作，火炉镇向前村获评全国文明村镇、区法院获评全国文明单位，区实验小学获评全国文明校园。组织开展“武隆区新时代乡贤”等各类先进典型评选，冉显文家庭获评全国文明家庭、“兵支书”群体被中央军委国防动员部确定为国动系统脱贫攻坚先进典型，罗旦华获全国先进工作者称号，彭小兵获评全国爱国拥军模范，任大平荣登第95期“重庆好人”榜。全年发布公益广告6200余平方米。深化“吃得文明”践行“光盘行动”，发布张贴“吃得文明”倡议书1.23万余份，张贴标语457幅。

【文明实践】 2020年，全区以区、乡镇（街道）、村（社区）为单元，构建起中心—所（分中心）—站（点）全覆盖的三级网络体系，建立1个中心、26个所、214个站和若干个文明实践点。整合资源建立理论政策宣讲、教育服务、文体旅游服务、科技与科普服务、卫生健康体育服务、法律保障服务、媒体宣传服务7大实践平台。区委承担新时代文明实践中心建设的主体责任，研究下发《武隆区建设新时代文明实践中心试点工作实施方案》等制度文件。区委宣传部牵头做好试点工作。成立正科级事业单位武隆区新时代文明实践指导中心，落实工作人员和经费保障。

【乡风文明】 2020年，全区开展以“孝、贤、洁、序”为主要内容的公序良俗建设工程、农村思想道德教育行动和乡村移风易俗主题教育活动，落实移风易俗“十提倡十抵制”。逐村修订村规民约，推广“党组织+村委会+理事会+自治联营户”村民自治模式，探索出“让一让调解室”“莎姐维权岗”等做法。开展“决胜小康、奋斗有我、铭记党恩、主动脱贫”“榜样面对面”“身边脱贫故事”微访谈宣传活动50余场。定期开展“脱贫示范户”“致富带头人”“最美扶贫人”等评选活动，评选表彰公序良俗示范村37个村，道德模范、感动人物、新时代乡贤等先进典型79人，最美家庭514户，最美庭院2882户。羊角街道艳山红村获评“全国乡村治理示范村”。

【志愿服务】 2020年，全区成立1个志愿服务总队、9支专业分队和N支小队的“1+9+N”的志愿服务队伍，志愿者注册人数4.86万人。设计理论宣讲、科技科普、文化旅游、教育服务、卫生健康体育、法律保障、脱贫攻坚等10大类160个志愿服务项目，面向农村大众化、分众化开展志愿服务活动。疫情防控期间，组建4支专业志愿服务队开展疫情防控、义诊义检等志愿服务活动162次，受益人员12.5万余人次。组织22080名志愿者配合开展入户走访宣传、关心关怀一线医护人员家庭、助耕支农等志愿服务工作。建立完善“山水之城美丽之地”志愿服务队伍体系，成立7支志愿服务队伍，常态化开展志愿服务活动。

【品牌打造】 2020年，全区打造“萤火虫”旅游志愿服务、“仙女山骑士”交通志愿服务、深化“山水之城—美丽之地”志愿服务品牌，擦亮“喀斯特世界自然遗产”和“人间仙境、度假胜地”的品牌。

【主题实践】 2020年，全区开展“诚信武隆”主题实践活动，把诚实守信作为文明创建、先进评选的前置条件和评选标准。加强未成年人思想道德建设工作，帮助未成年人“扣好人生第一粒扣子”，中央专项彩票公益金投入经费45万元，新建3所乡村学校少年宫，火炉镇中心小学校获市级考核特等奖，石桥乡中心小学校获市级考核一等奖。组织开展“新时代武隆区好少年”“梦想课堂”“九童圆梦”等系列主题教育实践活动。

【未成年思想道德建设】 2020年，全区加强未成年人思想道德建设工作，帮助未成年人“扣好人生第一粒扣子”，中央专项彩票公益金投入经费45万元，新建3所乡村学校少年宫，火炉镇中心小学校获市级考核特等奖，石桥乡中心小学校获市级考核一等奖。组织开展“新时代武隆区好少年”评选活动。 （区委宣传部）

10月26日，武隆区芙蓉街道芙蓉中路社区开展重阳节活动 陈娜霖 摄

乡镇（街道）

芙蓉街道

【概况】 芙蓉街道于2018年2月成立，位于城区乌江以北，东连江口镇、火炉镇，南界乌江，西临羊角街道，北临仙女山街道。辖区户籍人口36965人，面积89.05平方千米。辖柏杨、黄金、青吉、三坪、龙村、堰塘、中兴、中鱼、东山9个行政村，芙蓉中路、芙蓉西路、芙蓉东路、南溪、中嘴5个社区，其中中嘴社区为农村社区。有80个村民小组，17个居民小组。

2020年，芙蓉街道党工委、办事处获重庆市乡村振兴贡献奖先进集体、重庆市抗击新冠疫情先进集体、重庆市基层人民武装部达标建设标杆示范单位、重庆市拥军优属先进单位。

【经济发展】 2020年，全街道农业生产总值1.49亿元，增长2.8%，工业总产值1.85亿元，增长2.8%，农村常住居民年人均可支配收入1.88万元，增长6.5%，城镇居民年人均可支配收入3.924万元，增长4.42%。

农业产业　全年出栏生猪2万余头、肉鸡2.5万余只、山羊8500只、肉牛40头，蜜蜂1500余箱，种植烤烟26.67公顷，巩固发展堰塘村荷花11.33公顷，石龙村老鹰茶66.67公顷，东山村竹笋166.67公顷，黄金、堰塘特色林果133.33公顷，全街道特色林果在地面积达到1000公顷。依托陶艺大师李跃华、云上牧羊谷谭华胜、大巷口杨晓明等产业带头人，培育发展一批“产业技师”，电商销售农产品达到2300万元。

农旅融合　全年打造柏杨“嘻嘻农耕体验园”、黄金“云上牧羊谷”、堰塘“网红村”、“农场记忆”等乡村旅游点；“五一”假期堰塘村旅游接待2万余人次，收入20万余元。全年街道农家乐经营户达29家，接待床位320个，餐位2230个，从业人员280人，全年共接待乡村旅游游客28万人次，综合收入960万元。2020年被中共重庆市委、重庆市人民政府评为“重庆市乡村振兴贡献奖先进集体”。

4月24日，堰塘村乡村旅游点　　代君君　摄

集体经济　探索实践“农户＋企业＋集体经济”、股权化改革等新模式，巩固发展东山村笋竹、黄金村山羊养殖、中兴村特色林果、石龙村老鹰茶、柏杨村微菜园、中鱼村停车场、堰塘村龙虾等产业，全年各村收入实现21万余元。

商业　全年开展辖区内区上24家限上企业和5家规模以上企业的服务协调工作，入户走访200多家规下企业，整顿规范武仙路、武仙路复线农家乐和城区柏杨路商户的招客揽客行为，1—9月共检查企业安全9次；为入驻企业代办营业执照、提供政策咨询、厂房选址等，3家企业注册资金600万元，拟投入资金1300万元。

【堰塘村入选第二批全国乡村旅游重点村】 8月26日，芙蓉街道堰塘村入选第二批全国乡村旅游重点村名单。

堰塘村，位于城区东北部，海拔700～1000米，村域面积5.72平方千米，森林覆盖率70%以上。全村辖6个村民小组，440户1570人。2020年，该村改建横贯全村的8千米柏油路，兴建容纳300余辆车停靠的生态停车场，建设可日提供500立方米的饮用水提灌站，升级改造70余户农村老旧房屋，复垦拆除10余栋“空心房”，修建15千米生产采摘步道；引进云南陶艺制作大师李跃华落户堰塘，建成陶艺展厅、陶艺车间、陶艺大师工作室；注册“芙蓉翡翠梨”“堰塘荷虾”品牌和“大巷口”电商平台，成立“大荷顺”农村专业合作社加工莲蓬、荷叶等产品，通过大巷口电商平台实现年网络销售农产品300万元，2020年农民人均纯收入17800元；成立堰塘村股份经济合作联合社、注册村级集体经济组织5个，全村共150户农户（其中贫困户43户）参与，按照合作社30%、村集体30%、村民40%的收益分配模式，分红资金20万元。创建乡村旅游接待中心1个、乡村旅游体验项目3项、星级农家乐20户；种植荷花10公顷、林果133.33公顷，建设小龙虾塘3.33公顷。全村塑造以瓜果采摘、龙虾垂钓、陶艺制作、滑翔伞飞行、山地摩托骑行、农家乐用餐、民宿住宿为一体的精品乡村旅游品牌。

【脱贫攻坚】 全年累计已脱贫建卡贫困户526户1775人，实现贫困人口全部脱贫，贫困发生率0；政策帮扶全面覆盖落地，开发贫困人口公益性岗位96人，参与东西劳务扶贫协作项目126人；电商扶贫共带动257户994人销售农产品，贫困户217户775人，金额83877元。

【基础设施】 全年改扩建农村公路25个57千米，实现“社社通畅”；新安装人饮管道20.5千米；完成9个村66个村民小组农网改造，受益农户643户；

实施易地搬迁 151 户，完成 C、D 级危房改造 107 户，完成第一批宅基地复垦的资金兑付、养老保险购买工作，完成 2019 年 371 户旧房整治提升的网上录入、“一户一档”资料、验收及资金申报，完成 2020 年建卡贫困户老旧房屋整治 18 户；实施东西协作扶贫项目 4 个，1—9 月堰塘村美丽乡村和东西协作项目、黄金村移民项目等固定资产投入 2278 万元。

【社会事务】 疫情防控　全年成立疫情防控领导小组，落实高速执勤、网格化管控等防控措施，常态化开展疫情防控工作，共走访排查 23 万余人次，核查旅馆 2200 余家次，累计核查旅客 14600 余人次，纳入重点人员管控 2708 人，有密切接触者 13 人；疑似密切接触者 13 人；送仙女镇集中隔离点 79 人；采取集中隔离措施 42 人，接受核酸检测人员 219 人，截至年末，街道未发生一例确诊病例，街道党工委被中共重庆市委评为“抗击新冠肺炎疫情先进集体”。

复工复产　疫情得到有效防控后，办理复工复产备案手续 350 多户，入户签订疫情防控承诺书，发放操作规程、防疫工作“十必须”等宣传资料 2 万余份；疫情期间，走访、电话访问规下企业 748 家，走访临街面个体工商户 2000 多户，每户走访频率达 3 次以上。

生态环境　全年开展村庄清洁行动、人居环境整治，落实人居环境整治项目 240 万元，整治房屋和庭院 124 户；完成农村公厕和户厕改造任务，新建公厕 2 座，新建农村无害化户厕 24 户；加大“两违”查处及农房建设安全检查力度，查处违法占地 1 起，违法建筑 2 起，协助城管执法队查处违规搭建 22 余处，制止、整改农民建房安全隐患 20 余起；对环境污染现象，开展各类环保检查、排查 100 余次，完成环保 5 年规划，新增垃圾桶 50 个，设置清洁卫生红黑榜。全面推行河长制，开展“河小青”及“巾帼护河”等活动 3 次，河长巡河 403 次，清漂 2 次约 10 吨垃圾，整治污水直排问题 6 处。完成退耕还林合格面积 188.27 公顷，新造经济林 90 公顷，查处违法占用林地 1.67 公顷；完成生态效益林管护 49096 公顷，惠及农户 4507 户，全面清理 9 个村枯死树木。禁止禁养区规模化养殖，推进畜禽粪污资源化利用和畜禽养殖污染防治，打好非洲猪瘟等重大动物疫病防控持久战，按要求清除野生动物饲养 1 户 107 头，完成全街道 2800 余农户养殖圈舍春季防疫全面消毒，完成区纪监委对黄金村养殖企业环境污染督办件整治工作。

基层治理　探索实践乡村治理“三治融合”，实行调解事务“三事分流”，建立堰塘村“厚德堂”议事大院和法治小院，创新建立东山村“院落制”基层自治模式，打造 3 个院落示范点；结合新时代文明实践站所，开展疫情防控、环境整治、政策宣讲等“芙蓉红心”志愿服务活动 100 余次。

城区管理　指导成立 6 个小区和楼栋业主委员会并登记备案。对辖区内 23 家物业管理企业登记造册，协调处理物业矛盾纠纷 11 起，开展物业管理培训会 1 次。组织社区干部 60 余人开展城区“三查三清”专项整治行动，发放消防安全“三查三清”行动公告 150 余份，排查占用消防通道 23 处，清理可燃杂物 91 处，清理交通工具违规停放充电 18 处，并对室内消防栓、灭火器及楼道标志做全面排查。开展消防安全知识及消防器材使用培训 500 余人次，开展灭火疏散逃生演练 12 次，配合开展城区消防执法检查 13 次。配合完成建成区内沙砖房排查 151 栋，完成房屋主体使用安全隐患整改 61 处。

垃圾分类　组织生活垃圾分类宣传活动 3 次，发放垃圾分类宣传单 8000 余份，设立 2 个生活垃圾分类示范小区。签订“门前三包”责任书 1400 余份，打造“门前三包”示范街 2 条，完成城区污水管网整治 9000 米。落实背街小巷日常保洁制度，全年共清理乱堆乱放垃圾 1896 处，公共场合非法贴、涂小广告 12718 处，卫生死角 576 处，楼道清理 476 处，积水清理 653 处。

就业创业　1—10 月城镇新增就业人员 742 人，城镇登记失业人员 386 人实现就业，就业困难人员 210 人实现就业，组织参加各类培训的共计 38 人；1—11 月办理小额担保贷款 386 户，审批贷款金额为 7125 万元；帮助 248 名城镇登记失业人员实现自谋职业和灵活就业，对其中的 316 名就业困难对象落实社会保险缴费补贴政策。补贴金额 130 余万元；新增公益性岗位 60 人，解决安置就业困难人员脱贫户 49 人，“4050”人员 8 人，低保户 2 人，刑满释放人员 2 人。

社会保险　1—11 月新增养老保险参保 132 人，复垦养老保险 36 人，1—11 月参加农民工意外伤害保险的有 1442 份，建卡贫困户及弱势群体参保率 100%，办理各类银行社保卡共计 2600 余张；认证领取养老金人员 6715 人，办理死亡领取养老待遇人员 24 人，冒领清退人员 178 人；有序推进 2020 年医保征收工作。

人口普查工作　全年张贴人口普查宣传画报 400 余份；开展人口普查业务培训 200 余人次，绘制完善辖区人口普查小区图 235 个；按要求完成街道应采人口 62742 人的人口信息采集，采集率 100%。（芙蓉街道办事处）

凤山街道

【概况】 凤山街道东临江口镇，南界黄莺乡，西临羊角镇、白马镇，北与芙蓉街道接壤，区域面积 187.05 平方千米，辖巷口、油坊、复兴、中山、红豆、梓潼、龙湖 7 个社区和凤山、芋荷、黄渡、城东、走马、蒲板、万银、杨家、广坪、芦红、出水 11 个村，87 个村民小组，30 个居民小组，

6 月 16 日，凤山街道广坪村辣椒丰收
凤山街道办事处　供图

户籍人口37468人，常住人口68000人。耕地面积3175.07公顷（田231公顷，土2944.07公顷），森林面积11666.67公顷，森林覆盖率62%。农业产业主要有烤烟、蔬菜、特色林果、畜禽养殖等。

【经济发展】2020年，街道实现地区生产总值39.7亿元，完成规模以上工业总产值2.4亿元，农林牧渔业总产值2.6亿元，实现社会消费品零售总额16.9亿元，固定资产投资13.63亿元，本级税收收入1500万余元，农村常住居民人均可支配收入1.9万元，城镇常住居民人均可支配收入3.7万元。

农业　全年巩固发展粮食作物1467公顷、辣椒333公顷、蔬菜1333公顷、烟叶200公顷、生猪16000余头、禽类52000只；提升万银黄蜡李、走马猕猴桃、广坪蔬菜、黄渡草莓、出水花椒、城东枇杷等特色产业。实施农业科技水平提升行动，新培育新型职业农民100人、农村致富带头人20人，培训经果林、蔬菜等种植技术1000人，11个行政村科技特派员帮扶全覆盖。

集体经济　街道探索实践“农户+企业+集体经济”、股权化改革等新模式，城东村、黄渡村、广坪村实现集体经济收入5万元以上，凤山村、芋荷村、万银村、走马村、蒲板村、杨家村实现集体经济收入2万元以上，出水村和芦红村实现集体经济收入1万元以上。

项目建设　全年完成瓦厂坝、复烤厂、铁厂坡、长途河西侧、原林业局片区棚户区改造协议签订605户面积12.94万平方米。完成南滨路、人委球场老旧小区改造15栋。完成渝湘高铁项目建设永久性征地20公顷，临时土地征用26.67公顷，完成房屋协议签订5户1.5万平方米；完成渝湘高速扩能项目建设永久性土地征用46.67公顷，临时土地征用53.33公顷，完成房屋协议签订9户4000余平方米。完成江南水厂项目永久性征地5.47公顷，房屋征迁7户1400余平方米；完成中石化隆页1＃页岩气一期开采、沙河水库管道建设、高速高铁公路电力专线、棉花坝公租房、五洲国际一期等项目土地房屋拆迁和群众协调工作；推进万银度假区开发、白鹤滩至江苏800千伏特高压项目、博爱精神病医院搬迁、实验中学迁建、武隆车管所、志远混凝土搅拌站、五洲国际二期等项目；启动垃圾焚烧厂、隆页5＃和6＃页岩气开采、农产品交易市场、南滨路片区（一、二区段）老旧小区改造、盐市口和下油坊沟老旧小区改造等项目前期工作。

城市发展　全年推进产城景融合发展，建成渝兆商业街、国平步行街、南滨休闲步道、中堆坝万人广场、凤山文体馆、隆康医养中心等城市功能中心。

【脱贫攻坚】全年完成CD级危房改造11户，困难群体教育保障1426人次，大病医疗救助62人次，低保兜底保障356人，开发扶贫公益性岗位148个，产业到户扶持574户；发放金融扶贫贷款197户886.5万元。完成出水村定点攻坚任务，高质量完成1户2人未脱贫人口减贫目标，通过脱贫攻坚普查和市级、国家级各类检查评估，被区委、区政府表彰为脱贫攻坚先进集体。

【基础设施】交通　全年累计投入资金4000余万元，新开工和续建“四好农村路”通畅项目27个，里程70余千米；完成农村公路安保工程3千米。

水利　投资270余万元，新建（维修）人饮水池9口4800立方米，安装管道45.4千米。

农电　投入资金500余万元，实施凤山、万银5个农业社农网改造。

农业设施　投入资金371万元，完成农田改造15.73公顷，人行便道3.5千米，机耕道5.3千米。

基层阵地　投入资金500万元，完成黄渡村、凤山村便民服务中心新建（改扩建），启动芋荷村便民服务中心新建项目。投入资金26万元，完成黄渡村、万银村卫生室建设。

【社会事务】疫情防控　街道党工委、办事处组建8个工作组和18支作战队，完成各项防控任务。落实复工复产工作部署，实地指导辖区企业、个体和在建工程项目分批分类复工复产，指导辖区学校和培训机构有序复学复课。抓好春耕备耕，就近开发公益性岗位94个，贫困劳动力输出就业909人，实现贫困群众稳定增收。

文化教育　全年组织开展“三下乡”活动60余次，开展元宵、中秋等重大节假日活动50场次。

社会保障　全年发放低保金387.8万元，发放特困金172.88万元，发放高龄失能老人补贴40人9.56万元，开展临时救助112人次（户），发放临时救助资金38.1万元，救济精简退职工41人、襄渝铁路民工5人，发放计生奖励扶助金101.762万元，1847人

6月16日，“凤舞黄渡”人居环境整治项目完工　　凤山街道办事处　供图

免费享受“两癌”筛查和孕前优生检查，2797人领取城乡居民养老保险。完成建设中路5号危房拆除工作。完成凤山街道养老服务中心和巷口、龙湖养老服务站建设。

平安稳定　全年开展各类安全生产检查1720余次，排查整改隐患问题86项，发放宣传资料3万余份。完成区政府挂牌督办整治安全隐患整改销号2件，在整改7件。完成龙腾苑消防隐患整治销号，完成老旧小区消防设施改造2栋。完成辖区道路安全隐患治理50处，完成冯家坡12号、博爱精神病医院地灾隐患治理，启动城东村院子组滑坡治理。牢牢守好社会稳定的底线。召开平安建设稳定工作会议34次、排查各类风险隐患1800余件，排查各类矛盾纠纷583件，上报疑似线索3条。完成组建1支专职治安夜间巡逻队和18支兼职义务巡逻队，完善18个村居警务室（勤务）联系室（点）。开展“扫黑除恶”专项斗争和普法工作，发放宣传资料共计54000余份，悬挂宣传标语160余幅。集中开展校园周边综合环境整治，常态化开展食品药品安全监管。

生态环保　打好蓝天保卫战。加强城区餐饮油烟、燃煤、扬尘等污染整治，严控烟花爆竹燃放，加强农村农作物废弃物燃烧治理，全年空气质量优良。打好碧水保卫战。深化河长制工作，全年各级河长巡河400余次，集中河流清漂4次，清运垃圾25吨，整治污水直排问题21处，完成乌江段乱耕乱种问题整治。打好净土保卫战。持续开展农药化肥减量增效、废旧农膜回收等专项行动，推进畜禽粪污资源化利用和畜禽养殖污染防治，完成畜禽养殖厂整改30余户，关停建筑垃圾非法填埋场3处，查处违法占用林地23处，新实施森林抚育林133.33公顷、经济林10.84公顷，完成生态效益林管护10413.33公顷，完成矿山复绿6处13.33公顷。

人居环境　全年投入资金1200万元，完成出水村易地扶贫搬迁集中安置点项目建设。推进美丽乡村建设。“户收集、街道转收、区统一处理”的垃圾处理体系有效运转，11个行政村农村垃圾规范化、标准化、常态化处置全覆盖。推进农村污水处理机制建设，补助资金42.5万元，新建农村三隔式户厕330个；投入资金20万元，新建公厕4座，辖区卫生厕所使用率85%。落实人居环境整治项目资金620万元，完成万银村、黄渡村2个精品示范村建设任务；投入资金75.5万元，建成紫薇大道60余千米。

创卫工作　全年组织生活垃圾分类宣传活动28次，发放垃圾分类宣传单2万余份，添置分类垃圾桶100个，签订“门前三包”责任书7600余份，集中清理公共场合非法贴、涂小广700余处、卫生死角120处，修补门楣店招180余处、清理垃圾110余吨、规范违规搭建36处。

社区治理　全年创新社区治理体系，深化街道、社区、物业联动管理机制，完成南城、廊桥水岸、乌江山水、江山阁、宜居佳苑、锦江竹苑小区业主委员会换届选举工作。推进“智慧社区”建设。（凤山街道办事处）

仙女山街道

【概况】原为仙女山镇，2020年5月成立仙女山街道。位于武隆区北部，东接火炉镇，南与芙蓉街道接壤，西与土坎镇、双河镇相连，北邻土地乡，距武隆城区20千米。辖区面积278平方千米，耕地面积4066公顷。辖白果、明星、荆竹、桃园、龙宝塘、仙女、庙树7个行政村45个村民小组，石梁子1个社区居委14个居民小组。户籍总户数5457户，总人口16131人，其中非农业人口7935人，农业人口8196人，人口密度84.4人/平方千米。辖区内有散居少数民族13个158人，分别是白族、布依族、侗族、回族、黎族、傈僳族、苗族、仫佬族、水族、土家族、彝族、仡佬族、壮族，是辖区总人口的0.98%。

仙女山街道海拔260～1930米，立体气候明显，森林覆盖率65%。拥有仙女山国家森林公园、天生三桥、龙水峡地缝、《爸爸去哪儿》拍摄地石院天坑寨子、大型实景歌会《印象·武隆》等自然和人文旅游资源。近年规划实施的仙女山旅游支线机场、阳光童年、星际未来城等60余个重大项目均在街道辖区，“十三五”期间辖区内项目建设投资达300亿元。仙女山街道获中国“最美乡村”、全国重点镇、中国特色旅游景观名镇、全国特色小城镇、国家级旅游度假区、国家卫生镇等称号。

【仙女山街道成立】4月22日，重庆市人民政府批复同意撤销仙女山镇，设立仙女山街道。仙女山街道管辖原仙女山镇行政区域，街道办事处驻石

5月21日，仙女山街道办事处挂牌成立　陈娜霖　摄

梁子社区香叶路2号(原仙女山镇政府驻地)。5月21日，仙女山街道成立大会在区委会议中心召开，标志着仙女山街道成立。

【经济发展】2020年，辖区农村常住居民人均可支配收入19536元、地方财政收入3503.69万元，分别增长7.9%、8.5%，辖区居民在本街道金融机构存款余额突破6亿元，人均存款3.75万元。

农业产业　保持烤烟种植330公顷，高山无公害蔬菜1000公顷，保持厚朴、玄参等中药材在地面积2000公顷，发展林下种养殖300余公顷；初步完成荆竹、白果高山水果休闲农业示范带的规范化、规模化建设，高山特色水果种植面积达335公顷。

集体经济　全年筹集资金300万元余，建成桃园村、龙宝塘村便民服务中心项目，启动建设荆竹村便民服务中心。发展集体经济，推进便民服务中心功能拓展经营、建立土特产品市场出租、成立物业公司等集体经济发展模式，石梁子社区、荆竹注册劳务公司，承接度假区业务；明星、桃园村依托区位优势，建设特色民宿客栈项目。

【乡村旅游】截至年末，辖区共发展农家乐726户、个体工商户2300余户、乡村旅游接待户580户、星级酒店15家，旅游日接待能力达3万余人。

【脱贫攻坚】是年，辖区贫困发生率持续保持为零，通过国家脱贫攻坚普查验收，街道获评为全区脱贫攻坚先进集体。

【基础设施】重大项目　2020年完成辖区内市、区两级69个重大项目征地拆迁和协调服务任务。征地拆迁近67公顷，化解各类矛盾纠纷200余件，保障辖区内星际未来城（一期）、仙女山机场项目、阳光童年（一期）驿站、仙女半山太阳季、归原艺术农业旅游（二期）等重点项目实施。

场镇建设　投入资金6000万元，在辖区开展人居环境整治工作，绿化庭院850户，改造农房780户，改厨520户，改厕1180户；新建农村公厕5座，修建人行便道70余千米，硬化村社道路41.3千米，安装太阳能路灯250余盏，新建和改造污水管网4.2千米，新投用1座污水处理站。

水利建设　投资18.4万元，完成荆竹坨田的钢管安装项目，安装管道2300米，解决沙坝40户的饮水问题；投资21万元，在白果新建三口水池，桃园村维修一口水池，解决两个村300多人的饮水问题；财政出资3.8万余元为8个村（居）采购防汛抗旱物资，开始实施农村安全饮水管护制度。

交通建设　新建白果村耳山公路、徐家湾公路、狮梨湾公路、岩迁湾公路、麻园子公路，石梁子乱山子公路、仙女村干河沟公路等改造8.99千米。

电力建设　全年排查电力隐患35处，整改35处，完成10千伏线路廊道清理344处，处理各类保障用电8起；完成白果村鱼泉组公变电杆工程，迁移电杆4基；完成白果村鱼泉组41户房屋复垦电表、电线拆除工作；完成桃园村茶老园组、干沟组，石梁子钻天铺组公变农网改造工程，保障15户居民正常用电，启动荆竹村的农网改造。

【社会事务】教育科技　辖区有小学3座，幼儿园3座，在职教师79人，学生747人，适龄儿童入学率100%，按政策规定实施“两免一补”、蛋奶工程及营养午餐。希望学校和核桃小学改扩建工程全面完工并投入使用，完成全镇学校布局调整；争取民进沙坪坝区委的援助，开展古筝等艺术培训，学生素质均衡发展。

文化体育　播放惠民电影120余场；完成文物保护巡查79处；配备健身点设备40多件（套），配备各村体育健身设备20件，1.5万余人参与文体活动。

人口卫生　辖区常住人口出生220人，出生率13‰，人口自然增长率为6.9‰。全年发放宣传品3000余份，完成“两癌”筛查400人次，组织30人参加免费孕前优生健康检查。打好新冠肺炎疫情防控阻击战，累计入户走访排查14334户75000人次，累计排查企业148家、辖区内经营场所1648处，摸排出湖北返武隆104人、境外返武隆17人、滞鄂及境外拟返武隆127人。做好仙女山镇中医馆集中隔离医学观察点建设和安全运行保障工作，改造隔离病房40间，组织18名医护人员、12名警务人员、12名志愿者成立隔离点综合服务队，开展全天候隔离值守、医疗卫生等服务，累计安全隔离并解除疫区到武隆人员医学观察500余人，实现街道“零交叉、零感染、零损伤”目标。服务复工复产，成立以党政主要负责人挂帅的辖区复工复产领导小组，组建疫情常态化排查、疫情防控指导服务等6个工作组，组建320余名防疫党员志愿服务队伍，24小时跟踪服务8个村居、28个小区、526家企业和商户，开展志愿服务764人次、处置突发情况27次，保障度假区商业企业有序复工复产，旅游市场有序恢复。组织辖区党员干部捐款46.3万元，对口支援到湖北省孝感市疫情重灾区的常态疫情防控。辖区有社区卫生服务中心1座，下设分院2个，村级卫生室5个，社区卫生室1个。社区卫生服务中心设有10余个科室，病床75张，救护车3台，医护人员20人。未发生重大食品安全事故。

社会保障　全年发放低保金、特困人员生活费、优抚金、救助金305.6万元、小额贴息贷款1200万元，新增城镇就业人员389人，帮助困难人员就业43人，城乡居民合作医疗、养老保险参保率均达到99%。

文明建设　建立“党小组＋村民理事会＋自治联营户”三级自治体系。开展“七彩之家”及“窗口服务”等评选活动，制订村规民约，建立“公序良俗红黑榜”，树立70余个先进典型，白果村被评为公序良俗示范村。

（仙女山街道办事处）

羊角街道

【概况】羊角街道位于武隆城区西部，2020年5月21日由土坎镇、羊角镇合并而成，东与芙蓉街道相邻，南接

5 月 21 日，武隆区羊角街道挂牌仪式现场　　代君君　摄

凤山街道，西邻白马镇，北与双河镇和涪陵区武陵山乡接壤。地处渝湘高速土坎互通与 319 国道交会处，距武隆城区 8 千米，乌江、国道 319 线、渝怀铁路和渝湘高速公路从东向西穿境而过，交通便利，区位优势明显。辖区面积 141.6 平方千米，现有耕地 2638 公顷，其中土 1798 公顷，田 840 公顷。辖 14 个行政村（碑垭村、鹅岭村、永隆村、茶岭村、艳山红村、关滩村、松树村、庙岭村、田湾村、新坪村、五龙村、清水村、石床村、青春村）及 4 个社区（羊角碛社区、朝阳社区、万家宝社区、土坎社区），共计 96 个村民小组，11 个居民小组，总人口 28771 人，其中非农业人口 4831 人，农业人口 23940 人。

【羊角街道挂牌成立】 4 月 22 日，重庆市人民政府批复同意撤销羊角镇、土坎镇，设立羊角街道，管辖原羊角镇、土坎镇行政区域，街道办事处驻万家宝社区烈女西路 6 号（原羊角镇政府驻地）。5 月 20 日，经区十八届人大常委会第三十次会议决定：设立重庆市武隆区人大常委会羊角街道工作委员会。5 月 21 日，获区委、区政府正式授牌，并在羊角街道办公楼广场举行挂牌仪式。

【羊角街道与江北区华新街街道签订友好合作协议】 9 月 21 日，羊角街道与江北区华新街街道在羊角街道二楼会议室签订友好合作协议。双方将在工业、农业、旅游、城建、经贸、科教文卫、社会管理等方面开展合作与交流。

【羊角街道开展“消费扶贫 爱心助农”庙岭专场活动】 9 月 18 日，羊角街道在庙岭村开展“消费扶贫　爱心助农”专场活动；设置产品展销区，销售羊角老醋、羊角豆干、羊角猪腰枣、羊角羊肉、庙岭土特产等农特产品。签约消费订单 110 万元。

【经济发展】 2020 年，街道规下企业工业总产值实现 475 万元，增长 4%，农业总产值 24189 万元，增长 5%，社会固定资产投资 1850 万元，与上年基本持平；辖区内税收实现 2729.81 万元，其中本级财政税收 640.06 万元，增长 2.4%；农村居民可支配收入 17302 元，增长 7.7%。

农业产业　街道在巩固以枣子为主的传统特色产业的基础上，着眼市场需求，强化科技支撑，完善产业链条，推行 1+14（集团公司 +14 个村集体专业合作社）发展模式，引进优质红薯品种发展特色产业 800 公顷，带动 5000 余户群众种植，带动贫困户 500 余户 1500 余人脱贫致富。发展烤烟 20 公顷，销售烟叶 13.2 吨，烟农实现增收 66 万元。投入 124 万元，启动实施村集体经济项目 3 个，14 个村集体经济收入累计 126.31 万元。2020 年，出栏生猪 42365 头，羊 4213 只，禽 53268 只，牛 927 头。

招商引资　根据街道的实际，成立招商中心，配备相应的工作人员大力开展招商引资，签约总部经济结算平台 2 个，通过平台引进企业入驻羊角街道 40 余家，引资总额达 1 亿元以上，其中 2000 万元以上企业 3 家，实现税收额度达 200 万元；另外引进 20 家中小企业入驻古镇。

【乡村旅游】 全镇发展以清水龙湾、懒坝 LAB 观光式农业，清水紫枫泉庄、玉水花谷休闲式农业为载体的多项旅游项目，吸纳本地 500 余名农民务工，从业者年均收入在 3 万元以上。在永隆、艳山红、庙岭村新建乡村旅游文化活动广场，修建观光步道、观光台、荷花池，发展民宿 50 多家，贫困群众人均年增收 2000 元以上。以清水鱼、土鸡、碗碗羊肉美食旅游为切入点，发展 150 余家特色农家乐，从事旅游服务及相关从业人员达 300 余人。

4 月 26 日，永隆村　　羊角街道　供图

4 月 26 日，羊角古镇全景　　羊角街道　供图

【脱贫攻坚】 全年开展定点攻坚、百日大会战、收官大决战三大战役，统筹抓“战疫”与“战贫”，全街道“两不愁三保障”突出问题实现动态清零，11户监测户和3户边缘户无返贫现象发生。完成艳山红村梨花易地扶贫搬迁安置17户61人，历次巡视督查考核反馈问题全面整改，落实“六稳”“六保”工作措施，街道670户2551人贫困人口全部实现稳定脱贫，贫困户人均纯收入达1万元以上，通过市级脱贫攻坚普查验收。持续深化东西部协作，实施协作项目11个，在庙岭村举办“消费扶贫，爱心助农”专场活动，签约消费订单110万元。

【基础设施】 交通建设 全年实施农村公路建设项目14个，投资1673万元，改扩建公路11条，新建1条2.7千米，硬化（油化）22.4千米，改造公路10.1千米；投资160万元抢险公路14处。投资149万元实施乡村旅游项目1个。投资60.75万元，新建饮水池6口450立方米、维修庙岭水厂、鹿池大堰和碑垭大堰。懒坝项目、渝湘高铁、渝湘复线、花园水库、污水管网和天然气管网等重点工程顺利推进。

环境治理 推进《污染防治攻坚战实施方案》，制定石床村“一场一策”养殖污染整改实施方案。实施“五大环保行动”，街道声环境、辐射环境和土壤环境总体保持稳定。严格落实“河长制”。加强乌江及溪沟、河流的巡查排查，对境内31条溪沟河流分别落实街道河长和村级河长，两级河长累计巡河达1620次，发现问题20件，整改问题19件，整改率95%。完成长江禁渔退捕上岸29人，上岸人员均得到安置。推进“厕所革命”。全街道农村完成厕所革命任务99座，获得区农委验收合格。落实森林资源保护措施，开展造林72.57公顷的自查验收，兑现特色经济林资金直补17.49万元和6520公顷公益林生态直补249.4万元。完成2020年度经果林68.53公顷的规划设计及核查验收工作。核实查处占用林地违法行为10起，关停野生动物养殖场2处，有效培育森林资源，营造可持续发展的生态环境。

古镇后续建设 启动古镇安置房产权证办理，完成486栋安置房不动产权登记和1925套住房、1924间门面信息初始登记以及39户产权人变更；完成3849本户证的契税的税务系统导入工作，启动搬迁户房产证办理，截至12月31日，为搬迁户办理房产证1294本；修复古镇毁坏市政设施256处；启动农贸市场、文化体育中心、殡仪馆及公墓的前期工作和万家堡安置区域扫尾工程，推进盐运水街、亲水乐园的规划设计；狮子危岩居民搬迁入住。

【社会事务】 教育 全年义务教育普及率100%，中小学义务阶段师资建设、功能室建设达标率100%，土坎中学、街道中心小学与重庆市育才中学缔结为战略友好协作学校。

卫生医疗 艳山红村、永隆村卫生室建成投入使用，全街道实现村村有卫生室。推进全面参保计划，收缴医疗保险24704人，意外伤害保险3480人，城乡居民医疗保险、基本养老保险参保率保持在95%以上。

文化体育 完善万家堡社区篮球场设施，安装朝阳社区、艳山红村健身器材40余件，开展送文化下乡10余场次；电影免费下乡170余场次，开展扶贫促销活动2次。

社会保障 1—12月累计发放城乡低保金921.3035万元，为130名特困对象发放供养金131.6264万元，按时足额发放139人重点优抚对象定补和优抚金143万元。完成创业担保贷款680万元，转移劳动力就业312人，新增农民工返乡创业10人。组织民兵参加役前训练，完成大学生征兵任务。

综合治理 食品药品全面监管。全年开展专项检查20余次，检查餐饮、食品销售370余家，食品生产企业5家，小作坊30家，药械经营和使用单位20余家，排查食品安全隐患12个，整改11个，办理食品案件2起，查处餐饮单位超范围使用食品添加剂案一起，罚款2650元。安全生产管理有效。全年共排查45次、检查人员132人次、受检企业72个次，查出安全隐患26处，整治24处；坚持每月上路检查交通安全24天，纠违处罚732起，处罚金3.74万元。社会治理成效明显。全年受理处置各类案件148件，查处治安案件120件，破获刑事案件15件，惩治犯罪嫌疑人24人。构建矛盾纠纷排查、调处、化解三级网络，全年共排查矛盾纠纷416件，调处416件，调处率100%。全年接收各类信访案件166件，处理结案153件。

（羊角街道办事处）

白马镇

【概况】 白马镇是武隆的西大门，地处武隆、涪陵、南川三区黄金三角带，是武隆重要交通枢纽，东与羊角街道毗邻，南与赵家乡新华村相邻，西与长坝镇胜利村接壤，北与和顺镇和涪陵区白涛镇接界，东距武隆城区23千米，西离重庆主城120千米，G65包茂高速、319、353国道、411省道、渝怀铁路、乌江航道横贯其间。2003年10月乡镇建制调整将原车盘乡和长坝镇信义村、光明村并入白马镇，镇政府驻地迎宾路41号附11号。全镇辖区面积221.7平方千米，城镇建成区面积5平方千米（含园区），辖有2个社区7个居民小组，10个行政村104个村民小组，户籍人口2.63万人，其中少数民族人口243人，非农业人口1.23万人，城镇化率47%。2020年实际出生195人，死亡236人，人口自然增长率为−1.56‰。

白马镇作为武隆城区两大组团之一，镇党委、镇政府突出白马山旅游度假区、白马生态工业园区、白马航电枢纽项目重点，围绕效益农业、乡村旅游、工业城镇主线，夯实社会保障、安全稳定、脱贫攻坚基本面，构建“点线面”立体发展空间格局。2020年，白马镇先后被武隆区委、区政府评为重庆市武隆区第四次全国经济普查区级先进集体、武隆区委平安建设暨防范化解重大风险领导小组先进集体、脱贫攻坚先进集体；2020年，镇团委被评为“五四红旗团委”，退休党支部被评为区级先进党组织。

【经济发展】 2020年，全镇完成本级财政税收1462.45万元，农村常住居民人均可支配收入为17222元，同比增长7.8%。

农业产业 立足板桥、沙台示范村建设，以点带面实施乡村振兴战略，统筹推进三农发展。全镇粮食播种面积1861.87公顷，其中谷物种植面积1180.93公顷，薯类作物面积677.67公顷；烤烟种植面积86.67公顷，中草药材种植面积92公顷，油菜种植面积333.33公顷；养蜜蜂3200群；新增补植特色经果林、茶叶、水产、蔬菜、向日葵、中药材等面积333.33公顷，估算农业产值3500万元，兑付产业政策性补助219.19万元。聘请市、区、镇级农业科技指导员30名，开展各类培训20场（次），培训农民800人（次）。年新增专业合作社1家，专业大户5户。完成区农委下达涉农项目10个，特色效益产业成果得以巩固。完成玉米投保面积243.53公顷，水稻投保面积23.67公顷，渔业投保面积3.33公顷，马铃薯投保面积23.4公顷。发放耕地地力保护面积1334.27公顷，补贴资金281.2万元。农机购置补贴88台，补贴资金7.28万元。全年共免疫注射猪口蹄疫1.54万头、牛口蹄疫450头、羊口蹄疫1215只、小反刍兽疫1215只，高致病性禽流感，鸡28124万羽、鸽子8000只、狂犬病669只，畜禽圈舍消毒5720间32.08万平方米。产地检疫生猪8366头、牛99头、羊66只、家禽8118羽，屠宰检疫生猪6000余头，新增生猪4000余头。完成农村土地经营权登记颁证、确权耕地2894.4公顷，完成村社清产核资、村集体成员登记赋码10个、社集体经济合作社赋码达80%，规范村集体资产运作，盘活闲置资产等，实现村财保值增值，年收益5万元以上村4个，消除“空壳村”。

工商业 镇域工业企业17家（不含园区企业），全年工业企业营业收入1380万元。培育、引导和发展快递物流、社区服务等新兴第三产业，辖区在册企业333家，比上年末增加近4家，其中中小微第三产业企业12家，资质以内建筑、房地产企业4家；限额以上批发零售企业4家；个体工商户2000余户。全年完成网上代销438笔，销售额10万余元，完成网上代购2122笔，金额约158万元，同比增加19倍，全年收购贫困户农产品222户，带动贫困户户均增收2000元，同比增长186%。

5月19日，白马镇板桥村 徐爱荣 摄

【乡村旅游】 依托白马山旅游度假区，整合东西协作资金680万元、人际环境整治资金350万元、乡村振兴资金100万元、文旅融合资金288万元、农旅融合资金30万元、公路建设1700万元、农网改造资金600余万元等项目，打造板桥乡村旅游示范点，板桥村建成集文旅融合、休闲农业、游憩业态多样化为一体的特色乡村旅游精品村。2020年，板桥村被评为乡村旅游示范点；推进以沙台、鱼光、灵山、杨柳为主的鲜果休闲体验采摘精品线路建设，以东升、板桥、豹岩、车盘为主的避暑纳凉精品线路建设，年接待游客3.3万人次，同比增加6.4%，乡村旅游综合收入815万元，同比增加4.4%。

【脱贫攻坚】 全年开展定点攻坚战、百日大会战、收官大决战“三大战役”，全面完成各类反馈问题和自身检视问题整改，推动扶贫政策到户到人，贫困人口“两不愁三保障”问题动态清零，406户贫困户与22个新型农业经营主体建立起利益联结机制，605户贫困户获得产业政策性补助219.19万元，组织贫困群众参加区级层面培训100余人次、镇内培训1000余人次，引导1211名贫困群众务工就业。与济南市历下区姚家街道和涪陵区渝教集团对接，化解扶贫农产品滞销问题。落实“先诊疗后付费”“一站式结算”救治机制，救助贫困患者210名、资金38.09万元。聚焦失能、弱能、致贫返贫风险大的特殊贫困群众，资助学生2237人次，实施贫困户危旧房改造20户，53户75人纳入基本生活兜底保障，投资2288.89万元完成涉农整合项目24个。

【基础设施】 交通 全镇完成交通三年行动计划项目验收，完成投资1800万余元，硬化42千米，全镇通畅里程达200余千米，社道通畅率100%。启动353国道12千米、A74县道3千米

7月29日，白马镇板桥村向日葵产业 白马镇政府 供图

升级改造建设；完成新增2020年四好农村公路建设项目2个4千米及豹岩至板桥公路升级改造。完成癞子纤沟出险加固工程，S529三原功能恢复项目，铜鼓公路安保设施安装工程，整治农村公路50余千米。

水利　投资368万元推进11个涉农整合水利项目建设，涉及板桥扶贫水利项目、车盘防洪沟整治、灵山水池整改、三溪人饮（麻园）项目，鱼光水库进水渠、溢洪道整治及人饮项目，杨柳村人饮项目等；投资310万元，新建水池14口、维修水池67口，新建提水设施1套，安装管网14千米；完成自查人饮工程问题整改67出，水利工程项目建设6个，各村100%落实管水用水制度，完成256处饮水安全工程水池常规检测。建立农村饮水工程管护制度。

场镇建设　实施“治乱拆违、街净巷洁、路平桥安、灯明景靓”工程，投资200万元规范改造门楣店招180家，投资125万元完成六方坪广场升级改造，投资32万元整治场镇人行道（黑大桥废旧渣场段、高速路下道口段），投资120万元实施高速互通至场镇至白马山游客接待中心主干道周边环境的微绿化、治乱拆违等综合整治，完成郭溪沟大桥整治。场镇天然气全面通气，黄荆坝（麻纺厂还建房）房产项目主体建成。外聘保利公司专业保洁，场镇主次干道和园区主干道33千米全天候保洁，沿街垃圾“日产日清”；推进生活垃圾分类处置，布置分类垃圾桶36组，生活垃圾无害化处理率100%。开展城镇污水管网维修整治，完成工业污水处理厂和生活污水处理厂加盖卫生防护。投资48万元安装交通违规智能抓拍系统9处，累计抓拍违停车辆3000余台、处罚60余万元。

农村建设　全镇推进农村危旧房改造，重点加强对贫困村贫困户、低保户、残疾人家庭、优抚军人家庭、五保户五类人群的危旧房改造工作，完成农村不安全住房整治提升136户，已全面消除不安全住房；新建农村公厕1座。投资972万元建成鱼光农村移民安置区精准帮扶项目，新建活动室591平方米，投资500万元开工建设铁佛村农村移民安置区精准帮扶项目（一期），新建1429平方米公共服务中心，完成主体工程。

电力通信　投资1500余万元建设及升级改造农村电网10千伏、400伏线路120余千米；实现农村4G通信全覆盖，建成5G基站1座，场镇逐渐向5G网络过渡。

生态环境　完成国土绿化造林536.4公顷、退耕还林74.47公顷、森林抚育133.33公顷、三峡后续植被恢复造林316.67公顷；聘用95名天保生态护林员。落实河长制，开展巡河723次，发现问题53个、整改53个；开展“河小清”等志愿者活动150人次，清理垃圾近3吨；开展“江清水畅”行动，打捞漂浮垃圾10余吨。落实“十年禁渔”禁捕退捕措施，严控露天焚烧。推行农村垃圾“户收集、村转运、镇处置”模式，新增垃圾桶200余个，整合82名公益性岗位人员进行垃圾收运，收运垃圾1000余吨，板桥村被评为市级垃圾分类示范村。严守耕林地保护红线，开展乱占耕地林地、河道“三乱”专项治理，加强矿山资源监管，坚决打击违法行为。开展饮用水水源地、重点产污排污企业、大型畜禽养殖企业等环境风险隐患排查，联合执法检查12次，专项检查30余次，辖区未发生环境污染事件。开展小水电清理整改，保障生态流量泄放。持续开展农药化肥“零增长”和废旧农膜回收专项行动，全镇创建为区级化肥农药减量示范镇。

【社会事务】教育科技　辖区现有中学1所，小学2所，完小6所，撤销办学点1个。白马中心校创建“9.2T教学资源库和云盘”，建设校园光纤网，白马中学初中升学率排名全区乡镇第一。奖励市区级优秀教师12人。全年获评年度优秀科技工作者2人，打造科技示范户41户，认定2020年度农业科技示范基地1个，2020年科技创新示范基地1个。

卫生医疗　全镇现有卫生院1所，民营医院1所（白马中山医院），村卫生室14个，均规范化建设，共有16名村医生，其中3名具有助理医师证，其余均有乡村医生证。全年门诊诊疗16908人次，住院1446人次，全年处方总量26357张，提供免费医疗卫生保障150余人次，累计完成电子档案27706份，常规免疫累计接种5165针次，完成儿童健康管理2685人，孕产妇健康管理191人，老年人健康管理2929人，慢病规范管理1375人。报告法定传染病37例，发生突发公共卫生事件5起，报告率100%。组建由临床医生、护士、村医生组建家庭医生签约服务团队6个，签约8562人，针对重点人群履约5640人。建立健全新冠疫情防控常态化管理，全年累计排查17.85万人次，交通检测1.63万车次，对中高风险到武隆人员和发热患者转诊人员64人，出动医护人员110余人次；对重点人群、环境进行核酸采集1240次。全年开展辖区饮用水、医疗机构、学校卫生、职业卫生、公共场所卫生监督执法4轮次，出具卫生监督意见书206份，打击非法行医非法采供血12次，办理卫生许可证15所。落实完成“两癌”筛查1028人，孕优检查128人，超额完成上级下达的送检任务。新增独生子、独生女、双女户申报21人，独生子女死亡申报2人，非单位独生子女父母一次性奖励金申报4人，独生子女父母残疾申报11人。办理生育证228件，再生育证46件，独生子女证35件。持续开展灭蝇灭鼠爱国卫生运动及农村厕所革命，完成农村改厕830户，农村卫生厕所普及率90%。

文化体育　全年开展文化体育活动共13场次。全年送文化下乡20余场次，播放电影96场次。对全镇60个文物点进行4次全面巡查。全镇辖区内共有文化体育经营户34户，经营秩序良好。全镇农家书屋书柜、书籍全部配齐，配送100册图书，每个农家书屋均藏书2200余册。

社会保障　全年发布用工信息12期，组织参加招聘10次，实现劳动力转移就业8020人；开展劳动就业技能培训6期、培训400余人，其中贫困群众155人。强化就业优先政策，精准帮扶受疫情影响的农民工、退役军人等重点群体就业，创建就业扶贫车间1个、安置下岗人员120人、带动贫困人口就业42人，培育致富带头人21人、带动275名贫困人口实现就地就业，为贫困群众开发公益性岗位182个、补贴22.27万元，发放贫困劳动力一次性求职创业补贴192人、补助9.75万元，发放跨区域往返城市间交通补贴601人、补助6.11万元。严格落实就业再就业各项优惠政策，城镇登记失业人员就业再就业322人，其中“4050”人员就业再就业209人；办理灵活就业保险274人、补贴124.11万元。发放128人创业担保贷款2296万元，回收65人创业担保贷款910万元，财政贴息64.21万元。城乡养老保险参保率稳定在95%以上，特殊困难群体100%参保；城乡居民医疗保险参保7716户20837人，参保率96.02%。严格落实农民工工资“一金三制”，保障农民工合法权益。超额完成“两癌”筛查1028人、孕优检查128人。加大社会兜底保障力度，落实最低生活保障426户593人、发放低保金349.94万元；特困供养201人、发放供养金193.28万元；临时救助贫困家庭126户、救助27.21万元。实施残疾人无障碍生活设施改造21户，免费为残疾人安装净水器172户，发放339名残疾人两项补贴30.17万元。开展双拥工作，投入10余万元规范建设武装部；联系退役军人607人次；加强烈士纪念设施保护，投入30万元修缮白马烈士陵园。投资220万元升级改造白马敬老院，投资17.76万元升级改造六方坪社区养老服务站。

综合治理 全年召开安全生产会议31次，签订各类安全生产目标责任书53份。组织安全生产及自然灾害防范培训3次，综合应急演练5次，受训人数2200余人次，发放宣传资料3000余份。应对汛期14次极端恶劣天气，发生地灾险情25起，消除地灾隐患7处，紧急转移安置97户291人，发放救灾帐篷42顶，赈灾包95个，生活必需品50份，特别是成功处置7·13鱼光牛儿湾滑坡重大险情，得到市委、市政府，区委、区政府肯定。强化联合执法，形成监管合力，出动检查人员500余人次，开展道路交通安全检查300天，查处违法违章车辆610辆，行政处罚5.02万元，规范设置农村交通安全劝导站9个，规范设置率100%，累计劝导机动车4633车次，劝其整改违法违规行为241人，摩托车守法率和驾驶员按规定佩戴安全带守法率均达90%。全年消防安全检查141家次，发现并完成隐患整改11处，现场处罚6家次，处罚没款120元；地灾点检查123处次，非煤矿山检查8家次、危化品企业检查11家次，烟花爆竹企业检查3家次，烟花爆竹零售点检查22家次，联合检查工贸企业、道路交通建设等其他安全领域检查35家次，发现安全隐患48条，已整改45条，3条尚在整改中。食品药品检查经营户538家次，共办理食品药品案件7件，已结案5件，处罚没款3.05万元。

干部接访下访 全镇干部共下访群众2896人次、接访群众3789人次。大力化解积案矛盾问题，1个群体成功化解，2个群体有序推进，5个个案成功化解。安装平安乡村监控系统820个，聘请27名专兼职网格员，实现社区网格化管理服务全覆盖。重要节点开展集中大型宣传活动10次，深入开展校园周边环境整治5次，持续加强特殊人群管控。深化“扫黑除恶”“禁种铲毒”等专项斗争，立各类刑事案43件，打击处理13人；立治安案38件，打击处理33人，与上年同期相比立案率下降11%、查处率上升6%。

乡村治理 全镇以新时代文明实践站（所）为载体，开展“三亮三评”和“双联双评双提升”活动。实施“孝贤洁序”公序良俗工程，评选孝善之家45户、乡贤7人、洁美之家721户、遵规守序之家60户；开展新型职业农民技能培训6次1600人次。

【重点项目建设】 全年推动白果坪至竹坝段、豹岩至赵家段、西坡公路改扩建设，马颈子、望仙崖景区污水管网工程及天尺情缘景区提档升级项目建设。完成豹岩白果坪加油站、天池坪观云片区征地项目，推进天池坪云邑片区、生态公厕和土槽片区征地项目，征收山林土地34.6公顷、搬迁农户12户，兑付资金119万元。配合乌江白马航电枢纽工程项目拆迁指挥部，完成乌江右岸（杨柳村）拆迁工作，搬迁移民80户328人，启动乌江左岸征拆前期工作。投资2847万元完成杨柳农村移民安置区精准帮扶项目工程，投资972万元建成鱼光农村移民安置区精准帮扶项目，投资500万元开工建设铁佛村农村移民安置区精准帮扶项目（一期），完成鱼光桐麻弯居民点危房整治项目。全年保障页岩气钻井平台（鱼光106、沙台147）、渝怀铁路二线、渝湘（渝黔）高铁、渝湘高速复线、天然气管道（仙女山至水江）、高压专线(6条长约50千米)、白马货运码头等重点项目建设的正常秩序。

（白马镇政府）

江口镇

【概况】 江口镇位于武隆东南部，东邻文复乡，南连石桥乡，西接凤山街道，北与火炉镇、彭水县高谷镇接壤。场镇坐落于芙蓉江与乌江交汇处，距城区17千米。辖区面积138.6平方千米，耕地面积2780公顷，林（草）地面积7966.67公顷。辖蔡家、黄桷、花园、黄草、谭家、荆竹坝、三河、银厂8个行政村（73个村民小组），上街、下街2个居委会（7个居民小组），户籍人口21434人。

国道319线、渝怀铁路、渝湘高速公路东西向贯穿全境，武务路向南通往贵州，水陆交通便利，是渝黔两地重要的通商口岸和乌江流域主要的物资集散地。江口有装机40万千瓦的江口电站和装机64.5万千瓦的银盘电站2个水电站，有被誉为“斑驳辉煌的地下艺术宫殿，内容丰富的洞穴科学博物馆”、世界自然遗产、国家AAAAA级旅游景区——芙蓉洞，有被誉为“川东九寨沟”的国家重点风景名胜区——芙蓉江风景名胜区和“唐长孙无忌墓”“李进士故里石刻”“蒋经国行辕遗址”等人文景观。江口镇是重庆市中心镇、卫生镇和文明镇，获全国安全生产先进集体、全国安全生产监管监察先进单位。

【重要会议】 江口镇第十九届人代会第八次会议 3月26日，在江口镇人民政府三会议室召开，大会应到代表50人，实到代表44人，实际参加测评人数44人，会议听取审议镇人民政府工作报告，镇人大主席团工作报告，2019年财政结算情况和2020年财政预算报告，议案审查报告；表决各项决议草案。

江口镇第十九届人代会第九次会议 5月26—27日在江口镇人民政府三会议室召开，大会应到代表50人，实到代表42人，实际参加测评人数42人；会议听取代表资格委员会作代表资格审查报告；表决大会议议程（草案）；表决大会秘书长名单；通过大会分团及团长、副团长名单；选举镇人民政府副镇长代群君。

江口镇第十九届人代会第十次会议 7月17日在江口镇人民政府三会议室召开，大会应到代表50人，实到代表42人，实际参加测评人数42人，会议听取镇人民政府关于第十九届人民代表大会第八次会议代表意见办理情况的报告、听取和审议江口镇人民政府关于撤镇设街道办事处的报告；评议江口卫生院、江口镇社保所工作，测评结果满意率为91%。

【经济发展】 全镇固定资产投资总额实现0.15亿元；农村常住居民人均可支配收入17710元，同比增长8%。

农业产业 全年种植粮食作物2033.33公顷，油料作物346.67公顷，蔬菜1120公顷，烤烟56.67公顷，其他作物233.33公顷。生猪出栏19578头，山羊出栏1256只，禽类出栏13547羽，蜂群存栏2042群。引进培育正邦集团有限公司、琪丽玉农业开发有限公司等生猪产业养殖大户5户。新发展柚子、李子等经果林133.33公顷，管护在地经果林533.33公顷。开展技术培训和各项指导服务1100余次，受益群众17800余人次。通过盘活闲置资产、入股企业分红等方式，村集体经济增收81万元。

工商业 推进企业复工复产，支持银盘电站防洪沟建设，帮助银盘电站规划光伏发电站项目以及协调相关部门划拨土地，推动江口电站芙蓉江库岸治理。支持卓佳纺织厂解决煤改气，厂房维修以及用水问题。开展银盘电站竣工验收、项目审计，完成银盘电站移民安置点房产证办理。新增各类市场主体305家，其中新引进建筑企业3家，商贸企业4家，广告消防企业2家，全年新增入库税金120万元。推动禾润粮油公司搬迁选址，帮助重庆建旺建材有限公司解决企业办公用房和停车场问题。完成渝湘高铁、渝湘高速复线、武道高速征占地和白家山料石厂选址，完成犀牛洞洞藏酒厂搬迁。加强渝怀铁路复线建设协调，完成炮损赔付11户，恢复黄草渡口，按期封闭黄草铁路桥，实现渝怀铁路复线通车。推动完成火炉至荆竹坝、荆竹坝至高谷、荆竹坝至文复、荆竹坝至中心重点工程高压线路建设。配合完成武务路大修。

农村电商 全镇有电商网点8个，新建蔡家村电商示范点，设置展示体验区、电商运营区、分拣包装区、仓储区。全年电商企业、站点交易额为1500万元，蔡家村电商示范点销售额120万余元。推荐培养特色产品，全镇共培育鱼干、泡菜、苕粉、鸡肉干等10余种特色品牌产品，解决515人贫困户和652人非贫困户就业，带动贫困户104户，增收金额67万元。全镇共发展致富带头人17人，带动贫困户52户增收。

【乡村旅游】 全年协助喀斯特公司升级芙蓉江游船后正式开船，芙蓉江清漂船正式投入使用。开展五一、国庆等节假日旅游志愿者服务，芙蓉洞景区无游客有效投诉发生。推动乡村旅游发展，新建江黄路自行车步道3.7千米，建成银盘电站、卷棚观景平台和炭坪子公厕。

5月8日，江口镇场镇 江口镇政府 供图

【脱贫攻坚】 全镇贫困人口“两不愁三保障”问题动态清零，706户2499人实现全部脱贫。完成消费扶贫重庆馆采购任务4.5万元。通过国家脱贫攻坚普查。推动国道319黄草至银厂旅游扶贫示范线路建设。

【基础设施】 交通 全年新建红子槽至窝凼岩等公路17千米，硬化三井溪、大屋基等公路54千米，完成天子坟应急抢险公路建设和朱家田移民道路路基边坡加固工程，实现全镇80%农户通硬化公路。

水利 新建荆竹坝村狮子岩人饮水池1口，维修整治黄草村后槽组、蔡家村天子坟组2处水源地，更换供水管约26000米，完成蔡家村畜牧产业水源工程建设，全镇实现户户通自来水，季节性缺水基本消除。

场镇建设　完成江黄路人居环境整治项目，启动下街人居环境整治项目前期工作。建成上街农贸市场、望江广场。完成焦村坝、长房子移民点广场维修整治项目。完成上街、下街停车场规范化建设，新增停车位57个。完成火炉至场镇天然气主管道建设，天然气用户新增900户。完成江口至黄草以及城镇焦村坝供水管网建设，增加场镇集中供水210户。

生态环境　开展垃圾分类、治污截污等5大整治行动，新建垃圾分类亭18个，新建焦村坝污水管网1千米，完成319国道黄草至银厂人居环境整治，推进垃圾处置费征收工作。坚持河长制工作常态化制度化。做好长江流域禁捕退捕工作，退捕渔民233人船舶126艘，实现渔民就业率、培训率、转产安置率、参保率均为100%。取缔“三无”船舶83艘。

【社会事务】　教育科技　辖区中学（江口中学）1所，在校学生1374人，承担的“武隆区江口中学数学创新基地”“武隆区语文教师工作坊”2个重庆市第三期“领头雁”工程项目等课题结题。组织教师参加各类培训100余人次（其中市级以上听课培训达20人次）。区级竞赛获一等奖4人次，二等奖15人次，三等奖12人次。小学（江口小学、黄草小学）2所，在校学生1561人，学校创建“全国青少年足球特色学校”“重庆市智慧校园”“重庆市艺术教育特色学校（石画）”。

卫生医疗　辖区有私立医院1个（福江医院），床位数40张，职工30人。公益二类医疗机构1个（江口卫生院），现有床位数20张，职工31人（其中在职25人，临聘6人）。开展“医德医风主题年建设”活动，开展5次医德医风教育学习活动，落实健康扶贫宣传政策到村，落实贫困户居家康养药品及现金补助，全镇贫困户电子健康卡全部发放，执行先诊疗后付费，一站式结算及三控费工作，做好全国健康扶贫动态管理系统维护。强化村卫生室管理，免费“两癌”筛查805人、优生检查98人，完成谭家、三河村等4个卫生室规范化建设。

文化体育　广播覆盖率100%，电视覆盖率100%，有线电视入户率80%。全镇有农家书屋8个，镇图书室1个，图书总藏量1.2万册。举办迎春晚会、夏季篮球联赛，放映惠民电影68场次。组织参加全区2020年广场舞大赛获三等奖。完成荆竹坝村便民服务中心改扩建，启动谭家村便民服务中心新建，启动三河村、银厂村便民服务中心新建前期工作。推进黄草村“公序良俗示范村”创建。

社会保障　全年新增低保64户107人，动态调整清退380人，累计发放低保金1431.17万元。发放临时救助228人次47.25万元，兑现计生奖扶政策168人次38.9万元，投入3.61万元为24户贫困重度残疾人开展无障碍改造。办理宅基地复垦养老保险38人，社保新参保3356人，参保率100%。大力推进创业担保贴，审核办理贷款61人985万元。为79名优抚对象发放各类抚恤和补助金88.18万元，兑现大学生入伍优待金16万元。兑现大中型水库移民后期扶持直补资金138.12万元。按时按质按量完成第七次全国人口普查任务。

志愿服务　黄草青少年之家开展“青春心向党，感恩新时代”主题活动。5月15日，与区水利局共同举办“河小青——守卫青山渝水·助力河长制”和“洁小青——共建美丽村居·助力生态环保”活动，共50人参加。8月5日，组织近100名学生和家长参加“青春导航　助力成长”流动公益活动。

综合治理　全年共受理刑事案件27件，破案9件，累计排查处理各类矛盾纠纷618件，其中调解民间纠纷185件，调解成功率100%。全年新创建“法治示范村”2个，“法治示范大院”4个。全年共开展各种安全检查1632次，排查隐患701条，落实整改701条，累计完成道路交通纠违899件次，处罚款8.42万元，劝导站共计开展交通安全劝导1482天次，劝导车辆5900余辆次。完成大唐芙蓉城5、6号楼，敬老院消防安全隐患整改。实施海椒沟地灾治理，推动芙蓉湖库岸地灾治理和避险搬迁，完成27户地灾搬迁户危房拆除工作。处置茶园坝非洲猪瘟疫情，同时在黄草高速路口和临彭水高谷交界处设置防控点，控制疫病传入，全年无新疫情发生。加强松材线虫病除治工作，全年共除治病（枯）死、濒死松树1263株。

（江口镇政府）

平桥镇

【概况】　平桥镇位于武隆区西部，乌江支流大溪河畔，毗邻和顺镇、鸭江镇、凤来镇和南川区中桥乡、水江镇，是武隆面对重庆主城的西大门，全镇面积73.4平方千米，耕地面积2343.93公顷，林地面积3537.07公顷，辖8村1社区，54个村民小组，5个居民小组，5917户20709人（其中农业人口17520人），全镇有党员678人。南涪高速、南涪铁路、省道206线、区道788线和180线横贯辖区，距武隆城区约48千米，涪陵城区49千米，南川城区40千米，重庆主城约98千米。辖区有盛勋机械、通耀铸锻等18家企业。农业传统产业主要有水稻、玉米、生猪，新兴产业主要有蚕桑、翠冠梨、藕渔、果桑、砂仁、花椒等，注册有大溪河、精平桥等4个农业产业商标。

2020年年底，全镇所有建档贫困户全部脱贫，贫困发生率降为零。2020年获全国农业产业强镇、全国“一村一品”示范村镇称号；平胜村获重庆市第二批美丽宜居乡村称号；乌杨村蚕桑、平胜村香料、高屋村红薯申报市级“一村一品”示范村；获全区脱贫攻坚获先进集体2个，先进个人1人，集体嘉奖1个，个人记功、个人嘉奖各1人；承办区级人居环境综合整治流动现场会。

【平桥镇入选全国“一村一品”示范村镇】　11月20日，农业农村部公布第十批全国“一村一品”示范村镇名单，武隆区平桥镇（苕粉）入选。该镇新组建重庆金薯农业开发有限公司，建成年加工鲜红薯1.5万吨、年生产苕粉2500吨的加工厂1个。

【经济发展】2020年，全镇实现地区生产总值65527万元，同比下降7.3%；工业总产值30117万元，同比下降25.12%；农业总产值26440万元，同比增长24.79%；固定资产投资14845万元，同比下降33.8%；社会消费品零售总额20116万元，同比增长6.3%；财政税收110.77万元；农民可支配收入17026元，同比增长7.47%。

农业产业 全镇巩固水稻种植366.67公顷，玉米种植566.67公顷，油菜种植300公顷，蔬菜种植333.33公顷，林果及其他经济作物种植面积800公顷。全镇完成辣椒订单示范种植41.02公顷，完成新栽桑19.33公顷，新种植九月青花椒50公顷，藕蟹种养殖10公顷，新栽植红果参1.33公顷；新组建重庆金薯农业开发有限公司，建成年加工鲜红薯1.5万吨、年生产苕粉2500吨的加工厂1个，香料初加工厂1个，桑枝菌加工项目完成企业选址及资金筹措。

工业 开展“集中走访精准服务”工作，帮助解决企业融资难、创新难、转型难等问题，特别是在疫情期间，落实企业减费降税、帮企纾困等工作，解决企业资金、生产物资方面的困难。

农村电商 平桥供销合作社挂牌成立、镇电子商务公共服务中心项目投入运营。

【乡村旅游】全年完成南坪、中村土地综合整治；完成平桥镇高屋村人居环境“示范类”及平胜村农村人居环境整治“精品类”美丽宜居村庄建设项目。

【脱贫攻坚】全年建档贫困户全部脱贫，贫困发生率降为零。巩固全镇629户2298人脱贫成效。投入资金1368.2万元，启动实施17个涉农统筹项目。其中财政专项扶贫投入366万元，实施扶贫项目11个；续建项目2个，新下达资金413万元，红隆村耕作大道、乌杨村蚕桑科技示范产业园完工；新建项目6个，包括6口水池、平胜村综合环境整治“精品示范”村项目和平胜村香料加工厂项目等；投入30余万元，完成C级危房改造8户，D级危房改造12户。开展脱贫攻坚“百日大会战”大排查，组织全镇8个工作组对全镇736户贫困户2736人、边缘户和不享受政策户全面普查，排查出“三精准、三保障、三落实”方面问题573个，并逐村逐户逐项查漏补缺、补齐短板，做到立查立改。

【基础设施】交通 全年投入1000余万元新建平凤二桥通车使用，投入约500万元的平江桥建设有序推进。总投资1815万元基本完成46.19千米农村公路硬化续建项目；投资98万元完成7千米钢护栏项目；投资604万元完成14.889千米农村公路硬化项目。

水利 完成全镇140口5户以上集中供水的人饮水池水质检测，131口集中供水水池纳入收费管理，完成分水岭水库防渗加固工程，完成乌杨村堡上组高洞子人饮水池改造。投资106万元，新建人饮水池6口1100立方米。

农村能源建设 建立镇村社三级农村垃圾治理工作联动机制，给各村（居）配备保洁员20名，配备垃圾收运人员4名，做到各村居辖区卫生专人保洁，打造全镇生活垃圾分类示范村，全年共计转运农村生活垃圾300余吨。

场镇建设 全年累计投入192万元，完成场镇路灯及其他设施设备的日常维修，安装太阳能路灯60盏，安装天然气入户1038户；投入20万元新建标准化公共厕所1座；做到场镇清洁卫生清理常态化，强化生活垃圾分类处置机制。

生态环境 投入30万余元完成场镇污水管网维修维护及改造；全年共接到环保投诉7次，办结率实现100%；重点对辖区非煤矿山、畜禽养殖企业、车辆维修企业、饮用水源地、在用工程机械、辖区内生产企业的巡查管控，全年累计开展环保检查200余次；完成农村卫生厕改造1631户，下水道改造1136户，旧房提升整治87户；常态化开展河长巡河机制，大溪河流域平桥段清漂20吨，实现化肥减量40余吨；在禁渔期内，共计劝返钓鱼爱好者50余人；全年共计转运农村生活垃圾300余吨。重点落实清理、整治“三乱”问题6个，其中污水乱排4个，岸线乱占2个。

【社会事务】科技教育 辖区1所中学，1所中心小学（附设幼儿园），2所完全小学（附设幼儿班），1所私立幼儿园，学龄儿童入学率100%。落实贫困户教育支助政策。中、小学开展教育教学、师德师风建设，推进学校特色发展。

卫生医疗 辖区1所中心卫生院，1家诊所，9家卫生室。每月对场镇集聚地进行巡查，每季度对美容美发、公寓、诊所、卫生院、学校等场所进行卫生监督巡查，做好辖区内公共场所现场初审。上报审批国家奖励扶助691人、特别扶助50人、独生子女四级残疾扶助26人。办理生育服务证83件、独生

6月4日，平桥镇苕粉加工厂　　平桥镇政府　供图

平桥镇花椒产业　　平桥镇政府　供图

子女父母光荣证16件，完成孕前优生检查62人、“两癌”筛查603人。

文化体育　辖区广播覆盖率100%，电视覆盖率100%，有线电视入户率100%。完成市级文物保护单位“和平中学旧址”和74处一般文物点的巡检巡查；完成送文化下乡36场，送电影下乡75场；文化市场（扫黄打非）巡检巡查序时推进。

社会保障　全年完成城镇新增就业249人，登记失业人员就业129人，困难人员就业70人，城镇登记失业率控制在3%以内。解决6名高校毕业生和20名贫困人员的就业再就业问题。加强鲁渝协作，向山东输送5名贫困人员稳定就业，人均收入超过2万元。支持创业就业工作，发放小额创业担保贷款660万元，规范雯昊服饰扶贫车间管理，鼓励其吸纳困难人员就业；城乡居民养老保险、合作医疗参保率均保持在95%以上，其中贫困户、低保户、特困人员等资助对象合作医疗参合率100%；临时救助186人次82万余元；新办残疾证15人，完成一、二级贫困残疾人无障碍改造25户、建档立卡残疾人危房改造2户、为残疾人安装净水器400余台；投资20余万元修缮烈士陵园，完成全国示范型退役军人服务站打造，完成退役军人家庭因自然灾害受灾搬迁任务，帮助困难退役军人申请困难补助。

综合治理　全年开展“三月法制宣传”“6·26国际禁毒日”安全生产宣传等主题活动，完成红隆村危岩治理，完成南坪村南丰村民小组五马石、马槽屋基地灾点汛期滑坡涉及38户115人全部搬迁。全年共收到舆情信息13条，网上信访案件108件，办结率100%；领导干部接访下访336件次；加大非洲猪瘟防控，未发生其他重大动物疑似疫情；协调解决王家湾居民1100人用电问题。

（平桥镇政府）

火炉镇

8月13日，火炉镇呐溪原乡乡村旅游示范点开园仪式现场　　火炉镇政府　供图

【概况】　火炉镇位于武隆区东北部，东与沧沟乡、彭水县相连，南与江口镇、芙蓉街道相接，西与仙女山街道相邻，北与土地乡、桐梓镇相通。距城区30千米，重庆210千米，龙溪大桥建成通车，万峰林海至城区公路建设完工，距芙蓉洞、仙女山仅需20分钟。辖区面积179.6平方千米，耕地面积5269.4公顷，林地面积99.42平方千米。辖14个行政村、112个村民小组、1个社区居委、2个居民小组。户籍总户数9754户，总人口31527人。

2020年，火炉镇获评第八批重庆市生态文明建设示范乡镇（街道）；火炉镇政府获武隆区2020年脱贫攻坚工作先进集体、全区平安建设暨社会治安综合治理先进集体。

【重要会议】　火炉镇第十九届人民代表大会第八次会议　1月19—20日召开，会议听取和审议火炉镇政府工作报告、人大工作报告、2019年财政预算执行情况和2020年财政预算（草案）报告。

火炉镇第十九届人民代表大会第九次会议　9月4日召开，会议听取和审议2019年镇级财政决算（草案）报告、2020年镇级财政预算调整方案（草案）报告、2020年火炉镇就业工作报告，测评经发办、建环办镇第十九届人民代表大会第八次会议代表意见建议办理情况。

【向前村入选全国文明村】　11月20日，中央文明委表彰第六届全国文明村镇；火炉镇向前村入选“第六届全国文明村镇”。

火炉镇向前村辖区面积14.32平方千米，属温带气候，海拔在500～700米，林地面积221.33公顷，森林覆盖率40.1%，耕地面积171.53公顷，全村主导产业为饲养优质种母猪，种植水稻和蔬菜。在创建全国文明村镇评选工作中，向前村抓宣传，造氛围、抓创评，树新风，抓教育，提素质、抓治安，报和谐、抓基础，促提升；全村风气良好，社会安定，环境优美。

【经济发展】　全年全镇实现一般公共财政预算收入4200万元；全年实现本级税收收入187.82万元；金融机构银行存款余额突破10亿元；农村常住居民人均可支配收入18466元，同比增长8%。

农业生产　全年全镇实现农业生产总值47080万元；全镇粮食播种面积3370.87公顷，产量13376吨；全镇生猪存栏7万头，出栏11万头；种植烤烟200公顷，均价27.19元，亩产量101千克，亩产值2553元，产值766万元；种植蔬菜面积2209.6公顷，产量49751吨。争取财政资金86万元，完成筏子村、云峰村、新田村、保峰村等4个村集体经济项目任务，全镇全年村集体经济创收38万元，其中3

个村收入突破5万元；完成宅基地复垦面积2.67公顷，增加集体经济收入82万元。深化万峰村林权制度改革，推进向前村“三变”改革。

工业　全年打造肉制品加工、粮食初加工、果酒精加工产业链，火炉铺碗碗羊肉加工厂、凉水井果酒厂、万峰大米加工厂建成投用。

农村电商　全年全镇本土特色产品销售情况，火炉铺碗碗羊肉10万余袋，销售额400万元，其中通过电商网络在山东销售57万元；火炉脆桃销售0.13吨，销售额1560万元；木水大闸蟹销售10万只，销售额150万元；火炉铺红糖销售1万千克，销售额36万元。全镇15个电商服务站和各中小型民营企业带动农户产品上线251户953人，其中贫困户116户401人；通过劳务带动增收8.3万元。

疫情防控　全年全镇建立“1+8+15+N”（1个总指挥部、8个分指挥部、15个村居领导小组、N个疫情防控专项小队）新冠肺炎疫情防控机制，实行“双组长制”“指挥长负责制”。突出联防联控、群防群控、群策群力，发动党员、民兵、志愿者、大学生等战“疫”，累计排查33万人次，居家隔离医学观察239人，累计收到社会捐款45余万元，其中支援湖北省疫情防控工作20.83万元。紧盯农贸市场、超市、冷链等重点区域，建立健全常态化防控机制，坚决防止疫情输入、扩散和反弹，全镇无本土输入病例发生。

“六稳”“六保”　保居民就业，为高校毕业生、贫困户、困难群众提供公益性岗位、勤工俭学岗位累计189个，发放创业担保贷款1500万元，就业创业补贴4.7万元、小额信贷资金约3890万元，贫困劳动力跨区域交通补贴13.58万元；新增就业220人，农村劳动力转移就业1953人。保基本民生。社会救助和保障标准与物价上涨挂钩联动，发放补助金65.7万元，惠及困难群众1600余人；发放受灾房屋改造资金16.5万元。保市场主体。严格减税降费、金融支持等惠企政策。保粮食能源安全。做好辖区肉制品、粮油、蔬菜等物资储备及供应，加强辖区水电气等能源调度，保障群众日常需求。保产业链供应链稳定。对接企业配套供应和需求供应，确保复产复工100%。保基层运转，坚持“政府过紧日子”，压缩公用经费32.11万元，“三公”经费同比下降8.6%，化解政府性债务313.2万元。

【乡村旅游】全年新发展乡村旅游经营户18户，培育星级示范户2户。新增接待床位202个、乡村旅游从业人员52人、停车场3个，乡村旅游从业人员300人。呐溪原乡一期工程完成，景区于8月13日正式开园迎客，带动周边群众约120人就地就业。万峰林海、慈孝向前、呐溪开园等视频网上热播；万峰大米、火炉红糖、脆桃、碗碗羊肉等本土旅游产品，线上线下销售良好；完成成都宽窄巷子和重庆解放碑旅游推介活动。春赏桃花、夏摘脆桃、秋捕螃蟹、冬吃刨汤等节庆热度不减，全年游客10万人次，旅游综合收入超2000万元。

【节庆活动】全年举办“我在呐溪原乡等你”抖音短视频邀请赛暨2020年火炉脆桃采摘节、武隆生态大闸蟹开湖节暨呐溪原乡旅游促销活动。9月30日，2020年武隆大闸蟹开湖节暨呐溪原乡促销季活动在火炉镇举行。

【脱贫攻坚】全年推进脱贫攻坚十大专项行动，东西部协作扶贫成效显著，完成脱贫攻坚普查，脱贫攻坚任务全面完成，现行标准下贫困人口全部脱贫。

【基础设施】交通　全镇累计投资2577.66万元，新建“四好农村路”57.24千米。

水利　新建维修人饮水池14口；投资600余万元，开工建设接龙尾水灌溉工程。

农村能源建设　全年完成武隆区生活垃圾焚烧发电项目和火炉镇加油站新建项目中的征地拆迁和协调服务任务，累计完成固定资产投资近2亿元，完成土地征收面积5.67公顷，搬迁坟墓40座、拆迁房屋16栋，搬迁15户77人，统筹建设车坝村龙溪安置点，集中安置9户；推动关桥村乡村生活综合体招商签约，开展土地流转、国土空间规划等前期工作；推动辖区页气岩勘探工作；完成徐家村、鲁家岩村、向前村等农村电网升级改造工程。

人居环境　投资500万元，完成保峰村、车坝村人居环境整治工程；投资47万元，建成农村公厕1座，改造农户卫生厕所224户；全年改造农村危房11户，旧房整治提升215户，拆除违法建筑550平方米，回填土地面积307平方米，农村垃圾集中收集处理全覆盖。评选村级“最美庭院”65户。车坝村被纳入垃圾分类示范村创建。

场镇建设　完成南泥坎易地扶贫搬迁市级示范集中安置点项目建设，搬迁安置群众22户88人。完成火炉场镇三级饮水管网改造、火炉场镇水厂供水管网延伸项目规划，完成火炉派出所主体工程。

生态环境　全年完成国土绿化566.67公顷，完成呐溪原乡、万峰磨子岩、车坝庭院绿化，森林覆盖率62%；加强森林资源管护，聘请护林员108人，强化森林防火管控，严格控制占用林地，兑现森林生态效益补偿及天然商品林停伐管护补助171万元，协助市林业局举办“携手防沙止漠、共护绿水青山”世界防治荒漠化与干旱日宣传活动。生态环保治理完成2019年禽粪污资源化利用项目验收41户、2020年申报项目39户；回收废弃农膜13余吨。落实河长制，镇村两级河长巡河325次，常态化开展“清三乱”行动，河流水质持续改善，河库综合治理取得成效。

【社会事务】教育科技　辖区中学1所，在校教职工143人，学生2000余人；小学6所，在校教职工105人，学生1065人；幼儿园2所，学龄儿童入学率100%。火炉中学新增区级骨干教师14人，初三学生学业水平测试和初一初二学生教学质量监测在全区取得较好成绩，职业高中抽测在3所职高学校中居于领先。火炉镇中心小学获2020年度全国青少年篮球特色学校称号。

卫生医疗　辖区有医疗卫生机构19个，医疗卫生机构床位108张，执业（助理）医师20人。开展各类卫生宣传5次，发放鼠药200公斤，投药面积近6000平方米。1—12月制作宣传栏6期，举办13期健康咨询活动、13期健康知识讲座，播放高血压、糖尿病防治、中医药健康教育知识、老年人合理用药等音像资料，发放健康读本10000余份。全镇全年办理生育证一孩62本，二孩51本，再生育服务证17本，独生子女5本，开具计划生育免费技术服务介绍信33份。全镇全年向卫生健康委申报解决大病医疗救助7人，13.4万元；为因病致贫的贫困户中208人申报审批居家康养医疗救助，每月100元的药品或现金按时足额发放到位。免费检查农村妇女“两癌”896人，孕优检查60对。完善装修木水及万峰村卫生室，为14个村卫生室基本配齐设备。

文化体育　对区级文物安全检查6次，志愿服务更新6次、图书馆实现正常开放。区级演讲比赛、广场舞比赛、区运会等赛事分获第一、二、三名；安装价值24万元的健身器材；完成惠民电影进村114场、送戏下乡12次。向前村获国家级文明村、梦冲塘村获区级公序良俗示范村等称号。

社会保障　城乡低保应保尽保，新增低保77户165人，动态调整取消低保18户22人，年发放低保金546万元、临时救助75万元、残疾人“两项补贴”45万元、高龄失能补贴32万元，城乡医疗保险参保率97%。完成贫困残疾人无障碍改造25户，补助资金7.3万元。对5名残疾大学生实施生活救助，补助资金1.9万元。完成残疾人基本服务状况和需求专项调查998人，实行残疾人签约服务全覆盖。举办为期4天的残疾人扫盲培训班。推荐4名残疾人参加区残联组织的木雕工艺培训，并达成就业意向。通过鲁渝协作帮助1名贫困残疾人进行假肢适配。与武黔医院开展残疾儿童康复筛查26例。残疾人辅具配发13人次。受理更换第三代残疾证726人。争取市残疾人基金会为贫困户、低保户、残疾人捐赠净水器398台。完成2户贫困残疾人危房改造，补助资金2万元。对全镇9户一户多残建卡贫困户实施产业扶持，补助资金7.2万元。对37名贫困残疾人实施居家托养项目，发放补助资金2.22万元。为198户204人贫困残疾人申报、发放生活救助9.9万元。解决7户困难优抚对象住房问题，发放优待金43.5万元、优抚金196万元，为优抚对象办理医疗保险服务卡203份，建立健全一人一档档案；为参加抗美援朝老兵发送“中国人民志愿军抗美援朝出国作战70周年纪念章”8枚；完成寨子堡烈士墓改造工程。火炉镇武装部获“2020年武隆区国防教育工作先进单位”称号。

综合治理　推进安全生产专项整治，整改隐患22个，统筹做好食品药品安全、自然灾害、消防安全等风险防范工作，紧急避险撤离群众14户34人；坚持多元化解矛盾纠纷机制，解决矛盾纠纷290余件，网上办理信访件156件；推进扫黑除恶专项斗争，破获刑事案件23件。（火炉镇政府）

鸭江镇

【概况】鸭江镇位于城区西部，与南川区和涪陵区接壤，辖区面积120.7平方千米。全镇辖9个行政村1个居委会，66个村民小组3个居民小组，户籍人口21430人，其中常住人口20902人。距武隆56千米、距重庆90千米，处于重庆三环高速（南涪高速）以内，融入重庆一小时经济圈。最高海拔1400米，最低海拔168米，立体地形和立体气候明显，适合农作物生长，是典型的农业重镇，大溪河穿境而过，水资源和矿产资源丰富；拥有鸭江小三峡和古汉平古县城遗址等。

【经济发展】全年工业总产值2.56亿元，同比减少20%，其中规模以上工业产值1.23亿元，同比减少23%；农业总产值3.56亿元，同比增长20.2%；固定资产投资1.05亿元，同比增长11.6%；社会消费品零售总额3.7亿元，同比增长16%；城乡居民人均可支配收入1.7171万元，同比增长4.3%。全镇全年完成辖区税收1.7亿元，完成镇本级税收361.16万元，超收76.16万元。

工业　全年无新增企业，全镇工业总量22家；启动鸭江组团66.67公顷用地前期规划、征地工作。

农业　全年青峰村发展蚕桑66.67公顷，在显灵村种植花椒12公顷。全镇生猪存栏18350头，出栏25364头；肉牛存栏615头，出栏342头；山羊存栏1820只，出栏1873只；禽类存

1月7日，鸭江小三峡　　陈娜霖　摄

1月15日，鸭江镇“涂鸦村”——青峰村　　陈娜霖　摄

栏49285只，出栏84236只。

疫情防控　全镇设置1个一级网格，10个二级网格，69个三级网格。全镇摸排2万余人，妥善安排疫情防控重点时段75名返乡人员居家隔离；镇财政投入资金近20万元，用于防疫工作各项开支；累计发放口罩1.5万余只，消毒粉50公斤，消毒水420瓶；张贴宣传标语50余幅，劝退农村宴席8场。利用流动喇叭、宣传单、微信群等方式，宣传防控新冠肺炎的政策措施；落实主要领导对接规上、限上企业，班子成员对接镇级重点企业，中层干部对接中小企业、个体工商户的阶梯帮扶措施。协助企业、学校做好物资储备、环境消杀等工作，确保企业、学校按时复工复学。全镇实现新冠肺炎“零疫情”。

【乡村旅游】　全年乡村旅游接待游客1.1万人次。小三峡步道和人行桥建设完工，桃园连接鸭大路路面改造工程完成。

【脱贫攻坚】　年初鸭江镇有贫困户3户8人，贫困发生率0.04%，年底实现全部脱贫，贫困发生率清零，无新增和返贫情况发生。全年脱贫人口人均纯收入12953元，较2019年人均10441元，增长24.06%。利用山东省援建的扶贫车间，实现贫困户就业6人；开发扶贫领域公益性岗位64个，发放岗位补贴12.09万元；积极培育致富带头人14名，带动贫困户46户178人参与扶贫资金项目建设；围绕消费扶贫，推进832平台和重庆消费扶贫馆建设，实现农特产品网上交易50万余元，帮助贫困户销售产品10万余元。

【基础设施】　交通　全年累计硬化农村公路204千米，实现66个村民小组通组公路全覆盖。

水利　全年新建人饮水池133口，铺设饮水管道339千米。

乡村建设　完成全镇9个村农网改造全覆盖；依法依规审批农村建房62户，开展安全检查30余次，发放隐患整改通知书20余份。完成8处17户52人的避险移民搬迁，完成全镇危旧房改造22户，完成双河园省道沿线农村旧房整治提升192户。

场镇建设　投资250万元改建步道、新建球场、公园。扩建农贸市场2000平方米，整治规范占道经营。

生态环境　通过挂设诱捕器、开展飞防作业、除治枯死松木等措施标本兼治，巩固松材线虫病除治成效。镇村两级河长共巡河596次，超额5.7个百分点完成巡河任务，清理河岸垃圾和河道漂浮物15吨，保质保量完成河长制工作。累计实施退耕还林工程455.4公顷，林木养护2753.33公顷，全镇森林覆盖率升至51.37%。

【社会事务】　教育科技　鸭江小学改扩建项目主体工程完工，占地面积22862平方米，建筑面积20566.56平方米。学前教育儿童营养改善计划100%实施。全年救助18名困境儿童。

卫生医疗　全镇完成人口普查，开展“两癌”检查、优生优育工作，强化医疗、学校、水源、公共场所卫生执法，推进农村户厕新改建项目。

文化体育　中央电视台、重庆卫视等媒体宣传报道鸭江镇新闻35条。全镇干部群众抗击洪涝灾害、李代兵作为武隆“兵支书”代表等在中央电视台新闻频道、财经频道播出。全镇在区第二届全运会中获团体第四名。

社会保障　全镇累计发放临时救助金64.49万元，受助群众408人。全年发放低保金249.8万元，依托低保兜底政策帮助全镇90户207名贫困户脱贫。开展残疾人无障碍改造、居家托养、贫困残疾人家庭危房改造等工作。四类特殊人员医疗保险100%参保，城乡居民养老保险、老年保险参保人数增加。

综合治理　全年开展采石场、加油站、关闭煤矿、工贸企业等重点单位安全生产突击检查。推进扫黑除恶专项斗争，未发生较大以上安全事故。

（鸭江镇政府）

长坝镇

【概况】　长坝镇位于武隆区西南地区，东邻赵家乡，南接大洞河乡，西与白云乡接壤，北与和顺镇相邻。全镇海拔205～1611米，年均气温18℃，降水量1060毫米；镇内交通便利，国道353贯穿全镇，距渝湘高速路出口5千米，距武隆城区38千米，距主城区85千米。全镇辖区面积104.4平方千米，其中耕地面积1500公顷，林地面积6400公顷，森林覆盖率62.74%。2020年有总人口7261户20691人，辖1个居委、9个行政村，65个村（居）民小组。长坝镇是武隆工业园区三大组团重镇之一，园区规划建设面积2平方千米；农业以生猪、蔬菜为主，发展有西瓜、蜜柚、金秋梨、砂糖柑、稻田养鱼等特色种植业。境内石梁河贯穿全镇，有区级文物保护单位——腰占铁索桥，乡村旅游初步发展。

【重要会议】　长坝镇第十九届人民代表大会第八次会议　1月9—10日在

镇公共服务中心五楼会议室召开，应到正式代表53人，实到正式代表44人，大会听取和审查2020年镇政府工作报告、2020年镇人大主席团工作报告、2019年镇财政预算执行情况和2020年财政预算报告，并通过相应决议。

长坝镇第十九届人民代表大会第九次会议　11月2日在镇公共服务大厅五楼会议室召开，应到正式代表53人，实到正式代表47人，大会组织全体参会代表视察长坝幼儿园；听取并审议经发办、扶贫办、规资局、司法所述职汇报；参会代表进行满意度测评，并现场公布测评结果，均为满意。

【经济发展】　全镇工农业生产总值5.08亿元，其中农业总产值2.98亿元，工业总产值2.1亿元；社会消费品零售总额2.1亿元，社会固定资产投资1.9亿元；财政收入2854.85万元，其中税收161.21万元；农村常住居民人均可支配收入16292元。

农业　全镇露地蔬菜产量达2.3万吨，产值3800万元；烤烟、生猪、家禽等传统产业覆盖率95.9%；流转土地探索实施农产品示范种植基地50公顷；引进2家龙头企业，组建29个专业合作社，4352户农户入社，农民入社率83.4%。

工业　全年新增工业企业及个体工商户87户，有个体经营户138户，带动全镇第二、三产业；各村（居）领导村集体发展经济收入52.37万元，其中大元、民主等村突破5万元；完成工业园区长坝组团三标段场平建设工程；久味夙、新金联公司投产运行；大元村页岩气107平台、简村页岩气148平台商采，产值近1亿元。

【重点项目】　全镇协调完成从仙女镇至水江途经简村、茶园、何家堡、大元、鹅冠5个村8000余米天然气管道安装工作，全面试压通气；做好107、146、147、148页岩气平台干线管道9.5千米安装协调工作；协调完成渝湘高铁红线征地共计5.13公顷，征用临时用地34.67公顷，高铁坟墓搬迁115座，撤除红线内房屋3栋；完成渝湘复线高速公路建设红线征地面积44.4公顷，临时用地48公顷，搬迁坟墓65座，撤除红线内房屋9栋，协调处理矛盾纠纷150余起。

【乡村旅游】　全年建成何家堡村文化活动中心；争取将茶园村、民主村纳入白马山旅游发展规划，启动避暑康养中心建设；加快大元村乡村旅游建设，打造沙滩旅游、峡谷旅游。

【脱贫攻坚】　全年开展“战疫情送春风”“百日大会战”等活动，开展贫困户动态调整工作，通过国家脱贫攻坚普查验收工作，无新增贫困户和返贫户。开发公益性岗位73个，申报就业扶贫示范车间2个，17名致富带头人带动51户贫困户共同致富；完成人行路、人饮水池等8个扶贫项目建设，规划落实182户贫困户产业奖补项目27.9万元。完成11户C、D级危房改造任务，投入10万元完成20户贫困户旧房改造。对全镇1251个疑似违建图斑进行摸排，完成全镇农房排查4293户。长坝镇获脱贫攻坚先进集体表彰2个，先进个人1人，嘉奖1人。

【基础设施】　交通　全年完成2019年公路续建项目10个共70.17千米的建设及验收工作。投资649万元新完成尖峰公路、邓家堡公路、黄岩公路、盖坪公路4个项目共12.19千米的路面建设工作并验收合格。做好农村公路项目储备及建设。储备项目约184.2千米，预计投入3200万元，推进全镇“四好农村公路”通畅，并做好全镇268千米公路养护。

水利　投入资金65万元，新增河东片备用进水管网4.5千米；投资11万元，新建鹅冠村叶家堡组人饮水池等项目。

场镇建设　新增篮球场5个，健身设备50套，安装应急广播器材1套，永顺廊桥建成使用，同时开放廊桥公共免费Wi-Fi。全年实现场镇4G网络全覆盖。

生态环境　全年处理场镇污水14000吨，镇村两级河长全年累计巡河620次，发挥“河小青”志愿者服务队和长坝商会“义务巡河队”的作用，累计开展河道清理等工作30余次；适时对辖区56户养殖户进行监管，处理环境污染投诉12起，设置天保护林员25人和生态护林员54人，完成全镇3401.47公顷天然林管护工作；垃圾中转站实现常态化运行，收运、处理垃圾3000余吨。补助27.8万元新建户厕14户，新建公厕3座。处置重大动物疫病3起，关闭不合规定的畜禽养殖场7个，常态化抓好非洲猪瘟的防控工作。

【社会事务】　教育　投资2030万元建成长坝中心幼儿园，九年义务教育巩固率100%。引进高素质优秀教师；常态化开展校园安全检查工作，为接送学生车辆新建1个临时生态停车场。

医疗卫生　全镇实现标准卫生室村（居）全覆盖，计生奖励2099人次、补贴资金299.77万元，推进公共卫生服务。开展卫生健康监督执法。加大重点人群健康筛查和核酸检测频次，落实学校、场镇等重点场所防控措施。加快长坝卫生院医共体和公共卫生应急体系建设。

文化体育　投入100余万元建成乡情馆400余平方米，打造“龙狮”文化，开展社会主义精神文明建设行动，办好文化下乡等演出活动。培育挖掘乡土文化人才。

社会保障　全年城乡居民养老保险累计扩面参保459人，城乡居民医保参保率从95%提升至98%，城乡养老保险参保率90%以上。完成医保征收16910人，完成新增制卡334张，补卡299张；同时落实困难人员参保资助3145人。做好特殊人群权利保障。全镇养老保险领取3174人438.12万元，完成709名残疾人数据动态更新工作，发放阳光家园建卡贫困户中肢体重度一、二级和智力三、四级托养补助57人3.42万元；全年发放残疾参保补贴41人4100元，特困参保补贴2人200元；落实建设资金32.27万元对长坝镇中心福利院进行院内改造及院外周边环境整治。开展高校毕业生就业招聘、贫困户专场招聘等活动，吸纳重点群体就近就地就业，将登记失业率控制在3%以内。

应急处置　全镇开展道路隐患排查整治315人次，投入隐患整治资金600余万元，发现并整改隐患126起；常态化开展地质灾害应急演练15次、综合应急演练1次、消防应急演练7次；投资3505万元进行场镇、红光村石窖组等10处滑坡处置。应对汛期“6·22”暴雨极端天气带来的各种灾害，安全转移安置15个滑坡险情点涉及的35户106名受灾群众，落实临时监测人员18名，加强对隐患点的监测巡查。下拨应急救灾资金共计77.98万元，其中29.84万元用于开展基础设施抢修加固和清淤；对受灾群众发放临时避让费3.69万元，红十字会慰问物资36份，调运救灾物资29件；因灾受损导致农房重建16户，维修整治16户，发放房屋救助资金44.45万元。

综合治理　全年完成网上代理信访录入77件，人民建议9件，领导干部接访下访196件，按时回复网上交办件18件，依法化解各类矛盾纠纷61件。（长坝镇政府）

桐梓镇

【概况】 桐梓镇位于武隆区东北部中心地带，建镇于1908年，东邻后坪乡，南接沧沟乡，西连接龙乡，北与丰都县接壤，镇政府驻地距武隆城区82千米，辖区面积100.3平方千米，海拔在400～1760米，为典型的山地地貌，属亚热带湿润季风气候，四季分明，年平均气温在15～18℃，场镇所在地海拔1200米左右。有耕地2504.7公顷，林地6776.45公顷，森林覆盖率67.56%。全镇辖6个村（长征、香树、桐梓、繁荣、官田、双凤）1个居委（同心社区），46个村民小组、2个居民小组，乡村人口3666户12134人。2020年人口出生133人（出生率10.2‰），死亡85人（死亡率6.54‰），人口自然增长率3.66‰。

地理环境　全镇地处世界自然遗产保护地——武隆天生三桥和后坪天坑之间，是典型的喀斯特地貌，有亚洲最长的洞穴——桐梓山洞穴群，集雄山、秀水、天坑、溶洞、石林于一体，有大鲵、红腹锦鸡等国家保护动物，有红豆杉、楠木等珍稀植物，长征梯田、桐梓睡佛、古桥老村等风光。辖区有木棕河、延沧河等4条河流。矿产资源主要有石灰岩、重金石，石灰岩储藏量859万吨，重金石储藏量265万吨。有天然林面积近6667公顷，树种以杉树为主。

红色文化　1930年，桐梓山游击队协助四川二路红军游击队建立后坪坝苏维埃政府；在征粮剿匪时期，涌现出以许智伟、郭一凡、谢毅然等为代表的革命烈士，建有“桐梓山五烈士墓”；剿匪遗址“桃源洞”、四川第一架军用飞机驾驶人吴宥三老家“四合天井”等地。

【重要会议】 1月19日，桐梓镇第十九届人民代表大会第六次会议召开。大会应到代表45人，实到代表39人，因事请假6人。会议听取并审议《镇人民政府工作报告》《镇人大主席团工作报告》《镇财政预决算工作报告》《表决选举办法（草案）》《表决议案及建议》和《批评和意见处理办法（草案）》。

【经济发展】 全镇农业总产值1.4169亿元；固定资产投资1亿元；居民人均可支配收入16864元。一般公共预算收入2068.28万元。

农业　全年农业增加值9574万元。粮食种植面积1866.67公顷，蔬菜种植面积1066.67公顷，烤烟种植面积80公顷。全镇生猪年存栏13286头，比2019年同比增长22.5%，新增种猪206头，同比增长41.6%，牛存栏3016头，同比增长13.8%，羊存栏2642只，同比增长2.6%，禽类存栏62381只，同比增长23.8%，完成牛冻精改良配种246窝，同比增长3.4%，生猪人工授精728窝，同比增长21.6%，惠农政策能繁母猪保险费收取328头。落实畜禽粪污资源化利用项目2个。引进总投资达1亿元的万亩甜笋种植及加工项目落地，完成公司注册，育苗试种获得成功，完成土地流转133.33公顷。选派产业指导员12人，培育农业企业1家，培育新型经营主体8个，建设产业基地13个，覆盖贫困群众800户，实施股权化改革和资产收益扶贫项目4个，受益贫困对象45户。

农村电商　完善镇级电商服务中心和物流配送基地标准化建设，全年电商交易金额突破100万元。

【特色产业】 全镇是武隆高山茶的主要产地，建成高山茶产业园2个，新建茶园33.33公顷，种植面积达433.33公顷，年产茶叶约20吨；补植茶苗30万株，安装太阳能杀虫灯40盏，管护老鹰茶基地80公顷；新增绿色食品认证1个，通过绿色食品认证的共2个，其中茶叶1个，葡萄1个；茶叶SC认证1个。9月，蜀桐·武隆高山茶获重庆市第十三届“三峡杯”名优茶评比名优绿茶金奖、重庆市第五届“十大名茶”称号。全年流转产业用地200余公顷；茶业基地实现宜机化、灌溉化同步配套。高山茶研究所挂牌，食用笋科研育苗大棚建成投用、实验楼主体工程完工。建成梓归“天边红葡”酒庄、金尊食品辣椒深加工线，食用笋冷库及加工厂建设用地纳入区级国土空间规划。“双凤—繁荣—桐梓—香树—长征”产业带初步纳入武隆东北片乡村振兴示范带建设规划。

【乡村旅游】 全年完成桐梓村清沙坡示范点建设，长征村花房子人居环境示范点建设基本完成。开发“桐梓山”系列农特产品10余种：如高山茶、金银花、高山刺葡萄、八月瓜、土蜂蜜、猕猴桃等。利用“寻味武隆”电商平台，通过网络销售特色商品突破20万元。挖掘自然风光、红色文化及农耕体验资源，推进三产融合。通过“高山茶乡 武隆桐梓”微信公众号宣传桐梓自然风光。桐梓山地方特色电影《陷阵》获拍摄许可，并纳入重庆市2020年电影重点题材项目库。

【脱贫攻坚】 全年开展“百日大会战”和“两不愁三保障”大排查大整改清零行动，共排查研判完成整改“两不愁三保障”问题85个（住房问题34个，饮水问题37个，收入问题14个）、资料问题224个；中央脱贫攻坚专项巡视“回头看”、国家脱贫攻坚成效考核平台28项、历次督查检查反馈30个问题均整改到位。全年开展实用技术培训和贫困户正反面典型事例宣讲。全镇通过国家普查验收，获2020年全区脱贫攻坚工作先进集体。

【基础设施】 交通 推进“四好农村公路”建设，全镇交通建设三年行动计划全部完成。投资107.818万元建设长征公路；投资117.42万元建设香樟树至清沙坡公路；投资500万元完成盛家坪至双凤场公路油化；桐梓镇绕镇公路实现全线贯通。

人饮 加强饮水项目建设，实现集中供水水池及管网全覆盖，投资47万元，完成47口水池维修整治；投资3万元，完成58口水池附属设施建设。磨槽湾水源性工程纳入区级水利规划。

场镇建设 投资300万元完成大众广场维修整治和茶山公园入口广场及附属文化、绿化设施建设；投资385万元完成盛家坪广场新建和天台山休闲步道建设。投资近500万元，完成核桃湾陈年非正规生活垃圾堆放点垃圾转运处置。启动街道路面和人行道整治，实施场镇供水管道升级改造。

农房改造 全年整治C、D级危房47户、整治疑似不安全住房33户，10户村民避险搬迁。完成复垦项目1个，面积5586平方米，下拨复垦资金116.19万元；申报复垦项目1个，涉及15户5200平方米。

【社会事务】 教育 桐梓镇共有中学1所（桐梓中学），有学生934人，19个教学班，在职教师人数71人，拥有本科以上学历65人。学校占地面积4.41万平方米，建筑面积1.3万平方米，教学综合楼使用面积4498平方米。图书室藏书2.05万册。小学2所——桐梓小学、双凤小学。桐梓小学位于桐梓原下街戏楼，占地面积13061.9平方米，校舍面积5614.5平方米，体育场地4783平方米。幼儿园2所——桐梓中心幼儿园、双凤幼儿园。全年全镇无义务教育阶段学生失学辍学情况。

文化体育 桐梓中学足球场投入使用，桐梓小学运动场建成投用，建成桐梓小学乡村学校少年宫。建成社区健身中心1个，完成双凤村篮球场建设并验收合格，开展文化下基层演出6场次，放映电影84场次。组织参加第二届区运会，开展2020年“迎新年·谱新篇”文艺晚会活动，桐梓村下街组开展篝火晚会；5月桐梓镇开展“全面参与扫黄打非，共建和谐文明桐梓”活动。

人口卫生 全年完成FIS系统数据录入，全镇系统户籍人口12642人，其中男性6611人，女性6031人，常住人口10605人，生育服务证办理49人，再生育服务证办理2人，独生子女父母光荣证办理7人，出生人口133人，死亡85人。

社会保障 全镇参加城乡居民养老保险5000人，参保率98%（其中贫困户参保率100%）。全年办理医疗卡500余张。全年新增城镇就业166人，城镇失业人员再就业53人，城镇困难人员就业30人，开展农村贫困劳动力转移培训，其中繁荣村已培训39人，官田村46人，双凤村43人，香树村39人，其余村正在组织，劳务经济人员培训8人，返乡创业吸纳劳动力就业人数300余人，东西协作转移贫困劳动力4人。全镇在册低保户146户295人（其中城镇低保40户60人，农村低保106户235人）。全年共开展临时救助7次，救助人数328人，救助金额12.5304万元。其中，镇上280人，救助金额6.35万元，区上救助48人，救助金额6.1804万元。

综合治理 全年开展安全检查80余次，处罚3万余元，未发生死亡责任事故。全年开展食品药品专项培训会4次，街道宣传工作6次，发放宣传单800余份。全年检查共发现7起过期食品，联系区市场监督管理局执法支队，对桐梓镇存在违规销售过期食品的情况进行指导及审批工作。全年新办食品经营许可证19个，其中餐饮服务行业14个，副食店5个。办理预约健康证160个。办理快速检测信息5批次，其中生产环节1次，销售环节2次，餐饮环节2次。日常检查每季度1～3次，全年共计20次；办理群众来访9件、领导干部接访下访276件、网上代理投诉60件。开展扫黑除恶专项斗争，悬挂标语20条，发放宣传资料3000余份，制作举报箱2个，利用赶场天在人员集中的农贸市场和车站区域开展集中宣传活动4次，面对面入户宣讲2700余人次，组织各村（社区）召开院坝会10场（次）；开展集中宣传4次，覆盖2000余人次，推行自治、法治、德治相结合的乡村治理模式。

信访工作 全年办理群众来访9件、领导干部接访下访276次、网上代理投诉60件、人民建议7件，引导信访人进行满意度评价，参评率85%以上，满意度99.6%以上。

（桐梓镇政府）

7月28日，桐梓镇繁荣村党员志愿者开展环境卫生整治　　张再行　摄

和顺镇

【概况】 和顺镇地处武隆西部弹子山上，距主城130千米，至涪陵50千米，

至武隆45千米。东与白马镇相连，西与平桥镇、鸭江镇接壤，南与白云乡、长坝镇相邻，北与涪陵白涛街道隔江相望。辖区面积103.2平方千米，耕地面积810.83公顷，林地面积4999.6公顷。海拔164～1668米，属立体气候十分明显的高山乡镇。全镇辖9个村、1个社区，49个村民小组、3个居民小组。乡村户数共4699户、户籍总人口13526人，其中常住人口9829人。有市级贫困村3个（海螺、打蕨、周家山），2020年度全部脱贫，无新识别贫困户。

和顺镇交通便捷，渝湘高速、南涪高速公路与319国道沿江公路对全镇形成闭合交通环线，省道529（白马镇经和顺镇至鸭江镇全线油化）东西横贯全境。矿产资源丰富，原为全区煤炭工业基地，2017年年底全镇煤炭企业全面关停；辖区蕴藏页岩气。风能资源丰富，大唐国际公司开发建成风力发电机组55台，单机容量850千瓦，总装机4.9万千瓦，寺院坪风电为西南地区的第一个山地风力发电站。旅游资源独特，辖区内壮观的风车竹海、石林浑然一体，寺院坪佛文化出名，平均海拔1200米、森林覆盖率65%以上，田园风光秀丽、气候凉爽宜人，夏季避暑游客日接待量达1.5万人次。

【重要会议】 和顺镇第十九届人民代表大会第七次会议于2月5日在和顺镇政府会议室召开，应到代表43人、实到代表37人，符合法定人数。大会审议通过2020年和顺镇政府工作报告、2020年和顺镇人大主席团工作报告、2020年财政结算报告和2021年财政预算报告。

【经济发展】 全年实现地区工业总产值4500万元，同比增长4.2%，工业入库税金500万元，同比增长47.2%；完成固定资产投资2100万元；完成农业总产值12600万元，同比增长2.6%；实现社会消费品零售总额8810万元，同比增长9.6%；人均可支配收入17170元，同比增长6%。人均可支配收入17170元，同比增长6%。

登记失业就业人员72人，带动就业115人，困难人员就业48人，开发公益性岗位1个；审批发放小额贷款40人800万元，审批上报贴息10人7.3万元；投资463.05万元，完成财政专项扶贫资金项目11个。

农业　以专业合作社为龙头，蔬菜、粮食、经济作物产量逾17.12万吨。全年种植烤烟113.3公顷，收购烟叶204吨。做好耕地地力保护补贴工作，补贴农户2938户796.7公顷167.88万元；兑付种粮大户5户26.2公顷9.04万元。种植水稻61.7公顷、玉米574.2公顷、马铃薯462公顷、红苕295公顷。发展金银花24.6公顷、茅草坪辣椒26.7公顷、高山糯玉米266.7公顷、中药材66.7公顷。存栏家畜7.28万头（只）、家禽18万羽，出栏家畜6.05万头（只）、家禽15万羽。

工业　下辖风力发电公司2个，其中重庆大唐国际武隆兴顺风电有限责任公司全年工业生产总值4257万元，重庆盛隆风力发电有限公司全年工业生产总值862.9万元。重庆市武隆区路兵水泥制品加工厂全年工业生产总值44万元。

林业　完成疏林地及未成林地培育、封山育林、森林抚育等项目521.4公顷，完成全镇5000公顷天然林有害生物预测报告工作，森林病虫害成灾率控制在2‰以内，除治率100%。“十三五”期间计开展荒山绿化、退耕还林、森林抚育等项目超1606.7公顷并全部通过上级验收，2020年6240公顷公益林补偿工作全部完成打卡。严格林木采伐审批程序，做好林木采伐各个环节的监管，加大乱砍滥伐、捕杀野生动物的惩处力度。

农村电商　打造全区农村电商示范镇，优化升级9个行政村村级电商服务点。全镇现有村级电商服务点3个，镇级示范点2个，各电商服务点均由专职电商运营人员负责运营，其中本土后备人才4名。实施电商能人“一店带一村”的模式，综合利用网上零售、网上批发等方式拓宽农产品上行渠道。全年各网点共计代购约11280笔，214万元；代销66593笔，1765万元；便民充值服务约641次，约8.7万元。

【乡村旅游】 全年年善寺院坪景区观景台、边滩乌江画廊观景台和边滩入口节点景观建设。夏季避暑游客日接待量达到1.5万人次，回头客、常住客源占比在80%以上。

【脱贫攻坚】 全年做好195户572人贫困户及16户44人边缘户脱贫成效巩固工作。贫困户住院报销费用90%，全面实行一站式结算和先诊疗后付费，实现无因病返贫致贫。实施农村危房改造215户，易地扶贫搬迁改造44户，其他安全住房维修改造12户；改厕439户，现农村卫生厕所达2610个。实现全镇贫困人口人饮供水全入户，对200多个人饮点进行水质检测监测。帮助195户贫困户逐户落实产业，共计送出肥料398袋，落实务工岗位31个，开发公益性岗位61个，联系务工企业4个，规划产业7种。投资463.05万元，完成财政专项扶贫资金项目11个，其中，完成3个贫困村壮大集体经济发展项目，海螺村投资12万元修建冻库100平方米，周家山村投资12万元修建游客接待房170平方米，打蕨村投资50万元建成500平方米接待用房；投资38万元完成周家山村新田湾沟渠改造200米；灾后重建项目10万元，完成24户贫困户住房和饮水安全保障修复、周家山村茅草坪塘垭口公路堡坎维修。

【基础设施】 场镇建设　全年建立乡镇垃圾收运管理机制，完成农村生活垃圾试点申报；设置镇、村、组三级河（库）长制，每月按时完成巡河（库）任务；建立村容村貌评比机制，完成农户庭院整治146户；投资200万元完成打蕨村人居环境示范点建设；协助查处非法石材开采2处。完善打蕨农产品交易市场1个，建公厕6座，建停车场2个1400平方米，建设休闲公园2座，登山步道20千米。规范场镇清洁卫生管理，开展垃圾袋装化管理工作。

交通　全镇完成交通三年行动计划，全年建设公路8条，长12.69千米。全镇通车里程达250千米。

水利　全年实现全镇贫困人口人

饮供水全入户，对200多个人饮点进行水质检测监测，推进农村饮水安全巩固工程。

农村能源建设　推动传统煤矿开采能源经济向风电能源开发、乡村旅游生态产业转型。加强对关闭煤矿、非煤矿山的监管，杜绝非法开采和防止安全事故发生。

生态环境　建立镇、村、组三级河（库）长制，每月按时完成巡河（库）任务；建立村容村貌评比机制，完成农户庭院整治146户；投资200万元完成打蕨村人居环境示范点建设；协助查处非法石材开采2处。全年完成新建厕所108户；完成贫困户危房改造D级14户、C级6户，补助资金38.7万元。推进“四好”农村路建设，2015—2020年先后投入扶贫资金7972.93万元建设实施扶贫项目109个，完成农村生活垃圾分类试点行政村申报，新改建厕所473户、污水管网铺设11千米、危房改造180户、硬化公路73条330.1千米。

【社会事务】　教育　和顺镇有中心小学1所，下辖和顺、兴顺2所完校，公办幼儿园3所。学前儿童入学率100%，义务教育普及率100%，适龄学生辍学率为零。中心校占地面积6996平方米，其中校舍建筑面积4541.7平方米，有教室7间，功能室齐全，活动面积1167平方米。学生共计110人，义务教育学生、农村学前教育儿童营养改善计划覆盖110人。全年开展学校安全检查6次。

卫生医疗　全镇有卫生院1所，村级卫生室10个。镇卫生院建筑面积约1600平方米，规范设置3个科室，病床20张，救护车1台。贫困户住院报销费用达90%，全镇实行一站式结算和先诊疗后付费，无因病返贫致贫情况发生。

文化体育　全年完成全镇67个文物保护点的巡查保护，完成全镇非物质文化遗产普查和核实工作；购买公共文化服务送文化进村演出12场次、送辅导培训5场次、送政策法规5场次；完成农村惠民电影放映任务80场。

社会保障　全年城乡居民养老保险正常参保人数5905人，审批发放小额贷款40人800万元，审批上报贴息10人7.3万元；登记失业就业人员72人，带动就业115人，困难人员就业48人；开发公益性岗位1个，为群众提供居保、医保、就失业管理等各类服务达10000人次；完成2020年全国农村低保专项治理工作。为城镇低保51户66人发放城镇低保金46.57万元，为农村低保413户567人发放农村低保金338.86万元；临时救助41户，发放救助资金5.72万元，上报区民政局困难救助96户45.93万元；落实特困供养政策，对孤儿、严重精神障碍患者、60岁以上失能老年人、80岁以上高龄老人以及农村留守儿童、留守妇女、留守老人等弱势群体采取关怀措施。“十三五”期间，向城镇低保50户65人发放低保金260.54万元、农村低保418户576人发放低保金1319.95万元，临时救助困难家庭890户、发放临时救助资金195万元，发放优抚金和抚恤补助费245万元。

综合治理　全年在街道、社区主要道路和出入口张贴通告1010张、悬挂横幅26条、发放宣传单4080份、海报3120份、调查问卷254份、制作宣传栏3个、设立举报箱3个。开展安全生产三年专项整治行动，坚决防范较大以上事故发生。做好非洲猪瘟及畜禽预防疾病防控工作，常态化开展检查点监督检查工作。完善农村劝导站建设，加大道路隐患排查力度。加强对关闭煤矿、非煤矿山的监管，杜绝非法开采和防止安全事故发生。搞好普法宣传教育，严格按照“平安乡镇”建设标准开展工作。通过QQ群发送廉政信息15批次，对全体镇干部、村书记、村主任、第一书记、镇级各部门廉政建设集体约谈一批次，约谈14人，批评教育4人。开展镇、村“以案四说”警示教育13场次，警示教育449人次。　（和顺镇政府）

双河镇

【概况】　双河镇位于武隆区北部，距武隆城区40千米。东临仙女山街道，南接羊角街道，西与涪陵大木、武陵山乡相壤，北靠丰都县仙女湖镇，东北角与仙女山国家森林公园相连，与接龙、土地乡隔山相望，素有“北大门”之称。平均海拔1330米，最高海拔达2033米，属中山地区。辖区面积227.8平方千米，拥有耕地面积3193.33公顷，自然生态林面积11066.67公顷，辖8个行政村、1个社区，40个村民小组、2个居民小组，常住人口13000余人（其中农业人口9800余人）。特色产业以高山蔬菜为主。

【经济发展】　2020年实现地区生产总值5.28亿元，增长6%；完成固定资产投资1.76亿元，增长10%；农业总产值为3.5亿元，增长7.2%。实现社会消费品零售总额9300万元，增长5.7%；辖内金融机构各项存款总额3.1亿元，增长6.5%；新增贷款3300万元，增长4.2%；农村居民可支配收入21082元，增长7.2%。

农业　全镇巩固粮食作物1040公顷，实现产量0.37万吨；高山蔬菜种植2946.67公顷，实现产量15万吨；烤烟种植153.33公顷，实现产量280吨；栽培林果100公顷、中药材100余公顷；年出栏生猪1.5万余头、山羊2500余只、肉牛1600余头、家禽1.2万余只；实现农业产值3.5亿元左右，户均收入11.8万余元。

【乡村旅游】　全年有乡村旅游接待户413户19800余张床位，年接待65万人次，实现旅游综合收入5300万元。打造特色精品民宿2栋，新增星级农家乐18家。先后组织举办“蔬菜文化节”、农家乐厨艺大赛、“九耙树杯象棋公开赛”、“游客篝火联欢晚会”、“入画双河”摄影大赛、“双河赋”全国征文大赛等活动。

【脱贫攻坚】　全年帮扶干部深入贫困户9500余次，解决实际困难300件。所有贫困户已全部脱贫越线，市级贫困村团兴村整村脱贫；全年贫困户年人均收入12191.77元，较2019年的8500元增幅达到43.48%；通过国家脱贫攻坚普查和市级脱贫成效考核。投

4 月 27 日，双河镇春季村庄清洁行动攻坚战启动仪式　　陈娜霖　摄

资 100 万元，打造木根乡村振兴示范点 1 个、乡村治理示范点 1 个。

【基础设施】 全镇农村路网基本完善，省道公路垫道路横贯全镇，100% 实现社通畅，公路入户率超过 90%；现有各类人饮池超过 400 口；40 个农业社中有 38 个实施农村电网二次改造；4G 通信网络覆盖率 100%；推进龙宝塘水库、万龙滑雪场、页岩气荞子村钻井平台、省道 528 等区级重点项目建设。双河、木根 2 个场镇污水管网建设即将完工；农村“厕所革命”推进效果名列全区前茅。

【人居环境整治】 累计开展人居环境宣传动员会议 80 余次，发放宣传资料 6000 余份，开展人居环境公共区域集中整治 18 次，开展人居环境评比活动 12 次，集中收运垃圾 3000 余吨，发放垃圾箱 1200 余个，旧房整治提升 143 户，回收废弃农膜 50 余吨。累计投资 600 万元，打造木根村、梅子村 2 个“精品村”建设项目，建设入户道路 5 千米；评选镇级卫生示范村 1 个、卫生示范社 1 个、卫生家庭 16 个。

【社会事务】 全年建立居民电子健康档案 9353 人，其中贫困户 100% 全覆盖，贫困户老年人免费体检率 99%。对慢性病居家康养治疗患者开展康复服务 386 人次，累计帮扶贫困户就医 650 余人次。全年完成农村户厕改造 1023 户，累计兑付资金 161.9 万元；投资 35 万元新建农村公共厕所 3 座。全年化解矛盾纠纷 71 件，开展集中法制宣传活动 12 场，法制讲座 20 余场，制作法制宣传展板 30 余块，张贴宣传标语 60 余幅，微信推送法制信息 1300 余条，发放宣传手册、传单 1 万余份（册）；创建民主法治村 2 个、普法大院 2 个。全年办理健康证 110 余件、食品流通许可证 80 余件，抽查副食店、药房及餐饮店 120 余次。

（双河镇政府）

凤来镇

【概况】 凤来镇位于武隆区西部，乌江支流大溪河畔，东临平桥镇，南接南川区骑龙乡、西靠涪陵区同乐乡、北与庙垭乡相邻；距武隆城区 59 千米，距重庆主城 138 千米，处在重庆外三环的重要节点上。原为凤来乡，2020 年 4 月设立凤来镇。全镇辖区面积 52.3 平方千米，辖 6 个行政村，50 个村民小组。耕地面积 2396.93 公顷，森林面积 2720.6 公顷，森林覆盖率 36.8%。2020 年全镇户籍人口 16590 人，出生人口 107 人，死亡人口 181 人。辖区 100% 的行政村通水泥路，95% 以上的村民小组通水泥路。

辖区乡村旅游资源丰富；有大石箐石林寺、刘秋佩故居、狮子寨、麒麟寨、八卦崖等历史文化景点 10 处，区级重点保护文物 7 处。水资源丰富，水库 5 座，大小山坪塘 500 余口。

【凤来镇挂牌成立】 4 月 22 日，重庆市人民政府正式批复，撤销凤来乡，设立凤来镇，行政区域为原凤来乡行政区域，镇政府驻临江村黄家湾组 39 号（原凤来乡人民政府驻地）。5 月 21 日，凤来镇成立大会在区委会议中心一会议室召开，正式授牌。

【经济发展】 全年工农业总产值 2.35 亿元，增长 12%；固定资产投资 530 万元；全年农村常住居民可支配收入 15392 元，同比增长 10%。本级税收收入 116.92 万元，实现超收分成 50.59 万元；偿还历年债务 442.65 万元；居民人均可支配收入 14128 元，增长 10.1%；培育“规上”企业 1 家。

农业　巩固传统产业。粮食作物 1978.67 公顷，产量 7905 吨；经济作

7 月 12 日，凤来镇开展送文化下乡活动　　徐爱荣　摄

6 月 18 日，凤来镇高寿村满绣扶贫车间产品　　徐爱荣　摄

物 1102 公顷，产量 16661.85 吨（其中蔬菜 804.53 公顷，产量 15750.55 吨）；在地桑 66.67 公顷，产茧 3 万千克，产值 120 万元。出栏生猪 0.95 万余头、禽类 3.056 万余只、牛羊 400 余只，总产值达到 4295 万元。推进农业“三品一标”认证，申报无公害农产品 5 个。开展农村实用技术培训 12 期、720 余人，发放资料 2100 余份；落实 6 名农业技术人员对全镇科技示范户开展对接指导；培育优秀青年农场主。以辣椒、榨菜为主要品种，发展蔬菜产业，规模种植辣椒 33.33 公顷，带动 600 余户农户分散种植辣椒 66.67 公顷；落实榨菜连片种植 66.67 公顷，分散种植 166.67 公顷；新增蚕桑种植 100 公顷。同时，依托“鳅田稻”品牌，推进优质大米基地建设，发展优质大米种植 100 公顷。

农村电商　新建电商服务点 4 个，策划包装人寿、米寿、寿产“三寿”旅游商品品牌并在电商平台上线销售，全年农村电商营业点累计代购 2044 笔、金额 60.67 万元线上、线下累计代销 1700 笔、金额 180 余万元；建成高寿村“满绣”“手编”非遗文化扶贫车间 2 个。

【乡村旅游】 全镇以特色产业为依托，文化文物景点为基础，打造临江村“鱼田稻”、三圣堂“花前枣下”乡村旅游示范点 2 个，引进重庆人文美术馆武隆馆、美铜绘农民版画研发中心落户凤来，启动高寿村农旅示范园建设；强化文物保护，挖掘大石箐、刘秋佩故居等文化潜能。

【脱贫攻坚】 全年对现有建卡贫困户 547 户 1972 人、边缘户 6 户 15 人，落实帮扶措施和帮扶责任；按期完成 4 户 8 人的脱贫任务，脱贫人口人均可支配收入较 2014 年增长 254.53%。改造 C、D 级危房 19 户，镇统筹资金解决 115 户贫困户的住房问题；改建维修人饮池、过滤池、山坪塘 33 口、渠堰 13.5 千米，整治自来水管网 5 千米；对 379 名贫困人员进行医疗救助，救助金额 40.58 万元；建卡贫困户家庭医生签约服务全覆盖，贫困户新农合参保率、“精准脱贫保”参保率 100%。镇党委书记、村党组织书记遍访贫困户 100%，解决问题 162 个。3 月 26 日，重庆警备区决战决胜脱贫攻坚现场会在高寿村召开；7 月底至 8 月初通过荣昌区第 11 普查组对凤来镇的脱贫成效考核。

【基础设施】 交通　全年投资 507.65 万元硬化改造青龙村社道公路 5.7 千米；投资 97.65 万元完成青龙村通客项目；整治维修垮塌渠堰、水毁公路等隐患；投资 5000 万余元，启动平（桥）凤（来）路升级改造；对接武隆新城指挥部加快“武两”高速建设规划进程。

水利　投资 44 万元，整治维修凤来水厂；投资 81.5 万余元，新建水池 9 口，总容量 1200 立方米；启动实施东风水库水厂扩容建设和姜家溪水库项目建设前期工作。

城镇建设　全面排查农房受灾状况，争取危旧房改造指标 19 户，完工 19 户，其中 D 级 18 户，C 级 1 户；完成宅基地复垦 128 户；完成全镇 600 个乱占耕地图斑摸排工作。启动高寿村农村电网改造。整治绿化农户庭院 150 余户；开展狮子村人居环境整治；完成农村户厕改造 123 户；推进“三清一改”工作，加强农村垃圾清理收运工作，改革场镇环境卫生管理制度。

【社会事务】 教育　全年完成中心校、送坪完校的改造提升，对校园周边环境、安全隐患进行整治；开展社区教育活动 12 场次，各种培训 10 场次，健康知识讲座 12 场次，累计接受教育和培训 3000 余人次。

医疗卫生　新建村卫生室 1 个，开展家庭医生签约服务，建立居民健康档案 11745 余份，建档率 95.2%；发放贫困户电子健康卡 1980 份；完成 55 人宫颈癌检查、52 人乳腺癌检查、2 对 4 人孕优检查；新增奖励扶助对象 58 人，特别扶助 6 人；开展卫生咨询宣传活动 8 次，发放宣传资料 1200 余份；对 65 岁以上老人体检 1716 人次，幼儿健康体检 220 人次，实施镇、村、社干部体检 90 余人次；台账式管理重性精神病患者 68 人，规范管理率 100%；完成合作医疗保险 13587 人，参保率 97.7%；外务工意外伤害保险 2174 份，完成率 114.42%。

基层治理　建立“党小组 + 村民理事会 + 自治联营户”三级自治体系，开展“红黑榜”评比，形成自治、法治、德治相融合的乡村治理体系。加强对地灾监测员、护林员、水库管理员、公益岗位人员的管理和考核，确保农村公路等公共区域环境卫生干净整治。建立农村人饮设施日常管护和村社自来水管理机制。

保障就业　完成对550户贫困户劳动力摸排工作，完成贫困户1371人就业、培训、创业帮扶工作，帮助225名贫困家庭劳动力实现就近务工，组织贫困户到重庆、山东、浙江等地务工6人，建立青年就业见习基地，开展就业岗位信息宣传、培训、岗位推送工作10余次，实现公益性岗位就业95人，完成创业担保贷款6人，发放贷款105万元；发放贫困户区外就业一次性求职创业补贴6.2万元。发放扶贫小额信贷435万元，发展致富带头人11人，带动群众36人，人均收入增加1000元以上。

安全生产及信访稳定　全年开展各类社会面综合治理、安全隐患巡查排查和整治行动38次，逐村、逐社、逐户开展“非洲猪瘟”疫情防控，实现生产安全责任事故、食品安全事件和伤亡人员自然灾害突发事件三个零目标；排查矛盾纠纷39件，成功化解39件，接待群众来访办理66件，来信办理2件，信箱办理4件，网上投诉办理57件。（凤来镇政府）

庙垭乡

【概况】庙垭乡地处武隆区西部，距离武隆城区75千米，西至重庆市主城区122千米。东连鸭江镇送月村、显灵村，南靠鸭江保禾村和狮岭村，西邻凤来乡高楼村，北接涪陵太和乡、同乐乡。辖区面积35.9平方千米，耕地面积1643.59公顷（田861.2公顷，土782.39公顷），林地面积958.73公顷，经果林面积160公顷。辖蒲坪、和平、双桥、云丛、凤游5个行政村，42个村民小组；2020年年底全乡户籍人口12242人，常住人口7812人，农业人口9946余人，非农业人口2296余人，全年自然增长人口104人，自然增长率8‰。

【经济发展】全年实现工农业总产值2.25亿元，同比增长14.7%。实现社会消费品零售总额7202万元，同比增长10%。固定资产投资2.44亿元，同比增长7.9%。实现财政一般公共预算收入1841.9万元，本级税收收入74.03万元。核定全年农村常住居民人均可支配收入达16900元，同比增长8.5%。全乡累计注册设立公司14家、专业合作社9家、个体工商户57户。

3月，庙垭乡油菜产业　　庙垭乡政府　供图

农业　巩固粮食、生猪、油菜和蚕桑等传统产业，培育壮大榨菜、脆桃、花椒等特色产业。全年粮食产量5395.7吨、油菜产量1382吨、蔬菜产量12842吨、生猪出栏2.6万头、家禽出栏1.3万羽。建成水利部定点扶贫蚕桑产业示范园6.67公顷，建成机械化蚕房350平方米，全年实现蚕茧销售60吨。稳定优质双低油菜种植示范基地140公顷左右，发展优质榨菜、花椒种植优势产业基地200余公顷，特色水产养殖14公顷左右。新增辣椒种植示范片13.33公顷；稳定优质双低油菜种植示范基地140公顷左右，发展优质榨菜、花椒种植优势产业基地200余公顷，特色水产养殖14公顷左右；蜜蜂存栏2500余群。完成70公顷左右特色林果基地基础设施的配套建设。开展农技推广，对达利农业等6家农企、11家专业合作社开展宣传和指导。实行农机补贴85户，补贴农业机械108台，补助金额8.2万元；耕地地力补贴3400余户，补贴面积755.87公顷，补贴金额150余万元；兑现贫困户、“临界户”产业到户资金53万余元。

农村电商　全乡建有1个乡电子商务公共服务中心，4个农村电商公共服务点，年网销额突破100万元。1—12月，乡上各电商网店代购代销946笔，24万余元，快递物流代收代发164次，便民服务265次。全年带动农户192户663人，其中贫困户108户348人，户均增收1567元。

【直播带货】6月8日，庙垭乡举办乡党委书记、乡长直播带货助力消费扶贫活动，带动庙垭乡农产品菜籽油、庙垭脆桃、庙垭老咸菜、庙垭米等产品线上销售额达10万余元。

【脱贫攻坚】全年开展“战疫情送春风”“百日攻坚大会战”等活动，推进脱贫攻坚十大专项行动，就业扶贫、电商消费扶贫、东西部扶贫协作、水利部定点等重点工作成效显著，通过脱贫市级交叉普查验收、国家扶贫考核验收，现行标准下贫困人口全部脱贫，贫困发生率为0。

【基础设施】交通　区级重点项目鸭（江）庙（垭）路升级改扩建项目开工建设，投资1.6亿元；完成484户农户的占地补偿工作，完成11户3200余平方米的房屋拆迁、142座坟墓搬迁工作；投入1600万余元，建成35.9千米的“四好农村路”项目。

水利　全年整治水源工程2处、引水渠2.5千米。投入390余万元，新建蓄水池4口共5600立方米、过滤池15口，提水泵站1座，提升630余户农户供水安全及保障问题。

4月29日，庙垭乡孝贤洁序墙体绘画　　庙垭乡政府　供图

电力通信　完成农村电网的升级改造。实现4G信号全覆盖。

场镇建设　利用鸭庙路弃渣回填拓展场镇空间约2.33公顷；推进垃圾分类工作，投入50万元，垃圾收运500余吨，收厨余垃圾20余吨。

生态环境　开展黑臭水体、污水偷排偷放、固体废物违法行为专项整治行动，集中整顿畜禽规模养殖场15家；兑现补助资金67.83万元，完成生猪养殖场粪污处理设备建设3家，推进畜禽粪污资源化利用；落实"河长制"，各级河长巡河200余次，河道治理行动6次；推进化肥农药"减量"工作；推进退耕还林、国土绿化农田林网工程，投入资金120万余元，除治松树疫木4万余株。

【社会事务】教育科技　辖区内有九年制义务小学校1所，共410人（包含幼儿园72人）；辖区内适龄儿童入学率100%。开展农技推广、普法宣传等活动，举办法律讲座9场次，健康知识讲座5次，开展农技培训12期，培训600余人次。

卫生医疗　全年开展家庭医生签约服务，居民健康档案2000余份，建档率100%；发放贫困户电子健康卡1454份；完成484人"两癌"筛查、12对24人孕优检查，新增计划生育奖励扶助对象42人。

文化体育　乡综合文化站配有多功能厅、展览室、电子阅览室、图书室，占地面积500余平方米；乡内建有5个农家书屋（村级图书室），各农家书屋藏书2500余册，共1万余册。召开纪念王超奎革命烈士座谈会。开展以"孝、贤、洁、序"为重点的公序良俗建设活动。全年共放映惠民电影67场次，开展送演出进基层活动2场次，送文化下乡活动5场次；参加武隆区第二届全民运动会；王战瑜入选武隆区第二届新时代乡贤。乡文化旅游服务中心被重庆市文广新局评估为"一级文化站"。

社会保障　全年完成贫困户就业帮扶全覆盖，实现贫困劳动力赴山东就业6人；全面摸排大学生就业情况，大学毕业生就业率100%；开展手工结绳编织、种养殖、小面糕点制作等技能培训30余次；新增公益性岗位就业104人，发放就业补助118.44万余元；完成创业担保贷款12人，发放贷款195万元；发放429人贫困户务工交通补贴4.7万余元，兑现贫困户一次性创业补助130人54500元；为贫困户提供各类资助参保资金共25余万元，贫困户参保实现"三个100%"；发放低保金115.22万元、特困补助金132.60万元、临时救助金18.05万元、退役军人生活补助金116.23万元；实施养老指纹认证上门采集行动。

群团工作　全年共组织乡团委、工会、妇联等8支志愿者队伍参与疫情防控，开展"河小青"清河行动2次、人居环境整治志愿活动6次、国防教育和应急演练各6次，评选"好婆婆、好媳妇"8人。

综合治理　面对"5·4"风雹、"6·28"暴雨灾情以及长时期大雨天气，处置滑坡险情20余处，恢复房屋124间、公路50余千米，紧急转移安置120余人。创建区级公序良俗示范村1个、"三治结合"民主法治示范村1个；引导商会、爱心理事会等民间组织发挥作用，指导各村制定村规民约、红白理事会章程等制度。

（庙垭乡政府）

石桥苗族土家族乡

【概况】石桥苗族土家族乡位于武隆区东南部，距城区25千米，重庆205千米，武务路横贯全乡，距世界自然遗产芙蓉洞仅10千米；东邻彭水苗族土家族自治县，南与浩口苗族仡佬族乡和贵州省道真县洛龙镇接壤，西接凤山街道，北邻江口镇。辖区面积105.47平方千米，耕地面积20.77平方千米，林地面积84.7平方千米。辖6个行政村、43个村民小组，1个社区居委、2个居民小组。户籍总户数4639户，总人口11206人，其中非农业人口3167人，农业人口8037人；人口密度105.7人/平方千米；人口自然增长率为0.02‰。有少数民族4个，分别为苗族、土家族、仡佬族、仫佬族，主要分布在八角村，少数民族总人口4299人。

【经济发展】2020年全乡实现地区生产总值2.5亿元，增长8.7%左右。其中，农业产值11205万元，增长17%左右；财政收入2752万元，增长21%左右；消化历史隐形债务50万元；固定资产投资4.15亿元；新增城镇就业1288人，城镇登记失业率下降为1.52%；存贷款余额分别为2.7亿元、1300万元，分别增长17.4%、15.5%；社会消费品零售总额增长24%；居民人均可支配收入16625元，增长8.3%。

农业　烤烟种植面积常年稳定在140公顷以上，实现产量300吨，产值900万元，均价、单产、中上等比例持续保持全市前列。实施竹笋产业666.67公顷，前期投入800多万元，后期农民可获补贴1200万元。常年种植榨菜、海椒、南瓜等商品蔬菜333.33公顷。天池村66.67公顷金银花销售情况良好。常年生猪出栏2300头，存栏4000头，肉牛出栏400头，存栏600头，山羊出栏1500头，存栏2500头。家禽出栏30万羽，存栏50万羽，培育养殖大户7户，蛋鸡养殖项目通过技改升级扩大到25万只，年产值3500万元。关闭规模养殖户7户，实施粪污改造工程11户，无动物流行疫病情况发生。八角、香龙等村集体经济年收入达10万元。

农村电商　全乡6个村委会设立工作机构，负责电子商务管理工作，设立电子商务便民服务点。带动贫困户超过100户。代销上行100万元。2020年全乡完成消费扶贫相关的工作任务，动员机关事业单位职工在“832”电商扶贫平台上购买扶贫产品总额1.2万元，机关食堂在“寻味武隆”电商扶贫平台采购6.3万元的扶贫产品。

【乡村旅游】全年蔡兴坝乡村旅游提档升级项目、滨湖廊道建设项目、湿地公园建设项目、天池桃源项目全面完工。对环湖沿线138户农户人居环境进行升级改造；新修花池6000余米，绿化5000多平方米；新修车场6片2万平方米，新修摆手舞广场1200平方米。完成八角至天池村道公路沿线214户农房旧房改造。完成环湖油盆、造船厂、蔡兴坝、钓鱼码头展示和体验少数民族体育运动项目建设。完善滨湖休闲彩色沥青步道建设，完成八角村人居环境精品村项目建设。新增休闲文化节点4处2000多平方米，新安路灯300多盏。

【脱贫攻坚】全乡388户1322人贫困人口实现整体脱贫，贫困发生率由2014年的15.7%下降至0。3个市级

9月，芙蓉湖石桥段　　石桥乡政府　供图

贫困村实现整体脱贫摘帽。全乡98%的贫困户以资金股、土地承包经营权股的形式，加入种养农头企业股份公司。贫困人口人均可支配收入1.36万元；接受国家脱贫攻坚省际交叉考核抽查，连续两年接受市级脱贫攻坚成效考核，通过国家脱贫攻坚成果普查验收，获全区脱贫攻坚先进集体称号。

【基础设施】交通　全年实施通畅工程12条110千米，实施通达工程34条210千米，实现村村通客车。

水利　新建水厂1座，水池27口，维修水池11口，新建管道70千米，农村饮水问题得以全面解决。新建天池村200立方米水池1口，过滤池1口、安装水管1800米，水表82块，巩固提升新房子农业社71户278人（其中贫困户10户48人）的饮水问题。完成全乡农村集中供水工程水质检测102处。

电力通信　完成110千伏变电站升级改造1座，分步推进农村电网升级改造，新装变压器17台，新架线路350千米，新增光纤电缆67千米。

生态环境　全年落实13名干部对乡镇辖区内各段河域包河巡河，开展日常巡河400余次，清漂20余次；组织160余人次对芙蓉湖岸进行40余次河道垃圾、消落带清理。对场镇、公路沿线、河道、环湖等实施清扫保洁，定期清理白色垃圾。实施土地复垦5户2990平方米。实施退耕还林518.33公顷。发展竹笋产业666.67公顷，环湖少数民族体育运动体验园建设项目完成。芙蓉湖国家湿地公园建设完成，通过国家验收。完成2019年农村危旧房提升录入、改造214户，完成2020年农村危旧房提升改造50户；完成2020年金土工程搬迁8户42人；新测绘207户，完成农户复垦项目包装，重新摸底复垦户录入系统35户，办理复垦养老保险5户；设计疏林地培育项目200公顷，乡村绿化八角村苟家堡滨湖绿化项目66.67公顷；创建美丽庭院10户；完成整治场镇周边3条沟渠899.78米；实施退耕还林714.6公顷，新造退耕还林587.2公顷，新造经济林127.4公顷；完成湿地公园三期建设占地6.67公顷，其中征用农户土地1公顷，调解纠纷10余起；新修公厕1座，完成农村卫生厕所改造51户。

【社会事务】教育科技　辖区内共有2所学校443人，其中包括贾角完校70人、石桥中心校290人、石桥幼儿园83人。学龄儿童入学率100%。开设木叶吹奏课程，新增培养20名学生。申报4人非遗传承人，木叶吹奏、石工号子、贾角土酒酿造技艺、石雕技艺等非物质文化遗产得到保护和传承。选送贫困户5人次参加蜡染培训。

卫生医疗　完成2020年“两癌”筛查、“孕前优生”任务，落实国家对部分计划生育家庭的奖励扶助政策。做好2021年奖励扶助对象申报工作，

对特扶对象开展定期慰问。完成卫生监督执法工作，每季度开展学校安全、农村饮用水安全、非法行医和采供血、医疗卫生机构等公共卫生安全的监督协管工作。家庭签约服务全覆盖，村村建成规范乡村卫生室，保持卫生乡镇称号。

文化体育　完善乡级文化中心、村级文化活动配套设施，举办和参加文化活动70多场次，服务总人数5300余人。全年每个村放映电影12场次，学校6场次，共计78场次。图书阅览室、电子阅览室、文娱活动室、多功能活动室、体育健身场所等全部实行免费开放。全乡27处一般性文物，2处区级文物“谭家庙”和“霍世臣夫妻合葬墓”设立安全公示牌，落实安全员，建立安全管理制度，与文物保护区域的住户签订安全管理责任书。参加武隆区第二届运动会，完善大坪、天池、香龙等3个村的公共文化服务体系建设，为天池村争取体育健身器材1套。开展孝、贤、洁、序等公序良俗评比活动。

社会保障　全年医保征收9937人，完成建卡贫困户1322人的参保，建卡贫困户及特困群体参保率100%；完成公益性岗位申报113人；完成53人复垦养老保险参保，农民工意外伤害保险参保1810份；完成创业担保小额贷款23户、500万元，贴息18.56万元；完成社保补贴12人，补贴金额63011.2元；完成城镇新增就业人员153人，完成城镇下岗失业人员就业再就业60人，完成困难人员就业再就业28人；完成贫困户交通补贴申报486人，补贴金额74091元，贫困户一次性求职创业补贴申报20人，补贴金额10000元。发放救灾救济资金726.38万元，发放冬春生活救助资金9万元，发放低保金726.38万元，发放优抚金35.81万元，发放临时救助资金34.86万元，解决困难家庭电量减免700户，减免金额1.09万元，实施农村贫困重度残疾人家庭无障碍改造5户，发放资金1.22万元，换发第三代残疾人证141人，残疾人享受两项补贴136人，发放补贴14.136万元，开展残疾人春节走访慰问7户，发放慰问金0.35万元。

综合治理　加强食品药品监管，办理食品经营许可证24个，办理小作坊2家；健康证135人；查处存在食品安全隐患和过期食品共9起，查处金额15000元；抗击新冠疫情期间，每天坚持对诊所、卫生院进行认真细致的检查、走访、调查、摸排。出动执法人员56人次，出动车辆40余次。全年开展普法宣传4场次，反邪防邪宣传4场次，毒品预防教育宣传6场次，扫黑除恶宣传活动4场次；办结网上信访接件办件、投诉件和人民建议共64件；领导干部接访下访群众工作共210余次；排查出矛盾纠纷185件，化解185件。创建法治示范大院5个，已完成验收4个。完成新提任领导干部法制理论考试，组织广大干部群众参加宪法知识竞赛，干部网上法制考试参考率、合格率均达100%。开展地灾汛期、交通安全、森林防火、非煤矿山、烟花爆竹、危化品、建筑施工等安全检查250余次，组织各类应急救援演练4场次，与江口中队联合检查5次，与乡派出所联合检查4次，全年共纠违1100件次，罚款4.257万元，说服教育500余人次。排查出安全隐患45起，整改落实45起，整改率100%。全乡遭受7次自然灾害，受灾人口3260人。一般房屋受损64间，严重受损房屋8间，倒损房屋11间，转移安置49人，公路损毁22条，公路损毁17条，公路段道6条，塌方118402立方米，电杆倒塌5根，塘（水池）受损2处，家庭财产损失65.43万元，农作物经济损失58.47975万元，基础设施建设损失155.3422万元，公益设施损失0.5万元。进行抢险救灾农作物6户1.35万元；公路13户11.77万元；过渡期生活救助3户12人1.44万元。　（石桥乡政府）

黄莺乡

【概况】黄莺乡地处重庆与贵州交界处，位于武隆区南部，素有武隆“南大门”之称，因境内原有1座黄莺寺而得名。东北与凤山街道接壤，西邻白马镇，东南与贵州省洛龙镇、阳溪镇相连。1951年建乡，2003年乡镇建制调整将原龙洞乡并入。乡政府驻地距离武隆城区16千米，省道205贯穿南北，物流运输便捷，全乡三分之一区域位于白马山旅游度假区内，是白马山旅游度假区重要组团之一。全乡面积149.3平方千米，有耕地1051.73公顷、林地11257.2公顷，森林覆盖率76.15%。辖双河村、黄莺村、新树村、隆兴村、群力村、复兴村等6个行政村、1个社区（黄莺社区）、47个村（居）民小组（其中2个居民小组），总人口10105人。

辖区海拔260～1980米，属立体型气候，四季分明；有长头河、老龙洞河等大小河流10余条，水资源十分丰富；有“驴友天堂”黄柏淌、户外探险胜地黄莺大峡谷、群力梯田风光、龙洞百年老校、天星寨、凤凰山等自然人文景观。粮经作物主要有水稻、烤烟、干鲜果等，种植以高山有机蔬菜、金秋梨等特色林果为主，畜牧养殖以传统畜禽、中蜂等为主，水产养殖以中华鲟、大闸蟹、冷水鱼等特色水产为主。

2020年，黄莺乡获重庆市乡村旅游示范乡，复兴村荣获市级示范村、黄莺村荣获市级示范点等称号，创建隆兴村等区级乡村旅游示范点2个、复兴村稻田+渝鲁科技协作基地1个。

【重要会议】5月28—29日，黄莺乡第十九届人民代表大会第六次会议在乡政府公共服务大厅三楼会议室召开。大会应到代表44人，实到代表39人，符合法定选举人数。大会以无记名投票方式，采取等额选举办法，选举倪兵为黄莺乡人民政府乡长，熊杰为黄莺乡第十九届人民代表大会主席团主席。

【经济发展】全年实现地区生产总值1.44亿元，5年年均增长6.67%，是2015年年底的1.33倍；财政总收入1996万元，5年年均增长10.7%，是2015年年底的1.54倍；社会消费品零售总额4458万元，5年年均增长7.5%，是2015年年底的1.3倍；实

3月29日，复兴田园一角　　黄莺乡政府　供图

现固定资产投资1.58亿元；农村常住人口可支配收入达16195元，5年年均增长10.1%；全乡居民储蓄余额从2015年年底的1.13亿元增至2020年年底的1.54亿元。

农业　全年发展山地特色高效农业，做精黄莺生态鱼、高山蔬菜、龙洞米3大特色品牌，提升特色林果、草食牲畜、传统烤烟等优势产业。各村集体经济从无到有，2020年黄莺村和复兴村集体经济收入达10万元以上，隆兴村达5万元以上，其余村均在1万元以上。做强农业品质品牌，培育高山蔬菜、金秋梨等农产品品牌，带动发展专业合作社19个、集体经济公司6个，打造“复兴田园”、黄莺“云端渔村”、隆兴“山鲜农场”等农旅融合示范点。培育职业农民，开展农业实用技术培训150次，培训农技人员500人；新培育科技示范户40户、职业农民10人；新认证高山蔬菜绿色食品共计17个，新申报绿色产品17个、无公害农产品12个。

林业　全年实施封山育林、四旁植树、荒山造林、特色经济林改（新）造项目共852.67公顷，贫困户纳入生态护林员46人；完成前一轮退耕还生态林2018—2020年的接续补助直补到户共47.64万元；完成2019年的森林督查整改，2020年11个图斑的实地核查工作，发放森林防火宣传资料3000余份，签订管护合同64份，签订森林防火责任书30份，签订森林防火和森林资源保护承诺书2500份并张贴上墙；组织参加义务植树活动，栽植桂花200株。

【乡村旅游】　全年按照“村村有示范”乡村旅游发展规划，完成黄莺大峡谷、群力梯田观光旅游规划编制，复兴田园、隆兴山鲜农场、黄莺云端渔村开园迎客；建设复兴田园，配套水上乐园等体验项目6个，全年接待游客5.2万人次，推动土特产、农家乐等消费扶贫55余万元，村集体新增收入7万余元；创建隆兴村等区级乡村旅游示范点2个、复兴村稻田+渝鲁科技协作基地1个，复兴村史馆被命名为“武隆区社会科学普及基地”，黄莺乡、复兴村、黄莺村分别被评为市级休闲农业与乡村旅游示范乡、示范村和示范点，双河村被评为美丽乡村示范点。农民乡村旅游业收入达1000万余元。

【复兴田园综合体】　3月28日，复兴田园正式开园对外营业。复兴田园综合体位于复兴村，建有水上乐园等体验项目6个、复兴村稻田+渝鲁科技协作基地1个、复兴村史馆1个。

【脱贫攻坚】　全年打好精准脱贫攻坚战，推进专项扶贫资金项目3个，东西部扶贫协作项目1个，完成投资投入296万元；完成全乡易地扶贫搬迁户114户不动产权证办理；完成市级调训任务6人，致富带头人培训12人次，实用技术培训107人；开发扶贫领域公益性岗位44个，发放岗位工资9.03万元；全乡现有建档立卡贫困户423户1461人，于2019年年底已全部实现脱贫目标，无错评错退漏评现象，贫困发生率为0。脱贫攻坚成效考核2018、2019年连续两年获得“好”等次，复兴村产业+乡村旅游扶贫模式得到重庆市扶贫办认可；开展“战疫情送春风、百日攻坚战、收官大决战、脱贫攻坚普查”等活动。

【基础设施】　交通　全乡攻坚交通“三年”行动计划，累计投入扶贫资金9300万余元，完成公路硬化里程232.8千米、油化里程27.2千米，全面完成四好农村公路建设任务，全乡实现通达通畅率100%。完成新复蔬菜公路油化18千米。全年新硬化农村公路15千米，完成沙河水库环湖公路建设，完善公路养护制度。

水利　全年完成2019年第三批和第五批农村人饮工程、2020年第二批农村饮水安全巩固提升工程建设及验收工作，涉及建设水池25口2865立方米、沉砂池11口、过滤池16口，安装人饮管网25.1千米；完成黄莺场镇安全饮用水工程建设，健全农村饮水管护机制，投入资金40万元；沙河水库重点项目稳步推进；整治大堰22.6千米，投资273.86万元整治山坪塘13口28058立方米，建成龙洞水厂，投资1317万元完成水利3年规划项目建设；投资580万元完成长途河黄莺河段综合治理。

场镇建设　全年投资1400万元，

完成场镇公路和人行道改造、欧式风情小镇、污水管网等基础建设；实施黄莺场镇、黄莺村、双河村电力升级改造，完成群众房屋搬迁入户线路改造。

人居环境　全年健全垃圾“组收、村集、乡运”常态清运机制，配备管理人员7人、保洁员18人、垃圾清运车2台，新增垃圾分类箱480余个，投资3.3万元新设户（公）用垃圾桶150余个，全年清运处理总量428.8吨，创建复兴村市级垃圾分类示范点；改造黄莺和龙洞2个场镇污水管网；实施公路两旁绿化建设40千米；完成复兴、黄莺、新树示范点及武道路沿线138户农户人居环境综合改造；在复兴、黄莺人居环境改造示范点内推行生猪集中圈养。全乡改厕903户，新建公厕3座，创建美丽庭院39户，分档建设“精品”“示范”村庄各1个，复兴村入选重庆十大特色乡村；回收利用废弃农膜12.2吨。治理养殖污染8处，创建“生态文明建设示范乡镇”。

【社会事务】 教育　全乡有中心小学和龙洞小学2所学校，附属幼儿园2所，九年制义务教育入学率100%，全面落实贫困户子女入学享受生活补助等政策。投资680万元完成黄莺中心校、龙洞完校校园改造；投入资金约30万元打造龙洞校园文化和非遗项目展厅。

卫生医疗　辖区有乡卫生院1所和村卫生室6所，投资69万元完成卫生院改扩建工程，规范达标建成6个村卫生室，2020年隆兴村、群力村卫生室被评定为“四星”村卫生室，乡卫生院医疗业务用房面积380平方米，公共卫生用房面积120平方米，医护人员9人，大学专科以上学历8人，初级职称6人，中医医师2人，现有彩超、三分类血常规、电解质分析仪、全自动生化分析仪、心电图机、尿液分析仪、救护车等医疗设备，能对辖区内的内科、妇科、儿科、中医科等患者进行诊治，开展14项基本公共卫生服务工作；完成农村适龄妇女“两癌”筛查359人，孕优检查68对；完成办理残疾人“两项补贴”142人，发放资金15.576万元，大力支持建档立卡残疾人产业扶持项目，涉及贫困户82户93人，发放资金4.10万元；完成5名乡村医生享受基本养老保险补贴申报工作。

文化体育　全年推进全民健身计划，组队参加区第二届运动会并获得网球比赛女子全区第四名。全乡地面不可移动文物56处，非物质文化遗产名目收录5项，线编和根雕2项非遗项目分别到市、区及乡镇进行多次展示；配合开展送文化下乡文艺演出6场次，文化站送电影下乡58场次，开展流动文化服务进基层活动，乡政府开展送文化文艺演出下村4场次。9月22日，举办黄莺乡丰收节系列庆祝活动。

社会保障　强化民政兜底保障，低保信息核查率94%，累计发放城乡低保金214户321人157.0988万元，大病临时救助40人13.498178万元，特困人员78人74.5340万元，残疾人补助金15.576万元；参保城乡居民医疗保险7955人、意外伤害保险873人、复垦养老保险97人，城镇职工和城乡居民养老保险稳步调增；退役军人事务创新开展。全年发放贫困户贷款67人96万元、企业贴息贷款385万元；开发公益性岗位27人，其中贫困人口19人，贫困人口外出务工就业559人，转移贫困劳动力到山东务工2人。

武装工作　黄莺乡籍军人获三等功表彰5人，全年完成征兵任务。

（黄莺乡政府）

沧沟乡

【概况】 沧沟乡于1930年置乡，地处武隆区东北部，东与彭水县鹿鸣乡相接，西与火炉镇、土地乡毗邻，北与桐梓镇相连。辖区面积73平方千米，土地面积7389.97公顷、耕地面积2007.5公顷，森林面积4715.22公顷，森林覆盖率65.78%。属亚热带季风性气候，雨量丰富，日照强，无霜期长，年平均气温17℃，降水量1060.7毫米，年平均光照1075小时。地形主要是高、低、中典型的山区地貌，地貌形成由低到高梯形态势，海拔220～1400米。全乡辖关庙村、青杠村、大田村、沧沟村、大水村等5个村29个村民小组，全年户籍人口3230户10582人。距武隆城区39千米，距重庆主城区252千米，距渝怀铁路黄草站18千米，距渝湘高速公路黄草入口18千米，距319国道10千米，江后路公路横贯全乡。乡域内山清水秀，景色优美，因盛产野生大鲵，被誉为“娃娃鱼之乡”，全乡旅游资源得天独厚，有木棕河、沿沧河峡谷风光、大田明清古村文化、青杠古道遗风、沧沟天心眼溶洞、大水石林、茶园等主要旅游景点。同时乡内还有官驿渡口、红军路、烽火台遗址、石棺墓等旅游资源以及土城台庙宇、沙台铺土法造纸等文化遗产有待发掘和开发利用。建成青杠“古渡驿站”、大田“湿地人家”2个乡村旅游示范点。拥有“武隆板角山羊”和“沧沟西瓜”2个国家地理标志商标。

【经济发展】 2020年，全乡实现工农业总产值1.29亿元、增长6.8%；常住居民可支配收入14717元，增长9.8%；实现固定资产投资1800万余元；本级一般财政预算收入1904.66万元，其中税收收入53.31万元，完成预算的139.6%。

农业　全乡主要特色产业有西瓜种植面积133.33公顷、板角山羊存栏2540只、生猪存栏7945头、烤烟种植面积60公顷、甜竹种植面积66.67公顷、红豆杉种植面积200公顷等，“沧沟西瓜”和“武隆板角山羊”获“国家地理标志商标”，“沧沟西瓜”获“绿色食品”认证。2018年开始发展特色乡村旅游，通过打造青杠“古渡驿站”、大田“湿地人家”带动周边的农户发展旅游，以旅游助推脱贫攻坚，2020年接待游客30万人次，实现旅游收入120万元左右，实现集体经济收入15万元。

农村电商　全年打造青杠村电商平台区级示范点；武隆供销合作社沧沟乡分社挂牌成立。全年农村电商代购农产品3.3万元，代销77650元，惠及贫困户43户、143人。

集体经济发展　大田村入股喀斯特旅游公司，发展游园自行车、游乐船、木棕河漂流等项目，集体经济收入3万元以上；青杠村客栈实行自主经营，实现收益10万元；大水村争取集体经济扶持资金12万元，发展黑糯玉米，建冷冻库，实现集体经济收入1万元；沧沟村利用农产品交易市场，实现集体收入2万余元。

【乡村旅游】 大田“湿地人家”休闲乡村旅游项目建成投入运营，接待游客8万余人次，带动直接受益的218户826人收入增长10%以上。青杠“古度驿站”项目正在持续完善，新增樱花1000余株，新建九三学社陈列馆1个，陶艺小站项目完工，CS拓展基地进入试运营。青杠、大田成为中国·重庆（武隆）绿色发展实践国际论坛、全市旅游扶现场会现场调研点，大田村获评市级绿色村庄，并被纳入中国美丽休闲乡村旅游精品点线路。

【大田“湿地人家”开园】 8月13日，大田“湿地人家”乡村旅游示范点开园启动仪式在沧沟乡大田村举行。大田“湿地人家”乡村旅游示范点依托大田古村落千年古寨历史，由古村落度假区、桃花林景观区、莲花湖观光区以及自行车道骑行区、步游道休闲区、湖港荡舟、木棕河漂流等游乐项目组成，建成自行车道2.3千米、步游道4千米、水深1.5米的莲花湖15.33公顷、桃花林0.67公顷，投放自行车50辆、柳叶舟50艘；生态停车场1万平方米，实施农网改造2000米，改造民宿及博物馆2200平方米，改造人行步道1000米。

【脱贫攻坚】 全年巩固贫困户475户1590人的脱贫成果，取消脱贫不稳定户3户17人、边缘易致贫户2户5人，新识别脱贫不稳定户2户6人、边缘易致贫户1户4人。对收入不保障的131户贫困户纳入低保、五保兜底。落实帮扶干部190人，实现贫困户干部帮扶100%覆盖。实施教育资助317人次，资助金额39.3万元，对因身体原因无法入学的适龄学生开展上门送学，确保义务教育阶段无辍学现象。投资626.4万元实施基础设施、人居环境整治、乡村旅游等10个财政扶贫资金项目，投资490万元建成东西扶贫协作项目2个。10个致富带头人带动贫困户34户123人增收致富。争取贫困户产业发展小额贷款257次，获贷率54.1%。通过全市脱贫攻坚普查和市级扶贫成效交叉检查，脱贫档案代表武隆接收市级检查并获好评，大田村被区委、区政府表彰为脱贫攻坚工作先进集体，另有3名优秀干部被市、区两级表彰。

【基础设施】 *交通* 全年推进土城台公路、渣家湾公路、申郭公路、小槽公路、白杨公路、车坝公路、丁木堡公路、内子槽公路、通大槽公路建设，堡青公路正在加快完善，大堡顶环线公路实现初通。“四好农村公路项目”完工验收10个、44.95千米，外业检测未验收项目5个、26.92千米，在建项目2个、9千米，全乡农村交通现状得到改善。

水利 完成人饮水池17口2750立方米、安装人饮管道25千米；完成大水山坪塘项目1.24万立方米，安装供水管10千米。

场镇 场镇污水项目投入资金62万元，完成污水管网连接400米，新建泵站1个，污水处理厂迁至铜撞岩，即将投入使用。投入112万元建成沧沟村农产品交易市场，迁入商户25户，有效解决场镇脏乱差形象。青杠村、沧沟村、大田村、关庙村党群服务中心建成投用。投入62万元新建关庙村、青杠村、大田村卫生室，扩建大水村卫生室。场镇休闲广场建成投入使用，安装人行步道砖1000平方米。

人居环境 投入240万元实施大田村乡村旅游示范点建设项目，新建观景平台1处，改厕改厨18户，院坝硬化700平方米，整治清理排水沟1900米，新建污水管网1600米，安装污水处理设备1套，安装路灯120盏，种植观赏桃花530株。投入230万元实施大水村坨里乡村旅游接待点配套项目建设，实施污水管网工程建设350米，新建化粪池1口，人行便道400米，农房、庭院整治15户，安装太阳能路灯135盏。实施农村“厕改”项目，投资15.9万元，改建卫生厕所53个，新建场镇标准化公厕1个。投入144.5万元开展旧房提升整治项目，提升整治旧房289户，投入资金800万元实施沧后路沿线房屋风貌改造139户。

8月13日，大田“湿地人家”乡村旅游示范点开园启动仪式现场　　王俊杰　摄

【社会事务】 *教育* 全年投入3万元推改善乡中心校办学条件，义务教育入学率100%。开展课外“陶艺”课程。争取资金10万元推进特色办学，协调捐赠净水机1台，新建关庙小学校水池1口200立方米。

卫生医疗 抓好疫情防控工作。累计排查进出车辆453辆次，监测人员1052人次。建立“联系领导+乡干部+村干部+卫生院医生”包片负责制，设置疫情防控“党员先锋岗”1个，累计排查出区外返乡人员711人，其中居家隔离中高风险地区返乡60人，

医学隔离密切接触者3人。取消宴席12场、发放口罩9500只、发放宣传资料2500余份，出动宣传车150台次；筹集捐款6.9万元，蔬菜10吨。

文化体育　举办沧沟乡第二届农民迎春趣味活动，开展春耕生产培训5次、送图书进村5次、送文艺演出5次，送法律政策宣传5次。开展送文化下乡12次，送演出下乡12场，举办农民运动会1期。

社会保障　完成2020年合作医疗征缴任务。开展就业指导、职业技能培训、致富带头人培训、农村能人和雨露计划等活动，累计培训300余人次，培育新型职业农民2个，完成转移就业人数138人，完成率123%；鼓励创新创业，申请创业贷款4户，完成返乡创业户数5户，完成率125%；申报外出务工人员交通补贴93人，兑现补贴5.7万元；发放一次性求职补贴1.95万元，惠及39人。12个签约医生健康帮扶475户贫困户。完成养老待遇人员生存验证1896人次；发放临时救助资金27.9万元；新增低保48户、92人，共计发放低保金223.8万元；争取资金10万元，完成敬老院消防设施设备维修改造；完成残疾人信息采集302人次，实施贫困残疾人家庭无障碍厕所改造14户，重度残疾人家庭无障碍厕所改造实现100%覆盖。

公序良俗　推进公序良俗活动，评选先进模范261户。召开院坝会29场次。组建志愿服务队102人，开展抗洪排危、扶贫帮困等志愿服务活动13次。开展科普培训7次，反邪教宣传活动3次，专题讲座3次。推选出区级乡村整洁庭院39户，全年共计清运农村垃圾780.5吨，受益面覆盖全乡5村29社3126户农户。落实公益性岗位保洁员共25人，场镇、村公路沿线及居民聚居点新增垃圾桶130个。发放《环境卫生手册》2000余份，开展垃圾分类及收集宣传5次。木棕河、延沧河流域清漂垃圾2吨。

综合治理　开展扫黑除恶各项工作，开展线索摸排12次，扫黑除恶宣传58次。推进法治乡村建设，开展法治集中宣传11场，法律服务进乡村活动、召开院坝会58次，化解矛盾纠纷80件，全年无重大刑事案件、群体性事件发生；青杠村、大田村创建为民主法治村。

地质灾害防治　全乡9个地址灾害隐患点、6处地灾滑坡点落实专人，定期排查，形成排查台账。开展地灾应急演练、防灾避险知识宣传。在7月土地中堡滑坡防汛救灾工作中，乡政府发布预警3次，2次转移沿河群众并集中安置800余人次，发放救灾资金2.8万元，实现人员“零”伤亡。

安全生产　开展消防安全专项检查12次，开展未年检审面包车专项整治行动、高温汛期道路交通专项整治行动和“一盔一戴”专项整治行动等道路交通安全治理，共出动警力1200余人次，出动车辆360余台次，查处各类交通违法650余起，警告20余起，处罚款4万余元。实施学校、医院、敬老院等人员密集场所消防设施设备的检查，发现隐患5起、整改5起，组织消防安全知识讲座1场，采购烟雾报警器20个。（沧沟乡政府）

文复苗族土家族乡

【概况】文复乡位于城区东部，距城区36千米，重庆216千米，东与彭水县靛水乡毗邻，南与彭水县润溪乡接壤，北与彭水县高谷相接，西与江口镇相接。辖区面积109.9平方千米，耕地面积25.33平方千米，林地面积73.33平方千米。辖兴隆村、楠木村、高隆村、西山村、漆树村、铜锣村等6个行政村，42个村民小组。户籍总户数2714户，总人口9487人，人口自然增长率为0.32‰。有少数民族12个，分别为苗族、土家族、布依族等，少数民族总人口3933人。

2020年，文复乡获评全区脱贫攻坚先进集体，西山村被评为“全市首批美丽宜居乡村”“重庆市2020年休闲与乡村旅游示范村”，铜锣村入选重庆市第二批美丽宜居乡村名单，西山村民兵连获得区先进民兵连，西山村肖代花家庭获评“全国抗疫最美家庭”，创建全国民族团结进步示范区。

【重要会议】9月16日，文复苗族土家族乡第十九届人民代表大会第九次会议召开。出席大会的应到代表38人，实到代表38人。大会听取脱贫攻坚工作专题报告、乡卫生院中心工作情况汇报、畜牧服务中心工作情况汇报并开展满意度测评，通报2020年民生实事项目实施情况。

【经济发展】2020年，全乡实现工农业总产值14350万元，增长5%；全社会消费品零售总额3969万元，增长6.5%；累计固定资产投资实现1.9亿元，增长6.5%；农村常住居民人均可支配收入实现16607元，增长8.7%。

农业　全年形成以烟叶生产为主导，甜柿产业为特色，传统生态种养殖业为辅的产业构架。巩固发展烤烟产业，全乡种植烤烟143.33公顷，完成产量210.7吨，实现产值611万元；强推甜柿特色产业，举办以“文复甜柿，一生一柿”为主题的甜柿采摘节暨“10·17”扶贫日电商消费扶贫助农活动，全年甜柿产量85吨，实现产值85万余元；种植本地特色农产品米花生共66.67公顷，产量150吨，种植蔬菜718.53公顷；完成退耕还林400公顷，实施森林抚育133.33公顷及特色经济林改造项目140公顷；全年累计完成肉类总产量1214吨，禽蛋总产量37吨，畜牧业产值2100多万元，指导建设规模化养猪场1个。

农村电商　全年通过开展文复甜柿采摘季暨“10·17”扶贫日电商消费扶贫助农活动，活动当天通过淘宝、抖音两大平台直播带货，累计实时观看人数高达33万余人次，实现线上订单8000余单，销售20余万元，线下销售实现65万余元。同时代销米花生、土鸡蛋、蜂蜜、苕粉等394笔、16.33万元。

【乡村旅游】全年投资350余万元，建成西山村“马厂坝田园综合体”、冉家湾特色民宿、文山苗寨、文山小隐等一批特色餐饮、民宿项目。10月，举办2020年“甜柿采摘节”，通过线下采摘和线上直播的方式传播当地人文风貌与特色农产品。全年接待游客3万

4 月 27 日，文复乡西山村全景　　文复乡政府　供图

余人次，旅游综合收入 150 万余元。

【脱贫攻坚】 全年完成 1 户 4 人的减贫目标，全乡贫困户全部脱贫。全乡外出务工贫困劳动力 697 人，帮助落实往返城市间交通补贴 543 人 6.29 万元，申报就业一次性补助 124 人 6.23 万元，累计开发扶贫公益性岗位 110 人。全年实施 2 次面点、乡村旅游实用技能培训，培训贫困人员 92 人。投入扶贫项目资金 983.3 万元，实施项目 25 个。投入资金 208.73 万元，完成东西部扶贫协作项目 2 个，收到东西部扶贫协作捐赠物资衣服 97 套、书包 97 个、女士皮包 97 个及大米 356 袋。发放小额信贷 277 户。发展 15 名致富带头人，带动 53 户农户发展产业；回引人才创办农家乐 6 家、规模养殖场 5 个、种植大户 10 余户。8 月迎接市上对文复乡的脱贫攻坚普查工作。2019 年脱贫攻坚成效考核综合评价为“好”，2020 年获评全区脱贫攻坚先进集体。

【基础设施】 交通　“交通建设三年行动计划”全面完成，全年投入资金 789.6 万元完成公路硬化 13 条 17.8 千米，有效解决 6 个村近 4000 人生产生活出行难问题。

水利　沙坝水库主体完工，新建 3 口水池 600 立方米，维修 1 口水池，安装管网 8.26 千米，完成投资 33.25 万元，巩固提升 123 户 476 人的饮水安全。

农村能源建设　张武线（彭水张家坝至武隆）27 座电力塔机在文复乡完工投用。

生态环境　设置农村生活垃圾治理清运线路 52 条，收转农村垃圾 319.21 吨，收取农村垃圾处置费 21525 元。选聘村庄保洁人员 26 名，建成约 350 平方米停车场。完成疑似不安全住房总整改 10 户，旧房提升 20 户。完成人居环境项目 2 个。新建公厕 3 座，改厕和新建 51 个。

【社会事务】 教育　辖区内 1 所小学，在校学生 201 人；幼儿园 1 所，在园儿童 37 人；学龄儿童入学率 100%。支持资金 7 万余元用于乡小学校园文化建设，乡小学获区无烟示范单位、卫生健康促进学校、区教育系统先进班集体等奖励，师生个人获奖 50 余项。特色项目芦笙吹奏在全区影响力逐步提升。

卫生医疗　辖区内有乡卫生院 1 所，床位数 10 张，卫生机构人员 11 人。居民医疗保险参保 8406 人，参保率 99%，辖区贫困户、民政救助人员等困难群体参保率 100%；意外伤害险参保 1657 份。登记新出生人口 91 例、死亡 60 例，新增计生奖扶 5 人，完成免费孕优检查 42 人、“两癌”筛查 370 人。

疫情防控　全乡成立防控工作领导小组，对全乡的疫情防控工作进行安排部署。切实加强交通保畅，从 2 月 4 号开始，对江口接界的 5 个区内交通检查点和与彭水接界的 6 个检查点实行 24 小时轮流值班值守，累计排查 2825 辆车辆，累计劝返 129 辆车辆。年初排查市外返乡人员 631 人，落实“5+2”管控措施累计 79 人。共收到干部群众捐款 25.3 万余元，收到捐赠物资 2.6 万元，定向捐赠至湖北省孝感市红十字会。推进复工复产，全部在建项目均按期复工复产。年底取消宴席 13 起，西山村肖代花家庭获评“全国抗疫最美家庭”。

文化体育　广播覆盖率 100%，电视覆盖率 100%，有线电视入户率 100%。实行文化站免费开放，到站活动人数 1200 余人次。放映惠民电影放映 67 场，观众 1000 余人次，开展送文化下乡演出 6 场，丰富全乡人民群众的文化生活。全年新增体育健身场地 3 个，健身器材共 16 套。组织参加武隆区第二届运动会，全区乡序列积分排名第二名。

社会保障　全年新增低保 37 户 74 人；全乡特困人员共 83 人，新增 1 人；全年临时救助 91 户 71700 元，贫困户 30 户 22700 元；新办残疾证 8 人，享受两项补贴的残疾人 113 人，完成残疾人无障碍改造 1 户，残疾人危房改造 2 户，完成 2020 年残疾人信息动态更新。发放春冬救助金 28 万元。

综合治理　开展食药品、道路交通、农机安全等执法检查 2500 余次，完成西山村劝导站规范建设，全年劝导各类交通违法 600 余件，开展非煤矿山、危化品、地质灾害、建筑建设施工、森林防火等重点领域安全检查 200 余次，实现安全责任事故“零”目标。登记处理领导干部接访下访事项 168 余项，信访事项及时受理率、按期办结率 100%。形成扫黑除恶工作机制，未发现涉黑涉恶线索；获 2020 年安全生产工作三等奖。

（文复乡政府）

土地乡

【概况】土地乡位于武隆区东北部，东邻桐梓镇，南接沧沟乡、火炉镇，西靠仙女山街道，北与接龙乡相连。距城区48千米，距重庆220千米，辖区面积75.8平方千米，耕地面积620公顷，退耕还林面积458公顷。全乡海拔300～1900米，辖小岩、六井、沿河、天生4个行政村23个村民小组，总户数2224户，总人口7535人，人口密度100人/平方千米，主要以汉族为主。

土地乡村旅游资源富集，具有良好的生态资源、优美的田园风光、险峻的峡谷景色、绝佳的石林奇观，全乡森林覆盖率80%以上，被誉为“人间净土生态福地”。2020年土地乡被评为“川渝最美文旅小镇”。

【重要会议】1月15日，土地乡第十九届人大代表第七次会议召开，应到代表42人，实到代表数38人，听取和审议乡人民政府工作报告、乡人大主席团工作报告、乡人民政府财政预算及其执行情况的报告（草案）。10月16日，土地乡第十九届人大代表第八次会议召开，应到代表42人，实到代表35人，听取和审议乡人民政府半年工作报告，区人大代表述职。

【经济发展】2020年，全乡完成工业总产值2750万元，完成农业总产值4626万元，实现财政总收入1447万元，完成固定资产投资7800万元，完成招商引资5000万元，农村常住居民人均可支配收入1.58万元。

农业　加大银杏产业发展，投资900万元，新栽植银杏147.4公顷，带动农户500户，其中贫困户52户，农户收入591万元。持续抓好小岩村欧投项目73.33公顷经果林培育管理。发展生猪、肉牛、山羊、土鸡、蜜蜂等特色产业，全年出栏生猪1.2万头、肉牛800头、山羊1000只，蜜蜂1000群。投资450万元，完成“东西协作扶贫项目”鹿井仙乡现代农业产业园建设。投资80万元，建成天生村高山野化茶

4月20日，土地乡银杏产业　　土地乡政府　供图

叶产业基地。茶叶、竹笋等产业逐步增长。落实农业保险政策，发展马铃薯、玉米参保农户950户，投保面积419.13公顷，参保金额5万元，理赔农作物损失17.6万元，农业保险覆盖率70%以上。申请办理8户农机补贴，申请资金0.92万元。兑现耕地保护补贴1706户，补助102万元。

工业　土地乡有武隆区双桥水力发电站、武隆区龙丰水电有限责任公司、重庆市武隆区川源水电开发有限公司、武隆区武河水力发电站、武隆区四合水力发电站、重庆市武隆区博能电力有限公司沿昌河发电站6个发电站，主营发电；重庆市武隆区徐家湾酒厂，主营加工、销售白酒；重庆市武隆区铸锋塑料制品有限公司，主要经营熟料制品加工。2020年全乡工业总产值达2750万元。

【乡村旅游】全年投资100余万元，完成台盟重庆市委会社会实践基地建设，以及犀牛寨村史馆、夜景灯饰、休闲步道、旅游厕所等提档升级设施建设。投资30余万元，新建小岩村观景台。打造犀牛寨、天生小镇、沿沧河大峡谷等。推动仙人洞鼎罐鸡、沿河食屋人家等乡村旅游接待点建设。举行庆祝建党99周年纪念大会及文体活动。组织开展户外探险、夏令营、创作采风等活动，先后参加乡村旅游走进“四川宽窄巷子”和“重庆解放碑”市场营销推介。土地乡被评为“川渝最美文旅小镇”，犀牛寨被评为“中国少数民族特色村寨”。2020年，乡村旅游农家乐（民宿）接待户37户，接待游客7万人次，实现旅游综合收入1000万元。

【犀牛寨】地处土地乡天生村，位于天生三桥附近，距武隆城区约42千米，距土地乡政府11千米，距天生三桥约10千米，距印象武隆剧场约8千米，距仙女山游客接待中心约13千米。古寨所在地为槽型地势，四面环山，修竹掩映，流水潺潺，民风淳朴；吊脚楼依山而建、静卧谷中、木楼青瓦、飞檐翘角、斗栱雕花的特色传统民居，与所在地形、地貌、山水等自然风光融合，保存古村落特有的原生态风貌，被誉为“世外桃源犀牛寨”“中国醉美古村落”。2016年开放迎客。2020年，犀牛寨共建农家乐（民宿）37户，房间210个、床位285张，全年接待7万人次，旅游综合收入1000万元。

【脱贫攻坚】全年贫困发生率清零，贫困人口人均纯收入达到1.35万元。对全乡293户贫困户、10户边缘户、

土地乡犀牛寨　　伍红　摄

46户稳定脱贫户开展全面调查，排查问题283个，涉及“两不愁三保障”及饮水安全保障问题17个，全部整改落实。优化产业，发展集体经济，开发公益岗位30个，组织开展养殖技术、乡村旅游等培训1500人次。培育致富带头人9人，带动30户136人发展致富。帮助3个企业申报国家级、市级龙头企业。开展慢病居家康养服务、签约医生上门服务等活动，全乡村民做到惠农政策应享尽享。医疗、教育、住房和饮水安全保障率100%，群众满意度100%，资产收益扶贫带贫率98%。

【基础设施】 交通　全年投资600万元，实施“四好农村路”硬化项目7条12.9千米。投资48万元，硬化六井村中堡滑坡朝天嘴应急抢险公路0.8千米。投资450万元，完成土仙路寨子安置点连接公路加宽改造项目。投资27万元，加宽改造杨柳湾至环槽公路4.2千米。投资75万元，新建六井村石龙公路0.96千米。投资50万元，硬化沿河村光辉产业公路4.5千米。

水利建设　投资14万元，实施农村饮水安全巩固提升工程，新建水池4口250立方米。争取水毁项目资金6万元，修复农村水毁管网及水池配套设施，彻底保障农村饮水安全。同时，做好集中饮水监测保护管理、接龙烟水援建工程、小岩村农村电网改造。

场镇建设　投资120万元，新建六井村便民服务中心和党建文化健身广场。投资10万元，完成天生村、小岩村便民服务中心党建阵地建设。投资15万元，完成4个行政村新增文化设施设备及健身器材安装，并投入使用。

生态环境　深入践行“绿水青山就是金山银山”的发展理念，认真落实河长制，全年乡村两级累计巡河783次，开展河道清洁整治专题行动15次，确保“河畅、水清、坡绿、岸美”。大力实施生态环境保护，定期开展辖区畜禽养殖、土酒作坊环境卫生检查和集中饮用水源监测，确保人畜饮水安全。全面启动国土绿化提升行动，实施封山育林200公顷，森林抚育133.33公顷。扎实开展乡村“最美庭院”创建评比活动，表彰武隆“最美庭院”40户。投资190万元，完成天生村“十大精品村”人居环境综合整治项目；投资49.5万元，完成天生村危旧房改造提升工程。投资240万元，完成小岩村“酒村九坊”示范类美丽宜居村庄项目。投资78.3万元，实施厕所革命291户。

【社会事务】 教育　土地乡校辖区内有小学1所，学生229人，学龄儿童入学率100%。另有附属幼儿园1所，学生69人。投资366万元新建土地小学幼儿园，其中包括136万元配套教学设施。

卫生医疗　土地乡卫生院有床位8张、医护人员8人。4个村卫生室，医护人员5人。实施分级转诊制度，药品销售实施零差价，设有绿色通道，军人、残疾人等特殊群体优先办理业务，一站式结算，设有发热门诊，肠道门诊以及常规门诊，设有血常规、生化、心电图、超声等辅助检查。乡卫生院组织牵头开展十四项基本公共卫生服务，包括“两癌”筛查，免费老年人体检，传染病及突发公共卫生事件管理工作，特殊重点人群建档随访管理等工作承担免费发放计生药具、叶酸等工作。贫困户签约全覆盖，入户服务履约，宣传健康扶贫政策，对于大病慢病及时救助建立台账并录入健康扶贫动态系统。

文化体育　土地乡综合文化站，有多功能厅、展览厅、电子阅览室、图书室，面积达510平方米；图书室藏书3700余册；电子阅览室有电脑10台。有4个开放的文化广场，面积6000余平方米。全乡4个免费开放村级图书室（农家书屋），各图书室藏书1000册；11个图书外借点，各点藏书100余册。有12个文化中心户。全年共完成惠民电影播放47场次，开展送演出进村及大型活动13场次，组织参加体育竞赛活动2次，送辅导和培训6场次。送展览讲座进村13场次，送法规政策宣传进村社50场次。

社会保障　发放城乡低保116万元，惠及155户231人。临时救助36人次19.6万元。争取重庆社会救助基金会帮助困难家庭建房5户7.5万元，“扶志助学”贫困大学生1名0.5万元。全年慰问受灾家庭、困难群众312户97万元。新增困难群众和儿童民政建档17名。同时，投资32.2万元，完成12户CD级危房建设。

综合治理　开展道路交通、烟花爆竹、液化气等联合执法620人次，查处违法违规800起，警告90起，整改安全隐患43个，处罚金额7000元。落实乡村社森林防火责任，聘请护林员15人、公益性岗位生态护林员14人。开展地质灾害巡查演练、宣传培训30余次。争取专项资金2987万元，消除土地场镇重大地灾隐患。处置六井村中堡、小岩村徐家湾、天生村平坝和大坪等地质灾害滑坡，无人员伤亡。争取市级地质灾害专项资金70万元，启动实施徐家湾等地灾点的安全隐患治理。

（土地乡政府）

白云乡

【概况】白云乡位于城区西南部，距城区 57 千米，距重庆 141.2 千米，东邻长坝镇，西通南川区水江镇，南与大洞河乡相望，北接和顺镇，境内交通便利，国道 353、长铁路贯穿全境，建成两横两纵四通八达的农村公路网络，实现村社公路硬化率 100%。辖区面积 40.1 平方千米，耕地面积 1074.5 公顷，林地面积 2112.8 公顷，森林覆盖率 45.2%。辖红色、莲池、红云、红星等 4 个行政村、22 个村民小组。户籍总户数 2188 户，总人口 7146 人，密度 178.2 人 / 平方千米；人口自然增长率为 -0.28‰。

辖区有 10 余公顷白云石林、大洞河峡谷，有始建于唐朝的启教寺，有国家三级保护动物野猪、黄猴。产业有爱媛 38 号柑橘、脆红李、核桃、车厘子“一村一品”特色林果在地面积 433 公顷，建成红色村杉树坪四季水果观光采摘示范园。

【重要会议】1 月 20 日，白云乡第十九届人民代表大会第七次会议召开，听取和审议白云乡人民政府工作报告、审查批准白云乡 2019 年财政预算执行情况和 2020 年财政预算草案的报告、听取和审议乡人大主席团工作报告。9 月 15 日，白云乡第十九届人民代表大会第八次会议召开，听取审议农业服务中心、畜牧兽医服务中心、林业服务中心等 3 个部门的工作汇报，听取白云乡十九届七次人代会代表意见建议办理情况的报告。

【经济发展】2020 年，全乡实现工农业总产值 0.89 亿元，增长 4%，其中农业总产值 8660 万元，增长 6.9%，工业总产值 236 万元；社会固定资产投资 1350 万元；社会消费品零售总额增长 10%；财政税收收入 66.18 万元；农村居民可支配收入 15706 元，增幅 9.1%。

农业　全年粮食播种面积稳定在 1069 公顷，产量 5264 吨，其中发展优质富硒米 34 公顷；出栏生猪 10626 头、牛 271 头、羊 1641 只；发展烤烟 20 公顷，林下种植高山蔬菜 375 公顷、中药材 46 公顷。特色林果。强化 433 公顷脆红李、核桃、爱媛 38 号柑橘等特色林果管护，实现脆红李初挂果 233 公顷，产量 200 余吨，杉树坪柑橘四季采摘示范园初见成效，实现主导产业贫困户全覆盖。投入 570 万元，完成红云村土地整治项目，新修灌溉池 6 口、堰渠 2.6 千米，硬化田间道 6.051 千米、生产道 2.532 千米。

工业　至 2021 年年底，有工业企业 5 个，总产值 236 万元，其中有水力发电站 2 个、石材加工厂 1 个、水泥制品厂 1 个、建材加工厂 1 个。

农村电商　全年培育电商带头人 4 名，实现线上线下销售突破 100 余万元。

10 月 26 日，红色村杉树坪四季水果采摘园　任大权　摄

【乡村旅游】全年完成穆家洞乡村旅游点广场、停车场、石林步道、休闲平台、观景亭、公厕等配套基础设施建设，完成当坝乡村旅游点成场坪、管网安装及配套设施建设、环形公路、接待中心、路灯安装等建设，完成登山步道绿化长廊和杨叉槽文化长廊建设，完成红色村便民服务中心建设。

【脱贫攻坚】全年开展“战疫情送春风”“百日大会战”“收官大决战”等活动，“两不愁三保障”问题动态清零，完成剩余人口的脱贫目标任务，建卡贫困户人均可支配收入实现 12990 元，通过国家普查验收。

【基础设施】交通　全年投入 1080 万元，硬化公路 20.1 千米、人行便道 3 千米，实现村社通水泥路、人行便道入户率 100%。实施国道 353 大修。客运情况：武隆至和顺镇（过境白云）1 辆（往返），武隆至大洞河乡 1 辆（往返），武隆至白云界牌 1 辆（往返 2 次 / 天），白马至南川城区 1 辆（往返）。

水利　全年新建人饮水池 2 口 400 立方米，安装饮水管道 4500 米，实施沙坝蓄水池 3.5 万立方米，完成干龙洞水源地保护建设，农户自来水入户率 100%，基本解决季节性缺水问题。

场镇建设　全年完成场镇街道油化，启动场镇污水处理设施迁扩建。

生态环境　全年完成中幼林抚育 133 公顷，建立林业防控体系，落实 35 名护林员，开展森林防护巡山踏查；开展联合执法，打击乱砍滥伐、毁林开荒、非法捕捞、污染水源等违法行为。落实“河长制”，开展水质断面联合监测巡查。按月开展村庄整洁行动，完成红色村示范类美丽宜居村庄建设项目、莲池人居环境整治百村引领建设项目，打造人居环境整治示范点2个，实现农村生活垃圾有效治理率100%。完成卫生厕所改造46户，红星村新修公厕1座。

【社会事务】 教育科技 全乡有中心小学1所，村完小1所；在校学生256人；有幼儿园2所，在园儿童71人；学龄儿童入学率100%。全面解决中心小学师生饮水安全问题，各类助学政策惠及191人，落实义务教育、农村学前教育儿童营养改善计划。投入4.2万元，聘请专业技术人员全程跟踪指导，累计培训特色林果管理技术800余人次，培育本土林果管护技术人才22人。

卫生健康 全乡有乡卫生院1个，病床10张，医务人员10人，主治医师1人，执业医师2人，助理医师3人，护士1人，检验师1人，收住院371人次；完成乡卫生院迁建和莲池村卫生室建设，村卫生室标准化建设100%；卫生健康支出61.7万元。儿童建卡率100%，乙肝及时接种率100%，八苗单项接种率98%以上，强化免疫率100%。完成农村适龄妇女“两癌”免费筛查350人，孕优检查28人，发放计生奖扶、特扶补贴18.96万元。

文化体育 全年实施农民文体健身工程建设，文体健身设施4个村覆盖，送文化下乡6场次；组织参加区第二届运动会。

社会保障 全乡社会保障和就业支出111.6万元，比上年同期116.42万元，减少4.1%，其中社会保险机构支出17.44万元，比上年同期15.49元，增长12.6%。全年累计发放低保资金288.9万元，其中农村低保户205户311人194.69万元，城镇低保36户53人41.48万元；发放特困救助资金52.26万元，发放临时救助55人15万元。发放优抚、抚恤补助资金67.64万元。发放残疾人两项补贴15.228万元，完成东西协作残疾人产业补助（无障碍改造）32户，补贴资金15.94万元；完成居家托养（阳光家园）15人，补贴金额9000元；完成残疾人两走一贴补助1户3000元。完成小额贷款420万元，完成新农合参保6063人；完成居民养老参保4839人，领取待遇人数1101人，养老保险新增13人，完成意外伤害保险1452份；社会劳动新增就业100人。完成C、D级危旧房改造23户，实施旧房整治提升改造120户。

综合治理 全年推进扫黑除恶专项斗争；解决矛盾纠纷71件次，化解率100%；推进非洲猪瘟防控，全年无疫情发生；全年未发生较大及以上安全事故。 （白云乡政府）

后坪苗族土家族乡

【概况】 后坪苗族土家族乡位于武隆区东北部，地处武隆、丰都、彭水“一区两县”的交界处，距武隆城区67千米70分钟，全乡辖区面积87.3平方千米，辖6个行政村33个村民小组，有苗族、土家族等少数民族，有户籍人口2245户7522人，乡境内平均海拔约1200米，耕地面积1800公顷，林地6582.47公顷（其中森林面积5712.4公顷）。

辖区有世界自然遗产——后坪天坑群、亚洲第一长溶洞、后坪坝苏维埃政府遗址、中国传统古村落等17个景区景点，是市级风景名胜区；重晶石、石英砂藏量均在千万吨以上，同时还有页岩气；有小（2）型水库2座、山坪塘6口，是木棕河的发源地。

2020年，后坪乡党委政府获全区脱贫攻坚先进集体，文凤村成为国家级乡村旅游重点村和红色美丽村庄，天池苗寨成为展示中国脱贫攻坚成效的考察点。

【后坪坝苏维埃政府遗址】 后坪坝苏维埃政府遗址是土地革命时期由四川红军第二路游击队组建的乡级苏维埃政权遗址。遗址占地4000平方米左右，整合资金256.5万元，对遗址墙基进行预发掘和修复，配套建设249.5平方米史迹展览馆、1500平方米文化广场和2000米红色文化观览步道。展览馆分为潮涌川东、烽火后坪、丰碑永存、初心闪耀4个板块，2019年6月建成免费开放，至2020年年末，开展参观游览活动100余场，接待参观人员3326人次。

【重要会议】 1月16—17日，后坪苗族土家族乡第十九届人民代表大会第六次会议召开，大会应到代表45人，实到代表39人。大会听取和审议《后坪苗族土家族乡人民政府工作报告》《后坪苗族土家族乡人民代表大会主席团工作报告》《后坪苗族土家族乡财政预决算报告》。5月21—22日，后坪苗族土家族乡第十九届人民代表大会第七次会议召开，大会应到代表44人，实到代表40人。大会听取和审议《后坪乡深度脱贫攻坚重点工作推进情况报告》，听取《十九届人民代表大会第六次会议代表意见、建议办理情况报告》，选举乡人民政府副乡长。

11月，后坪苗族土家族乡城镇全景 代君君 摄

12 月 25 日，文凤村天池苗寨　　后坪苗族土家族乡　供图

12 月 25 日，后坪坝苏维埃政府遗址史迹展览　　皮云　摄

【经济发展】　全年实现地区生产总值 1.615 亿元，年均增长 8.4%；农民人均可支配收入达到 15066 元、年均增长 11.9%。

农业　全年投入 3000 余万元的高山茶园小镇建成。发展银杏等中药材 153 余公顷，新增大棚蔬菜 4.67 公顷，建成红豆杉产业园、机耕道 14 千米；对在地产业进行全面管护，效益逐渐形成；竹笋加工厂、中药材烘烤房建成投入生产；建成稻鳅产业园 2 个 6.67 公顷，生态稻米效益初显；粮油作物播种面积 680 公顷。完成中华蜂良繁场 1 个、新增中华蜂 3700 群，新建渔业园 1 个 2.67 公顷，新增土鸡养殖场 2 个 9000 只；全乡草食牲畜大户 8 户，肉牛养殖 30 头以上的 5 户，肉羊 50 只以上的 5 户；培育生猪养殖大户 2 户。全年共补助特色产业发展资金 910.9 万元。电商持续稳步发展，启动党员直播带货，市委政法委消费扶贫 1800 余万元，完成东西协作消费扶贫 25 万元，农业品牌“武隆青茶”获中国工程院院士陈仲懋高度评价；中岭村、高坪村分别获评全市中华蜂、茶叶产业“一村一品”重点村。猪口蹄疫预防接种 2380 余头，应免密度 100%；完成鸡禽流感、鸡新城疫接种 18900 余羽；牛口蹄疫接种 780 余头；羊口蹄疫接种 650 余只。集中无害化处理患有布鲁氏菌病羊 49 只，扑杀疑似非洲猪瘟病猪 13 头并进行全面无害化处理，对养猪户圈舍进行消毒。

【乡村旅游】　全年完善乡村旅游设施，完成山王墩乡村旅游点电力建设。全年共接待旅游客 5.8 万人次，苗寨民宿餐饮营业收入 600 万余元，文凤村成为“国家级乡村旅游重点村”和“红色美丽村庄”。

【文凤村入选第二批全国乡村旅游重点村】　8 月 26 日，文化和旅游部、国家发展改革委发布第二批全国乡村旅游重点村名单，后坪苗族土家族乡文凤村入选。文凤村于 2016 年整村脱贫。天池苗寨则位于该村腹地，距武隆城区 68 千米，海拔 1100 米，占地 24.3 公顷，建筑形式以井干式吊脚楼为主，穿斗式实木结构，飞檐、斜面、小青瓦，古色古香，工艺精湛，寨内有石林瑰景，古井瑶池，青苔石阶，列入第四批“中国传统村落”目录，先后获“中国绿色村庄”“重庆市特色景观名村”“重庆市历史文化名村”“2019 年重庆市第二届文旅新地标”等称号，现寨内有寨民 53 户 253 人，其中贫困户 13 户 43 人。该村引进区喀斯特（集团）公司，打造民宿度假住宿区、苗医苗药体验区、特色美食加工区、民俗文化体验区和田园山野游憩区，恢复苗家古式榨油坊、酿酒坊、面粉坊、苗药坊，建起茶肆、酒店、练歌坊和儿童乐园等供游客参与、互动、体验项目 10 余个；并组织包含摆手舞、筛子舞、竹竿舞、武隆儿女情、幺妹住在十三寨等节目的本土文化活动展演。

【脱贫攻坚】　全年推进脱贫攻坚十大专项行动，就业扶贫、消费扶贫成效显著，东西部扶贫协作、集团帮扶协作发力，规划的 81 个攻坚项目全面完工，共完成投资 5.61 亿元，占规划投资的 109.57%；“两不愁三保障”和饮水安全问题动态清零。全乡 413 户贫困户 1647 人贫困人口全部脱贫，贫困发生率从 2014 年的 21.9% 降为 0、返贫率为 0，2020 年贫困人口人均可支配收入达 12957.63 元，同比增长 26.6%、是 2014 年的 5.6 倍，贫困人口住房、教育、医疗、饮水全面保障。开展就业招聘会 1 场，组织 1900 余名劳动力市外转移就业（其中 7 名贫困劳动力到山东务工），向 437 名贫困劳动力发放转移就业补助金 4.3 万元；开发贫困人口公益性岗位 195 人。接受国务院脱贫攻坚普查和全市深度脱贫攻坚验收，配合迎接国务院 2020 年脱贫攻坚成效东西部协作考核，获全区脱贫攻坚先进集体。

【基础设施】　交通　全年共修建公路 60 千米，投资 5972.1949 万元。完成老梁子产业路、丁山产业路，对中岭村火炭山、高坪村老院子公路进行整治油化，新建移民点连接道路，建成便民道路 27.5 千米、硬化入户产业路 7.9 千米，农村客运站全面完成，启动白鹤环线改造工程。

水电通信　西山水库完成坝体和灌溉渠道建设；建设水池 3 个容积 200 立方米，总投资 11.4 万元，全面完工并投入使用，人饮安全实现 100%。动力电实现村民小组覆盖率 100%。实施光纤、数字电视、应急广播工程，实现通信信号对户、光纤到村、应急广播对场镇和集中居民点全覆盖。

人居环境　结合乡村旅游发展对杉茶老村进行环境重点整治，新建户厕129个、公厕1座；新增高坪村上下院子、中岭村火炭山市级传统村落2个；落实资金250万元启动天池苗寨国家传统村落的提档升级工程；实现户收集、乡转运的垃圾处理机制，购买垃圾桶200个，全乡垃圾桶增至约600个，配备专职农村生活垃圾收运作业人员2人、垃圾车司机1人，选聘公共环境卫生保洁员22人。完成3户不安全住房整治工作。按时完成巡河任务，落实汛期值班制度，实现河畅、水清、坡绿、岸美。严厉打击乱砍滥伐林木，119名生态护林员开展巡护工作，全年未发生一起森林火灾安全事故。

场镇建设　规范后坪场镇管网、植入民族文化，新建鱼子场镇雨水管网、实现雨污分流。完成易地扶贫搬迁110户464人，易地扶贫搬迁市级示范点基础设施完备、安置贫困户23户83人。

【社会事务】　教育　全年建成乡村小学；全乡义务教育阶段适龄儿童无失学辍学情况；建档立卡贫困学生各类教育资助政策全部落实。

文化体育　完成文凤村综合文化站建设、新增民族文化广场1200平方米，建成乡史馆1个、电影放映厅1间；完成中岭村体育场、文化广场建设，新建儿童娱乐园3家；开展民族团结进步宣传周等活动；《云上苗寨》编制完成开唱；苏维埃政府遗址保护利用项目基本完成，编制印刷《后坪星火》智慧笔记本5000册。

社会保障　全年发放低保金188万元、社会救助金27万元，惠及困难群众417人。完成敬老院改造任务；改造残疾人人居环境92户；完成乡卫生院标准化建设，改造达标村卫生室6个；全乡贫困人口100%参加城乡居民医保，基本医疗、大病保险、医疗救助覆盖率均达100%，贫困人口住院报销比例均达到90%，并实现一站式结算；贫困户100%签约家庭医生，落实慢性病救助政策。

社会治理　全年共出动执法人员1200余人次，排查安全隐患79条、整改率100%；处罚交通违规147起；开展各类安全讲座8次，开展应急演练2次。做好5个地灾监测点的监测预警、洪山湖水库堤库排查、中岭村马福迁滑坡应急处置；应对“7·16”特大暴雨险情，共转移群众29户、施工队1个工人40多人，抢通村级道路，修复王家坝河堤和渔业园；为火灾户落实政策、捐款捐物，帮助卢朝明重建家园。平安建设卓有成效，全年共解决矛盾纠纷66件、处置治安案件8件、打击犯罪5人次，行政应诉1件、胜诉1件。（后坪乡政府）

浩口苗族仡佬族乡

【概况】　浩口苗族仡佬族乡位于武隆区东南部，距城区41千米，地处两省市（重庆市、贵州省）三区县（武隆区、彭水县、道真县）交界处，东邻彭水县润溪乡，南接彭水县大垭乡，西靠贵州省道真县洛龙镇、忠信镇，北与本区石桥乡接壤，是重庆市唯一的仡佬族乡镇。辖浩口、何家、三汇、接官、邹家、落心6个行政村、29个村民小组。全乡辖区面积84.5平方千米，2020年户籍人口1889户6349人，少数民族总人口2482人，有苗族1946人、仡佬族348人、土家族126人等。地处武陵山北麓余脉大山丛中，属于喀斯特地貌，境内多深丘、河谷，地层多为石灰岩、石英砂崖与夹紫泥组合。平均海拔900米，境内最高峰李家山主峰位于落心村，海拔1500米；最低点位于何家村下坝芙蓉水面，海拔300米。属于亚热带湿润季风气候，光照充足、四季分明、立体气候明显。年平均气温在17.5℃，无霜期大于300天，年降雨量近1000毫米，5—10月降雨量占全年的降雨量的70%以上。

辖区河道属乌江流域水洗分区。主要河道有芙蓉江1条，河流总长度243千米，河网密度0.07千米/平方千米。境内最大的河流为芙蓉江，从贵州正安县、道真县至武隆县江口镇注入乌江，流经浩口乡境内浩口村、何家村，境内长6千米。二级公路武务公路（重庆武隆至贵州务川）横穿辖区内的三汇、何家、浩口3个行政村。乡政府所在地距武隆城区37千米。全乡6个行政村村村通公路，村社公路覆盖率100%，其中入户率80%。境内有狗儿峡特大桥、芙蓉江特大桥2座桥梁，共计2千米。

辖区矿产资源有铁矿、铝土矿、重金石等矿产资源；主要是铝土矿，集中分布在邹家村、落心村。拥有青鱼、黄蜡丁、野生龟、野生鲢鱼等水产资源。二级保护动物有黑猴、红幅井鸡、相思鸟、鸳鸯等和三级保护动物黄猴、野猪等及各种鸟类，有大蟒

6月18日，田家寨开寨仪式现场　　浩口乡政府　供图

蛇、五步蛇等多种蛇类。森林资源极为丰富，大多以乔灌木为主，其中乔灌木500多余种，稀有物种10余种。

浩口乡旅游资源丰富多样。有芙蓉江—朱子溪峡谷风光、红军渡、化石峡谷、古木参天的一线天、石墙、落心堂老屋以及重庆市集中的仡佬族聚居点田家寨（中国传统村落、中国少数民族特色村寨）等景点；拥有黑猴、红腹锦鸡、相思鸟、鸳鸯等二级保护动物；森林资源大多以乔灌木为主，其中稀有物种10余种，邹家村拥有3公顷的金丝楠木群，拥有老鹰茶666.67公顷、杨梅720公顷等。

6月18日，田家寨开寨仪式现场　　浩口乡政府　供图

【经济发展】 2020年，全乡实现地区生产总值1.6亿元，增长4.9%；工业总产业值1475.48；农业总产值11635万元，增长4.6%；社会固定资产投资1100万元；社会消费品零售总额2923.8万元；财政税收1502.07万元，增长1.7%；农村居民可支配收入15433元，增长8.9%。

农业　耕地面积1950.6公顷，人均0.31公顷。2020年，农业总产值11635万元，年均增长约4.6%。粮食作物以玉米、红苕、洋芋为主。2020年，生产粮食5959吨，人均255千克，其中玉米2613吨，红苕1782吨。经济作物以烤烟、杨梅、老荫茶、核桃为主，2020年，烤烟种植面积120公顷，产量8.2万千克，产值431万元。畜牧业以饲养生猪、山羊、家禽为主。2020年以来，发展林下蛋鸡28000只，常年存栏生猪5000头、肉牛1500头、山羊5000只。

林业　全年累积造林833.33公顷，森林覆盖率65%。

工业　辖区有重庆渝浩水电开发有限公司、武隆县花溪电站、重庆市毛坡建材有限责任公司、重庆车互石化有限公司4家企业。全年工业总产值1475.48万元。

商业　全乡登记注册商事主体41家，其中超市23家、餐馆15家、加油站1家、快递业2家。2020年以来社会消费品零售总额2923.8万元。

【脱贫攻坚】 全年投入财政资金775.1万元，实施扶贫项目12个，全年减贫2户6人，无新增贫困；开展脱贫攻坚“百日大会战”进行拉网式排查发现问题48个，并按要求限时整改完成；“两不愁三保障”及饮水安全保障等突出问题实现动态监测和动态清零，对全乡21户边缘户、临界户实行全覆盖深度帮扶；资助贫困学生819人次，无学生因贫辍学；健康扶贫救助199人次，未出现因病返贫；开展房屋安全等级鉴定381栋，全面动态保障农村困难群众住房安全；为贫困户购买“精准脱贫保”，低保兜底141人，累计发放扶贫小额信贷1290.8万元；新建集体经济项目6个，培育贫困村致富带头人16人；开发公益性岗位115人，其中贫困户96人；深入开展消费扶贫，结合田家寨开寨暨杨梅采摘节等乡村旅游活采取“直播带货”，打造消费扶贫专区专馆专线，解决老鹰茶、杨梅等农副产品销售问题；顺利通过国家、市、区对浩口乡贫困人口381户1445人的脱贫普查工作。

【基础设施】 交通　全年投入1338.53万元，硬化山重塘、石笋、洞口等10条公路30.511千米；投入100万元维修全乡水毁公路；养护公路158千米，方便出行群众1235户3252人。

水利　新建13口过滤池，安装人饮管道5千米，解决1500余人饮水难、饮水安全问题；出台饮水水池管护制度和明确水费收取标准，全年共收取水费10万余元；投入150万元完成场镇饮水提升巩固工程，解决干旱天气场镇饮水困难问题。

农村能源建设将全乡5个未实施电网升级改造行政村纳入“十四五”规划并报区发展改革委审定落实，全年实施落心村全村、浩口村花溪电网升级改造。

场镇建设　投入1000余万元实施完成蓼垭安置点建设项目、蓼垭安置点生态建设项目，场镇面貌焕然一新；实施新改（建）浩口乡公共服务中心、邹家村便民服务中心、畜牧服务中心、林业服务中心、武装阵地建设等工程。

生态环境　全年开展巡河230余人次，境内朱子溪水质常年达到Ⅱ标准；从严实施耕地保护，开展“两违”巡查122余次；开展秸秆焚烧专项检查9次，现场劝诫10余人次；落实29名生态护林员，开展森林防火宣传1200余人次，配合区林业局执法大队查处乱砍滥伐案件1件；推进农村人居环境整治，改造农村卫生厕所80个，投入200万元完成浩口村人居环境示范村建设。

【社会事务】 教育文化　全乡有中心校1所、在校学生311人，专任教师30，小学适龄儿童入学率100%。学校定期开展“竹韵艺术节”“竹韵科技节”“竹劲运动会”等特色活动，申报五项市、区级非遗传承项目，“蜡染传承人”独创蜡染的“套色蜡染渐变染法”，编纂蜡染校本教材；在地方课程中开设蜡染课和民族体育课，在课辅活动和乡村少年宫中开设蜡染、竹艺、篾鸡蛋、竹竿舞等10余个特色兴趣活动小组。开展惠民电影放映52场次，组织送文化下乡演出3场次；组织科技培训8期，受训人数800余人次。

社会保障　全年筹集发放各类救灾救济、慰问帮扶资金175.22万元，惠及126户次504人次。年均完成居民医保缴费约6000人，办理居民养老保险参保100余人；申报公益性社保补贴和岗位补贴36人；累积18个工程项目纳入“一金三制”制度（即农民工工资支付保证金、农民工实名制、农民工工资支付分账制、银行代发工资制）管理，覆盖面100%。

卫生医疗　全乡共有卫生院1所、村卫生室6所，医疗人员14人，病床总数达到12张。2020年，法定报告传染病发病率为零，农村安全饮用水普及率100%，农村卫生厕所普及率65%，新型农村合作医疗参保人数6000余人，参保率98%。

综合治理　落实“党政同责、一岗双责”安全生产责任制，共签订安全生产责任书52份、举行应急演练2批次，开展主题宣传201场次，发放资料2000余份。定期定时上路检查车辆安全，共检查车辆6000余辆次，车辆纠违686余辆次；检查道路交通、地质灾害、森林防火、非煤矿山、建筑施工、消防、食品药品等领域安全隐患1692余次，发现隐患340起，整改300起，整改率88.2%。推进扫黑除恶专项斗争，专题研究扫黑除恶工作12次；开展人民调解工作，全体班子成员接访下访150余人次，共排查各类矛盾纠纷60余件，化解处理50余件。

【田家寨开寨】6月18日，重庆市唯一仡佬族村寨——武隆区田家寨开寨。开寨当天，仡佬族民俗特色文艺会演、特色产品展销、仡佬风情体验等活动。田家寨位于浩口苗族仡佬族乡，全寨面积1.7平方千米，共有农户90余户，其中仡佬族348人，占全寨人口的82%。

2013年开始，武隆区对田家寨实施抢救行动。2014年，田家寨被住建部、文化部联合命名为“第三批中国传统村落”，2017年被国家民委命名为“第二批中国少数民族特色村寨”。

（浩口乡政府）

接龙乡

【概况】接龙乡位于武隆区东北部，距城区68千米，辖区面积114.4平方千米，东临桐梓镇，南接土地乡，西、北两面与丰都县南天湖镇接壤。辖3个行政村，30个村民小组，户籍总户数1749户，总人口5866人，人口密度51.28人/平方千米，人口增长率−0.23‰。境内地势山高坡陡，山峦峡谷纵横交错，呈南北走向的“V”形地貌，平均海拔700～1800米，年均降水量1400毫米，全乡森林覆盖率75%以上。

【经济发展】2020年全乡实现地区生产总值1.38亿元，增长5.1%；农业总产值7995万元，增长7.5%；农业增加值5596万元，增长17.3%；工业增加值1543万元，增长0.5%；社会消费品零售总额3088万元，增长10%；全社会固定资产投资2209万元。居民人均可支配收入16100元，同比增长7.5%。

农业　全年完成春耕播种667余公顷，持续巩固烤烟、蔬菜种植面积，年总产值2000万余元。完成生猪出栏6000余头（包括仔猪出栏），肉牛出栏50余头，山羊出栏1000余只，家禽出栏5600余羽，实现畜牧生产产值2240.5万元。开展生猪养殖信息排查，加强重大动物疫病防治。引进重庆严家大方生物科技有限公司注册落户接龙发展菊花产业。

【脱贫攻坚】全年开展“战疫情送春风”“百日大会战”“收官大决战”等专项活动。推进就业扶贫、消费扶贫、金融扶贫等重点工作，累计推送就业岗位80余个，往山东、重庆信产各地输送贫困劳动力2人，开展农村实用技术培训，受益234人；办理创业担保贷款8人，发放贷款140万元，新开发公益岗位64个，全乡363户贫困户脱贫成果巩固，无一户返贫致贫发生，通过国家脱贫攻坚普查验收。两河村支部书记徐斌被区委组织部和人武部评为“兵支书”典型并在全区大会上作先进事迹报告。两河村村委会和农业服务中心获评全区“脱贫攻坚先进集体”，3名干部获评全区“脱贫攻坚先进个人”。

【基础设施】交通　全年完成“交通三年行动计划”任务，投入1043.8万元，油化接龙水库左岸公路4.8千米，硬化陈家沟公路2.2千米，新建朱家湾公路桥1座，安装接龙水库右岸公路安保设施2千米，新建苏家山产业路4.5千米。完成接龙隧道和湾塘隧道竣工验收。

水利　全年完成庙垭口借水工程建设并投入使用，配合完成接龙水库中型灌区节水改造配套项目建设。对全乡86口水池进行水质检测，确保农村人饮安全；新建人饮水池4口230立方米，维修人饮水池2口100立方米，安装管网5.3千米；实施接龙场镇饮水提升工程建设。

通信　全年新建高洞、笋子坪、大湾通讯基站3座，解决高洞、大沟、笋子坪、苎麻沟、大湾等村民小组通讯信号差的问题。

房屋建设　全年实施农村危旧房改造和住房品质提升。投资40万余元，对31户农村不安全住房和20户旧房实施改造整治，完成405个农村乱占耕地建房图斑排查清理。

人居环境　全年投入700万余元，打造“龙乡山居”移民美丽家园和小坪村人居环境示范点，创建“市级生态文明示范乡镇”，小坪村成功创建“市级卫生村”；按照“户集、村收、乡转运”模式，投入30万余元转运垃圾350余吨，购买并安置垃圾分类桶30套，常态化开展环境卫生检查评比；全年累计完成巡河200余次；严格林木采伐审批和巡山护林，聘请护林员

62人，签订森林防火责任书900余份，组织巡山护林9000余次，开展林业安全抽查检查20余次。

【社会事务】 教育 辖区小学数1所，包含幼儿园，全校教师29人，其中临聘人员6人，在校生241人，其中幼儿园45人。

人口卫生 接龙乡卫生院医生5人，有执业资格的5人，护士3人，检验1人，工勤1人，合计在职在岗10人，床位数8张；乡辖3个村卫生室无床位，分别配备1名乡村医生。办理生育服务证23人，再生育服务证3人，新出生人口46人，死亡55人。完成免费孕前健康检查13对、“两癌”筛查278人，完成家庭医生签约1039人。

文化体育 全年对15处文物点巡查30次。开展数字电影下乡39场次，文艺演出7场次。两河村“公序良俗示范村”创建工作通过区级验收。

社会保障 全年完成5225人合作医疗参保，任务完成率超97%。发放城乡低保金68万余元、临时救助金近14万余元、残疾人两项补贴近7万元，完成重度残疾人家庭无障碍改造16户，危房改造1户，居家托养申报13人。累计发放优抚金47万余元，为重点优抚对象发放慰问金共计1.85万元。

综合治理 全年针对道路交通、建设施工、森林防火、防汛抗旱、非煤矿山、危化品、消防安全、地质灾害、食品药品等风险领域开展不定期、常态化拉网排查，累计排查、整改隐患100余条，全年无安全事故发生。执行班子成员接访下访制度，累计接访下访群众380余次，满意度评价100%，成功调处矛盾纠纷41件，完成两河村青龙嘴农业社林业确权。创建信访稳定“三无”乡镇。签订各类安全监管目标责任书56份，开展各类安全宣传10余次，发放安全宣传资料1000余份。（接龙乡政府）

赵家乡

【概况】 1953年置乡，因早年赵姓在坝上聚居而得名。赵家乡位于北纬29° 东经107°，处于武陵山与大娄山接合部的白马山，武隆区西南部，东与白马镇的车盘村接壤，南与贵州省道真县三桥镇相连，西与大洞河乡红宝村、长坝镇东山村、长坝镇茶园村相接，北与白马镇豹岩村相邻，距城区50千米，重庆170千米。户籍总户数1588户，总人口5252人，人口自然增长率-1.1%，汉族居多，其中新华村951户3150人，香房村637户2102人，户平均人口3.31人/户，人口密度83人/平方千米。辖新华、香房2个行政村20个村民小组，辖区面积63.3平方千米，耕地面积638.2公顷，有小型发电站2座、酒厂2家，有油茶、花酒、洞藏酒、蜂蜜、竹笋、猕猴桃及中药材黄连、天麻等特色产品。全乡有香房村万宝场剿匪战场遗址等红色人文景观，有千年银杉等自然景观，有素有“国家水利风景区”之称的山虎关中型水库。

5月23日，赵家乡乡村旅游点　　赵家乡政府　供图

【经济发展】 全年实现地区生产总值1.3亿元，增长率为6%，其中农业总产值6047万元，工业总产值488.97万元，旅游业总产值7000万元；社会消费品零售总额3219万元，年均增长率9%；农村常住居民人均可支配收入14589元，年均增长率9.9%；全年固定资产投资1600万元；公共服务支出767.03万元，一般公共服务支出378.87万元，完成乡镇级税收58.76万元。经济社会发展稳中有进，高质量发展趋势日益显著。

农业 全年全乡粮食生产面积1000公顷以上，其中水稻93.33公顷，玉米366.67公顷，马铃薯240公顷，红苕300公顷，粮食产量1793吨。发展规范化烤烟种植50公顷，产量77.14吨，产值223万元；种植高山蔬菜850.33公顷，产量1.4万吨，产值1800万元；茶叶种植10公顷以上，中药材在地面积3.33公顷，产量850吨以上。新发展规模性养猪场1个，新增生猪500头；发展优质黑鸡产业，发放鸡苗14837只。生猪总体出栏4300头，肉牛总体出栏849头，山羊出栏5138头，家禽出栏1.6万只，蜂群存栏量2800群。推动新华村80亩高品质葡萄园提档升级工作，打造集休闲、观光、采摘为一体的农旅融合体验园；引进建设5.2公顷大闸蟹基地。为1336户农户落实耕地补贴117万元；新建人饮过滤池2口，验收水池4口。完成新型职业农民精准林果培训班2期100人。全乡236户贫困户集体经济分红全覆盖；产业扶贫基地建设共13个（其中种植业基地4个，养殖业7个，农产品加工业2个）。投资300万元建设新华村人居环境整治“精品类”美丽村庄建设项目。香房村集体经济项目，财政投资12万元，种植魔芋 1.336 公顷。新建人饮过滤池 2 口，全乡实施集中供水工程管护制度。核对 2019 年后扶人员的享受情况，发放 2020 年后扶资金 41.1 万元，移民补助 8.52 万元；规划“十四五”后扶项目，申报并且批复 2021 年实施的山虎关水库后期移民出行步道和六井沟车行桥改造共计 500 万元。召开 2020 年河长制工作会，巡河率 100%。制定《农业服务中心 2020 年安全监管检查计划》。开展安全检查 36 次。推进村庄清洁行动。

农村电商　全年“寻味武隆赵佳人”土货铺每月销售农产品 8 万余元，帮助农户销售 60 余万元土货，村集体经济单店收入 1500 元。

【乡村旅游】 全年接待游客 45.2 万人次，旅游业总产值 7000 万元。全乡共有农家乐 165 家，其中新发展 2 家，共有接待床位 5100 张，新增 380 张。投资 380 万元建设白院子广场；完成乡公共服务中心工程立项；完成山虎关水库招待所高端民宿升级改造；完成乡村旅游文化陈列馆装饰装修布展并对外开放；开启白院子乡村旅游萌宠乐园规划建设，完成 2.67 公顷科普药材花卉园建设；对接武隆旅游公司，转接白院子蓝莓采摘园项目。

【脱贫攻坚】 全年全乡无新增贫困户，无返贫户，脱贫监测户退出 5 户 13 人，边缘户 10 户 29 全面消除致贫风险，所有建档立卡贫困户 236 户 790 人脱贫成效巩固，脱贫户人均纯收入达 10431 元。投入资金 88.8 万元建设放牛坪支路、六井沟公路；投入 136 万元维修全乡水毁公路，为 22 户贫困户修缮因灾受损住房；捐赠贫困户鸡苗 2870 只。帮助 127 户贫困户获得产业发展小额贷款，获贷率 53.8%；贫困人口新农合参保率 100%；组织 6 名贫困人口参加全区扶贫技能培训，并聘请林果种植专家为贫困户开展果树种植培训，贫困人口参训达 50 余人次。25 名贫困大学生除享受国家政策外还享受市高级人民法院的资助 21 万元；落实疫情期间外出务工贫困人口 365 人。开展乡、村两级党组织书记收官

5 月 23 日，赵家乡香树村　　赵家乡政府　供图

月遍访贫困户 3 次以上；完善扶贫项目 31 个；完成精准扶贫档案整理归档工作。全乡通过国家脱贫攻坚验收。

【基础设施】 交通　全年投资 266 万元完成岩马公路、大坪公路建设合并工程 7.062 千米；投资 229.13 万元完成六井沟、下坝公路合并工程 7.816 千米；投资 387.88 万元完成双磴、上堡公路建设合并工程 8.369 千米；投资 60.5 万元完成白院子居民点公路油化 0.802 千米；对岩红公路、居民点周边公路、大坪社道公路等工程进行交竣工验收。白马山旅游环线赵家至豹岩公路完成 60%。

水利　新建人饮过滤池 2 口；健全建立全乡集中供水工程管护制度。召开 2020 年河长制工作会，巡河率 100%；定期对赵家乡山虎关水库的河道、岸坡垃圾进行清理。

场镇建设　全年投入资金 1 万余元新增、更换场镇垃圾桶 20 余个、分类垃圾箱 4 个；投入资金 15 万元治理山虎关水库公路旁地质滑坡。

生态环境　全年实施国土绿化提升工程，严格落实生态护林员制度，抚育森林 200 公顷，疏林地培育 200 公顷，特色灌木林培育 333.33 公顷，森林覆盖率 78%，空气质量优良天数稳定在 360 天以上；完成洋涧河和郭溪沟河道、堤岸整治工程；启动白院子污水处理站改扩建工程，地表水水质达标率 100%；验收农户厕所 323 户，新整改厕所 213 户，新建公厕 1 座，超额完成任务。采用“户集、村收、乡转运”的模式，做到垃圾收运以及道路保洁的全覆盖；投入 300 万元开展新华村“精品村”美丽村庄项目建设，围绕白院子乡村旅游示范点、白马山旅游环线周边等人居环境整治重点地域，实施庭院美化、路边绿化、房屋靓化、垃圾收集等建设工程。

【社会事务】 教育　辖区内学校 1 所，幼儿园 1 所，小学生 108 人，幼儿学生 24 人，入学率 100%，全年乡中心校教师在区级以上获奖 11 人次；在教委年度验收检测中，抽测年级成绩均列同类乡镇前列；年度督导评估测评获综合办学三等奖。

卫生医疗　辖区卫生机构数 3 个（其中卫生室 2 个），卫生机构床位数 10 张，卫生机构人员数 9 人。全年各项业务总收入 120 万余元（其中，门诊收入：75 万余元，住院收入：45 万余元），总就诊 14368 人次（其中，门诊：13929 人次、住院 439 人次）。对全乡排查随访高、中、低风险地区返乡人员 1623 人次，核酸采样及时送检 56 人次，对居家隔离者并进行健康教育。指导辖区内企业复工复产疫情防控 5 家，开具外出务工健康证明 1200 余人次。全年新增健康档案 96 人，更新电子健康档案 2344 份，累计建档 3698 份，电子建档率 99%，档案合格率 92.8%。发放 15 种健康宣传材料 2100 份，开展卫生咨询宣传活动 10 次，举办健康教育讲座 25 次，更

换宣传栏内容24期，接受健康教育人数为3760人次。为适龄儿童免费接种，0～6岁儿童建证建卡率100%，八苗接种针次685针次，接种率98%。累计开展新生儿家庭访视24人，新生儿家庭访视率92%。0～6岁儿童健康管理388人，健康管理率89%。累计早孕建卡28人次，早孕建卡率92%；产后访视18人次；孕产妇健康管理37人，孕产妇健康管理率92%。对65岁以上老年人健康体检546人，占老人总数的65%。高血压慢病患者管理：共为35岁及以上人群进行首诊测量血压1897人；共登记高血压患者272人，规范管理高血压患者190人，高血压患者规范管理率70%。2型糖尿病患者管理27人，规范管理2型糖尿病患者20人，规范管理率74.1%。精神病患者规范管理率98%。在新冠肺炎疫情期间共筛查上报1600多人次，120车转送疑新冠肺炎患者116人次。65岁以上老年人中医药健康指导400人次，管理率73%；0～36个月龄儿童中医药健康指导管理人数111人，管理率85%。结核病管理1人，管理率100%。全年纯中医中药、针灸、康复理疗80余万元，占医院总收入的75%以上。全乡建卡贫困签约医生履约100%。

文化体育　广播覆盖率100%，电视覆盖率100%，有线电视入户率34%。公共图书馆藏书量7500册。乡各村巡回放映27场，服务农村群众1200余人。创办文化宣传专栏11期。全年完成送文化演出下乡场次每村4场次、送讲座培训到村4场次。

社会保障　全年受理新申请低保32户、47人，因死亡等原因停发低保13人，发放农地低保965904元，城镇低保337244元，农村临时物价补贴82644元，城镇物价补贴30674元；做好赵家乡33人的特困工作，新申请纳入分散特困人员1人，共计受理临时救助事宜41人，其中9人因家庭收入状况不符，已退回。在受理的32人临时救助中，建档立卡贫困户6人，低保13人，实行区级救助16人，乡级救助16人，累计发放救助金额106158元。全年受理新办残疾证10人，提交三代残疾证换证申请65人，对6户建档立卡重度残疾人实施家庭无障碍改造，对4户重度贫困残疾人申报居家托养，对在册的145名残疾人开展信息采集工作。全年为2名残疾儿童申报康复救助。

综合治理　全年排查矛盾纠纷97件，调处97件，领导接访下访204件，人民建议9件，外网信访39件，来信来访8件，化解重复信访1件，化解重点问题信访1件，网上投诉46件，全部回复处理；推进“违法上访、非法维权”信访突出问题专项治理行动。开展扫黑除恶专项宣传12次，分发宣传单1000余份。开展禁种铲毒巡山踏查24次，开展禁毒宣传12次；开展街道安全知识宣传咨询活动8场次，组织召开村社农户安全普及会40余场次，累计发放各种宣传资料3000余份，群众受教育达5000余人次。全乡因暴雨受灾严重，受灾人口6544人，农房损毁17户63间，农作物受灾17.167公顷，灾害造成直接经济损失632.36万元。开展联合执法检查10次，出动检查车辆212辆次，人员713人次，检查车辆1850车次，查处违法行为156例，经济处罚133例。对人员密集场所安全检查60次，发现隐患22例，整改22例；组织护林员开展林区及周边巡逻工作30次，全年无安全事故发生；健全乡消防安全管理机构，对6个地灾点进行定期巡视；开展综合应急演练5次，接受灾害演练教育人员达5000余人次。

（赵家乡政府）

大洞河乡

【概况】大洞河乡位于武隆区西南部，东以硝厂沟、北以大洞河为界，分别与长坝镇、白云乡相望；西、南两面与南川区、贵州省接壤；东南与赵家乡为邻，辖区面积62.7平方千米，其中：耕地面积1074.47公顷，田383.87公顷，土690.6公顷，荒地91.4公顷；林地面积2112.8公顷，荒山24.4公顷，灌木林393.2公顷，森林覆盖率45.2%。乡政府驻地海拔为1010米，距武隆城区70余千米。辖内最高峰猫鼻梁海拔可达1839.1米，最低处海拔在600米左右，属于典型的山区立体地形，立体气候。夏季凉爽，冬季寒冷，全年无霜期短，年均气温为12.4℃，日照少，雨雾多，年平均降雨量1432.8毫米。土壤主要为二叠系、三叠系灰岩发育形成的矿子黄泥。现辖幸福、百胜、红宝3个行政村16个村民小组。户籍人口共有1279户3911人，密度63.87人/平方千米。

辖区有大洞河峡谷、大佛岩、大梁子原始森林、赵云山千亩杜鹃林、鸡尾山垮塌遗址、穆杨沟田园风光等众多旅游景点；百胜村先后获“重庆市微企示范村”“武隆区公序良俗示范村”“乡村旅游扶贫示范村”“生态振兴试点示范村”“党员‘三带’示范村”等称号。

【经济发展】2020年全乡实现农村经济总收入8850万元，农村常住居民人均可支配收入15105元，财政一般公共预算收入1705万元。社会消费品零售总额5716万元，固定资产累计投资7150万元。

农业　全年发展烤烟、生猪、黄连、土蜂等传统优势产业，巩固幸福村千亩林果基地，加大花椒、脆冠梨管护。

【乡村旅游】全年改造红宝村民宿酒店和新建幸福村乡村酒店，修建旅游公厕2座，完成百胜村和幸福村人居环境整治项目；完成茶园堡易地扶贫搬迁市级示范点建设，完善停车场、农贸市场、文化广场、公园、人行步道等场镇配套建设；全乡完成100户旧房改造提升工程，完成百胜村乡村旅游产业提升工程，改造农家乐6家。通过旅游观光采摘，销售枇杷20余吨、脆桃20余吨，实现销售收入200万余元。

【脱贫攻坚】全年开展“战疫情送春风”、“百日大会战”、定点攻坚等活动，推进脱贫攻坚十大专项行动、就业扶贫、电商消费扶贫、东西部扶贫协作等重点工作，“两不愁三保障”问题全面清零，现行标准下贫困人口

233户全部脱贫，3户脱贫易致贫户和7户边缘户全部纳入动态监测。

【基础设施】农房建设　全年完成茶园堡易地扶贫搬迁安置市级示范点建设，集中安置14户贫困户和16户非贫困户；完成分散安置贫困户5户；完成C、D级危房改造11户；完成复垦和收储181户。

交通　全年完成老房子至大水井、毛梁子至白岩河桥、道角至梯子坎公路7.9千米路面硬化工程；小鱼泉至肖洞岩公路、大田湾公路、田湾连接道8.7千米路面改造工程；红宝村白家屋基至黄连厂公路4千米路面硬化工程；大洞河乡长铁路路基扩建工程、红宝村赵云山公路8.7千米路面硬化工程、土地丫至红宝度假村公路7.6千米白改黑工程。

水利　全年完成场镇集中居民点1万立方米饮水蓄水池建设，赵云山水源工程建设进入规划设计阶段，改造场镇供水管网25千米，自来水普及率100%。

【社会事务】教育　全乡有中心校1所，学生121人，全年资助中心校经费2.8万元。

文化体育　全乡有1个免费开放的乡级图书室和3个村级图书室，各类图书达5000余册；开展送电影下乡30场次，组织流动送文化下乡活动。

医疗卫生　有公立医院大洞河乡卫生院1个，其中工作人员8人，乡村医生3人，病床位5张；另有私人药房1个，全乡贫困人口和重点人群签约服务1102人，其中贫困户233户733人全覆盖；居家康复临时救助30人，大病救助8人；对65岁及慢性病患者体检400人；完成“两癌”筛查100人。

社会保障　城乡居民社会养老保险新参保40人，对城乡居民和职工养老保险退休人员实现社会化管理，对享受待遇人员按时开展人脸及指纹采集的资格验证590人次；社会基本医疗保险缴费完成率100.5%，建档立卡贫困人口参保率100%；开发公益性岗位38个，帮助38名符合条件的人员就业。

大洞河峡谷　　代君君　摄

生态环境　全年完成退耕还林295.73公顷，荒山造林21.39公顷，实施封山育林133.93公顷。开展巡河护河行动50余次，完成环河和桥板沟标准化水源地建设。改善庭院卫生400余户，安装路灯120盏，建立完善垃圾清理、污水治理、人饮管护机制工作体系。更换垃圾桶200个，实现垃圾统一收集运输处理全覆盖，幸福村创建垃圾分类示范村。组织志愿服务队400余人次开展农村人居环境集中整治。实施百胜村、幸福村农村人居环境整治示范村建设。新建红宝村铜鼓居民点生活污水处理管网设施、新建百胜村穆杨沟居民点污水处理厂及管网设施。开展农村户用卫生厕建设和改造11户，新建公厕2座。大洞河乡成功创建市级卫生乡镇，百胜村创建市级卫生村。

（大洞河乡政府）

人物·荣誉

抗日英烈

王超奎 2020年9月2日，为隆重纪念中国人民抗日战争暨世界反法西斯战争胜利75周年，经党中央、国务院批准，退役军人事务部公布第三批185名著名抗日英烈、英雄群体名录。其中，在第三次长沙会战中牺牲的武隆籍原国民革命军陆军第20军第133师第398团2营营长王超奎入选著名抗日英烈名单。

王超奎(1907—1941)，四川武隆县庙垭乡白云村人(今重庆武隆人)。1931年“九一八”事变之后，王超奎投笔从戎。当时庙垭乡去参军的青年有七八个人，大多吃不消军训的苦，开小差，但从小敬仰岳飞的王超奎却坚持下来。1937年抗日战争全面爆发后，王超奎随陆军第20军出川参加淞沪会战前夕，往家乡寄回一封诀别信，写道：“男是抱定宗旨，以身殉国，战死疆场为荣。”其间，王超奎任第133师第398团1营1连连长。后又相继参与安庆、桐城、武汉外围战斗。1939年9月，第一次长沙会战，驻守在湖北通城以南的第20军奉命由西向东侧击从崇阳、通城南下的日本侵略者第33师团，王超奎率1连一举攻克湘鄂赣边区的苦竹岭，战绩卓著。1939年12月12日至1940年1月20日冬季攻势中，第20军奉命攻击鄂南通城外围日军据点。第398团第2营营长胡慧里因攻击不力，被调职，王超奎升任该营营长。

1941年12月24日，第三次长沙会战开始，日军在新墙河北岸集结，第20军奉命在新墙河以南汨罗江以北地区(纵深约四十里)阻击敌人。第133师驻位于新墙河东南面的关王桥，沿新墙河直接配备警戒，左从洞庭湖边的鹿角(新墙河西南面)、荣家湾铁桥、新墙，右至下高桥一线防务。日本侵略者渡河前两天，团长徐昭鉴忽给王超奎一个命令：“该营以排为单位，占领的九个据点，从开战起，死守三天，完成任务后，到关王桥集合。”王超奎同副营长杨義臣研究后，以第四连(连长何胜文)守下高桥据点，第六连(连长余熠星)守谢子其据点，第五连及第六连一个排，加上营直属部队，守新墙、相公岭据点。整个师在新墙河正面只留4个连，其余部队全部撤至关王桥一线。

12月24日傍晚，日本侵略者以飞机、坦克掩护步兵、骑兵进犯新墙河。王超奎指挥全营顽强阻击，因工事牢固，日本侵略者伤亡惨重。激战一昼夜后，因其他战线失利，敌人乘隙钻入，将王营据点包围，王营阵地成为无援之孤岛。王营长在敌人飞机大炮的猛烈轰炸下沉着应战，率部与日本侵略者顽强拼杀。日本侵略者逼近相公岭时，中地雷二次，死伤步骑兵极多。在日本侵略者用燃烧弹摧毁据点时，王营士兵被烧伤过半。团长徐昭鉴曾命其后移，王营长拒不受命，并以电话报告其团长与师长，称“数小时内，虽将永诀，然本人生命能延续一小时，阵地即可保持一小时”，25日下午两时，王超奎下令突围。士兵们坚持要护送营长先走，王大怒“时间就是胜利，兄弟们快走！”他首先跳出战壕，令传令兵通知杨副营长：“营长在外壕等你。”杨副营长立即撤退，会面后王超奎对他说：“你带领几个士兵在后面掩护我，我在外壕掩护其余士兵撤退。”在杨副营长带领战士尚未到达后面高地时，王营长就被敌人机枪子弹击中，壮烈殉国。杨副营长在枪林弹雨中将营长的尸体抢回。这次战役中王超奎营500名官兵绝大部分战死，但迟滞日本侵略者南下的时间。入夜时，杨副营长带领残部及王营长尸体撤回关王桥。第133师师长夏炯解其衣覆盖在王超奎营长的遗体上，抚尸恸哭。史料证实，杨森的二十七集团军由于得到王超奎营的拼死掩护，顺利完成在长沙附近的战略反攻部署，致使日本侵略者在汨罗河以南、捞刀河以北遭受重大失败，被迫撤离。中国军队赢得第三次长沙会战(又称湘北会战)的胜利。第三次长沙会战胜利结束后，国民政府为表彰王超奎的英勇事迹，追赠其为陆军中校，并命湖南省政府将岳阳县新墙乡改名为超奎乡，相公岭改名为王公岭，以资纪念。1988年2月8日，四川省人民政府追认王超奎为革命烈士，5月3日，民政部追认其为革命烈士。

先进人物

【全国抗疫最美家庭肖代花家庭】 5月15日，全国妇联举办“最美我的家 抗疫‘家’力量”全国抗疫最美家庭云发布活动，武隆区文复苗族土家族乡西山村的肖代花家庭上榜。

1月26日，地处高寒地区的文复苗族土家族乡西山村招募疫情防控志愿者，肖代花与丈夫张建明主动请缨，积极参与，用群众喜闻乐见、通俗易懂的地方顺口溜、传统鸣锣等方式，走家挨户进行疫情防控宣传。同时，对各村社返乡人员开展追踪排查、医学监测等工作。当地政府将疫情防控安全检查点设置在国道319线岩口，位于肖代花家正对面。西山村天气变化无常，时而晴时而雨，偶尔还伴有冰雹，使搭建临时劝返用岗亭面临重重困难。为此，肖代花便携同丈夫积极参与搭建临时劝返用岗亭、停车检查杆，为疫情防控贡献绵薄之力。虽然身为贫困户，家庭本就困难，但是肖代花一家主动将自家烤火炉、木炭捐献出来给工作人员取暖。夫妻俩与工作人员一起，每天24小时轮流值守，不畏严寒、不惧风雨，细心排查、耐心劝导。最终，在党委、政府的坚强领导下和在全乡人民的共同努力下，文复乡疫情零发生。

【全国关心下一代工作先进工作者周义明】 8月，武隆区关心下一代工作委员会副主任周义明被中国关心下一代工作委员会、中央精神文明建设指导委员会办公室授予“全国关心下一代工作先进工作者”称号。

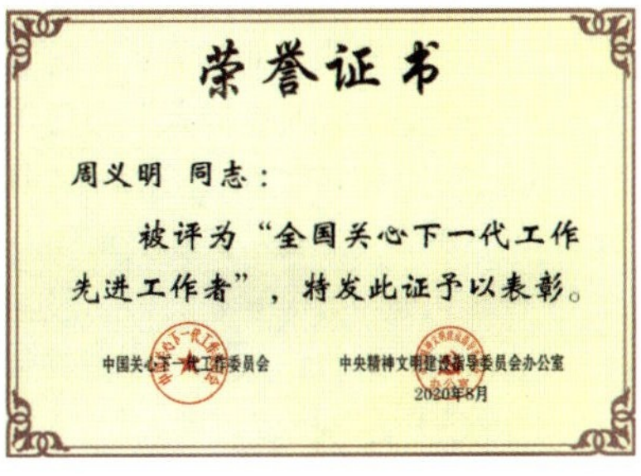

周义明，男，汉族，重庆武隆人，1939年1月生。1959年8月参加工作，1960年8月加入中国共产党。1999年5月退休，先后被聘为特邀监察员、行风评议代表、县人民政府教育督导室兼职督学、城市管理考评委员会成员（兼任考评办公室副主任、考评督查小组长）、政风行风特邀监察员，先后任县、区关工委副主任。2012年12月，被重庆市爱国卫生运动委员会授予“爱国卫生先进个人”称号；2013年3月，被中共武隆县委评为2011—2012年度“优秀离退休干部共产党员”；2015年被评为重庆市文明市民。

【全国新冠肺炎疫情防控先进个人陈旼媚】 9月8日，武隆区疾病预防控制中心检验科微生物检验主管技师陈旼媚被中共中央、国务院、中央军委表彰为“全国抗击新冠肺炎疫情先进个人”。

陈旼媚，女，汉族，重庆南岸人，1985年6月生，本科，学士学位，2008年7月参加工作，2008年12月加入中国共产党；重庆市第十五批援鄂医疗队队员。2月23日至3月28日，在孝感市疾病预防控制中心检验检测

所工作，累计开展新冠病毒核酸检测1万余份；3月16日，被中共孝感市委通报表扬；3月20日被中共孝感市委、孝感市人民政府表彰为“孝感市新冠肺炎疫情防控工作先进工作者”；4月12日，获中共湖北省委、湖北省人民政府颁发“最美逆行者”荣誉证书、防控新冠肺炎疫情纪念章；4月24日，获“重庆市五一劳动奖章”；8月18日，入选2020年重庆市“最美医生”；10月23日，入选“中国好医生、中国好护士”抗疫特别人物。

【全国爱国拥军模范彭小兵】 10月20日，凤山街道红豆社区党总支书记彭小兵获“爱国拥军模范”荣誉称号。

彭小兵，男，汉族，重庆武隆人。1985年10月入伍，参加过对越自卫反击作战，荣立战时三等功，获5次团级嘉奖、保密工作先进个人、武隆区优秀共产党员等荣誉。10月19日，被中共重庆市委、重庆市人民政府表彰为“重庆市抗击新冠肺炎先进个人”“重庆市优秀共产党员”。11月6日，被中共重庆市委、重庆市人民政府、重庆市警备区评为“重庆市拥军优属模范个人”。1990年年底退伍后，彭小兵始终保持军人优良作风，主动开展拥军活动，坚持每月走访慰问辖区内重点优抚对象、军烈属等群体，21名老兵在他的帮助下，实现了创业就业。积极参与地方发展建设，据不完全统计，19年来，他个人在民生实事上累计资助高达69万元。在新冠肺炎疫情期间，积极战“疫”，硬扛病痛硬碰困难，坚持把社区疫情排查工作做深做细做实，他防控疫情的先进事迹，先后被中央、市级、区级主流媒体报道。

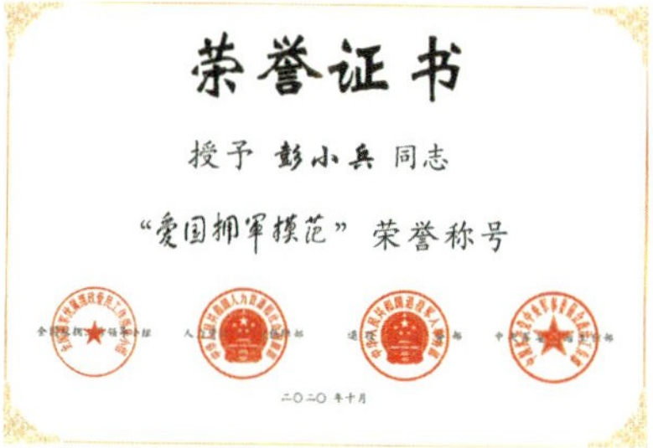

【全国文明家庭冉显文家庭】 11月24日，全国精神文明建设表彰大会召开；武隆区仙女山街道石梁子社区冉显文家庭获“第二届全国文明家庭”表彰。

冉显文家庭，十二年如一日，在敬老院悉心照料数十位孤寡老人，并节省支付老人医药费、买生活用品；为老人洗脸、梳头、刮胡须，多年如此。

【全国先进工作者罗旦华】 11月24日，2020年全国劳动模范和全国先进工作者表彰大会举行，重庆市武隆区

公安局交巡警支队秩序大队大队长罗旦华获“全国先进工作者”称号。

罗旦华，男，汉族，重庆武隆人，1981年10月生，中共党员，大学本科文化，现任重庆市武隆区公安局交巡警大队秩序大队大队长，“罗旦华劳模创新工作室”“仙女山骑士团”负责人；常年坚守在公安交通管理的第一线，为市民和游客解决各种问题，为道路交通安全提供保障。罗旦华在日常工作中摸索出“六分段”工作法，将24千米的武仙路分为事故易发段、观景缓堵段、商业密集段、连续弯道段、临水临崖段、直道快速段，分段包干，定人、定岗、定责，以重要交通路口为据点，多发事故路段为必巡点，增加游客的见警率、民警的管事率，交通事故发生率也下降近40%。区公安局和区喀斯特旅游集团公司还联合打造罗旦华创新工作室，配备扳手、千斤顶等常用修车器械和酒精、棉签、绷带等医用物品，以及武隆旅游宣传资料，除为过往车主提供现场事故处置帮助外，还提供旅游咨询、事故预防与处置、医疗救助等多项功能，将工作地扎根旅游公路沿线。由于成绩突出，罗旦华被中央文明办评为2015年度“中国好人”“重庆市人民好公仆”，获得2016年获中华总工会“全国五一劳动奖章”，荣获重庆市“优秀公务员”“优秀共产党员”“优秀公安民警”等称号。

【全国优秀少先队员陈海燕】 12月29日，武隆区特殊教育学校少先队员陈海燕被共青团中央、教育部、全国少工委表彰为2020年度“全国优秀少先队员”。

陈海燕，女，区特殊教育学校聋教五年级学生，在校是一个品学兼优、乐于助人、积极向上的好学生；生活中是一个吃苦耐劳、敢于拼搏的好少年。作

为一名少先队员，陈海燕不仅在学习上勤奋刻苦，在参加课外的训练活动上也很执着。参加游泳训练时，即使在放假回家后她也会坚持在自家水缸里进行憋气练习。备战滑雪比赛时，在仙女山天寒地冻，有时听不清教练指令，她并未放弃，相反她会在休息时间主动询问教练，边听边记，然后默默练习，重复领会教练示范或讲解的动作要领，直到把动作练习到位。2019年1月，她参加全国第十届残疾人运动会暨第七届特殊奥林匹克运动会迷你滑雪赛获金牌2枚；2020年7月，被评为“重庆市十佳少先队员”。

【全国最美家庭黄铮家庭】 12月31日，武隆区黄铮家庭获2020年第二批“全国最美家庭”称号。

黄铮与妻子王业欣同是退伍军人，均在武隆区公安局工作，由于工作的特殊性质，一直都聚少离多。但夫妻二人一直秉持“互相理解、坦诚相待、以身作则、勤俭持家、点滴做起”的原则，通过言传身教，积极倡导夫妻和睦、尊老爱幼、勤俭节约、邻里互助等良好家风建设，将中华民族传统美德融入生活中，在单位和社会形成注重家庭、注重家教、注重家风的良好氛围，为全区深入践行弘扬社会主义核心价值观起到引导推动作用。

【“中国人民志愿军抗美援朝出国作战七十周年”纪念章获得者黄大海】 10月，原武隆县广播电视局退休职工黄大海获“中国人民志愿军抗美援朝出国作战七十周年”纪念章。

黄大海，男，汉族，重庆武隆人。1935年9月15日出生。1951年3月至1957年3月，在北京某团服兵役，其间1953年2月至1953年4月随部队出国为抗美援朝战争服务。退役后，曾在长坝区转播站、武隆县广播电视局工作。1988年12月17日，被聘为武隆县广播电视局广播电视技术员。

【重庆市援鄂医疗队员孙毅】 孙毅，女，汉族，重庆长寿人，1975年12月生，本科学历，1999年8月参加工作；武隆区疾病预防控制中心疾病管理科科长、重庆市第十五批援鄂医疗队队员。

2月23日至3月28日，在孝感市大悟县疫情防控指挥部疫情防控组工作，任重庆市对口支援前方指挥部疾控预防分队大悟县小组组长；3月18日，被孝感市妇女联合会命名为“孝感市三八红旗手”，3月20日被中共孝感市委、孝感市人民政府表彰为“孝感市新冠肺炎疫情防控工作先进工作者”；4月12日，收到中共湖北省委、湖北省人民政府颁发的“最美逆行者”荣誉证书、防控新冠肺炎疫情纪念章；10月19日，被中共重庆市委、重庆市人民政府表彰为“重庆市抗击新冠肺炎疫情先进个人”；12月25日，被重庆市妇联授予“2020年重庆市巾帼建功标兵”称号。

【重庆市援鄂医疗队员彭顺刚】 彭顺刚，男，汉族，重庆武隆人，1973年8月生，本科学历，九三学社社员，1998年8月参加工作；武隆区人民医院重症医学科主任、重庆市第十八批援鄂医疗队队员。

2月28日至3月28日，在湖北省孝感市中心医院医疗分队二组工作；3月20日被中共孝感市委、孝感市人民政府表彰为“孝感市新冠肺炎疫情防控工作先进工作者”；4月12日，获中共湖北省委、湖北省人民政府颁发“最美逆行者”荣誉证书、防控新冠肺炎疫情纪念章。10月19日，被中共重庆市委、重庆市人民政府表彰为“重庆市抗击新冠肺炎疫情先进个人”。

名 录

2020年武隆区市级表彰人物名录

表57

时间	姓名	单位职务	荣誉名称	授予单位	表彰文件
2月24日	陈江梅、卫泽建	武隆区芙蓉街道芙蓉西路社区居民委员会副主任、武隆区文复苗族土家族乡西山村村民委员会主任	重庆市优秀城乡社区工作者	重庆市人力资源和社会保障局、重庆市民政局	渝人社发〔2020〕11号
4月27日	崔　德、李成兴	武隆区芙蓉街道农业服务中心主任、武隆区羊角镇永隆村党总支书记	重庆市乡村振兴贡献奖先进个	中共重庆市委、重庆市人民政府	
4月29日	任小艳（女）	武隆区白马镇六方坪社区团支部书记、综合服务专干	2019年度“重庆市优秀共青团干部”	重庆市人力资源和社会保障局、共青团重庆市委	渝人社发〔2020〕36号
5月15日	袁梓焓	武隆区实验小学五年级九班	2020年“新时代重庆好少年”		
6月30日	徐　梅（女）	武隆区统计局党组书记、局长	2019年度重庆市三八红旗手	重庆市人力资源和社会保障局、重庆市妇女联合会	渝人社发〔2020〕56号
8月6日	童　敏	武隆区江北幼儿园教师	2020年重庆市教书育人楷模	重庆市教育委员会	渝教人发〔2020〕18号
10月10日	谢俐俐（女）	武隆区发展改革委主任、党组书记	新冠肺炎疫情防控“重庆市巾帼建功标兵”	重庆市妇女联合会	渝妇发〔2020〕38号

续表 57

时间	姓名	单位职务	荣誉名称	授予单位	表彰文件
10月10日	谭长华家庭 陈旼媚家庭 李长宏家庭 肖代花家庭		重庆“最美家庭”	重庆市妇女联合会	渝妇发〔2020〕38号
10月19日	曹元秀（女）	武隆区人民医院党委副书记、院长，主任医师	重庆市抗击新冠肺炎疫情先进个人	中共重庆市委、重庆市人民政府	重庆市抗击新冠肺炎疫情表彰大会
10月19日	刘　洪	武隆区仙女山街道社区卫生服务中心主任，主治医师	重庆市抗击新冠肺炎疫情先进个人	中共重庆市委、重庆市人民政府	重庆市抗击新冠肺炎疫情表彰大会
10月19日	彭顺刚	武隆区人民医院重症医学科主任，副主任医师	重庆市抗击新冠肺炎疫情先进个人	中共重庆市委、重庆市人民政府	重庆市抗击新冠肺炎疫情表彰大会
10月19日	樊福胜	武隆区长坝中心卫生院院长，副主任医师	重庆市抗击新冠肺炎疫情先进个人	中共重庆市委、重庆市人民政府	重庆市抗击新冠肺炎疫情表彰大会
10月19日	江华容（女）	武隆区中医院副院长，副主任护师	重庆市抗击新冠肺炎疫情先进个人	中共重庆市委、重庆市人民政府	重庆市抗击新冠肺炎疫情表彰大会
10月19日	杨德久	武隆区芙蓉社区卫生服务中心主任、执业医师	重庆市抗击新冠肺炎疫情先进个人	中共重庆市委、重庆市人民政府	重庆市抗击新冠肺炎疫情表彰大会
10月19日	万　泉（女）	武隆区疾病预防控制中心党支部书记、主任，主任医师	重庆市抗击新冠肺炎疫情先进个人	中共重庆市委、重庆市人民政府	重庆市抗击新冠肺炎疫情表彰大会
10月19日	孙　毅（女）	武隆区疾病预防控制中心疾病管理科科长、主治医师	重庆市抗击新冠肺炎疫情先进个人	中共重庆市委、重庆市人民政府	重庆市抗击新冠肺炎疫情表彰大会
10月19日	窦光军	武隆区公安局长坝派出所所长	重庆市抗击新冠肺炎疫情先进个人	中共重庆市委、重庆市人民政府	重庆市抗击新冠肺炎疫情表彰大会
10月19日	彭小兵	武隆区凤山街道红豆社区党总支书记	重庆市抗击新冠肺炎疫情先进个人	中共重庆市委、重庆市人民政府	重庆市抗击新冠肺炎疫情表彰大会
10月19日	翟卫宏	重庆罡阳机械制造有限公司副总经理	重庆市抗击新冠肺炎疫情先进个人	中共重庆市委、重庆市人民政府	重庆市抗击新冠肺炎疫情表彰大会
10月19日	王津川	武隆区融媒体中心编辑记者	重庆市抗击新冠肺炎疫情先进个人	中共重庆市委、重庆市人民政府	重庆市抗击新冠肺炎疫情表彰大会
10月19日	徐光文	武隆区大洞河乡党委委员、人大主席	重庆市抗击新冠肺炎疫情先进个人	中共重庆市委、重庆市人民政府	重庆市抗击新冠肺炎疫情表彰大会
10月19日	夏晓松	武隆区人民武装部副部长	重庆市抗击新冠肺炎疫情先进个人	中共重庆市委、重庆市人民政府	重庆市抗击新冠肺炎疫情表彰大会
10月19日	黄　琴（女）	武隆区经济发展研究中心社会科科长	重庆市抗击新冠肺炎疫情先进个人	中共重庆市委、重庆市人民政府	重庆市抗击新冠肺炎疫情表彰大会
10月19日	曹元秀（女）	武隆区人民医院党委副书记、院长，主任医师	重庆市优秀共产党员	中共重庆市委、重庆市人民政府	重庆市抗击新冠肺炎疫情表彰大会
10月19日	彭小兵	武隆区凤山街道红豆社区党总支书记	重庆市优秀共产党员	中共重庆市委、重庆市人民政府	重庆市抗击新冠肺炎疫情表彰大会
10月19日	窦光军	武隆区公安局长坝派出所所长	重庆市优秀共产党员	中共重庆市委、重庆市人民政府	重庆市抗击新冠肺炎疫情表彰大会
10月15日	冉建波	武隆区扶贫信息中心副主任	重庆市事业单位脱贫攻坚专项奖励记大功个人	重庆市人力资源和社会保障局	渝人社〔2020〕333号
11月6日	彭小兵、彭　澜	武隆区凤山街道红豆社区党总支书记、重庆剑直律师事务所专职律师	重庆市拥军优属模范个人	中共重庆市委、重庆市人民政府、重庆市警备区	表彰大会
11月23日	武隆区张燕、田应洪家庭 代德祥、任中成家庭阳台 冉义淑、张明斌家庭庭院		2020年重庆“绿色家庭”“最美阳台”“最美庭院”	重庆市妇女联合会、重庆市生态环境局、重庆市城市管理局	渝妇发〔2020〕45号
11月27日	张永红（肢残） 陈德伦	武隆区“小张土特产经营”淘宝店主 武隆区残疾人综合服务中心九级职员	重庆市第三届自强模范 重庆市残疾人工作先进个人	重庆市人力资源和社会保障局、重庆市残疾人联合会	渝人社发〔2020〕101号
12月3日	邓月春（女）、王　磊	武隆区平桥镇政府经发办副主任、武隆区普查中心副主任	重庆市第四次全国经济普查先进个人	重庆市人力资源和社会保障局、重庆市人民政府第四次全国经济普查领导小组办公室、重庆市统计局	渝人社发〔2020〕105号

续表 57

时间	姓名	单位职务	荣誉名称	授予单位	表彰文件
12 月 17 日		曾学分家庭 徐晓兰家庭	重庆市第二批“最美家庭”	重庆市妇女联合会	渝妇发〔2020〕45、47 号
12 月 18 日	田　莉（女）	武隆区委老干部局生活待遇科科长	重庆市老干部工作先进个人	重庆市人力资源和社会保障局、中共重庆市委老干部局	渝人社发〔2020〕122 号
12 月 25 日	孙　毅（女）	武隆区疾病预防控制中心疾病管理科科长	2020 年重庆市巾帼建功标兵	重庆市妇女联合会	渝妇发〔2020〕51 号

2020 年武隆区副高级以上职称名录

表 58

序号	姓名	性别	工作单位	专业	专技职务	任职时间
1	张朝德	男	区应急救援指挥中心	矿山与安全	正高级工程师	8 月 9 日
2	罗　倩	女	区城乡规划管理中心	规划	高级工程师	8 月 9 日
3	皮明霞	女	区职教中心	中职旅游	高级讲师	8 月 9 日
4	汪兴林	男	区喀斯特惠隆乡村旅游有限公司	工程管理	高级工程师	12 月 10 日
5	陈江涛	男	区地质环境监测站	水工环地质	高级工程师	12 月 10 日
6	吴建忠	男	火炉镇中心小学校	语文	高级教师	12 月 11 日
7	叶小娟	女	沧沟乡中心小学校	语文	高级教师	12 月 11 日
8	陈玉兰	女	长坝镇中心小学校	语文	高级教师	12 月 11 日
9	李维葳	女	凤来镇中心小学校	语文	高级教师	12 月 11 日
10	黄　芬	女	鸭江镇中心小学校	语文	高级教师	12 月 11 日
11	雷晓峰	男	区实验小学	语文	高级教师	12 月 11 日
12	王　觉	男	沧沟乡中心小学校	语文	高级教师	12 月 11 日
13	潘延芝	女	江口镇中心小学校	语文	高级教师	12 月 11 日
14	马小梅	女	仙女山街道中心小学校	语文	高级教师	12 月 11 日
15	周树琴	女	仙女山街道中心小学校	语文	高级教师	12 月 11 日
16	邓帮谷	男	火炉中学校	语文	高级教师	12 月 11 日
17	吴　萍	女	白马中学校	语文	高级教师	12 月 11 日
18	赵小刚	男	桐梓镇中心小学校	语文	高级教师	12 月 11 日
19	杨　军	男	武隆中学	英语	高级教师	12 月 11 日
20	向怀坤	男	武隆中学	英语	高级教师	12 月 11 日
21	廖　娟	女	武隆中学	英语	高级教师	12 月 11 日
22	罗　刚	男	武隆中学	英语	高级教师	12 月 11 日
23	王桂香	女	土坎中学校	历史	高级教师	12 月 11 日
24	陈杨军	男	武隆中学	历史	高级教师	12 月 11 日
25	甘元平	男	武隆中学	历史	高级教师	12 月 11 日
26	陈　健	男	白马镇中心小学校	思想品德（道德与法治）	高级教师	12 月 11 日
27	王祯全	男	白马镇中心小学校	书法	高级教师	12 月 11 日
28	冉应梅	女	火炉镇中心小学校	数学	高级教师	12 月 11 日
29	蹇隆虎	男	火炉镇中心小学校	数学	高级教师	12 月 11 日
30	张　彬	男	区第二实验小学	数学	高级教师	12 月 11 日
31	陈书梅	女	黄莺乡中心小学校	数学	高级教师	12 月 11 日

续表 58

序号	姓名	性别	工作单位	专业	专技职务	任职时间
32	董仕明	男	双河镇中心小学校	数学	高级教师	12月11日
33	夏吉龙	男	武隆中学	数学	高级教师	12月11日
34	梁承勇	男	武隆中学	数学	高级教师	12月11日
35	黄晓宏	女	武隆中学	数学	高级教师	12月11日
36	黄　峰	男	武隆中学	数学	高级教师	12月11日
37	杨兴强	男	赵家乡中心小学校	数学	高级教师	12月11日
38	黄世学	男	白马镇中心小学校	数学	高级教师	12月11日
39	张朝洪	男	白马中学校	数学	高级教师	12月11日
40	施建潮	男	武隆中学	物理	高级教师	12月11日
41	刘仁杰	男	武隆中学	物理	高级教师	12月11日
42	陈安文	男	长坝中学校	化学	高级教师	12月11日
43	刘中强	男	武隆中学	化学	高级教师	12月11日
44	程文利	女	武隆中学	化学	高级教师	12月11日
45	易廷兵	男	武隆中学	生物	高级教师	12月11日
46	王文英	女	武隆中学	生物	高级教师	12月11日
47	余建桦	男	火炉中学校	生物	高级教师	12月11日
48	何雪燕	女	区教育信息技术与服务中心	科技	高级教师	12月11日
49	邵建容	女	区第二实验小学	科学	高级教师	12月11日
50	何建忠	男	大洞河乡中心小学校	科学	高级教师	12月11日
51	胡显琼	女	区职业教育中心	语文	高级讲师	12月18日
52	谭晓松	男	区职业教育中心	语文	高级讲师	12月18日
53	王志敏	女	区职业教育中心	外语	高级讲师	12月18日
54	曾庆红	女	区职业教育中心	语文	高级讲师	12月18日
55	李铭钧	男	区职业教育中心	汽车运用与维修	高级讲师	12月18日
56	郝　爽	女	区职业教育中心	旅游服务与管理	高级讲师	12月18日
57	贺　佳	女	区职业教育中心	旅游服务与管理	高级讲师	12月18日
58	晏　荣	男	区工业发展（集团）有限公司	工程项目管理	高级工程师	12月18日
59	李　青	男	重庆市务远建设工程有限公司	建筑工程	高级工程师	12月18日
60	向华刚	男	区建设工程质量和安全服务中心	工程质量监督	高级工程师	12月18日
61	欧兴胜	男	重庆市武隆喀斯特旅游产业（集团）有限公司	工程项目管理	高级工程师	12月18日
62	申　慧	女	区疾病预防控制中心	理化检验技术	副主任技师	12月21日
63	张小林	男	区人民医院	骨外科	副主任医师	12月21日
64	张　勇	男	区人民医院	骨外科	副主任医师	12月21日
65	郑光前	男	区人民医院	烧伤外科	副主任医师	12月21日
66	王建文	男	区中医院	普通外科	副主任医师	12月21日
67	刘宴仲	男	武隆福康医院	泌尿外科	副主任医师	12月21日
68	陈　曦	男	区人民医院	肝胆外科	主任医师(正高)	12月21日
69	谭文琼	女	区人民医院	麻醉学	主任医师(正高)	12月21日
70	刘　明	男	赵家乡卫生院	中医内科	副主任中医师	12月21日
71	代利华	男	武隆福康医院	中医骨伤科	副主任中医师	12月21日

续表 58

序号	姓名	性别	工作单位	专业	专技职务	任职时间
72	陈咏梅	女	区人民医院	全科医学	副主任医师	12月21日
73	雷　雨	女	区人民医院	全科医学	副主任医师	12月21日
74	肖　艳	女	区人民医院	妇产科	副主任医师	12月21日
75	任崇文	男	区公路事务中心	公路工程（道桥）	高级工程师	12月21日
76	申　慧	女	区疾病预防控制中心	理化检验技术	副主任技师	12月21日
77	袁华强	男	畅安交通开发（集团）有限公司	工程项目管理	高级工程师	12月21日
78	陈　霞	女	长坝中心卫生院	妇产科护理	副主任护师	12月22日
79	李　桃	男	凤来镇卫生院	中医骨伤科	副主任中医师	12月22日
80	任一波	男	鸭江中心卫生院	全科医学	副主任医师	12月22日
81	刘　洪	男	区人民医院	肾内科	副主任医师	12月22日
82	田朝元	男	区人民医院	神经内科	副主任医师	12月22日
83	向柯霖	男	区人民医院	结核病	副主任医师	12月22日
84	肖云峰	男	区人民医院	放射医学	副主任医师	12月23日
85	徐光英	女	鸭江中心卫生院	护理学	副主任护师	12月23日
86	杨忠武	男	区蔬菜产业发展服务中心	农业	正高级经济师	12月25日
87	周继业	男	区建设工程质量和安全服务中心	工程质量监督	正高级工程师	12月30日
88	雷林峰	男	区接龙乡农业服务中心	种植	高级农艺师	12月30日
89	王小宏	男	黄莺乡农业服务中心	种植	高级农艺师	12月30日
90	张广权	男	区动物疫病预防控制中心	兽医	正高级兽医师	12月30日

先进集体

2020年武隆区国家级表彰情况

表 59

时间	单位	荣誉名称	授予单位	备注
3月18日	重庆武隆龙水峡地缝	国家AAAA级旅游景区	重庆市旅游景区质量等级评定委员会	2020年第4号公告
5月20日	武隆猪腰枣、武隆脆桃	2020年第一批全国名特优新农产品名录	农业农村部农产品质量安全中心	公告（第5号）
5月26日	武隆区平桥镇	2020年农业产业强镇	农业农村部	
6月5日	武隆区仙女山	国家森林康养基地	国家林业和草原局、民政部、国家卫生健康委员会、国家中医药管理局	办改字〔2020〕53号
7月29日	仙女山街道	国家卫生镇	全国爱国卫生运动委员会	全爱卫发〔2020〕1号
8月8日	重庆市武隆区武隆国际山地户外运动公开赛	中国最佳国际休闲旅游目的地、中国最佳国际康养旅游目的地 中国最具特色文化旅游节庆	2020中国城乡融合与文旅振兴发展论坛组委会	
8月26日	后坪苗族土家族乡文凤村、芙蓉街道堰塘村	第二批全国乡村旅游重点村	文化和旅游部 国家发展改革委	文旅资源发〔2020〕56号
10月9日	重庆市武隆区	第四批国家生态文明建设示范区	生态环境部	公告2020年第40号
10月14日	武隆区人民检察院	第七届“全国先进基层检察院”	最高人民检察院	
10月20日	重庆市武隆区	全国双拥模范城	全国双拥工作领导小组、退役军人事务部、中央军委政治部	
11月20日	武隆区火炉镇向前村	第六届全国文明村镇	中央精神文明建设指导委员会	决定

续表 59

时间	单位	荣誉名称	授予单位	备注
11 月 20 日	重庆市武隆区人民法院	第六届全国文明单位	中央精神文明建设指导委员会	
11 月 20 日	武隆区实验小学	第二届全国文明校园	中央精神文明建设指导委员会	
11 月 20 日	重庆市武隆区平桥镇（苕粉）	第十批全国“一村一品”示范村镇	农业农村部	农产发〔2020〕7 号
12 月 14 日	重庆市武隆区交通局	2018—2019 年度全国交通运输行业精神文明建设先进集体	交通运输部	交政研发〔2020〕118 号
12 月 21 日	重庆市武隆博物馆	国家三级博物馆	中国博物馆协会	公告
12 月 23 日	重庆武隆国家农业科技园区	第九批国家农业科技园区	科技部办公厅	国科办农〔2020〕123 号
12 月 25 日	重庆武隆芙蓉湖国家湿地公园	2020 年通过验收的国家湿地公园	国家林业和草原局	林湿发〔2020〕119 号
12 月 30 日	《武隆年鉴（2019）》	第七届全国地方志优秀成果（年鉴类）一等年鉴	中国地方志指导小组 中国地方志学会	中指组字〔2020〕13 号
12 月 30 日	重庆武隆芙蓉江景区	国家 AAAA 级旅游景区	重庆市旅游景区质量等级评定委员会	公告

2020 年武隆区市级表彰情况表

表 60

时间	单位	荣誉名称	授予单位	表彰文件
2 月 24 日	武隆区长坝镇大元村村民委员会	重庆市先进城乡社区组织	重庆市人力资源和社会保障局、重庆市民政局	渝人社发〔2020〕11 号
3 月 23 日	武隆区检察院	重庆市检察系统先进集体	重庆市人力资源和社会保障局 重庆市人民检察院	渝人社发〔2020〕23 号
4 月 15 日	武隆区职业教育中心	重庆市第十二届中等职业学校职业技能大赛二等奖 3 项、三等奖 20 项	重庆市中等职业学校职业技能大赛组织委员会办公室	通报
4 月 22 日	武隆区实验小学	重庆市绿色学校	重庆市生态环境局办公室 重庆市教育委员会办公室	渝环办〔2020〕91 号
4 月 24 日	重庆武隆区旅游支线机杨建设服务中心	重庆五一劳动奖状	重庆市总工会	
4 月 24 日	国家税务局重庆市武隆区税务局白马税务所、重庆市武隆区职业教育中心旅游教研组	重庆市工人先锋号	重庆市总工会	
4 月 27 日	芙蓉街道办事处	重庆市乡村振兴贡献奖先进集体	中共重庆市委、重庆市人民政府	
5 月 25 日	重庆市武隆区文化馆（仙女山耍锣鼓）、重庆市武隆区浩口苗族土家族中心小学校（浩口仡佬族蜡染传统制作技艺）、重庆市武隆区后坪苗族土家族乡文旅中心（后坪木器制作工艺）	重庆市非物质文化遗产传习所	重庆市文化和旅游发展委员会	渝文旅发〔2020〕98 号
6 月 30 日	武隆区公安局出入境管理支队	重庆市三八红旗集体	重庆市人力资源和社会保障局、重庆市妇女联合会	渝人社发〔2020〕56 号
7 月 1 日	重庆市武隆区建设投资（集团）有限、重庆市武隆区工业发展（集团）有限公司、重庆涪陵大明实业有限公司武隆区土坎发电厂、重庆市武隆区乡镇供水有限责任公司、重庆市武隆区中小企业融资担保有限责任公司、重庆一秒广告传媒有限公司武隆分公司、重庆罡阳机械制造有限公司、重庆渝兆房地产开发有限公司、重庆市雄远工程勘察设计有限公司、重庆民康电器有限公司、重庆市武隆仙女山新区开发有限公司、重庆市武隆区祥宇农业发展有限公司、武隆县水利电力勘测设计队、重庆市武隆区润龙水利工程维护有限责任公司、重庆屹荣建设有限公司、重庆市凡迅佳建筑工程有限责任公司、中国大地财产保险股份有限公司重庆市武隆支公司	2019 年度重庆市企业劳动保障守法诚信 A 级	重庆市人力资源和社会保障局办公室	渝人社办〔2020〕189 号

续表 60

时间	单位	荣誉名称	授予单位	表彰文件
8 月 12 日	羊角镇（今羊角街道）艳山红村	首批实用性村规划示范村名单	重庆市规划和自然资源局	渝规资发〔2020〕359 号
8 月 20 日	武隆区应急救护培训科普基地	2019 年度重庆市科普基地	重庆市科学技术局、中共重庆市委宣传部、重庆市教育委员会、重庆市科学技术协会、重庆市社会科学界联合会	
9 月 4 日	鸭江镇颜家大院、王氏大院、红岩子大院	重庆市第四批历史建筑保护名录	重庆市规划和自然资源局	
10 月 19 日	武隆区卫生健康委、武隆区疾病预防控制中心疾病管理科、武隆区人民医院感染科、武隆区交通执法支队党支部、武隆区芙蓉街道党工委、武隆区新型冠状病毒肺炎疫情防控工作领导小组综合办公室	重庆市抗击新冠肺炎疫情先进集体	中共重庆市委、重庆市人民政府	重庆市抗击新冠肺炎疫情表彰大会
11 月 6 日	重庆市武隆区	重庆市第七届双拥模范城（县）	中共重庆市委、重庆市人民政府、重庆市警备区	表彰大会
11 月 6 日	区芙蓉街道办事处、区公安局	重庆市拥军优属模范单位	中共重庆市委、重庆市人民政府、重庆市警备区	表彰大会
11 月 27 日	武隆区残联综合服务中心	重庆市残疾人工作先进集体	重庆市人力资源和社会保障局、重庆市残疾人联合会	渝人社发〔2020〕101 号
12 月 3 日	武隆区统计局	重庆市第四次全国经济普查先进集体	重庆市人力资源和社会保障局、重庆市人民政府第四次全国经济普查领导小组办公室、重庆市统计局	渝人社发〔2020〕105 号
12 月 6 日	重庆市武隆喀斯特旅游产业（集团）有限公司	重庆市和谐劳动关系优秀示范单位	重庆市人力资源和社会保障局、重庆市总工会、重庆市企业联合会（企业家协会）、重庆市工商业联合会	渝人社发〔2020〕115 号
12 月 8 日	武隆区后坪苗族土家族乡白石村山嫂子巾帼扶贫工坊和君景中蜂养殖场中岭村扶贫工坊	2020 年度“重庆市巾帼脱贫示范基地”	重庆市妇女联合会	
12 月 10 日	武隆区人力社保局	重庆市第四届“渝创渝新”创业创新大赛优秀组织奖	重庆市人力资源和社会保障局办公室	渝人社办〔2020〕352 号
12 月 18 日	武隆区委老干部局	重庆市老干部工作先进集体	中共重庆市委组织部、中共重庆市委老干部局、重庆市人力资源和社会保障局	渝人社发〔2020〕122 号
12 月 24 日	武隆区羊角、四川二路红军司令部旧址、白马山、红军渡	重庆市第一批历史地名保护名录	重庆市民政局	公告
12 月 25 日	武隆区疾病预防控制中心检验科、矫正帮教管理服务中心	2020 年重庆市巾帼文明岗	重庆市妇女联合会	渝妇发〔2020〕51 号
12 月 30 日	重庆市凤来农民工返乡创业园	2020 年重庆市农民工返乡创业园	重庆市人力资源和社会保障局办公室	渝人社办〔2020〕376 号

重庆市武隆区人民代表大会常务委员会工作报告

2021 年 1 月 14 日在重庆市武隆区第十八届人民代表大会第五次会议上

重庆市武隆区人大常委会主任 杨国权

过去一年的主要工作

2020 年，是新中国历史上极不容易、极不平凡的一年，是脱贫攻坚决战决胜之年，是全面建成小康社会、实现第一个百年奋斗目标和“十三五”规划收官之年。面对严峻挑战和重大困难，区人大常委会在区委坚强领导下，坚持以习近平新时代中国特色社会主义思想为指导，深入学习贯彻党的十九大和十九届二中、三中、四中、五中全会精神，深学笃用习近平法治思想和习近平总书记关于坚持和完善人民代表大会制度的重要思想，增强“四个意识”，坚定“四个自信”，做到“两个维护”，紧紧围绕习近平总书记对重庆提出的营造良好政治生态，坚持“两点”定位、“两地”“两高”目标，发挥“三个作用”和推动成渝地区双城经济圈建设等重要指示要求，坚定信心、保持定力，稳中求进、依法履职，助力经济社会发展和民主法治建设，共听取审议法定报告 13 个、专项报告 11 个，开展工作评议和专题询问 1 次，检查 4 部法律法规实施情况，作出决议决定 8 项，任免国家机关工作人员 42 人次，形成调研报告 34 个，较好完成了区十八届人大四次会议确定的目标任务，各项工作取得新进展新成效。

一、坚持党的全面领导，确保人大工作正确政治方向

常委会始终坚持把党的领导贯穿于人大工作全过程，把区委的决策部署落实到人大依法履职各方面。

自觉接受党的全面领导。坚定维护区委对人大工作的全面领导，严格执行重大事项请示报告条例，全年向区委请示报告重要会议、重要活动、重要文件、重要干部任免等情况 12 次。主动向区委常委会汇报年度党建工作，积极争取区委的支持，每月把工作计划和进展情况提交书记专题会研究部署，代表建议办理继续纳入政绩考核，人大制度理论作为区委党校主体培训班必学课程，代表培训纳入全区干部年度培训计划统筹安排，确保了人大各项工作始终在党的领导下、始终在服务大局中依法有序推进。

不断加强党组政治建设。巩固深化“不忘初心、牢记使命”主题教育成果，扎实履行全面从严治党主体责任，召开常委会党组会议 11 次，集体研究“三重一大”等事项，专题研究机关党建工作 4 次，听取机关党组工作汇报 2 次，党组把方向、管大局、保落实的作用不断发挥。旗帜鲜明讲政治，持续用党的科学理论武装头脑，坚持把习近平总书记最新重要讲话精神作为学习的第一议题，召开党组理论学习中心组学习会 12 次，研讨发言 48 人次，政治信仰更加坚定。对标对表党的政治路线部署工作，积极主动落实区委交办工作，仙女山机场建设、凤来新城开发建设、重点项目督查、大溪河流域综合治理、对口帮扶文复乡等工作有序推进，深化改革民主法制领域年度任务顺利完成，围绕成渝地区双城经济圈建设和“一区两

群”协调发展的5个调研任务如期结题，政治能力不断提高。认真落实党风廉政建设、意识形态工作责任制，开展“以案四说”专题警示教育2次，支持监督执纪，邀请派驻纪检监察组固定列席常委会会议和机关党建重要会议，持续全面彻底干净肃清孙政才恶劣影响和薄熙来、王立军流毒，坚决防止和纠正偏离“两个维护”和搞任何形式的“低级红”“高级黑”等错误言行，政治生态不断净化。

二、围绕中心助发展，正确有效开展监督工作

常委会坚持“依照法定职责、限于法定范围、遵守法定程序”开展监督工作，助力经济社会发展和改革攻坚任务。

助力经济稳中求进向高质量发展。按照统筹疫情防控和经济社会发展的要求，围绕落实“六稳”工作“六保”任务，发挥财经监督的集成效应，听取审议了区政府关于计划执行、预算执行、审计工作及其查出问题整改情况等报告，推动降低税费负担、加大纾困力度、政府性重大项目投资、兜牢民生保障底线等政策措施的落地落实。推动建立规范透明、标准科学、约束有力的预算制度，持续做好人代会前的预算审查监督，提前介入预算编制审查，全过程参与区级项目预算公开评审，打破长期形成的“基数+增量”的预算管理模式，推进预算审查监督重点向支出预算和政策拓展。持续开展对财政资金绩效评价的监督，专题调研了农民专业合作社使用财政资金绩效情况，主任会议听取了区政府工作情况的报告，督促财政部门加快构建全方位、全过程、全覆盖的预算绩效管理体系，建立健全绩效评价结果与预算安排挂钩制度。持续加强对审计查出问题整改的跟踪监督，督促区政府把查问题和改问题、治已病和防未病结合起来，从根源上治理“屡审屡犯”“屡改屡犯”顽疾，审计查出问题310个，整改率90%。以信息化、智能化加强预算监督，人大预算联网监督在完成系统搭建基础上，今年正式发挥作用，通过采集数据分析，编制预算联网监督专报，实时、全面、准确地实现了监督预警，提高了预算审查监督的针对性和有效性。为本次大会审查批准“十四五”规划作好充分必要准备，开展了规划编制工作情况的调研，听取了区政府关于编制工作情况的报告，督促把党的十九届五中全会精神和市委、区委全会精神转化到规划编制中，注重从全局谋划一域、以一域服务全局，高质量编制规划纲要和专项规划。推动全域旅游转型升级，听取审议了区政府关于乡村旅游发展情况的报告，组织代表视察了仙女山机场建设情况，专题调研了民族乡民族文化保护与传承情况，督促区政府要切实把乡村旅游发展放在全域旅游的总盘子中一体谋划、一体推进，完善发展规划、改善基础设施、提升经营水平，实现农民增收、农业增效、农村增美。推动城市品质提升，听取审议了区政府关于城市管理工作情况的报告，提出要贯彻落实习近平总书记提出的“城市管理应该像绣花一样精细”的重要指示要求，既要“面子”好看，也要“里子”完善，加快推进城镇老旧小区改造工作，补齐智慧城管建设短板，常态化治理“乱点”、解决“堵点”、清除“脏点”，构建起“大城管”格局，提升城市文明程度和文化底蕴，“国家卫生区”成功创建。

助力打好“三大攻坚战”。推动打好“精准脱贫攻坚战”，听取审议了区政府关于“一环两园”现代农业产业园建设情况、农村饮水工程建设管理情况的报告。针对现代农业产业园规划范围不够明晰、重点产业不够突出、政策配套不够完善、市场主体实力不足、品牌影响力不强等问题，提出了提高认识加强领导、明确定位完善规划、扶优育强推进发展、强化科技支撑打造优质品牌等审议意见。组织调研组赴11个乡镇开展了农村饮水工程运行管理情况的调研，提出要解决好饮水保障不够充分、供水质量不够高、管护机制尚未完全落实、水资源浪费较为严重等问题。区政府在“十四五”农村供水保障规划中，计划投入资金3.82亿元，新建水厂6座、改扩建13座，新增受益人口22万人。针对乡镇供水工程“只建不管”“只用不管”问题，今年将完成乡镇运营的8座水厂改造，逐步实现乡镇水厂全部移交区水务（集团）公司运行管理。围绕做好巩固拓展脱贫攻坚成果同乡村振兴有效衔接，主任会议听取了专项工作情况的报告，提出要从认识、政策、力量、产业、服务方面统筹衔接，使工作不留空当、政策不留空白，向全面推进乡村振兴平稳过渡。推动打好“污染防治攻坚战”，对区政府水污染防治工作开展了工作评议和专题询问。常委会历时10个月，综合运用听取报告、工作评议、专题询问、“满意度”测评等监督方式的“变”；5个评议调研组深入全区26个乡镇街道，实地对饮用水源地、污水处理设施、二三级管网铺设、企业排污治污、农业面源污染、生态修复等60余处点位调查的“细”；结合调研发现的48个问题，精选出必问题目11个、备选3个询问的“真”，对交区政府整改的6条评议意见24个具体问题清单，采取暗访督办、会议督办、现场督办、延期评议督促整改的“硬”，评议询问取得了实实在在的成效，工作做法在重庆电视台刊播。区政府主要领导作出批示3次，召开专题会议4次，在全市率先印发《关于进一步明确全区污水处理职能职责的通知》，解决了长期存在的部门和乡镇污水处理职责划分难题，将建成的47个污水处理厂站移交区建设投资（集团）公司统一运维管理，全面启动了农村污水处理设施及管网闲置的运维工作和11个集中式饮用水源地标准化建设，全区86座小水电完成生态基流泄放工程改造，10余个排污点长期存在的问题得到解决。推动年度环保目标完成情况与中央和市级环保督察反馈意见整改同部署、同落实，听取审议了区政府关于2019年度环境状况和环境目标任务完成情况的报告。推动打好“防范化解重大风险攻坚战”，每半年对债务管控情况开展一次跟踪监督，对区公安局等资金安排相对集中的部门进行了检查，调研了全区近两年债券资金的安排、管理、使用情况，严格督促区政

府将新增的债券资金落实到具体项目后纳入预算调整方案，及时报常委会审查批准，确保债券资金真正发挥效益，防范政府债务风险。

助力改革开放创新。推动民营经济发展和营商环境持续优化，听取审议了区政府关于贯彻落实国务院《优化营商环境条例》情况的报告，针对贯彻落实条例站位不够高、学习宣传力度不够大、规定工作落实不够好等问题提出了审议意见。区政府出台了《全区优化营商环境考核细则》，在区委党校举办了优化营商环境专题培训班，在工程项目行政审批制度改革领域建立了联席会议制度，行政审批承诺时限压缩75%，即办件34%，全程网办73%。落实监督新职责和改革新任务，持续加强国有资产管理监督，听取审议了区政府关于国有资产管理情况的综合报告和企业国有资产管理情况的专项报告，针对企业国有资产质量不优、“三重一大”执行不严格、运营管控薄弱等突出问题，督促区政府要加快构建全面科学有效的监管制度体系，确保制度执行到位，加大考核问责力度，确保国有资产安全、不流失和保值增值。推动司法体制综合配套改革，听取审议了区政府关于规范和保障律师执业情况的报告，提出司法机关要不断优化律师执业环境、加强律师素质建设、强化律师监督管理；听取审议了区法院关于推进以审判为中心的刑事诉讼制度改革工作情况的报告、区检察院关于适用认罪认罚从宽制度工作情况的报告，充分肯定了区法院、区检察院改革试点取得的成效，提出了要进一步发挥好预防打击犯罪、促进司法公正、节约司法资源、依法保障人权、防范冤假错案、维护社会稳定的积极作用。推动科技知识普及和技术进步创新，开展了科学技术普及条例实施情况的执法检查，督促区政府提升科普服务和科技传播能力，全区图书馆、博物馆、青少年活动中心实现全年免费开放，加强了科普人才储备，对200余个村居科普负责人落实了工作补贴，组织142名科技特派员开展了技术培训300期次，新培育科技型企业24家，新建院士工作基地、专家大院各2个，推动了科普资源的开发建设和开放利用。发挥法治在改革中的引领作用，推动党中央、国务院提出的“到2020年基本建成法治政府”总体目标的实现，听取审议了区政府关于法治政府建设情况的报告，听取了区人大监察法制委关于规范性文件备案审查工作情况的报告，并首次对备案审查报告进行了审议。

助力民生保障和社会治理。坚持人民至上，维护人民身体健康和生命安全，新冠肺炎疫情发生后，常委会及时行动，2月启动了野生动物保护法和《全国人大常委会关于全面禁止非法野生动物交易、革除滥食野生动物陋习、切实保障人民群众生命健康安全的决定》执行情况的执法检查，5月对我区涉及野生动物保护方面的政府规章和规范性文件进行了全面清理。区政府认真研究处理执法检查报告和审议意见，广泛持久开展了野生动物保护法规和决定的宣传；组织联合执法行动，查办违法占用林地案件243件、野生动物违法犯罪案件6件；完成养殖企业和农户人工饲养野生动物后续处置工作和乌江流域渔民退捕工作。回应群众对教育资源公平分配，教师、学生、家长减负，教师“立德树人”的关切，听取审议了区政府关于教师队伍建设情况的报告，提出了教育投入要进一步注重城乡均衡、提升教师队伍综合素养、改善教师队伍结构、改革教师评价机制等审议意见。区政府引入第三方机构开展了师德量化评价，建立了教职工编制动态管理、定期调整的“区管校聘”机制，全年新招聘全科、音体美、英语、计算机等教师169名，安排228名教师开展执教、走教。保障农村村民自治，发展农村基层民主，开展了村民委员会组织法实施情况的执法检查，村委会成员综合素质、村委会自治基础、村民依法民主决策、村务监督委员会依法监督得到改进，较好地保障了村民自己的事情自己依法治理。保障残疾人平等充分参与社会生活，共享发展成果，对残疾人保障条例的实施情况开展了执法检查。区政府加大对残疾人的保障和服务力度，实现了贫困残疾人子女入学资助、精神病残疾人服药、0至6岁残疾儿童康复需求全覆盖，对低保残疾人和特困残疾人实行城乡医保全额补助，落实了搭乘公共交通、生活用水用电用气、创业就业税收等优惠政策，建立了残疾人法律援助工作站，完成城区盲道无障碍通行改造。推动养老事业发展，组织市区代表对我区养老服务产业发展情况开展了集中视察，提出了健全发展体系、加大政策扶持、规范行业标准、推进医养结合、加强服务人才培养等视察意见。开展了民营医疗机构发展、企业消防安全工作、戒毒工作、国防教育法实施情况的专项调研，主任会议分别听取了区政府相关工作情况报告，推动有关问题得到解决。

三、探索实践新方式，依法行使决定任免权

常委会坚持围绕大局依法作出决议决定，坚持党管干部原则，依法行使任免权。

提高决定质量。引入专业力量，选聘41名专业人员为常委会提供智力支撑，完成财经、法律、“三农”、城建环保、社会建设、教科文卫6个咨询专家组的组建，提升了常委会决定质量。按照“预算审查监督重点向支出预算和政策拓展”的改革要求，审查批准了2019年区级决算。贯彻落实党中央关于“六稳”“六保”和统筹推进疫情防控和经济社会发展的决策部署和市委、区委工作要求，2次审查批准了2020年区级预算调整方案，确保有限财力用在教育、扶贫、环保、防洪护岸综合治理等基本民生项目上。依法保障乡镇行政区划调整方案实施，对羊角、土坎、仙女山撤镇设街道和凤来撤乡设镇后有关事项作出了决定。

改进任免工作。增强任命人员的宪法意识、责任意识和公仆意识，组织举行了5场宪法宣誓仪式，26名被任命人员进行了宣誓。接受了3名常委会组成人员和6名区人大代表的辞职请求。做好代表资格审查工作，依法确认并公告代表资格变动4次。探索实践任免权与监督权有机结合的新

方式，加强任后监督，开展履职评价，规范报告事项，首次组织区政府组成部门14名主要负责人、区法院1名副院长、区检察院1名副检察长在常委会会议上口头报告履行法定职责、办理代表建议、廉洁自律和存在问题等情况，并对其开展“满意度”测评，增强了任命干部依法履职和接受监督的自觉性。

四、建立健全新机制，服务保障代表依法履职

常委会积极搭建履职平台，拓展履职渠道，完善工作机制，保障了代表接地气、察民情、聚民智的主体作用得到更好发挥。

健全代表履职平台。发挥“家”“站”作用，在全区96个市、区、乡镇“人大代表之家”和15个“市人大代表联络站”常态化开展联系走访群众13900余人次，收集意见建议625条，办好事实事1351件。扎实开展“两联一述”活动，常委会组成人员联系区人大代表和区人大代表联系群众，70名区人大代表向选区选民述职，基本完成届内述职全覆盖。分片开展“主任接待日”活动4次，接待代表50人次，收集处理建议33件。

完善建议办理机制。修订《代表建议批评和意见办理办法》，全面实行代表对办理方案和办理结果的“两次评价”机制，得到市人大常委会的肯定。按照办法规定，听取审议了区政府关于2020年代表建议办理情况的综合报告和区教委、区城市管理局、区农业农村委的承办工作报告，对3个部门的承办工作开展了“满意度”测评，结果均为“满意”。有关承办单位坚持结果与过程并重，“点对点”联系，“面对面”沟通，及时回复办理方案和办理结果，推动解决了一批实际问题。区十八届人大四次会议提出的124件建议，交由区政府24个承办部门和区级4家机关团体办理；区委、人大、政府20名领导和4个专门委员会牵头督办了24件重点建议；当年能够解决的55件全部落实，代表满意率100%；当年难以解决纳入工作计划持续办理51件，代表均表示认可；对不符合法律法规政策规定的，或者受客观条件限制以及不属于本级国家机关权责范围的18件，经与代表沟通，均表示认同。首次开展办理工作“回头看”，对本届一次会议至三次会议列入计划逐步解决的代表建议进行了全面梳理，组织30个承办部门召开工作会，191件全部办理落实，代表满意率100%。

服务保障代表履职。组织代表528人次参加全国人大常委会专题网络视频直播学习班、市人大代表专题培训班4期。遵从代表意愿，组织172名代表参加了常委会执法检查、工作评议、视察调研等履职活动25次。发挥代表专业优势，拓展代表履职渠道，完成7个代表专业组的组建。邀请市区两级代表25人次列席常委会会议。提高代表履职能力，开阔代表履职视野，向全体代表赠阅《中国人大》《公民报》等报纸杂志1500余份。在新冠肺炎疫情防控阻击战中，全区各级代表积极行动，踊跃捐款捐物，主动建言献策，投身抗疫一线，1名区人大代表荣获市级抗击新冠肺炎疫情先进个人；在精准脱贫攻坚战中，23名区人大代表荣获全区2020年脱贫攻坚先进个人；在各条战线、各自岗位上，全体代表牢记人民嘱托，积极依法履职，涌现出一批先进榜样，本次大会将对8个先进代表小组、20名优秀代表、60件优秀代表建议进行表彰。

五、加强改进自身建设，增强工作能力水平

常委会着力提高依法履职能力和水平，不断加强和改进自身建设，努力发挥好工作机关和代表机关的作用。

严格依法集体行权。常委会组成人员严格遵守宪法法律，依照监督法和常委会议事规则、组成人员履职规定，集体行使职权、集体决定问题。合理安排全体会议和分组审议，利用阅文设备提前推送会议材料，做足审议发言准备，表决事项全部采用无记名电子方式或者票决制，保障了组成人员充分审议和表决意愿，确保人民赋予的权力得到正确有效行使。主动接受社会监督，依法公开会议涉及事项，编制常委会《公报》5期，在人大网站全文发布。

不断加强自身建设。全面加强政治、思想、组织、作风、纪律和制度建设，认真落实基层减负要求，持续筑牢克服形式主义官僚主义的思想政治根基，坚持沉到一线调查研究、了解实情、反映民意。持续精简文件、精简会议，实行会议电子阅文，带头过紧日子，“三公”经费逐年降低，成功创建市级节能减排机关。规范机关运行，修订机关管理制度16项。抓好人大制度和人大工作宣传，《公民报》用稿41篇；建好管好用好自办网站，发布信息270余篇；拍摄制作“代表风采”专题片8期；组织人大通讯员110余人次参加专题培训4期。加强人大信访工作，常委会领导公开接访40人次，机关受理群众来访84人次、来信99件次，按程序进行了处理。常委会办公室和帮扶的文复乡荣获全区2020年脱贫攻坚先进集体。机关安全稳定、机要保密、综合治理、精神文明、群团建设等工作得到同步推进。

加强对基层人大的联系指导。回应乡镇人大需求，出台《乡镇人大代表开展工作评议的指导意见》，保证乡镇人大工作评议有章可循、程序规范，白马、江口、白云等9个乡镇对辖区内建环办、林业站、畜牧服务中心等23个机构进行了评议。指导乡镇稳妥推进年度民生实事项目人大代表票决工作，鸭江镇、文复乡完成试点，各自总结出台了实施办法；后坪乡结合实际，开展了深度贫困乡项目建设票决制工作。持续分片召开乡镇人大工作座谈会，邀请乡镇街道人大负责人固定列席常委会会议，听取了人大凤山、芙蓉街道工委工作报告，完成县乡人大换届选举和街道人大工作调研。

一年来，常委会持续开展跟踪监督，听取审议了2019年度对中小企业促进法实施情况、乡镇卫生院和村卫生室作用发挥情况、区属国有企业改革方案落实情况、推进乡村振兴战略实施情况、发挥审判职能作用为民营经济发展提供司法保障情况等工作报告审议意见的研究处理情况报告，推

动了有关工作改进。积极配合市人大常委会工作部署，开展了劳动法、劳动合同法、农民专业合作社法等实施情况的执法检查，《重庆市文明行为促进条例》的立法调研和修改意见反馈，全力服务在武市人大代表履职，开展了渝东南片区联组活动。

各位代表：常委会过去一年取得的成绩，是习近平新时代中国特色社会主义思想科学指引的结果，是市人大常委会指导支持的结果，是区委坚强领导的结果，是全区各级人大代表、常委会组成人员、各专门委员会和常委会各工作机构履职尽责、担当作为的结果，是“一府一委两院”密切配合、通力协作的结果，是全区人民和社会各界充分信任、大力支持的结果。

回顾过去一年工作，常委会还存在一些差距和不足，主要是：组合监督方式、加大监督力度、推动问题解决还需进一步加强，丰富代表活动、发挥“家”“站”作用、建议质量和办理实效还需进一步提升，指导联系乡镇人大、发挥专门委员会作用、改进机关干部作风还需要进一步努力。常委会将虚心听取代表和各方面意见建议，不断加强和改进。

今年工作的主要任务

今年是我国全面建成小康社会、实现第一个百年奋斗目标之后，乘势而上开启全面建设社会主义现代化国家新征程、向第二个百年奋斗目标进军的起步之年，是我国现代化建设进程中具有特殊重要性的一年，也是本届人大及其常委会履职的届末之年。常委会要高举中国特色社会主义伟大旗帜，以习近平新时代中国特色社会主义思想为指导，全面贯彻党的十九大和十九届二中、三中、四中、五中全会精神，深学笃用习近平法治思想和习近平总书记关于坚持和完善人民代表大会制度的重要思想，坚持党的领导、人民当家作主、依法治国有机统一，在区委坚强领导下，深入落实习近平总书记对重庆提出的系列重要指示要求，坚持稳中求进工作总基调，聚焦推动高质量发展，依法履职不懈怠，接续奋斗新征程，为确保“十四五”开好局持续作出人大贡献，以优异成绩庆祝建党100周年。

一、完善监督机制，增强监督实效

围绕大局、贴近民生、突出重点、服务发展，安排监督项目25个，推动“一府一委两院”依法行权、履职尽责，让改革发展成果更多更公平惠及人民群众。推动财政经济提质增效、更可持续，听取审议区政府关于计划执行、预算执行、审计工作、审计查出问题整改等情况报告，审查批准2020年区级决算，主任会议听取预算绩效管理情况、统计工作情况的报告，开展促进科技成果转化条例实施情况的执法检查。推动生态文明建设，开展农业面源污染防治工作评议，听取审议区政府关于国土空间规划情况的报告、国有资产管理情况的综合报告和国有自然资源资产管理情况的专项报告、2020年度环境状况和环境目标任务完成情况的报告，集中视察生态工业发展情况。推动脱贫成果巩固和乡村振兴战略实施，听取审议区政府关于“四好农村路”建设和管理情况的报告，主任会听取生猪产业发展情况的报告，集中视察乡村旅游配套设施建设、农产品加工业发展情况。推动民生保障和社会治理，听取审议区政府关于“七五”普法决议贯彻落实情况、红十字会法办法实施情况的报告，区检察院关于民事行政检察工作情况的报告，开展药品管理法、未成年人保护法和保护条例实施情况的执法检查，按照统一部署适时听取审议区监委有关专项工作情况的报告，主任会议听取基本医疗保险工作情况、退役军人事务工作情况的报告，集中视察乡镇卫生院建设情况。

打好监督“组合拳”，推进监督机制更加完善。执行市人大常委会《关于加强对审计查出问题整改情况监督的决定》，在听取审议审计整改情况报告时，根据需要，确定问题突出的责任部门分别报告整改情况，对其开展“满意度”测评。拓展完善人大预算联网监督系统功能，推进与审计部门相关信息系统网络联通，实现信息共享，抓实抓细预算执行监督。加强规范性文件备案审查，完善备案、审查、处理、反馈的“闭环”机制，利用市人大常委会备案审查信息平台，推动政府规范性文件向常委会电子报备全覆盖，以备案全覆盖实现审查全覆盖，以审查全覆盖带动监督全覆盖。加强干部任后监督，组织任命干部报告履职情况并开展“满意度”测评，实现政府组成部门主要负责人和“两院”副职届内全覆盖。提高监督针对性，坚持问题导向，加大“审议意见+问题清单”交办力度，推动整改事项靶向施策、精准发力。支持基层人大对本级预算的审查、批准、监督，规范基层预算收支行为，强化预算约束，制定《重庆市武隆区乡镇街道预算审查监督暂行办法》。

二、关注重大事项，依法决定任免

围绕党的决策部署、改革开放的需要、人民群众的期盼，落实好区委关于健全人大讨论决定重大事项制度、各级政府重大决策出台前向本级人大报告的实施意见和常委会讨论决定重大事项的规定，用好专项工作咨询专家，完善重大事项的提出、调研、咨询、审议、决定等程序，使决议决定更加科学、更接地气、更加符合人民意愿。坚持党管干部原则与人大依法行使任免权相统一，保证区委意图得到落实。督促任职人员弘扬宪法精神，践行宪法使命，持续开展任前法律知识考试、颁发任命书、宪法宣誓等工作，对“一府一委两院”和乡镇人大执行宪法宣誓制度情况开展检查。

三、拓展代表工作，发挥代表作用

支持和推动代表在根植人民、联系群众中更好发挥作用，持续落实联系群众、“主任接待日”、代表专业组、代表列席常委会会议等制度，加强常委会同代表的联系，拓展代表参与常委会和专门委员会、工作委员会工作的广度和深度。依法保障和规范代表工作经费，完善代表“家”“站”

建设，更好发挥在密切联系人民群众中的重要作用。深入推进代表建议办理“两次评价”、区领导认领督办重点建议等工作，督促承诺事项跟踪落实，加大办理结果和评价结果公开力度，继续选择3个承办部门，对其办理工作开展“满意度”测评。全面实施新修正的选举法，出台换届选举工作方案，开展代表换届选举培训，针对性地解决撤镇设街道后基层群众政治参与度不足的问题，按照“基数+人口代表数”计算方式，适当增加代表名额，严把代表“入口关”，完成代表履职评价，推荐优秀代表参加连选，做实提名推荐、考察审查、选区划分、选民登记、投票选举、资格审查等工作，确保选举依法有序、风清气正，实现代表结构优化、具有广泛代表性，让党委认可，让群众满意。

四、加强自身建设，提高能力水平

坚决贯彻落实全面从严治党战略部署，以政治建设为统领，坚持用习近平新时代中国特色社会主义思想武装头脑、指导实践、推动工作，把不忘初心、牢记使命作为加强常委会和机关党的建设的永恒课题和党员、干部的终身课题常抓不懈，领导机关党组自觉接受区委巡察组对机关开展“政治体检”和“综合会诊”，加强问题整改，把牢政治机关属性，增强“四个意识”、坚定“四个自信”、做到“两个维护”。严格落实中央八项规定精神和市委、区委纪律要求，持之以恒改作风转作风，坚持过紧日子，关注群众牵肠挂肚的烦心事、揪心事、操心事，扎实练就调查研究基本功，使各项工作接地气、聚民意、求实效。抓好常委会组成人员和机关干部管理，激励干部保持斗争精神，增强斗争本领，敢于监督，善于监督，建设忠诚干净担当的高素质人大干部队伍。加强人大宣传和理论研究，积极申报市人大制度研究会理论课题，组织“人大开放日”活动，结合常委会人事任命，邀请公民旁听全体会议，观看宪法宣誓仪式，充分展示人民代表大会制度的实践探索和支撑国家治理体系和治理能力的根本政治制度的重要作用。更大力度支持和保障基层人大依法行使职权，稳步推进乡镇年度民生实事项目人大代表票决工作，基层人大负责人和代表列席常委会会议后，固定召开座谈会，了解基层困难，听取意见建议，研究推进人大阶段性工作，凝聚起人大工作强大合力。

各位代表！行百里者半九十，届末之年更需加倍努力。让我们更加紧密地团结在以习近平同志为核心的党中央周围，在区委的坚强领导下，不忘来时初心，牢记肩上使命，乘势而上勇担当，戮力同心促发展，为推动武隆经济社会发展和民主法治建设，开启全面建设社会主义现代化国家新征程，推进治理体系和治理能力现代化接续奋斗，以优异成绩庆祝中国共产党成立100周年！

附件：区人大常委会2021年主要工作计划表

附件

区人大常委会2021年主要工作计划表

一、常委会会议议题

序号	项　目	牵头机构	备注
	（一）听取审议法定报告10项		
1	区政府关于2020年度环境状况和环境保护目标完成情况的报告	财经委	
2	区政府关于2020年决算草案的报告，审查和批准区级决算	预算工委	
3	区政府关于2021年1—6月国民经济和社会发展计划执行情况的报告	财经委	
4	区政府关于2021年1—6月区级预算执行情况的报告	预算工委	
5	区政府关于2020年区级预算执行和其他财政收支的审计工作报告	预算工委	
6	区人大监察法制委关于2020年度规范性文件备案审查工作情况的报告（书面）	监察法制委	
7	区政府关于办理区十八届人大五次会议代表建议和研究处理《2020年区人大代表建议办理情况报告的审议意见》情况的综合报告，3个承办部门的承办工作情况报告并对其办理工作开展“满意度”测评	人代工委	
8	区政府关于2020年度审计查出问题整改情况的报告	预算工委	
9	区人大常委会街道工委工作报告	人代工委	
10	审查批准区级预算调整方案	预算工委	依法适时
	（二）听取审议专项报告6项		
1	区政府关于“四好农村路”建设和管理情况的报告	农委	
2	区政府关于国土空间规划情况的报告	财经委	

附件续表

序号	项 目	牵头机构	备注
3	区政府关于国有资产管理情况的综合报告和国有自然资源资产管理情况的专项报告	预算工委	
4	区政府关于实施《重庆市实施〈中华人民共和国红十字会法〉办法》情况的报告	教科文卫工委	
5	区政府关于“七五”普法决议贯彻落实情况的报告	监察法制委	
6	区检察院关于民事行政检察工作情况的报告	监察法制委	
	（三）工作评议 1 项		
	区政府关于农业面源污染防治工作情况	农委	全市联动
	（四）执法检查 3 项		
1	《中华人民共和国药品管理法》实施情况	财经委	
2	《重庆市促进科技成果转化条例》实施情况	教科文卫工委	
3	《中华人民共和国未成年人保护法》和《重庆市未成年人保护条例》实施情况	社会建设委	
	（五）听取审议 2020 年审议意见研究处理情况报告 7 项		
1	区政府关于研究处理《城市管理工作情况报告的审议意见》情况的报告	财经委	
2	区政府关于研究处理《乡村旅游发展情况报告的审议意见》情况的报告	教科文卫工委	
3	区政府关于研究处理《“一环两园”现代农业产业园建设推进情况报告的审议意见》情况的报告	农委	
4	区政府关于研究处理《2019 年度国有资产管理情况综合报告和企业国有资产管理情况报告的审议意见》情况的报告	预算工委	
5	区政府关于研究处理《规范和保障律师执业情况报告的审议意见》情况的报告	监察法制委	
6	区检察院关于研究处理《适用认罪认罚从宽制度情况报告的审议意见》情况的报告	监察法制委	
7	区法院关于研究处理《推进以审判为中心的刑事诉讼制度改革工作情况报告的审议意见》情况的报告	监察法制委	

二、主任会议听取专项报告 5 项

序号	项 目	牵头机构
1	退役军人事务工作情况	社会建设委
2	基本医疗保险工作情况	社会建设委
3	统计工作情况	财经委
4	预算绩效管理情况	预算工委
5	生猪产业发展情况	农委

三、市区两级代表集中视察活动 4 项

序号	项 目	牵头机构
1	乡村旅游配套设施建设情况	人代工委
2	农产品加工业发展情况	人代工委
3	乡镇卫生院建设情况	人代工委
4	生态工业发展情况	人代工委

四、制度建设1项

序号	项 目	牵头机构
1	《重庆市武隆区乡镇街道预算审查监督暂行办法》	预算工委

五、其他重点工作9项

序号	项 目	牵头机构
1	完成县乡两级人大代表换届选举	人代工委
2	督促有关机关、团体、组织依法办理代表建议	人代工委
3	完成区人大代表履职评价，指导乡镇完成乡镇人大代表履职评价	人代工委
4	监督检查“一府一委两院”和乡镇人大执行宪法宣誓制度情况	人代工委
5	组织区政府组成部门局长、主任和区法院副院长、区检察院副检察长向常委会报告履职情况并对其开展“满意度”测评	人代工委
6	利用市人大常委会备案审查信息平台，实现政府规范性文件向常委会电子报备	监察法制委
7	组织列席常委会会议的基层人大负责人和代表，固定召开工作座谈会	办公室
8	组织“人大开放日”活动，邀请公民旁听常委会全体会议，观看宪法宣誓仪式	办公室
9	抓好人大新闻舆论和人大制度理论研究	办公室

（区人大常委会办公室）

中国人民政治协商会议
重庆市武隆区第九届委员会常务委员会工作报告

——2021年1月12日在区政协九届六次会议上

潘晓成

一、2020：恪守初心，坚守“圆心”

2020年在新中国历史上是极不平凡的一年，是“十三五”收官之年。区政协常委会以习近平新时代中国特色社会主义思想为统揽，高举中国特色社会主义伟大旗帜，始终恪守“坚持党对政协工作全面领导”这一履职初心，坚守“思想引领与凝聚共识双向发力”这一政治底色圆心，在市政协的指导和区委的坚强领导下，以落实区委十四届九次全会确定的目标任务和重点措施为主线，以忠诚之念、为民之心、创新之举，集思广益助发展、倾情履职惠民生、凝心聚力促和谐，在干出人民政协新样子的实践中探索前进，把党中央、市委的决策部署、区委的排兵布阵落实下去，把推进武隆高质量发展的智慧和力量凝聚起来，为全面落实习近平总书记赋予重庆的殷殷嘱托贡献智慧和力量。

（一）强化创新理论引领，思想政治的底色更加鲜明。

常委会着力在学懂弄通做实习近平新时代中国特色社会主义思想上下功夫，夯实凝聚共识的思想基础。

自觉运用党的创新理论武装头脑。政协党组把学习贯彻习近平新时代中国特色社会主义思想作为首要政治任务，紧密结合习近平总书记对重庆的指示批示精神和党的十九届五中全会精神，党组成员带头讲党课读原著，班子成员用心进行中心发言，结合工作实际回答好“跟着谁”“为了谁”“我是谁”这些根本问题。全年共组织13次党组理论中心组学习，围绕6个专题进行学习交流，推动理论学习常态化制度化，做到学深悟透、融会贯通，以履职尽责的实效增强“四个意识”、坚定“四个自信”、做到“两个维护”；组织政协常委到市委党校集中培训，系统学习习近平新时代中国特色社会主义思想和习近平总书记关于加强和改进人民政协工作的重要思想，从中汲取信仰的感召、方向的指引、进取的力量、履职的担当。

始终坚持党对政协工作坚强领导。始终牢记坚持中国共产党的领导是人民政协的共识和初衷，始终把“讲政治、听召唤、守纪律”作为政协工作最重要的规矩，始终保持与区委思想同心、目标同向、工作同行；坚持党组向区委常委会汇报工作制度，重大事项、重要问题、重大活动及时向区委请示报告，政协党建、协商调研方案等均报经区委审定，年度工作计划与区委区政府重点工作认真对接，重点调研课题安排主动征求区委意见，积极完成区委出的题目、交办的任务。

坚持思想引领与凝聚共识双向发力。人民政协把思想引领与凝聚共识贯穿于履职全过程是习近平总书记的谆谆教诲。工作实践中，用党的创新理论“引”，使“主席会成员联系党员委员、党员委员联系委员、委员联系界别群众”成为守牢政治底色圆心的鲜活载体；用各类商量平台“聚”，融会贯通党的政治领导力、思想引领力、群众组织力和社会号召力，把方方面面“聚合”在中国特色社会主义旗帜下；用以人民为中心的履职理念“联”，协商范围由城区向乡村延伸、由会场向现场延伸，拓宽公民有序参与社会治理的渠道，向群众实打实征求意见，面对面沟通交流，让群众感到政协离他们很近，委员就在身边。2次在市政协举行的区县“思想引领与凝聚共识”经验交流会上交流。

（二）搭好协商议政平台，建言资政的成效更加明显。

协商是政协的主要工作，专门协商是政协的履职方式，常委会不断推动协商制度化、规范化、程序化，擦亮专门协商机构“牌子”。

议政协商，为高质量发展助力。加快民族乡经济社会全面发展是增强民族团结的基础和根本。主席会成员率部分政协委员先后深入石桥、文复、浩口、后坪等乡镇，召开院坝会、座谈会6次，了解民族乡镇发展现状、分析制约瓶颈、研究途径措施，区主要领导认为《关于推进民族乡小康建设的调查与建议》“很有借鉴意义”，要求相关部门“认真吸纳，切实推进我区民族乡发展和民族文化传承”；仙女山机场建设进程牵挂着全区人民的心。组织政协委员、民主党派成员2次到仙女山机场视察调研，就工程建设、航线开发、配套工程推进等座谈协商，《仙女山机场建设与运营情况协商建议》报区委区政府供工作决策；土地整治是增加有效耕地、提高地力的路径之一。我区的土地整治效果如何？科技界、社保界的委员视察了火炉镇筏子村土地项目整治情况，并与相关部门、乡镇开展座谈协商。分析土地整治的成效与现状，剖析土地整治的问题与差距，提出“探索多渠道资金投入机制”等七个方面的对策与建议。

提案协商，为民生诉求代言。提案是民意“直通车”、民情“晴雨表”、民心“测试剂”。征集委员提案174件，经审查，立案144件，并案后交办119件。如何让这些提案在办理协商过程中转变为民生民利、发展利益的落实过程，我们在持续坚持“提得准”、体现“办得实”、凸显“督得严”的基础上，创新推出“不满意提案协商”，将委员评价的“不满意提案”，组织办理部门、涉事部门、提案委员面对面协商，把问题说清、把政策读懂、把建议谈透。从实践效果看，实现了从“文来文往”到“面对面协商”的转变、从“电话告知”到“见面商量”的转变、从“注重答复”到“注重办理实效”的转变。如《关于规范非民用天然气收费价格和服务的建议》，委员对办理结果不满意。政协提案委组织开展多方协商，经过面对面的“唇枪舌剑”，困惑在协商中越辩越明，共识在协商中逐渐形成。本次协商，不仅让委员、承办单位、涉事部门握手言和，而且督促相关部门深度解读政策、认真研究措施，促进非民用燃气在价格制定、设施安装、服务质量等方面进一步改进。《人民政协报》、人民政协网、《重庆政协》、今日头条刊发的《协商，从不满意提案开始》《从“被满意”到“评满意”》等8篇稿件，多视角展示了我区专门协商的新样子。

专题协商，为高品质生活谋策。围绕“高品质生活”这一新时代人民对美好生活的新需求、新向往进行专题协商。物业管理是供需双方矛盾突出、业主意见多、反响强烈的行业。主席会成员率部分委员，先后走访行业主管部门、部分物业企业，并5次组织相关部门、街道、社区、业主代表等进行座谈交流、协商讨论，提出的“强化责任落实、密切协同配合，形成物业管理工作合力”等7个方面17条意见，写进《武隆物业管理调研报告》；城乡垃圾处理群众十分关注，组织委员和相关单位深入部门、乡村、垃圾场所调研视察、座谈协商，提出了5个方面19条意见建议；绿色低碳生活是美好生活方式之一，组织委员深入乌江武隆段，就乌江沿岸环境情况、绿化情况、居民生活状况等进行调研，形成的《武隆区乌江生态走廊建设的探索》上报市政协；旅游文化品牌是特殊的旅游产品，是旅游国际化的支点。武隆旅游文化品牌建设路径在哪里？教育科技、卫生文化新闻等界别委员深入喀斯特公司、白马山旅游公司、羊角古镇、浩口乡田家寨等地协商调研，分析旅游文化定位、旅游品牌建设的现状和问题，在吸纳山西平遥、祁县、五台山等地经验的基础上，提出《武隆文化品牌建设的路径建议》。

（三）抓深重点课题调研，出谋献策的成色更加实足。

根据区委要求和对经济社会的前瞻性分析，确定课题进行重点调研，向区委提出建议。

围绕“双城记”献策“经济圈”。在深入学习、融合领会、准确把握“成渝地区双城经济圈”这一国家战略的深远意义、战略目标、重大举措之后，去年5月中旬，将部分政协委员、政协常委分成6个组，由主席会成员分别带队，赴新扩容的主城12区，就助力“武隆全面融入双城经济圈”进行深层次调研。5月28日，召开调研组工作座谈会，畅谈体会感想、交流心得启示、谋篇发展布局。将包含4个方面11条意见建议的《融入成渝地区双城经济圈积极谋划武隆西部新城建设的建议》和4个方面12条意见建议的《关于武隆融入双城经济圈城市规划及功能布局的协商建议》上报区委区政府；政协、统战部、民盟武隆总支联合承办“重庆市首届‘群言堂’”，来自上海、四川、重庆三省市120余名专家学者齐聚武隆，为“唱好双城记”提供新思路。与会嘉宾、社会各界盛赞“群言堂”的成功举办。一致认为“是一次进一步‘树立川渝一家亲、强化川渝一盘棋’的具体实践，是一次联合研讨区域经济社会发展重要问题、重大事项的全新尝试，是一次广泛聚智汇力、助推地方中心大局的”有力探索；组织委员认真研究武隆全面融入成渝地区双城经济圈的方法载体、措施路径。《打造成渝基础教育联盟，助推双城经济社会发展》《建设渝东南旅游融合示范区的思考》《武隆全面融入双城经济圈的建议》等一批建言献策文章相继出炉。其中《建设渝东南旅游融合示范区的思考》等2篇文章被民盟重庆市委会评为“参政议政”优秀文章。

围绕“一体化”献策“新城区”。凤来新城作为“携手南川合作发展”的抓手和载体。主席会成员、部分政协委员对凤来镇进行实地调研，并就地召开座谈会，听取相关部门、相关乡镇介绍情况，对凤来新城规划范围、瓶颈制约、工作重点、建设路径等进行专题讨论。归纳梳理的《关于凤来新城规划建设工作的若干建议》被区主要领导要求凤来新城建设指挥部“阅研吸纳”；在市政协常委会上，围绕凤来新城建设和“武隆南川一体化发展”进行大会发言，恳请市政协、市级部门大力支持；谋划并实施“凤来新城委员助力活动”，号召全体政协委员根据岗位职责参与助推助力活动，纳入委员履职实绩考核。

围绕“现代化”献策“十四五”。“十四五”时期，在重庆市打造“国际国内双循环大枢纽”背景下，武隆如何在“全民现代化”的路上迈出坚实的步伐。主席会成员以督办《关于编制好“十四五”规划的建议》重点提案为契机，2次组织委员就《武隆区“十四五”规划纲要》的编制进行调研讨论，2次主席会协商，1次常委会协商，2次就武隆“十四五”时期重点项目、规划编制向市政协领导进行专题汇报，2次在市政协举行的“十四五”规划专题会上发言交流。《关于支持武隆“十四五”重点发展项目的建议》《关于武隆区“十四五”构筑现代基础设施体系的建议意见》书面报市政协，部分内容被市政协作为重点项目推荐市相关部门。

围绕“特色牌”献策“产业强”。烤烟是我区的传统主导产业，是烟区农民增收、地方财政增税的重要来源。自1983年以来，种植面积从峰值20万亩下降到3.8万亩，产量从峰值45.2万担下降到8.8万担，这其中的原因何在？主席会成员率相关部门、部分委员深入白马镇车盘村、和顺镇青木村、石桥乡望阳村实地调研，在石桥乡召开“烤烟生产座谈会”，在35次主席会上协商讨论。委员们从烤烟种植的历史成因、对财政的贡献、国家政策的调整、当前的发展机遇、主要问题等方面进行多视角的客观分析，提出5个方面15条意见建议。《协商会议建议》上报区委区政府，区主要领导认为“数据翔实，分析透彻，建议意见很有针对性和可行性”，并表示“烤烟产业是我区农业生产的重要支柱，应支持其发展”。

围绕“康养乐”献策“民生事”。随着老年人口的剧增，养老服务社会化就摆上了议事日程。我区的养老社会化服务经过多年探索实践，究竟闯出了什么路径？社保界、医卫界部分政协委员调研视察了“隆康医养中心”，并听取民政局就“养老事业发展”情况介绍。委员们围绕“托底养老、社区养老、机构养老、互助养老、医养结合、健康养老”等方面协商研讨，提出18条意见建议；高山避暑纳凉是我区乡村旅游发展的方式之一，主席会成员率部分委员、相关部门深入和顺、双河、赵家等乡镇调研、召开座谈会，广泛搜集民情民意，充分听取各方意见，形成《我区避暑纳凉休闲民宿产业发展建议》。

（四）围绕服务大局履职，担当有为的姿态更加积极。

在全区上下团结拼搏、担当实干的浓厚氛围下，广大委员积极参与和服务“战贫”“战疫”等中心大局。

聚焦脱贫攻坚展现新担当。在脱贫攻坚进入决战决胜关键阶段，主席会议成员深入6个乡镇7个村40户，履行联系和督导贫困村脱贫攻坚职责，深入贫困村调研、挂牌督导指导；政协党组专题研究沧沟乡脱贫工作计划及中央脱贫攻坚巡视“回头看”大排查等工作；政协帮扶集团慎终如始“用心帮、用智帮、用情帮”，聚焦“两不愁三保障一达标”，扎实开展脱贫攻坚百日攻坚大排查、收官大决战等，全面盘点梳理，及时查缺补漏，迅速整改到位；组织人员深入7个区县76个村开展调研，《建立健全解决相对贫困长效机制的建议》被全国政协列为6月双周协商会大会发言材料。《关于制定解决相对贫困基本标准的建议》《解决相对贫困城市减贫不容忽视》等社情民意被转报全国政协。《关于建立解决城市相对贫困长效机制的建议》被民盟中央采用；组织黄济人等市内外作家赴大洞河乡、沧沟乡青杠村开展采风活动，聆听增强“造血”功能的扶贫故事，寻找文旅融合发展的脉络和印迹。《诗意大洞河》即将公开发行，报告文学《刷新青杠》被国家扶贫办收录，《我就是青杠人》获市政协“脱贫攻坚政协力量”征文二等奖。

聚焦疫情防控展现新担当。面对突如其来的新冠肺炎疫情，区委区政府坚决贯彻习近平总书记重要讲话精神和党中央决策部署，科学制定防控策略和应对举措，行动迅速、措施有力，在夺取疫情防控和实现经济社会发展目标双胜利的大考中交出了优异答卷。区政协及时跟进区委工作部署，及时成立应对新冠肺炎疫情领导小组，向广大委员发出倡议，号召政协委员发挥自身优势，用岗位的新作为展现疫情防控新担当，同时为经济社会秩序全面恢复建言献策；主席会成员亲临疫情防控一线，督查指导疫情防控和复工复产工作，并就援企保岗政策支持落实情况实地走访；教育界、科技界部分政协委员在主席会成员带领下，深入人民医院、中医院、疾控中心、江口镇卫生院实地调研，并在37次主席会上就“公共卫生应急体系建设”开展协商活动。区主要领导要求卫健委认真吸纳《关于公共卫生应急体系建设的建议》，全面提升我区公共卫生应急体系建设水平；疫情期间，政协委员陈曦主动请缨，带领感染科人员接诊病人5922人次、转送确诊病例1人、收治疑似病例3人和留观排查病例159人、检测核酸22065人，所在科室评为市级抗疫先进集体；委员们直面疫情带来的现实困难，分析“化危为机”的客观可能，主动服务全区统筹推进经济社会发展工作。《渝东南城镇群旅游发展分析》《关于给予渝东南武陵山区城镇群老旧城区改造政策支撑》等报送市、区相关部门；征集的《疫情期间严重精神障碍患者的就医问题亟待解决》《线上教学的问题与建议》等5篇社情民意被市政协采纳，并转市级相关部门。《人民政协报》刊发的《贫困村里的对话》《特殊的家庭聚会》等8篇稿件，生动再现了武隆疫情防控的一个个生动画面。

聚焦粮食安全展现新担当。粮食安全始终维系国民经济发展、社会稳定。习近平总书记说“要把粮食安全牢牢掌握在自己手中”。新冠肺炎疫情后，一度时期，粮食安全成为街头巷尾、茶余饭后百姓热议话题。武隆的粮食供给是否保障？粮食储备是否充足？粮食缺口是否能及时弥补？带着这些问题，组织政协委员、相关部门深入超市、粮食企业、粮食主产区深度调研，并召集发展改革委、农业农村委、商务委、市场监管局、畜牧中心等部门座谈协商。提出的《关于我区粮食安全保障的协商建议》报区委区政府，得到区主要领导高度肯定，认为：调查全面，问题摸得准，措施建议有针对性、可行性，对我区加强粮食安全建设很有借鉴意义。

聚焦政协工作向基层延伸展现新担当。政协工作向基层延伸是新时代人民政协事业发展的创新之举，也是中国特色社会主义制度更加完善更加定型的崭新课题。按照区委政协工作会议“研究探索政协工作向基层延伸的途径和方法”的要求，组织部分委员深入市内江北、永川、南川等区县和四川省都江堰、彭州、双流等市县开展专题调研。在认真分析市内外工作经验的基础上，研究协商的《政协工作向基层延伸试点方案》上报区委。区主要领导要求“组织部、编办拟定工作实施方案报区委审定”。

（五）抓实基层基础建设，固本强基的步子更加坚实。

坚持把党组建设、队伍建设、团结联谊、宣传理论等工作放在重要位置，努力夯实政协工作提质增效的基础。

切实抓好两级党组建设。对标对表党的建设总要求，严格执行区委《关于加强新时代人民政协党建工作的实施意见》，用“工匠精神”抓好党的建设，确保党对政协的全面领导。一是建设好两级党组，并指导好机关支部，把党的政治建设摆在首位，涵养“心中有党”的浩然正气，擦亮“心中有民”的党员本色，强健“心中有责”的担当臂膀，锻造“心中有戒”的坚盔利甲。任何情况下都做到政治信仰不变、政治立场不移、政治方向不偏。二是严肃政治生活，以民主生活会、“三会一课”、谈心谈话和民主评议党员制度等为载体，常做“政治体检”、常扫“思想灰尘”、常听“逆耳之言”，多解剖一些“麻雀”；进一步落实意识形态工作责任制，压实意识形态工作政治责任，坚决肃清孙政才恶劣影响和薄熙来、王立军流毒；支持派驻区政协纪检监察组履行职能，自觉接受派驻机构监督。三是抓好党建全覆盖，协商议政活动建立临时党支部，实施党员委员联系无党派人士、宗教委员等制度，全面履行管党治党主体责任和监督责任。

切实抓好两支队伍建设。加强政协委员和机关干部“两支队伍”建设，是破解区县政协“两个薄弱”问题的重点。引领督促“两支队伍”中的共产党员牢记第一身份、履行第一职责，在政治引领、凝聚共识、理论武装、发扬民主、担当尽责、清正廉洁等方面发挥先锋模范作用；认真落实政协党组成员联系界别、党员委员联系党外委员等制度机制，开展委员走访活动，及时掌握统一战线内部的思想动态，加强关注点、风险点、敏感点思想政治引领；搭好协商议政平台，引导委员紧扣区委区政府中心任务和群众关切期盼履行职责，不断提高协商议政的精准度；加强机关班子建设，构建符合政协机关特点的责任分工和协作体系，提高机关领导干部站位全局、盯牢重点、把控节奏、破解难题的能力；进一步理顺委室之间的工作职责，合理明确干部岗位责任，构建定位清晰、链条完整的责任落实体系；增强纪律的刚性约束力和严肃性，坚持抓早抓小、抓长抓常，教育督促机关干部严守纪律规矩，规范自身言行，守住底线、不碰红线、不踩雷区，树立良好的政协干部形象。

切实抓好联络联谊交流。为了深化人民政协大团结大联合的政治功能，组织委员到贵州正安县考察吉他工业园和南川区南平工业园、大观产业园；组织参加“全国政协调研”等市内外会议13批次；圆满完成全国政协副主席、致公党中央主席、全国科协主席万钢，市政协副主席吴刚、谭家玲、张玲、周克勤、王新强以及海南省政协主席毛万春等来武考察86批次的接待任务；为促进川渝两地企业与商会资源共享、信息互通、优势互补，区工商联组织开展“川渝企业武隆行”。50余家民营企业、10余个商会来武考察，签订意向性投资协议3个，签约金额25.5亿元；围绕抢抓双城经济圈建设机遇，积极发挥新的社会阶层人士作用，举办“川渝街舞赛”助力文旅融合发展；支持区新专联围绕脱贫攻坚、乡村振兴开展消费扶贫等社会实践活动6次。

切实抓好新闻理论工作。铭记习近平总书记新闻工作“脚力、眼力、脑力、笔力”要求，发扬“光着脚板跑新闻”的好传统，走街巷、进社区，下农村、访农家，深入基层一线，用敏锐的眼光，深入挖掘党派、委员的实践探索、履职创新、典型做法的生动故事，用鲜活的事例讴歌新时代政协委员风采。全年采写新闻稿件236篇，其中《人民政协报》用稿37篇、《检察日报》用稿2篇、《重庆政协报》用稿93篇。区政协连续8年获市政协新闻宣传先进集体，1名委员连续6年获市政协新闻宣传先进个人和明星通讯员；按照市政协“紧盯时代之问、实践所需”的要求，开展“发挥人民政协专门协商机构作用”的理论研究，着墨于专出特色、专出质量、专出成效、专出水平。《区县政协参与基层社会治理机制思考》获市政协理论研究一等奖。

切实抓好文史书画活动。本着“辅史学之证，补档案之缺”，组织人员收集整理武隆政协成立37年来的有关史实资料，历届委员、政协工作者积极撰写回忆文章、反映履职历程、提供见证亲历，《武隆政协回眸》完成清样，即将付印；推进“书香政协”建设进程，彰显用书画联络感情、凝聚人心作用，策划成立政协书画院，聘请全国政协委员、国家画院院长卢禹舜等9人为顾问，并在仙女山博象美术馆举办“砥砺奋进新时代、助力文旅大融合”首届书画展，共展出书画作品200余幅。邀请市政协书画院和渝中、荣昌、涪陵、南川等区县的书画作品友情展出。

各位委员：区政协一年来所取得的成绩，是区委坚强领导的结果，是区人大、区政府鼎力支持的结果，是政协各参加单位、广大委员、政协工作者勤奋履职的结果，也是政协老领导、老同志以及各界人士关心支持的结果。在此，我代表区政协常委会，一并表示衷心的感谢！

回顾一年来区政协的履职实践，对照习近平总书记关于政协是“专门协商机构”的定位，我们清醒地看到，区政协的工作还存在一些差距：工作创新的力度有待加强；政协民主协商面向群众的程度较低；工作跟踪问效力度不足；政协班子与基层委员的联络交流不够密切等。这些问题，都要求我们直面不足、团结进取，不断展现新担当、新作为；要求我们进一步练好“内功”、提质增效，真正发挥好专门协商机构作用；要求我们围绕中心大局更好地汇集众智、凝聚合力。真诚希望广大政协委员提出批评建议，常委会将认真研究，积极探索实践，切实加以改进。

二、2021：不改初心，聚焦民心

时光变迁，使命永恒。2021年是“十四五”规划的开局之年，是两个百年奋斗目标交替与转换之年。区委十四届十次全会着眼全局，勾勒出实现美好蓝图的重点、路径、措施，充分体现区委引领推动跨越发展坚如磐石的定力、接续奋斗的耐力、再创辉煌的毅力！

站在全面建设社会主义现代化国家、向第二个百年奋斗目标进军的新时代新阶段，我们共同促进世界的武隆精彩蝶变。政协各参加单位和广大委员，要勇立时代潮头，干出无愧于时代发展、无愧于组织期待、无愧于人民信任的新样子，充分展现新时代武隆政协的使命担当和崭新风采！新的一年，区政协工作总体要求是：坚持以习近平新时代中国特色社会主义思想为指导，全面贯彻党的十九大以及十九届二中三中四中五中全会、市委五届历次全会和区委十四届历次全会精神，认真落实中央政协工作会议和市委、区委政协工作会议部署，在区委的坚强领导下，把握履职主轴主线和中心环节，始终秉持“区委中心工作推进到哪里、政协履职就跟进到哪里”，不断加强和改进政协工作，更好凝聚共识，更好汇聚智慧力量，更好发挥专门协商机构作用，切实把政协的制度优势转化为治理效能，为武隆高质量发展提供政协配方。

（一）加强理论引导，在担当政治责任上展现新自觉。

唯有深学，方能笃行。党的十九届五中全会和中央政协工作会议进一步为新时代人民政协指引方向、定性赋能。常委会要持续不懈抓好理论学习，深入贯彻习近平总书记关于加强和改进人民政协工作的重要思想，牢牢把握党中央对人民政协工作的新部署新要求，深刻理解人民政协制度与国家治理体系的内在联系，内化于心、外化于行，指导实践、推动工作，争当国家治理体系和治理能力现代化建设的参与者、实践者、推动者；要在落实党对政协工作的坚强领导、加强对政协委员和各界别群众的思想政治引领上下功夫，以一流党建促一流履职；要巩固“不忘初心、牢记使命”主题教育成果，准确把握人民政协“团结民主”“为民履职”初心，积极担当“发挥专门协商机构作用”使命，努力推进理念更新、工作创新，在切实服务发展、关注民生中树立新样子，在真正发挥价值作用、担当政治责任中展现新的政治自觉。广大政协委员要总结和发扬新冠肺炎疫情防控考验、脱贫攻坚洗礼中展现的良好精神风貌，继续保持为民担当的政治觉悟和一线奋战的拼搏精神，在全区铆足劲、加油干的大氛围中，进一步把人民和事业装在心中、把奉献和履职作为本能，更加自觉地奋勇争先、尽心尽责。

（二）聚焦主业主责，在推进协商民主上彰显新举措。

充分发挥政协的党派、群众、界别、专业“四大优势”，做好协商这一主业，担好“搭台”这一主责，擦亮专门协商机构牌子，努力展现政协作为专门协商机构的特色和水平。要在坚持抓好全会协商、专题议政性常委会协商、提案协商的同时，突出抓好“渝事来协商”平台功能建设，加强实践探索，细化工作规范，增强协商的群众性、公开性，推动政协协商与基层协商相衔接、与社会治理相结合，彰显“渝事来协商”平台优势，打造政协工作“金名片”；要在协商中体现建言资政和凝聚共识双向发力要求，聚焦充分发挥重庆主城都市区、联通黔北重要联结点功能，加快打造渝东南游客集散中心、主城都市区后花园，建设成为世界知名旅游目的地、“两山”实践创新示范区、产城景融合发展先行区，携手南川合作发展，联动道真协同发展，多邀请有关业界专家、界别群众代表协商议政，让协商更接地气、更具专业性；高度重视提高提案“提”与“办”的质量和效率，持续培育“不满意提案”协商品牌，加大本届以来B、C类提案协商力度，在提案委员、提案重点承办部门、涉及部门派人参加的基础上，适当增加界别委员、群众代表数量，把提案办理协商的过程转变为落实民生诉求的过程、转变为落实党政决策的过程、转变为凝心聚力的过程。

（三）着力凝聚共识，在画好“最大同心圆”上取得新进步。

习近平总书记强调人民政协要“把加强思想政治引领、广泛凝聚共识作为中心环节”。凝聚共识的关键是要在围绕中心、服务大局上着力，在贯彻落实区委重要部署上用力。要把凝聚共识融入调研视察、民主协商等履职活动中，一体设计、一体落实；要推进“政协工作向基层延伸”制度规范化运行机制建设，总结经验、查找不足，在深化内涵和拓展外延上下功夫，探索与基层协商的有效衔接，推动工作“触角”向农村、社区、企业、社会组织等延伸，更好地发挥联系群众、凝聚人心的作用；打造好“委员会客厅”等商量平台，开展“推进武隆旅游国际化、凤来新城建设”等主题协商活动，畅通从业人士、专家学者交流意见、表达诉求的渠道，凸显其“学习交流的新载体、联系群众的新纽带、协商民主的新路径、团结联谊的新平台”作用；要建立各民主党派参与共同事务情况交流的机制，对各民主党派以本党派名义在政协发表意见、提出建议作出制度性安排，发挥其在凝聚共识上的积极作用。

（四）强化调研视察，在服务中心大局上实现新作为。

调查研究、视察监督是政协委员掌握各项工作实情的手段，是委员议政的基础环节。要坚持“无调研不发言，无依据不议政，无新意不献策”，坚持问题导向，坚持用事实和数据说话，提出更有前瞻性、更有见地、更具可操作性的意见建议；要以调研、视察、监督和建言不断助推中心工作，不断提升人民群众的获得感、幸福感、安全感。调查研究要着重关注“推动高质量发展、深化改革开放、城乡融合发展、生态优先绿色发展、提高社会建设水平”等课题，当好区委区政府参谋和助手。视察监督要关注重点工作、重点工程，围绕“创造高品质生活，让百姓更有幸福感、获得感”等工作视察。持续开展“污水偷排漏排直排”等政协联动专项集体监督，寓监督于服务之中，在监督中知政明情。

（五）扎实苦练内功，在提升履职能力上迈出新步伐。

按照中央、市委、区委政协工作会议的部署，着力解决“三个薄弱”问题，提升政协履职能力，跟上“专门协商机构”职能定位要求。一是把握守正与创新的关系，集中精力打造工作品牌、加强制度建设，努力解决“基础工作薄弱”的问题。进一步抓好“请你来协商”“委员会客厅”等工作品牌打造，带动面上工作的提档、提质、提效；进一步抓实制度完善，以制度建设推进政协工作的规范化、程序化。健全委员协商、调研、监督中提出的重要意见建议作为闭会期间提案予以交办的制度，将提质增效贯穿始终。完善政协文史工作机制，发挥其抢救史料、资政育人功能。组织委员搜集整理白马山战役史实资料，力争年内完成《白马山战役史料》初稿。组织市内外作家深挖旅游扶贫的乡村故事，完成《诗意大洞河》公开出版发行。二是把握“内功”与外力的关系，从内外两方面着手加强政协干部队伍建设，努力破解“人员力量薄弱”的问题。政协机关是政协履职的中枢。要以庆祝建党100周年系列活动为抓手，促进政协机关练好“内功”，加强初心锤炼、党建引领，打造一支对党和人民高度负责、对政协事业充满使命感、对委员充满热情的政协机关干部队伍。三是把握委员是履职主体与专委会、委员小组是履职支点的关系，加强基层基础建设。抓好委员业务培训、形象教育、思想引导，强化新时代政协委员的责任担当，提倡新风正气，弘扬为民尽责情怀；健全委员遴选、考评、退出机制，加强委员动态管理。抓好专委会、委员小组规范化建设，发挥其承上启下的关键作用。

站在新方位，人民政协任重道远；担起新使命，人民政协大有可为。让我们更加紧密地团结在以习近平同志为核心的中共中央周围，在中共武隆区委的坚强领导下，不忘初心、牢记使命，团结奋进、不负韶华，努力干出人民政协新样子、谱写为民履职新篇章，坚定不移地为加快武隆高质量发展作出更大贡献！

（区政协办公室）

中共重庆市武隆区委
关于深入推进成渝地区双城经济圈建设的决定

（2020年4月22日中国共产党重庆市武隆区第十四届委员会第九次全体会议通过）

为深学笃用习近平新时代中国特色社会主义思想和党的十九大、十九届二中、三中、四中全会精神，全面贯彻落实习近平总书记在中央财经委员会第六次会议上的重要讲话和视察重庆重要讲话精神以及市委五届八次全会精神，积极抢抓成渝地区双城经济圈建设重大战略机遇，立足“一区两群”协调布局，加快武隆区发展，努力在推进新时代西部大开发中发挥支撑作用、在推进共建“一带一路”中发挥带动作用、在推进长江经济带绿色发展中发挥示范作用，作出如下决定。

一、深刻认识成渝地区双城经济圈建设战略机遇期

推动成渝地区双城经济圈建设，是以习近平同志为核心的党中央着眼全局和长远发展作出的战略部署，是形成高质量发展重要增长极、优化国家区域经济布局的战略决策，是打造内陆开放战略高地、优化国家对外开放格局的重大行动，是保护长江上游和西部地区生态环境、维护国家生态安全的必然要求。全区各级党组织和广大党员干部要提高政治站位、战略站位，增强“四个意识”、坚定“四个自信”、做到“两个维护”，努力在推进成渝地区双城经济圈建设实践中发挥作用、勇于担当、积极作为，切实增强贯彻党中央决策部署的政治自觉、思想自觉和行动自觉。

推动成渝地区双城经济圈建设，使成渝地区战略地位凸显、战略空间拓展、战略潜能释放，为成渝地区发展带来前所未有的战略机遇期，蕴含着“补齐短板、打牢基础”的新机遇、“优化结构、加快升级”的新机遇、“深化创新、增添动力”的新机遇、“扩大开放、拓展空间”的新机遇、“绿色发展、倒逼转型”的新机遇。要牢牢把握这一战略机遇期，持续打好三大攻坚战，大力实施“八项行动计划”，唱好“双城记”、建好经济圈，推动高质量发展。

二、牢牢把握推进成渝地区双城经济圈建设总体要求

推进成渝地区双城经济圈建设，必须坚持以习近平总书记重要指示要求为根本遵循和行动指南，按照市委五届八次全会工作安排，尊重客观规律，发挥比较优势，促进产业、人口及各类生产要素合理流动和高效集聚，不断增强发展驱动力、环境吸引力和综合竞争力，加快建设世界知名旅游目的地、全国“两山”实践创新示范区、成渝地区产城景融合发展先行区、渝东南武陵山区城镇群与主城都市区的重要连接点。

（一）推进成渝地区双城经济圈建设的目标定位。结合贯彻落实习近平总书记视察重庆时提出的“两点”定位、“两地”“两高”目标、发挥“三个作用”和营造良好政治生态的重要指示要求，紧扣成渝地区双城经济圈“两中心两地”战略目标和全市“一区两群”协调发展重大部署，切实把深入推进成渝地区双城经济圈建设“一地两区一点”目标定位贯彻落实到武隆发展的全过程各方面。

——加快建设世界知名旅游目的地。利用“世界自然遗产地、国家全域旅游示范区、国家级旅游度假区、国家5A级旅游景区”四块金字招牌，着力文旅深度融合，不断丰富产品体系、延伸产业链条、增加消费供给，推进观光旅游和度假旅游协同高质量发展，打造国际化、特色化、全域化的世界知名旅游目的地，在武陵山片区文旅融合发展中发挥示范引领作用，为推动巴蜀文化旅游长廊和重庆国际知名文化旅游目的地建设提供重要支撑。

——加快建设全国“两山”实践创新示范区。学好用好“两山论”，走深走实“两化路”，巩固提升“‘绿水青山就是金山银山’实践创新基地”创建成果，积极探索可持续的生态自然资源价值转化路径，加大科技研发投入力度，大力发展数字经济、山地特色高效农业、生态工业、现代服务业等绿色产业，推动产业结构转型升级，打造全国以生态文明建设助推经济社会高质量发展的创新示范。

——加快建设成渝地区产城景融合发展先行区。聚焦提升武隆宜居宜业宜游品质，着力以产兴城、产城一体、城景互动，不断完善城市产业功能、旅游功能、服务功能和生态功能，使服务配套更齐备、生态环境更优美、更适于人口集聚发展。着眼未来发展，积极谋划西部新城开发建设，打造助推武隆发展的新增长极。围绕乡村振兴，大力推进城乡要素自由流动、公共资源合理配置和乡村经济多元化发展，实现城市让生活更美好、乡村让人们更向往。

——加快建设渝东南武陵山区城镇群与主城都市区的重要连接点。立

足地处渝东南武陵山区城镇群与主城都市区连接地的区位优势，着力解决创新能力不足、市场环境不优、通道体系不畅等问题，积极承接主城都市区产业转移和辐射带动。着眼以通道促流通带经济，聚合渝东南武陵山区城镇群特色资源要素，打造面向主城都市区的高质量现代服务产业，加快服务主城的城郊型经济建设。

（二）推进成渝地区双城经济圈建设的工作要求。习近平总书记指出，推动成渝地区双城经济圈建设要加强顶层设计和统筹协调，突出中心城市带动作用，强化要素市场化配置，牢固树立一体化发展理念。必须切实把习近平总书记的重要指示要求贯穿到实践中、落实在工作上。

——处理好服务国家战略全局与增强自身发展能力的关系。坚持从全局谋划一域、以一域服务全局，自觉在国家战略全局中谋划推进成渝地区双城经济圈建设，在推进成渝地区双城经济圈建设中体现武隆担当、展现武隆作为，以武隆的高质量发展助力成渝地区高质量发展，更好地服务推动新时代西部大开发形成新格局，服务共建“一带一路”和长江经济带发展。

——处理好解决当前突出问题与打牢长远发展基础的关系。坚持把抓当前与谋长远有机结合起来，既要聚焦成渝地区双城经济圈建设中亟待解决的突出问题，聚焦实现决胜全面建成小康社会、决战脱贫攻坚目标任务，在补短板、强弱项、解难题上精准发力；又要聚焦打造高质量发展重要增长极长远目标，在打基础、建格局、蓄势能上持续用力。

——处理好市场驱动与政府引导的关系。坚持市场在资源配置中起决定性作用和更好发挥政府作用，强化与四川省乐山市等成渝地区双城经济圈有关地区文旅合作、规划合作、政策合作、机制合作，引导多元社会主体广泛参与成渝地区双城经济圈建设，推动各类生产要素在成渝地区自由流动、高效集聚，促进各类市场主体公平竞争、有序发展。

——处理好突出特色与整合优势的关系。因地制宜发挥在渝东南武陵山区城镇群的区位比较优势、交通带动优势、旅游先发优势、自然生态优势、特色资源优势，突出发展特色，统筹推进与四川省乐山市等成渝地区双城经济圈有关地区在优势资源、优势平台、优势产业方面整合发展、互补互促。

——处理好成渝“双核”带动与区域协调联动的关系。牢固树立一体化发展理念，强化双城联动牵引、向心集聚、协同辐射的核心带动作用，坚持以文化旅游交流合作为基础，推进与四川省乐山市的全方位多领域交流合作。同时，积极探索与成渝地区双城经济圈其他地区、知名景区、产业园区、科研院所及高校的交流合作。

——处理好推进成渝地区双城经济圈建设与推动全市“一区两群”协调发展的关系。认真落实市委“各区县都是成渝地区双城经济圈建设的‘生力军’”“坚持把‘一区两群’协调发展作为成渝地区双城经济圈建设的载体”等工作要求，抓住机遇、发挥优势、彰显特色、协同发展，深入落实好成渝地区双城经济圈建设战略部署和“一区两群”工作要求。

三、加强交通基础设施建设

全面贯彻落实习近平总书记关于加强成渝地区双城经济圈交通基础设施建设的重要部署，立足于发挥武隆承接成渝地区双城经济圈向东南方向发展的辐射带动作用和“一区两群”的枢纽连接作用，抢抓交通强国建设试点及西部陆海新通道建设等战略机遇，着力构建“外联内畅”的立体交通网络。

（三）加快推进对外通道建设。构建联通全国的航空网络，推进仙女山机场2020年建成投用并加快航线开发，实现与国内大城市、知名旅游景区合作交流。构建连接主城都市区的快捷通道，加快渝湘高铁、渝怀铁路二线、渝湘高速复线、武两高速等项目建设，争取城市快轨连线规划途经武隆，形成多方式、密路网、更快捷的连接通道。构建北向东向快捷通道，争取尽早启动建设垫丰武高速和规划建设武石高速，实现与万达开川渝统筹发展示范区的快速连接。构建南向出海大通道，加快建设武道高速，争取规划建设广涪柳货运铁路武隆货运站场等项目，早日形成多式联运的南向出海通道。加快白马航电枢纽及乌江旅游码头建设，加快推进乌江武隆段航道整治，强化与长江水道联接。

（四）加快完善内部交通网络。着力构建“五纵四横”区内干线公路网络，加快推进国、省干线的大修及升级改造，着力提升干线公路的通行能力。着力完善旅游交通网络，加快推进G353白马至竹坝升级改造，G353白马至白云、S204江口至浩口等重要旅游通道加宽改造；规划推进G319乌江二桥至土坎互通景观大道、S205省道武隆段升级改造，S519桐梓至接龙、丰都南天湖景区至仙女山景区二级公路等旅游道路加宽改造，促成大仙女山旅游组团式发展。策划论证城区至仙女山轨道交通、G319中嘴过江改道等重大项目，实现“交通＋旅游”新突破，缓解城区交通压力。巩固“四好农村路”全国示范县成果，实现社社通畅，助力乡村旅游发展。

（五）加快推进交通枢纽建设。推进“零换乘”工程，提高武隆高铁站站场、站房设计科学性和前瞻性，在城区东部建设高铁、高速、公交等多种运输方式无缝衔接的综合客运枢纽。加快实施渝怀铁路武隆站换边扩容项目，优化拓展周边道路，改善集疏运条件。围绕土坎货运站物流枢纽建设，推动土坎车站集疏运设施提档升级，发展公铁联运。在重点景区建设游客集散中心，打造公交、出租、班线客车、旅游包车等多种运输方式无缝衔接的综合客运枢纽，提升全区旅游交通品质。抢抓长江经济带发展战略，规划建设“四客二货一基地”港口体系，打造以服务乌江画廊、芙蓉江景区山水城观光旅游为主的水路客运体系和以服务白马工业园区为主的白马乌江航运物流运输体系。

四、加快现代产业体系建设

全面贯彻落实习近平总书记关于加快成渝地区双城经济圈现代产业体

系建设的重要部署，按照高质量发展的总体要求，深化供给侧结构性改革，突出产业生态化、生态产业化，以旅游产业为纽带，推动生态工业、现代服务业、现代农业深度融合，加快构建具有武隆特色的现代产业体系。

（六）加快旅游产业转型升级。增加旅游消费供给，立足资源禀赋和旅游业发展基础，按照“深耕仙女山、错位拓展白马山、以点带面发展乡村旅游”的思路，切实打好“自然遗产、休闲度假、人文历史、乌江画廊、美丽乡村”五张牌，着力打造世界知名旅游目的地。不断丰富旅游产品，大力开发观光游、农耕游、文化游、低空游等旅游融合新业态，丰富旅游体验，推进观光旅游和度假旅游协同高质量发展。加强旅游商品、文创产品、农副产品等旅游产品打造和营销，重点开展与成都等地区的文创企业、旅游商品研发生产企业合作，形成多系列、品牌化、有特色的文创产品和旅游商品。延伸旅游产业链条，围绕大生态、大旅游、大健康，推动农旅、文旅、体旅、工旅、商旅融合发展，大力发展大健康、户外运动装备、车辆租赁、旅行商务等产业，形成较为完整的旅游服务链。加强旅游合作，发挥武隆旅游在成渝地区双城经济圈的示范带动作用，牵头组建成渝地区双城经济圈世界遗产地（自然、文化）、全域旅游示范区、国家级旅游度假区、百万游客俱乐部景区、国家5A级旅游景区等联盟，共同开展品牌推广，推动交流合作、优势互补、提升品质；与四川省乐山市等地加强联合营销、项目开发、旅游交通、人才交流、文化交流互展等深度文旅合作。

（七）做大做强生态工业。加快推进成渝地区产城景融合发展先行区建设，积极承接成渝地区产业转移，推动传统优势产业迈向价值链中高端，推动产业配套协作和园区互促共建。发展壮大清洁能源、装备制造、农副产品深加工等骨干产业集群，加快推动白马航电枢纽、天然气、页岩气等清洁能源项目建设和运营，推动工业园区新型材料、汽车零部件、铁路交通等装备制造业发展。承接重庆主城、成都等地产业转移，主动筛选一批适合武隆发展的汽车、摩托车、电子信息等产业，引进一批新材料、生物医药、智能家居、高端家具、户外运动装备、医疗康养设备等生态工业落户武隆。大力培育新兴产业，做强页岩气相关产业链等生态工业，吸引一批对生态环境品质要求高的总部经济、研发企业、数字企业落户武隆，形成高级形态的企业总部群。积极对接成都高新产业示范区、重庆两江新区、中国西部（重庆）科学城企业，来武发展远程医疗、线上教育等5G+的大数据、智能化产业。

（八）升级发展现代服务业。加快发展生产性服务业，大力培育孵化大数据、云计算等信息服务业；加强物流通道建设，完善物流枢纽网络，健全物流服务功能；积极发展会展服务业，办好中国·重庆（武隆）绿色发展实践国际论坛，力争与四川省乐山市轮流举办国际旅游交易博览会，同步举办中国国际山地户外运动公开赛、国际自驾游交易博览会等会展活动。加快发展生活性服务业，大力培育养老、托育、家政等社区家庭服务业，提档升级文化旅游业，开发高山生态农产品及食品类旅游商品，建设旅游商品交易市场和高山生态农特产品直销中心，发展一批旅游购物商场，举办大型旅游商品交易会；大力发展大健康服务业，加快构建“药、医、游、食、养、管”六位一体的大健康产业体系，加强生态、健康等产业研发机构与企业孵化平台引进培育，积极发展医养抗衰、康体疗养、健康享老等大健康产业；大力发展商贸服务业，集中打造城区核心商圈，打造一批特色商业街和商业步行街，规划建设仙女山商贸副中心。加快发展以“三线”为导向的服务新业态，加强电子商务产业园建设，积极培育引进电子商务企业，着力提升农村电商站点运营能力，与四川省乐山市合作搭建电商平台。

（九）大力培育发展山地特色高效农业。持续调整优化农业结构，实施农业品种品质品牌建设工程，做靓高山蔬菜、高山茶叶、羊角豆干、武隆苕粉、武隆稻鳅米等特色品牌产业。推进特色农业产品绿色加工业，提升羊角豆干、高山茶叶、碗碗羊肉、笋竹、中药材等精深加工产业，加快构建产加销一体化产业链，促进农村一二三产业融合发展。加快培育发展乡村旅游业、乡村手工业、电子商务业、社会化服务业等新产业新业态，强化冷链贮藏设施和流通设施配套建设。加强农业科技创新，大力推进“一环两园”现代农业产业园建设。巩固国家农业绿色发展先行区创建成果，积极申报并推进农业产业强镇。

五、增强协同创新发展能力

全面贯彻落实习近平总书记关于增强成渝地区双城经济圈协同创新发展能力的重要部署，着力在建平台、聚资源、强机制上下功夫，增强科技创新能力和成果转化能力，提升科技对高质量发展的引领和支撑作用。

（十）搭建科技创新平台。加快工业园区创新发展，大力引进、培育和改造一批创新能力强、市场前景好、环保水平高、产业带动强的科技型企业，着力完善产业链布局建设。进一步推进市级农业科技园区建设，加快创建国家农业科技园区。聚焦农产品精深加工领域，搭建创新平台，以提高农产品附加值和市场竞争力为目标，加快产业开发和聚集，推进我区从农产品供应向食品供应转变，延长农业产业链。深化科技创新合作交流，与市内外高校、科研院所等科研机构和单位开展战略合作，加快推进旅游数字化。

（十一）推进科技成果转化。聚焦重点优势产业和新兴技术发展需求，实施一批科技重大专项，规划布局国际前沿技术研究重大项目，吸引更多科技成果在武隆转化。强化对接引进成渝地区重大科技成果，共建示范转化基地。打造“双创”示范基地，完善全链条企业孵化体系，加快引进培育高成长型企业。大力发展科技金融，支持科技企业上市。

（十二）优化科技创新生态。深入实施科教兴区和人才强区行动计划，加快区域协同创新体系建设，构建全方位、多层次科技开放格局，拓展科技合作深度和广度，积极对接“环成渝高校创新生态圈”，组织举办各类论坛、供需对接会，引进优质科技资源，促进科技人才交流互动，打造产业技术创新战略联盟，开展产业关键技术联合攻关和新技术新产品产业化应用示范，促进政产学研用协同创新。加快5G新型基础设施建设步伐，加快推进人工智能、工业互联网、物联网、云计算等应用，加快发展数字智能产业。

六、优化国土空间布局

全面贯彻落实习近平总书记关于优化成渝地区双城经济圈国土空间布局的重要部署，统筹空间规划、城镇建设、产业布局、人口集聚等要素，加快编制《国土空间总体规划（2020—2035）》，形成主体功能约束有效、国土开发有序的空间发展格局，力争规划建设用地达60平方千米。

（十三）注重区域协调发展。强化“双城”（即中心老城和西部新城）引领，着力构建“一圈三片区”空间格局。“一圈”即以中心老城为核心、以白马镇和仙女山镇为半径的产城景文旅融合发展经济圈，包括凤山街道、芙蓉街道、白马镇、仙女山镇、长坝镇、羊角镇、土坎镇、双河镇、黄莺乡、白云乡、赵家乡、大洞河乡12个乡镇（街道），其中中心老城规划建成区面积约15平方千米，强化政治、经济、文化、旅游集散中心功能，提升城市宜居质量和完善旅游服务功能，打造全市重要游客集散中心，重点发展生活居住、公共服务、旅游集散接待、现代商贸和金融等产业，同时将散乱的城市配套服务有序向其他片区疏散，腾退和优化中心老城开发空间；仙女山旅游度假区重点提升旅游度假品质，打造国际高品质山地度假旅游目的地；白马山旅游度假区错位拓展，打造以度假、康养、休闲为主题的旅游度假区；白马片区利用园区优势，着力完善产城服务配套，打造产城一体的生态工业新城；航空小镇片区重点发展高新技术产业、航空产业及相关产业、科研服务业等，同时利用仙女山机场发展免税口岸和物流产业。“三片区”即西部产城融合新城区、北部高山生态旅游发展区、南部民族文化特色产业发展区。西部产城融合新城区主要包括平桥镇、鸭江镇、和顺镇、凤来乡、庙垭乡5个乡镇，重点打造产城融合发展的西部新城，首期规划约10平方千米，功能定位为现代产业发展区、商贸服务区、物流基地，主要承接重庆主城都市区制造业、物流基地和批发市场等转移，打造成为一座现代化的产城融合新城、宜居生态田园都市，发挥武隆加快融入主城都市区的“前沿阵地”功能。北部高山生态旅游发展区主要包括火炉镇、桐梓镇、沧沟乡、土地乡、后坪乡、接龙乡6个乡镇，重点打造集遗产探秘、户外运动、避暑纳凉度假、特色农业休闲于一体的高山生态旅游发展区、旅游扶贫示范区。南部民族文化特色产业发展区主要包括江口镇、石桥乡、文复乡、浩口乡4个乡镇，重点打造集喀斯特溶洞与乌江画廊观光、滨水休闲、田园度假、民俗文化体验、民族特色产品加工于一体的民族文化特色产业发展区。

（十四）提升中心镇集聚能力。加大镇乡村建制优化调整力度，积极开展镇改街道、乡改镇以及较小乡、村的优化撤并。强化仙女山、白马、江口、火炉、长坝、桐梓等中心镇的人口、产业集聚能力，分片优化确定功能定位，发挥好中心镇在城乡之间的支点功能，加快促进全区城镇化水平提升。

七、加强生态环境保护

全面贯彻落实习近平总书记关于加强成渝地区双城经济圈生态环境保护的重要部署，牢固树立绿水青山就是金山银山的理念，坚持共抓大保护、不搞大开发，聚焦生态环境保护、推动绿色发展、加强联防联控，打好污染防治攻坚战，共同筑牢长江上游重要生态屏障。

（十五）推动生态共建环境共保。统筹山水林田湖草治理，深化跨流域跨区域生态保护合作，加快乌江生态走廊建设。深入落实河长制，与涪陵、南川、彭水、道真等周边区县建立流域联防联控机制，开展跨界河流联合监测和巡查。争取三峡后续资金，深入推进乌江、芙蓉江、大溪河沿岸综合整治、消落区水环境生态保护与修复治理。加强退耕还林、天然林资源保护、国土绿化提升、石漠化综合治理，构建以森林、湿地和生物多样性等为主的自然生态屏障。建立跨区域重污染天气联防联控机制，建立突发环境事件应急联动机制，加强区域环境风险防控和联合执法。加强土壤治理与修复，防控农业面源污染。加强危险废物联动管理，提升统筹调度危险废物处置能力。开展污水收集设施排查，加快推进污水管网建设，推进污水集中处理设施新、改、扩建，加强污水管网设施运行和维护，确保污水处理效率和质量。

（十六）协同推进绿色发展。推进产业生态化、生态产业化，大力发展节能环保产业、清洁生产产业、清洁能源产业，推行企业循环式生产、产业循环式组合、园区循环化改造，建立健全绿色低碳循环发展的经济体系。大力发展特色林果业、生态旅游业、生态工业、山地特色高效农业等，促进自然资源增值。完善绿色发展体制机制，落实企业绿色信贷、债券贴息和风险补偿。

（十七）加强生态环境管控。将生态保护红线作为区域空间规划的基础，严格用途管制。开展生态保护红线勘界定标，开展生态保护红线范围内遥感监测和实地核查。严格控制开发强度与规模，确保水源涵养、生物多样性维护和土壤保持等重要生态功能得到有效保护。严格执行《重庆市国家重点生态功能区产业准入负面清单（试行）》制度，制定细化落实各行业、区域、流域产业准入的硬要求，严格遵循产业规划，严格限制“两高一资”项目，严禁不符合主体功能定位的项目建设实施。严控乌江干流岸线“1千米”和“5千米”空间红线。落实建设项目环评文件审批与规划环评、现有项目的环境管理、区域环境质量的“三挂钩”机制，从严控制污染物新增排放量。

（十八）推进生态文明示范建设。积极创建国家生态文明建设示范区。全面深化生态文明领域体制机制改革，积极建设“全国‘两山’实践创新示范区”，以强化区域合作、转换发展动力、提高发展质量为驱动，充分发挥市场配置资源的决定性作用和更好发挥政府作用，健全完善“两山”制度体系。坚持依法保护、依法治理，严守生态环境保护门槛。依靠科技进步支撑“两山”建设，培育特色生态文化，营造良好的“两山”建设氛围，探索具有武隆特色的“两山”建设新路径。

八、推进体制创新

全面贯彻落实习近平总书记关于推进成渝地区双城经济圈体制创新的重要部署，在更高起点、更高层次、更高目标上推进改革开放，建立完善统一规范的制度体系，形成要素自由流动的统一开放市场。

（十九）持续推进全面深化改革。注重分类实施、点上突破，探索金融支农创新试点，创新信用贷款支农模式助推乡村振兴体制机制。依法依规开展职务科技成果所有权和长期使用权等改革试点，促进科技成果转化和产业化。深化落实新型城镇化、城乡融合、国资国企等重要领域和关键环节改革，建立完善深入推进成渝地区双城经济圈和推动全市“一区两群”建设、“世界知名旅游目的地”建设、“全国文旅融合示范区”建设、产城景融合发展、“绿水青山就是金山银山”实践创新基地成果巩固、脱贫攻坚与乡村振兴有机衔接等体制机制，加快形成更多实质性、突破性、系统性成果，为全国全市改革探索路子、贡献经验。学习借鉴四川省乐山市的成功改革经验，推动行政管理、为民服务等领域改革。

（二十）全面提升对外开放水平。主动对接联通全市对外开放大通道，抓住成渝地区双城经济圈建设和“一区两群”发展战略机遇，推动机场、高速公路、铁路、轨道交通、航运建设全方位发力，打造渝东南武陵山区城镇群与主城都市区的重要联接点和渝东南旅游集散中心，推进高水平、高质量的区域联动发展。务实对接合作中新互联互通项目。以旅游度假区、工业园区等为重点，高起点打造内陆开放平台，着力提升平台开放能级。

（二十一）建立健全区域协作新机制。与四川省乐山市等地区缔结“友好城市”关系，建立文旅合作共兴、基础设施互联、产业分工协作等机制，在城市规划建设、文化街区打造等方面加强交流合作，在优质教育资源、医疗资源等方面加强协作联动。深化与重庆主城各区、渝东南区县、贵州相邻地区的联动发展，健全协同开放发展机制，加强基础设施互联互通、推动产业创新协同发展、深化市场一体化建设、强化公共服务共建共享，打造引领渝东南开放的引擎。

（二十二）着力营造市场化法治化国际化营商环境。对标世界银行标准，持续推进“放管服”改革，全面实施市场准入负面清单制度，全面推行“一窗综办、集成服务”，深化“最多跑一次改革”。积极配合市级有关部门推动成渝地区政务服务一体化，促进“渝快办”“蓉易办”联网互认。落实关于支持外国人在渝工作许可、居留、出入境便利服务等相关政策。健全社会信用体系，在行政领域推广承诺制。探索推广营商环境观察员制度，健全营商环境投诉举报受理、处置机制。构建亲清政商关系，促进民营经济高质量发展和成渝地区民营企业交流合作。建立健全司法协助与合作机制，完善协调联动的区域平安建设体系，构建公正高效权威的区域法治环境。

九、强化公共服务共建共享

全面贯彻落实习近平总书记关于强化成渝地区双城经济圈公共服务共建共享的重要部署，聚焦扩大覆盖面、提高供给质量，加快补齐教育、医疗、就业、社保、养老等公共服务领域短板，努力实现学有优教、病有良医、住有宜居、老有颐养、家有关爱，增强群众获得感幸福感安全感。

（二十三）促进教育资源合作共享。落实成渝地区基础教育深度融合政策，简化农民工随迁子女入学条件，争取结对帮扶、委托管理、开办分校等方式开展跨区域合作办学。推动职业教育协同发展，开展“成渝招生协作”项目，建设武陵山旅游专业联盟、旅游特色职业教育示范区、产教融合创新区，推进职业教育“双高”建设。探索高等教育共建共享，采取引进与合作方式，依托成渝地区旅游职业学院资源，开展校地和国际交流合作，力争在仙女山旅游度假区创办融合文旅、运动等方面的高职院校。

（二十四）加强医疗卫生联动协作。落实成渝地区统筹布局优质医疗卫生资源、医疗服务区域合作、跨地区医师多机构执业试点、医疗服务检验检查结果互认等政策，完善远程诊断系统，加快全区医学影像中心和医学检验中心建设。加强公共卫生风险防控体系建设，落实成渝地区重大疫情和突发公共卫生事件联防联控机制，开展应急培训，强化应急物资储备，加强应急队伍建设管理。执行医保跨省结算政策，实现跨区域门诊业务直接结算。

（二十五）推动基本公共服务普惠共享。完善就业创业服务体系，推动成渝地区就业创业服务协同，强化人才流动、吸引、创业等政策协同，落实成渝地区人力资源服务许可备案、从业人员职业资格等事项互认。深化落实户籍制度改革，支持成渝地区户籍便捷迁徙、居住证互通互认。推动构建成渝地区政策沟通、系统联通、数据融通、服务畅通的社会保障体系，贯彻执行养老、工伤社会保险协同互认机制和社会保险基金风险防控合作机制，推进养老、失业保险关系无障碍转移接续。深化住房保障合作，按规定落实住房公积金转移接续和异地贷款。加强公租房保障动态管理，推动保障性住房健康发展。推动公共文化、群众文化、非遗文化以及体育活动深度合作与共同发展。加快推进市域社会治理现代化，让治理成效更多、更公平地惠及城乡居民。

十、加强组织领导

全面贯彻落实习近平总书记关于

“统一谋划、一体部署、相互协作、共同实施”的重要指示要求，牢固树立一体化发展理念，加快构建高效有力的保障体系。

（二十六）强化工作机制。成立武隆区深入推进成渝地区双城经济圈建设领导小组，由区委书记任组长，区委副书记、区政府区长任副组长，区委、区政府有关区领导为成员，切实抓好成渝地区双城经济圈建设、推进“一区两群”区域协调发展各项工作。领导小组下设 7 个专项工作组，具体负责制定实施方案，细化落实目标任务。深化与四川省乐山市等交流合作，探索完善成本共担和利益共享机制，积极在文旅发展、产业协作、城市建设等方面加强合作，推动合作事宜落地落实。完善企业层面参与机制，强化要素市场化配置机制建设。探索建立支持行业组织、商会、产学研联盟等开展多领域跨区域合作的协作机制。

（二十七）落实政策体系。积极对接国家关于成渝地区双城经济圈建设的规划纲要及重大专项规划，认真落实中央关于推动成渝地区双城经济圈建设的任务分工，全面落实深化四川重庆合作推动成渝地区双城经济圈建设工作方案，用足用好产业发展、科技创新、社会保障、文化旅游、开放平台等配套支持政策。积极争取成渝地区双城经济圈建设基金，争取更多项目进入专项规划。加强督查考核和绩效评估，推动工作落地落实。

（二十八）树立实干作风。坚持真抓实干，脚踏实地办好自己的事，通过做强自己来做深合作。靠真抓实干解决突出问题，抓住主要矛盾出实招，在补齐自身短板中提高协同发展实效。靠真抓实干培育发展优势，聚焦特色资源、优势产业等精耕细作，在提升自身综合实力和影响力中增强联动周边发展的能力。靠真抓实干集聚发展势能，紧扣转型升级、改革创新、优化环境等久久为功，在夯实自身高质量发展基础上助推成渝地区高质量发展。靠真抓实干凝聚发展动能，转变工作作风，增强能力本领，在深入推进成渝地区双城经济圈建设的干事创业中展现担当作为。

（二十九）形成强大合力。坚持全面从严治党，营造良好政治生态，着力锻造忠诚干净担当的高素质干部队伍，激励广大党员干部在深入推进成渝地区双城经济圈建设中建功立业。坚持党管人才、政治引领，着力构建使命共担、协调共进、联动共创、开放共赢的人才发展新格局，为深入推进成渝地区双城经济圈建设提供有力人才支撑和智力保障。加强宣传引导，营造良好氛围，广泛调动各方面力量，形成全社会共同深入推进成渝地区双城经济圈建设的生动局面。

重庆市武隆区 2020 年国民经济和社会发展统计公报

重庆市武隆区统计局　国家统计局武隆调查队

2021 年 4 月

2020 年是极不平凡的一年，面对艰巨繁重的改革发展稳定任务和突如其来的新冠肺炎疫情，区委、区政府团结带领全区人民，坚持以习近平新时代中国特色社会主义思想为指导，深入贯彻党的十九大和十九届二中、三中、四中、五中全会精神，紧紧围绕习近平总书记对重庆提出的营造良好政治生态，坚持“两点”定位、“两地”“两高”目标，发挥“三个作用”和推动成渝地区双城经济圈建设等重要指示要求，坚持稳中求进工作总基调，统筹推进疫情防控和经济社会发展，扎实做好“六稳”工作、全面落实“六保”任务，全区经济运行逐季恢复、稳定向好，为全面开启“十四五”新征程打下了坚实基础。

一、综　合

初步核算，全年全区实现地区生产总值[1]2242104 万元，按可比价算，较上年增长 4.0%。其中，第一产业实现增加值 307370 万元，较上年增长 4.8%；第二产业实现增加值 859670 万元，较上年增长 7.1%；第三产业实现增加值 1075064 万元，较上年增长 1.5%。三次产业结构比为 13.7∶38.3∶48.0；三次产业对 GDP 的贡献率分别为 13.7%、67.0%、19.3%，分别拉动 GDP 增长 0.5、2.7、0.8 个百分点。

全年民营经济实现增加值 1412635 万元，按可比价算，较上年增长 1.6%，占地区生产总值比重为 63.0%。其中，第一产业实现民营经济增加值 303058 万元，较上年增长 4.7%；第二产业实现民营经济增加值 543100 万元，较上年增长 2.6%；第三产业实现民营经济增加值 566477 万元，较上年下降 0.7%。

图 1　2010—2020 年全区地区生产总值及增速

按公安户籍统计：全区年末户籍总户数为 139763 户，较上年末减少 561 户；户籍总人口[2]409184 人，较上年末

图 2　2016—2020 年全区户籍人口变动图

减少1336人。按性别分：男性213329人，女性195855人，男女性别比为108.9∶100；按城乡属性分：城镇人口121219人，乡村人口287965人，户籍城镇化率29.6%。全年户籍出生人口3223人，死亡人口3510人，人口自然增长率-0.70‰，出生男女性别比104.6∶100。全区迁人人口1729人，迁出人口2755人，净迁出人口1026人。

按常住人口计算（含往年补报），符合政策生育率96.7%，较上年下降0.1个百分点；按户籍人口计算（含往年补报），符合政策生育率97.4%，较上年下降0.6个百分点。按户籍口径统计，育龄妇女91906人，其中已婚育龄妇女63961人，占69.6%；按常住口径统计，育龄妇女87119人，其中已婚育龄妇女59258人，占68.0%。

全年居民消费价格指数比上年上涨3.6%，其中食品烟酒上涨11.5%，居住上涨0.6%，教育文化和娱乐上涨0.2%，医疗保健上涨0.8%。

2020年全区居民消费价格涨跌幅表

表61

指标名称	比上年增长（%）
居民消费价格指数	3.6
食品烟酒	11.5
#粮食	1.1
鲜菜	11.1
衣着	-3.1
居住	0.6
生活用品及服务	-2.6
交通和通信	-2.1
教育文化和娱乐	0.2

二、农业农村和脱贫攻坚

全年农林牧渔业实现总产值516429万元，按可比价算，较上年增长5.1%。其中，农业总产值306315万元，增长7.6%；林业产值22429万元，增长8.0%；牧业产值162669万元，增长0.1%；渔业产值10265万元，增长3.7%。实现农林牧渔业增加值317692万元（含农林牧渔专业及辅助活动），按可比价算，较上年增长5.0%。

全年粮食播种面积48378公顷，较上年下降0.1%；粮食作物产量189057吨，较上年增长0.2%。种植烤烟的农户1040户，较上年下降15.4%；收购烤烟6.10万担，较上年下降30.7%；烤烟收购均价26.96元/公斤，较上年下降1.5%。蔬菜播种面积26754公顷，较上年增长1.3%；蔬菜产量652701吨，较上年增长3.0%。猪牛羊禽肉类总产量40911吨，较上年下降1.5%；禽蛋产量2973吨，较上年增长5.6%。水产品生产面积4787公顷，较上年下降4.1%。其中，养殖水产品生产面积787公顷，较上年下降20.8%；淡水捕捞面积4000公顷，与上年持平。水产品产量4683吨，较上年增长3.8%。其中，养殖水产品产量4268吨，较上年增长9.5%；捕捞水产品产量415吨，较上年下降32.4%。

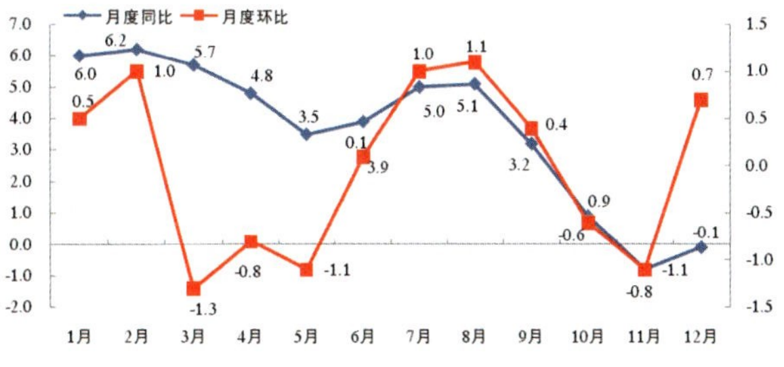

图3 2020年全区居民消费价格指数月度涨跌幅度

2020年全区主要农产品产量表

表62

农产品名称	单位	产量	比上年增长（±%）
粮食	吨	189057	0.2
稻谷	吨	43332	-0.1
玉米	吨	72804	-0.2

续表 62

农产品名称	单位	产量	比上年增长（±%）
小麦	吨	50	−0.4
豆类	吨	5458	2.5
薯类	吨	67107	0.7
生猪（出栏）	头	429437	−1.7
牛（出栏）	头	22980	−1.1
羊（出栏）	只	211223	−1.5
家禽（出栏）	只	1406565	−0.5
猪牛羊禽肉类总产量	吨	40911	−1.5
其中：猪肉	吨	32510	−1.7
禽蛋产量	吨	2973	5.6
水产品	吨	4683	3.8

全年有机耕面积 71220 公顷，与上年持平。机播面积 3510 公顷，与上年持平；机播水平 3.9%。机械植保面积 13300 公顷，与上年持平；机收面积 5733 公顷，较上年下降 30.5%；机收水平 7.6%。农业耕种收综合机械化水平 45.0%，较上年提高 1.3 个百分点。

全年农业机械总动力达到 35 万千瓦，较上年增长 4.9%。其中：柴油发动机动力 11.57 万千瓦，较上年增长 5.7%；汽油发动机动力 15.35 万千瓦，较上年增长 5.5%；电动机动力 8.08 万千瓦，较上年增长 2.5%。至年末，全区有微耕机 2.63 万台（套）、总动力 19.93 万千瓦，较上年分别增长 6.5%、88.6%；水稻插秧机 121 台、总动力 176 千瓦，较上年分别增长 0.8%、12.8%；谷物联合收割机 73 台、总动力 707 千瓦，较上年分别增长 1.4%、12.8%。有农产品初加工动力机械 3.29 万台、总动力 10.20 万千瓦，较上年分别增长 0.4%、8.5%；有农产品初加工作业机械 3.58 万台，较上年增长 0.1%。

按现行国家农村贫困标准测算，全区已实现脱贫攻坚目标，75 个贫困村全部脱贫出列，5.54 万贫困人口全部实现脱贫，贫困群众“两不愁三保障”得到全面解决，绝对贫困历史性消除。

三、工业、建筑业

全年工业实现增加值 396763 万元，按可比价算，较上年增长 6.3%。占地区生产总值的比重为 17.7%，对 GDP 的贡献率为 30.4%，拉动 GDP 增长 1.2 个百分点。分门类看：采矿业实现增加值 41834 万元，较上年增长 22.9%；制造业实现增加值 157681 万元，较上年增长 3.7%；电力、热力燃气及水生产和供应业实现增加值 197248 万元，较上年增长 5.5%。

全年规模以上工业企业实现产值（含产业活动单位）485743 万元，较上年增长 5.6%。从控股类型看：国有控股企业实现产值 225886 万元，较上年增长 15.7%；私营控股企业实现产值 259857 万元，较上年下降 1.8%。从行业门类看：采矿业实现产值 38871 万元，较上年增长 21.5%；制造业实现产值 241069 万元，较上年下降 0.1%；电力、热力燃气及水生产和供应业实现产值 205803 万元，较上年增长 11.6%。

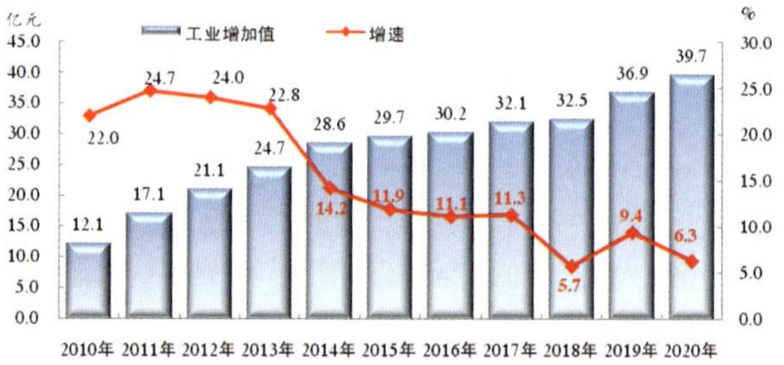

图 4　2010—2020 年全区工业增加值及增速

全年规模以上工业企业实现营业利润 70739 万元，较上年增长 19.7%，从控股类型看：国有控股企业实现营业利润 63456 万元，较上年增长 17.7%；私营控股企业实现营业利润 7283 万元，较上年增长 40.3%。从行业门类看：

图 5　2010—2020 年全区建筑业增加值及增速

采矿业实现营业利润 9251 万元，较上年增长 32.1%；制造业实现营业利润 5860 万元，较上年增长 82.1%；电力、热力燃气及水生产和供应业实现营业利润 55628 万元，较上年增长 13.8%。全年规模以上工业企业每百元营业收入中的成本为 72.20 元，较上年减少 3.29 元；营业收入利润率为 16.2%，较上年提高 2.9 个百分点；每百元营业收入中的费用为 11.41 元，较上年增加 0.15 元。年末规模以上工业企业资产负债率为 60.0%，较上年末下降 0.8 个百分点。

全年建筑业实现增加值 462907 万元，按可比价算，较上年增长 7.9%，占地区生产总值的比重为 20.6%，对 GDP 的贡献率为 36.6%，拉动 GDP 增长 1.5 个百分点。全区具有资质等级的总承包和专业承包建筑企业实现产值[3]167383 万元，较上年增长 19.0%；签订建筑合同金额 271183 万元，较上年增长 41.8%。自有施工机械设备 250 台，设备净值 6250 万元，设备总功率 10078 千瓦。

2020 年全区规模以上工业主要产品产量表

表 63

产品名称	单位	产量	比上年增长（±%）
饲料	吨	41947	20.1
罐头	吨	2929	−36.5
大米	吨	7038	7.8
硅酸盐水泥熟料	吨	224234	−11.5
水泥	吨	349923	−11.2
塑料制品	吨	5546	89.9
石灰石	吨	3136486	−8.7
瓦	万片	4268	−20.3
商品混凝土	立方米	588599	−1.6
集成电路	万块	469	11.2 倍
钢绞线	吨	45561	−8.2
发电量	万千瓦时	525318	10.7
#风力发电量	万千瓦时	20196	98.6

四、固定资产投资和房地产开发

全年完成固定资产投资[4]840117 万元，较上年增长 0.8%。分产业看：第一产业完成投资 22800 万元，较上年下降 6.6%；第二产业完成投资 201949 万元，较上年增长 24.4%；第三产业完成投资 615368 万元，较上年下降 4.9%。分类型看：500 万元及以上地方项目完成投资 611611 万元，较上年下降 2.2%；房地产业完成投资 228506 万元，较上年增长 9.8%。在 500 万元及以上地方项目中：基础设施完成固定资产投资[5]372900 万元，较上年下降 7.2%。民间项目完成固定资产投资[6]129769 万元，较上年下降 12.7%。

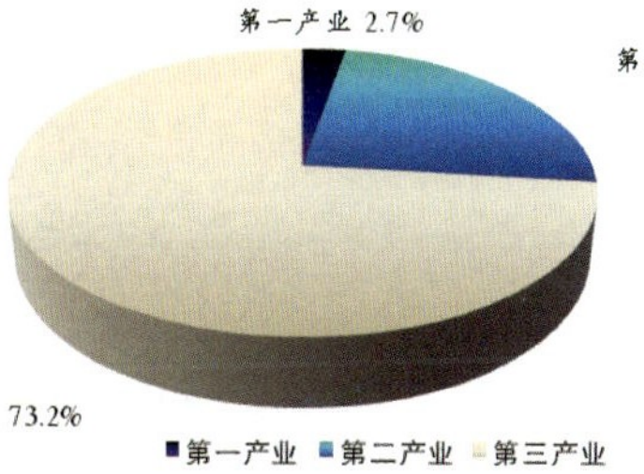

图 6　2020 年全区三次产业投资占固定资产比重

2020 年分行业固定资产投资完成情况表

表 64

行业	单位	绝对数	比上年增长（±%）
合计	万元	840117	0.8
第一产业	万元	22800	−6.6
第二产业	万元	201949	24.4

续表 64

行 业	单 位	绝对数	比上年增长（±%）
采矿业	万元	84935	94.4
制造业	万元	26716	−25.0
电力、燃气及水的生产和供应业	万元	90298	8.8
第三产业	万元	615368	−4.9
批发和零售业	万元	1600	28.0
交通运输、仓储和邮政业	万元	161434	2.7
住宿和餐饮业	万元	11574	−37.7
房地产业	万元	234577	8.2
租赁和商务服务业	万元	1010	——
科学研究和技术服务业	万元	4120	8.2 倍
水利、环境和公共设施管理业	万元	121168	−24.7
教育	万元	5894	−18.7
卫生和社会工作	万元	20359	161.2
文化、体育和娱乐业	万元	42507	−32.4
公共管理、社会保障和社会组织	万元	11125	31.1

全年资质内房地产开发企业完成投资 228506 万元，较上年增长 9.8%。施工面积 138.72 万平方米，较上年下降 34.4%；新开工面积 29.80 万平方米，较上年下降 62.1%；竣工面积 4.95 万平方米，较上年下降 92.3%。实现销售面积 59.57 万平方米，较上年增长 9.0%；实现销售额 23.08 万元，较上年增长 17.3%；待售面积 17.61 万平方米，较上年下降 8.1%。销售住宅 2767 套，实现销售额 155393 万元。

2020 年全区商品房建设和销售情况表

表 65

产品名称	绝对数	比上年增长（±%）
房地产开发投资额（万元）	228506	9.8
#住宅	144013	3.1
施工面积（平方米）	1387188	−34.4
#住宅	903116	−29.1
新开工面积（平方米）	297985	−62.1
#住宅	206688	−64.2
竣工面积（平方米）	49473	−92.3
#住宅	46829	−87.9
销售面积（平方米）	295711	9.0
#住宅	217006	9.8
销售额（万元）	230793	17.3
#住宅	155393	17.2
待售面积（平方米）	176068	−8.1
#住宅	7260	−52.7
住宅销售套数（套）	2767	5.1

五、城市建设

初步调查，至年末，全区建成区面积 17.90 平方千米，较上年增长 0.6%。其中城区建成区面积 3.75 平方千米，较上年增长 0.3%。全区城市道路 43.69 千米，较上年末增长 9.3%；总面积 64.83 万平方米，较上年末增长 10.2%。城市桥梁 15 座，较上年末增加 3 座；城市桥梁长度 2933 米，较上年末增长 6.6%。城市隧道 1 座，总长 1410 米。城市停车位总数 12958 个，其中，路内停车位 365 个。城市路灯 4426 盏，较上年末增长 4.1%。全年新增公共厕所 19 座，总数达 192 座，较上年末增长 11.0%。其中，街道、乡镇管理厕所 152 座，较上年末增长 11.0%。

至年末，绿地面积[7]677.35 公顷，其中建成区绿地面积 618.66 公顷，建成区绿地率 35.35%。绿化覆盖面积 837.83 公顷，其中建成区绿化覆盖面积 684.25 公顷，建成区绿化覆盖率 39.1%。有公园 7 个，公园绿地面积 192.82 公顷，人均公园绿地面积 10.30 公顷。

六、国内贸易、对外开放、招商引资和服务业

全年实现社会消费品零售总额 1124355 万元，较上年下降 2.9%。按经营地分：城镇实现社会消费品零售总额 989433 万元，占 88.0%；乡村实现社会消费品零售总额 134922 万元，占 12.0%。按消费类型分：商品零售额 955702 万元，占 85.0%；餐饮收入 168653 万元，占 15.0%。在限额以上企业商品零售额中：粮油、食品类零售额较上年下降 34.2%，饮料类零售额较上年增长 33.4%，体育、娱乐用品类零售额较上年增长 13.8%，家具类零售额较上年增长 25.8%，石油及制品类零售额较上年增长 13.2%，汽车类零售额较上年下降 32.2%。

图 7　2010—2020 年全区社会消费品零售总额及增速

全年批发和零售业实现增加值 224175 万元，按可比价算，较上年下降 1.4%，占地区生产总值的比重为 10.0%；住宿和餐饮业实现增加值 93224 万元，按可比价算，较上年下降 13.8%，占地区生产总值的比重为 4.2%。

全年批发和零售业实现商品销售额 1306635 万元，较上年增长 2.3%。其中，批发业实现商品销售额 616362 万元，较上年增长 20.6%；零售业实现销售额 690273 万元，较上年下降 9.9%。住宿和餐饮业实现营业额 323258 万元，较上年下降 22.4%。其中，住宿业实现营业额 99842 万元，较上年下降 32.4%；餐饮业实现营业额 223416 万元，较上年下降 16.9%。

全年外贸进出口总额 13586 万元，较上年增长 6.1%。其中，出口总额 13553 元，较上年增长 6.5%。全年有利用外资项目 4 个，合同外资金额 129 万美元，实际利用外资金额 744 万美元。全年招商引资新签约项目 51 个，新签约项目实际到位资金 255977 万元；续扩建项目 26 个，到位资金 369065 万元。

全年规模以上服务业[8]实现营业收入 180617 万元（不含三大运营商），较上年下降 12.6%。其中，规模以上交通运输、仓储和邮政业实现营业收入 19405 万元，较上年下降 49.8%；规模以上营利性服务业实现营业收入 140083 万元，较上年增长 24.6%；规模以上非营利性服务业实现营业收入 21131 万元，较上年下降 62.0%。

七、交通运输和邮电

全年交通运输、仓储和邮政业实现增加值 63058 万元，按可比价算，较上年增长 2.3%，占地区生产总值比重为 2.8%，对 GDP 的贡献率为 2.1%，拉动 GDP 增长 0.1 个百分点。全年道路、水路客运量 428.24 万人，旅客周转量 23209.34 万人千米；道路、水路货运量 457.72 万吨，货运总周转量 50626.26 万人千米。内河港口完成货物吞吐量 242.23 万吨，较上年下降 35.8%，其中出港 240.52 万吨，较上年下降 35.8%；进港 1.71 万吨，较上年下降 29.9%。

至年末，全区境内公路里程 5307.58 千米。按行政等级分：乡道 601.59 千米；村社道路 3917.41 千米。按技术等级分：二级公路 354.82 千米；三级公路 108.05 千米；四级公路 4504.56 千米。按路面类型分（不含高速公路）：沥青路 647.07 千米，水泥路 3777.95 千米。内河航道里程 119.20 千米。

至年末，全年有营运机动车 2762 辆，其中货车 2149 辆 8599.50 吨位；客车 389 辆 9848 客位（不含公共汽车）。货车按类型分：大型货车 542 辆 6440.20 吨位，中型货车 126 辆 361.70 吨位，小型货车 1481 辆 1797.60 吨位。客车按类型分：大型客车 144 辆 6091 客位，中型客车 80 辆 1718 客位，小型客车 165 辆 2039 客位。有公共汽车 78 辆，出租车 146 辆。年末实有船舶 47 艘，其中运输船舶 31 艘，非运输船舶 16 艘。运输船舶中有客船 9 艘，货船 22 艘。船舶总动力 21680 千瓦，其中运输船舶总动力 19590 千瓦，非运输船舶 2090 千瓦。

全年实现邮电业务总量 29117 万元，较上年增长 8.0%。其中，全年电信业实现业务总量 25104 万元，较上年增长 6.1%；邮政业实现业务总量 4013 万元，较上年增长 21.6%。年末全区有固定电话 5.50 万户，移动电话 39.94 万户。

八、财政、金融和保险

全年完成地方财政收入 262451 万元，较上年增长 23.8%。其中，一般公共财政预算收入 133610 万元，较上年增长 12.5%；基金预算收入 124341 万元，较上年增

长42.5%；国有资本经营预算收入4500万元，较上年下降25.1%。一般公共财政预算收入中：税收收入81505万元，较上年增长9.1%；非税收入52105万元，较上年增长18.3%。税收收入的主要税种中：增值税29337万元，较上年增长5.4%；企业所得税13059万元，较上年增长38.2%；契税10487万元，较上年增长26.0%。

图8　2010—2020年全区地方财政收入及增速

全年完成地方财政支出676322万元，较上年增长7.0%。其中，一般公共预算支出528322万元，较上年增长7.9%；政府性基金预算支出144800万元，较上年增长4.6%。一般公共预算支出中：一般公共服务支出42698万元，较上年增长6.4%；公共安全支出18994万元，较上年增长7.6%；教育支出85380万元，较上年增长0.9%；文化旅游体育与传媒支出9195万元，较上年增长53.2%；社会保障和就业支出51925万元，较上年增长7.2%；卫生健康支出52056万元，较上年增长17.2%；农林水支出107261万元，较上年增长4.1%。

至年末，全区有金融机构27家，其中，银行9家，保险公司13家。金融机构、互联网金融、非法集资、保险欺诈等金融风险总体可控，银行机构贷款不良率低于全国全市水平，未发生系统性金融风险。

全年货币金融业实现增加值101104万元，按可比价算，较上年增长2.0%，占地区生产总值的比重为4.5%，对GDP的贡献率为2.3%，拉动GDP增长0.1个百分点。至12月末，全区货币金融机构实现本外币存贷款余额5086915万元，较上年增长8.4%。其中，存款余额2408233万元，较上年增长7.0%；贷款余额2678682万元，较上年增长9.8%。存款余额中，住户存款1612474万元，较上年增长12.8%；非金融企业存款473067万元，较上年增长2.1%。贷款余额中：短期贷款439775万元，较上年增长33.5%；中长期贷款2234466万元，较上年增长6.0%。

2020年末金融机构本外币存贷款余额表

表66

指　　标	年末数（万元）	增速（%）
各项存款余额	2408233	7.0
#住户存款	1612474	12.8
非金融企业存款	473067	2.1
广义政府存款	322570	-9.9
各项贷款余额	2678682	9.8
#住户贷款	1118567	10.4
非金融企业及机关团体贷款	1560115	9.3

全年保险业实现增加值10294万元，按可比价算，较上年增长3.6%，占地区生产总值的比重为0.5%，对GDP的贡献率为0.4%。全年实现保费收入54013万元，较上年增长7.2%。其中，产险收入20618万元，较上年增长4.5%；人身险收入33395万元，较上年增长8.9%。产险中：车险收入14068万元，较上年增长2.3%；农业险收入2634万元，较上年增长2.8%。人身险中：寿险收入24187万元，较上年下降4.3%；健康险收入8383万元，较上年增长86.5%。全年保险赔款和给付支出18177万元，较上年增长36.0%。其中，产险赔款给付支出10179万元，较上年增长19.9%；人身险赔款给付支出7998万元，较上年增长64.2%。产险赔款支出中：车险赔款支出7212万元；意外险赔付支出513万元。保险业从业人员1855人，较上年增长13.3%。

九、人民生活、就业、社会保障和社会事业

全年居民人均可支配收入[9]26877元，较上年增长7.8%。按常住地分：城镇常住居民人均可支配收入40508元，较上年增长5.5%；农村常住居民人均可支配收入15473元，较上年增长8.4%。全区居民人均生活消费支出19053元，较上年增长5.2%。按常住地分：城镇常住居民人均生活消费支出26271元，较上年增长3.4%；农村常住居民人均生活消费支出13014元，较上年增长5.4%。城镇常住居民人均生活消费支出中：食品烟酒支出8990元，较上年增长5.5%；衣着支出2228元，较上年增长3.9%；医疗保健支出2026元，较上年增长11.9%。农村常住居民人均生活消费支出中：食品烟酒支出5019元，较上年增长11.4%；

居住支出 2599 元，较上年增长 9.2%；医疗保健支出 877 元，较上年增长 9.5%。全体常住居民恩格尔系数[10]为 35.8%，人均现住房面积[11]54.61 平方米。其中，城镇常住居民恩格尔系数 34.2%，人均现住房面积 43.95 平方米；农村常住居民恩格尔系数 38.6%，人均现住房面积 63.53 平方米。

2020 年全区居民人均可支配收入表

表 67

指标名称	全区居民		城镇常住居民		农村常住居民	
	绝对量（元）	比上年增长（%）	绝对量（元）	比上年增长（%）	绝对量（元）	比上年增长（%）
人均可支配收入	26877	7.8	40508	5.5	15473	8.4
# 工资性收入	13275	8.0	23109	5.2	5048	8.8
经营净收入	6458	6.0	6877	4.6	6106	7.0
财产净收入	1483	8.7	2828	5.9	358	8.4
转移净收入	5661	9.3	7694	7.1	3960	10.1

图 9　2014—2020 年全区居民人均可支配收入及增速

年末城镇新增就业 4902 人，较上年下降 7.5%，其中第二产业新增就业 661 人，较上年末增长 3.9%；第三产业新增就业人员 2801 人，较上年末增长 13.1%。城镇登记失业率 2.4%，较上年末提高 0.7 个百分点。登记失业人员本年就业 3003 人，较上年下降 23.9%。

年末失业保险参保 26140 人，较上年增长 6.4%；失业保险保费收入 727.84 万元，较上年下降 24.5%。年末失业保险支出 570.50 万元，较上年下降 25.8%；领取失业保险金 947 人，较上年增长 25.3%。全年城乡居民参加社会养老保险 161691 人，较上年增长 0.5%；城镇职工基本养老保险基金收入 35900 万元，较上年下降 11.6%；基金支出 62171 万元，较上年增长 13.5%。参加工伤保险 48148 人，较上年增长 23.3%；享受工伤保险待遇 844 人，较上年增长 21.3%。全年城乡居民基本医疗保险参保 327156 人，较上年下降 1.5%；其中城镇参保 42274 人，较上年下降 0.7%；农村参保 284882 人，较上年下降 1.6%。全年城镇职工参加基本医疗保险 42280 人，较上年增长 6.0%。全年参加生育保险 33302 人，较上年增长 6.9%。城乡居民享受基本医疗保险 1074224 人次，较上年下降 6.4%。城乡居民基本医疗保险总支出 17778 万元，较上年增长 8.7%；城镇职工基本医疗保险总支出 13417 万元，较上年增长 9.3%。

全年城市居民最低生活保障家庭数 2083 户，较上年下降 6.4%；城市居民最低生活保障 3205 人，较上年下降 8.1%。农村居民最低生活保障家庭数 6846 户，较上年增长 6.6%；农村居民最低生活保障人数 12258 人，较上年增长 6.5%。城市居民最低生活保障标准 620 元 / 月・人，较上年增长 6.9%；农村居民最低生活保障标准 496 元 / 月・人，较上年增长 12.7%。城市特困人员集中供养 503 人，较上年下降 15.8%；分散供养 704 人，较上年增长 0.7%；救助供养 1207 人，较上年下降 6.9%。农村特困人员集中供养 230 人，较上年下降 23.3%；分散供养 1283 人，较上年增长 9.9%；救助供养 1513 人，较上年增长 3.1%。至年末，全区有抚恤、补助优抚对象 2173 人，其中定期抚恤 32 人、定期补助 1972 人、伤残人员 169 人，优待优抚对象 28 户，接受安置退役士兵、复员干部 127 人。至年末，全区结婚登记 2311 对，离婚登记 1231 对。登记结婚 4622 人，其中初婚 3133 人，再婚 1489 人。

2018—2020 年主要社会保险的参保人数表

表 68　　单位：万人

指标名称	2018 年	2019 年	2020 年
失业保险	2.25	2.46	2.61
工伤保险	3.67	3.90	4.81

续表 68

指标名称	2018 年	2019 年	2020 年
城乡居民养老保险	15.48	16.09	16.17
城乡居民医疗保险	34.25	33.91	32.72

初步统计，2020 年全区非私营经济单位[12]从业人员期末人数 12114 人，较上年下降 0.8%；平均人数 11859 人，较上年增长 0.5%；从业人员工资总额 105303 万元，较上年增长 2.6%；从业人员平均工资 88796 元，较上年增长 2.0%。

十、教育、人才和科学技术

全区共有基础教育校（园）数 148 所，其中：幼儿园 79 所，小学 56 所，初中 6 所（含九年一贯制学校），高中 4 所。全区基础教育招生 14477 人，其中高中 2387 人，初中（含九年一贯制学校）4459 人，职业中学 1448 人，小学 2939 人。全区基础教育在校生 55852 人，其中高中 6764 人，初中（含九年一贯制学校）13497 人，职业中学 3800 人，小学 21976 人。基础教育毕业生 15429 人，其中高中 2008 人，初中（含九年一贯制学校）4442 人，职业中学 1071 人，小学 4848 人。全区基础教育教职工 4664 人，其中高中 499 人，初中（含九年一贯制学校）1054 人，职业中学 287 人，小学 1985 人。全区有专任教师 4055 人，其中高中 430 人，初中（含九年一贯制学校）997 人，职业中学 268 人，小学 1919 人。全区高考报名 3000 人，参考 2980 人，高考录取率 92.7%，学前三年毛入园率 93.12%，小学学龄儿童净入学率 99.96%，初中入学率 99.78%，九年义务教育巩固率 96.39%，青壮年文盲率（15 ~ 50 岁）0.44%，中小学生体育锻炼达标率 98.52%。

至年末，全区有各类专业技术人才 10150 人，较上年增长 7.9%。其中，事业单位有专业技术人才 6878 人，较上年增长 2.4%；企业有专业技术人才 3272 人，较上年增长 22.0%。技术人才中，高级 930 人，较上年增长 13.0%；中级 3950 人，较上年增长 13.0%；初级 5270 人，较上年增长 3.8%。

至年末，全区有 R&D 活动的单位 21 户，有高新技术企业 5 户。全年专利申请受理量 169 件，其中发明申请受理 12 件，实用新型受理 128 件，外观设计受理 29 件。获得授权专利 91 件，其中发明 5 件，实用新型 69 件，外观新型 17 件。有注册商标 3869 件。

十一、文化旅游体育、卫生健康和广电事业

全年组织文艺活动 20 次，举办体育运动竞赛 800 场次，举办群众体育活动 6 次。博物馆（纪念馆）藏品 3818 件。有公共图书馆 5 个（含 24 小时自助图书馆），图书馆总藏量 180383 册 / 件。非物质文化遗产 187 个，其中市级目录 26 个，区级目录 161 个。有体育场 1606 个，有篮球场 422 块、羽毛球场 179 块、网球场 23 块。至年末，有规模以上文化及相关产业企业 20 户，实现营业收入 73037 万元。全年文化及相关产业实现增加值 45449 万元，按现价算，较上年下降 2.9%，占 GDP 比重为 2.0%。

全年接待海内外游客 3701.03 万人次，较上年增长 5.0%，其中接待国内游客 3697.82 万人次，较上年增长 4.7%。实现旅游总收入 1797651 万元，较上年增长 5.8%。有乡村旅游景点 20 个，较上年增长 33.3%。年末有旅行社 3 个，从业人员 75 人。仙女山游客接待中心入选文化和旅游部首批公共服务机构功能融合试点单位，龙水峡地缝批准为国家级 AAAA 旅游景区，后坪乡文凤村、芙蓉街道堰塘村创建第二批全国乡村旅游重点村。全年旅游及相关产业实现增加值 143390 万元，按现价算，较上年下降 3.8%，占 GDP 比重为 7.3%。

图 10　2016—2020 年全区旅游接待人次及增速

至年末，全区有卫生机构 332 个，床位 2739 张。卫生机构中，有医院 11 个、社区卫生服务中心 4 个、乡镇卫生院 22 个、村卫生室 177 个。年末医疗卫生机构有卫生技术人员 2354 人，其中执业（助理）医师 931 人、注册护士 1036 人、技师（士）118 人。医疗卫生机构床位

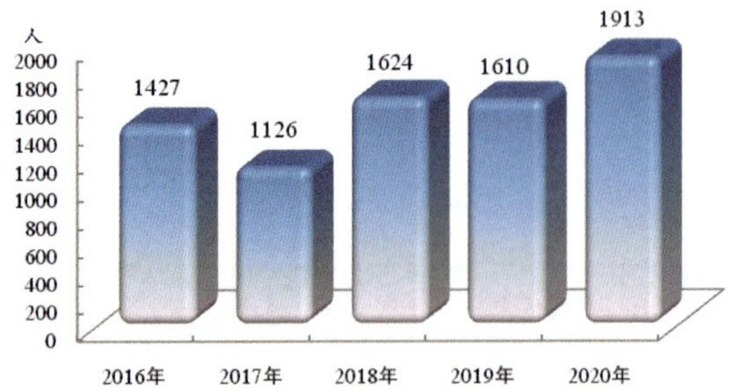

图 11　2016—2020 年全区卫生技术人员数

2739张，其中医院2186张，乡镇卫生院346张，每千户籍人口实有床位7.71张。医疗卫生机构全年总诊疗人次[13]201.03万人次，医疗卫生机构住院6.02万人，出院6.04万人，住院患者手术人次数1.27万人次，每百门急诊入院5.27人。住院死亡率0.36%，急诊死亡率0.01%，病床周转23.5次/年，病床使用率74.4%。至年末，全区围产儿出生缺陷发生率6.67‰，低出生体重儿发生率1.59%。孕产妇产前检查率99.8%；孕产妇住院分娩2075人，住院分娩率100%。婴儿死亡率4.34‰，5岁以下儿童死亡率8.20‰，“八苗”[14]接种率96.79%。

至年末，全区有线广播电视传输干线网络总长度620千米，较上年增长6.5%，微波传送线路总长度84.19千米。有线广播电视用户83967户，较上年增长2.2%，其中农村有线广播电视用户10481户，较上年增长5.4%。有线电视入户率70.2%，较上年提高6.7个百分点，其中农村有线广播电视入户率61.5%，较上年提高9.7个百分点。电视综合覆盖率98.7%，较上年提高0.4个百分点，其中农村电视综合覆盖率98.3%，与上年持平。全年制作广播节目3648小时，播出公共广播节目6600小时。制作电视节目1499小时，播出电视节目6269小时。

十二、资源、生态环境、气候、能源消耗、应急管理和法治

初步调查，至年末，全区有耕地49239.27公顷，林地212155.58公顷，建设用地面积9149.50公顷[15]。全年封山育林面积2400公顷，退耕还林面积27353公顷。年内造林和营林面积11867公顷，其中人工造林面积2667公顷。有自然保护区3个，自然保护区面积15419公顷。

全年空气质量优良天数355天，优良率97.0%。集中式饮用水水源地水质达标率100%，区域环境噪声平均值52.6分贝，交通干线噪声平均值65.0分贝。大溪河（平桥、鸭江）、芙蓉江（三河口）、石梁河（长坝）断面水质维持在Ⅱ类标准以上。

至年末，全区有蓄水工程9313座。其中，水库35座，塘坝1673座，窖池7605座。水库中：大型水库2座，中型水库3座，小型水库30座。水库总库容95898万立方米，其中：大型水库库容90600万立方米，中型水库库容3646万立方米，小型水库库容1862万立方米。有水电站151座，其中大型水电站2座，小型水电站149座。有泵站20座，其中河湖提水泵站15座，水库提水泵站5座。农村集中饮水工程2718座。水利工程总供水能力达96335万立方米，供水量8785万立方米。城乡供水工程3605处，其中城乡集中供水工程2720处，农村分散供水885处。全年实际灌溉面积11710公顷，节水工程灌溉面积10330公顷。新增水土流失综合治理面积4510公顷，水土流失综合治理面积达到141810公顷。

全年平均气温17.2℃，比历年平均气温17.4℃低0.2℃；年极端最高气温38.1℃，比历年最高42.7℃偏低4.6℃；年极端最低为1.4℃，比历年最低-2.1℃偏高3.5℃。年总降水量1447.3毫米，比历年平均1024.9毫米偏多422.4毫米。年总日照时数757.2小时，比历年平均1115.7小时偏少358.5小时。

全年天然气用气2990.09万立方米，较上年下降10.2%。其中，居民、集体、商业用气1296.17万立方米，较上年增长17.2%。天然气供气管道620.52千米，较上年增长12.1%。天然气用户68553户，较上年增长10.9%。全年用电总量64095万千瓦时，较上年增长0.8%；其中，居民、集体、商业用电39452万千瓦时，较上年增长6.7%。全年规模以上工业综合能源消耗67260吨标准煤，较上年下降23.0%；产值能耗0.16吨标准煤/万元，较上年下降23.9%。规模以上电力生产企业发电量525318万千瓦时，较上年增长10.7%。

全年共发生各类安全事故27起，其中道路交通安全生产发生事故23起，建筑行业发生事故3起，机械、冶金等八大行业发生事故1起。安全事故死亡28人，其中建筑行业死亡3人，道路交通安全事故死亡24人，机械、冶金等八大行业死亡1人。

全区有律师事务所5家，律师工作者72名，聘请担任法律顾问的单位213家。民事诉讼代理1054件，刑事辩护79件。全年司法调解各类纠纷6952件，开展法律援助案件358件，挽回经济损失974万元。获得法律援助358人，其中妇女116人，未成年人34人。全年法院新收合同、准合同纠纷案件2834件，结案2860件；新收侵权责任纠纷案件134件，结案138件；新收妨害社会管理秩序罪案件52件，结案54件。

注释：

[1] **地区生产总值、增加值**：公布的绝对量按现价计算，增长速度按可比价计算。按照国家地区生产总值统一核算和数据发布制度规定，地区生产总值核算包括初步核算和最终核实两个步骤，2020年地区生产总值数据为初步核算数。

[2] **户籍人口**：是指公民依照《中华人民共和国户口登记条例》，已在其经常居住地的公安户籍管理机关登记了常住户口的人。这类人口不管其是否外出，也不管外出时间长短，只要在某地注册有常住户口，则为该地区的户籍人口。户籍人口数一般是通过公安部门的经常性统计月报或年报取得的。

[3] **建筑业产值**：仅包括注册在武企业在区内、区外完成产值，不包含外地来武企业在武完成产值。

[4] **固定资产投资**：不包含农户投资和跨区投资，仅含500万元及以上地方项目投资和房地产投资。

[5] **基础设施投资**：指建造或购置为社会生产和生活提供基础性、大众性服务的工程和设施的支出。本公报中的基础设施投资包括电力、热力、燃气及水生产和供应业，交通运输、邮政业，电信、广播电视和卫星传输服务业，互联网和相关服务业，水利、环境和公共设施管理业投资。

[6] **民间固定资产投资**：是指具有集体、私营、个人性质的内资企事业单位以及由其控股（包括绝对控股和相对控股）的企业单位建造或购置固定资产的投资。

[7] 绿地面积：统计范围增加，且重新核实了新纳入统计的羊角街道、仙女山街道的绿地面积数据。

[8] 规模以上服务业：包括农、林、牧、渔专业及辅助性活动，交通运输、仓储和邮政业，信息传输、软件和信息技术服务业，租赁和商务服务业，科学研究和技术服务业，水利、环境和公共设施管理业，居民服务、修理和其他服务业，教育，卫生和社会工作，文化、体育和娱乐业，公共管理、社会保障和社会组织等行业。

[9] 可支配收入：指在一定时期内（一般为一年）城镇居民家庭成员得到的可用于最终消费支出和其他非义务性支出以及储蓄的总和，即城镇居民家庭或以用来自由支配的收入。它是全面反映城镇居民收入水平和结构变化的最主要指标。城镇居民人均可支配收入是指按住户常住人口人均当年的可支配收入。

[10] 恩格尔系数：指居民食品消费支出占全部消费支出的比重。

[11] 现住房面积：本指标为常住人口人均现住房面积，指调查户现住房的总面积，包括扩建面积，计算方式可按使用面积 1.333 计算得出或来源于房屋产权证、租赁证登记面积。

[12] 非私营经济单位从业人员：是国有经济、城镇集体经济、联营经济、股份制经济、外商和港、澳、台投资经济、其他经济单位及其附属机构工作的在岗职工的平均从业人员水平。私营单位从业人员、城镇个体劳动者及离退休、退职人员、再就业的离、退休人员等按规定目前暂未列入其统计范围。

[13] 总诊疗人次：指所有诊疗工作的总人次，包括门诊、急诊、出诊、预约诊疗、单项健康检查、健康咨询指导（不含健康讲座）人次。

[14] “八苗”：指卡介疫苗、骨髓灰质炎疫苗、白百破疫苗、含麻疹成分疫苗、乙肝疫苗、甲肝疫苗、流脑疫苗、乙脑疫苗。

[15] 耕地资源、林地资源和建设用地、建成区面积：数据为第三次国土调查初步数，待国家自然资源部确定耕地统计标准后，以行业主管部门发布数据为准。

[16] 行业统计标准：

规模以上工业：年主营业务收入 2000 万元及以上的工业法人单位。

资质内建筑业：有总承包和专业承包资质的建筑业法人单位。

限额以上批发和零售业：年主营业务收入 2000 万元及以上的批发业、年主营业务收入 500 万元及以上的零售业法人单位。

限额以上住宿和餐饮业：年主营业务收入 200 万元及以上的住宿和餐饮业法人单位。

房地产开发经营业：全部房地产开发经营业法人单位。

规模以上服务业：年营业收入 2000 万元及以上服务业法人单位。包括：交通运输、仓储和邮政业，信息传输、软件和信息技术服务业，水利、环境和公共设施管理业三个门类和卫生行业大类。年营业收入 1000 万元及以上服务业法人单位。包括：租赁和商务服务业，科学研究和技术服务业，教育三个门类，以及物业管理、房地产中介服务、房地产租赁经营和其他房地产业四个行业小类。年营业收入 500 万元及以上服务业法人单位。包括：居民服务、修理和其他服务业，文化、体育和娱乐业两个门类，以及社会工作行业大类。

[17]2020 年全区常住人口相关数据，待第七次全国人口普查数据发布后另行公布。

[18] 数据来源（以文中数据为序）：

本公报中的户籍人口数据来源于区公安局；政策内计划生育率、已婚妇女、卫生事业情况、妇女儿童事业等数据来源于区卫生健康委；烤烟数据来源于区烟叶生产指导中心；水产养殖、机耕（机播、机收）、农业生产机械等数据来源于区农业农村委；脱贫攻坚来源于区扶贫办；建成区面积、土地资源等数据来源于区规划自然资源局；城市建设数据来源于区城市管理局；外贸进出口、利用外资来源于区商务委；招商引资项目、到位投资来源于区招商中心；公路里程、客货运周转量、港口货物吞吐量、营运机动车、运输船舶等数据来源于区交通局；财政收支来源于区财政局；存贷款余额来源于人行武隆支行；金融机构及风险防控来源于区金融服务中心；保费收入来源于武隆银保监管组；城镇新增就业、失业保险数据来源于区就业和人才服务中心；养老保险、医疗保险来源于区社会保险事务中心；低保、救助、婚姻登记来源于区民政局；优抚和抚恤来源于区退役军人事务局；基础教育校数、学生数等来源于区教委；专业技术人才来源于区人力社保局；科技和发明专利分别来源于区科技局、区市场监管局；文化活动、图书馆藏书量、文化体育基础设施、旅游等数据来源于区文化旅游委；广播电视基础事业数据来源于区广电网络公司；广播电视节目制作和播出来源于区融媒体中心；空气质量、水环境等数据来源于区生态环境局；水利工程和灌溉面积来源于区水利局；气温、气候来源于区气象局；用气、用电等能源消费来源于区经济信息委；安全事故来源于区应急局；律师、律所工作、法律援助和案件受理、判决分别来源于区司法局和区法院，其余数据来自区统计局、国家统计局武隆调查队。

【19】本公报部分数据为初步统计数据，最终数据以《武隆统计年鉴（2021）》为准。

重庆市武隆区第七次全国人口普查公报[1]（第一号）

——重庆市武隆区人口情况

重庆市武隆区统计局
重庆市武隆区人民政府第七次全国人口普查领导小组办公室
2021年6月4日

根据重庆市武隆区第七次全国人口普查结果，现将2020年11月1日零时我区人口的基本情况公布如下：

一、全区常住人口

全区常住人口[2]为356748人，与2010年第六次全国人口普查的351038人相比，增加5710人，增长1.63%，年平均增长率为0.16‰。

二、户别人口

全区共有家庭户[3]125793户，集体户8249户，家庭户人口为328639人，集体户人口为28109人。平均每个家庭户的人口为2.61人，比2010年第六次全国人口普查减少0.32人。

三、全区常住人口性别构成

全区常住人口中，男性常住人口为184657人，占51.76%；女性常住人口为172091人，占48.24%。总常住人口性别比（以女性为100，男性对女性的比例）为107.30，比2010年第六次全国人口普查增加2.05。

四、全区常住人口年龄构成

全区常住人口中，0～14岁[4]人口为56884人，占15.95%；15～59岁人口为215802人，占60.49%；60岁及以上人口为84062人，占23.56%，其中65岁及以上人口为70304人，占19.71%。与2010年第六次全国人口普查相比，0～14岁人口的比重减少4.08个百分点，15～59岁人口的比重减少0.28个百分点，60岁及以上人口的比重增加4.36个百分点，65岁及以上人口的比重增加6.47个百分点。

全区人口年龄构成表

表69　　　　单位：人、%

年龄	人口数	比重
总计	356748	100.00
0～14岁	56884	15.95
15～59岁	215802	60.49
60岁及以上	84062	23.56
其中：65岁及以上	70304	19.71

五、常住人口受教育基本情况

（一）受教育程度人口

全区常住人口中，拥有大学（指大专及以上）文化程度的人口为34247人；拥有高中（含中专）文化程度的人口为47458人；拥有初中文化程度的人口为101684人；拥有小学文化程度的人口为134933（以上各种受教育程度的人包括各类学校的毕业生、肄业生和在校生）。与2010年第六次全国人口普查相比，每10万人中拥有大学文化程度的由4119人增加为9600人；拥有高中文化程度的由9514人增加为13303人；拥有初中文化程度的由29884人减少为28503人；拥有小学文化程度的由39848人减少为37823人。

（二）平均受教育年限[5]

与2010年第六次全国人口普查相比，全区常住人口中，15岁及以上人口的平均受教育年限由7.59年增加至8.61年。

（三）文盲人口

全区常住人口中，文盲人口（15岁及以上不识字的人）为16285人，与2010年第六次全国人口普查相比，文盲人口减少11175人，文盲率[6]由7.82%减少为4.56%，减少3.26个百分点。

六、常住人口城乡分布及流动情况

（一）城乡[7]常住人口

全区常住人口中，居住在城镇的人口为175838人，占49.29%；居住在乡村的人口为180910人，占50.71%。与2010年第六次全国人口普查相比，城镇人口增加60031人，乡村人口减少54321人，城镇人口比重增加16.30个百分点。

（二）流动人口

全区人口中，人户分离人口[8]为117093人，其中市辖区内人户分离[9]人口为97518人，流动人口[10]为19575人。流动人口中，跨省流入人口为11770人，市内流动人口为7805人。

注释：

[1] 本公报数据均为初步汇总数据。

[2] 全区常住人口是指辖区内26个乡镇、街道常住人口，不包括居住在本辖区内的港澳台居民和外籍人员。

[3] 家庭户是指以家庭成员关系为主、居住一处共同生活的人组成的户。

[4] 0～15岁人口为61686人，16—59岁人口为211000人。

[5] 平均受教育年限是将各种受教育程度折算成受教育年限计算平均数得出的，具体的折算标准是：小学=6年，初中=9年，高中=12年，大专及以上=16年。

[6] 文盲率是指全区常住人口中15岁及以上不识字人口所占比例。

[7] 城镇、乡村是按国家统计局《统计上划分城乡的规定》划分的。

[8] 人户分离人口是指全区常住人口中，居住地与户口登记地所在的乡镇街道不一致且离开户口登记地半年以上的人口。

[9] 市辖区内人户分离人口是指全区常住人口中，区内和区与区之间，居住地和户口登记地不在同一乡镇街道的人口。包括武隆区内居住地与户口登记地不一致且离开户口登记地半年以上的人口，以及重庆市范围内其他区流入武隆区半年以上的人口。

[10] 流动人口是指人户分离人口中扣除市辖区内人户分离的人口。包括重庆市外流入武隆区半年以上的人口（跨省流入人口），以及重庆市其他县流入武隆区半年以上的人口（市内流动人口）。

重庆市武隆区第七次全国人口普查公报[1]
（第二号）

——分乡镇（街道）人口情况

重庆市武隆区统计局
重庆市武隆区人民政府第七次全国人口普查领导小组办公室
2021 年 6 月 4 日

根据重庆市武隆区第七次全国人口普查结果，现将 2020 年 11 月 1 日零时我区分乡镇（街道）的人口基本情况公布如下：

一、分乡镇（街道）常住人口

全区各乡镇（街道）中，常住人口超过 2 万人的乡镇（街道）有 4 个，在 1 万人至 2 万人之间的乡镇（街道）有 6 个，在 0.5 万人至 1 万人之间的乡镇（街道）有 9 个，少于 0.5 万人的乡镇（街道）有 7 个。其中，常住人口居前四位的乡镇（街道）合计常住人口占全区常住人口[2]比重为 48.11%。

分乡镇属性看，街道[3]常住人口为 155850 人，占 43.69%，其中城区街道[4]常住人口为 125397 人，占 35.15%，镇[5]常住人口为 142780 人，占 40.02%；乡[6]常住人口为 58118 人，占 16.29%。

二、乡镇（街道）人口变化[7]

与 2010 年第六次全国人口普查相比，26 个乡镇（街道）中，凤山街道、芙蓉街道、桐梓镇常住人口增加，其余乡镇（街道）常住人口均减少，其中和顺镇、黄莺乡、沧沟乡人口减少幅度较大。

分乡镇属性看，与 2010 年第六次全国人口普查相比，街道常住人口所占比重增加 10.98 个百分点，其中城区街道常住人口所占比重增加 12.87 个百分点，镇常住人口所占比重减少 6.63 个百分点，乡常住人口所占比重减少 4.34 个百分点。

各乡镇（街道）人口一览表

表 70　　单位：人、%

地区	人口数	占全区常住人口比重	
		2020 年	2010 年
全区	356748	100.00	100.00
凤山街道	68195	19.12	22.28
芙蓉街道	57202	16.03	
仙女山街道	12424	3.48	3.93
羊角街道	18029	5.05	6.49
白马镇	25389	7.12	7.30
江口镇	19296	5.41	5.93
火炉镇	20836	5.84	7.35
鸭江镇	15615	4.38	5.59
长坝镇	14601	4.09	4.35

续表 70

地区	人口数	占全区常住人口比重	
		2020 年	2010 年
平桥镇	13508	3.79	4.25
桐梓镇	8905	2.50	2.53
和顺镇	7613	2.13	3.39
双河镇	8207	2.30	2.80
凤来镇	8810	2.47	3.14
庙垭乡	6876	1.93	2.49
石桥苗族土家族乡	6694	1.88	2.32
黄莺乡	5497	1.54	2.27
沧沟乡	6428	1.80	2.42
文复苗族土家族乡	5456	1.53	1.97
土地乡	4506	1.26	1.55
白云乡	4602	1.29	1.55

三、乡镇（街道）人口性别构成

全区各乡镇（街道）中，总常住人口性别比在 100 以下的乡镇（街道）有 2 个，在 100 至 110 之间的乡镇（街道）有 6 个，在 110 至 120 之间的乡镇（街道）有 15 个，在 120 以上的乡镇（街道）有 3 个。

各乡镇（街道）人口性别构成一览表

表 71　　单位：人、%

地区	占总人口比重		性别比
	男	女	
全区	184657	172091	107.30
凤山街道	34089	34106	99.95
芙蓉街道	28532	28670	99.52
仙女山街道	6728	5696	118.12
羊角街道	9443	8586	109.98
白马镇	13159	12230	107.60
江口镇	10049	9247	108.67
火炉镇	11014	9822	112.14
鸭江镇	8082	7533	107.29
长坝镇	7505	7096	105.76
平桥镇	6969	6539	106.58
桐梓镇	4672	4233	110.37
和顺镇	4063	3550	114.45
双河镇	4425	3782	117.00
凤来镇	4703	4107	114.51
庙垭乡	3653	3223	113.34

续表 71

地区	占总人口比重		性别比
	男	女	
石桥苗族土家族乡	3539	3155	112.17
黄莺乡	2971	2526	117.62
沧沟乡	3433	2995	114.62
文复苗族土家族乡	2994	2462	121.61
土地乡	2395	2111	113.45
白云乡	2478	2124	116.67
后坪苗族土家族乡	2538	2106	120.51
浩口苗族仡佬族乡	2265	2005	112.97
接龙乡	1944	1585	122.65
赵家乡	1582	1356	116.67
大洞河乡	1432	1246	114.93

四、乡镇（街道）人口年龄构成

全区各乡镇（街道）中，15 ~ 59 岁人口比重在 65% 以上的乡镇（街道）有 2 个，在 60% ~ 65% 的有 4 个，在 60% 以下的乡镇（街道）有 20 个。除凤山街道、芙蓉街道外，其余乡镇（街道）65 岁及以上老年人口比重均超过 14%，其中表 9 个乡镇（街道）65 岁及以上老年人口比重超过 25%。

各乡镇（街道）人口年龄构成表

表 72　　单位：人、%

地区	占总人口比重			
	0 ~ 14 岁	15 ~ 59 岁	60 岁及以上	
				其中：65 岁及以上
全区	15.95	60.49	23.56	19.71
凤山街道	18.39	66.71	14.90	11.97
芙蓉街道	17.86	65.92	16.22	12.93
仙女山街道	13.67	62.23	24.10	20.10
羊角街道	14.12	56.98	28.90	24.67
白马镇	16.56	60.03	23.41	19.55
江口镇	19.98	58.12	21.90	17.98
火炉镇	14.17	57.56	28.27	24.09
鸭江镇	15.82	53.72	30.46	26.23
长坝镇	14.90	56.03	29.07	24.03
平桥镇	15.75	54.10	30.15	25.76
桐梓镇	15.61	57.88	26.51	22.41
和顺镇	9.51	58.48	32.01	27.45
双河镇	14.61	59.14	26.25	22.77
凤来镇	12.42	52.46	35.12	30.02
庙垭乡	12.07	53.24	34.69	29.32
石桥苗族土家族乡	12.59	60.53	26.87	23.35

续表 72

地区	占总人口比重			
	0～14岁	15～59岁	60岁及以上	其中：65岁及以上
黄莺乡	11.61	56.14	32.25	27.69
沧沟乡	15.54	54.73	29.73	24.84
文复苗族土家族乡	12.43	59.66	27.91	23.70
土地乡	14.34	56.57	29.09	23.99
白云乡	12.82	57.02	30.16	25.86
后坪苗族土家族乡	13.18	60.16	26.66	22.80
浩口苗族仡佬族乡	13.89	59.60	26.51	22.53
接龙乡	14.91	53.75	31.34	27.12
赵家乡	13.24	54.87	31.89	26.41
大洞河乡	12.70	59.60	27.71	24.09

注释：

[1] 本公报数据均为初步汇总数据。

[2] 全区常住人口是指辖区内26个乡镇、街道常住人口，不包括居住在本辖区内的港澳台居民和外籍人员。

[3] 街道包括凤山街道、芙蓉街道、仙女山街道、羊角街道。

[4] 城区街道包括凤山街道、芙蓉街道。

[5] 镇包括白马镇、江口镇、火炉镇、鸭江镇、长坝镇、平桥镇、桐梓镇、和顺镇、双河镇、凤来镇。

[6] 乡包括庙垭乡、石桥苗族土家族乡、黄莺乡、沧沟乡、文复苗族土家族乡、土地乡、白云乡、后坪苗族土家族乡、浩口苗族仡佬族乡、接龙乡、赵家乡、大洞河乡。

[7] 26个乡镇（街道）的“七人普”数据与“六人普”对比时，凤山街道、芙蓉街道比对的是原巷口镇“六人普”数据，羊角街道比对的是原羊角镇和土坎镇“六人普”数据。

重庆市武隆区：“旅游 +N”多产业融合发展

武隆区人民政府

［引言］重庆市武隆区不仅自然风光全国少有，历史文化也是源远流长。武隆是全国唯一一个同时拥有“世界自然遗产”“国家AAAAA级景区”“国家级旅游度假区”“国家绿色旅游示范基地”“联合国可持续发展城市示范奖”5块金字招牌的县级区。拥有丰富的自然资源和人文资源的武隆区通过全区抓旅游、创建“旅游 +N”的“武隆模式”，加快旅游升级发展、带动发展、融合发展，不断延伸和壮大旅游产业链条，同时拓展多种渠道增加贫困居民收入，提高了居民生活水平，降低了地区贫困发生率，为全国其他贫困地区的发展提供了借鉴意义。因此，研究重庆市武隆区旅游扶贫具有极强的现实意义。

扶贫模式介绍

在对武隆区实际发展状况进行充分调研的基础上，当地政府提出了“山水之城·美丽之地”目标定位和“行千里·致广大”价值定位，按照“深耕仙女山，错位拓展白马山，以点带面发展乡村旅游”的部署，大力发展生态旅游产业，加速绿色崛起、富民兴区，探索出一条贫困山区旅游扶贫的新路子。武隆区通过旅游与文体“联姻”、旅游与地产“联建”、旅游与农业“联合”、旅游与商贸“联动”等多种“旅游 +N”模式，加快旅游升级发展、带动发展、融合发展，大力发展休闲度假、纳凉避暑、康体运动、会议会展、养老养生等旅游业态，不断延伸和壮大旅游产业链条。

旅游与文体“联姻”，成功打造了“印象武隆”山水实景演出、国际山地户外运动公开赛、仙女山露营音乐节等一批文化体育产品，成为武隆旅游的重要名片。文化产业突破3亿元，占全区GDP的3.04%。

“武隆模式”的实施过程

1. 发挥资源优势、比较优势和后发优势，找准扶贫开发的突破口

资源就是财富，合理利用资源就能创造更多财富，武隆将资源优势变为产业优势，旅游业已成为全区的战略性主导产业，作为统筹扶贫开发、实现脱贫致富、统筹城乡发展的重要抓手。区委区政府不断优化发展思路，着力打造“美丽中国”的山区型县域样板，提出了到2020年成功创建国家级优质旅游示范区，基本建成世界知名旅游目的地的宏伟目标。武隆从战略高度把旅游作为全局性、长期性的永续产业，争取通过全域旅游创建，实施全域性扶贫带动，形成全产业链旅游服务，让旅游惠及更多民众，让贫困山区老百姓早日脱贫致富。

2. 坚持全区抓旅、全民兴旅、旅游富民，让一切创造社会财富的源泉充分涌流

武隆区探索建立“政府主导、市场主体、部门联动、全民兴旅”的工作模式，形成“大旅游、大联动、大产业、全民做”的浓厚氛围。

开展“全民营销”。组织全县27个乡镇街道、128个区级部门和企事业单位，组建16个旅游宣传营销集团，在全国100多个大中城市和东南亚国家开展组客营销。

组织“全民服务”。牢固树立“游客是上帝”和“处处是美景、人人是形象、事事系发展”的理念，书记、区长带领全区干部群众，人人都当服务员，为游客提供全方位、人性化的服务，游客满意度连年位居重庆首位。

倡导“全民创业”。鼓励农民发展小加工、小手工、小养殖、小修理、小运输、小中介、小餐饮、小旅店、小农场、

小林场涉旅“十小企业”。鼓励有条件的组建旅游企业，如旅行社、酒店、旅游服务公司等。截至目前，全区发展涉旅工商户5621家，涉旅企业530余户，其中小微企业425家。

“武隆模式”的成效评价

直辖初，地区生产总值仅为102亿元，其中产业占47.1%，传统农业占据“半壁江山”，农民人均收入仅为1482元。2017年，接待游客2800人次，以旅游为主导的服务业对全区经济增长的贡献率达到50%，农村常住居民人均可支配收入达117765元，增速连续6年居重庆市区县前列；全区3.1万名农户、近7万名农民靠旅游吃饭；旅游扶贫消除贫困村48个、贫困人口32万余人。武隆区始终践行“旅游扶贫的一切努力都是为了老百姓收入增长”的宗旨，十分注重旅游的辐射带动和群众的增收致富。

1. 探索廊道带动型增收模式

按照“建一处景点、引一批企业、活一带经济、富一方群众”的思路，确立了仙女山旅游扶贫带、白马山旅游扶贫带、石桥湖旅游扶贫带、桐梓山旅游扶贫带4个旅游黄金廊道，建成集交通组织、空间整合、产业集聚形象展示等为一体的扶贫开发示范区。仙女山、白马山片区成为全市旅游扶贫的典型，仙女山片区7个乡镇、50个行政村、近5万名农民人均纯收入在12000元以上。

2. 探索集镇带动型增收模式

整合资金59亿元，大力推进高山生态扶贫搬迁，依托旅游集镇建成移民新村169个，搬迁安置10951户、38331人。引导高山移民和集镇居民大力发展家庭公寓、快捷酒店、商品销售、特色美食等旅游商贸服务。如双河镇木根村地处仙女山贫困片区，平均海拔1350米，是全市首批乡村旅游扶贫示范村。近年来，该村依托良好的生态资源和全市高山蔬菜示范基地的带动，大力发展休闲农业和乡村旅游扶贫，成为全区首批脱贫和首个基本小康的行政村。

3. 探索景区带动型增收模式

高度重视景区原住民的生产生活，在景区进出通道等区域建设专门的创业区和农特产品销售一条街，引导景区周边农民发展特色小吃、特色农家、农产品销售、旅游商品销售等商业，景区及周边2万名农民通过旅游实现了直接或间接就业。据统计，仅芙蓉洞、仙女山景区从事涉旅“第二职业”的农民达1500余人，年收入都在5万元以上。以“印象武隆”为例，公司近300余名演职人员中有220人是当地农民，人均年收入达4万元以上。

4. 探索专业合作社带动型增收模式

加大乡村旅游专业合作建设，成功创建了赵家、双河、白马、仙女山火炉等乡村旅游合作社，其中赵家乡乡村旅游专业合作社被评为全国“合作社＋农户”旅游扶贫示范项目，在全国旅游扶贫工作大会上，作为“合作社＋农户”模式唯一的代表交流发言，介绍其成功经验。目前，赵家乡乡村旅游专业合作社共计有农户会员119家。2017年，专业合作社接待游客40万人次，旅游收入7600余万元，解决本乡富余劳动力500余人就业，全乡共有30户148人通过办农家乐脱贫，在乡特色农业旅游企业中务工脱贫的62户253人，为游客提供产品脱贫的125户438人。

“武隆模式”的成功经验与推广价值

1. 坚持融合发展的路径，形成多点支撑大格局

武隆突破一产、二产和三产的界限，推进旅游与文化、体育、商业、交通、农业、工业等相关部门和行业的融合，将部门联合和产业融合作为旅游发展新的增长点，形成多点支撑、融合发展的“大旅游、大市场、大产业”格局。

没有文化的旅游就没有灵魂，没有生命力。传统的自然旅游资源观赏游留不住游客的脚步，必须围绕“休闲、度假、观光”定位，按照“文旅融合”思路，丰富和延伸旅游业态。

2. 坚持富民增收的宗旨，破解旅游、扶贫“两张皮”现象

武隆区建立大旅游大扶贫工作新格局，广开就业渠道，增加农民收入创新多种增收模式、让老百姓实实在在享受旅游发展红利。通过廊道带动型增收模式、集镇带动型增收模式、景区带动型增收模式、专业合作社带动型增收模式，真正把“富民增收”作为发展旅游的出发点和落脚点，增强旅游产业的辐射联动效应，鼓励城乡居民特别是贫困农民积极参与旅游服务，尽力为群众搭建创业就业平台，让老百姓获得更多实惠。

做强旅游产业，最重要的是让普通农户老百姓增收致富。紧紧利用旅游扶贫这个抓手，在做大做强旅游事业的同时，让更多贫困农户分享旅游经济发展的红利，破解旅游、扶贫“2张皮”现象。

3. 坚持生态优先的理念，推动旅游产业绿色发展

生态旅游资源是武隆最靓丽的名片，也是武隆科学发展的核心资源。武隆拥有它，就会拥有一切；失去它，就可能失去所有。全区始终秉承“森林是武隆的命根子”“生态是武隆最大的财富，最大的资源”的理念，心怀敬畏爱护武隆一山一石、一草一木、一鸟一兽和江河溪流，坚持在保护中发展，在发展中保护，既要绿水青山亦要金山银山。

生态旅游扶贫是连接生态保护与减贫的有效桥梁，是绿色减贫创新最有效的途径。各地在规划旅游扶贫发展时，除了关注旅游产业的经济效益外，应严格划定生态红线，守护绿水青山，推动旅游产业绿色发展。

（世界旅游联盟旅游减贫案例第74例）

以总书记重要论述为指引　探索建立解决相对贫困长效机制

武隆区扶贫办

摘要：本文以习近平总书记关于扶贫工作重要论述和重要讲话精神为指引，围绕建立解决相对贫困长效机制主题，提出：应瞄准城乡相对贫困家庭、农村相对贫困村、城市相对贫困社区，采用“一达标两不愁六保障”多维相对贫困指标体系，采用上年度城乡居民人均可支配收入中位数的40%作为当年的相对贫困线并实行动态调整，采取全民公平教育、大病兜底医疗保障、扶志扶贫、动态监测预警提前干预等措施防范贫困发生，采取健全社会保障救济体系、强化就业扶贫和产业扶贫、统筹纳入乡村振兴战略、广泛动员社会力量参与等措施减贫扶贫，采取强化党的领导、优化调整扶贫机构、加大资金投入、推进依法减贫扶贫等措施保障相对贫困治理工作的推进。

在社会主义初级阶段，扶贫是一个永恒的话题。习近平总书记在2020年3月6日决战决胜脱贫攻坚座谈会上指出“脱贫摘帽不是终点，而是新生活、新奋斗的起点”“要推动减贫战略和工作体系平稳转型，统筹纳入乡村振兴战略”；在2019年10月31日十九届四中全会上指出“坚决打赢脱贫攻坚战，建立解决相对贫困的长效机制”。遵照习近平总书记的指引，在2020年决战决胜脱贫攻坚、全面建成小康社会目标即将实现之际，我们经过认真学习、深刻领悟习近平总书记关于扶贫工作重要论述和系列重要讲话精神，深入全区乡镇（街道）和贫困村开展调查研究，通过分析总结脱贫攻坚以来取得的成就，承前启后，提前探索、谋划2020年后如何实现减贫战略和工作体系平稳转型，如何建立解决相对贫困的长效机制，以期能将习近平总书记重要论述转化到减贫扶贫实践中。

一、关于脱贫攻坚以来取得成就的分析总结

武隆区自2015年脱贫攻坚以来，特别是2017年8月以来，全区上下始终坚持深入贯彻落实习近平总书记扶贫工作重要论述、在决战决胜脱贫攻坚座谈会上重要讲话、视察重庆重要讲话精神，坚决按照市委、市政府关于脱贫攻坚工作的各项决策部署，坚决落实“五级书记抓扶贫”“区县抓落实”和“双组长制”等工作机制，严格按照“一达标两不愁三保障”“四个不摘”“五个一批”“六个精准”等工作要求，举全区之力，以决战决胜的姿态，严格标准、不赶进度，注重质量、讲求实效，高质量打赢打好脱贫攻坚战，取得决定性成就，为实现全面建成小康社会目标奠定坚实基础。

（一）脱贫攻坚目标任务如期完成

作为新一轮国家扶贫开发工作重点县和武陵山区集中连片特殊困难地区贫困县，武隆区在脱贫攻坚之前的2014年，精准识别贫困人口15909户55449人，识别市级贫困村75个，贫困发生率为14.8%，贫困人口人均可支配收入仅为2215元。经过近年来的合力攻坚，到2017年11月，顺利退出了国家扶贫开发工作重点县，75个市级贫困村全部脱贫销号，实现了解决区域性整体贫困的目标任务；到2019年年底，未脱贫人口减少到39户102人，贫困发生率下降到0.03%，平均每年减贫11000人；到2020年6月底，剩余贫困人口总体上达到脱贫标准。

（二）贫困群众收入水平大幅度提高

始终坚持开发式扶贫方针，鼓励和扶持贫困人口勤劳致富，产业到户扶持对有劳动能力的建档立卡贫困户实现全覆盖，强力实施培训转移就业和公益岗位开发工作，建卡贫困户工资性收入和生产经营性收入占比逐年上升，转移性收入占比逐年下降，自主脱贫能力稳步提高。2014年至2019年，全区农村常住居民人均可支配收入由8489元增加到14274元，年均增长10.95%，高于同期全国农民人均可支配收入平均增幅三个百分点；全区建档立卡贫困户人均可支配收入由2215元增加到10027元，年均增幅35.25%，高于同期全国建档立卡贫困户人均可支配收入平均增幅五个百分点。贫困群众“两不愁三保障”得到全面解决。

（三）基本生产生活条件明显改善

交通2018—2020三年行动“四好农村路”优化调整项目为555个1835千米，累计开工建设项目428个1447千米，总体工程进度完成1229千米，实现了每个行政村通硬（油）化路，具备条件的村民小组通达率100%、通畅率80%。严格执行中国水利学会颁布的《农村饮水安全评价准则》相关标准，实施农村饮水安全巩固提升工程，实现行政村自来水普及率100%，有效解决季节性缺水。实施贫困乡村农村电网改造升级，有效提升农村用电质量和可靠性。贫困群众出行难、用电难、上学难、看病难、通讯难等问题普遍解决，义务教育、基本医疗、住房安全

和饮水安全有了保障。

（四）经济社会发展明显加快

坚持以脱贫攻坚统揽全区经济社会发展全局，全区呈现出新的发展局面。生态农业稳步发展，“2+6+N”山地特色高效农业体系初步形成；农村电商持续壮大，培育“寻味武隆”区域公共品牌和“五农人”等名优品牌，2019年实现网络零售额26.13亿元；乡村旅游迅猛提升，2019年乡村旅游接待户4000余户，接待床位达到4.6万张，接待游客1000万人次，综合收入20亿元。

（五）贫困治理能力明显提升

始终坚持抓党建促脱贫攻坚，落实“五级书记抓扶贫”“区县抓落实”和扶贫开发领导小组“双组长制”，75个贫困村选派驻村扶贫第一书记、组建驻村工作队实现全覆盖，基层组织得到加强，党在农村的执政基础得到巩固。全区39名市管领导干部、127个机关企事业单位、8912名党政干部组建26个扶贫集团结对帮扶26个乡镇街道75个贫困村15909户建卡贫困户实现全覆盖；开展脱贫攻坚“战疫情·送春风”活动和脱贫攻坚“百日大会战”，统筹做好疫情防控和脱贫攻坚工作。

（六）脱贫攻坚经验做法得到认可和推广

武隆区践行“两山论”“两化路”，在2020年全国“两会”期间，习近平总书记参加全国政协十三届会议经济界联组会时，在听取刘旗委员的专题汇报后，为武隆区走出的脱贫新路子“点赞”。为防范预警返贫和新生贫困发生，率先探索实施的脱贫攻坚“临界户”扶持政策，被新华社、七一网等主流媒体专题报道，并经国家扶贫办优化为“脱贫监测户”和“边缘户”政策在全国施行。后坪乡文凤村天池苗寨、沧沟乡大田湿地人家和青杠古渡驿站、火炉镇呐溪原乡、芙蓉街道堰塘七彩陶艺村、仙女山街道归原小镇、黄莺乡复兴田园、羊角街道永隆村和艳山红村、白马镇板桥村和茶山小镇等以乡村旅游主线的示范点，由市扶贫办向国务院扶贫办推荐申报全国扶贫交流基地。成功探索出“旅游+”“产业+”“电商+”等多种精准扶贫模式，变“输血式扶贫”为“造血式扶贫”，向党和人民交上了一份满意的脱贫攻坚武隆答卷。

二、关于减贫战略和工作体系平稳转型的思考

2020年是全面建成小康社会目标实现之年，是决战决胜脱贫攻坚收官之年。2020年之后减贫扶贫工作何去何从？习近平总书记在决战决胜脱贫攻坚座谈会上指出“脱贫摘帽不是终点，而是新生活、新奋斗的起点”“推动减贫战略和工作体系平稳转型，统筹纳入乡村振兴战略”，习近平总书记在十九届四中全会上提出“坚决打赢脱贫攻坚战，建立解决相对贫困的长效机制”，指明了平稳转型的战略方向。

（一）推动减贫战略由集中作战向常规推进转变

脱贫攻坚期间，全区始终坚持以脱贫攻坚统揽经济社会发展全局，脱贫攻坚是实施乡村振兴战略的优先任务。脱贫攻坚战结束后，全区工作战略重心和乡村振兴战略将不再以减贫工作为中心、为优先，减贫战将由集中攻坚战役向常规工作转变。要围绕制度性扶贫，优化完善相关政策和制度，加大基础性普惠性兜底性政策扶持力度，将减贫扶贫工作与乡村振兴战略、与社会保障救济机制统筹融合。

（二）推动工作对象由以农村贫困人口为主向城乡相对贫困人口并重转变

随着经济发展水平的提高和城市化进程的推进，农村贫困将逐步向城市转移，全区贫困分布将由农村贫困为主、城市贫困不突出向城市贫困和农村贫困并重的阶段性转变，因此，减贫扶贫工作对象将以农村贫困人口为主向农村相对贫困人口和城市相对贫困人口并重转变。接续当前农村脱贫攻坚，将扶持农村相对贫困工作，纳入乡村振兴战略统筹推进；聚焦城镇以传统“三无”人群、下岗和失业工人、进城农民工为主的城市相对贫困人口，作为城市减贫主要对象；统筹推进城乡扶贫开发，同时，理性兼顾城乡差距的客观实际，在识别和扶持标准上在总体一致的基础上实行差异化政策。

（三）推动扶贫标准体系由绝对贫困向相对贫困和多维贫困转变

脱贫攻坚战结束，全区消除了绝对贫困，但相对贫困仍将长期存在。届时，将聚焦相对贫困，实现由绝对贫困治理向相对贫困治理的转变；在扶贫标准上，向更高标准的相对贫困线看齐，将由绝对数值向相对比例转变，并逐年随经济社会发展动态调整和相应提高；指标体系上，将在继续关注收入贫困的基础上，同时兼顾因病、因学、因残、因灾、因疫情影响等引发的刚性支出，更加重视多维贫困，实现由收入贫困治理向多维贫困治理的转变。

（四）推动区域扶贫对象由贫困区县向相对贫困村（社区）转变

全区脱贫摘帽和75个贫困村销号后，区域性整体贫困基本解决，因此，扶贫对象将更加精准地瞄准更小单元，由区县为单元向村（社区）为单元转变。扶贫开发主战场将转向发展相对滞后、条件相对较差的农村行政村和城市社区，工作重点转向支持基层阵地提升、村级集体经济、乡村治理、精神文明等更高层次发展内容，着力于行政村（社区）的统筹协调发展。

（五）推动治理路径由事后扶贫向事前防贫转变

贫困治理路径及理念将发生转变，治理关口将前移，

治理工作将由脱贫攻坚战期间的事后扶贫、脱贫转变为更加关注事前防贫、预警，工作重心着力于防止贫困发生，而不是等贫困发生后再去扶贫、减贫。将采取从儿童抓起的公平教育、以大病兜底为主的医疗保障、以社会福利为主的社会保障救济体系等诸多综合性措施防止贫困发生，前两项措施重在防贫，后一项措施重在减贫并将成为减贫工作中相当重要的一项常规性工作。

（六）推动脱贫攻坚作为乡村振兴战略优先任务向将解决相对贫困统筹纳入乡村振兴战略转变

将解决相对贫困问题纳入实施乡村振兴战略统筹安排。一方面利用乡村振兴战略机遇实现脱贫攻坚成果巩固和纵深发展，利用乡村振兴战略的实施，补齐农村相对贫困村在公共基础设施、供水保障、人居环境、农村教育、医疗卫生、社会保障、公共服务、生态环境等方面的短板；另一方面立足更高标准，结合乡村振兴战略“产业兴旺”“生态宜居”“乡风文明”要求，针对增收致富、住房安全、内生动力等问题，优先扶持、解决农村居民相对贫困问题。

三、关于建立解决相对贫困长效机制的建议

为接续全区脱贫攻坚工作，围绕扶贫对象从绝对贫困向相对贫困转变、扶贫治理模式从扶贫到防贫转变、扶贫重心从农村扶贫向城乡统筹扶贫转变这三个关键性转变，实现减贫战略和工作体系平稳转型，完善有利于相对贫困村（社区）、相对贫困人群的减贫防贫战略和政策体系，推动2020年后建立解决相对贫困长效机制，结合武隆区实际，探索提出如下建议。

（一）工作对象瞄准城乡相对贫困户和相对贫困村（社区）

城乡相对贫困户。因疾病治疗、教育支出、因残治疗、无劳动力造成家庭经济困难，收入达标，不愁吃、不愁穿，全阶段教育、基本医疗、住房安全、饮水安全、基本养老、就业有保障等“一达标两不愁六保障”未解决的农村和城市家庭，作为微观减贫工作对象，称为相对贫困户（或低收入家庭）。

相对贫困村（社区）。在农村地区和城市中，相对贫困人口较多，贫困发生率较高，基础设施建设相对滞后，公共服务发展工作推进效果相对有差距的行政村或社区，作为宏观扶贫工作对象，在农村地区的称为相对贫困村，在城市区域的称为相对贫困社区。

（二）扶贫标准采用相对贫困和多维贫困指标体系

新的扶贫标准，坚持相对贫困和多维贫困理念，继续沿用并拓展现有贫困指标体系为“一达标两不愁六保障”（“一达标”即收入达标，“两不愁”即不愁吃、不愁穿，“六保障”即全阶段教育、基本医疗、住房安全、饮水安全、基本养老、就业有保障）。在识别相对贫困户时，不仅要将相对贫困线这个收入线作为重要衡量依据，而且还要综合考虑因病、因学、因残、缺劳等刚性或重大支出致贫因素，从多个维度精准定位相对贫困人口。结合城乡差异的客观实际，制定差异化的城市、农村相对贫困线。城市、农村分别采用区统计局公布的上年度全区城市、农村居民人均可支配收入中位数的40%作为当年的相对贫困线，每年根据城乡居乡人均可支配收入中位数年的变化而进行动态调整。

（三）健全减贫对象精准识别和提前预警机制

在建档立卡时，统筹运用和共享相关部门大数据，对低收入人口有关重要信息利用精准扶贫大数据平台，由大数据管理部门牵头，强化与公安、住房城乡建设、教育、卫生健康、医保、市场监管、人力社保、财政、民政、残联等部门的数据共享与比对，提高数据精准度。为确保识别的精准度，要求相对贫困户在提出申请时，承诺将家庭及相关直系亲属的户籍、银行、房产、车辆等相关信息公开，允许或授权区级部门查询和进行大数据比对。识别时，可结合村规民约，兼顾奖勤罚懒，营造健康、正向的扶贫风尚。建立扶贫对象动态管理和预警监测机制。适时修订完善“边缘户”监测标准和帮扶政策，对脱贫不稳定人口和边缘易致贫人口进行动态监测预警，采用综合性帮扶措施进行提前干预，做好防范返贫和防止新生贫困工作。

（四）提升教育水平阻断贫困代际传递

围绕缩小差距、力促公平和提高质量主题，用抢救性的思维来解决贫困的代际传递问题。从学前教育入手，以农村为重点提升学前教育普及水平，建立更为完善的学前教育管理体制、办园体制和投入体制。持续提升义务教育均等化水平，推进学校之间和城乡之间义务教育均衡发展。将进城务工人员随迁子女义务教育纳入城镇发展规划，保障其平等受教育权利。强化控辍保学工作，确保义务教育阶段无辍学现象，精准落实教育资助政策，确保相对贫困子女学前、初等、中等、高等教育阶段上学有保障。建议从国家层面加大高校建设力度，适时试点探索全民兜底高等教育，实行“宽进严出”，提高教育全民性和公平性。建议市级层面实行贫困家庭子女高考加分和优先录取政策，将建卡相对贫困家庭子女纳入高考加分项目管理，对建卡相对贫困家庭子女，在考试总成绩基础上增加10分投档，并在与一般考生成绩相同或相近时，优先录取。

（五）提高医疗保障水平防范因病致贫

坚持普惠政策与特惠措施相结合的原则。探索建立基本医保、大病保险、医疗救助、补充医疗保险、社会慈善救济“五位一体”医疗保障体系且对城乡居民实现全覆盖。坚持“保基本、兜底线”要求，精准落实健康扶贫政策，实现相对贫困人口基本医疗有保障。提高城乡居民医疗保障受益水平，稳步提高住院和大病、特殊慢性病门诊的医疗费用个人实际报销比例，实现健康公平及提高脆弱人群

医疗服务可及性，防范因病返贫、因病致贫。在区级医疗机构设立健康扶贫专用窗口，对建卡相对贫困人口住院费用实行一站式结算。继续设立大病医疗基金，优化大病医疗救助政策，对城乡居民家庭因重病治疗导致家庭经济特别困难的，由大病医疗救助基金兜底保障。

（六）强化就业扶贫保障城市相对贫困家庭收入

一人就业、全家脱贫，增加就业是最有效最直接的脱贫方式。整合党校、扶贫、人力社保和职业教育中心等单位的各类资源，培育区级层面的相对贫困人口就业技能培训专业机构。通过开发岗位（含开发扶贫公益岗位）、劳务协作、技能培训、权益维护等措施，帮助有就业意愿、未就业的相对贫困劳动力转移就业，帮助已就业相对贫困劳动力稳定就业，帮助相对贫困家庭未升学初、高中毕业生就读技工院校毕业后实现技能就业，实现有劳动力的城市相对贫困家庭零就业清零目标。鼓励相对贫困人口，特别是城市相对贫困人口自主创业，对相对贫困人口自主创办微型企业、正常经营一年以上的，采取以奖代补、先建后补形式进行扶持。对吸纳相对贫困人口稳定就业的企业，根据就业相对贫困人数、就业年限给予企业补助，促进企业优先为相对贫困人口提供就业机会。

（七）强化产业扶贫保障农村相对贫困家庭收入

深化农村相对贫困户产业到户扶持政策，采取以奖代补、先建后补的形式激励有劳动力的相对贫困户，围绕全区“2+6+N”山地特色高效农业体系，通过自我发展种植、养殖、乡村旅游产业增收脱贫。具体扶持品种、环节、标准及方法，由区农业农村主管部门每年根据实际情况动态确定和实施。深化电商扶贫和消费扶贫，打通相对贫困户与大市场之间的壁垒，解决其农副产品销售难问题。培育壮大以区农业发展公司为主的农业产业化市场主体，发挥致富带头人作用，带动引领全区农业产业化发展。继续发挥重庆农村商业银行、区互助扶贫总会等金融机构作用，继续执行扶贫小额信贷政策。针对建卡相对贫困户继续坚持“5万元以下、3年期以内、免担保免抵押、基准利率放贷、财政贴息、建风险补偿金”政策要点，精准扶持发展生产。

（八）建立完善综合性社会保障体系

坚持“兜底线、织密网、建机制”要求，全面建成覆盖全民、城乡统筹、权责清晰、保障适度、可持续的多层次社会保障体系。继续实施城乡最低生活保障制度，聚焦无劳动力家庭、重度残疾人家庭、农转非“脱旧衣未穿新衣”困难家庭，按规定做到“应保尽保”。聚焦“水电气”等基本生活条件尚未解决的城市家庭，加大救济力度，帮助解决实际困难。围绕确保相对贫困人口养老有保障目标，完善以养老保险为主的社会保障养老制度，大幅提高农村居民和城市居民基本养老保险待遇，使养老金收入符合武隆区农村、城市生活水平实际。统筹城乡社会救助体系建设，不断提高社会救济水平，聚焦防贫减贫对象，筑牢社会救助兜底保障防线。

（九）统筹纳入乡村振兴战略推进相对贫困村（社区）协调发展

将解决农村相对贫困村问题纳入乡村振兴战略统筹安排，巩固“四好农村路”示范县创建成果、农村电网升级改造、行政村光纤网络和第四代移动通信网络普遍覆盖、扩大“互联网小镇”建设范围，补齐公共基础设施建设短板；推进沙河、龙宝塘、车盘等水库建设、巩固提升农村饮水安全、推进城乡供水一体化、做好饮水水源水质监测，补齐供水保障短板；巩固提升、扩面推进“精品类”和“示范类”美丽宜居村庄、分类推进厕所革命、生活垃圾生活污水治理、开展村庄清洁“春夏秋冬”战役和绿化行动，补齐人居环境短板；推进畜禽粪污资源化利用、开展农药化肥减量化行动、启动农村水系综合整治试点，补齐农村生活环境治理短板。围绕社会事业发展、村级（社区）集体经济、以廉租房为重点的保障房建设、危房改造、基层阵地建设、组织振兴等重点领域，在融入乡村振兴战略的同时，结合老旧城区、棚户区改造，统筹推进农村相对贫困村、城市相对贫困社区全面协调发展。

（十）深化“志智双扶”工作营造文明健康风尚

继续推进以“孝贤洁序”为主题的公序良俗建设。优化村规民约，推广艳山红村“红九条”“黑九条”先进经验做法，健全村民议事会、红白理事会、道德评议会、乡贤明理堂等，深化移风易俗专项治理。持续开展敬老孝老主题活动，强化舆论正向引导，杜绝和惩戒有赡养能力的子女让老年人独居、将老年人推向社会的现象。推广后坪乡白石村法治扶贫先进经验做法。继续实施财政涉农资金“五改”工作，除低保、救济外杜绝直接发钱发物行为，防止政策“养懒汉”。继续推行区级部门向贫困村（社区）选派驻村（社区）扶贫第一书记，强化基层组织建设和引领乡风文明。

（十一）强化社会扶贫工作

向国家和市上建议，继续开展东西部扶贫协作、国家中央机关定点帮扶、市级扶贫集团和市内区县对口帮扶工作，深化区域合作，推进东部地区产业向武隆区梯度转移，实现产业互补、人员互动、技术互学、观念互通、作风互鉴，共同发展。根据新确定的农村相对贫困村、城市相对贫困社区，继续落实区级领导联系相对贫困村（社区）机制，调整优化区级扶贫集团帮扶工作，继续落实区级部门、乡镇街道党政干部联系帮扶相对贫困户机制，实现相对贫困户帮扶全覆盖。充分发挥区扶贫基金会、区慈善总会、区红十字会扶贫公益慈善职能，广泛动员社会力量更多地参与防贫减贫事业。

（十二）落实组织保障工作

加强党对减贫防贫工作的领导。向国家和市上建议，继续坚持中央统筹、省负总责、县抓落实的管理体制，对接脱贫攻坚责任体系，继续实行“五级书记抓扶贫”和党政一把手负总责的扶贫开发工作责任制，统筹解决农村和城镇化进程中的相对贫困问题。

改革优化扶贫工作机构。建议统筹建立集扶贫、减贫、防贫职能为一体的统一的城乡扶贫组织机构，统一管理农村扶贫和城市扶贫，实现减贫与社会保障和救济融为一体，减贫职能由多部门分散型向统一集中型转化。

加大财政资金支持。建议中央财政、市级财政继续安排专项资金支持基层防贫减贫事业，并按财税增长幅度逐年增加资金额度。区级财政参照现行机制每年配套预算扶贫专项资金。建立减贫防贫专项基金，专项用于相对贫困人口因病、因学、因残、因灾、因房等方面的刚性大额支出兜底保障。健全重点相对贫困村（社区）和深度贫困对象挂牌督战制度。鼓励社会力量参与减贫事业并逐步提高社会扶贫资金在总扶贫资金中的份额。

推进依法减贫扶贫。扶贫立法，刻不容缓。建议从市级层面修订完善《重庆市农村扶贫条例》为《重庆市扶贫条例》，将城市扶贫统筹纳入条例中；建议从国家层面将减贫防贫事业写入宪法，并探索开展国家扶贫法立法工作，实现依法减贫防贫。

（重庆市脱贫攻坚金点子征集活动团体组一等奖获奖作品）

索引

说明：

一、本索引把年鉴的条目（统计资料、表格、概况、综述、彩页除外）用主题分析方法，按汉语拼音字母顺序排列。

二、类目、分目、专稿标题用绿色字体表明。

三、索引名称后的阿拉伯数字表示内容所在的页码，拉丁字母（a、b、c）表示栏别（从左至右分 1、2、3 栏）。

四、相同条目后用“()”表明所属类目或分目名称。

D

E

F

G

H

J

K

L

M

W

X